lonely planet

SKANDINAVIEN

Anthony Ham, Egill Bjarnason, Gemma Graham,
Anna Kaminski, Adrienne Murray Nielsen, Barbara Woolsey,
Sean Connolly, Marc Di Duca, Mark Elliott, Paula Hotti,
Virginia Maxwell, John Noble, Thomas O'Malley,
Kevin Raub, Simon Richmond, Maddy Savage

INHALT

Reiseplanung

Rovaniemi (S. 182)

Reiseziele

REISEN & KLIMAWANDEL

Die negativen Folgen des Reisens lassen sich nicht leugnen – daher sollte man, wo es möglich ist, sein Verhalten anpassen. Lonely Planet bittet alle Reisenden, sich ihren ökologischen Fußabdruck bewusst zu machen. Im Internet gibt's zahlreiche CO_2-Rechner wie z. B. auf resurgence.org/resources/carbon-calculator.html. Viele Fluglinien und Buchungsportale bieten die Möglichkeit, Klimagasemissionen auszugleichen, indem man einen Beitrag zu klimafreundlichen Initiativen weltweit leistet. Den CO_2-Fußabdruck aller Mitarbeiterreisen gleicht Lonely Planet weiterhin aus, auch wenn uns bewusst ist, dass das keine echte Lösung ist.

Ishavskatedralen (S. 374)

Seljalandsfoss (S. 286)

Specials

Storybook

APOSTOLIS GIONTZIS/SHUTTERSTOCK

Undredal (S. 414)

WILLKOMMEN IN SKANDINAVIEN

Skandinavien packt mich immer wieder – es war Liebe auf den ersten Blick. Vor allem schlägt mein Herz für Norwegen. Ein wundervolles Reiseziel ist Bergen mit seinem alten Hafen und den bewaldeten Bergen drum herum. Toll sind auch die Wanderung hoch zum verlassenen Gehöft Kjeåsen tief im Hardangerfjord sowie die zum Preikestolen, dem schönsten Aussichtspunkt der Welt hoch über dem Lysefjord. Bei jedem Besuch beeindruckt mich Norwegens Naturschauspiel von Neuem: die gewundenen Bergpfade und tiefen Fjorde, die einsamen Dörfer und die weiten Landschaften des arktischen Nordens. Norwegen bietet Wildtiere wie kein anderes Land Europas und das subpolare Svalbard zählt zu meinen absoluten Lieblingsorten: Nichts ist so fesselnd wie am nahen Horizont einen Eisbären zu erspähen oder Nordlichter am Nachthimmel tanzen zu sehen.

Anthony Ham
@AnthonyHamWrite

Mein Lieblingserlebnis ist es, umgeben von hohen Felsen und eingehüllt in eine übernatürliche Stille in Undredal am Fjord zu übernachten. Wenn der Tag zu Ende geht, kann man die Erde fast ausatmen hören.

LIEBLINGSPLÄTZE

Hier schlägt für unsere Autor:innen und Expert:innen das Herz Skandinaviens.

MARINAVPH/SHUTTERSTOCK ©

Die Bewohner:innen der Inselgruppe **Vestmannaeyjar** (S. 294) werden von den restlichen Isländer:innen Eyjamenn („Inselmenschen") genannt. Wenn ich die Fähre besteige, schmunzele ich über diesen Gedanken – auf einer entlegenen Insel zu leben, die zu einer anderen entlegenen Insel gehört.

Egill Bjarnason

@egilssaga

Der in Reykjavík gebürtige Egill berichtet für Associated Press über Island und ist Autor von Island – die großartige Geschichte eines kleinen Landes *(FinanzBuch Verlag, 2022).*

LINDA_K/SHUTTERSTOCK ©

Der **Nidarosdom** (S. 359) in Trondheim in Norwegen ist ein Symbol der Geduld. Der auf dem Grab des hl. Olaf erbaute Dom wurde restauriert, erweitert und nach Feuer und Zerstörung wiederaufgebaut. Die heutige Kirche ist eine Huldigung an die alten Handwerker, die ihre Fertigkeiten über Jahrhunderte hinweg an die Handwerker unserer Zeit weiterreichten, die die faszinierende Westfassade schufen.

Gemma Graham

@gemmakgraham

Gemma lebt als Autorin und Herausgeberin in London.

CAVAN-IMAGES/SHUTTERSTOCK ©

Der Fernwanderweg im **Padjelanta-Nationalpark** (S. 506) in Schweden ist weniger bekannt als der Kungsleden, aber genauso spektakulär: Er führt durch die gesamte Palette arktischer Wildnis, von Bergen und Gletscherflüssen bis zu morastigen Tälern. Selbst die Anfahrt per Boot ist ein Abenteuer. Und wandert man allein, dann macht das Glitzern der Gletscher an einsamen Berghängen die Mühsal wieder wett.

Anna Kaminski

@ackaminski

Anna ist Reiseschriftstellerin und liebt Klimaextreme.

LISA STRACHAN/SHUTTERSTOCK ©

Vor über zehn Jahren fuhr ich zum ersten Mal auf Familienbesuch nach **Südfünen** (S. 91) und seitdem bin ich viele Male in dieser reizenden Ecke Dänemarks gewesen. Die schönste Natur des Landes und unzählige Aktivitäten liegen direkt vor der Haustür. Außerdem kann man hier entschleunigen und Seeluft atmen. Wenn ich dem Trubel der Stadt entfliehen will, dann ist Südfünen mein Lieblingsziel.

Adrienne Murray Nielsen

@adrienne_murray; Adrienne lebt als Radiojournalistin und Schriftstellerin in Kopenhagen.

SHJSHONOK/SHUTTERSTOCK ©

Mein Herz schlägt für das finnische **Hanko** (Hangö; S. 211). Egal ob ich mit freundlichen Einheimischen Craftbier schlürfe oder allein beim Sonnenuntergang über das Leben nachsinne – Hanko erfüllt alles, was eine „extrovertierten Introvertierte“ wie ich braucht. Noch toller wird's durch Heilbäder und Seafood-Feste.

Barbara Woolsey

@xo_babxi; Barbara schreibt über die faszinierenden Menschen hinter Reisen, Essen und Kultur. Wenn sie nicht gerade für Reiseführer und Online-Medien Geschichten erzählt, betätigt sie sich als DJane oder Köchin.

OLIVER FOERSTNER/SHUTTERSTOCK ©

Mein Lieblingserlebnis ist ein Bad im **Hafen von Kopenhagen** (S. 54). Das Wasser hier zählt weltweit zum saubersten aller Großstadtgewässer – toll für eine Runde Planschen und ein Picknick danach.

Sean Connolly

@shanboqol
Sean hat schon über ein Dutzend Reiseführer verfasst oder aktualisiert; außerdem ist er Reiseleiter und berichtet für mehrere Zeitschriften über Reisethemen.

DANITA DELIMONT/ALAMY STOCK PHOTO ©

Das Göteborger **Världskulturmuseet** (S. 469), das nur im weitesten Sinne ein „Museum“ ist, hat etwas wirklich Anregendes. Vom coolen Andenkenladen bis zur interaktiven Ausstellung Together – großartig!

Marc Di Duca

Marc arbeitet seit fast 20 Jahren als Reiseschriftsteller und hat für Lonely Planet schon über 100 Reiseführer verfasst.

SARAH KIRCHHOFER/STOCKIMO/ALAMY STOCK PHOTO ©

Schon seit Langem bin ich ein Fan dänischer **Menhire** (S. 86) und **prähistorischer Hügelgräber** (S. 81), aber als ich von Plänen für einen neuen Steinkreis hörte, war ich skeptisch. Doch gleich bei meinem ersten Besuch, als erst wenige Steine fertig bearbeitet waren, war ich von Dodekalitten beeindruckt. Jetzt, da elf von zwölf Steinen fertig sind und überirdische Klanglandschaften ertönen, ist das Kunstwerk hinreißend.

Mark Elliott

@markbekaz; Mark hat schon weit über 60 Reiseführer verfasst.

ARTBBNV/SHUTTERSTOCK ©

Das **Saimaa-Seenland** (S. 205) in Finnland ist mit seinen Seen, kleinen Buchten und Landhotels mit regionalem Essen wirklich schön. Aber es gibt auch eine andere Seite: Die bedrohten Saimaa-Ringelrobben leiden unter weniger Schnee im Winter und Fischernetzen im Sommer sowie veralteten Bergbaugesetzen, die die Umwelt bedrohen – all das erinnert an die Zerbrechlichkeit der Natur.

Paula Hotti

@retrotravels; Paula ist Reisejournalistin und Fotografin in Helsinki und Autorin von Büchern über Dublin, Gin und die europäische Cafékultur.

EQROY/SHUTTERSTOCK ©

Das schwedische **Malmö** (S. 477) ist bekannt als Zentrum für Innovation und Design – das zeigt sich auch bei einem Bummel durch die Straßen zwischen Centralstation und dem neuen Viertel **Västra Hamnen** (Westhafen).

Virginia Maxwell

@maxwellvirginia
Virginia ist Reiseautorin und lebt in Melbourne.

RALAND/SHUTTERSTOCK ©

Ich liebe abgeschiedene Orte, und für mich ist **Kilpisjärvi** (S. 195) an der Nordwestspitze Finnlands daher genau richtig. Atemberaubend ist mit ihren Ausblicken auf große und kleine, glitzernde oder düster dräuende Seen die Tageswanderung durch 11 km arktische Wildnis zum Dreiländereck von Finnland, Norwegen und Schweden.

John Noble

@johnnoble11; John ist Reiseautor und hat für Lonely Planet schon über mehr als 20 Länder geschrieben. Besonders gern hält er sich nördlich des Polarkreises auf.

OLIVER FOERSTNER/SHUTTERSTOCK ©

Bei der Wanderung über die Dünen zum Leuchtturm von **Rubjerg Knude** (S. 110) in Norddänemark erschien die Landschaft in Gestalt und Farbgebung schon fast wie auf dem Mars. Zum Strand hinunter zogen sich Spalten in Sand und Tongestein – beeindruckend! Die gepflegten, flachen Felder des Landesinneren von Jütland hatten mich nicht auf so ein urgewaltiges Naturschauspiel an der Küste vorbereitet.

Thomas O'Malley

Thomas hat für Lonely Planet schon an einem Dutzend Reiseführer mitgearbeitet.

ROLF_52/SHUTTERSTOCK ©

Die bonbonfarbene Holzhausszenerie von Eksjö in Schweden war ein atemberaubend, aber **Norrköping** (S. 492) übertraf gleich bei meiner Ankunft alles, worauf ich vorbereitet zu sein meinte.

Kevin Raub

@RaubontheRoad
Der Journalist Kevin ist Koautor von über 110 Lonely Planet Büchern.

RUSM/GETTY IMAGES ©

Das Stadshuset in **Stockholm** (S. 442) ist umwerfend. Wie eine Version des Dogenpalasts in Venedig aus dem frühen 20. Jh. thront das Rathaus am Mälaren. Die Innenausstattung ist umwerfend; am schönsten ist der Gyllene salen.

Simon Richmond

@simonrichmond
Simon arbeitet seit über 30 Jahren als Journalist und Fotograf.

OLEKSIY MARK/SHUTTERSTOCK ©

Bei einem Bummel am Südufer von **Södermalm** (S. 446) in Stockholm zeigt sich, wie sich Schönheit und Trubel der Hauptstadt die Balance halten. Im Sommer ist besonders zwischen Hornstull und Skanstull viel los.

Maddy Savage

@maddysavage
Maddy ist Journalistin und Dokumentarfilmerin und lebt in Stockholm.

Svalbard
In frostiger Wildnis nach Eisbären suchen (S. 382)
Grönland (Dänemark)
GRÖNLAND-SEE
Islands Ringstraße
Das Land aus Feuer und Eis entdecken (S. 288)
Jan Mayen (Norwegen)
Dänemark-straße
Akureyri
Reykjavík
ISLAND
Stabkirche Heddal
Eins der schönsten Bauwerke Skandinaviens bewundern (S. 394)
Jökulsárlón
Zwischen Eisbergen Kajak fahren (S. 287)
Färöer (Dänemark)
ATLANTIK
Färöer-Inseln
In wilder Landschaft der Welt entfliehen (S. 134)
Tórshavn
Sognefjord
Die schönsten Fjordblicke in Norwegen (S. 411)
Kopenhagen
Skandinaviens coolste Stadt erkunden (S. 50)
NORD-IRLAND
IRLAND
Ribe
In Skandinaviens ältester Stadt Geschichte atmen (S. 112)
0
500 km

Svalbard (Norwegen)
Nowaja Semlja (Russland)
BARENTS-SEE
Schwedens Norden
In Jokkmokk Zeit mit Sam:innen verbringen (S. 505)
Lofoten
Von einer Traumlandschaft zur nächsten (S. 368)
Nordkapp
Vardø
Tromsø
Inarijärvi
Rauma
Sich zwischen alten Holzhäusern verlaufen (S. 215)
NORWEGISCHE SEE
Lofoten
Narvik
Kiruna
Bodø
Rovaniemi
Oulu
Oulujärvi
RUSSLAND
NORWEGEN
SCHWEDEN
FINNLAND
Kuopio
Umeå
Vaasa
Saimaa
Trondheim
Östersund
Jyväskylä
Lappeenranta
Ålesund
Bottnischer Meerbusen
Tampere
Rauma
Helsinki
Finnischer Meerbusen
Turku
Åland
Lillehammer
Bergen
Oslo
Uppsala
Västerås
Stockholm
ESTLAND
Helsinki
Durchs Designviertel der finnischen Hauptstadt bummeln (S. 166)
Örebro
Vänern
Stavanger
Norrköping
Linköping
Vättern
Kristiansand
Skagen
Skagerrak
Kattegat
Jönköping
Gotland
LETTLAND
Aalborg
Öland
DÄNEMARK
Stockholm
In die wunderbare, quirlige Stadt eintauchen (S. 442)
Kopenhagen
Malmö
Esbjerg
Odense
Ribe
Bornholm
BELARUS
DEUTSCHLAND

SPEKTAKULÄRE LANDSCHAFTEN

Als die Götter Skandinavien schufen, hatten sie viel Spaß. Norwegen mit seinen Fjorden und den zerklüfteten Küsten und Bergen und Island mit seinen Vulkanen und heißen Quellen zählen zu den schönsten Ländern der Erde: Hier reiht sich ein Highlight ans andere. Das gilt auch für die spektakulär wilden Färöer-Inseln. Ganz andere Reize haben Finnland, Schweden und Dänemark zu bieten – nämlich ein wahres Füllhorn an Seen und Inseln.

Reisen im Winter

Im Winter zu reisen ist meist kein Problem, doch die Schifffahrten durch die Fjorde finden seltener statt und der weite Himmel kann bewölkt sein.

Nördlicher Polarkreis

Nördlich des Polarkreises auf 66° 33′ nördlicher Breite geht die Sonne im Sommer an manchen Tagen gar nicht unter und im Winter nicht auf.

Hurtigruten-Fähren

Die Küste Norwegens ist einfach unglaublich. Die Schiffe der Hurtigruten-Küstenfähre fahren ganzjährig von Bergen nach Kirkenes.

Lofoten (S. 368)

TOP-ERLEBNISSE: WILDNIS

Rund um den **Sognefjord** ❶ Schluchten voller Wasser und von Felsen gerahmte Holzdörfer erkunden. (S. 411)

Die berühmte, 1332 km lange **Ringstraße** ❷ führt über Bergpässe und einspurige Brücken vorbei an Islands Highlights. (S. 288)

Die **Lofoten** ❸ sind ein wie von Tolkien geschaffenes Land aus Bergen, die sich steil aus dem Meer erheben – an ihre Ausläufer klammern sich Fischerdörfer. (S. 368)

Die **Färöer** ❹ erheben sich aus dem Atlantik wie eine Trugbild einsamer Schönheit. (S. 135)

Über stille Wege radeln, Burgruinen erkunden und zu den Küsten einer alten Drehscheibe der Seefahrt segeln: auf den außergewöhnlichen **Åland-Inseln** ❺. (S. 226)

Ribe (S. 112)

HISTORISCHE ORTE

Die uralten Länder sind durch ihre Geschichte geprägt. Das zeigt sich in reizenden Kopfsteinpflasterstraßen und bunten Holz- und Steinfassaden. Egal, welches Fischerdorf man ansteuert – mit hoher Wahrscheinlichkeit ist es reizend.

Welterbestätten

In Skandinavien liegt Schweden mit 15 Welterbestätten an der Spitze, gefolgt von Dänemark (10), Norwegen (8), Finnland (7) und Island (3).

Skandinaviens älteste Stadt

Das herrliche Ribe (S. 112) an der Südwestküste Dänemarks ist Skandinaviens älteste Stadt, gegründet im 9. oder sogar 8. Jh. von der Wikingern.

TOP-ERLEBNISSE: ALTE STÄDTE & DÖRFER

Vanha Rauma ❶, die Altstadt von Rauma, ist bei Weitem das größte und interessanteste Holzhausviertel Finnlands. (S. 215)

Die urigen Kopfsteinpflasterstraßen im Zentrum von **Naantali** ❷ bei Turku laden zu einem schönen Bummel ein. (S. 179)

Norwegens Weltkulturerbe **Røros** ❸, eine alte Bergbausiedlung, bietet herrliche Holzhäuser, teils mit Grassodendach, und jeder Menge Charme. (S. 363)

Leicht von Stockholm und Uppsala erreichbar ist das stille kleine **Sigtuna** ❹ mit Kirchenruinen und hübschen Gassen. (S. 456)

Zur Brigittenkirche in **Vadstena** ❺ strömen Pilger:innen; schöne Holzhäuser und eine Burg säumen die stillen Straßen des am See gelegenen Ortes(S. 491).

SKANDINAVISCHE TIERWELT

Die Wildnis Skandinaviens bietet erstaunlichen Lebewesen eine Heimat, von Bären (u. a. Eisbären) und Wölfen bis zu Rentieren. In einigen der unberührtesten Landschaften der Region kann man fantastische Begegnungen mit Tieren erleben. Die subpolare norwegische Inselgruppe Svalbard ist das spannendste Wildtierziel Europas, aber auch auf dem Festland ist die Tierwelt voller Überraschungen.

Walbeobachtungssaison

Die besten Monate für die Walbeobachtung vom norwegischen Tromsø aus sind November bis Januar – warm anziehen! In Akureyri und Húsavík (Island) dauert die Saison von März bis November.

Sicherheit

Wer Wildtiere auf eigene Faust beobachtet, sollte dies zur eigenen Sicherheit und jener der Tiere aus sicherer Entfernung mit dem Fernglas tun.

Finnlands Lieblinge

Der Braunbär *(Ursus arctos)* ist das Nationaltier Finnlands. Von Mitte April bis August – mit einer kleinen Pause im Juli während der Paarung – sind die Bären im Nordosten des Landes zu sehen.

TOP-ERLEBNISSE: WILDTIERE

In Europas größter Wildnis, **Svalbard** ❶, leben Eisbären, Walrosse, Polarfüchse und eine eigene Unterart von Rentieren. (S. 382)

In der Nähe von **Kuhmo** ❷ in Finnland kann man nach Bären und Wölfen Ausschau halten. Garantiert sind Sichtungen nicht, doch dies ist eins der spannendsten Wildtierziele Europas. (S. 204)

In **Saimaa** ❸, Finnlands betörendem Labyrinth aus Seen, Inseln und Kanälen, kann man auf Ökobootstouren nach den bedrohten Ringelrobben Ausschau halten. (S. 206)

Auf Bootstouren von **Tromsø** ❹ im arktischen Norden Norwegens aus begibt man sich auf die Suche nach Buckel- und Schwertwalen. (S. 375)

Auf den isländischen **Vestmannaeyjar** ❺ gibt's die größte Kolonie überhaupt an possierlichen Papageitauchern. (S. 295)

COOLE STÄDTE

Skandinavien bietet städtische Coolness wie keine andere Region der Welt. Die Keimzelle dafür, die Welt im skandinavischen Stil neu zu denken, ist Kopenhagen, doch Helsinki ist ihm mit seinem Designviertel stets dicht auf den Fersen. Auch die schwedischen – und im kleineren Maßstab auch die norwegischen – Städte wie auch Reykjavík in Island zeigen ebenfalls Stil. Und wer meint, Design habe nichts mit dem Alltag zu tun, täuscht sich: In Skandinavien ist Design eine Facette des guten Lebens.

IKEA

Schwedisches Design ist keine Nischenindustrie. Im Ort Älmhult wurde IKEA (S. 484) gegründet, mit der Idee, das Leben für alle einfacher zu gestalten.

Lego

Lego kommt aus Billund (S. 102) und wird dort heute gefeiert; der Name stammt vom dänischen Ausdruck für „gut spielen“ und könnte ein skandinavisches Lebensmotto sein.

Volvo

Volvo (S. 470) stammt aus dem schwedischen Göteborg; ein Museum erzählt die Geschichte der berühmten Automarke und ihrer umwerfenden Wiedergeburt.

Nyhavn (S. 51)

TOP-ERLEBNISSE: STÄDTE

In **Kopenhagen** ❶ lässt sich überall, z. B. in Museen, Restaurants und Geschäften, tolles Design erleben. (S. 50)

Das weltberühmte Designviertel von **Helsinki** ❷ strotzt vor Geschäften, Ateliers und Galerien. (S. 170)

In Stockholm hat sich **Södermalm** ❸ vom heruntergekommenen Viertel zu einer Oase mit coolen Cafés und anderen stylishen Orten gemausert. (S. 446)

Bergen ❹ verströmt das ungezwungene Flair einer Stadt, die alles mit Leidenschaft tut und dabei weiß, wie schön sie ist. (S. 400)

Im klaren Licht des hohen Nordens Europas verströmt **Reykjavík** ❺ das Selbstbewusstsein, das aus tiefen Traditionen und einer Fähigkeit rührt, sich stilvoll neu zu erfinden. (S. 258)

AKTIVE ABENTEUER

Motor aus, Auto stehen lassen und los geht's! Über die Berge und durchs Hinterland führen zahllose Wege, im Sommer zum Wandern, im Winter zum Skilanglaufen, und jeder einzelne eröffnet dir eine ganz neue und ganz eigene Welt. Und das ist nur der Anfang: Auch beim Kanu- und Kajakfahren, Wildwasserraften, Radfahren und Hundeschlittenfahren sowie bei vielen anderen Gelegenheiten erlebst du die Wildnis Skandinaviens noch intensiver.

Extremsport

Ende Juni findet in Voss zwischen Bergen und dem Sognefjord für eine Woche ein Extremsportfest mit Fallschirmspringen, Gleitschirmfliegen und Basejumping statt.

Wandersaison

Wegen des extremen Klimas in Skandinavien ist Wandern hier meist nur im Sommer möglich, im Hochland Norwegens oft nur im Juli und August.

Gerätetauchen

Wer wusste schon, dass man in Island toll tauchen kann? Die Sicht und die Landschaften mit z. B. geothermalen Schloten unter Wasser sind fantastisch, etwa in der Silfra-Spalte in Þingvellir (S. 276) oder im Eyjafjörður.

Jukkasjärvi (S. 503)

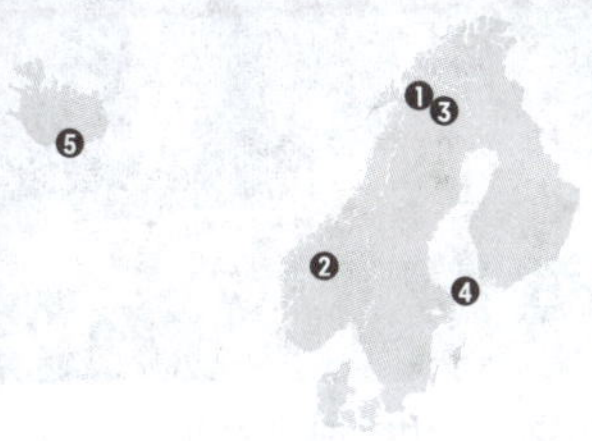

TOP-ERLEBNISSE: OUTDOOR

Eine Mehrtageswanderung auf dem **Kungsleden** ❶ führt durch den spektakulären arktischen Norden Schwedens. (S. 503)

Im **Jotunheimen-Nationalpark** ❷ wandert man auf herrlichen Wegen mit tollen Ausblicken übers „Dach" Norwegens. (S. 357)

In **Jukkasjärvi** ❸ im Herzen von Schwedens Samiland ziehen dich Huskys oder sogar Rentiere im Schlitten durch eine hübsche Eiswelt. (S. 503)

Im Kajak oder Kanu kannst du die malerischen Gewässer rund um die finnischen **Åland-Inseln** ❹ erkunden. (S. 226)

Nichts ist so erhaben wie eine Kajakrunde über die isländische **Jökulsárlón** ❺ (Gletscherlagune) im Schatten von mächtigen Eisbergen. (S. 287)

Stabkirche Heddal (S. 394)

ERBAULICHE ARCHITEKTUR

In der Vergangenheit war Schönheit Kirchen und Kathedralen vorbehalten. Heute ist die skandinavische Leidenschaft für Innovation und avantgardistisches Bauen weit vielfältiger und zeigt sich auch etwa in Museen und Konzerthäusern.

Dänischer Stil

Dänemark ist architektonisch breit aufgestellt. Nicht versäumen: das Dänische Seefahrtsmuseum in Helsingør (S. 70), das eigenwillige Lego House in Billund (S. 103) und das Amager Bakke in Kopenhagen.

Malmö

Das postindustrielle Malmö (S. 477), einst als hässliches Entlein Schwedens verspottet, strotzt vor Design und Innovation, z. B. mit dem markanten Turning Torso in Gamla Staden (S. 478).

TOP-ERLEBNISSE: BAUWERKE

Die **Stabkirche Heddal** ❶ ist die größte und schönste Kirche Norwegens. So stellt man sich ein Wikingerschiff vor, dass die Ozeane durchpflügt. (S. 394)

Die **Osloer Oper** ❷ ist ein kühner Bau und eine Kulturikone, die sich wie ein gestrandeter Eisberg am Oslofjord erhebt. (S. 386)

In Skandinavien sind quasi alle Burgen und Schlösser interessant, doch im **Kronborg Slot** ❸ im dänischen Helsingør war laut Shakespeare Hamlet zu Hause. (S. 69)

Die umwerfende Hallgrímskirkja des Isländers Ólafur Elíasson ist ein fantastisches Work-in-Progress in **Reykjavík** ❹. (S. 258)

Mit ihren runden Titanblechen erhebt sich die **Nordlyskatedralen** ❺ (Nordlichtkathedrale) über Alta wie eine arktische Erscheinung. (S. 378)

DIE WELT DER SAM:INNEN

Die Sam:innen leben schon seit Tausenden von Jahren in Skandinavien und ihre Präsenz ist im arktischen Norden der Region spürbar. Egal ob man in Nordfinnland, -norwegen oder -schweden eine ihrer kulturellen Einrichtung oder eines ihrer Museen besucht oder einem samischen Fest oder Event wie einem Rentierrennen beiwohnt – es ist immer ein spannendes Erlebnis!

Wie viele?

Die Sam:innen nennen ihr traditionelles Land Sápmi oder Sámiland. Von den 70 000 Sam:innen lebt über die Hälfte in Norwegen, gefolgt von Finnland und Schweden.

Sámiland oder Lappland?

Die Sam:innen und ihr Land hießen früher Lapp:innen bzw. Lappland (was teils immer noch benutzt wird). Viele Sam:innen empfinden beide Begriffe heute jedoch als beleidigend.

Sprachen der Sam:innen

Es gibt zehn verschiedene samische Sprachen in Sápmi, dem samischen Land im Norden Schwedens, Norwegens, Finnlands und auf der russischen Kola-Halbinsel. Die Sprachen gehören zur finnougrischen Sprachfamilie.

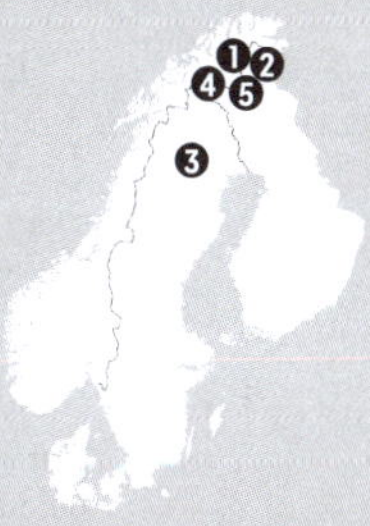

TOP-ERLEBNISSE: DIE SAM:INNEN

Die Hauptstadt der norwegischen Sam:innen ist **Karasjok** ❶ mit Museen, schönem Parlamentsgebäude und Kulturaktivitäten. (S. 379)

In **Inari** ❷, der samischen Hauptstadt Finnlands, gibt es ein tolles Museum zur Welt der Sam:innen, ein schönes Kulturzentrum, ein Parlament und einen Kunstgewerbeladen. (S. 186)

Jokkmokk ❸ ist Schwedens samische Hauptstadt, mit tollem Winterfest, Kunstgewerbeläden, einem guten Museum und unverkennbar samischem Flair. (S. 504)

Kautokeino ❹, ebenfalls in Norwegen, mangelt es zwar an den Vorzeigeinstitutionen von Karasjok, doch fast alle Bewohner:innen sind Sam:innen. (S. 381)

Ein nicht touristisches samisches Dorf ist Njurgulahti in Finnlands hohem Norden, auch gut als Basis für den **Lemmenjoki-Nationalpark** ❺. (S. 194)

STÄDTE & REGIONEN

Entdecke dein Sehnsuchtsziel.

Island

INSEL DER NATURGEWALTEN

Wer von reiner Arktisluft und von Gletschern geformten Landschaften, hohen Bergen und weiten, leeren Horizonten träumt, der träumt wahrscheinlich von Island, einem der schönsten Länder der Erde. Es bietet eine jenseitig anmutende Kulisse für eine spannende Kulturgeschichte.

S. 252

Die Färöer

UNGEZÄHMTE NATUR & GRANDIOSE ABGESCHIEDENHEIT

Die fabelhaften Färöer weit abseits im Atlantik bilden das wilde, windgepeitschte Gegenstück zur skandinavischen Coolness von z. B. Stockholm und Kopenhagen. Atemberaubende Landschaften, malerische, freundliche Siedlungen und ein Tourismus in kleinem Rahmen sorgen für viele großartige Erlebnisse.

S. 134

Dänemark

WIKINGER, HYGGE & EINE FAHRRAD-FREUNDLICHE HAUPTSTADT

Kopenhagen ist eine Welthauptstadt in Sachen Essen und Design und setzt den Maßstab fürs ganze Land, egal ob man wie die Einheimischen auf Bornholm abhängt, dem Wikinger in sich nachspürt oder Hamlets Schloss besucht. Dieses Land zu erkunden, das zu leben weiß, ist immer ein Genuss.

S. 45

Norwegen

DRAMATISCHE LANDSCHAFTEN, KUNST & WIKINGERGESCHICHTE

Von den Fjorden bis zu den Lofoten und den subpolaren Landschaften und Eisbären von Spitzbergen: In Norwegen regiert Mutter Natur. Ein Großteil der herrlichen Landschaften des Landes scheint aus einem Märchen zu entstammen, und die Städte zählen zu den hübschesten Skandinaviens.

S. 347

Finnland

UMWERFENDE SZENERIE, WIDERSTÄNDIGER GEIST

Finnland tanzt aus der Reihe. Eingeklemmt zwischen dem Osten und dem restlichen Skandinavien ist Finnland einerseits das Land des hypercoolen Helsinki und andererseits das Land wilder Arktiswälder und uralter Kulturen im hohen Norden Europas.

S. 161

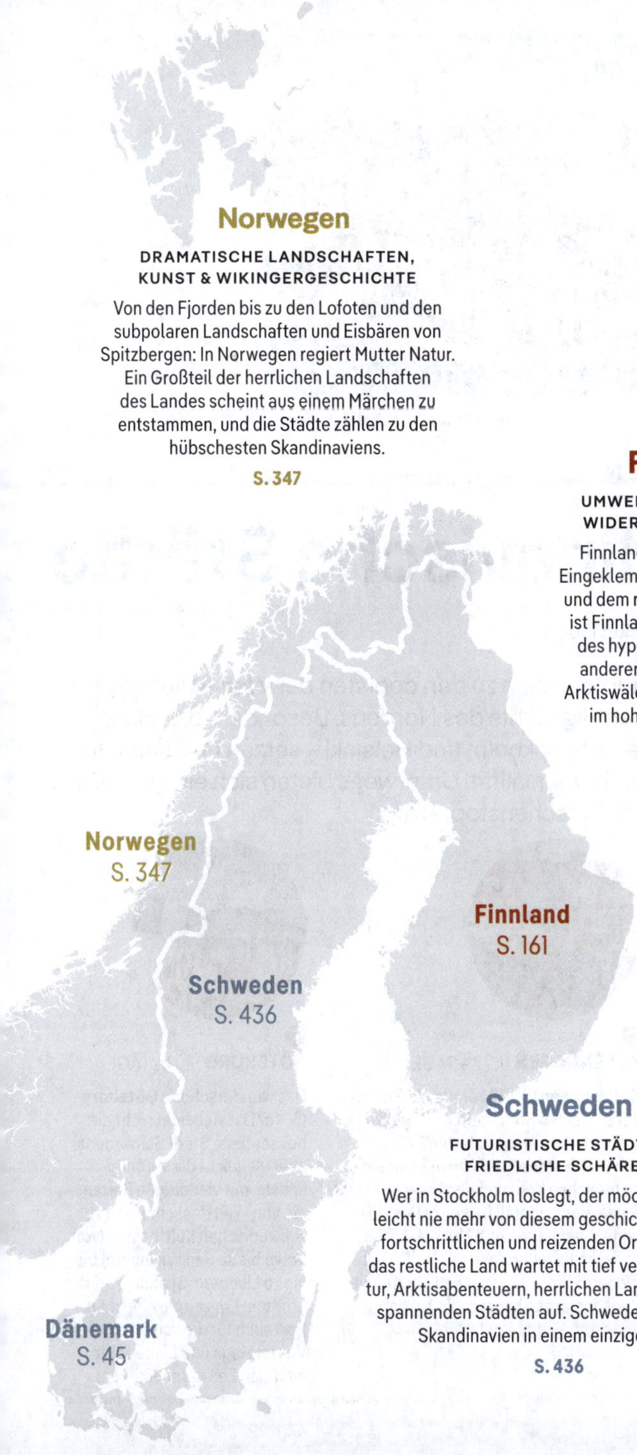

Schweden

FUTURISTISCHE STÄDTE& FRIEDLICHE SCHÄREN

Wer in Stockholm loslegt, der möchte sich vielleicht nie mehr von diesem geschichtsträchtigen, fortschrittlichen und reizenden Ort lösen. Doch das restliche Land wartet mit tief verwurzelter Kultur, Arktisabenteuern, herrlichen Landschaften und spannenden Städten auf. Schweden ist wie ganz Skandinavien in einem einzigen Land.

S. 436

MISTERVLAD/SHUTTERSTOCK ©

Gamla Stan, Stockholm (S. 442)

REISEROUTEN

Skandinavische Städte

Dauer: 10 Tage **Strecke:** 1301 km

Skandinavische Städte zählen zu den coolsten der Welt – diese Reise führt zu den urbanen Highlights des Nordens. Besonders drei Hauptstädte – Kopenhagen, Stockholm und Helsinki – setzen Maßstäbe für gutes Design und Lebensqualität. Unterwegs bieten sich einige kleinere Städte als lohnende Zwischenstopps an.

1

KOPENHAGEN 2½ TAGE

Kopenhagen (S. 50) könnte als Prototyp der perfekten Stadt gelten – aber wo soll man den Besuch starten? Wahrscheinlich stehen Nyhavn mit seinem historischen Kern und der Tivoli an erster Stelle, doch überall locken in Restaurants, Geschäften und Museen kulinarische Exzellenz und cooles Design. Weitere Highlights sind das alternative Christiania, das hypercoole Nørrebro und das beliebte Vesterbro.

2

GÖTEBORG 1½ TAGE

Das wunderschöne **Göteborg** (S. 467) ist vielleicht nicht die bekannteste Stadt Schwedens, aber vielleicht die vergnüglichste, mit vielfältigen Reizen, die von Weltklassemuseen zu schwedischen Kultthemen (von Volvo bis zu den Wikingern) bis hin zu Liseberg, Skandinaviens größtem Freizeitpark, reichen. Und auch für die schrägen Viertel Haga und Linné sollte man sich Zeit nehmen.

STUDIOLASKA/SHUTTERSTOCK ©, CHRISTOPHER KANE/SHUTTERSTOCK ©

3

STOCKHOLM 2 TAGE

Im alten Stockholmer Viertel **Gamla Stan** (S. 442) könnte man Tage verbringen, doch es sollte auch Zeit sein für die Museumsjuwele auf den Stadtinseln Djurgården und Skeppsholmen und für die urbane Coolness des ehemaligen Arbeiterviertels Södermalm.

Abstecher: *Erkunde die Stockholmer Schären mit ihren Wäldern, Wildblumen und bunten Holzhäuschen.*

4

TURKU 1 TAG

Über den Kopfsteinpflasterstraßen von **Turku** (S. 174) thronen zwei gotische Juwele des 13. Jhs., der Dom und die Burg. Turku ist zudem Finnlands Zentrum der Gegenwartskunst, sodass man hier mehrere Epochen parallel erlebt. Aber man sollte auch einfach auf den schönen Plätzen und in den Straßen entspannen – sie bilden eine unwiderstehliche Einführung in den finnischen Alltag.

5

HELSINKI 2 TAGE

Helsinki (S. 166) spannt einen Bogen zwischen Ost und West und bietet neben historischer Architektur wie einer großen Seefestung auch das Designviertel. Am Hafen kannst du saunieren und baden; besuche eins der fantastischen Museen der Stadt, tauche in die innovative kulinarische Szene ein und versuche zu verstehen, wie es in einer einzigen Stadt so viel Tolles zu erleben gibt.

REISEROUTEN

Der arktische Norden

Dauer: 10 Tage
Strecke: 1408 km (ohne Fähre)

Willkommen im Land der Sam:innen und Europas nördlichstem Reich! Los geht's auf den unvergleichlichen Lofoten, dann durch die Arktis mit zwei Wildnis-Nationalparks, zwei Zentren samischer Kultur und Tromsø, einer dynamischen Stadt mit einem eindrucksvollen Angebot an Sommer- und Winteraktivitäten.

1

BODØ ⏱ 1 TAG

Die Reise beginnt im norwegischen **Bodø** (S. 365), von dem man übers Wasser Richtung Lofoten schaut. Die Europäische Kulturhauptstadt 2024 bietet ein Weltklasse-Konzerthaus, Museen und das Flair einer aufstrebenden Stadt.

Abstecher: *Der Saltstraumen nur 30 km südlich von Bodø ist vielleicht der mächtigste Gezeitenstrom der Welt: Mehrmals am Tag schäumt und wirbelt unter einer Brücke das Wasser.*

2

LOFOTEN ⏱ 2 TAGE

Von Å im Süden bis Svolvær im Norden: Die **Lofoten** (S. 368) bieten eine seltene Kombination aus absolut hinreißender Landschaft und malerischen Dörfern. Du fährst durchs atemberaubende Reine und weiter über Nyksund und Henningsvær sowie viele weitere tolle Orte. An zahlreichen Stellen unterwegs musst du einfach halten, um die Aussicht auf die Landschaft zu bewundern.

3

ABISKO-NATIONALPARK ⏱ 2 TAGE

Der **Abisko-Nationalpark** (S. 503) zählt zu den verborgenen Juwelen Schwedens. Bekannt ist er für seinen klaren Himmel und als einer der besten Orte im Land fürs Nordlicht, besonders an der Aurora Sky Station – wer im Winter hier ist, sollte den Blick gen Himmel wenden. Im Sommer kann man der Welt und ihrem Lärm auf Wanderungen entfliehen.

4

TROMSØ 2 TAGE

Tromsø (S. 373) hat etwas Unwiderstehliches. Die Lage in einer Kulisse aus Bergen und Fjorden ist erstklassig und die Eismeerkathedrale zählt zu den schönsten Bauwerken Norwegens. Doch egal zu welcher Jahreszeit – es gibt immer so viel zu sehen und zu tun, von der Walbeobachtung und vom Hundeschlittenfahren im Winter bis zu tollen Wanderungen in der wärmeren Jahreszeit.

5

KARASJOK 1 TAG

Die samische Hauptstadt Norwegens, **Karasjok** (S. 379), liegt inmitten der Kiefernwälder im Landesinneren. Im Winter gibt's Hundeschlittenfahrten und das ganze Jahr über samische Sehenswürdigkeiten. Vielleicht kannst du im eindrucksvollen Parlamentsgebäude samische Demokratie erleben; auch die Museen und Kunstgewerbeläden verdienen einen Besuch, ebenso wie die Restaurants mit auf samische Art zubereitetem Rentier.

6

INARI 1 TAG

Das verschlafene kleine **Inari** (S. 186) ist bedeutender, als es den Anschein hat. Die samische Hauptstadt Finnlands bietet ein Weltklassemuseum zu den ersten Bewohner:innen Skandinaviens sowie ein Parlament, ein Kulturzentrum und zahlreiche Einrichtungen und Läden für samisches Kunsthandwerk. Rund um den stillen Ort locken schöne Seen und weite Wildnisgebiete.

7

LEMMENJOKI-NATIONALPARK 1 TAG

Der finnische **Lemmenjoki** (S. 194), eines der letzten großen Wildnisgebiete Nordeuropas, ist etwas ganz Besonderes, geliebt von Wandernden wie von samischen Rentierzüchtern. Der atemberaubende Park umfasst Wälder, Flusstäler, Fjells und Feuchtgebiete; am Fluss entlang führt ein Wanderweg von Njurgulahti zum Ravadasköngäs. Im Winter lässt sich auch das Polarlicht blicken.

Stavanager (S. 395)

REISEROUTEN

Wilde Schönheit

Dauer: 11 Tage **Strecke:** 1942 km

In puncto spektakuläre Natur sind Norwegen und Island unschlagbar und diese Route führt zu den Highlights beider Länder. Los geht's in den Fjorden im Westen Norwegens, einer der herrlichsten Landschaften Europas, und von dort zu den Vulkanen und Gletschern Islands.

1

STAVANGER 1 TAG

Die Reise beginnt in der norwegischen Ölstadt **Stavanger** (S. 395) mit einem der besten Museen des Landes. Stavanger ist bekannt für seinen kleinen Hafen voller Bars, seine reizende weiße Altstadt und eine der spannendsten Kulinarikszenen Norwegens. Es ist leicht zu Fuß zu erkunden und liegt nicht weit von spektakulären Fjordlandschaften – eine tolle Einstimmung in die Region.

2

LYSEFJORD 2 TAGE

Der **Lysefjord** (S. 399) ist einer der schönsten Fjorde Norwegens. Am ersten Tag fährst du per Auto oder Bus zum Ausgangspunkt der Wanderung (4 Std. hin & zurück) auf die Felskanzel Preikestolen, einen der tollsten Aussichtspunkte Europas hoch über dem Fjord. Am zweiten Tag geht's per Schiff von Stavanger in den Lysefjord, um ihn aus ganz anderer Perspektive zu bewundern.

3

BERGEN 2 TAGE

In **Bergen** (S. 400), inmitten von sieben Hügeln und an sieben Fjorden, ist man nie weit von der Natur entfernt. Per Standseil- oder Gondelbahn geht's hinauf auf einen der Gipfel und dann zu Fuß wieder hinunter. Genieße die vielen Museen und Restaurants der Stadt oder erkunde das reizende Hafenviertel Bryggen, ein Weltkulturerbe, mit seinen bunten Holzhäusern. Eine Stadt zum Verweilen!

4

SOGNEFJORD 2 TAGE

Der **Sognefjord** (S. 411) ist eine zauberhafte Welt aus steilen Klippen, Gletschertälern, unberührten Gewässern und einsamen Dörfern. Ob eine Schiffstour ab Gundvangen, Aurland oder Flåm oder eine Bahnfahrt ab Flåm: Alle Touren sind großartig! Stiller geht's etwa in Undredal und Otternes zu.

***Absteche**r: Auf der Fahrt ab Bergen bietet sich ein zwei- bis dreistündiger Abstecher zum Hardangerfjord an.*

5

REYKJAVÍK 1 TAG

Islands Hauptstadt bietet eine vergnügliche Einstimmung auf das Land. Das ins klare Licht des Nordens getauchte **Reykjavík** (S. 258) ist bekannt für seine tolle Shopping- und Restaurantszene sowie für seine Cafés und Kneipen: Hier weiß man sich zu amüsieren! Und die interaktiven Museen vermitteln einen erstklassigen Vorgeschmack auf das, was einen im Land erwartet.

6

RINGSTRASSE 3 TAGE

Egal welche Strecke du darauf zurücklegst, eine Fahrt auf der isländischen **Ringstraße** (S. 288) ist wie eine Reise durch ein Land, das eigentlich zu schön ist, um wahr zu sein. Unterwegs bestaunst du zerklüftete Gipfel und Kämme, Gletscher und Vulkane, eisblaue Seen und dampfende Thermalquellen. Vielleicht eine der schönsten Autostrecken der Welt!

REISEROUTEN

Dänemark & der Süden

Dauer: 2 Wochen **Strecke:** 2114 km

Die Route durch Skandinaviens Süden wirkt wie eine Reise durch eine Filmkulisse für tolle Historiendramen. Los geht's mit einigen geschichtlichen Juwelen Dänemarks, dann über das schwedische Gotland und die finnischen Åland-Inseln und schließlich in zwei der schönsten Städte Finnlands.

1

AARHUS

2 TAGE

Das hübsche **Aarhus** (S. 96) besticht mit alten öffentlichen Plätzen und einem selbst für Dänemark sehr ausgeprägten Sinn für gutes Leben. Erkunde die Stadt zu Fuß oder per Drahtesel, besuche das ARoS Aarhus Kunstmuseum und tauche tief in Den Gamle By (die Altstadt) ein. Wer noch Zeit hat, kann sich am Hafen tolle Beispiele für Stadterneuerung anschauen.

2

RIBE

2 TAGE

Gehörst du zu den Reisenden, die Sachen gern auf den Grund gehen? Dann ist **Ribe** (S. 112) für dich das Epizentrum des urbanen Skandinaviens. Es soll die älteste skandinavische Stadt sein – neue Funde datieren ihre Ursprünge ins 8. Jh. –, sie hat nicht eins, sondern zwei Wikingermuseen, dazu Dänemarks ältesten Dom und Straßen voller Charme und Schönheit.

3

ROSKILDE

2 TAGE

Das größte Musikfestival Nordeuropas (Ende Juni/Anfang Juli) wirkt im dänischen **Roskilde** (S. 74) vielleicht etwas fehl am Platz, aber es funktioniert! Und nur in Roskilde können 130 000 Festivalbesucher:innen gegenüber den anderen Attraktionen der Stadt wie einem Wikingermuseum, einem prächtigen Dom, einer herrlichen Lage am Fjord und einer Vielzahl königlicher Bauten die zweite Geige (oder E-Gitarre) spielen.

4

GOTLAND

3 TAGE

Gotland ist außergewöhnlich. Die größte Stadt, **Visby** (S. 486), ist mit ihrer Stadtmauer aus dem 12. Jh. ein wahres Schmuckstück. Außerdem lockt Visby mit einem Museum voller Wikingerschätze, einer hinreißenden Altstadt voller historischer Bauten und einer ausgezeichneten Restaurantszene. Außerhalb von Visby bilden Ackerland und kleine Dörfer eine echte schwedische Idylle.

5

ÅLAND-INSELN ⏱ 2 TAGE

Die finnischen **Åland-Inseln** (S. 226) sind eine seltene Kombination aus natürlicher Schönheit und faszinierender Siedlungsgeschichte. Wer von Insel zu Insel hüpft und die Museen besucht, erlebt beides. Zu den Highlights zählen etwa das historische Erbe von Sund und die Sonnenuntergänge über der Ostsee vom Djävulsberget (Teufelsberg) – oder man lehnt sich einfach zurück und genießt die Aussicht, egal wo!

6

TAMPERE ⏱ 1½ TAGE

Coole Museen, Cafés und Restaurants, Holzfassaden und Backsteinbauten: **Tampere** (S. 219) ist eine echt coole Stadt, ein finnisches Aushängeschild für postindustrielle Stadterneuerung. Außerdem hat sich Tampere zur Saunahauptstadt der Welt ernannt. Genieße im Stadtzentrum die Tammerkoski-Stromschnellen, nimm den Aufzug auf den Pyynikki-Aussichtsturm und entspanne in der Rajaportin-Sauna. Herrlich!

7

SAVONLINNA ⏱ 1½ TAGE

Die Reise endet im malerischen **Savonlinna** (S. 206) im Südosten Finnlands. Savonlinna wartet nicht nur mit seiner Burg Olavinlinna auf einer eigenen Insel und einem jährlichen Opernfestival auf, sondern auch mit einem geschäftigen Hafen, wunderschönen Gärten und einem hübschen Altstadtviertel.

***Abstecher:** Auf einer dreistündigen Ökobootstour hält man Ausschau nach Saimaa-Ringelrobben (S. 208) und genießt dabei die Seenlandschaft.*

BESTE REISEZEIT

Skandinavien steckt das ganze Jahr über voller Möglichkeiten, vom unbeschwerten Sommer bis zum zauberhaften Winter.

Eine Reise nach Skandinavien erfordert eine sorgsame Planung. Im Sommer ist vieles einfacher, aber dafür muss man im Voraus buchen. Im Winter wird die Suche nach dem Nordlicht (S. 248 und S. 520) immer beliebter, doch andere Attraktionen sind dann möglicherweise geschlossen.

Ein weiterer Punkt ist die Dauer des Tageslichts. Wenn man im Winter das Nordlicht bestaunen will, dann vielleicht um den Preis, dass es teils nur wenig Tageslicht gibt und die Sonne schon am frühen Nachmittag untergeht. Vor der Buchung die Zeiten von Sonnenauf- und Sonnenuntergang checken!

Hochsaison?

Einige skandinavische Länder wie z. B. Norwegen sind in der Hochsaison, meist Mitte Juni bis Mitte August, insofern ungewöhnlich, als die Hotels dann Reisenden bessere Deals anbieten und die Preise meist niedriger sind als im restlichen Jahr.

LOCAL TIPP

WINTER AUF DEN ÅLAND-INSELN

Graham Robins ist Chefkurator des Kulturhistorischen Museums von Åland. @alandsmuseum

„Ich erinnere mich an die winterliche Dunkelheit auf den Åland-Inseln, einem Archipel mit 6500 verstreuten Inseln und Schären. Bei unserem ersten Besuch auf Granskär (Schäre Fir) kletterten wir über die glatten Granitfelsen und durch süß duftende Kiefernwälder voller Heidelbeersträucher und Moos. Auf einem flachen Fels lag an einer Bucht eine Steinspirale aus einer Zeit, als hier Fischer ihr Lager hatten. Ich erinnere mich auch an den Mittsommer und an Tanz und warme, nie endende Abende."

Aurora borealis, Tromsø (S. 375)

DAS NORDLICHT

Die Aurora borealis (das Nordlicht) ist das ganze Jahr über zu sehen, am besten aber in den langen Nächten von Oktober bis März. Wer mitten im Winter draußen in den Himmel starren möchte, sollte sich sehr warm anziehen!

Reisewetter

JANUAR	FEBRUAR	MÄRZ	APRIL	MAI	JUNI
ø-Temp. Max: **3 °C**	ø-Temp. Max: **3 °C**	ø-Temp. Max: **6 °C**	ø-Temp. Max: **11 °C**	ø-Temp. Max: **16 °C**	ø-Temp. Max: **19 °C**
Regentage: 17	Regentage: 13	Regentage: 12	Regentage: 13	Regentage: 11	Regentage: 13

DER GOLFSTROM

In Skandinavien sind die Temperaturen an den Küsten wärmer als überall sonst auf der Welt auf denselben Breitengraden. Das verdankt sich dem Golfstrom, einer schnellen Atlantikströmung, die aus dem Golf von Mexiko in den Nordatlantik fließt.

Die großen Feste

Der **Jokkmokk-Wintermarkt** (S. 504) im Februar zählt zu den größten samischen Märkten Skandinaviens. Dabei liefern sich Rentiere Rennen auf dem Eis, es gibt Kunsthandwerk zu kaufen sowie samische Leckereien und Live-Darbietungen. **Februar**

In ganz Skandinavien wird mit ungewöhnlichem Eifer **Mittsommer** gefeiert. Bei Familienfesten, Saunapartys, Freudenfeuern und Gelagen am Wochenende zwischen dem 19. und 26. Juni verhalten sich sonst vernünftige Leute fröhlich-albern. **Juni**

Das legendäre **Roskilde Festival** (S. 75) bei Kopenhagen ist das größte Musikfestival Nordeuropas. Es findet Anfang Juli statt, doch Karten werden schon ab Oktober verkauft: Wer hinmöchte, sollte zügig planen. **Juli**

Weihnachten (S. 185) ist eine zauberhafte Zeit in Skandinavien, von der Weihnachtsmanngrotte in Finnisch-Lappland bis zu Glühwein und Lichterglanz in Kopenhagen und selbst gebackenen Zimtleckereien in der ganzen Region. **Dezember**

Schräge Events

Im Winter finden in Nordskandinavien Festivals statt, doch keins ist so nervenaufreibend wie das **Rentierrennen** (S. 194) in Finnland. Ein großes Spektakel ist der Königscup, das große Finale. **März**

Beim **Þorrablót** huldigen die Isländer:innen dem Gott Thor mit wilden Festen. Leckereien wie fermentierter Hai sind sicher nicht jedermanns Geschmack. **Februar**

Sommerliche Ausgelassenheit herrscht in **Sonkajärvi** in Finnland bei den **Weltmeisterschaften im Ehefrauentragen**. Das Siegerpaar gewinnt das Gewicht der Frau in Bier und viele neue Freunde. **Juli**

Musikalisches Talent ist bei den **Weltmeisterschaften im Luftgitarrespielen** in Oulu nicht erforderlich. Erwachsene Männer und Frauen spielen sich zu kitschigen Gitarrenklassikern die Seele aus dem Leib. Wer hat je behauptet, die Finn:innen hätten keinen Humor? **August**

LOCAL TIPP

LACHS ANGELN IN ISLAND

Friðrik Rafnsson ist ein isländischer Autor und Übersetzer sowie Präsident der Icelandic Union of Tour Guides. facebook.com/frafnsson

„Als ich klein war, hatte meine Familie eine Anglerhütte an einem der besten Lachsflüsse Islands, an der Laxá im Adaldalur, die in den Mývatn mündet. Dahin fuhren wir im Frühjahr und Sommer und besonders mochte ich die Sommersonnenwende vom 21. auf den 22. Juni. Ein spannendes Labyrinth, in dem man sich ein paar Minuten verlieren kann, ist die Lavafestung von Dimmuborgir."

Weihnachtsmarkt, Højbro Plads (S. 57)

MITTERNACHTSSONNE

Im hohen Norden Skandinaviens wird es im Sommer mancherorts nie ganz dunkel. Vielleicht genießt man unter der Mitternachtssonne ein Bier, aber fürs Schlafen die Augenmaske nicht vergessen!

JULI	AUGUST	SEPTEMBER	OKTOBER	NOVEMBER	DEZEMBER
ø-Temp. Max: **21 °C**	ø-Temp. Max: **20 °C**	ø-Temp. Max: **17 °C**	ø-Temp. Max: **12 °C**	ø-Temp. Max: **7 °C**	ø-Temp. Max: **4 °C**
Regentage: 14	Regentage: 14	Regentage: 15	Regentage: 16	Regentage: 16	Regentage: 17

LINKS: ROBERTO LA ROSA/SHUTTERSTOCK © RECHTS: INGUS KRUKLITIS/EYEEM/SHUTTERSTOCK ©

Blaue Lagune (S. 272)

BESTENS VORBEREITET AUF SKANDINAVIEN

Nützliches zum Vorbereiten und Einstimmen.

Kleidung

Schick anziehen: Die Skandinavier:innen sind stolz auf ihren legeren Kleidungsstil, wobei leger keineswegs abgerissen bedeutet, außer vielleicht bei einem Death-Metal-Konzert irgendwo in den Weiten Nordfinnlands. Die Skandinavier:innen kleiden sich also locker, sehen jedoch trotzdem schick aus, besonders in Kopenhagen, Helsinki und Stockholm. Also auch schicke Kleidung einpacken!

Schichten: Natürlich wissen die Skandinavier:innen, wie man sich im Winter warm hält. Der Schlüssel sind mehrere Schichten, von der wind- und wasserdichten Jacke über einem Fleece bis zu leichter Thermowäsche auf der Haut. Wichtig sind auch wasserdichte Stiefel, Mütze, Handschuhe und ein Nackenwärmer.

Etikette

Zwar sind sie recht locker und nachsichtig, doch die Skandinavier:innen legen Wert auf die **Begrüßung**: Bei der ersten Begegnung immer die Hände schütteln, auch mit Kindern!

Hat man das Glück, zu jemandem **nach Hause eingeladen** zu werden: Am Eingang Schuhe ausziehen und ein Gastgeschenk wie Blumen, Wein oder Schokolade mitbringen!

LESEN

Island – die großartige Geschichte eines kleinen Landes (Egill Bjarnason; 2022) Eine fabelhafte Einführung ins Land.

Min Kamp (Karl Ove Knausgård; 2009–2011) Die sechs schonungslos autobiografischen Romane waren eine Weltsensation.

The Almost Nearly Perfect People (Michael Booth; 2016) Ein spannendes Sachbuch über das moderne Skandinavien.

Hygg Hygg Hurra!: Glücklich wie die Dänen (Helen Russell; 2015) Das Leben einer Ausländerin im ländlichen Jütland.

Sprechen

Dänisch (Dänemark und Färöer-Inseln)

goddag (go·da) ist das dänische Guten Tag.
farvel (far·vel) ist das dänische Tschüss.
vær så venlig (wär ßo wen·lij) heißt Bitte.
tak (tack) heißt Danke.
undskyld (unn·sküll) bedeutet Tut mir leid.
Ja/nei (ja/nei) Ja/nein

Finnisch

hei (hey) heißt Hallo.
näkemiin (nä·ke·miin) heißt Tschüss.
ole hyvä (o·le hü·wä) ist das finnische Bitte sehr.
kiitos (kii·toss) heißt Danke.
anteeksi (an·täk·si) heißt Tut mir leid.
kyllä/ei (kül·la/ey) Ja/nein

Isländisch

halló (hal·lo) ist das isländische Hallo.
bless (bless) ist Isländisch für Tschüss.
takk (takk) heißt Bitte.
takk fyrir (takk fi·rir) heißt Danke.
fyrirgefðu (fi·rir·gel·dhe) heißt Tut mir leid.
já/nei (jau/ney) Ja/nein

Norwegisch

god dag (gud·dag) ist das recht formelle Guten Tag; oft sagen die Norweger:innen nur hei hei (also Hi).
ha det (ha·dä) heißt Tschüss.
vær så snill (wär schos snill) heißt Bitte auf Norwegisch, fast wie im Dänischen.
takk (tack) heißt wie überall außer in Finnland Danke.
beklager (bä·kla·gär) heißt Tut mir leid.
ja/nei (ja/naj) Ja/nein

Schwedisch

hej (hey) ist Schwedisch für Hi.
hej då (hey do) ist Schwedisch für Tschüss.
tack (tack) ist Schwedisch für Bitte und Danke.
förlåt (fö·lot) ist Schwedisch für Tut mir leid.
ja/nej (ja/ney) Ja/nein

ANSCHAUEN

Katla (Baltasar Kormákur; 2021) Netflix-Mystery-Thrillerserie über einen Vulkanausbruch.

Die Brücke (2011) Düstere skandinavische Krimiserie, die teils auf der Brücke zwischen Schweden und Dänemark (s. Foto) spielt.

Verblendung (Niels Arden Oplev; 2009) Verfilmung des weltweiten Erfolgs über die Schattenseiten des modernen Schwedens.

Ein Mann namens Øve (Hannes Holm; 2015) Eine subtile Studie des modernen Schwedens anhand des Verhältnisses zwischen einem missmutigen Rentner und einer Migrantenfamilie.

Das Mädchen aus dem Norden (Amanda Kernell; 2016) Der in den 1930er-Jahren spielende Film handelt vom Rassismus gegenüber den Sam:innen in ganz Skandinavien.

REINHÖREN

Peer Gynt (Edvard Grieg; 1875) Klassische Meisterwerke: Henrik Ibsens Worte werden in Musik verwandelt.

Best of ABBA (ABBA; 1975) Wer würde nicht tanzen zu den größten Hits der epochemachenden schwedischen Band?

re:member (Ólafur Arnalds; 2018) Ein isländischer Multi-Instrumentalist von seiner besten Seite.

Mastering Finland (2019) Von Expats produzierter Podcast über das Leben in Finnland.

SOFIIA POPOVYCH/SHUTTERSTOCK ©

Smørrebrød

ESSEN WIE DIE LOCALS

Skandinaviens Foodszene strotzt vor Energie und Innovationskraft. Zusammen mit fabelhaften Zutaten ergibt das wahre Festmahle.

Skandinavien ist ein tolles Reiseziel für Feinschmecker:innen. Und das meiste Essen ist tief im Alltag verwurzelt.

Die kulinarische Szene Skandinaviens ist geprägt durch die spektakulären Landschaften und Klimaextreme der Region. Ausgeprägt ist außerdem das Zusammenspiel von lokalen Traditionen und einer fortschrittlichen Lebenseinstellung.

Die Riesenregion von der Ostsee bis zur Hocharktis bietet zerklüftete Küsten und landeinwärts unberührte Seen, Flüsse und Weiden und alles leistet einen wunderbaren Beitrag zur skandinavischen Küche.

Im relativ kurzen Sommer ist Essen oft ein Fest. Das Füllhorn des Frühlings, die herbstlichen Vorbereitungen auf den Winter und der lange, harte Winter selbst: Jede Jahreszeit hat ihr eigenes Flair.

Und dann gibt's noch die neue nordische Küche: Sie baut auf die skandinavische Leidenschaft für die reichen Traditionen der Vergangenheit wie für die aufregenden Möglichkeiten der Zukunft. Die Ergebnisse zählen zu den spannendsten ganz Europas.

Husmanskost

In Schweden heißt sie *husmanskost* (Hausmannskost), doch jedes Land hat seine eigene Version der Alltagsküche. Vor noch nicht allzu langer Zeit war es schwer, diese Küche in Restaurants zu finden: Solches Essen gab's schließlich auch zu Hause. Doch glücklicherweise genießt die Hausmannskost heute eine Wiederbelebung und wird z. B. in der Toldbod Bodega (S. 55) in Kopenhagen, im Pingvinen (S. 403) in Bergen und im Pelikan (S. 447) in Södermalm serviert.

Unbedingt probieren!

SMØRREBRØD Roggen- oder Weißbrotscheiben mit verschiedenem Belag.

SAUTIERTES RENTIER Samisches Gericht mit Kartoffeln und Preiselbeeren bzw. Gewürzgurken.

KÖTTBULLAR OCH POTATIS Frikadellen mit Kartoffeln, serviert mit Preiselbeermarmelade.

FISKESUPPE Cremige Suppe mit Fisch oder Meeresfrüchten.

Traditionelle skandinavische Küche basiert oft auf einfachen Alltagsgerichten wie den schwedischen Frikadellen. Andere Klassiker haben Fisch und Kartoffeln als Grundlage, mit Salz- und Brathering, Lachs, Garnelen oder Rogen in verschiedenen Varianten. In Schweden ist vielleicht *pytt i panna* (Kartoffelpüree mit Rote-Bete-Scheiben und Spiegelei) die ultimative Hausmannskost. Und die Finn:innen liefern sich manchmal harte Gefechte über die Frage, wessen Oma die beste gegrillte Leber zubereitet, traditionell serviert mit Kartoffelbrei und Schinken.

Neue nordische Küche

2004 trat die neue nordische Küche mit einem 10-Punkte-Manifest auf den Plan (norden.org/en/information/new-nordic-food-manifesto). Doch ihre eigentliche Geburt erlebte die Bewegung ein Jahr später mit der Eröffnung des Kopenhagener noma (noma.dk), des Aushängeschilds der neuen nordischen Küche. Doch das Manifest war weit mehr als eine Verpflichtung aufs Experimentieren mit spannenden Versionen traditioneller Gerichte, sondern es ging darin auch um Nachhaltigkeit, ethische Produktion, Saisonalität und regionale Zutaten.

Zwar hat alles in Kopenhagen angefangen und das restliche Skandinavien lässt sich noch immer von der dänischen Hauptstadt inspirieren, doch in der ganzen Region gibt's Restaurants, in denen die Köch:innen örtlichen Traditionen huldigen, während sie den Prinzipien der neuen nordischen Küche treu bleiben. Zwar ist die Idee inzwischen nicht mehr neu, doch die Speisen, die auf ihr basieren, sorgen weiterhin immer wieder für Überraschungen.

FOOD- & WEINFESTIVALS

Copenhagen Cooking & Food Festival *(copenhagencooking.com; August;* siehe Foto) Promiköch:innen, Kochvorführungen, Spezialmenüs in Restaurants sowie Stadttouren und Events zum Thema Essen.

Sol over Gudhjem *(bornholm.info/de/kochwettbewerb-sol-over-gudhjem; Juni)* Promiköch:innen bei einem Kochwettbewerb auf der dänischen Insel Bornholm.

Smaka Good Food Festival *(smakagoodfoodfestival.se; Juni)* Fünf Tage gutes Essen in Stockholm mit Streetfood, Kochdarbietungen und anderen Events, hauptsächlich im Kungsträdgården.

Helsinki Beer Festival *(helsinkibeerfestival.fi; April)* Helsinkis Antwort aufs Oktoberfest mit regionalen und ausländischen Gebräuen bei Events in der ganzen Stadt.

Helsinki Coffee Festival *(carnivals.fi; April)* Finnlands Liebe zum Kaffee und zur Cafékultur prägt drei Tage lang die Stadt.

Gladmat *(gladmat.no; Juni/Juli)* Das größte Foodfestival Stavangers.

Isländisches Lamm

HERING (SILD ODER SILL) Zum Beispiel gesalzen, getrocknet oder süß eingelegt.

TØRRFISK Getrockneter, ungesalzener Polardorsch als Hauptgericht oder Snack.

GRAVAT LAKS In Zucker, Salz, Branntwein und Dill marinierter norwegischer Lachs.

ISLÄNDISCHES LAMM Braten vom Freilandlamm von chemiefreien Weiden.

Spezialitäten

Einige skandinavische Gerichte hören sich vielleicht abenteuerlich an, doch schon bald isst man Kaviar aus der Tube.

Snacks & Streetfood

Zimtschnecken (*kanelsnegle* auf Dänisch, *kanelbullar* oder *kanelsnurrer* auf Schwedisch)

Skyr (altnordisches Rezept in Island; ein proteinreicher Joghurt, heute erhältlich in vielen Geschmackssorten)

Flatbraud oder flatkökur (isländisches Fladenbrot, oft belegt mit Räucherlamm, -lachs oder -forelle)

Harðfiskur (getrockneter Fisch, mit Butter gegessen; nahrhaft und leicht für Wanderungen und lange Reisen)

Hjortron (Moltebeere; in Schweden als Marmelade oder als warme Sauce über Eiscreme; Moltebeerenfest im finnischen Ranua im August)

Pølse (Hotdog; ein Lebensretter für Budgetreisende)

Abenteuerlich

Gudbrandsdalsost (Norwegischer brauner Käse)

Torsketunger (Kabeljauzungen; beliebt auf den Lofoten)

Raspeballer (Salzfleisch, Kartoffeln und Steckrübenpüree; erhältlich in Bergen von September bis Mai)

SARAH BIESINGER/SHUTTERSTOCK ©

Zimtschnecken

Svartfugl (auf englischen Karten in Island meist mit „blackbird" übersetzt; gewöhnlich Lumme)

Karhu (Bär; erhältlich in Finnland während der Jagdsaison im Herbst)

Surströmming (fermentierter Ostseehering aus der Dose, in Schweden Ende August/Anfang September rituell verzehrt)

Nässelsoppa (Nesselsuppe; in Schweden traditionell serviert mit hartgekochten Eiern)

Kaviar in der Tube (süß eingelegte und geräucherte Kabeljaurogencreme, beliebt zum Frühstück)

GESCHMACKS-ERLEBNISSE

Fagn (S. 361) In Trondheim, mit Sterneküche unten und schickem Bistro oben.

Slippurinn (S. 294) Erstklassige, kreative isländische Küche auf den Vestmannaeyjar.

Geranium (S. 61) Restaurant mit drei Sternen in Kopenhagen, 2022 zum besten der Welt gewählt.

Toldbod Bodega (S. 55) Klassiker der Hausmannskost seit 1787 in Kopenhagen.

Operakällaren (S. 451) Stockholmer Sternerestaurant mit opulenter Einrichtung und skandinavisch-französischer Küche.

Palace (https://palacerestaurant.fi) Restaurant mit zwei Sternen in Helsinki mit neuer nordischer Küche und tollem Ausblick.

Heimablídni (S. 158) Die ultimative Hausmannskost: von Färinger:innen gekochtes Essen, verspeist bei ihnen zu Hause.

UNTEN VON LINKS NACH RECHTS: KESKIHEIKKILA/SHUTTERSTOCK ©, TSUGULIEV/SHUTTERSTOCK ©, TANHU/SHUTTERSTOCK ©, ANGELA KOTSELL/SHUTTERSTOCK ©

SAISONALE KÜCHE

FRÜHJAHR

Feste und steigende Temperaturen locken die Leute raus auf die Straße und auf den Karten erscheinen Feldfrüchte wie junge Kartoffeln, Spargel und anderes Gemüse. In Finnland ist Doughnut-Saison.

SOMMER

Niemand begrüßt den Sommer so enthusiastisch wie die Skandinavier:innen: Jetzt ist Zeit fürs Essen im Freien, für Fischmärkte am Hafen und für Beeren auf den Speisekarten in allem von Salaten bis zu warmen Speisen.

HERBST

Jetzt werden in den Wäldern die letzten Beeren und Pilze gesammelt. Auf der Karte machen frische Sommeraromen Platz für deftige, wärmende Eintöpfe. In Island ist gebratene *heiðagæs* (Kurzschnabelgans) beliebt.

WINTER

In der ganzen Region gibt's Rentiereintopf, Lammbraten und Salzfleisch und -fisch. Beliebt sind Weihnachtsmärkte mit Glühwein. Zu Weihnachten isst man oft Schneehuhn und Fasan.

URSULA FERRARA/SHUTTERSTOCK ©

LAURA IOANA V/SHUTTERSTOCK ©

Oben: Harðfiskur;
Rechts: Pølse

CAVAN IMAGES/GETTY IMAGES ©

Wandern, Vatnajökull (S. 284)

OUTDOOR-ERLEBNISSE

Die Landschaft Skandinaviens ist wahrhaft monumental und beim Erkundungen erlebt man ein Abenteuer nach dem anderen, vom Wandern im Hochland bis zum Paddeln auf den Flüssen.

Mit dem Auto kommt man in Skandinavien irgendwann mal ans Ende. Um die Naturwunder der Region wirklich zu erleben, muss man sie zu Fuß, aber auf jeden Fall auf eigene Faust erkunden. Eine beliebte Freizeitbeschäftigung hier ist das Radfahren, ebenso wie Kanu- und Kajakfahren oder auch Raften. Und der Ruf Skandinaviens als familienfreundliches Ziel erstreckt sich auch auf die freie Natur – Spaß für die ganze Familie ist garantiert.

Wandern

Schnür die Wanderstiefel und mach dich auf in die Wildnis! Im Sommer wandern die Skandinavier:innen gern, egal ob für länger oder nur zu einsamen Hütten am See, wo sie sich für ein paar Tage vom Alltag verabschieden können.

Die Norweger:innen gehen aufs Ganze: Hier kann jeder hingehen, wo er möchte. Das 1000 Jahre alte *allemannsretten* (Jedermannsrecht) erlaubt es allen, in unbewirtschafteten Wildnisgebieten zu wandern und Ski zu fahren, so auch auf entlegenen Feldern und Weiden.

Für Wandernde wird hier einiges geboten, vom 450 km langen Kungsleden (Königsweg), der von Abisko in Schwedisch-Lappland bis nach Hemavan im Süden führt, bis zu Hochlandwegen über das „Dach" Norwegens im Jotunheimen-Nationalpark. Beliebt sind auch die norwegische Hardangervidda sowie die einsame isländische Region

Noch mehr Spaß!

EISHOTEL
Übernachte im berühmten **Eishotel (S. 503)** bei Kiruna in Schweden.

HUNDESCHLITTEN-TOUREN
Lass dich in **Finnland (S. 202)** von Huskys über den zugefrorenen Pielinen-See ziehen.

WILDWASSERRAFTEN
Bau dir ein Holzfloß und lass dich in **Torsby (S. 465)** nördlich von Karlstad in Schweden den Fluss hinuntertreiben.

FAMILIEN-ABENTEUER

Wandle auf den Spuren von Hans Christian Andersen und erkunde im dänischen Odense eine **Burg** (S. 88).

Entdecke die Heimat von Lego im **Legoland** (S. 102) in Zentraljütland mit Freizeit- und Safariparks ganz in der Nähe.

Beobachte Wale und besuche Vulkane in **Island** (S. 252) bei einer ultimativen feurigen Geografiestunde.

Entzücke Tierfans mit Hunde- und Pferdeschlittenfahrten und Elchsafaris rund um **Rjukan** (S. 389) in Norwegen.

Genieße Jahrmarktspaß in **Liseberg** (S. 469), Skandinaviens größtem Freizeitpark.

Besuche den Weihnachtsmann in seiner Heimat nördlich von **Rovaniemi** (S. 185) in Finnland und schenke dem Nachwuchs ein unvergessliches Weihnachtserlebnis.

Hornstrandir und der Laugavegurinn, der sich von Landmannalaugar über Berge in Regenbogenfarben und Bimswüsten nach Þórsmörk erstreckt. Das beste Wildniswanderziel Finnlands ist der Urho-Kekkonen-Nationalpark.

Radfahren

Skandinavien zählt zu den fahrradfreundlichsten Reisezielen weltweit. In den Städten gibt's jede Menge Radwege, Leihsysteme und ausgeschilderte Routen. Allein Dänemark bietet über 12 000 km an beschilderten Radwegen. Und die einheimischen Autofahrenden nehmen meist viel Rücksicht auf Radfahrende.

BEST OF

Die besten Outdoor-Orte und -Routen zeigt die Karte auf Seite 40.

Mountainbiken, Åre (S. 499)

Auch das Rad in Züge, auf Fähren und in andere Verkehrsmitttel mitzunehmen ist nur selten ein Problem.

Einige der schönsten Radrouten liegen auf Inseln wie Bornholm (Dänemark), Gotland (Schweden) und den finnischen Åland-Inseln. Anspruchsvoller sind Touren in der riesigen Hardangervidda in Norwegen und am See Mývatn in Island.

Kanu & Kajak

Reißende Flüsse und kieferngesäumte Seen sind typische Motive skandinavischer Natur. In vielen Fällen wie in den norwegischen Fjorden schippern Ausflugsschiffe über die Gewässer. Das ist natürlich klasse, aber echte Einsamkeit bieten nur Paddeltouren auf stillem Wasser abseits der Besuchermassen.

Und dafür gibt's viele Gelegenheiten. In Norwegen gelangt man per Kajak oder Kanu in Landschaften, die zu den spektakulärsten des Landes zählen, wie den Geirangerfjord, den Sognefjord und nach Svalbard. Ähnlich beeindruckende Kulissen bietet Island im Ísafjörður und Seyðisfjörður. Andernorts ist's etwas ruhiger, aber nicht weniger schön – vom dänischen Seenhochland im idyllischen Jütland bis zu den malerischen Åland-Inseln. Städtischer ist etwa eine Tour um die Insel Djurgården in Stockholm.

GLETSCHERWANDERN
Mit Steigeisen geht's übers vielgestaltige Gletschereis des isländischen **Vatnajökull (S. 284)**.

SCHNORCHELN
Genieße das kristallklare Wasser rund um die Lavaschluchten und geothermalen Schlote im **Eyjafjörður (S. 304)** in Island.

DOWNHILLBIKING
Riskiere deine Knochen, aber genieße auch den Adrenalinrausch im **Åre Bike Park (S. 499)** im schwedischen Åre.

WHALEWATCHING
Begib dich ab **Húsavík (S. 311)** bei Bootstouren auf die Suche nach Walen.

ACTION AREAS

Die besten Outdoor-Erlebnisse in Skandinavien.

Kanu- & Kajakfahren

1. Ísafjörður (S. 317)
2. Seyðisfjörður (S. 298)
3. Djurgården (S. 451)
4. Oulanka-Nationalpark (S. 198)
5. Geirangerfjord (S. 419)

Wandern

1. Kungsleden (S. 503)
2. Jotunheimen-Nationalpark (S. 357)
3. Hardangervidda (S. 389)
4. Hornstrandir (S. 321)
5. Laugavegurinn (S. 292)
6. Urho-Kekkonen-Nationalpark (S. 190)

Nationalparks
1 Jotunheimen-Nationalpark (S. 357)
2 Þingvellir-Nationalpark (S. 274)
3 Vatnajökull-Nationalpark (S. 284)
4 Helvetinjärvi-Nationalpark (S. 225)
5 Lemmenjoki-Nationalpark (S. 194)
Tierbeobachtung
1 Kuhmo (S. 204)
2 Ruka (S. 200)
3 Tromsø (S. 375)
4 Akureyri (S. 307)
5 Eyjafjörður (S. 307)
Radfahren
1 Hardangervidda (S. 389)
2 Mývatn (S. 308)
3 Kattegattleden (S. 484)
4 Westfjorde (S. 315)
5 Saimaa-Seenland (S. 205)
Svalbard (Norwegen)
Nowaja Semlja (Russland)
Nordkapp
Vardø
Tromsø
Inarijärvi
NORWEGISCHE SEE
Narvik
Kiruna
Lofoten
Bodø
Rovaniemi
Oulu
Oulujärvi
RUSSLAND
NORWEGEN
SCHWEDEN
FINNLAND
Kuopio
Umeå
Vaasa
Saimaa
Trondheim
Östersund
Jyväskylä
Ålesund
Bottnischer Meerbusen
Tampere
Lappeenranta
Rauma
Helsinki
Lillehammer
Åland
Turku
Finnischer Meerbusen
Bergen
Oslo
Uppsala
Västerås
ESTLAND
Stockholm
Örebro
Stavanger
Vänern
Norrköping
Kristiansand
Vättern
Linköping
Skagen
Skagerrak
Jönköping
Gotland
OSTSEE
Kattegat
Aalborg
Öland
DÄNEMARK
Helsingør
Helsingborg
Kopenhagen
Malmö
Esbjerg
Odense
Ribe
Fünen
Bornholm
POLEN
DEUTSCHLAND

SKANDINAVIEN

REISEZIELE

In jeder Region starten wir mit dem perfekten Standort, um die Umgebung zu erkunden. Entdecke einzigartige Erlebnisse, Tipps unserer Autor:innen und Expert:innen, Hintergründe und Empfehlungen.

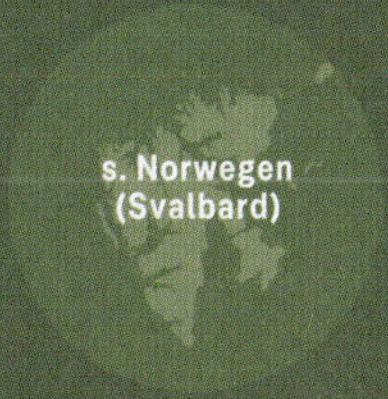

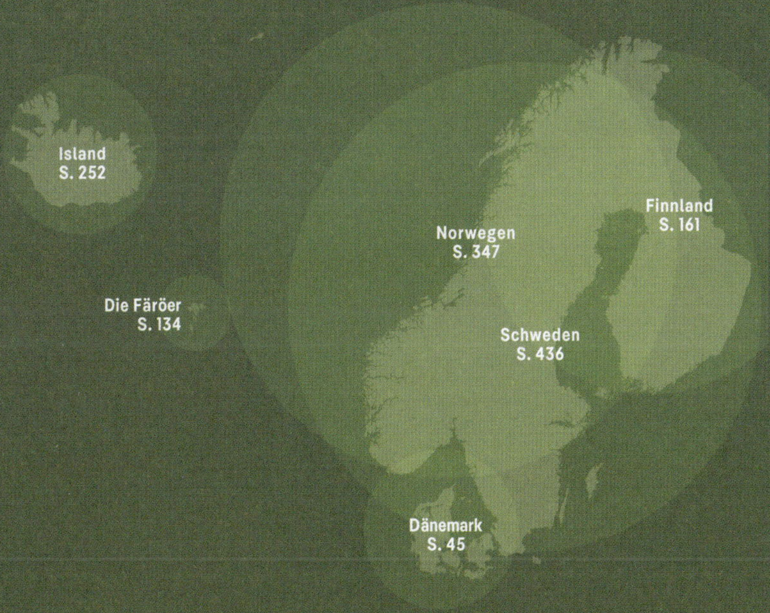

Geirangerfjord (S. 419)

HOLGER LEUE/GETTY IMAGES ©

TRABANTOS/SHUTTERSTOCK ©

Oben: Nyhavn (S. 51); rechts: Wikingerschiffsmuseum (S. 75)

DIE WICHTIGSTEN ZIELE

KOPENHAGEN
Dänemarks lässig-coole Hauptstadt. **S. 50**

HELSINGØR
Hamlets Schloss und himmlische Strände. **S. 68**

ROSKILDE
Königsgräber und Rockstars. **S. 74**

MØN
Wunderbare Küstenklippen und alte Gräber. **S. 79**

BORNHOLM
Weit weg in der Ostsee gelegene „Sonneninsel". **S. 82**

DÄNEMARK

WIKINGER, HYGGE & EINE FAHRRADFREUNDLICHE HAUPTSTADT

„Märchenhaft" wird oft inflationär verwendet, doch im Land wundersamer Schlösser, malerischer Dörfer und von Hans Christian Andersen selbst ist das Wort tatsächlich angebracht.

Vor mehr als 1000 Jahren hinterließen die Dän:innen erste Spuren, als das Seefahrervolk der Wikinger sich in Nordeuropa ausbreitete.

Dänemark, viel kleiner als Norwegen und Schweden, übt in Sachen Literatur, Design, Gastronomie, Radkultur und natürlich *hygge* (Gemütlichkeit) einen ziemlich großen Einfluss aus. Die Dän:innen gelten als sehr zufriedene Menschen und Dänemark als eins der glücklichsten und lebenswertesten Länder der Erde. Hypermodernes funktionales Design, eine Stadtplanung zum Wohle des Menschen statt der Autos und eine ausgewogene Work-Life-Balance – dafür steht Dänemark.

GREG V KING/SHUTTERSTOCK ©

Nirgendwo wird das deutlicher als in der coolsten aller skandinavischen Hauptstädte, im radfahrfreundlichen und superhippen Kopenhagen mit seinen Weltklassemuseen, seinen trendigen Läden, seinem quirligen Nachtleben und seinen lebendigen Vierteln. Außerdem ist die Stadt ein Paradies für Foodies, mit kunstvollem Smørrebrød (belegtes Brot) und neuer nordischer Küche, mit Sternerestaurants neben bodenständigen Imbissen sowie gemütlichen, kerzenbeschienenen Cafés.

Doch Dänemark hat Besucher:innen noch weitaus mehr zu bieten, z. B. die geschichtsträchtigen Städte Helsingør und Roskilde nicht weit von Kopenhagen sowie Odense und Aarhus mit all ihren Kulturschätzen.

Im Gegensatz zu seinen Nachbarn ist Dänemark flach wie ein Pfannkuchen – die höchste Erhebung ist 170 m „hoch"; einen großen Teil seines Reizes machen die weiten Küsten und die freie Natur aus.

ODENSE	AARHUS	AALBORG	SKAGEN	RIBE
Geburtsort des Erzählers Hans Christian Andersen. **S. 88**	Zweitgrößte Stadt Dänemarks mit viel Kultur. **S. 96**	Museen und tolle Architektur am Wasser. **S. 105**	Kunst und Natur am Treffpunkt zweier Meere. **S. 109**	Mittelaltergeschiche und wilde Küste. **S. 112**

Erste Orientierung

Dänemark ist ein kleines Land mit jeder Menge Kultur und Geschichte sowie herrlichen Küsten- und anderen Landschaften. Wir haben die Orte ausgesucht, die das Beste dieses gemütlichen Landes verkörpern.

FAHRRAD

Dänemark ist ein Paradies für Radler:innen. Über 12 000 km Radwege durchziehen das Land. Kopenhagen gilt gemeinhin als beste Fahrradstadt weltweit, mit sicheren Radwegen, mehreren Radschnellwegen und Brücken sowie anderer Infrastruktur für Pedalritter:innen.

ÖFFENTLICHER NAHVERKEHR

Dänemark besticht mit ausgezeichneten und erschwinglichen öffentlichen Verkehrsmitteln. Die meisten Städte und Städtchen sind ans Bahnnetz angeschlossen, jedoch sollte man immer Plätze reservieren. Andere kleine Orte sind mit Bussen erreichbar, die Inseln mit Fähren.

AUTO

Mit dem eigenen Auto genießt man beim Erkunden des Landes mehr Freiheit; Mietwagen sind jedoch teuer. Für entlegenere Ecken wie Nordjütland ist das Auto die beste Wahl. Es gibt immer mehr Ladestationen für E-Autos, sodass man auch gut umweltbewusst unterwegs sein kann.

Odense, S. 88
In der Kulturhauptstadt von Fünen die Märchenwelt von Hans Christian Andersen und erstklassige Museen erkunden.

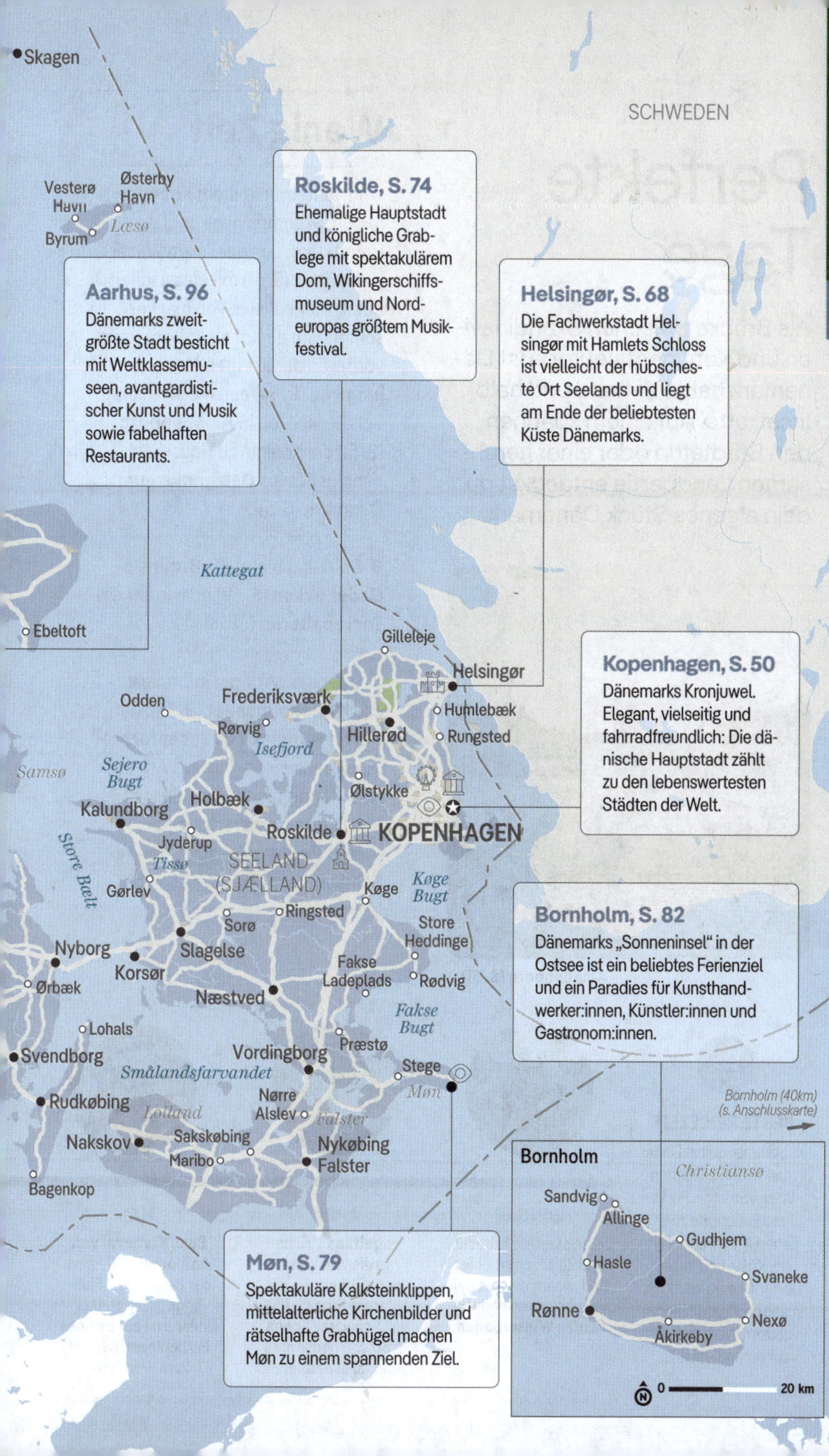
Skagen
SCHWEDEN
Vesterø Havn
Østerby Havn
Byrum
Læsø
Aarhus, S. 96
Dänemarks zweitgrößte Stadt besticht mit Weltklassemuseen, avantgardistischer Kunst und Musik sowie fabelhaften Restaurants.
Roskilde, S. 74
Ehemalige Hauptstadt und königliche Grablege mit spektakulärem Dom, Wikingerschiffsmuseum und Nordeuropas größtem Musikfestival.
Helsingør, S. 68
Die Fachwerkstadt Helsingør mit Hamlets Schloss ist vielleicht der hübscheste Ort Seelands und liegt am Ende der beliebtesten Küste Dänemarks.
Kattegat
Ebeltoft
Gilleleje
Helsingør
Kopenhagen, S. 50
Dänemarks Kronjuwel. Elegant, vielseitig und fahrradfreundlich: Die dänische Hauptstadt zählt zu den lebenswertesten Städten der Welt.
Odden
Frederiksværk
Rørvig
Isefjord
Humlebæk
Hillerød
Rungsted
Samsø
Sejerø Bugt
Ølstykke
Kalundborg
Holbæk
Jyderup
Roskilde
KOPENHAGEN
Tissø
SEELAND (SJÆLLAND)
Store Bælt
Gørlev
Køge
Køge Bugt
Sorø
Ringsted
Store Heddinge
Bornholm, S. 82
Dänemarks „Sonneninsel" in der Ostsee ist ein beliebtes Ferienziel und ein Paradies für Kunsthandwerker:innen, Künstler:innen und Gastronom:innen.
Nyborg
Slagelse
Korsør
Ørbæk
Næstved
Fakse Ladeplads
Rødvig
Fakse Bugt
Lohals
Svendborg
Vordingborg
Præstø
Smålandsfarvandet
Stege
Møn
Rudkøbing
Lolland
Nørre Alslev
Falster
Bornholm (40km) (s. Anschlusskarte)
Nakskov
Sakskøbing
Maribo
Nykøbing Falster
Bagenkop
Bornholm
Christiansø
Sandvig
Allinge
Gudhjem
Hasle
Svaneke
Rønne
Nexø
Åkirkeby
Møn, S. 79
Spektakuläre Kalksteinklippen, mittelalterliche Kirchenbilder und rätselhafte Grabhügel machen Møn zu einem spannenden Ziel.
0
20 km

Perfekte Tage

Als Brücke zwischen Skandinavien und Kontinentaleuropa ist Dänemark halb Festland und halb Inselkette. Auf einem spannenden Städtetrip oder einer geruhsamen Landpartie entdeckst du dein eigenes Stück Dänemark.

Amalienborg (S. 51)

Wenig Zeit

- Im Mittelpunkt steht Kopenhagen, Skandinaviens coolste Hauptstadt. Los geht's am Wasser im **Nyhavn** (S. 51) mit klassischer Postkartenkulisse. Von hier verschaffst du dir auf einer Bootstour vorbei an der **Kleinen Meerjungfrau** (S. 54) einen Überblick. Schau nach, ob in **Amalienborg** (S. 51) die Königin zu Hause ist; dann geht's ins **Designmuseum Danmark** (S. 51).

- Stärkung bietet die **Broens Gadekøkken** (S. 59) oder edler die **Torvehallerne** (S. 56).

- Über die Wikinger informiert das **Nationalmuseet** (S. 56); den Abend verbringst du in **Vesterbro** (S. 62) mit seinem Mix aus Alt- und Neu-Kopenhagen; Abendessen und Drinks serviert das hippe Viertel **Kødbyen** (S. 62), das alte Schlachthofviertel.

BESTE REISEZEIT

Im Sommer glänzt Dänemark: Dann erwachen Wege, Strände, Parks und Ferienorte zum Leben. Im Winter ist an der Küste und in den Dörfern wenig los, doch in den größeren Städten glitzern Weihnachtslichter und -märkte.

JANUAR

Jetzt ist es am kältesten und Zeit für ein kühles Bad zusammen mit den Einheimischen beim beliebten **Winterbaden**.

APRIL

Vogelfans strömen an die Westküste von Jütland, wo die Stare in Ribe (S. 115) ihr „Schwarze Sonne" *(sort sol)* genanntes Spektakel darbieten.

MAI

Beim **Karneval von Aalborg** (S. 107) wird der Beginn des Frühlings gefeiert: Das Umland ist ein einziges Farbenmeer, perfekt zum Wandern.

Fünf Tage

● Noch mehr Kultur bieten in Kopenhagen das **SMK** und die **Ny Carlsberg Glyptotek** (S. 56). Nach einem Bummel durch **Nørrebro** oder **Vesterbro** (S. 62) geht's zum **Streetfoodmarkt Reffen** (S. 58); bei einem Abendessen im **Høst** (S. 59) erkundest du die neue nordische Küche.

● Jetzt ist es Zeit für ein paar Tagestouren. **Helsingør** (S. 68) wartet mit dem imposanten **Kronborg Slot** (S. 69) mit Verbindung zu Shakespeare auf, von der Seefahrt erzählt das **M/S Museet for Søfart** (S. 70) und nur 10 km entfernt ist das **Louisiana** (S. 66), ein tolles Museum für moderne Kunst.

● Ein weiteres Muss ist Dänemarks alte Hauptstadt **Roskilde** (S. 74) mit ihrem herrlichen **Dom** und dem **Wikingerschiffsmuseum**.

Eine Woche oder mehr

● Ein Trip zwischen den beiden größten Städten Dänemarks gibt einen Vorgeschmack auf Seeland, Jütland und Fünen. **Odense** (S. 88), Geburtsort von Hans Christian Andersen, bietet das fantasievolle **HC Andersens Hus** (S. 90), das Eisenbahnmuseum **Danmarks Jernbanemuseum** (S. 90) und die Galerie **Brandts** (S. 89); internationale Küche serviert das **Storms Pakhus** (S. 90).

● Die malerische Insel **Ærø** (S. 94) lockt mit ihrer bunten Kaufmannsstadt **Ærøskøbing** (S. 95) aus dem 18. Jh.; **Kolding** (S. 117) mit der **Burg Koldinghus** und dem **Kunst- und Designmuseum Trapholt** ist ein toller erster Stopp in Jütland, bevor du am Meer **Aarhus** (S. 96) erreichst, Dänemarks zweitgrößte Stadt.

JULI
Im Hochsommer haben die Dän:innen Ferien – die Unterkünfte sind oft brechend voll. 130 000 Feiernde zieht es zum legendären **Roskilde Festival** (S. 31).

AUGUST
Höhepunkte im Kulturkalender: Helsingør bietet Shakespeare, Odense feiert **Hans Christian Andersen** und Aarhus veranstaltet ein zehntägiges Festival.

OKTOBER
Saisonale Attraktionen und Pensionen sind meist geschlossen, aber es ist **Erntezeit** und es werden saisonale Speisen serviert.

DEZEMBER
Die Nächte werden länger – Zeit der gemütlichen **Weihnachtsmärkte** mit *æbleskiver* (Apfelkrapfen) und *gløgg* (Glühwein).

KOPENHAGEN

Die dänische Hauptstadt zählt zu den lebenswertesten Städten der Welt und so ist es keine Überraschung, dass auch die Besucherzahlen jedes Jahr weiter steigen. Und was finden die hier vor? Erst mal einen Haufen schöner Menschen auf dem Fahrrad. Nichts verkörpert Kopenhagen besser als eine Tour durch die Stadt auf zwei Rädern, doch die Hafenstadt mit ihren 1,4 Mio. Einwohner:innen lässt sich auch toll zu Fuß oder mit der neuen Cityring-U-Bahn erkunden.

Viele kommen wegen der Highlights wie des malerischen Nyhavn und des historischen Tivoli-Parks her und verlieben sich dann in einzelne Viertel wie das hippe Nørrebro oder das quirlige Vesterbro. Kopenhagen strotzt vor Bars, Restaurants und Cafés, die allesamt zum gemütlichen Verweilen einladen. Ein jahrhundertealtes Königshaus, Weltklassemuseen, kulinarische Genüsse und raffiniertes Design – diese elegante und egalitäre Stadt sollte man nicht versäumen.

TOP-TIPP

Für Museumsfreaks lohnt sich vielleicht die Copenhagen Card (copenhagencard.com). An bis zu fünf Tagen (24–120 Std.) gewährt sie Zutritt zu fast 90 Attraktionen wie dem Tivoli, Christiansborg und dem Nationalmuseet und umfasst auch die Nutzung öffentlicher Verkehrmittel bis nach Roskilde, nach Helsingør und zur Stevns Klint.

Marmorkirken

M-PRODUCTION/SHUTTERSTOCK ©

Kongens Nytorv

Königin für einen Tag

DDAS NOBELSTE VIERTEL KOPENHAGENS

Wenn ein Bild Kopenhagen oder gar Dänemark verkörpert, dann ist es wohl der **Nyhavn** mit seinen pastellfarbenen Stadthäusern im Zentrum der Stadt. Hochkultur bieten ganz in der Nähe das **Skuespilhuset**, das zum stattlichen **Det Kongelige Teater** von 1874 am **Kongens Nytorv** (Neuer Königsplatz) gehört, und die vielseitige **Kunsthal Charlottenborg**.

Vom Kanal geht's weiter nach **Frederiksstaden**, wo es noch kultivierter wird. Die vier identischen Paläste an dem großen Kopfsteinpflasterplatz nicht weit von der **Marmorkirken** mit ihrer grün-goldenen Kuppel sind die Hauptresidenzen des dänischen Königshauses. Die 1760 fertiggestellten Palais des **Amalienborg Slot** sind nach den Königen Frederik VIII. und Christian VII., VIII. und IX. benannt. Königin Margrethe II. lebt seit 1967 im Palais Christians IX. In zwei der vier Palais können Besucher:innen die restaurierten Königsgemächer besichtigen. Zur Wachablösung um 12 Uhr marschiert die Königliche Leibgarde mit ihren hohen Bärenfellmützen vom Rosenborg Slot nach Amalienborg.

Das tolle **Designmuseum Danmark** bietet acht nagelneue Ausstellungen, von alten Samurai-Schwertern bis zu däni-

SEELEUTE, BARS & BORDELLE AM NYHAVN

Der Nyhavn scheint eigens als herrliches Postkartenmotiv ersonnen worden zu sein. Doch in Wahrheit ließ König Christian V. den „Neuen Hafen" 1673 von schwedischen Kriegsgefangenen graben, um besser Zugang zum neuen gepflasterten Platz Kongens Nytorv zu haben. Das älteste noch erhaltene Gebäude am Nyhavn, das Haus Nummer 9, stammt von 1681. Ironischerweise galt die von den Tourist:innen heute zumeist ignorierte Südseite lange als „gute" Seite des Nyhavn. Als Hans Christian Andersen im Haus Nr. 20 wohnte, tummelten sich auf der anderen Seite berüchtigte Seemannskneipen und Bordelle – Welten entfernt von den fotogenen Caféterrassen von heute.

ÜBERNACHTEN IM KÖNIGLICHEN KOPENHAGEN

Generator
Hostel einer internationalen Kette in zentraler Lage und mit munterer Bar und Terrasse. **€**

Babette Guldsmeden
Neben dem Kastellet, bietet behagliche Zimmer mit viel Flair, ein Dachspa und ein Bio-Restaurant. **€€**

Admiral Hotel
Moderne Zimmer in restauriertem Lagerhaus von 1787 am Wasser zwischen Nyhavn und Amalienborg. **€€€**

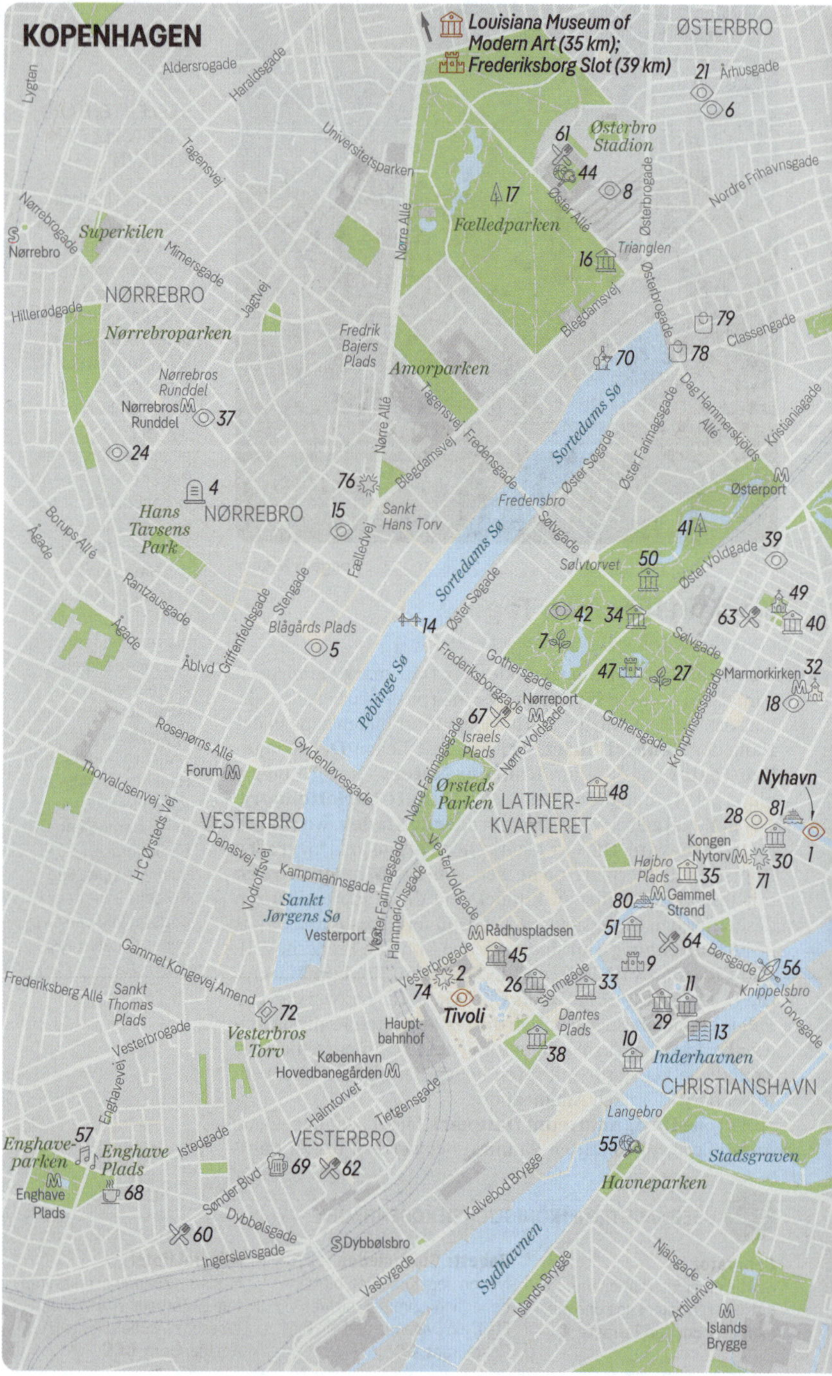
KOPENHAGEN
Louisiana Museum of Modern Art (35 km); Frederiksborg Slot (39 km)
ØSTERBRO
Aldersrogade
Haraldsgade
Lygten
Universitetsparken
Tagensvej
Nørrebrogade
Superkilen
Nørrebro
Mimersgade
Jagtvej
NØRREBRO
Hillerødgade
Nørrebroparken
Nørrebros Runddel
Nørrebros Runddel
Hans Tavsens Park
NØRREBRO
Borups Allé
Ågade
Rantzausgade
Åblvd
Griffenfeldsgade
Stengade
Blågårds Plads
Fælledvej
Sankt Hans Torv
Fredrik Bajers Plads
Amorparken
Nørre Allé
Blegdamsvej
Fælledparken
Østerbro Stadion
Øster Allé
Østerbrogade
Trianglen
Århusgade
Nordre Frihavnsgade
Classensgade
Dag Hammerskjölds Allé
Kristianiagade
Sortedams Sø
Øster Søgade
Øster Farimagsgade
Fredensgade
Fredensbro
Sølvgade
Sølvtorvet
Østerport
Øster Voldgade
Peblinge Sø
Frederiksborggade
Gothersgade
Nørreport
Marmorkirken
Kronprinsessegade
Israels Plads
Nørre Voldgade
Nørre Farimagsgade
Ørsteds Parken
LATINER-KVARTERET
Nyhavn
Kongen Nytorv
Højbro Plads
Gammel Strand
Rosenørns Allé
Forum
Gyldenløvesgade
Thorvaldsenvej
HC Ørsteds Vej
VESTERBRO
Danasvej
Vodroffsvej
Kampmannsgade
Sankt Jørgens Sø
Vesterport
Vester Farimagsgade
Hammerichsgade
Vester Voldgade
Rådhuspladsen
Vesterbrogade
Tivoli
Stormgade
Dantes Plads
Børsgade
Knippelsbro
Torvegade
Inderhavnen
CHRISTIANSHAVN
Gammel Kongevej
Amend
Frederiksberg Allé
Sankt Thomas Plads
Vesterbrogade
Vesterbros Torv
Hauptbahnhof
København Hovedbanegården
Enghavevej
Halmtorvet
Tietgensgade
VESTERBRO
Istedgade
Enghaveparken
Enghave Plads
Enghave Plads
Sønder Blvd
Dybbølsgade
Ingerslevsgade
Dybbølsbro
Vasbygade
Kalvebod Brygge
Langebro
Havneparken
Stadsgraven
Sydhavnen
Islands Brygge
Njalsgade
Artillerivej
Islands Brygge
1
2
4
5
6
7
8
9
10
11
13
14
15
16
17
18
21
24
26
27
28
29
30
32
33
34
35
37
38
39
40
41
42
44
45
47
48
49
50
51
55
56
57
60
61
62
63
64
67
68
69
70
71
72
74
76
78
79
80
81

HIGHLIGHTS
1 Nyhavn
2 Tivoli

SEHENSWERTES
3 Amalienborg Slot
4 Assistens Kirkegård
5 Blågårdsgade
6 Bopa Plads
7 Botanisk Have
8 Brumleby
9 Christiansborg Slot
10 Danish Architecture Centre
11 Dansk Jødisk Museum
12 Designmuseum Danmark
13 Det Kongelige Bibliotek
14 Dronning Louises Bro Rust
15 Elmegade
16 Enigma Museum of Communication
17 Fælledparken
18 Frederiksstaden
19 Freistadt Christiania
20 Frihedsmuseet
21 Galleri Bopa
22 Galloperiet
23 Inderhavnsbroen
24 Jaegersborggade
25 Kastellet
26 Københavns Museum
27 Kongens Have
28 Kongens Nytorv
29 Krigsmuseet
30 Kunsthal Charlottenborg
31 Kleine Meerjungfrau
32 Marmorkirken
33 Nationalmuseet
34 Dänisches Naturkundemuseum
35 Nikolaj Kunsthal
36 Nordatlantens Brygge
37 Nørrebrogade
38 Ny Carlsberg Glyptotek
39 Nyboder
40 Nyboders Mindestuer
41 Østre Anlæg
42 Palmehus
43 Papirøen
44 Parken
45 Rådhus
46 Refshaleøen
47 Rosenborg Slot
48 Rundetårn
49 Sankt Pauls Kirke
50 SMK
51 Thorvaldsens Museum
52 Vor Frelsers Kirke

KURSE & TOUREN
53 Badezone Sandkaj
54 Copenhill
55 GoBoat
56 Kayak Republic
57 Vega

ESSEN
58 Alchemist
59 Broens Gadekøkken
60 Folkehuset Absalon
61 Geranium
62 Kødbyens Fiskebar
63 Kokkeriet
64 Meyers i Tårnet
65 Morgenstedet
66 POPL
67 Torvehallerne

AUSGEHEN & FEIERN
68 Beat Café
69 Fermentoren
70 Søernes Ølbar

UNTERHALTUNG
71 Det Kongelige Teater
72 Det Ny Teater
73 Operaen
74 Pantomimentheater
75 Skuespilhuset
76 Union

SHOPPEN
77 Streetfoodmarkt Reffen
78 Stine Goya
79 WAUW

TRANSPORT
80 Kanaltouren ab Gammel Strand
81 Kanaltouren ab Nyhavn
82 FriendShips
83 Hey Captain

Die Kleine Meerjungfrau von Edvard Eriksen

DIE KLEINE MEERJUNGFRAU

Die Kleine Meerjungfrau (Den Lille Havfrue) ist, obwohl sie kaum 1,25 m groß ist, zum Symbol für Kopenhagen geworden, genauso wie die Freiheitsstatue für New York.

Nachdem der Bierbaron Carl Jacobsen eine Ballettaufführung des Märchens von Hans Christian Andersen gesehen hatte, gab er die Statue in Auftrag. Den Körper modellierte der Bildhauer Edvard Eriksen nach dem seiner Frau Eline, das Gesicht nach dem der Ballerina Ellen Price. Das 1913 enthüllte Werk sorgt seitdem bei Tourist:innen für eine gewisse Enttäuschung, bietet sich heute aber auch für Selfies an.

Außerdem wurde die Statue schon oft attackiert, sei es aus politischen Gründen oder aus purem Vandalismus: Sie wurde enthauptet, es wurden Körperteile entfernt und sie wurde mit Farbe übergossen.

schem Design. Die Bunker des 2020 nach einem Giftanschlag von 2013 wiedereröffneten **Frihedsmuseet**, des komplett neu erbauten Museums des dänischen Widerstands, erzählen die Geschichte Dänemarks im Zweiten Weltkrieg. Das Museum liegt fast vollständig unter der Erde und verströmt in seinen Ausstellungen eine verschwiegene, unsichere Atmosphäre.

Die riesige Festung **Kastellet** unmittelbar nördlich sollte den Eingang zum Hafen Kopenhagens schützen. Die 1626 unter Christian IV. begonnene Anlage wurde später unter Frederik III. erweitert. Auch heute untersteht sie noch dem Verteidigungsministerium, wenn hier auch meist nur noch Büros sind. Der Rest der Anlage mit einer Kirche von 1703 steht Besucher:innen offen und die baumgesäumten Wälle und Bastionen mit Hafenblick sind ein einzigartiges Erholungsgebiet voller Jogger:innen und Picknickenden. Außerhalb sitzt die **Kleine Meerjungfrau** auf ihrem Fels.

Charakteristisch für das urige Innenstadtviertel **Nyboder**, einst für Marineangehörige erbaut, sind die zweistöckigen Reihenhäusern, in denen noch immer viele Soldatenfamilien wohnen. Die meisten Häuser stammen aus der zweiten Hälfte des 18. Jhs. und dank ihrer symmetrischen Anordnung rund um die **Sankt Pauls Kirke** und ihrer orangegelben Farbe sind sie ein Traum für Fotograf:innen. Meist ist es hier recht ruhig, doch sonntags ist im ältesten Gebäude, dem **Nyboders**

MODERNE KÜCHE IM ZENTRUM VON KOPENHAGEN

Famo Metro
Italienische Menüs in freundlichem Ambiente auf der Ostseite der Kopenhagener Seen. **€€€**

Pluto
Populäres Bistro mit perfekter Mischung aus behaglichem Flair und kreativer Karte. **€€**

Lille Petra
Abgeschiedenes Gartencafé mit Sandwiches und frischem Brot in schönem Ambiente. **€€**

Mindestuer, eine Ausstellung geöffnet; außerdem versteckt sich hier das Sternerestaurant **Kokkeriet**.

Raus aufs Wasser

KOPENHAGEN PER BOOT

In Kopenhagen ist man nie weit vom Wasser entfernt – Wasser prägt die Stadt! Und den Kaufmannshafen erkundet man am besten per Boot.

Klassische einstündige **Kanaltouren** ab Nyhavn oder Gammel Strand führen zum Inneren Hafen, nach Christianshavn, zum Slotsholmen-Kanal und natürlich zur Kleinen Meerjungfrau. Die Touren sind zwar touristisch, aber sie sind gut und billig. Alternativ besteigt man den **Hafenbus** (Havnebus), eine kleine Elektrofähre mit zehn Stopps zwischen Teglholmen und Orientkaj.

Kayak Republic verleiht Kajaks und SUP-Boards, **GoBoat**, **FriendShips** und **Hey Captain** verleihen kleine Boote.

Promenade zu den Parkmuseen

VON FESTUNGSMAUERN ZU SCHÖNEN KÜNSTEN

Der wunderbar gepflegte **Kongens Have** (Königsgarten) ist der älteste Park der Stadt. Wo sich einst der Gemüsegarten Christians IV. befand, verlaufen heute romantische Pfade und blühen duftende Rosen. Der Park grenzt an die märchenhaften Türme und Giebel des 1633 im Stil der niederländischen Renaissance erbauten **Rosenborg Slot**, das Christian IV. als Sommerresidenz diente. Hier befinden sich in der Schatzkammer die dänischen Kronjuwelen wie die extravagante Krone Christians IV. und das juwelenbesetzte Schwert Christians III.

Der 10 ha große **Botanisk Have** (Botanische Garten) nebenan wirkt nach der eleganten Geometrie des Kongens Have urwüchsig und überschwänglich. Die großen Außenanlagen können kostenlos erkundet werden, doch sollte man sich den Eintritt zum **Palmehus** von 1874 aus Gusseisen und Stahl gönnen: Hier erblüht manchmal die weltweit größte Blume. Ende 2024 soll am Nordrand des Gartens das neue **Dänische Naturkundemuseum** eröffnen. Bis dahin kann man noch das alte Museum an der Ecke Øster Voldgade und Sølvgade ansteuern.

Gegenüber befindet sich am Südende des Parks **Østre Anlæg** das größte Kunstmuseum Dänemarks, das Statens Museum for Kunst, bekannt unter der Abkürzung **SMK**. Eine Augenweide sind schon das stattliche Gemäuer im Stil der italienischen Renaissance und daneben ein moderner Flügel mit einem hohen gläsernen Atrium voller Skulpturen. Die großen Dauerausstellungen decken eine breite Palette an europäischer Kunst ab, von spätmittelalterlichen Arbeiten bis

KOPENHAGEN MIT KINDERN

Keri Bloomfield (@keri.bloomfield) ist Autorin von *Nothing Like a Dane: A real-life search for* hygge *in Denmark*, stammt aus Neuseeland und lebt in Kopenhagen.

Spielplätze
Mit über 125 Spielplätzen ist Kopenhagen toll für Kinder. Einer unserer liebsten ist der Trafiklegepladsen (Verkehrsspielplatz) in Fælledparken: Hier können Zwei- bis Achtjährige gratis Fahrräder leihen. Ein weiterer fantastischer Spielplatz ist der geschickt versteckte Konditaget Lüders mit tollem Blick auf die Stadt.

Planschbecken
Im Sommer steuern wir eins der vielen *soppebassiner* an, kostenlose Wasserspielplätze für Kinder.

Wissenschaftszentrum
Zwar ist der Eintritt nicht frei, doch das interaktive Experimentarium ist bei unserer Siebenjährigen ein echter Hit: Hier kann sie sich den ganzen Tag beschäftigen.

DÄNISCHE KLASSIKER ESSEN

Toldbod Bodega
Serviert schon seit 1787 sämtliche traditionellen dänischen Klassiker. €€

Café & Ølhalle '1892'
Kellercafé im Arbejdermuseet (Arbeitermuseum); hier wird gefeiert wie 1899, mit Smørrebrød und *snaps*. €€

Aamanns Etablissement
Moderne Bioversion dänischer Küche mit Filialen in der ganzen Stadt. €€€

zum Goldenen Zeitalter Dänemarks im 19. Jh. und zu Gegenwartskunst. Außerdem gibt's ein gutes Café und einen Laden.

Kulinarische Weltreise

DAS EPIZENTRUM DER KOPENHAGENER FOODSZENE

Wo bis in die 1950er-Jahre der Kopenhagener Gemüsemarkt stattfand, markieren die **Torvehallerne** (Markthallen) heute die Wiederbelebung eines der zentralsten Plätze der Stadt. Die 2011 eröffneten Markthallen entwickelten sich schnell zum Epizentrum der Kopenhagener Kulinarikszene; hier gibt's frischen Fisch und frisches Fleisch und an den 80 Ständen kann man alles von argentinischen Empanadas und koreanischen *hotteok*-Pfannkuchen bis zu traditionellem dänischem Salzhering und Smørrebrød probieren. Auch den Gemüsemarkt gibt's wieder, schön gelegen zwischen den beiden Glashallen.

NOCH EINE KÖNIGIN AM WASSER

2018 wurde in Kopenhagen vor dem West Indian Warehouse am Wasser das politisch bedeutendste Kunstwerk seit Jahren aufgestellt, *I Am Queen Mary* (iamqueenmary.com) der Künstlerin La Vaughn Belle von den Amerikanischen Jungferninseln und der dänischen Künstlerin Jeannette Ehlers. Das Lagerhaus war Hauptsitz der Dänischen Westindien-Kompanie, die den dänischen Sklavenhandel und die Kolonisierung der Jungferninseln verwaltete (1672–1917).

Die 7 m große Statue zeigt „Queen Mary" Thomas, Anführerin des „Fireburn"-Aufstands gegen die elenden Arbeitsbedingungen auf den Zuckerrohrplantagen der Inseln. 2020 wurde die Statue nach Sturmschäden entfernt, doch die Künstlerinnen sammeln Geld für eine dauerhafte Version der Statue.

Museums-Hopping

DIE INNENSTADT STROTZT VOR KULTUR

In den Museen im Zentrum könnte man mehrere Tage verbringen, doch man konzentriert sich besser auf ein paar.

Vom Tivoli beim **Rådhus** von 1905 mit seinem 105 m hohen Turm und vom Latinerkvarteret sind Ny Carlsberg Glyptotek, Nationalmuseet und das stadtgeschichtliche Københavns Museum nur ein paar Straßen entfernt. Den Grundstock der **Ny Carlsberg Glyptotek** bildet die Skulpturensammlung des Carlsberg-Braumagnaten Carl Jacobsen mit viel dänischer und französischer Kunst des 19. Jhs., u. a. der größten Sammlung an Rodin-Skulpturen außerhalb Frankreichs und 47 Gauguin-Gemälden neben Werken von z. B. van Gogh, Monet und Renoir. Auch der Rest des Museums mit Schwerpunkt auf dem alten Ägypten ist spannend.

Das dänische **Nationalmuseet** ist eine Fundgrube für alle möglichen Steinzeitwerkzeuge, Wikinger-Waffen, Runensteine und mittelalterlichen Schmuckstücke – nicht entgehen lassen sollte man sich den feinen Sonnenwagen aus Trundholm. Dazu kommen Ausstellungen zu Dänemarks Rolle in der Welt wie die faszinierenden „Stimmen aus den Kolonien" über die wenig bekannte dänische Kolonialgeschichte in Indien, in Grönland und auf den Jungferninseln.

Auf der anderen Seite des Kanals steht das spektakuläre **Christiansborg Slot**. Es beherbergt das Folketinget, das dänische Parlament, das Büro des Premierministers und das Oberste Gericht und ist schon seit dem 15. Jh. Regierungssitz – einzigartig ist, dass hier die drei Regierungsgewalten in einem Gebäude versammelt sind; außerdem hat die Königin hier ihre Empfangssäle. Diese entsprechend opulenten Säle stehen Be-

AUSGEHEN IN KOPENHAGEN

Søhesten
Treff im Flüsterkneipenstil mit Pubquiz dienstags, Live-Jazz mittwochs und funkigen DJs am Wochenende.

Hviids Vinstue
Das Flair von gestern verströmt Kopenhagens älteste Bar, die seit 1723 an dieser Stelle existiert.

Brønnum
Stimmungsvolle Lounge am Kongens Nytorv mit komfortablen Velours-Barhockern.

Danish Architecture Centre

sucher:innen offen, ebenso die Küche, die Stallungen und die Palastkapelle. Außerdem sind unterm Schloss die ersten Fundamente des Baus aus dem 11. Jh. zu sehen. Ein Aufzug fährt hinauf auf den **Turm** mit fabelhaftem Stadtblick und Nobelküche im **Meyers i Tårnet**. Nebenan ist das bunte **Thorvaldsens Museum** voller Skulpturen zu mythologischen Motiven des 1844 verstorbenen Bildhauers Thorvaldsen.

Im Süden der Insel Slotsholmen sind das **Dansk Jødisk Museum** (kühn, modern und sehr informativ), die **Det Kongelige Bibliotek** (Königliche Bibliothek), besser bekannt als Schwarzer Diamant (Den Sorte Diamant), ein Wahrzeichen aus poliertem schwarzem Granit am Wasser, und das **Krigsmuseet** (Kriegsmuseum) z. B. mit einer Ausstellung zum Alltag dänischer Soldat:innen in Afghanistan. Die Krönung des Besuchs auf dem Inselchen voller Museen ist schließlich das **Danish Architecture Centre** gleich hinter der Bibliothek mit Virtual Reality, Puzzles und einer 40 m langen Spielplatzrutsche.

Kehrt man über den Højbro Plads aufs Festland zurück, kommt man zur **Nikolaj Kunsthal** in einer Kirche aus dem 13. Jh. mit wechselnden Ausstellungen zur Gegenwartskunst (Turmführungen nur am Wochenende) und zum einzigartigen 35 m hohen **Rundetårn** (Rundturm), 1642 erbaut als Aussichtsturm für den Astronomen Tycho Brahe.

DESTINATION: DESIGN

Mille Maria Steffen-Nielsen Smith, Head of Communications im Designmuseum Danmark (@designmuseumdanmark) verrät ihre liebsten Design-Locations.

Etage Projects
Schöne Kunst- und Designgalerie mit wechselnden Ausstellungen (Borgergade 15). In den coolen urbanen Räumlichkeiten gibt's z. B. Lampen und Vasen des dänischen Künstlers FOS oder getönte Spiegel von Sabine Marcelis.

Showrooms für dänisches Design
Beim Designmuseum lohnen das House of Finn Juhl (Gothersgade 9), Montana Furniture (Bredgade 24) und File Under Pop (Esplanaden 6) einen Besuch.

Designbewusste Cafés & Bars
Die Apollo Bar veranstaltet Kunstpartys und angesagte Flohmärkte, während das Den Lille Blå die vielleicht schönste Weinbar der Stadt ist.

ÜBERNACHTEN IM ZENTRUM VON KOPENHAGEN

Hotel Kong Arthur
Elegante Zimmer, einige mit Ausblicke über die Seen, und ein Spa für die Gäste. **€€**

Danhostel Copenhagen City
Das Gebäude wirkt anstaltsmäßig, doch der Preis stimmt und die Ausblicke können sich sehen lassen. **€**

Scandic Nørreport
2022 eröffnet, mit Zimmern im Boutiquehotelstil und Dachcocktailbar mit Stadtpanorama. **€€**

BUMMEL ÜBER DIE STRØGET

Durch das Herz der Stadt führt die wichtigste Fußgängerstraße von Kopenhagen, die 1,1 km lange Strøget. Gesäumt ist sie von mehreren dänischen Design-Flagship-Stores wie Royal Copenhagen (Porzellan), Illums Bolighus (Designgeschäft) und Georg Jensen (Silberwaren). Luxusmarken tummeln sich Richtung Amagertorv und Kongens Nytorv, während die Straße Richtung Rådhuspladsen bodenständiger daherkommt. Weitere interessante Keramik- und Antiquitätenläden gibt's an der Strædet, ebenso wie den schönen **Storchenbrunnen** (Storkespringvandet).

Trip zum Tivoli

EINER DER ÄLTESTEN FREIZEITPARKS DER WELT

Der **Tivoli** ist genau so, wie man sich einen dänischen Vergnügungspark vorstellt: voller Spaß und Fantasie, aber ohne kitschigen Schnickschnack. Okay, ein bisschen Kitsch gibt's auch, aber schön ist der Tivoli trotzdem. Die Besucher:innen können mit der über 100 Jahre alten Achterbahn fahren, samstagabends ein Feuerwerk erleben oder einfach nur die märchenhafte Atmosphäre genießen. Im Sommer finden freitagabends auf der Freilichtbühne Plænen die Fredagsrock-Konzerte statt – früh da sein! Im **Pantomimentheater** von 1874 gibt's Theater und Musik. Und der von April bis September und zu Halloween und Weihnachten geöffnete Park bietet jede Menge gute Möglichkeiten zum Speisen und Trinken.

Die Straße nach Refshaleøen

UNAUSSPRECHLICH & UNBEDINGT SEHENSWERT

Seit der Schließung der Werften 1996 hat sich die Industrieinsel **Refshaleøen**, meist einfach nur Reffen genannt, zu einem hippen Kulturareal entwickelt.

Hauptanlaufpunkt vieler Besucher:innen ist der **Streetfoodmarkt Reffen** (März–Sept.), der größte Skandinaviens. Hier trifft sich das hippe Kopenhagen im Sommer an Ständen mit Essen aus aller Welt und in der großen Mikkeller-Bierbar. Und gleich um die Ecke nimmt einen das mit zwei Sternen gekrönte Restaurant **Alchemist** mit auf eine surreale 50-Gänge-Reise.

Nicht weit entfernt ist **CopenHill**. Das in der ganzen Stadt sichtbare, 85 m hohe Bauwerk ist die weltweit erste Kombination aus Kraftwerk, Skihang und Kletterwand. Skier können gegen Gebühr ausgeliehen werden. Gratis ist hingegen der Aufstieg zur 450 m hoch gelegenen Café-Bar mit Aussicht.

ÜBER DIE KANÄLE PADDELN

Die meisten Bootstouren führen auch über die Kanäle von Christianshavn, doch hier kann man auch toll selbst im Kajak oder auf dem SUP-Brett herumpaddeln. Leihmöglichkeiten siehe S. 55.

Christianshavn erkunden

KANÄLE & KIRCHE

Christianshavn gegenüber vom Nyhavn ist vielleicht das einzigartigste Viertel Kopenhagens, erbaut auf künstlichen Inseln und Bastionen aus dem 17. Jh. und durchzogen von Kanälen. Los geht die Erkundung an der Fußgängerbrücke **Inderhavnsbroen**, nach den beiden beweglichen Hälften, die sich in der Mitte treffen, auch Kyssebroen (Kussbrücke) genannt. Unmittelbar nördlich erhebt sich die futuristische **Operaen** (Oper). Mit ihrer trapezförmigen Silhouette ist die **Papirøen** (Papierinsel) eins der neu-

AUSGEHEN IM ZENTRUM VON KOPENHAGEN

Palæ Bar
Behagliche, freundlich eingerichtete Bar und Lunch-Adresse mit Wohnzimmerflair.

Bastard Café
Alteingesessene Café-Bar mit Hunderten von Brettspielen.

Boulebar
Bar und Hallen-Bouleplatz – hier kann man selbst im Winter Pétanque spielen.

Pantomimentheater, Tivoli

esten Stadtentwicklungsprojekte. Auf dem Streetfoodmarkt **Broens Gadekøkken** kann man sich einen Happen gönnen; oder man steuert den Burgerableger des Noma an, das **POPL**. Dahinter ist die **Nordatlantens Brygge** (das Nordatlantikhaus) mit Ausstellungen über Island, Grönland und die Färöer.

Am Wasser entlang oder über die stimmungsvollen Straßen von Christianshavn geht's zur schwarz-goldenen Barockspitze der **Vor Frelsers Kirke** aus dem 18. Jh. Nach oben sind es 400 Stufen (davon 150 draußen!), mit göttlichem Blick auf die Stadt.

Anarchistische Gegenkultur

HIPPIE-KOMMUNE IM HERZEN DER STADT

Die **Freistadt Christiania** auf dem Gelände einer alten Kaserne erzählt eine der ungewöhnlichsten Geschichten ganz Kopenhagens. Die 1971 von Hausbesetzer:innen und Anarchist:innen gegründete Siedlung mit etwa 1000 Bewohner:innen ist noch immer halb autonom und lebt schon seit Anbeginn in einem unsicheren Verhältnis zum dänischen Staat.

Christiania ist ein Stück leicht chaotische Gegenkultur, das dem perfekt rausgeputzten Kopenhagen ansonsten teils fehlt, voller schräger selbstgezimmerter Behausungen, Lokale, Bier-

DIE BESTEN ESSLOKALE IM ZENTRUM

Høst
Hübsches, beliebtes New-Nordic-Bistro mit nachhaltigen Menüs; reservieren! **€€€**

Iluka
Innovatives Seafood-Restaurant für Insider:innen, mit z. B. Tintenfischmousse mit dänischem Seetang. **€€**

Seks Bakery
Neue fröhlich-bunte vegetarische Bäckerei, ein echter Brunch-Hotspot. **€€**

Lillians Smørrebrød
Klassiker in kürzlich umgestalteter, aber noch immer erschwinglicher Sandwichbar. **€**

DØP
Keiner der üblichen *pølsevogn* – an dem Bio-Stand am Rundturm gibt's dänische Hotdogs auf höchstem Niveau. **€**

NOBEL COCKTAILS SCHLÜRFEN

Trio
Cocktaillounge im 9. Stock der Axel Towers von 2017 mit tollem Ausblick.

Ruby
Makellose kleine Bar mit Blick auf Slotsholmen von den Ledersitzen.

Strøm
Preisgekrönte Bar am Gråbrødretorv mit verführerischem Art-déco-Ambiente.

BADEN IN KOPENHAGEN

Laura Hall (@hello_laura_hall) ist Reisejournalistin und Outdoor-Schwimmerin und lebt in Kopenhagen. Hier ihre Tipps für ein Bad im Freien:

Islands Brygge Havnebadet
Das Becken mitten im Hafen ist im Sommer die beste Adresse zum Schwimmen, Sonnenbaden und Abhängen.

Kastrup Søbad
Mit der Metro geht's zum Amager Strandpark mit diesem Architekturwunder: einer wie ein Schneckenhaus geformten Badeplattform.

Kalvebod Bølge
„Die Welle" bietet im Sommer Platz zum Sonnenbaden und im Winter ganz Hartgesottenen die Möglichkeit zu einem kühlen Bad.

OLIVER FOERSTNER/SHUTTERSTOCK ©

Assistens Kirkegård

gärten und Musikläden. Dazu kommt die berüchtigte „Pusher Street" (keine Fotos!), wo offen Hasch und Marihuana verkauft werden, obwohl das eigentlich illegal ist.

Auf dem Gelände stehen Thomas Dambos große Trollskulpturen; man kann die Galerie **Galloperiet** (Stadens Museum for Kunst) oder das **Morgenstedet** besuchen, ein von Freiwilligen betriebenes Café mit vegetarischen Leckereien.

Von Bewohner:innen geführte Rundgänge beginnen um 15 Uhr am Eingang an der Prinsessegade (im Sommer tgl., im Winter Sa & So; 60 Kr). Und es werden keine Karten genommen, also Bargeld mitnehmen!

Nørrebro erkunden

WO DIE COOLEN TYPEN WOHNEN

Jede Kopenhagen-Reise wäre unvollständig ohne einen Abstecher ins hippste, dichteste, quirligste, kulinarischste, kunstbeflissenste und vielfältigste Viertel der Stadt, das kürzlich von *Time Out* zum „coolsten Stadtviertel der Welt" gekürt wurde.

Nørrebro bedeutet einfach „Nordbrücke" und am besten startet man die Erkundungen auch gleich an der Brücke. Die **Dronning Louises Bro Rust** (Königin-Louise-Brücke) über die Seen ist im Sommer ein beliebter Treffpunkt und zudem eine der am stärksten frequentierten Radstrecken der Welt.

ÜBERNACHTEN IN CHRISTIANSHAVN

Hotel CPH Living
Zimmer auf einem deutschen Kahn an der Langebro mit bodentiefen Fenstern und Hafenblick. **€€**

Kanalhuset
Neues Boutiquehotel in wunderbar restauriertem Gebäude von 1754 mit buntem, designbewusstem Flair. **€€**

Kaj Hotel
Herrliches Designer-Hausboot am Rand von Holmen mit Kajaks für die Gäste. **€€€**

Das Rückgrat des Viertels ist die quirlige **Nørrebrogade**, die nach 2 km den Bahnhof Nørrebro erreicht. Die meisten Hotspots liegen nur ein paar Straßen von der Schlagader entfernt und man kann hier leicht einen Tag lang durch die Straßen voller Wandbilder bummeln. Links geht's in die **Blågårdsgade** mit ihrem netten Mix aus Lebensmittelläden und Barterrassen, rechts in die **Elmegade** mit frischer Mode. Am Sankt Hans Torv residiert schließlich das Kulturzentrum **Union**.

Die Nørrebrogade säumen die gelben Mauern des **Assistens Kirkegård**. Auf dem früheren Armenfriedhof sind Berühmtheiten wie Hans Christian Andersen (gest. 1875) und der Physiker Niels Bohr (gest. 1962) bestattet. Der Friedhof stellt außerdem eine schöne Abkürzung zur **Jaegersborggade** dar, die geradezu strotzt vor Galerie-Werkstätten für Bekleidung, Wein, Schmuck, Kunst und noch viel mehr. Von hier ist es nicht weit zum **Superkilen**, einem schmalen Park, der in drei Teilen mitten durch Nørrebro führt. Die bunte Grünanlage ist mit Pop-Art, Schaukeln, Skateboard-Rampen und 108 Designelementen aus 62 Ländern gefüllt – eine Anspielung auf die Vielfalt der Bewohnerschaft des Viertels. Die sehr fotogenen schnörkeligen Streifen auf dem „Schwarzen Platz" sind seit ihrem Bestehen 2012 zu einem Kopenhagen-Symbol geworden.

Das kultivierte Østerbro erkunden

FRIEDLICH, HÜBSCH & VOLLER KINDERWAGEN

Østerbro ist schon seit Langem ein wohlhabender Teil der Stadt: Hier waren die Wohnhäuser vom späten 19. Jh. immer größer und prächtiger als die im dichtgedrängten Nørrebro. Zwar wird Østerbro sicherlich nicht demnächst zum coolsten Viertel der Welt gekürt, doch es verströmt einen dezenten urbanen Charme – hier machen vor den Cafés tatsächlich Babys ihr Nickerchen.

Auf den weiten Rasenflächen des Picknickparadieses **Fælledparken** trainieren Fußballer:innen im Schatten des **Parken**-Stadions, wo der FC København und die dänische Nationalmannschaft ihre Heimspiele austragen. Weniger zu erwarten ist hier das Geranium, ein mit drei Michelin-Sternen ausgezeichnetes Restaurant, das 2022 zum besten der Welt gekürt wurde. Das große moderne Stadion ist außerdem ein merkwürdiger Nachbar für die puppenhaushübschen Reihenhäuser des Viertels **Brumleby** aus den 1860er-Jahren.

Im Frühjahr 2023 eröffnete an der Kreuzung Trianglen das **Enigma Museum of Communication** mit interaktiven Ausstellungen zur globalen Kommunikation und den komplexen Fragen, die diese Technologien hervorrufen.

DAS NOMA

Selbst wenn die allermeisten Kopenhagener:innen natürlich noch nie über die exquisite Schwelle des renommierten Restaurants von René Redzepi getreten sind, wurde es nicht nur wegen der Qualität und Innovationskraft seiner Speisen weltberühmt, sondern auch deswegen, weil das noma und das New Nordic Food Manifesto von 2004 in Sachen dänischer, nordischer und am Ende auch globaler Küche eine Zeitenwende einläuteten.

Wer sich eins der 20-Gänge-Menüs des Restaurants leisten kann, wird dieses Speiseerlebnis nicht so schnell vergessen. Doch 2023 zieht das noma nach Japan um und ist 2024 noch einmal für eine letzte Saison in seiner idyllischen Location in Christiania zu Gast. Anschließend gibt's das noma dann nur noch als Food Lab mit gelegentlichen Pop-ups.

LIVEMUSIK IN CHRISTIANIA

Nemoland
Der Komplex mit Bar, Bühne und Restaurant in „Downtown" veranstaltet im Sommer sonntagabends Konzerte.

Loppen
Lebhafter kleiner Musikclub mit verlässlich gutem Programm mit dänischen und ausländischen Acts.

Den Grå Hal
Livemusikbühne, die im Dezember einen Weihnachtsmarkt veranstaltet.

Von der Trianglen ist der stille Sortedam Sø nur einen Katzensprung entfernt. Hier kann man in der überaus behaglichen **Søernes Ølbar** darüber nachsinnen, wie jemand in den 1960er-Jahren auf die Idee kommen konnte, an den Seen eine zwölfspurige Autobahn entlangzubauen!

Die Straßen an den Seen entlang sind mit Mode- und Design-Boutiquen wie **Stine Goya** und **WAUW** (Keramik) und mit hübschen Plätzen wie dem schön versteckten **Bopa Plads** (mit der **Galleri Bopa**) gesäumt. Von hier sind es 2 km zum sandigen **Svanemølle-Strand**; oder man steuert den nahen Nordhavn an mit dem originellen, acht Stockwerke hohen Spielplatz **Konditaget Lüders**, auf dessen Außentreppe man seine Zeit für den Weg nach oben stoppen kann. Oder man hüpft in der **Badezone Sandkaj** ins Wasser.

Quirliges Vesterbro

KOPENHAGENS DYNAMISCHES AUSGEHVIERTEL

Schon lange vor den ersten Gentrifizierungswellen der 1990er-Jahre war Vesterbro ein kulturell bedeutsames Viertel. Die meiste Action spielt sich südwestlich des **Hovedbanegård** (Hauptbahnhof) an drei Parallelstraßen ab: Vesterbrogade, Istedgade und Halmtorvet/Sønder Blvd.

Die Vesterbrogade ist die Hauptstraße des Viertels: Sie führt vorbei am **Vesterbros Torv** mit einem halben Dutzend Caféterrassen an der **Eliaskirken** von 1908 und **Det Ny Teater** gegenüber. Weiter unten zweigt der **Værnedamsvej** ab, eine der reizendsten Straßen der Stadt mit Designerboutiquen, Feinkostläden und Cafés mit Pariser Flair.

Die **Istedgade** zählt zu den berühmt-berüchtigtsten Straßen Kopenhagens: Sie gilt als Drogen- und Prostitutionsmeile. Die Häuserblocks in Bahnhofsnähe sind noch etwas zwielichtig, doch Richtung Enghave Plads mit dem **Beat Café** (Tapas und Schallplatten) und dem nahen **Vega** (Konzerte) steigt die Hipsterdichte mit Cafés und handwerklich erzeugten Produkten rasant an.

Am hippsten sind **Halmtorvet/Sønder Boulevard**. Die fast 2 km lange schmale Grünanlage führt schließlich zur Carlsberg Byen und grenzt an die **Kødbyen** (das Schlachthofviertel) mit – je nach Farbe der Gebäude – braunen, grauen und weißen Arealen. Die braunen und grauen Teile sind älter (von 1879), die modernistischen Hallen des weißen Teils stammen von 1934. Sowohl tagsüber als auch abends lohnt sich ein Besuch hier dank einer enormen Vielfalt an Restaurants, Galerien und Bars, Brauereien und Clubs, die bis spät in die Nacht geöffnet sind. Zu essen gibt's alles von altmodischen dänischen Schweinefleischbroten bis zu preisgekrön-

DIE BESTEN MUSIKCLUBS IN KOPENHAGEN

Alice
Gemeinnütziger Laden für v. a. alternative und verschiedenste Stile aus aller Welt.

Vega
Dänische und ausländische Musiker:innen in drei Sälen in einem schön restaurierten modernistischen Gebäude.

Pumpehuset
Zentrale Bühne für alles von neuem dänischem Hip-Hop bis zu Chicago House und Dragshows.

Spillestedet Stengade
Von Freiwilligen betriebene Einrichtung in Nørrebro mit vielfältigem Angebot, jedoch besonders mit Rock und Metal.

Clubs mit DJs
Gut ist das Kødbyen, aber auch Culture Box, Werkstatt, Bolsjefabrikken und Kargo sind einen Versuch wert.

ÜBERNACHTEN IN NØRREBRO & ØSTERBRO

Urban Camper
Nørrebros neues Hostel mit großer quirliger Bar und einzigartigen Zeltdorms. **€**

Ryel15
In dem freundlichen und familiären Boutiquehotel in einer stillen Straße in Østerbro fühlt man sich gleich heimisch. **€€**

TheKrane
Wirklich einzigartige Luxusbleibe oben in einem alten Kohlekran in Nordhavn. **€€€**

OLIVER FOERSTNER/SHUTTERSTOCK ©

Vesterbros Torv

ten Austern in der **Kødbyens Fiskebar**. Für Kunstbeflissene gibt's z. B. die **V1 Gallery** und die Galerie **Bo Bjerggaard**.

Als Nächstes kommen die kerzenbeschienen Craftbier-Destination **Fermentoren** und ein Stück weiter das **Folkehuset Absalon**, eine frühere Kirche mit beliebtem täglichem Gemeinschaftsabendessen.

Die **Carlsberg Byen** ist die Neuerschließung einer alten Brauerei; das Museum wird noch bis Mitte 2023 renoviert.

Frederiksbergs stille Parks

GEPFLEGTE & HÜBSCHE STADTOASE

Zwar liegt es mitten in Kopenhagen, aber das wohlhabende **Frederiksberg** ist eine eigene Stadt. Und mit seinen freistehenden Villen und schicken Wohnblocks wirkt es auch anders.

Von den Seen kommend folgt man entweder der baumgesäumten Frederiksberg Allé oder der Haupteinkaufsstraße, dem **Gammel Kongevej**. Von Letzterem erreicht man als Erstes das **Frederiksberg Rådhus**, vor dem samstags ein Flohmarkt stattfindet.

Die meisten Highlights liegen im **Frederiksberg Have**, einem der schönsten Parks Kopenhagens. Man kann an den vogelreichen Gewässern entlangbummeln oder eine der idyllischen 20-minütigen Ruderboottouren unternehmen.

DIE BESTEN ESSLOKALE IN ØSTERBRO

Café Bopa
Tagsüber Brunch und abends Beats in vielseitigem Café. €€

Gro Spiseri
Frisches Essen im Familienstil in einem Gewächshaus auf der fantastischen Dachfarm ØsterGRO. €€€

Hahnemanns Køkken
Exquisite Kombination aus Bio-Bäckerei, Patisserie und Café von Köchin und Food-Autorin Trine Hahnemann. €€

Madmanden
Nur unter der Woche geöffneter Imbiss für Smørrebrød und Schweinefleisch-Sandwiches, mittags sehr beliebt bei den Einheimischen. €

VeVe
Vegetarisches Schwesterrestaurant des Kiin Kiin in Nørrebro mit weltumspannendem 6-Gänge-Menü in Designer-Ambiente. €€€

Juno
Die Schlange hat ihre Gründe: Hier gibt's schwedische Zimtschnecken. €

ÜBERNACHTEN IN VESTERBRO

Hotel Ottilia
Boutiquehotel im Industrieschick, toll zur Erkundung der neuen Carlsberg Byen. €€€

Coco Hotel
Boutiquehotel mit frischem buntem Design und Rabatt in den 16 Restaurants des Copenhagen Food Collective. €

Annex Copenhagen
Billigableger des feinen Absalon Hotel nebenan – bunt, gemütlich und preiswert. €

DIE BESTEN SNACKS & BEATS IN KØDBYEN

Prolog Coffee
Tolle Rösterei mit erstklassigem Kaffee, Snacks und Tischen draußen.

Hija de Sanchez
Takeaway-Taqueria des Restaurants Sanchez mit phänomenal kurzer Karte. €

Warpigs
Hier wird gebraut und gegrillt – die US-dänische Aroma-allianz ist ein echter Hit. €

Jolene
Klein, verschwitzt und perfekt für die Electro-Klänge, die hier bis spät dröhnen.

Mesteren & Lærlingen
Wechselnde Musik, aber immer Party – auch weit draußen vor der Tür.

OLIVER FOERSTNER/SHUTTERSTOCK ©

Frederiksberg Slot

Das **Frederiksberg Slot** auf einem Hügel stammt aus dem frühen 18. Jh. und wurde als Sommerresidenz für König Frederik IV. erbaut; seit 1869 ist hier die Königlich-Dänische Militärakademie ansässig. Nebenan ist der wunderbare **Kopenhagener Zoo**; das Pandahaus und das Elefantengehege wurden von den weltberühmten Architekturbüros BIG und Foster entworfen.

Über den Roskildevej geht's in den Nachbarpark **Søndermarken** mit einer der skurrilsten Sehenswürdigkeiten der Stadt, die direkt unter einem liegt. In den **Cisternerne** (Zisternen) fanden einst bis zu 16 Mio. l Wasser Platz. 1981 wurden sie trockengelegt und dienen seit 2013 als einzigartige Ausstellungsstätte, wo Besucher:innen vielleicht ein Paar Gummistiefel gereicht werden oder sie sich in einem Ruderboot wiederfinden.

UNTERWEGS VOR ORT

Kopenhagen ist eine kompakte Stadt, die gut zu Fuß oder mit der Cityline der Metro zu erkunden ist. Am besten ist dank getrennter Radwege sowie Radschnellwege und -brücken jedoch das Fahrrad. Zu leihen gibt's weiße Citybikes (bycyklen.dk) und orangefarbene Räder von Donkey Republic (donkey.bike). Für die Nutzung jeweils die App herunterladen! Dazu kommen andere Verleiher und auch Hotels haben für ihre Gäste oft Räder.

Mit der Ringbahn (Cityringen) der Metro kommt man innerhalb von wenigen Minuten durch die Innenstadt, mit Stationen in der Nähe der Hauptsehenswürdigkeiten wie dem Kongens Nytorv und der Marmorkirken sowie in Nørrebro, Østerbro, Vesterbro und Frederiksberg.

Auch die S-Bahn ist für kurze Fahrten durchs Zentrum praktisch, ebenso für Ziele weiter außerhalb. Zudem gibt es Busse und Elektrofähren. Mit der Rejsekort (rejsekort.dk) ist man problemlos und preiswert unterwegs; die Routenplanung ermöglicht die App Rejseplanen (rejseplanen.dk).

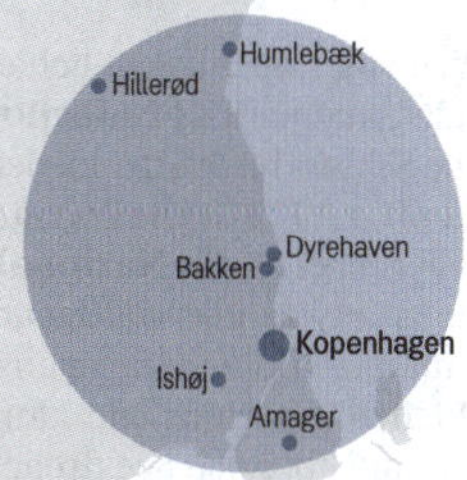

Rund um Kopenhagen

Kopenhagens Vororte sind alles andere als öde, sondern bieten herrliche Schlösser, erstklassige Kunst, tolle Strände und bewaldete Parks.

Die Vororte von Kopenhagen ziehen sich vom Zentrum die Küste hoch und runter, im Norden Richtung Helsingør (S. 68) und Dänische Riviera (S. 72), im Süden auf die Insel Amager und Richtung Køge (S. 77). Besonders schön – und schick – ist die Küste nördlich der Stadt, bekannt für ihre Villen und Strandhäuser.

Aber egal in welche Richtung – es gibt überall viel zu sehen und zu tun, von moderner Kunst bis zu Meeresbiologie und Sternegasthöfen auf dem Land. Ein paar der Highlights hier sind ein absolutes Muss, z. B. das Louisiana und das Schloss Frederiksborg. Alles in diesem Abschnitt liegt nicht weiter als eine Stunde vom Zentrum Kopenhagens entfernt.

TOP-TIPP

Geld spart man mit einem Kombiticket inkl. Louisiana-Eintritt und Zugfahrt (hin & zurück) für 235 Kr (siehe dsb.dk).

ARNDALE/SHUTTERSTOCK ©

Frederiksborg Slot, Hillerød (S. 66)

WARUM ICH DRAGØR LIEBE

Sean Connolly, Autor

Ich hatte schon ein paar Jahre in Kopenhagen gewohnt, als mir klar wurde, dass es noch eine Stadt jenseits des Flughafens gab. Zwar leben hier vor allem Pendler:innen, doch mir gefällt, wie bedeckt sich Dragør manchmal hält – man hat das Gefühl, in einem alten Fischerdorf zu sein, obwohl man sich direkt am Flughafen befindet. Es ist ein uriger kleiner Ort, mit seiner gewaltigen Statue der „Großen Meerjungfrau" aus 14 t kurvenreichem Granit, einem Thai-Café in einer alten Marinefestung und einem weiten, windigen Strand. Wer hinter dem Flughafen entlang hierher radelt, begibt sich auf einen wunderbaren Tagesausflug.

Dänemarks prächtigstes Schloss

SPIELWIESE DES KÖNIGSHAUSES IN SEELAND

Hillerød knapp 40 km nordwestlich von Kopenhagen beherbergt eins der bekanntesten Gebäude Dänemarks, **Frederiksborg Slot**. Das von Wasser umgebene Schloss im Stil der niederländischen Renaissance ist vollgestopft mit Kunst wie Porträts und Wandteppichen. Außerdem beherbergt es das **Nationalhistorische Museum**. Das Ganze ist etwas überwältigend, aber nicht entgehen lassen sollte man sich die extravagante Kapelle mit ihrer Orgel mit 1001 Pfeifen. Anschließend kann man auf der „kleinen Fähre" eine Runde über den See drehen oder durch den gepflegten **Slotshaven** (Schlosspark) bummeln.

Juwel der modernen Kunst

DÄNEMARKS HOTSPOT FÜR GEGENWARTSKUNST

Selbst für Kunstbanausen ist das tolle **Louisiana Museum of Modern Art** ein Genuss. Es liegt in einer Gartenlandschaft am Øresund und sein Labyrinth aus Sälen und Glaskorridoren fügt sich nahtlos in das mit surrealistischen Skulpturen gespickte Gelände ein. Die Ausstellungen wechseln regelmäßig, sodass man immer etwas Neues zu sehen bekommt. Das Museum liegt in **Humlebæk** 35 km von Kopenhagen.

Wald & Erlebnispark

IN DEN ALTEN KÖNIGLICHEN JAGDGRÜNDEN ENTSPANNEN

Der **Dyrehaven** (Wildpark Jægersborg) ist eins der drei als Welterbe gelisteten königlichen Jagdreviere in Nordseeland. Heute ist es ein beliebtes Ausflugsziel – im Park leben rund 2000 Hirsche. Auf einem Huckel in der Mitte des Parks befindet sich das elegante Jagdschlösschen Christians VI. von 1734, das Eremitageslottet (Führungen am Wochenende im Sommer).

Im Südosten des Parks ist **Bakken**, der älteste Freizeitpark der Welt. Zwar hat er nicht den Charme des Tivoli, doch Achterbahnen, Zuckerwatte usw. machen viel Spaß.

Amager & mehr

DIE UNTERSCHÄTZTE NACHBARSCHAFT IM SÜDEN

Zwar ist Amager eine separate Insel, doch die Stadt Kopenhagen nimmt ihre Nordhälfte ein, bevor sich die Vororte ausbreiten. Nur wenige Minuten von Christianshavn gibt's eine quirlige Hauptstraße, die **Amagerbrogade**, kilometerweit Dünen und Strand im Amager Strandpark, den größten Campus der **Universität Kopenhagen**, das **DR Koncerthuset** und jede Menge gute Restaurants und Bars wie **Ingolfs Kaffebar**.

ESSEN & AUSGEHEN RUND UM KOPENHAGEN

Café Sylten
Gemütliches Strandhausflair an der windigen Küste gleich südlich von Dragør mit Blick auf die Øresundbrücke. **€€**

Den Røde Cottage
Raffinierte saisonale Menüs in einem Haus im Wald hinter Taarbæk bei Dyrehaven. **€€€**

No. 22 Bistro
Seafood, Smørrebrød und Bistroklassiker direkt am Hafen von Rungsted zwischen Kopenhagen und Louisiana. **€€**

Vergnügungspark Bakken

Den Blå Planet kurz vor dem Flughafen (Metro 2) ist ein Aquarium mit einer eindrucksvollen Bandbreite an Meeresleben und einem Regenwaldraum mit Faultieren und Vögeln. Mit mehreren Streichelbecken ist auch für Kinder gut gesorgt.

Hinter dem Flughafen liegt **Dragør**, ein Märchendorf mit Fachwerkhäuschen in traditionellen goldenen Ockertönen an schmalen Kopfsteinpflasterstraßen, die hinunter zum geschäftigen Fischerhafen führen.

Kopenhagens innovative Galerie

ARKEN MUSEUM FÜR MODERNE KUNST

Das innovative **ARKEN Museum für Moderne Kunst** in Ishøj an der Küste südlich von Kopenhagen ist bekannt für seine verspielten, unkonventionellen Installationen sowie Malerei, Bildhauerei und Mixed-Media-Kunst ab 1990. 2022 war eine Nachstellung von Haus-Rucker-Cos *Giant Billiard* zu sehen, bei dem 15 Besucher:innen riesige aufblasbare Billardkugeln über eine 225 m^2 große Matratze rollten. Die Sammlung umfasst Werke u. a. von Andy Warhol, Damien Hirst und Ai Weiwei sowie von wichtigen dänischen Künstler:innen wie Asger Jorn und Olafur Eliasson. Das Museum liegt umgeben von Wasser auf einer Düneninsel beim Strand von Ishøj.

ÜBERNACHTEN RUND UM KOPENHAGEN

Raadvad Vandrerhjem
Budgetzimmer in historischem Gebäude im Wald im Raadvad-Mühlenkomplex. €

Kokkedal Slot
Übernachten in einem Schloss aus dem 18. Jh. an einem Golfplatz zwischen Rungsted und Nivå. €€

Dragør Hotel & Ferieudlejning
Gepflegte Ferienwohnungen für Selbstversorger:innen mitten in der Altstadt von Dragør. €€

UNTERWEGS VOR ORT

Es verkehren regelmäßig Züge nach Hillerød (Frederiksborg Slot) und Humlebæk nicht weit vom Museum Louisiana. Nach Dyrehaven und Bakken nimmt man die S-Bahn Richtung Norden bis zum Bahnhof Klampenborg.

Amager liegt mit der Metro nur ein paar Minuten vom Kopenhagener Zentrum entfernt; nach Dragør fährt vom Hauptbahnhof Bus 250S. Nach Arken nimmt man die S-Bahn zur Station Ishøj, dann den Bus 128 zum Strand.

HELSINGØR

Helsingør, einst eine der wichtigsten Seestädte Europas, übt keine Herrschaft über die Meere mehr aus, doch die Vergangenheit der Stadt ist noch immer greifbar. Helsingør liegt strategisch günstig an der engsten Stelle des Öresunds, der Meerenge zwischen Nord- und Ostsee – nach Helsingborg in Schweden sind es nur 4 km –, und diese Lage prägt die Stadt schon seit ihrer Gründung im frühen 15. Jh.

Bis 1658, als Dänemark einen seiner vielen Kriege gegen Schweden verlor, waren beide Seiten des Öresunds dänisch, was dem Königreich dank Sundzöllen, die die Schiffe für die Durchfahrt berappen mussten, einen enormen Reichtum bescherte. Damals nahm die Stadt Form an und einer ihrer wichtigsten Reize ist die mittelalterliche Altstadt mit ihren schmalen Kopfsteinpflasterstraßen und schiefen Fachwerkhäusern. Dazu kommt das spektakuläre Schloss Kronborg, Shakespeares Elsinore, das am Wasser Wacht hält.

TOP-TIPP

Wer nicht in Helsingør nächtigt, kann die Stadt auch leicht von Kopenhagen aus besuchen – die Bahnfahrt dauert 45 Minuten. Am Wochenende fahren die Züge die ganze Nacht durch, unter der Woche immerhin auch bis kurz nach Mitternacht, sodass genügend Zeit für Abendessen und einen Drink bleibt.

LINKS: ZARETSKA OLGA/SHUTTERSTOCK ©, RECHTS: JAN WILLEM VAN HOFWEGEN/SHUTTERSTOCK ©

Oben: Kronborg Slot; gegenüber: Detail in der Kapelle, Kronborg Slot

HIGHLIGHTS
1 Kronborg Slot

SEHENSWERTES
2 Axeltorvet
3 Gammel Færgestræde
4 Han-Statue
5 Helsingør Bymuseum
6 M/S Museet for Søfart
7 Sankt Mariæ Kirke & Karmeliterklostret
8 Sankt Olai Domkirke
9 Skibsklarerergaarden
10 Stengade
11 Værftsmuseet

ESSEN
12 Kulturværftet

Hamlets Haus am Wasser

BAROCKE SPITZEN & KASEMATTEN

Kronborg Slot, das in der englischsprachigen Welt als Elsinore Castle, Schauplatz für Shakespeares Stück *Hamlet* von 1602, zu Ruhm gelangte, reckt sich spektakulär ins Wasser des Öresunds. Das Renaissance-Meisterwerk und Unesco-Welterbe ist von einem Stern aus Gräben, Mauern und Bastionen umgeben und wird von barocken grünen Kupferspitzen gekrönt.

Die **Königsgemächer** nehmen zwei Etagen des Schlosses ein, voller toller Ausblicke und schöner Kunst; auf der anderen Seite des weiten Innenhofs liegen die Eingänge zum **Kanonenturm** mit seinen

SHAKESPEARES FANTASIE

Zwar ließ er eins seiner berühmtesten Stücke im Kronborg Slot, seinem Elsinore, spielen, doch Shakespeare war nie in Dänemark. Für den Schauplatz für seinen *Hamlet* (1602) ließ er sich anscheinend von den Berichten einer Schauspieltruppe über ein gerade ausgebautes Schloss und von den dänischen Adligen Frederik Rosenkrantz und Knud Gyldenstierne inspirieren, die er in den 1590er-Jahren in England traf. Im Stück tauchen die beiden dann als Kindheitsfreunde Hamlets auf. Im Schloss selbst wurde *Hamlet* 1816 zuerst aufgeführt; heute findet jedes Jahr im August im Schloss das Shakespeare Festival statt.

145 Stufen, zur Tapisseriensammlung und zur **Kapelle** von 1582. Noch spannender ist das unheimliche, mit flackernden Paraffinlampen schummrig beleuchtete Labyrinth der Kasematten unter dem Schloss. Am Ende lohnt sich noch der Bummel zur **Flaggenbastion** mit Blick auf den Sund.

Die damals Krogen genannte Festung nahm zuerst Form an unter König Erich von Pommern in den 1420er-Jahren; zusammen mit dem Gegenstück Kärnan in Helsingborg wurden von durchfahrenden Schiffen Zölle kassiert. So wurde Helsingør reich und Frederik II. konnte die Anlage 1585 umfassend erweitern lassen. 1629 fielen außer der Kapelle fast die gesamten Innenräume einem Feuer zum Opfer. Einen weiteren Schicksalsschlag erlitt das Schloss von 1658 bis 1660, als es von den Schweden besetzt wurde. Danach ließ Christian V. zwar die Befestigungen verstärken, doch das dänische Königshaus residierte jetzt zum größten Teil woanders. Von 1785 bis 1924, als es schließlich in ein Museum umgewandelt wurde, diente das Schloss als Kaserne.

Besucher:innen können die Anlage gratis erkunden, aber es werden auch Führungen angeboten – oder man lädt sich die App herunter.

Kreuzgang & Kopfsteinpflaster

DURCH HELSINGØRS MITTELALTERLICHES ZENTRUM

Helsingørs kompakte, stimmungsvolle Altstadt ist wirklich faszinierend. Das schiffsförmige unterirdische **M/S Museet for Søfart** (Seefahrtsmuseum) erkundet auf spannende Weise die Seefahrtsgeschichte und -kultur Dänemarks. Zu sehen sind u. a. nautische Instrumente, Seekarten und Kriegsgegenstände; die interaktiven Ausstellungen behandeln alles von der modernen Containerschifffahrt bis zum dänischen Kolonialhandel und zur Tätowierkultur der Seeleute.

Nebenan ist die moderne **Kulturværftet** (Kulturwerft), ein Eventzentrum mit Café; hier ist auch das aufgefrischte **Helsingør Bymuseum** (Stadtmuseum). Am Wasser steht **Han**, eine männliche Version der Kopenhagener Kleinen Meerjungfrau. Das kostenlose **Værftsmuseet** (Werftmuseum) im selben Komplex erzählt von der Schiffbaugeschichte der Stadt im 19. und 20. Jh.; mit über 3000 Beschäftigten war der Schiffbau die einst wichtigste Industrie der Stadt. Das **Sankt Mariæ Kirke & Karmeliterklostret** (Marienkirche & Karmeliterkloster) von 1500 abseits des Wassers beherbergt

Sankt Mariæ Kirke

ÜBERNACHTEN IN HELSINGØR

Danhostel Helsingør
In einer alten Villa am Strand nicht weit vom Zentrum. €

Kagefryds Gæstehus
Helles, stylishes Studio über dem gleichnamigen Konditoreicafé im Zentrum. €€

Marienlyst Strandhotel
Helsingørs ältestes Hotel in großem Strandkomplex mit Spa samt Meerblick und renommiertem Restaurant. €€€

Kulturværftet (Kulturwerft)

den besterhaltenen Klosterkreuzgang Skandinaviens; seine Backsteinbögen sind sehr fotogen. Die gotische **Sankt Olai Domkirke** (Olafsdom) eine Straße weiter stammt in ihrer jetzigen Form von 1559, mit hohem Turm mit Kupferspitze und drinnen mit 12 m hohem Retabel.

Ein gemächlicher Bummel durch die Altstadt führt zum **Axeltorvet**, dem alten Marktplatz, und zur **Stengade**, der Fußgängerzone. Die Straßen um die Skyttenstræde, Gyldenstræde und Anna Queens Stræde am Ende der Stengade sind das reinste Fachwerkparadies; schön ist auch die **Gammel Færgestræde** beim **Skibsklarerergaarden** (Schiffsmaklerhaus; oft geschlossen, also vorher checken!) von 1580.

DIE BESTEN RESTAURANTS IN HELSINGØR

Strejf
Saisonale neue nordische Meeresfrüchteküche im Bahnhof von Helsingør. €€

Restaurant MOS
Dänisches Soulfood am Axeltorvet, mittags mit Tapas und abends mit „Dutzend-aroma“-Menü. €€€

Vaerftets Madmarked
Gastrohalle in altem Lagerhaus mit Essen aus aller Welt, von Dänemark bis Damaskus. €

Helsingør Røgeri
Picknicktaugliche Makrelen sowie Tagesgerichte aus der von einem Koch betriebenen Räucherei am Hafen. €

Cafeen på Hammermøllen
Durch Helsingørs Wald Teglstrup Hegn geht's Richtung Hellebæk, wo dieses Café an einem Mühlenteich leichte Gerichte anbietet. €

UNTERWEGS VOR ORT

Wer mit dem Auto nach Helsingør fährt, sollte außerhalb der Altstadt parken, die man am besten zu Fuß erkundet. Am Værftets Madmarked kann man rund um die Uhr parken. Mit dem Zug ist Helsingør leicht von Kopenhagen (45 Min.), Gilleleje (45 Min.) und Hillerød (30 Min.) zu erreichen. Die schöne Nationale Radroute 9 führt von Kopenhagen 45 km auf meist abgetrennten Radwegen an der Küste entlang nach Helsingør; unterwegs kann man in den noblen Städtchen und Dörfern schön pausieren.

Ab 2022 führt die dänisch-schwedische Bahnverbindung Øresundståg von Malmö nicht mehr nach Helsingør, sondern endet in Nivå, sodass man also umsteigen muss. Viele Helsingør-Besucher:innen unternehmen einen Kurztrip ins schwedische Helsingborg – die Fähren verkehren rund um die Uhr und die Fahrt dauert nur 20 Minuten (12 € hin & zurück).

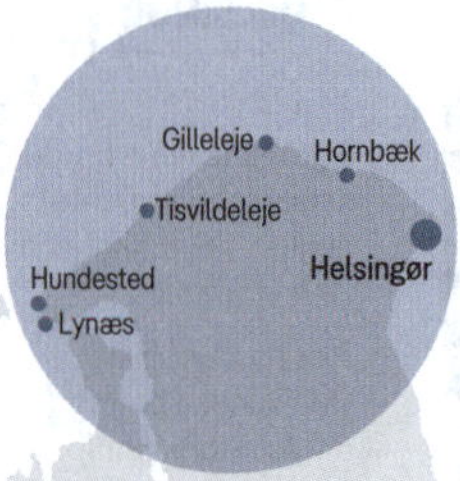

Rund um Helsingør

An der Sommerküste von Seeland abhängen, die Tage auf Klippen und an Stränden verbringen und den Tagesfang zum Abendessen verspeisen.

Nordseeland ist das letzte Feld auf Dänemarks Monopolybrett, mit einigen der begehrtesten Immobilien des Landes. Die Landschaft ist ein Flickenteppich aus Wald, Seen und Heide, gespickt mit Ansammlungen von Sommerhütten und Luxusvillen an den weiten Stränden. Die auch „Dänische Riviera" genannte Halbinsel zwischen Öresund und Isefjord ist schon lange ein Urlaubsrefugium der Kopenhagener:innen, auch des Königshauses, wie die vielen Schlösser, Paläste und Herrenhäuser bezeugen. Die Städte an der Nordküste wie Tisvildeleje, Gilleleje und Hornbæk verkörpern für die Dän:innen die Sommerfrische. Mit einem Eis in der Hand oder auf einem Surfbrett lässt sich die stille Idylle wunderbar genießen.

TOP-TIPP

Die Lokalbanen ist eine in Nordseeland verkehrende Bahn. Von Helsingør fährt die 940R über Hornbæk nach Gilleleje. Oder man nimmt den Bus 347.

NATALIA GH/SHUTTERSTOCK ©

Hafen, Hundested

NICK BRUNDLE PHOTOGRAPHY/SHUTTERSTOCK ©

Strandhütten am Tisvilde Hegn

Die Dänische Riviera

SEELANDS LOCKER-COOLE NORDKÜSTE

Westlich von Helsingør erstreckt sich die „Dänische Riviera". Zwar wird man sie sicher nicht mit der Côte d'Azur verwechseln, doch Liebhaber:innen von Stränden, Wellen und Spaziergängen am Meer hat das Sommerparadies Seelands viel zu bieten. An einem Großteil der Küste stehen vielen Sommerhäuser, doch da wir hier in Dänemark sind, ist das Ganze gut designt und unaufdringlich. Die Küste erstreckt sich über ein paar kleine Hügeln und glänzt mit Stränden, Wäldern und reizenden Dörfern. Das kunstbeflissene **Hornbæk** hat einen schönen Strand zum Baden und Kiten sowie östlich vom Ort eine jahrhundertealte Waldpflanzung. **Gilleleje** bietet einen schönen Fischerhafen, ein kleines, aber interessantes Leuchtturmmuseum im **Nakkehoved Fyr** sowie für Regentage Galerien und Boutiquen. Für unkompliziertes Schwimmen ist der Strand von **Tisvildeleje** vielleicht der beste an dieser Küste; er grenzt an die großen Wälder **Tisvilde Hegn** und **Troldeskoven**, ideal für einen schönen Tag zwischen Wellen und windgebeugten Bäumen.

Hundested am Eingang zum Isefjord ist am besten bekannt für seinen Hafen voller Restaurants und Fischerboote und das benachbarte **Lynæs** erfreut sich immer größerer Beliebtheit bei Wind- und Kitesurfer:innen. An der Küste gibt's noch weitere Strände und Wälder. Die 65 km lange **Nordkystruten** (Nordküstenroute, Nationale Radroute 47) führt geruhsam zu kleinen Dörfern wie **Liseleje** und zum ehemaligen Truppenübungsgelände in der Heide **Melby Overdrev**.

DIE BESTEN ESSLOKALE AN SEELANDS NORDKÜSTE

Adamsen's Fisk
Zwanglos essen am Wasser in diesem Fischmarktimbiss mit großen Portionen in Gilleleje. **€**

Fyrkroen
Alle beliebten dänischen Spezialitäten in schöner Lage am Meer beim Leuchtturm außerhalb von Gilleleje. **€€**

Hornbækhus
Smørrebrød-Lunch und beliebte Gemeinschaftsessen jeden Abend um 19 Uhr in gemütlichem Hotel in Hornbæk. **€€**

Knud
Meeresfrüchte und Bistroklassiker am Hafen von Hundested. **€€**

Tinggården
Cottagerestaurant auf der Südseite des Tisvilde Hegn mit fabelhafter neuer nordischer Küche. **€€€**

ÜBERNACHTEN IN NORDSEELAND

Danhostel Hillerød
Beliebte Budgetbleibe in natürlicher Umgebung am Store Dyrehave. **€**

Lynæs Surfcenter
Um die Panorama-„Surfschuppen"-Hütten zu würdigen, muss man kein Surfer sein. **€€**

Hotel Gilleleje Strand
Elegantes Hotel im Zentrum von Gilleleje mit angeschlossenem Restaurant. **€€**

ROSKILDE

Das außerhalb von Dänemark vor allem für sein großes Musikfestival bekannte Roskilde, die alte dänische Hauptstadt rund 30 km westlich von Kopenhagen, ist eine der ältesten Städte des Landes und beherbergt einige der wichtigsten historischen Schätze. Das Juwel ist der mächtige Dom, ein Unesco-Welterbe: Hier liegen Generationen von König:innen bestattet. Noch weiter zurück in die Vergangenheit kann man einen kurzen Parkspaziergang entfernt im Wikingerschiffsmuseum schauen – einst war die Stadt am Fjord eine bedeutende Wikingersiedlung, gegründet 980 vom legendären König Harald Blauzahn.

Roskildes Ruf in Sachen Musik verhallt nicht, wenn das Festival vorbei ist. Das neue Musicon-Viertel, früher ein Industrieareal, beherbergt das Ragnarock, ein innovatives Museum für moderne Musik: Hier kann man in die dänische und internationale Popkultur von den 1950er-Jahren bis heute eintauchen.

TOP-TIPP

Vor der Museumsøen und dem Wikingerschiffsmuseum kann man kostenlos parken. Roskilde ist ein Eisenbahndrehkreuz mit guten Verbindungen gen Süden nach Køge. Von Kopenhagen führen Radwege nach Roskilde – 30 km auf dem Roskildevej/Route 156 bzw. 40 km auf der Nationalen Radroute 4.

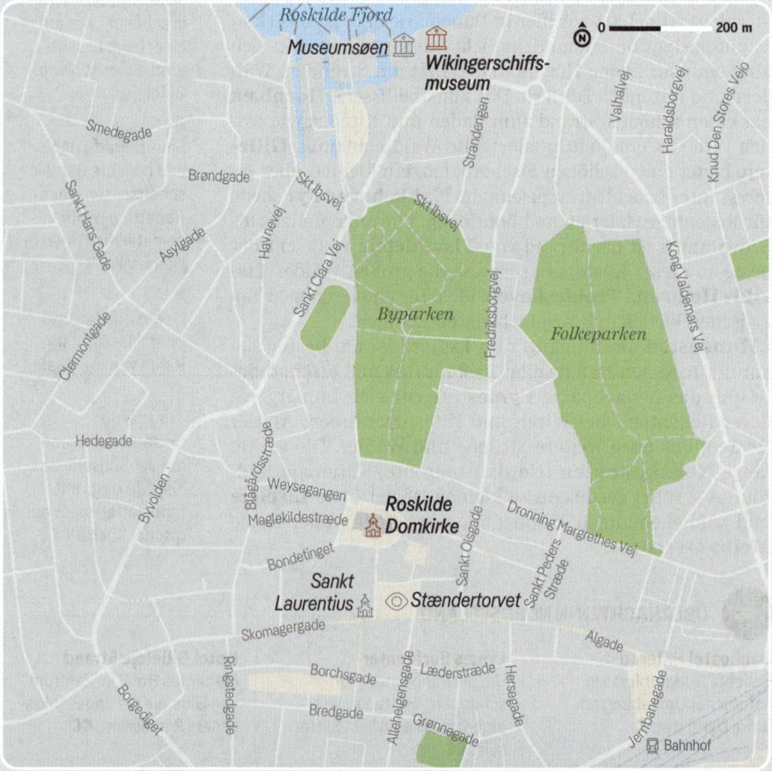

DIEGO GRANDI/SHUTTERSTOCK ©

Wikingerschiffsmuseum

Wikingerschiffe & Königskrypten

ROSKILDES HISTORISCHE SCHWERGEWICHTE

Über der Stadt erheben sich die ultraschlanken Spitzen der **Roskilde Domkirke**. Der spektakuläre Dom, ein Unesco-Welterbe, ist der schönste Sakralbau Dänemarks. 1170 legte Bischof Absalon die Grundsteine, wo früher eine Holzkirche gestanden hatte; nach Bränden, Umbauten und der Reformation ist die heutige Kirche ein Zeugnis von 850 Jahren dänischer Architekturgeschichte. Als Grablege ist sie die letzte Ruhestätte von 21 Königen und 18 Königinnen. In einer der elf Krypten steht schon ein vom Künstler Bjørn Nørgaard entworfenes Grabmal für Königin Margrethe II. bereit, die 2022 ihr 50. Thronjubiläum feierte.

Die Kapellen sind sehr unterschiedlich ausgestattet, von der barocken Kapelle Christians IV. (gest. 1648) bis zur kalten, elegischen klassizistischen Kapelle Frederiks V. (gest. 1766) oder dem auffallend eleganten marmornen **Grab von Margrete I.** (gest. 1412), der ersten Monarchin, die hier bestattet liegt.

Den **Stændertorvet**, Roskildes großen Hauptplatz, überschattet der erklimmbare Glockenturm von **Sankt Laurentius** – er fiel nicht wie der Rest der Kirche der Reformation zum Opfer; im Keller befinden sich mittelalterliche Gräber.

Das **Wikingerschiffsmuseum** am Hafen beherbergt fünf originale Langboote der Wikinger, die 1962 auf dem Grund des Roskilde-Fjords entdeckt und mühevoll wieder zusammengepuzzelt wurden. Die „Skuldelev-Schiffe" wurden um 1070 absichtlich versenkt, um den Fjord zu blockieren und einen feindlichen Angriff übers Meer zu verhindern. Auf einer Führung über die **Museumsøen** (Museumsinsel) sieht man Handwerker:innen und Archäolog:innen mit alten Werkzeugen und Methoden Nachbauten von Schiffen basteln.

ROSKILDE ROCKT

Das 1971 gegründete, legendäre **Roskilde Festival** ist wahrscheinlich Roskildes größtes Ruhmesblatt. Beim größten Festival Nordeuropas spielen vor 130 000 Fans über 160 Bands. Hier sind schon Bob Dylan, Kraftwerk und Kendrick Lamar aufgetreten. Das Megaevent dauert vier Tage, mit vier Tagen Vorlauf zum „Aufwärmen". Wer ein Ticket ergattern möchte (325 € fürs gesamte Festival), muss sich ranhalten.

Zwischen dem Zentrum von Roskilde und dem Festivalgelände liegt das aus einem früheren Industrieareal erwachsene Viertel **Musicon** mit der spektakulären neon-goldenen Fassade des Musikmuseums Ragnarock. Hier finden im Sommer Konzerte statt, es gibt Cafés, Galerien und Werkstätten. Das Museum selbst ist ein Fest für Auge und Ohr, mit Musik, Tanz und Aufnahmestudio, alles interaktiv.

ESSEN & AUSGEHEN IN ROSKILDE

Raven på Gimle
Beliebter Livemusikladen mit Bar und von Freiwilligen betriebenem Café mit einfachem Essen. **€**

Musicon Mikrobryggeri
Panini und Bier in klitzekleiner Container-Brauerei im Herzen von Musicon. **€**

M/S Sagafjord
Dänische Klassiker auf einem Schiff der 1950er-Jahre auf der Fahrt über den Roskilde-Fjord. **€€€**

Rund um Roskilde

Lokalbanen ist eine Regionalbahn in Nordseeland. Von Helsingør fährt die 940R über Hornbæk nach Gilleleje. Oder man nimmt den Bus 347.

Seeland ist zwar nur ein kleiner Teil Dänemarks, doch für seine Größe hat es viel zu bieten. Die Region wird von Reisenden auf dem Weg von Kopenhagen nach Odense gern links liegen gelassen, doch sie wartet mit knarzenden alten Mühlen und Fachwerkbauernhöfen, windigen Halbinseln, völlig unerwarteten Weingütern und Fischerdörfern mit Räucherkammern auf den Kais auf. Bei den spektakulären Klippen von Stevns Klint südlich von Køge kann man wandern und die Rätsel der Vergangenheit entschlüsseln. Dazu kommen noch zwei der wichtigsten Wikingerstätten des Landes in Trelleborg und Lejre – man fragt sich, warum nicht mehr Leute in Seeland verweilen.

TOP-TIPP

Das Bahnnetz ist praktisch, doch einige Attraktionen in Seeland sind ziemlich abgelegen und besser mit dem Auto erreichbar.

STEFANO EMBER/SHUTTERSTOCK ©

Wikinger-Langhaus, Trelleborg

STIG ALENAS/SHUTTERSTOCK ©

Königssaal, Lejre

Seelands Wikingerroute

GESCHICHTE OHNE ENDE

Das Dorf **Lejre** 10 km westlich von Roskilde beherbergt das **Sagnlandet Lejre** (Sagenland Lejre), ein 3 ha großes Freilicht-Archäologiemuseum. Anhand von Nachbauten, von einer Lagerstatt der Steinzeit über Eisenzeit- und Wikingersiedlungen und ein Opfermoor bis zum Bauernhof aus dem 18. Jh., werden die Besucher:innen durch verschiedene Epochen geführt. Mit der Eröffnung des **Königssaals** 2020 ist das Museum nun unbedingt sehenswert. Als Vorbilder dienten 2009 gefundene Gebäuderuinen, die größten je in Dänemark ausgegrabenen; für das 61 m lange, 650 m^2 große Meisterwerk der experimentellen Archäologie wurden 1000 t dänische Eiche verbaut.

Trelleborg in Westseeland bietet eine der besterhaltenen Stätten der Region. Die 980 entstandene Ringburg besteht aus einem runden 6 m hohen, 17 m breiten Erdwall mit einem Durchmesser von 150 m. Beim Museum befinden sich ein Königssaal und ein kleines rekonstruiertes Wikingerdorf.

Die **Vikingeborgen**, eine Ringburg nur 4 km außerhalb von Køge, wurde erst 2014 mithilfe von LiDAR-Scans sichtbar. Testgrabungen ergaben, dass sich hier einst eine Festung befand, die laut Kohlenstoffdatierung aus dem späten 10. Jh.

DIE BESTEN UNTERKÜNFTE IN KØGE

Troldegården
Bauernhaus mit einer Handvoll individuell eingerichteter Zimmer gleich außerhalb der Stadt. €€

Vallø Slotskro
Zimmer mit Burgblick sowie 5-Gänge-Abendessen im fantastischen Restaurant unten. €€

Centralhotellet
Adrette moderne Zimmer in altem Gebäude am Hauptplatz von Køge. €€

ESSEN IN KØGE

Kies Kaffekælder
Beliebtes Café mit einladendem grünem Hinterhof sowie Kuchen und kleinen Gerichten. €

Pakhuset Braunstein
Steinofenpizza sowie Bier aus kleinen Brauereien und Hafenblick. €€

Skippers Dreng
Im „Sohn des Skippers“ am Hafen gibt's dänische Speisen und Bistro-Gerichte. €€

WEINBAU IN ODSHERRED

Nina und Niels Fink (@vejrhojvingaard) gründeten an der Westküste von Odsherred den Vejrhøj Vingård, der im Jahr 20 000 Flaschen Wein keltert. Hier ihre Lieblingsweingüter in Seeland:

Gleich auf den ersten Blick sahen wir, dass wir uns hier zur Ruhe setzen wollten. Was wir nicht wussten: Das Land, das wir gekauft hatten, eignete sich perfekt für den Weinanbau. Wir haben uns also auf eine Entdeckungsreise zur Erkundung dieser bisher eher unbekannten Weinregion begeben.

Dyrehøj Vingaard
Dänemarks größtes Weingut, auf der Røsnæs-Halbinsel.

Agerbo Vingaard
Unsere Nachbarn an der Nekselø Bugt.

Ørnberg Vin
In reizender Lage auf Sjællands Odde.

stammt, der Zeit von König Harald Blauzahn. 2024 sollen ein neues Museum und ein Wikinger-Studienzentrum eröffnen.

Kalkklippen aus der Kreidezeit

KÜSTENBLICK IN DIE VERGANGENHEIT

Die dänische Landschaft ist nicht dafür bekannt, besonders spektakulär zu sein, doch die sich 40 m tief ins Meer hinabstürzenden Kalkklippen von **Stevns Klint** und die dünne Tonschicht, die Geheimnisse über den Asteroideneinschlag preisgibt, der die Dinosaurier ausgelöscht haben soll, bilden eine schöne Ausnahme. Das hinreißende, 2022 eröffnete Museum **Stevns Klint Experience** erläutert die wissenschaftlichen Umstände des Einschlags, der sich ins Klippengestein einschrieb. Vom nächsten Dorf, **Rødvig**, sind es 2,5 km (30 Min.) zu Fuß hierher. Anschließend geht's noch 15 Minuten weiter Richtung Norden zum **Koldkrigsmuseum Stevnsfort** in einer früheren Festung des Kalten Kriegs; auf den faszinierenden Führungen geht's 1,7 km weit durch die unterirdischen Kommandobunker.

Zwischen Rødvig im Süden und **Bøgeskov Havn** im Norden verläuft ein 22 km langer Küstenpfad *(trampesti)*. **Højerup** auf halber Strecke ist berühmt für die **Gamle Kirke** (Alte Kirche), die atemberaubend am Klippenrand klebt. Wo früher der Altar war, blickt man heute von einem Balkon. Von hier liegt der erklimmbare Leuchtturm **Stevns Fyr** 1,5 km nördlich.

Mehr Geologie bietet Richtung Westen der **Faxe Kalkbrud**, ein großer Kalksteinbruch: Hier kann man beim **Geomuseum Faxe** mit Hammer und Meißel 63 Mio. Jahre alte Fossilien von Meerestieren ausbuddeln.

Ausblicke auf Kopenhagen

SEELANDS BERÜHMTER WALDTURM

Der elegante **Waldturm** (Skovtårnet) im **Camp Adventure**, 45 Autominuten von Roskilde bzw. Kopenhagen, erhebt sich über den Bäumen des Denderup Vænge. Vom 45 m hohen, sanduhrförmigen Turm mit einer 650 m langen, nach oben führenden Rampe eröffnen sich an klaren Tagen Ausblicke bis nach Kopenhagen. Zum Turm führt ein 1,6 km langer Plankenweg. Der Waldturm bildet nur einen Teil des großen Abenteuergeländes des Camp Adventure: Man kann z. B. in einer Jurte mit Sauna nächtigen oder an Hochseilen und Kletterrouten seine Fertigkeiten testen. Außerdem gibt's einen Freiluft-Foodcourt und einen Hof mit Blumen zum Selbstschneiden.

UNTERWEGS VOR ORT

In Süd- und Westseeland gibt's gute öffentliche Verkehrsmittel. Lejre ist von Roskilde leicht per Zug zu erreichen, Trelleborg liegt nicht weit von Slagelse an der Hauptstrecke Kopenhagen–Odense. Vikingborgen liegt an der Busroute 260R, 20 Minuten von Køge.

Køge ist mit dem Zug nur 20 Minuten von Roskilde bzw. 40 Minuten von Kopenhagen entfernt.

Zum Faxe Ladeplads und nach Rødvig fahren Lokalzüge (110R/210R, 40 Min. von Køge). Auf dem Stevns-Klint-Pfad sind Fahrräder nicht erlaubt, aber die parallele Straße dahinter ist gut zum Radeln.

Das Waldcamp ist von Roskilde und Kopenhagen am unkompliziertesten mit dem Auto erreichbar.

MØN

Für viele Dän:innen ist die Insel Møn gleichbedeutend mit Møns Klint, Dänemarks höchsten, bis zu 126 m hohen Kalksteinklippen. Gekrönt sind sie von hübschen Buchenwäldern; auf nahen Wiesen blühen im Frühjahr seltene Orchideen. Der Steilküste am nächsten liegt der Ort Klintholm Havn, ein Fischerdörfchen mit schönen Stränden in Gehnähe.

Der wichtigste Ort der Insel ist ihre nette kleine Hauptstadt Stege, das im Mittelalter dank der lukrativen Heringsindustrie eine der wohlhabendsten Provinzstädte Dänemarks war. Mit seinen Ateliers, niedlichen kleinen Straßen wie der Farverstræde und der Brauerei, dem Bryghuset Moen, bietet es sich wunderbar für einen Bummel an.

In den Dörfern Elmelunde, Keldby und Fanfjord sind die Kirchen mit mittelalterlichen Wandbildern geschmückt. Wer sich durch die sanften Hügel der Landschaft weiter Richtung Westen begibt, kommt an mehreren interessanten, 5000 Jahre alten Tunnelgräbern vorbei.

TOP-TIPP

Von Stege fahren ein- oder zweimal pro Stunde Busse zum Bahnhof Vordingborg. Quälend langsame Busse ab Stege fahren stündlich über Kelby und Elmelunde nach Klintholm Havn; einige fahren weiter nach Møns Klint, aber nicht im Winter. Für die Nebenstrecken braucht man ein Auto. Vielerorts können Fahrräder geliehen werden.

Møns Klint (S. 80)

HIGHLIGHTS
1 Møns Klint

SEHENSWERTES
2 Elmelunde Kirke
3 Fanefjord Kirke
4 Grønsalen
5 Keldby Kirke
6 Klekkende Høj
7 Kong Asgers Høj
8 Møn Fyr
9 Møns GeoCenter

Klippenorgie

HÖHENRAUSCH AN MØNS KLINT

Vom Hauptparkplatz sind es etwa zehn Minuten (450 m) zu Fuß durch schönen Wald zu den berühmten weißen Klippen Dänemarks, **Møns Klint**. Wer eine steile Treppe hinunter zum Kieselstrand hinabsteigt, genießt das Naturwunder aus nächster Nähe.

Das Zentrum des Gebiets ist das **Møns GeoCenter** mit interaktiven Erläuterungen zum Entstehen der Steilküste, gut verständlich auch für Kinder. Anhand von Animationen von Urwäldern und Meeresraubtieren der Dinosaurierzeit geht's durch Jahrmillionen geologischer Evolution; es gibt auch „Blitzschlagfossilien" und Dinosaurier-Federflaum in Bernstein, am spannendsten sind aber das Virtual-Reality-Erlebnis.

ÜBERNACHTEN IN STEGE

Birkely B&B
Preisgünstiges 2-Betten-B&B in hübschem Obstgarten am Westrand des Orts. **€**

Residens Møen
Gepflegtes Apartmenthotel mit Fokus auf Umweltschutz, am Wasser gelegen im Zentrum von Stege. **€€**

Hotel Stege Nor
Schnörkellose, elegante Zimmer in umgebauter Mühle von 1824 am Marschland 1 km östlich des Orts. **€€**

RECHTS: KENNETHG/SHUTTERSTOCK ©, UNTEN: STIG ALENAS/SHUTTERSTOCK ©

Møns Klint am Abend

Man kann auch den Leuchtturm an der Südostspitze der Insel ansteuern, das **Møn Fyr**, und über die Klippen (ca. 40 Min.) oder unten an ihnen entlang (1 Std., je nach Landrutschen und Gezeiten) zu einer Treppe am GeoCenter wandern.

Mysteriöses Møn

BEMALTE KIRCHEN & ALTE GRÄBER

Drei der Dorfkirchen auf Møn beherbergen mittelalterliche Wandbilder, die für die des Lesens Unkundigen biblische Geschichten erzählten. Zwar sind **Keldby Kirke** und **Elmelunde Kirke** berühmter, doch am spannendsten ist vielleicht die **Fanefjord Kirke** aus dem 13. Jh. Mithilfe eines Infoblatts lassen sich die Bilder entschlüsseln, die zumeist aus der Zeit um 1500 stammen. Auf einem nicht weit entfernten Feld liegt **Grønsalen**, eins der längsten Hügelgräber Dänemarks. Es ist etwa 5500 Jahre alt, nur 2 m hoch, aber 102 m lang und von 145 großen Felsbrocken umgeben.

Kong Asgers Høj, das größte Ganggrab Dänemarks, bietet einen Ausblick auf die Seelandbrücke; wer sich klein macht, kann die T-förmige Kammer erkunden. Um ins **Klekkende Høj** zu gelangen, muss man schon kriechen, doch drinnen gibt's durch Plexiglas geschützte Grabbeigaben.

LICHT AUS!

Weltweit gibt's 44 „Dark Sky Parks", doch Møn bildet mit Nyord die erste Dark Sky Community – wo die Menschen auf möglichst wenig Lichtverschmutzung achten. Møns Klint ist einer der besten Orte Dänemarks, um den sternenübersäten Nachthimmel zu bewundern und Sternschnuppen zu erspähen.

Auf Nyord ist das Erlebnis dank Stadtlichtern in der Ferne nicht ganz so erhaben, doch die Insel mit nur einem Weiler lohnt mit netten kleinen Bauernhäusern, von denen einige als Pensionen dienen, durchaus einen Besuch. Hier kann man auch prima Vögel beobachten: Von einem Hochstand schaut man auf die Marsch am Damm hinüber nach Møn.

Mittelalterliches Wandbild, Fanefjord Kirke

ESSEN & AUSGEHEN AUF MØN

Liselund Ny Slot Hotel
Edle Küche im Herrenhaus von 1887 in hübscher Parklandschaft nördlich von Møns Klint. €€

Restaurant ND122
Das originellste Esslokal in Klintholm Havn mit Wochenend-Spezialgerichten mit viel Gemüse – reservieren! €€

Det Gamle Bryghus
Das Café-Restaurant in einem Hof abseits der Hauptstraße von Stege ist die inoffizielle Schankbar des Bryghuset Moen.

BORNHOLM

Das sonnige Bornholm draußen in der Ostsee ist ein geopolitisches Rätsel und ein Künstlerrefugium. Die herrlich grüne Insel überrascht Radfahrer:innen mit steilen Hängen, wo sich die sanft geschwungene Hochebene zur Nordküste hin absenkt. Fähren und Flugzeuge steuern das nur teils schöne Rønne an, Bornholms größten Ort. Mehr Charme und Geschichte verströmen das gemütliche Gudhjem, das urige Allinge-Sandvig und das kunstbeflissene Svaneke und sind damit schönere Ausgangspunkte. Bornholm ist klein genug, um alles gut zu erreichen, doch groß genug für Erkundungstage zu rätselhaften Menhiren oder modernen Museen. Kulinarisch spielt die Insel mit ihren altmodischen Räuchereien und einem Ableger des Sternerestaurants Kadeau durchaus ganz oben mit.

1658 wurde Bornholm schwedisch, aber bald wieder dänisch, doch andere Territorien blieben schwedisch, daher die Abgeschiedenheit Bornholms vom restlichen heutigen Dänemark.

TOP-TIPP

Im Gegensatz zu ähnlichen Pässen ist der Bornholmer Museumspass ein echtes Schnäppchen. Mit der 170-Kr-Version hat man Zutritt zum sehr empfehlenswerten NaturBornholm (sonst 130 Kr) und zum Gaarden sowie zum tollen Bornholms Kunstmuseum in Gudhjem, außerdem zu drei Museen in Rønne (einzeln jeweils ca. 90 Kr).

JACEK KADAJ/SHUTTERSTOCK ©

Gudhjem (S. 84)

SEHENSWERTES
1 Allinge-Sandvig
2 Bokul
3 Bornholms Kunstmuseum
4 Christiansø
5 Frederiksø
(siehe 2) Galleri Søren Kent
(siehe 2) Glasrøgeri
6 Gudhjem
(siehe 2) Gudhjem Museum
7 Hammeren
8 Hammeren Fyr
9 Hammerodde Fyr
10 Hammershus Slot
11 Hammersø
(siehe 5) Lille Tårn
12 Louisenlund
13 Melstedgård Frilandsmuseet
(siehe 2) Oluf Høst Museet
14 Østerlars Rundkirke
15 Rønne
16 Sandvig
(siehe 4) Store Tårn

AUSGEHEN & FEIERN
(siehe 4) Krø

UNTERHALTUNG
17 Domen

SHOPPEN
(siehe 5) Ruths Kryddersild
(siehe 14) Sæbemageriet Bornholm
(siehe 4) Sirenhuset

BORNHOLMS RÄUCHEREIEN

Häuser auf Bornholm mit markanten Schornsteinen in umgedrehter Y-Form waren ursprünglich Räuchereien (*røgerier*, Singular *røgeri*), in denen über Erlenholz Heringe geräuchert wurden. Angeblich führten schottische Besucher auf Christiansø im 19. Jh. diese Technik ein, die sich später zu einem wichtigen Erwerbszweig entwickelte. Gudhjem wurde bekannt als „Ort der 100 Schornsteine" und in ganz Dänemark steht der Name noch immer für den Smørrebrød-Klassiker Räucherhering auf Roggenbrot mit Schnittlauch und rohem Eigelb, *sol over Gudhjem* („Sonne über Gudhjem") – so heißt auch ein großer Gastronomiewettbewerb im Juni. Trotz des Heringsfangverbots für die westliche Ostsee gibt's auf Bornholm noch immer ein Dutzend Räuchereien für aus Jütland importierten Hering. Die *røgeri* von Hasle nutzt noch immer die alte Ausrüstung.

BILDAGENTUR ZOONAR GMBH/SHUTTERSTOCK ©

Østerlars Rundkirke

Per Boot zur Kunst

ESSEN & KUNST

Gudhjem verkörpert die drei großen Reize Bornholms: Landschaft, Kunst und Essen. Das fotogene Geschäftssträßchen (Brøddegade/Åbogade) des enorm malerischen Örtchens schlängelt sich von einer Windmühle steil hinunter zu einem hübschen kleinen Hafen. Noch schöner sind andere Fußpfade hinunter. Bei gutem Wetter geht's mit dem offenen Kutter **M/S Thor** (tgl., 30 Min.) an den Küstenklippen entlang zum Anleger Helligdommen; von dort führen Stufen im Felsen hinauf zur besten Kunstgalerie der Insel, **Bornholms Kunstmuseum** mit kostenlosem Skulpturengarten. Zurück nach Gudhjem geht's per erfrischender 5 km langer Klippenwanderung (1½ Std.) oder man nimmt Bus 1 oder 7 (etwa stündl.).

In Gudhjem säumen mehrere Cafés und Eisdielen die Küste; in einer alten Räucherei residiert die Glaswerkstatt **Glasrøgeri**. In der Løkkegade erinnert das schöne **Oluf Høst Museet** an einen der bekanntesten Künstler Bornholms; außerdem befindet sich in der Straße die Galerie des Künstlers **Søren Kent** mit seinen abstrakten Bildern. Verschiedene Pfade führen steil, aber schnell hinauf zum Fahnenmast von **Bokul** mit tollem Ausblick. Oben im Ort ist in einem alten Bahnhof das

ÜBERNACHTEN IN GUDHJEM

Jantzens Hotel
Hotel von 1872 mit schöner Kunst und altmodischem Touch, hübschem Garten und Komfort ohne Hyperluxus. **€€**

Hotel-Pension Klippen
Leicht stylishe Mittelklassezimmer, meist mit Gemeinschaftsterrasse mit Meerblick an einer Felsenbucht. **€€**

Gudhjem Vandrerhjem
Fachwerkhostel in großartiger Lage im Zentrum mit Küstenblick. Keine Dormbetten in der Hauptsaison. **€**

Gudhjem Museum ansässig. Das nette **Melstedgård Frilandsmuseet** rund 1 km südöstlich ist ein Museumskomplex auf einem alten Bauernhof (auch als Gaarden oder Bornholms Madkulturhus bekannt). *Mad* bedeutet Essen und mit Hoftieren zum Streicheln und gelegentlichen kulinarischen Events liegt der Schwerpunkt hier auf der Lebensmittelerzeugung.

Rund um Rønne

BORNHOLMS GRÖSSTER ORT

In der Regel beginnt die Erkundung der Insel in **Rønne**. Die nette Altstadt bildet einen reizenden Ring um das Hauptgeschäftsviertel, das sich von den Bombardierungen durch die Sowjets im Zweiten Weltkrieg nie richtig erholt hat. Bei den **Sjøgaarinj-Kunstgewerbegalerien** erhebt sich oberhalb des Hafens die **Nikolauskirche**. In der Nähe führt die Vimmelskaftet vorbei an einigen der reizendsten Fachwerkhäuschen und am fotogen bunten „Regenbogenhäuschen" (Almegade 1) Richtung Osten. Klassische dänische Snacks bietet das rot geflieste Café **Hovedvagten** am urigsten Platz von Rønne; dann geht's weiter zum **Gamle Posthus Hotel** und durch die Klokkegade und die Lille Madsegade zum **Bornholms Museum** mit interessanten Ausstellungen zum Zweiten Weltkrieg.

Bornholm religiös & spirituell

RUNDKIRCHEN & HEILIGE STEINE

Die **Østerlars Rundkirke** etwa 5 km südlich von Gudhjem ist die größte und interessanteste der vier faszinierenden Rundkirchen aus dem 12. und 13. Jh. auf Bornholm. Mit ihren dicken Stützpfeilern und den konischen Dächern unterscheiden sie sich stark von anderen Kirchen in Dänemark. In Østerlars können die Besucher:innen im Mittelpfeiler eine Treppe zu den oberen Stockwerken hinaufsteigen: Hier stützen Schießscharten die Theorie, dass diese Kirchen einst zunächst als Verteidigungstürme gegen Angreifer dienten. Bis 1169 attackierten slawische Wenden von der deutschen Insel Rügen regelmäßig Bornholm. Eine andere Theorie behauptet, dass die Kirchen ursprünglich als Wachtürme und befestigte Lagerräume für die Kreuzritter dienten, die von 1164 bis 1219 immer wieder das heidnische Estland angriffen. Wie auch immer – Østelars ist unbedingt sehenswert. Außerdem gibt's hier einen freistehenden **Glockenturm** und alte **Stallungen** mit einer Leichenkutsche aus den 1920er-Jahren. Gegenüber befindet sich das Bauernhauscafé **Sæbemageriet Bornholm** mit Kamin und einem Laden für Kerzen und handgefertigte Seifen.

DIE BESTEN KUNSTGEWERBE-LÄDEN AUF BORNHOLM

Baltic Sea Glass
Das renommierte Atelier in Gudhjem produziert Glasmeisterwerke sowie einzigartige Trinkgefäße und Vasen. Geld spielt hier keine Rolle.

Cassius Clay
Die im Holzofen gebrannten Keramiken von Anne Mette Hjortshøj und Ann-Charlotte Ohlsson genießen bei Fans weltweit Kultstatus.

Hjorths Fabrik
Die historische Töpferei in Rønne ist gleichzeitig ein Museum.

Matter – House of Craft
Das Matter ist Teil der Neuerschließung des einst unattraktiven Hafengebiets von Nexø; im Mittelpunkt steht Keramik von Oh Oak und Glas von Zelmer Ohlsen.

ÜBERNACHTEN IN ALLINGE-SANDVIG

Allinge Badehotel
Malerisches Hofgebäude von 1770 an der Küste, 2020 renoviert. **€€**

Nordlandet
Das Hotel oberhalb einer Reihe von Gezeitenbecken südlich von Sandvig bietet Stil und Komfort. **€€**

Pension Lindesdal
Radlerorientierte Familienpension am Hammer Sø, dem See am Südende von Sandvig. **€**

WARUM ICH BORNHOLM LIEBE

Mark Elliot, Autor

Bornholm ist gerade groß genug, um sich zu verlieren, doch auch klein genug, um sich selbst wiederzufinden, auch spirituell. Die alten Küstendörfer strotzen vor Charme und ich steuere für einen billigen Fischimbiss gern die traditionellen Räuchereien an. Landeinwärts ist Bornholm zutiefst ländlich und friedvoll. Im **Yggdrasil Guest Lodge & Retreat** schaue ich den Rehen zu, wie sie auf den – im Sommer smaragdgrünen und im Winter nach Schneestürmen besinnlich-weihnachtlichen – Feldern ohne Zaun an den Fenstern vorbeiziehen.

In der Nähe steht die geheimnisvolle **Rundkirche von Østerlars**; von der düstereren Geschichte der Insel zeugen die **Ruinen des Hammershus**. Und von Gudhjem über die Ostsee in Richtung des Inselchens Christiansø zu schippern ist ein großer Spaß.

Weitaus älter als die Kirchen sind die verschiedenen **Menhire** auf Bornholm. Einige davon sind Sonderlinge der Natur wie die *rokkestenen*, die auf einem Drehpunkt schaukeln. Andere Steine wurden an Grabstätten der Eisen- und Wikingerzeit aufgestellt, am eindrucksvollsten in **Louisenlund**, 4 km östlich von Østermarie versteckt im Wald.

Ein echter Hammer

RUINEN & ALTMODISCHES FLAIR

Der Zwillingsort **Allinge-Sandvig** an der Nordspitze Bornholms wartet mit imposanten historischen Ruinen, Wanderwegen und niedlichen Häuschen auf. Den beiden Örtchen mangelt es vielleicht an den steilen Konturen von Gudhjem, doch das machen sie mit einladenden Hotels, jeder Menge Essoptionen im Sommer und zwei Räuchereien wett.

Bornholms einprägsamste historische Stätte sind die gewaltigen Ruinen des **Hammershus Slot**, der „verhassten Burg", Symbol für die Herrschaft fremder Mächte auf Bornholm. Die Geschichte der Burg erzählt das stylish-moderne Besucherzentrum (Eintritt frei). In der Anlage ist man viel zu Fuß unterwegs; Parken kostet 30 Kr – oder man kommt per Bus. Außerdem kann man auf einem 3 km langen leichten Pfad vorbei am **Hammersø** von **Sandvig** herwandern. Längere und anstrengendere, aber auch interessantere Wege führen um oder über die zerklüftete Landspitze **Hammeren**. Mit dem Auto kann man direkt zum höchsten Punkt der Landspitze hochfahren, dem **Ørnebjerget** (Adlerhügel), mit Panoramablick Richtung Schweden vom Leuchtturm **Hammeren Fyr**.

Hammerodde Fyr, ein Leuchtturm von Sandvig die Küste hoch, ist weniger spektakulär gelegen, doch in der Nähe gibt's ein Rundlabyrinth aus Steinen – sehr fotogen, aber nicht so rätselhaft, wie manche behaupten, denn geschaffen wurde es vor eher kurzer Zeit von Tourist:innen mit viel Fantasie.

Zurück in **Allinge** handelt es sich bei dem Gebäude, das aussieht wie ein explodierender Holzglobus, um das Konzert- und Kulturzentrum **Domen**. Mitte Juni kommen zu den politischen Veranstaltungen beim Folkemødet jede Menge Menschen hierher – Tourist:innen meiden diese Zeit am besten.

Zu zauberhaften Inseln

OSTSEEINSELFESTUNG

Rund 18 km nördlich von Bornholm liegt zusammen mit ihrem noch kleineren Zwilling **Frederiksø** in der Ostsee die zauberhafte kleine Insel **Christiansø**. Die beiden durch eine Fußgängerbrücke verbundenen Felseninselchen haben zu-

RADFAHRERUNTERKÜNFTE AUF BORNHOLM

Klemmensker Krø
Alter Dorfgasthof in der Mitte von Bornholm; die Renovierung war Thema einer dänischen Reality-TV-Sendung. **€**

Pension Lindesdal
Auf Radfahrende ausgelegte Familienpension am Hammer Sø, dem See am Südende von Sandvig. **€**

Svaneke Gæstehus
Pension in altem Haus mit verborgenem Garten direkt bei der Kirche von Svaneke. Mit Fahrradverleih. **€€**

Hammershus Slot

sammen nur 96 Einwohner:innen. Die meisten Besucher:innen verbringen hier nur drei Stunden. Das reicht aus, um die Granitbastionen rund um die Insel zu erkunden, das Arzthaus aufzusuchen, um das hiesige Chrøøl-Bier zu kaufen, im **Sirenehuset**, Laden und Touristeninformation, einen guten Kaffee zu trinken, sich bei **Ruths Kryddersild** mit eingelegtem Hering einzudecken und im Dorfgasthof **Krø** vielleicht zu Mittag zu speisen. Von der Terrasse der Kneipe blickt man auf den Wehrturm **Lille Tårn** auf Frederiksø. Wer diesen und den anderen Wehrturm, den eindrucksvoll in ein Museum verwandelten **Store Tårn** samt Leuchtfeuer, betreten möchte, erwirbt im **Dorfladen** für 40 Kr ein Ticket für die Drehkreuze. In der Hauptsaison beginnen meistens um 11 Uhr Führungen durch den Hauptort der Insel (50 Kr, teils auf Englisch, vorbuchen!) mit Erläuterungen zur brutalen Frühgeschichte der Insel und faszinierenden Einblicken in den Alltag auf diesen schwer zugänglichen Eilanden, die sich noch immer im Besitz des Verteidigungsministeriums befinden.

DIE BESTEN ESSLOKALE AUF BORNHOLM

Restaurant 1B
Behagliches Familienlokal beim Hafen von Svaneke mit fantastischer Regionalküche und altmodischem Charme. €€

Le Port
Zu gutem Essen gesellen sich spektakuläre Meerblicke von Sonnenuntergangsterrassen hoch über dem kleinen Hafen von Vang. €€

Nordlandet
Allinges Gourmetversion der Seelentrostküche mit tollem Meerblick als Beilage. €€

Kadeau
Bornholms Wunderkind der Sterneküche ist sehr entlegen und die Einrichtung ist überraschend unprätentiös. Monate im Voraus reservieren! €€€

UNTERWEGS VOR ORT

Das BAT-Busnetz der Insel ist bemerkenswert flächendeckend. Mietwagen gibt's am Flughafen; auch am Fährhafen werden sie beworben. Von Kopenhagen wird Bornholm ganzjährig angeflogen. Außerdem gibt's Flüge ab Aalborg und Billund (März–Okt.) und Aarhus (im Hochsommer).

Mit Bus und Fähre dauert die Anfahrt von Kopenhagen 2½ Stunden – zwischen Rønne und Ystad in Schweden verkehrt ein superschneller großer Katamaran als Autofähre. Außerdem gibt's eine Autofähre von Køge nach Rønne und eine 3½-stündige Direktverbindung ab Sassnitz auf Rügen.

Christiansø ist von Gudhjem in 55 Minuten zu erreichen; los geht's meist um 10 Uhr, die Rückfahrt ist um 14 Uhr (im Winter früher). Buchungen über christiansoefarten.dk.

ODENSE

Es war einmal in Odense … da wurde Hans Christian Andersen geboren; der beliebteste Sohn der Stadt ist überall präsent, ob auf Souvenirs oder als Statue. Doch die kulturträchtige Hauptstadt von Fünen hat weit mehr zu bieten: faszinierende Museen, familienfreundliche Aktivitäten und ein quirliges Nachtleben. Nach größerem Umbau ist das einst hässliche Entlein nun wiedererwacht als schöner Schwan – fast. Sein Herz bilden das HC Andersens Hus und eine aufgehübschte Altstadt. 2022 ging eine 14 km lange Straßenbahnstrecke in Betrieb; die Innenstadt ist größtenteils verkehrsberuhigt.

Die drittgrößte Stadt Dänemarks hat sich schon öfter neu erfunden. Der Name bedeutet „Odins Schrein", nach dem nordischen Gott des Kriegs, der Dichtkunst und der Weisheit; die Wikingerwurzeln der Stadt reichen 1000 Jahre zurück. Ab dem 19. Jh. florierte Odense als Textilzentrum und jetzt sind Hightech-Unternehmen auf den Plan getreten.

TOP-TIPP

Odenses Zentrum erkundet man am besten zu Fuß. Überall in der Stadt gibt's außerdem Radwege. Der Busbahnhof liegt hinter dem Bahnhof, dem Odense Banegård Center (OBC). Von hier fährt Bus 151, 153 und 55 zum Zoo, Bus 35 zum Den Fynske Landsby.

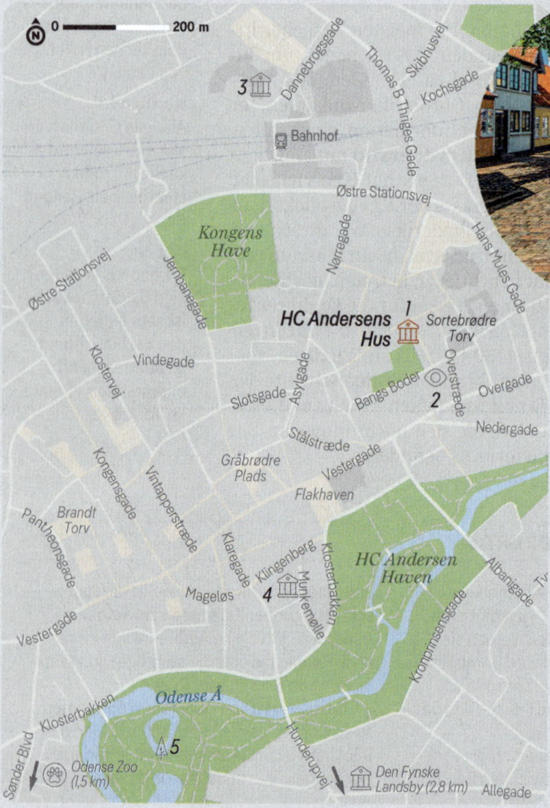

PEREKOTYPOLE/SHUTTERSTOCK ©

HIGHLIGHTS
1 HC Andersens Hus

SEHENSWERTES
2 Andersen-Wandbild
3 Danmarks Jernbanemuseum
4 HC Andersens Barndomshjem
5 Munke Mose

SPAZIERGANG DURCHS HERZ VON ODENSE

Odense ist leicht zu Fuß zu erkunden – dieser Rundgang führt durch die Altstadt und zu kulturellen Highlights.

Beginne die Tour mit **1 HC Andersens Hus** (S. 90), einem fantasievollen Museum zum Leben des Autors und seinen Märchen, und schlendere auch durch den wilden Garten; halte danach Ausschau nach dem **2 Andersen-Wandbild** (S. 90). Weiter geht's durch die kleine Altstadt mit ihren niedlichen Kopfsteinpflasterstraßen und alten Hexenhäuschen an **3 Bangs Boder** und **4 Ramsherred**. Zwei **5 Andersen-Skulpturen** laden zum Foto ein; der **6 Møntergården** ist ein Museum zur Geschichte Fünens von der Frühzeit bis heute. Ein Abstecher führt zur urigen Nedergade mit dem museumsartigen Trödelladen **7 Kramboden**. Über die Vestergade, die Haupteinkaufsstraße der Stadt, gelangst du zum **8 Rådhus** im italienischen Stil. Ein paar Schritte entfernt steht die imposante gotische **9 Sankt Knuds Kirke** aus dem 14. Jh. In einer Krypta hinter dem Altar liegen in Glaskästen die Gebeine von König Knut II. und seinem Bruder Benedikt, beide wurden vor 900 Jahren ermordet. Ein paar Gehminuten südwestlich steht das bescheidene **10 HC Andersens Barndomshjem** (S. 90), wo der Märchenerzähler aufwuchs: Hier erfährst du etwas über seine Kindheit in Odense. Zurück auf der Vestergade schaust du in die **11 Vintapperstræde**, eine schmale Fußgängergasse mit Bars und Esslokalen. In der **12 Brandts Passage** beherbergt eine alte Textilfabrik heute ein florierendes Kulturzentrum mit Kino, Café und der ausgezeichneten Galerie **13 Brandts**, die Werke bekannter Maler:innen von Fünen zeigt und Ausstellungen u. a. mit Fotokunst renommierter internationaler Künstler:innen veranstaltet.

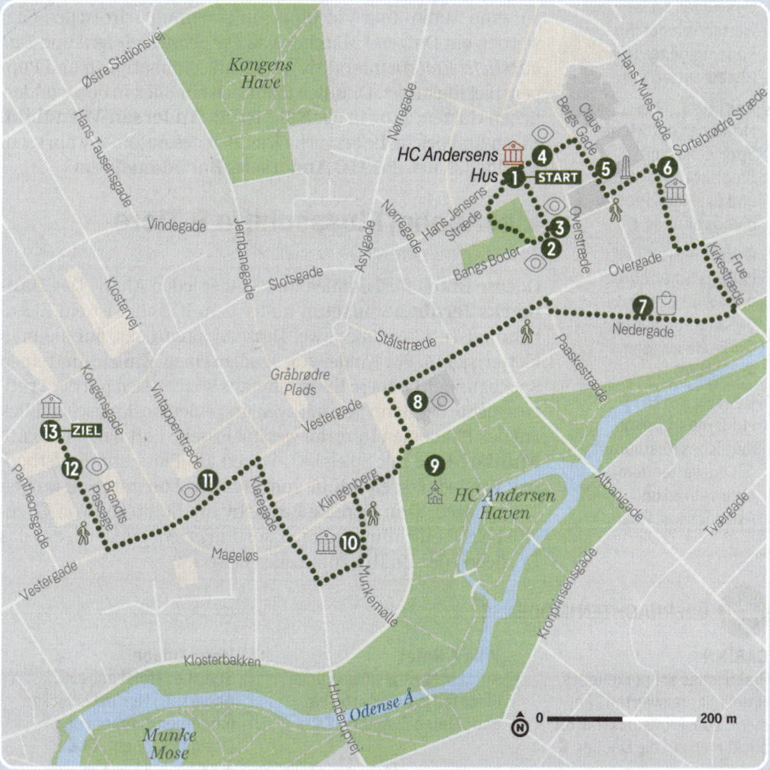

Park Munke Mose

Hans Christian Andersens Welt

DER GEBURTSORT DES MÄRCHENERZÄHLERS

In **HC Andersens Hus** erkunden Besucher:innen das außergewöhnliche Leben und Werk des beliebten Geschichtenerzählers. Der 1805 geborene Andersen verbrachte seine Kindheit in Odense und schrieb neben 158 Märchen auch Theaterstücke, Romane und Gedichte. Mit Kopfhörern ausgestattet begibt man sich auf eine Audio- und Videotour; in einem unterirdischen Saal werden ein Dutzend Märchen wie *Die Schneekönigin* und *Das hässliche Entlein* interaktiv mit Musik, Animationen und Puppenspiel illustriert. Draußen lohnt sich ein Blick in den wunderlichen Garten; ganz in der Nähe ist ein **Andersen-Wandbild**. Einen Einblick in die ärmliche Kindheit des Autors gewährt sein Kindheitshaus, das **HC Andersens Barndomshjem**.

Eisenbahn, Flussschiffe & Tiere

TOLLE AKTIVITÄTEN FÜR FAMILIEN

Odense ist toll für Familien und Kinder jeden Alters. Das **Danmarks Jernbanemuseum** hinter dem Bahnhof ist ein Eisenbahnmuseum mit über zwei Dutzend alten Loks, auf die man klettern kann. Für Kinder gibt's zudem einen Minizug und einen Spielbahnhof. Größere Eisenbahnfans können sich mit der Frühgeschichte der Bahn beschäftigen und einen nostalgischen Blick auf das Phänomen Interrail werfen. Frische Luft bietet der Park **Munke Mose** mit Spielplatz, Wegen am Fluss und Ruderbooten. Von hier fahren Schiffe zum **Odense Zoo** mit recht großen Tiergehegen. **Den Fynske Landsby** am Stadtrand von Odense ist ein Freilichtmuseum mit kostümiertem Personal, das das Dorfleben des 19. Jhs. zum Leben erweckt.

DIE BESTEN ESSLOKALE IN ODENSE

Storms Pakhus
Über ein Dutzend Streetfoodstände mit Essen aus aller Welt in toll umgebautem Lagerhaus. €

Café Kosmos
Vegane Biokost in behaglichem, schummrigem Ambiente. €

Madklubben
Geselliger, preiswerter Ableger des Kopenhagener Trendrestaurants. €€

Restaurant Værdsat
Modernes nordisches Speiselokal mit Smørrebrød tagsüber und fischigen Probiermenüs abends. €€

Oluf Bagers Gård
Mittags Smørrebrød oder Wurst, abends 9-Gänge-Menüs in Gebäude aus dem 16. Jh. €€€

Restaurant HOS
Modernes, aber gemütliches Restaurant mit umwerfendem Smørrebrød und Abendessen. €€€

ÜBERNACHTEN IN ODENSE

CABINN
Praktisches schnörkelloses Hotel mit preiswerten Zimmern. Vom Frühstücksbuffet blickt man auf die Dächer. €

Villa A Hotel
Aufgebrezelte Pension beim Fluss mit 15 einzigartig eingerichteten Zimmern. €€

Hotel Odeon
Stylishes Hotel nahe HC Andersens Hus mit schicken modernen Zimmern und Designermöbeln. €€€

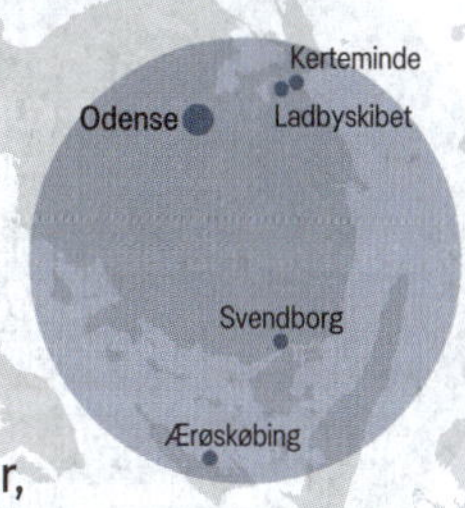

Rund um Odense

Fünens Süden zeigt sich gern mit schöner Natur, während der Norden mit Kultur glänzt.

Das Südfünische Inselmeer mit 55 Inseln in einer geschützten Ecke der Ostsee ist das unwiderstehliche Juwel der Region. Das Tor zum Archipel ist das alte Seefahrtszentrum Svendborg mit nettumgestaltetem Uferbereich. Mit der Fähre geht's aufs idyllische Ærø mit dem Märchenort Ærøskøbing inmitten perfekter idyllischer Radellandschaft. Outdoorfreaks können außerdem schwimmen, Kajak fahren, segeln und angeln und es gibt über 200 km an Wegen.

Der Norden Fünens bietet statt Naturschönheit viel Kultur. Im hübschen Kerteminde kann man Kunst und Wikingergeschichte erkunden, am traumhaften Egeskov Slot bieten sich jede Menge Gelegenheiten zu Aktivitäten.

TOP-TIPP

Die beste Reisezeit für Fünen ist Mai bis September. Außerhalb der Hauptsaison sind in den kleineren Orten viele Cafés, Museen und Pensionen geschlossen.

Kerteminde (S. 92)

MEHR FYNBOERNE-KUNST

Das **Faaborg Museum** (S. 95) hat eine umfangreiche Sammlung an Werken der Fynboerne sowie Skulpturen von Kai Nielsen und Möbel von Kaare Klint. Auch **Brandts** (S. 89) in Odense besitzt Werke in seiner Sammlung.

Kertemindes Kunstseele

URIGER HAFENORT & KUNSTMUSEUM

Das hübsche Kerteminde am Ende eines Fjords ist eine lauschige Küstenstadt. Das **Johannes Larsen Museum** am nördlichen Ortsrand ist ein Muss für alle Kunstliebhaber:innen. Larsen war vielleicht der erfolgreichste und produktivste einer Gruppe von als Fynboerne (Fünenmaler) bekannten Künstler:innen, die an der Wende zum 20. Jh. Landschaften, Tiere und Alltagsszenen malten. Larsens tolles Haus und Atelier sind originalgetreu erhalten; in einer modernen Galerie sind einige seiner Werke und die anderer hiesiger Künstler:innen ausgestellt. Außerdem finden hier Ausstellungen zu Gegenwartskunst statt und es gibt ein erstklassiges Café und hübsche Gärten. Gegenüber hat man auch Zutritt zur **Svanemollen**. Der **Nordstrand** auf der anderen Straßenseite ist ein beliebter Sandstrand, der auch in Larsens Werken auftaucht.

DIE BESTEN GASTHÖFE FÜNENS

Munkebo Kro
Der große reetgedeckte Gasthof am Kerteminde-Fjord bietet behagliche Zimmer und ein tolles Restaurant mit saisonaler Küche. €€

Vester Skerninge Kro
Der Gasthof aus dem 18. Jh. zwischen Faaborg und Svendborg verströmt Charme und hat adrette Zimmer in einer Handvoll alter Fachwerkhäuschen und ein besonders gemütliches Restaurant. €€

Falsled Kro
Ein sehr romantisches Refugium. In reetgedeckten Bauernhäusern gibt's makellose Zimmer und eins der führenden Restaurants der Region. €€€

Das Grab eines Wikingerkönigs

DÄNEMARKS EINZIGES WIKINGERSCHIFFSGRAB

Das **Ladbyskibet**, versteckt hinter einem Grabhügel 6 km von Kerteminde, ist das faszinierende Grab eines Wikingerkönigs. Um 925 n. Chr. wurde er zusammen mit Waffen, Schmuck und Opfertieren wie Hunden und Pferden in einem Kriegsschiff bestattet. Dies ist das einzige bekannte Wikingerschiffsgrab Dänemarks. In einer schummrig beleuchteten Kammer sind noch immer Tierknochen und der Rumpf und Eisennieten zu erkennen. In der Nähe liegt ein Nachbau des Schiffs vor Anker. Im kleinen, informativen **Vikingemuseet Ladby** wird erläutert, was über das Grab und die historische Siedlung in der Nähe bekannt ist. Im Keller ist an einem weiteren Nachbau des Boots mit wertvollen Gütern und geschlachteten Tieren zu sehen, wie bedeutend der König gewesen sein muss.

Ein romantisches Schloss

GESCHICHTE & ABENTEUER FÜR FAMILIEN

Das von einem Wassergraben mit Zugbrücke und 15 ha Landschaftsgarten umgebene **Egeskov Slot** aus dem 16. Jh. ist unglaublich romantisch. Ein Teil des Schlosses ist noch immer bewohnt, doch man kann 13 opulent eingerichtete Räume voller Antiquitäten besichtigen, z. B. einen Ballsaal mit Ritterrüstung und ein Studierzimmer mit Jagdtrophäen, und darüber hinaus ein unglaublich detailgenaues Puppenhaus bewundern, Titanias Palast genannt.

ESSEN IN KERTEMINDE

Lulu's Cafe & Boutique
Weidenlampenschirme an der Decke verleihen dem Café viel Flair; serviert werden Salate und Smørrebrød. €

Brasserie Langegade NR2
Kerzen und auf den Stühlen drapierte Schaffelle verleihen dem kultivierten Laden ein gemütliches Flair. €€

Restaurant Rudolf Mathis
Elegante Fischgerichte machen das Restaurant am Wasser zu einem der besten von Fünen. €€€

NINA ALIZADA/SHUTTERSTOCK ©

Egeskov Slot

Kinder freuen sich über die Abenteuerspielplätze, den Baumwipfelpfad und das Labyrinth mit Rutsche. Das Gelände umfasst in alten Scheunen mehrere interessante Museen. Die Oldtimersammlung spricht Autonarren an; dazu gibt's alte Motorräder, Feuerwehrwagen und Kampfflugzeuge. Das beste Essen bietet das **Café Jomfru Rogborg**, aber es gibt auch Fastfood.

Segelboote & Seeleute

SVENDBORGS MARITIME GESCHICHTE & GEGENWART

Svendborg in der Südostecke von Fünen ist ein altes Schiffbauzentrum und ein geschichtsträchtiger Handelshafen. Am Wasser entlang erreicht man die kleine Insel **Frederiksø**, heute ein Kulturareal mit dem **Danmarks Museum for Lystsejlads** (Dänisches Segelmuseum). Ein ehemaliges Lagerhaus ist vollgestopft mit Dutzenden von Booten wie Olympiasieger-Jollen und alten Jachten. Am Ende des Kais werden Segelschiffe repariert; am Kai gegenüber ist die **Sejlskibsbroen**, ein Anleger, der zugleich Freilichtmuseum ist, mit Dutzenden von wunderbar erhaltenen alten Segelbooten. Im Sommer wimmelt es im **Jachthafen** von Svendborg vor Jachten. Bei einem Drink in der **Strand Bar** auf Frederiksø kann man die Welt an sich vorbeisegeln lassen.

WANDERN AUF DEM ØHAVSSTIEN

Durch das schöne Südfünen und an der Küste entlang ziehen sich Wanderwege. Bei einer Wanderung auf dem **Øhavsstien** (Inselmeerweg) lässt sich auf geruhsame Weise die wundervolle Natur erleben. Der gut beschilderte und autofreie Weg windet sich ab Faldsled an der Westküste über sanfte Hügel, durch Buchenwälder und an der flachen Küste entlang, vorbei an Höfen, Dörfern und Schlössern, bis rüber nach Lundeborg im Osten. Weitere Teile des Wegs führen über Ærø, Tåsinge und Nordlangeland.

Die Route ist in sieben Etappen geteilt; Karten gibt's auf www.visitfyn.de/wanderweg-inselmeer. Man kann nur eine Etappe gehen oder mehrere Tage wandern. Unterwegs gibt's jede Menge Unterkünfte wie Zeltplätze, offene Holzhütten und Pensionen.

ÜBERNACHTEN IN ÆRØSKØBING

Andelen Guesthouse
In eine reizende Pension umgebauter alter Getreidespeicher mit kleinem Kino und Fahrradverleih. **€€**

På Torvet
Die Boutiquepension „Am Platz" samt Brasserie bietet schicke Zimmer und Apartments für Selbstversorger. **€€**

Vestergade 44
Elegante Pension in schön modernisiertem Haus von 1784. Mindestaufenthalt zwei Nächte. **€€€**

KOPFSTEINPFLASTERTOUR AUF ÆRØ

Von den vielen Inseln im Fünischen Inselmeer ist Ærø zweifellos die bezauberndste. Von Svendborg schippern Fähren direkt nach Ærøskøbing. Die gut erhaltene, durch strenge Denkmalschutzauflagen geschützte Kaufmannsstadt des 18. Jhs. ist mit ihren Kopfsteinpflasterstraßen und Märchenhäuschen ideal für einen Bummel. Nur wenige Schritte vom **1 Fähranleger** befindet sich die alte Werft, **2 Det Gamle Værft**, mit Aktivitäten für Kids wie Metallhämmern und Seilflechten. Beim kleinen Park wartet die **3 Flaske-Peters Samling** (nur im Sommer) mit Hunderten Flaschenschiffen auf. Um die Ecke präsentiert in der hübschen Brogade das **4 Ærøskøbing Bymuseum** spannende Schnappschüsse der Stadtgeschichte. Das **5 Hammerichs Hus** (saisonal geöffnet) ist eine wahre Schatztruhe voller Antiquitäten und Stilmöbel; die Wände sind voll mit Tausenden von niederländischen Kacheln. Weiter die Brogade entlang gelangst du zum schönen Stadtplatz, dem **6 Torvet**. Vielleicht sind gerade Brautpaare zugegen – Ærø gilt als „Hochzeitsinsel" und Tausende Paare schließen hier jährlich den Bund der Ehe. Für einen Kaffee und einen Happen zur Stärkung bietet sich **7 Den Gamle Købmandsgaard** an. Im Hof des schönen alten Lebensmittelladens ist **8 Ærø Whiskey** ansässig, eine kleine Brennerei, die auch Führungen anbietet. Als Krönung des Rundgangs schlürfst du am Platz im **9 Cafe På Torvet** ein auf Ærø gebrautes Bier. Wer noch weiterbummeln möchte, kann das nostalgische Flair von Ærøskøbing in den anderen Sträßchen des Orts genießen. Ansonsten gelangt man über die Søndergade und Vestergade zurück zum Wasser und nimmt den Pfad vorbei am Jachthafen zu einer Ansammlung fotogener Strandhütten am Vester Strand.

Wer noch Zeit hat, kann durch die Einkaufsstraßen bummeln und das Fachwerkhaus **Anne Hvides Gård** aus dem 16. Jh. und die hübsche **Vor Frue Kirke** aus dem 13. Jh. anschauen.

Abenteuer auf zwei Rädern

SCHÖN RADELN AUF ÆRØ

Über das malerische Ærø zu radeln ist eine absolute Wonne. Das sanfte Terrain, die stillen Sträßchen und die gut beschilderten Routen sind ein Traum für Pedalritter:innen. Mit einem in **Ærøskøbing** geliehenen Rad geht's auf einem etwa 18 km langen Abschnitt des **Ostseeradwegs** (**Nationale Radroute 8**) nach **Søby**. An der Küste entlang und landeinwärts vorbei an kleinen Weilern und Feldern folgt man einfach der „8". Knapp außerhalb von Søby führt ein Abstecher gen Westen nach **Søbygaard**, einem fotogenen Herrensitz mit Steinwällen aus dem 12. Jh. In Søby selbst steuert man den Hafen und die reetgedeckte Windmühle an, die **Søby Molle**. Wer noch genug Energie hat, radelt 5 km weiter zum Leuchtturm **Skjoldnæs Fyr**. Ansonsten nimmt man den kostenlosen Lokalbus zurück nach Ærøskøbing – Räder darf man mitnehmen.

Hafenbummel & Meerbäder

UNTERNEHMUNGEN IN FAABORG

Das verschlafene **Faaborg**, ein Marktflecken aus dem 17. Jh., erwacht im Sommer zum Leben: Dann tummeln sich im Hafen Fähren, Segelboote und Tourist:innen. Der Reiz des Orts lässt sich leicht zu Fuß erschließen, mit alten ockerfarbenen Häusern, von Stockrosen gesäumten Gassen und dem Torhaus des **Vesterport** aus dem 15. Jh. Panoramablicke eröffnen sich vom **Klokketårnet** (Uhrturm). Das **Faaborg Museum** besitzt eine große Sammlung mit Werken der Fünenmaler, das **Øhavsmuseet** widmet sich Geoelogie und Frühgeschichte der Region.

Wer mutig genug für ein Bad in der Ostsee ist, peilt dafür das **Hafenbad** an oder folgt dem Küstenpfad zum Sandstrand, wo man SUP-Bretter und Kajaks ausleihen kann (klintenoutdoor.dk).

Kaffee brüht die **SOZE Kaffebar & Risteri**, fürs Mittagessen bietet sich **Det Hvide Pakhus** an.

HEARTLAND: MUSIK, VORTRÄGE & GOURMETESSEN

Anfang Juni bildet das Egeskov Slot die Kulisse für das dreitägige **Heartland-Festival** (heartlandfestival.dk), konzipiert für ein kleines Publikum von anspruchsvollen Musikfans und Foodies. Neben international bekannten spielen auch unbekanntere Musiker:innen Rock, Electro und Jazz. Führende Köch:innen servieren Gourmetspeisen; dazu gibt's heimisches Bier und Craft-Cocktails. Auf dem Gelände sind temporäre Kunstausstellungen zu sehen und in einem Zirkuszelt gibt's Vorträge auf Dänisch und Englisch zu Kulturthemen, u. a. von Autor:innen, Journalist:innen und Filmemacher:innen. Die Festivalbesucher:innen können zelten oder mit einem Shuttlebus nach Odense, Svendborg oder Faaborg pendeln.

UNTERWEGS VOR ORT

Von Odense nach Kerteminde kommt man am besten mit dem Auto, falls man auch nach Ladby will. Sonst nimmt man den Bus 150.

Das hügelige Svendborg erkundet man am besten zu Fuß. Fahrräder verleiht Svendborg Cykeludlejning (svendborgcykeludlejning.dk) – online buchen oder den Laden auf Frederiksø aufsuchen (150 Kr pro Tag). Von Odense verkehren regelmäßig Direktzüge nach Svendborg. Der Bus 920 von Faaborg nach Nyborg hält hier und auch am Egeskov Slot; dorthin gelangt man auch, indem man im Dorf Kværndrup aus dem Zug von Odense nach Svendborg aussteigt.

Auf Ærø verkehrt ein kostenloser Lokalbus und es gibt vier Fährverbindungen: Svendborg–Ærøskøbing, Ringkøbing–Marstal, Fynshav–Søby und Faaborg–Søby.

Von Faaborg fahren Busse nach Odense (141), Svendborg (931) und Nyborg über das Egeskov Slot (920). Faaborg Cykeludlejning verleiht Fährräder (125 Kr pro Tag).

AARHUS

Dänemarks zweitgrößte Stadt bietet alles: fantastisches Essen und Shoppen, einen prall gefüllten Kultur- und Festivalkalender und einige erstklassige Attraktionen, alles fein verschnürt in einem kompakten, fußläufigen Paket. Aarhus wird oft mit dem Spitznamen „Smilets By“ (Stadt des Lächelns) bedacht; der Slogan wurde in den 1930er-Jahren geprägt und hat sich gehalten – tatsächlich schneidet Aarhus bei Glücksrankings immer gut ab. Wer ein paar Tage in der Stadt verbringt, erlebt dank der jungen Einwohnerschaft zudem tolle Kreativität und ein alternatives Flair – etwa ein Fünftel sind Studierende.

Die Ursprünge der Stadt finden sich in der Wikingersiedlung Aros („Ort an der Flussmündung“). Im Mittelalter fand Aarhus sich eingeklemmt zwischen Feudalstaaten und plündernden Stämmen; doch ab dem 16. Jh. florierte die Stadt als Zentrum von Handel, Kunst und Religion.

TOP-TIPP

Die meisten Hotspots der Stadt sind zu Fuß erreichbar, für entferntere Ziele leiht man sich ein Rad, z. B. ein knallorangefarbenes von Donkey Republic (App herunterladen!) mit Leihstationen in der ganzen Stadt oder bei Cycling Aarhus (cycling-aarhus.dk), das auch Touren anbietet.

Den Gamle By (S. 99)

LINKS: NINA ALIZADA/SHUTTERSTOCK ©, RECHTS: FOTO-SELECT/SHUTTERSTOCK ©

SEHENSWERTES
1 Dom
2 Aarhus Rådhus
3 ARoS Aarhus Kunstmuseum
4 Besættelsesmuseet
5 Botanisk Have
6 Den Gamle By
7 Dokk1
8 Frederiksgade
9 Godsbanen
10 KØN – Gender Museum
11 Latinerkvarteret

UNTERHALTUNG
12 Musikhuset Aarhus
13 Radar
14 Train
15 VoxHall

Musikhuset Aarhus (S. 100)

GÜNSTIG ESSEN IN AARHUS

Aarhus Street Food
Große Ansammlung von Essensständen und Bars in früherem Busdepot. Viele Gerichte unter 100 Kr. €

OliNico
Lockeres Flair und riesige Portionen *moules frites* (Muscheln mit Pommes) plus dreigängiges Abendmenü für 175 Kr. €

Plant Food
Veganer Laden im Latinerkvarteret mit Quinoa-Bowls (69–89 Kr) und Burgern auf Pflanzenbasis. €

Frankies
Ein junges Partypublikum erfreut sich an gut angekohlten Pizzen (unter 150 Kr) und Cocktails im Krug. €

Ein Regenbogen über Aarhus

EIN ECHTES KUNSTABENTEUER

Das **ARoS Aarhus Kunstmuseum** ist sowohl die Topattraktion der Stadt als auch ihr markantestes Wahrzeichen – dank dem dänisch-isländischen Architekten Olafur Eliasson. Gekrönt wird das Backsteingebäude von Eliassons *Your Rainbow Panorama*, einem 150 m langen runden Skywalk aus buntem Glas mit traumhaftem Ausblick auf die Stadt. Darunter befinden sich neun Etagen voller Kunst, von Werken des Goldenen Zeitalters über die dänische Moderne bis zu kühner Gegenwartskunst.

Zuletzt wurde an einer unterirdischen Erweiterung gewerkelt, The Next Level: Hier finden großformatige Installationen des US-Künstlers James Turrell Platz. Für das Museum sollte man mindestens einen halben Tag einplanen; unter der Woche ist das ARoS bis 21 Uhr geöffnet (Mo geschl.).

Durchs Quartier Latin von Aarhus

BUMMEL DURCHS BOHEMEVIERTEL

Mit ihren kleinen Läden, netten Cafés und kreativen Bistros bilden die Kopfsteinpflasterstraßen des **Latinerkvarteret** ein tolles Terrain für Flaneur:innen. Das Innenstadtviertel auf Teilen des alten Wikingerkerns der Stadt erstreckt sich nördlich und westlich des **Doms**, Dänemarks längster und höchster Kirche: Die vorreformatorischen Fresken und das atemberaubende Retabel des spätgotischen deutschen Bildhauers Bernt Notke lohnen auf jeden Fall einen Besuch.

Unmittelbar nördlich des Doms gibt's zwei Museen. Das **KØN – Gender Museum** im alten Rathaus untersucht die Kulturgeschichte der Geschlechter und der Gleichberechtigung in Dänemark; das ernüchternde **Besættelsesmuseet** (Besatzungsmuseum) befindet sich in einer früheren Polizeiwache, in der die Gestapo im Zweiten Weltkrieg Gefangene verhörte.

Tolle öffentliche Räume

ARCHITEKTUR ZUM VERWEILEN

Aarhus ist mit brillant gestalteten öffentlichen Räumen gesegnet, wie sie die Dän:innen so toll zu kreieren verstehen. Der **Godsbanen**, ein umgemodelter Güterbahnhof gleich östlich des ARoS, ist ein alternatives Kulturzentrum und ein Stadttreff mit Theater- und Konzertbühnen, Werkstätten und Cafés. Drüben am neu erschlossenen Hafen von Aarhus beherbergt das **Dokk1** Skandinaviens größte Bibliothek mit gemütlichen Leseecken, Spielplätzen im Außenbereich und ein Café sowie eine Touristeninformation für die Region.

ÜBERNACHTEN IN AARHUS

Book1 Hostel
Pod-Dorms, Burger und Minigolf in einer alten Bibliothek. Das beste Hostel der Welt? Wahrscheinlich. €

SOFS Hotel
In schnuckeliges Boutiquehotel verwandeltes Wohnhaus am Rand des Latinerkvarteret. €€

Villa Provence
Provenzalische Akzente prägen das Boutiquehotel mit funkelndem Innenhof und Gourmetfrühstück. €€€

ROBERT FRUEHAUF/SHUTTERSTOCK ©

Isbjerget

Das mit grauem Marmor verkleidete **Aarhus Rådhus** (Rathaus), mitentworfen vom Wegweiser der dänischen Moderne Arne Jacobsen, wurde 1942 fertiggestellt. Drinnen glänzt es mit klaren Linien, Parkettböden und alten Aufzügen; **Aarhus Guiderne** (aarhusguiderne.dk) bietet jede Woche Führungen an.

Dänische Geschichte wird lebendig

DAS DÄNEMARK VERGANGENER TAGE

Ein Freilichtmuseum mit kostümierten Darsteller:innen hört sich vielleicht kitschig oder kindisch an, doch **Den Gamle By** (Die alte Stadt) ist tatsächlich ein tolles Tagesziel. Rund 80 Gebäude sind um die Jahreszahlen 1864, 1927 und 1974 herum zu einem Örtchen arrangiert und verkörpern so unterschiedliche Epochen. Hier kann man mit abergläubischen Kerzenziehern reden, in einer Apotheke Kräuterlikör probieren oder am Empfang einer gynäkologischen Praxis am Wählscheibentelefon Anrufe annehmen. Die Detailverliebtheit ist wirklich beeindruckend und macht großen Spaß. Und es ist fast alles echt: Die meisten Gebäude sind aus anderen Teilen Dänemarks hierherversetzte Originalbauten. Das Museum selbst hat seinen Ursprung in der Dänischen Nationalausstellung von 1909.

AM HAFEN IM AARHUS Ø

Das **Aarhus Ø** ist eine Neuerschließung des Hafengebiets mit umwerfenden Wohnkomplexen wie dem spitzen **Isbjerget** (Eisberg), der vor ein paar Jahren Designpreise einheimste, inzwischen aber von Neulingen überschattet wird. Das kristallklare Hafenwasser im Bassin 7 beherbergt den **AWC**, einen tollen Wakeboarding-Park, wo die Boarder:innen von einem Wasserskilift über Rampen gezogen werden; außerdem kann man SUP-Bretter leihen, es gibt tragbare Saunas und ein sonniges Café am Wasser. Nebenan ist im Meerwasser das schnieke **Hafenbad** (nur im Sommer geöffnet). Einen Blick aufs Ganze gewährt der **Aussichtsturm** am Wasser. In diese Gegend fährt der Bus 23; zu Fuß sind es vom Dom 20 Minuten hierher.

NEUE NORDISCHE KÜCHE IN AARHUS

Restaurant Hærværk
Das Hærværk („Vandalismus") sprengt den Rahmen mit täglich wechselnden, nachhaltigen Menüs. **€€€**

Nordisk Spisehus
Nobelküche in hipper Umgebung; hier erhalten meist französische Gerichte einen nordischen Touch. **€€€**

Gastromé
Sternerestaurant im Norden mit Zutaten der eigenen „Minifarm" für französisch angehauchte nordische Speisen. **€€€**

Hinter Den Gamle By befindet sich der **Botanisk Have** (Botanische Garten) von Aarhus mit Stein- und Rosengärten, Treibhäusern und Picknickstellen.

Moesgaard Museum

EINE UNVERGESSLICHE GESCHICHTSSTUNDE

Die genialen multisensorischen Ausstellungen im **Moesgaard Museum** gewähren einen berührenden Einblick in die Vorgeschichte. In fünf Dauerausstellungen werden die Steinzeit und nachfolgende Epochen anhand von nachvollziehbaren menschlichen Geschichten greifbar. Allem anderen die Show stiehlt der **Grauballe-Mann**, dessen Körper 1952 in einem Sumpf bei Aarhus gefunden wurde – er sieht noch fast so aus wie vor über 2000 Jahren, als er starb, wenn auch etwas ledriger. War er ein Opfer für die Fruchtbarkeitsgött:innen der Eisenzeit, ein hingerichteter Gefangener oder ein Mordopfer?

In den spektakulären, teils in der Landschaft verborgenen modernistischen Museumsgebäuden befindet sich auch ein gutes Restaurant. Jede Menge Picknickörtchen sind in der ländlichen Umgebung zu finden, wo man auch auf rekonstruierte alte Gebäude stößt, u. a. eine hölzerne **Stabkirche** im ältesten dänischen Stil.

Moesgård liegt 10 km südlich des Zentrums von Aarhus. Unterwegs kringelt sich die **Endlose Brücke** instagramtauglich über die waldgesäumte See.

Aarhus nach Einbruch der Dunkelheit

DIE STADT GEHT AUS

Das jugendliche Aarhus mit bis zu 60 000 Studierenden macht gern die Nacht zum Tage. Das Latinerkvarteret (S. 98) lockt mit Weinbars und hippen Treffs, die **Frederiksgade** mit lauten Kneipen und Livemusik und **Frederiksbjerg** südlich vom Bahnhof mit Craft-Cocktails und Kleinbrauereien mit eigenem Pub.

In Aarhus ist die vielleicht beste Musikszene des Landes ansässig und daher findet man hier zahlreiche tolle Livemusikläden. Neben dem **Musikhuset Aarhus** mit vielfältigem Programm und Clubs mit Liveevents wie dem **Train** gibt's auch kleinere Läden wie das **Radar** am Godsbanen oder die **VoxHall**.

DIE BESTEN BARS IN AARHUS

St. Pauls Apothek
Getränke wie „Mr. Hyde's Fixer Up" sind eine Anspielung auf das alte Apothekenambiente dieses Klassikers in Frederiksbjerg.

Løve's Bog- & VinCafé
Bücher, Kerzen und Wein, serviert in gemütlichem, literarischem Ambiente.

ÅBEN Aarhus
Hier gibt's Craftbier auf dänische Art – mit behaglich-minimalistischem Flair und perfekt kredenzten Bieren.

Under Masken
Zentraler, aber versteckter Reggae-Schuppen mit einem Hang zu Stammesmasken und treuen Stammgästen.

UNTERWEGS VOR ORT

Wer die Attraktionen außerhalb des Zentrums nicht mit dem Rad oder Auto aufsucht, kann das Busnetz der Stadt nutzen. Bus 18 fährt zum Moesgaard Museum; Tickets gibt's im Bus oder über die App Midttrafik. Die Stadtbahn (Letbane) hat eine Haltestelle am Dokk1.

Rund um Aarhus

Sich in einigen der reizendsten Landschaften Dänemarks austoben und im Legoland dem inneren Kind nachspüren.

In den bewaldeten Hügeln des glitzernden Søhøjlandet (Seenhochland) kann man eine andere Seite des sonst so flachen Dänemarks erkunden. Der Ort Silkeborg ist ein Sommer-Hotspot, aber mit Galerien und Kulturattraktionen auch das restliche Jahr ansprechend.

Weiter südlich liegt in der Mitte Jütlands Billund, das in vielen Kindheiten eine Rolle spielte. 1932 verlegte sich hier der Tischler Ole Kirk Christiansen auf die Herstellung von Holzspielzeug und erfand Lego. Heute ziehen der Freizeitpark und das interaktive Lego House Familien mit Kindern magisch an.

Und für Erwachsene: Das nahe Städtchen Jelling war sehr wichtig für die Entstehung Dänemarks.

TOP-TIPP

Für Legoland-Fans: Die Hotels in Billund sind recht teuer, also vielleicht besser auf Pensionen außerhalb der Stadt ausweichen.

Himmelbjerget (S. 102)

Kunst & Natur in Silkeborg

GEHOBENES TOR ZU DEN SEEN

Die Stadt Silkeborg 45 Zugminuten von Aarhus bezirzt mit Straßen, die von Cafés gesäumt sind, und einem Flusshafen, wo in den Sommermonaten Seerundfahrten starten. Das **Museum Silkeborg** beherbergt den 2400 Jahre alten **Tollund-Mann** – er ist so gut erhalten, dass die Torfstecher, die ihn 1950 fanden, glaubten, ein Mordopfer aus jüngerer Zeit vor sich zu haben.

Wer vom Museum durch den Flusspark **Indelukket** samt Jachthafen Richtung Süden geht, kommt zum **Museum Jorn**, einem tollen Kunstmuseum, das dem aus Aarhus stammenden Künstler Asger Jorn gewidmet ist; hier halten auch Seeschiffe. Als Meisterwerk gilt z. B. *Stalingrad*, Jorns 5 m breites abstraktes Ölgemälde zur Nutzlosigkeit des Kriegs. Im Eintrittspreis inbegriffen ist die ganztägige Leihgebühr für E-Bikes; man kann 3 km nach **Ørnsø** radeln: Hier logiert in einem Heilbad aus dem 19. Jh. eine weitere Galerie für moderne Kunst, das **KunstCentret Silkeborg Bad**; die umliegenden Gärten laden zu einem Skulpturenrundgang ein.

Seerundfahrt mit Raddampfer

HÜBSCHE AUSBLICKE & PICKNICKSTOPPS

Schon seit 1861 bietet die altehrwürdige **Reederei Hjejlen** (hjejlen.com) im Seenhochland Rundfahrten an. Die Hauptstrecke führt von Silkeborg zum Himmelbjerget (12 km, 75 Min.). Vom Anleger ist es 1 km bis hinauf auf den **Himmelbjerget** („Himmelsberg"), mit 147 m Dänemarks höchste Erhebung. Die Wanderung lohnt sich wegen der weiten Ausblicke auf die Wälder und Seen der Umgebung vom 1875 erbauten, 25 m hohen Turm. Auf der Rundfahrt kann man für ein Bad oder ein Picknick aussteigen und den ganzen Tag von Boot zu Boot hüpfen.

Das Original-Legoland & Lego House

DEM INNEREN KIND FREIEN LAUF LASSEN

Der Freizeitpark **Legoland Billund Resort**, der seit 1968 erfolgreich Kinder anzieht, verströmt einen Retrocharme und bietet inzwischen auch immer schnellere und neuere Fahrgeschäfte.

Das Herz von Legoland ist das **Miniland** – 20 Mio. Legosteine zusammengebaut zu kniehohen Orten und Städten mit Schwerpunkt auf Dänemark und dem restlichen Skandinavien. Wer keine Zeit hat, die Orte alle selbst abzuklappern, kann hier zügigst Skagen, Ribe, den Kopenhagener Nyhavn und verschiedene Königspaläste sehen, alles aus Lego.

Im Lauf der Jahre sind neun Mottobereiche entstanden wie das **Duplo Land** (für Kleinkinder) und das **Adventure Land**

ABSTECHER NACH EBELTOFT: SCHIESSPULVER & GLASKUNST

Ebeltoft am Rand der Halbinsel Djursland wartet mit so viel legerem Flair auf, dass eine Stippvisite dem Ort nicht gerecht würde. Am Wasser reihen sich vom **Strand** bis zum kleinen Hafen des Orts mit Segelbooten und gehobenen Fischerhüttencafés einige Sehenswürdigkeiten aneinander. Das hölzerne Kriegsschiff **Fregatten Jylland** ist heute ein Museum. Das **Glasmuseet Ebeltoft** ist eine Weltklasse-Galerie für zeitgenössische Glaskunst.

Die kopfsteingepflasterte **Adelgade** ist eine reizende Gasse mit pastellfarbenen Häuschen und dem kleinen Fachwerk-**Rathaus** von 1789. Die **Maltfabrikken** (Malzfabrik; maltfabrikken.dk), ein großes rotes Gebäude oben im Ort, ist in ein Kulturzentrum mit Konzertbühne, Restaurants, Ausstellungen und Skatepark verwandelt worden.

ESSEN IN SILKEBORG

Evald Brasserie & Café
Entspannen bei Burger und Bier am Fluss in der Papirfabrikken, Silkeborgs renovierter Papierfabrik. **€€**

Panorama Mad & Vin
Noble skandinavische Küche und ausgezeichneter Service am beliebten Stadtplatz. **€€€**

Babba
Sich sattessen an orientalischer Kost wie Falafeln und Mezze, heruntergespült mit erstklassigen Cocktails. **€€**

FERIEN BEI LEGO

Auf S. 130 gibt's Tipps zur Planung einer Familienreise ins **Legoland Billund Resort** und Tricks zum Geldsparen – so lässt sich der Besuch voll auskosten!

Lego House, Billund

mit einigen schnelleren und spritzigeren Fahrgeschäften. Wer sich nur eine Achterbahn gönnt, dem sei der **Polar X-plorer** empfohlen, die schnellste und höchste.

Eine Art interaktives Wissenschaftsmuseum, das sich nur mit Lego befasst: Das ist das **Lego House**, das besonders bei Fünf- bis Zwölfjährigen bestens ankommt. Das weiße Gebäude sieht aus wie ein riesiger Legostapel und ist in „Erlebniszonen" aufgeteilt: So kann man Legofische bauen und sie in digitalen Becken schwimmen lassen, aerodynamische Autos konstruieren und fahren lassen, Stadtlandschaften, Monster und schräge Minifiguren schaffen – alles aus Lego. Im World Explorer staunt man über die detailreichen Lego-Dioramen und den 15 m hohen Tree of Creativity aus 6,3 Mio. Legosteinen.

Dänemarks Wurzeln in Jelling

HEIDNISCHE RITUALE & CHRISTLICHE GEBETE

Während der Herrschaft des Wikingerkönigs Gorm des Alten und seines Sohns Harald Blauzahn im 10. Jh. war Jelling königliche Residenz – heute ist es für die Dän:innen eine Art Pilgerstätte. Auf einer Lichtung in der Ortsmitte stehen zwei große **Grabhügel** inmitten eines ursprünglich durch Steine markierten Wikingerschiffs; mit dem Schiff sollten die Verstorbenen nach Walhalla reisen. Genau zwischen den Hügeln steht

GÜNSTIG ÜBERNACHTEN RUND UM BILLUND

Danhostel Grinsted-Billund
Familienfreundliches Hostel 13 km westlich von Legoland mit guten Busverbindungen nach Billund. €

Zleep Hotel
Flughafenhotel mit einfachen, behaglichen Zimmern für bis zu vier Personen, alle mit Bad und TV. €€

Skovboferie Apartments
Landpension auf ehemaligem Bauernhof mit tollem Frühstück, aber man braucht ein Auto. €€

Legoland Holiday Village
Die bei Weitem billigste offizielle Legoland-Unterkunft, besonders für Leute mit Zelt. €

ESSEN IN BILLUND

Mini Chef
Im Lego House „baut" man sich seine eigene köstliche und nahrhafte Mahlzeit, die dann von Robotern serviert wird. €€

Billund Gastropub
Puh, was für Erwachsene! Leckere Burger, Salate und Craftbiere in noblem Speiselokal. €€

Panorama Restaurant
Schön dargebotenes Buffet im Hotel Legoland mit Salaten, Pasta, Bratenfleisch und Desserts. €€

Runenstein von Jelling

DIE RÄTSEL VON JELLING

Lange vermutete man, dass der nördliche Grabhügel von Jelling die Gebeine von König Gorm enthält, doch als man beide Hügel im 19. Jh. ausgrub, wurden keine menschlichen Überreste gefunden. Allerdings fanden Archäolog:innen, die in den 1970er-Jahren unter der Kirche von Jelling buddelten, Spuren von drei früheren Holzkirchen und eine Grabkammer mit menschlichen Gebeinen. Handelte es sich um Gorm, der von seinem zum Christentum konvertierten Sohn Harald in die erste Kirche Dänemarks umgebettet wurde? An der Kirchentür weist ein Silberstreifen auf die Grabstätte hin.

vor der Tür der **Jelling Kirke** ein felsbrockengroßer **Runenstein**, den Harald hier aufstellen ließ, um den Übergang Dänemarks vom Heiden- zum Christentum zu markieren – der Stein gilt als „Geburtsurkunde" des Landes. Einen zweiten, **kleineren Runenstein** ließ Gorm für seine Königin Thyra anfertigen. Im Besucherzentrum **Kongernes Jelling** gegenüber der Kirche wird die Geschichte in Hightech-Detail erzählt. Jelling selbst ist winzig, sodass man in zwei Stunden alles sehen kann.

Moderne Kunst in Herning

AVANTGARDEKUNST

Fans moderner Kunst ist der italienische Konzeptkünstler Piero Manzoni (1933–1963) vielleicht ein Begriff – doch wer weiß schon, dass sich die größte Sammlung seiner Werke nicht in Mailand, sondern in Dänemark befindet? Das **Herning Museum of Contemporary Art**, kurz HEART, beherbergt auch Arbeiten anderer visionärer Künstler:innen und veranstaltet jedes Jahr mehrere erstklassige Ausstellungen. Gegenüber präsentiert das **Carl-Henning Pedersen & Else Alfelts Museum** die üppig bunten Gemälde, Mosaiken, Keramiken und Skulpturen des avantgardistischen dänischen Künstlerduos.

UNTERWEGS VOR ORT

Jede halbe Stunde fahren von Aarhus Züge über den Seenhochlandsort Skanderborg nach Silkeborg. Fernbusse nach Silkeborg halten am Bahnhof. Bus 123 fährt von Aarhus nach Ebeltoft (75 Min.).

Legoland ist nur knapp 3 km vom Flughafen von Billund entfernt; im Juli und August pendelt ein auf die Flugzeiten abgestimmter Shuttlebus zum Park. Die meisten normalen Lokalbusse halten im Ortszentrum (Lego House), am Legoland und am Flughafen. Vielleicht leiht man am Flughafen ein Auto – dank planer, gerader Straßen und umsichtiger Autofahrer:innen ist das Fahren in Zentraljütland ein Kinderspiel.

Herning liegt 45 Autominuten nördlich von Billund; von Aarhus und Silkeborg ist der Ort auch mit dem Zug zu erreichen.

AALBORG

Dänemarks viertgrößte Stadt hat eindeutig Aufwind. Aalborg, einst bekannt als Arbeitstier der Zementproduktion und Zentrum der Aquavitbrennerei, hat ein bemerkenswertes Comeback hingelegt. Die Fabriken am Hafen am Limfjord, dem langgestreckten Gewässer, das Jütland in zwei Teile teilt, haben Platz gemacht für kühne neue Bauten und schattige Fußgängerbereiche; währenddessen strotzt die Altstadt vor Cafés, Bars, Streetart und genügend Sehenswürdigkeiten für mindestens zwei Tage Aufenthalt. Ende Mai strömen die Menschen hierher zu den größten Karnevalsfeiern Nordeuropas.

In der Zeit der Wikinger war Aalborg bedeutend, da der Limfjord den Plündertrupps in ihren Langbooten schnellen Zugang zum Atlantik gewährte. Daher ist die wichtigste historische Stätte der Stadt auch Lindholm Høje, Skandinaviens größte Wikinger-Grabstätte.

TOP-TIPP

Aalborgs Tourismusbüro hat eine Reihe von Rundgängen zusammengestellt, die du mit dem Smartphone gehen kannst – siehe storyhunt.dk, oder downloade die App Storyhunt und navigiere zum Abschnitt Aalborg. GPS-geleitete Audiorundgänge auf Englisch gibt's zu Streetart und Geschichte, außerdem eine Aalborg-Highlights-Tour.

Alt-Aalborg (S. 107)

SEHENSWERTES
1 Aalborg Havnebad
2 Aalborg Historiske Museum
3 Aalborghus Slot
4 Budolfi Domkirke
5 CW Obels Plads
6 Helligåndsklostret
7 Jens Bangs Stenhus
8 Jørgen Olufsens House
9 Kildeparken
10 Utzon Center

UNTERHALTUNG
11 Musikkens Hus
12 Nordkraft

Streifzüge am Wasser

MODERNE ARCHITEKTUR & STADTERNEUERUNG

Aalborgs einst schäbiges Hafengebiet glitzert nun dank Projekten wie dem **Utzon Center** des bedeutenden dänischen Architekten und Sohnes Aalborgs Jørn Utzon (1918–2008) – sein berühmtestes Werk ist das Opernhaus in Sydney. Das Center wurde im selben Jahr fertig, in dem Utzon starb; drinnen gibt's Ausstellungen zu Architektur und Design aus Skandinavien. Eine Augenweide ist auch das **Musikkens Hus** (Haus der Musik), eine futuristische Konzerthalle des österreichischen Büros Coop Himmelb(l)au; auch drinnen ist es sehenswert und man kann sich über aktuelle Veranstaltungen informieren. Noch mehr Kultur bietet **Nordkraft**, ein früheres Kraftwerk, heute Kulturzentrum mit Theater, Konzertbühne, Programmkino und Esslokalen.

Einer der schönsten Neulinge am Wasser ist das **Aalborg Havnebad**, ein Freibad im Limfjord. Ein kühles Bad weckt den Appetit für **Aalborg Streetfood** mit über einem Dutzend Essensständen in einer alten Möbelfabrik weiter am Wasser entlang.

OLIVER HOFFMANN/SHUTTERSTOCK ©

Musikkens Hus

Alt-Aalborg entdecken

BAROCKGEBÄUDE & RENAISSANCE-REICHTÜMER

Als Aalborg im frühen 20. Jh. industrialisiert wurde, blieb viel historisches Erbe auf der Strecke, doch im alten Zentrum gibt's noch genügend Fachwerkhäuser, um einen Eindruck vom Wohlstand der Renaissance-Kaufleute zu bekommen. Besonders das fünfstöckige **Jens Bangs Stenhus** und das **Jørgen-Olufsens-Haus** (heute mit Irish Pub) sind zwei der schönsten Beispiele des Landes für die Wohnarchitektur des 17. Jhs.

Das Herz des alten Aalborg bildet die **Budolfi Domkirke** aus dem 12. Jh., der kleinste Dom Dänemarks – stündlich erklingt das Glockenspiel mit seinen 48 Glocken. Zu den Schätzen des **Aalborg Historiske Museum** zählt ein vertäfelter bürgerlicher Salon der Renaissancezeit. Den **CW Obels Plads**, Aalborgs stimmungsvollsten alten Platz, säumen Cafés und Restaurants; im Winter gibt's hier eine Eislaufbahn. Von hier führt eine Gasse zum **Helligåndsklostret** (Heiliggeistkloster; aalborgkloster.dk) von 1431; man kann einen Blick in den Garten werfen und an Führungen teilnehmen.

Das **Aalborghus Slot** am Fluss ist das Fachwerkschloss der Stadt. Heute sind hier Büros der Stadtverwaltung, aber beim Anschauen des Geländes, kann man in einige Gänge spähen.

KARNEVAL IN AALBORG

Jedes Jahr Ende Mai haut Aalborg beim größten Karneval Skandinaviens mächtig auf den Putz. Das einwöchige Event beginnt mit der **International Parade**, mit Karnevalsgruppen aus aller Welt, bevor bei der großen **Grand Parade** rund 80 000 kostümierte Närrinnen und Narren im Rio-Stil ihre Rasseln schwingen und die Stadt aus den Angeln heben. Für Kinder gibt's einen eigenen Umzug und eigene Attraktionen; außerdem gibt's Bühnen für Livemusik und jede Menge Getränkewagen.

ÜBERNACHTEN IN AALBORG

CabInn Aalborg
Winzige Zimmer mit TV, Wasserkocher und Etagenbetten. Zentral und billigste Unterkunft der Stadt. **€**

Kompas Hotel
Hotel am Wasser in historischem Gemäuer mit neuen Anbauten. Unterstützt eine Organisation für Seeleute. **€€**

Pier 5 Hotel
Sehr zentrales Hotel mit technikaffinen Zimmern, Limfjord-Blick und Cocktailbar. **€€€**

10EMPERORS/SHUTTERSTOCK ©

Aalborg Zoo

Richtung Süden zu Kunst & Tieren

MODERNE KUNST & ROSA FLAMINGOS

Der Weg raus zum erstklassigen **Kunsten Museum of Modern Art** lohnt sich auf jeden Fall. Bus 15 fährt hierher, aber es ist auch ein netter Spaziergang: durch den Bahnhofstunnel und den grünen **Kildeparken**, über die Vesterbro und in ein Waldgebiet, bis man den umwerfenden weißen Marmorbau des finnischen Architekten Alvar Aalto sieht. In lichtdurchfluteten Ausstellungssälen sind hier vor allem dänische Kunst und Sonderausstellungen zu sehen.

Hinter dem Museum erstreckt sich Richtung Süden der **Aalborg Zoo**, einer der besten Dänemarks: Er genießt einen guten Ruf in Sachen Tierschutz und beherbergt z. B. Borneo-Orang-Utans und asiatische Löwen.

Wikingergeschichte in Lindholm Høje

GRÄBERFELD DER WIKINGER

Im Gräberfeld Lindholm Høje befinden sich auf einer stillen Hügelweide fast 700 Gräber aus der Eisen- und Wikingerzeit. Von einem Ring aus Buchen umgeben liegen zahlreiche mit Steinen markierte Hügelgräber und andere Grabstätten; viele der Steine sind in der ovalen Form eines Wikingerschiffs angeordnet – mit den Schiffen fuhren die verstorbenen Helden nach Walhalla, um dort ihren ewigen Lohn zu kassieren. Ein **Museum** präsentiert Grabungsfunde.

DIE BESTEN RESTAURANTS IN AALBORG

Restaurant Applaus
Preiswertes dänisches Essen im Tapasstil und 10-Gänge-Menü für sehr Hungrige. €€

Hos Henius
Nach einem Aquavit-Magnaten benanntes traditionelles Lokal mit altmodischem Smørrebrød zu Aalborgs berühmtem Schnaps. €

Mortens Kro
Restaurant eines Promikochs, mittags mit luxuriösem Smørrebrød sowie Desserts mit heimischen Beeren. €€€

Pingvin
Innovative kleine Speisen, bei denen traditionelle dänische Gerichte einen globalen Touch erhalten. €€€

UNTERWEGS VOR ORT

Die meisten Einrichtungen für Reisende (außer dem Flughafen und Lindholm Høje) befinden sich am Südufer des Limfjords. Der Stadtbus 12 fährt vom Zentrum zum Flughafen; ein Taxi sollte um die 100 Kr kosten. Lindholm Høje ist 15 Minuten nördlich des Zentrums und mit Bus 13 erreichbar.

Für Radtouren durch die Stadt gibt's Leihräder von Donkey Republic – App herunterladen!

SKAGEN

Der Fischerhafen Skagen an der Nordspitze Dänemarks bietet Romantik ohne Ende. Nicht nur dank der gelben Häuschen mit ihren weißen Holzzäunen, den kilometerlangen Dünen oder den ehrwürdigen Leuchttürmen, die über das stürmische Zusammentreffen der Meere wachen – es war die besondere Qualität des Lichts, die in den 1870er-Jahren eine Gruppe von Künstler:innen hierherlockte. Die „Skagen-Maler", frisch der Königlichen Akademie entschlüpft, waren besessen von der berühmten blauen Stunde, der Zeit am Abend, wenn das spiegelglatte Meer mit dem Himmel verschmilzt.

Die drei Jahrzehnte als Künstlerkolonie waren die goldene Zeit Skagens; die Orte zu erkunden, die die Maler:innen inspirierten, ist der große Reiz hier. In jüngerer Zeit wurde Skagen als Refugium der dänischen High Society bekannt; im Juli und August wird es zudem von Urlauber:innen überrannt.

TOP-TIPP

Der Sankt Laurentii Vej, die Hauptstraße, führt fast komplett durch den langen, schmalen Ort; von der Straße sind es nie mehr als fünf Fußminuten zum Wasser. Der quirlige Havnevej zwischen Hafen und Ortskern ist toll für einen Drink am Abend.

DIE BESTEN RESTAURANTS IN SKAGEN

Blink
Auf der Tageskarte in diesem hippen Laden unter dem Skagen-Leuchtturm steht oft Seetang. €€

Baghaven
Wunderbare Bäckerei mit Restaurant in einem gelben Fachwerkbau neben dem Anchers Hus, mit Sauerteigbrot aus regionalem Getreide. €€

Skagen Fiskerestaurant
Legeres Mittelklasse-Esslokal am Hafen mit Hummerbrötchen, frischen Austern und Fischsuppe. €€

Jørgens Spisehus
Hafenrestaurant mit ausgezeichneter dänischer Küche – reichhaltig und erschwinglich. €€

MARC LECHANTEUR/SHUTTERSTOCK ©

Den Tilsandede Kirke

Die Tyrannei des Sands

NORDJÜTLANDS GRAUSAME WANDERDÜNEN

Nicht nur die Kraft des Meeres prägt Skagen: Schon seit Jahrhunderten sind Siedlungen in der Region durch Wanderdünen bedroht. 5 km südlich von Skagen – eine schöne kleine Radtour – befindet sich die vom Sand eingeschlossene **Den Tilsandede Kirke**; die Kirche fiel Ende des 18. Jhs. dem Flugsand zum Opfer. Heute steht in der **Skagen Klitplantage**, einem Naturschutzgebiet mit Wanderwegen, nur noch einsam und verlassen der Turm.

Sand besiegelte auch das Schicksal von **Gammel Skagen** (Alt-Skagen): Ein Sandsturm vertrieb viele der Bewohner:innen aus dem Fischerdorf. Heute beherrschen noble Hotels und betuchte Sommergäste die Szene.

Råbjerg Mile 16 km südwestlich von Skagen ist Dänemarks größtes Dünengebiet. Die gewellten, 40 m hohen Sandhügel bewegen sich mit einer Geschwindigkeit von 15 m pro Jahr vorwärts – hier bieten sich tolle Fotomotive!

Eine Autostunde weiter ist Rubjerg Knude mit einem berühmten, da leidgeprüften Leuchtturm. Das **Rubjerg Knude Fyr** befand sich, als es 1900 in Betrieb ging, 200 m landeinwärts,

ÜBERNACHTEN IN SKAGEN

CampOne Grenen Strand
Schattiger Zeltplatz beim Strand mit guter Ausstattung und gemütlichen 4-Bett-Hütten. €

Finns B&B
Wunderbar schräges Haus im Blockhüttenstil, 1923 erbaut für einen dänischen Grafen. Einige Zimmer ohne eigenes Bad. €€

Ruth's Hotel
Ruth's im schicken Gammel Skagen ist eins von Dänemarks prächtigen Badehotels, mit zwei renommierten Restaurants. €€€

doch 1968 war vom Leuchtfeuer schließlich dank dem Sand nichts mehr zu sehen. Durch Erosion lief der Turm später Gefahr, ins Meer zu stürzen. Daher versetzte man den gesamten 720 t schweren Bau 2019 auf Schienen 70 m landeinwärts - so wurden ihm ein paar Jahrzehnte Sicherheit verschafft.

Vom Fischerdorf zur Künstlerkolonie

DAS VERMEINTLICH ROMANTISCHE LEBEN AM MEER

Das hübsche **Brøndums Hotel** inmitten buttermilchgelber Häuschen in der Ortsmitte war im späten 19. Jh. das Zentrum künstlerischer Aktivität und beherbergt auch heute noch Gäste. Die Werke der hier tafelnden Künstler:innen sind nebenan im **Skagens Museum** zu sehen. Das moderne Museum präsentiert herrliche Darstellungen der Heide- und Dünenlandschaft um Skagen und der traditionellen Fischerei, mit der sich die Einheimischen jahrhundertelang ein karges Brot verdienten. Zwei der bekanntesten Skagen-Maler:innen waren Anna und Michael Ancher; sie lebten im nahen **Anchers Hus**. Die mit Andenken und Gemälden vollgstopften Zimmer sind noch so wie zum Zeitpunkt von Annas Tod 1935.

Der **Fischerhafen** von Skagen ist heute der größte und geschäftigste Dänemarks - und ein tolles Plätzchen für eine Mahlzeit. Das kinderfreundliche **Skagen Kystmuseet** wartet mit Dioramen, Booten und Fischerhütten auf.

Die Nordspitze von Dänemark

HIER IST ALLES ZU ENDE

Die Straße von Skagen Richtung Norden vorbei am alten **Weißen Leuchtturm** endet 2 km später am **Grenen** („Der Ast"), einem sich verjüngenden Sandstreifen - er bildet die Nordspitze Dänemarks. Diese Sandbank verdankt sich dem Zusammentreffen von Kattegat (Ostsee) und Skagerrak (Nordsee); auf den sich kreuzenden Wellen kann man mit jeweils einem Fuß in beiden Meeren planschen. Baden ist hier jedoch wegen der starken Gezeitenströme verboten.

Zur Nordspitze von Jütland gelangt man entweder zu Fuß am Wasser entlang (20 Min.) oder mit dem Sandormen (Sandwurm), einem von einem Traktor gezogenen Bus, der täglich (und den ganzen Tag) ab 10 Uhr am Grenen-Parkplatz abfährt. Der **Skagen-Leuchtturm** wurde 1858 erbaut und fungiert heute auch als Vogelwarte. Nach oben führen 210 Stufen; als Belohnung winken herrliche Ausblicke auf die Küste.

ÜBERS WASSER NACH LÆSØ

Frederikshavn, 40 km südlich von Skagen, ist Jütlands geschäftigster internationaler Fährhafen, mit Verbindungen nach Oslo und Göteborg. Von hier schippern aber auch Fähren zur dänischen Insel **Læsø** mit Sandstränden, lebendigen Traditionen, Rettichfeldern und reizenden kleinen Dörfern - eine echte Zeitreise! Die Insel ist für ihre Heilsalze bekannt, am besten genossen bei einem entspannenden Salzbad im Læsø Kur, einem Heilbad beim Fähranleger. Die Fährgesellschaft (laesoe-line.dk) hat mehrere Tagestouren im Programm; die Überfahrt dauert 1½ Stunden. Das historische **Strandgaarden Badehotel** hat Betten in fast allen Preisklassen sowie Zugang zum Strand und ein exzellentes Restaurant.

UNTERWEGS VOR ORT

Skagen ist klein genug für Erkundungen zu Fuß, doch für Touren nach Grenen und Gammel Skagen ist ein Fahrrad gut. Räder verleiht Skagen Cykeludlejning am Bahnhof. Der Stadtbus S1 verbindet die Sehenswürdigkeiten zwischen Grenen und der Kirche im Sand. Im Sommer ist das Parken schwierig.

Das dänische Bahnnetz reicht nicht bis Nordwestjütland, aber im Sommer fährt der Bus 99 ein paarmal täglich von Skagen die Nordwestküste hinab, vorbei an Gammel Skagen und dem Freizeitpark Fårup Sommerland; hier hat man Anschluss an den Bus 200 nach Aalborg.

RIBE

Man braucht schon ein Herz aus Stein, um beim Anblick von Ribe, Dänemarks ältester und wunderbar windschiefer Stadt, nicht dahinzuschmelzen. Um den ersten Dom des Landes, einen herrlichen Mix aus Romanik und Gotik mit einem 52 m hohen Turm mit Ausblick auf die glitzernden Feuchtgebiete des Wattenmeers, drängeln sich niedliche Fachwerkhäuschen.

Die Geschichte ist in Ribe so lebendig, dass die gesamte Altstadt unter Denkmalschutz steht. Hier kann man in einem der ältesten Gasthöfe Dänemarks ein Bier schlürfen, auf einer kostenlosen Führung mit dem Nachtwächter abends durch die Straßen patrouillieren und dann in alten Häusern mit schiefen Böden und niedrigen Decken nächtigen. Dazu gibt's ein schönes Museum mit Kunst des Goldenen Zeitalters sowie Museen über Wikinger, Hexen und mehr – den historischen Teil der Südjütlandtour hat man so schon abgehakt.

TOP-TIPP

In Ribe drängt sich alles eng zusammen und ist daher gut zu Fuß zu erkunden. Mit Ausnahme des Ribe VikingeCenter ist nichts weiter als zehn Fußminuten vom Torvet, dem Domplatz, entfernt. Fahrräder verleiht das Danhostel Ribe; für Autofahrer:innen gibt's Parkplätze für vier Stunden.

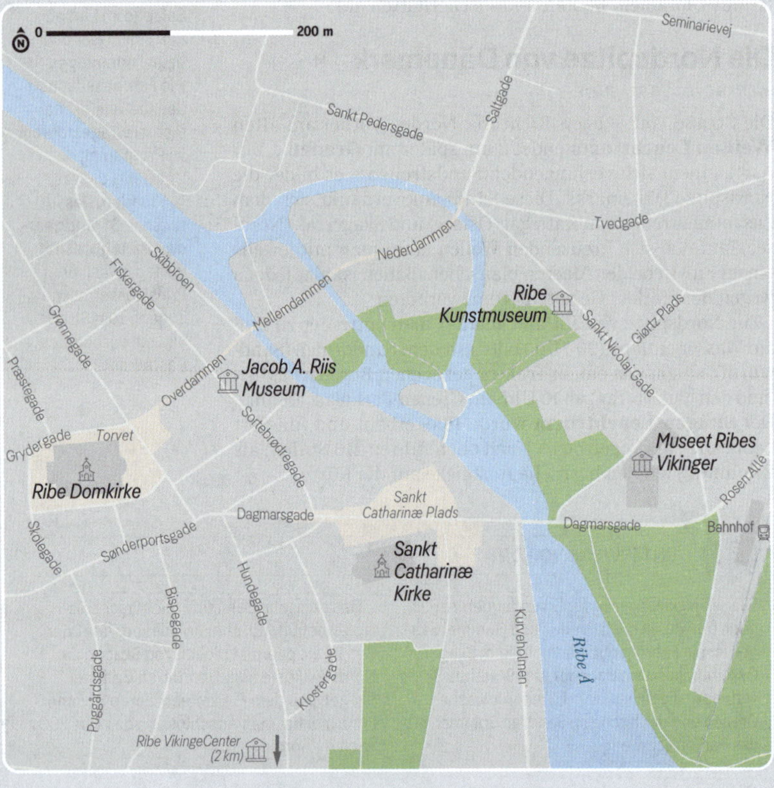

RPBAIAO/SHUTTERSTOCK ©

Ribe Domkirke

Dänemarks ältester Dom

ROMANISCHES JUWEL DER MARSCHEN

Ribe Domkirke, die sich mächtig über dem Marschland Südjütlands erhebt, stammt von 948 – für das Jahr ist der erste Bischof von Ribe beurkundet – oder ist sogar noch älter. Der jetzige Dom wurde um 1225 fertiggestellt; später kam der gotische, 52 m hohe **Bürgerturm** dazu, der auch als Flutwachturm diente. Bis man im frühen 20. Jh. die ersten Deiche anlegte, wurde Ribe regelmäßig durch Überschwemmungen zerstört; ein Pfeiler hinter der Kanzel ist zeigt die Hochwassermarke von 1634. Für den Aufstieg auf den Turm benötigt man samt Abstieg eine halbe Stunde – der Dom mit **Museum** gleicht einem Labyrinth.

Museen & mehr

WIKINGER, HEXEN & MALER:INNEN

In einer Villa von 1864 zeigt das **Ribe Kunstmuseum** Arbeiten von Künstler:innen des Goldenen Zeitalters im 19. Jh. wie C. W. Eckersberg und den Skagen-Maler:innen Anna und Michael Ancher. Vom Garten am Fluss führen Pfade hinüber zur **Sankt Catharinæ Kirke**, der einzigen anderen Überlebenden der rund ein Dutzend vorreformatorischen Kirchen Ribes.

Das **Museet Ribes Vikinger** beleuchtet die Geschichte der Stadt von ihren Ursprüngen als Handelsposten der Wikinger im 8. Jh. an. Interaktiver ist das **Ribe VikingeCenter** 3 km südlich der Stadt: Hier wird die Zeit der Wikinger mit kostümiertem Personal, Handwerksworkshops und „Kriegertraining" für Kinder lebendig.

Das **Jacob A. Riis Museum** erzählt die Geschichte des Namensgebers aus Ribe, der 1870 nach New York auswanderte und dort zu einem Pionier der Dokumentarfotografie wurde.

DIE BESTEN LOKALE ZUM ESSEN & TRINKEN

Quedens Gaard
Läute den Tag ein mit einem dänischen Frühstück im Hof oder speise mittags Sandwiches und Salate. €

Postgaarden
In einem Gebäude von 1580 mit reizendem Innenhof gibt's Craftbiere vom Fass und günstige Sandwiches. €

Weis Stue
Einer von Dänemarks ältesten Gasthöfen, mit Bier aus der Region, niedrigen Deckenbalken und fleischlastigen Speisen. €€

Terpager & Co
Hübsches altes Lokal für Häppchen und ein Glas Wein – die Wirtsleute sind leidenschaftliche Weinkenner:innen. €€

Sælhunden
Schwarz-weißes Restaurant am Fluss mit fischbetonter dänischer Küche. €€€

ÜBERNACHTEN IN RIBE

Danhostel Ribe
Ausblicke auf Ribe nicht weit von der Altstadt, allerdings manchmal mit lauten Schülergruppen. €

Hotel Dagmar
Preist sich als ältestes Hotel Dänemarks an, mit schiefen Böden und Domblick. €€

Hotel Backhaus
Gemütliche Zimmer und Restaurant in einem Stadthaus 100 m vom Dom entfernt. Günstige Einzelzimmer. €€

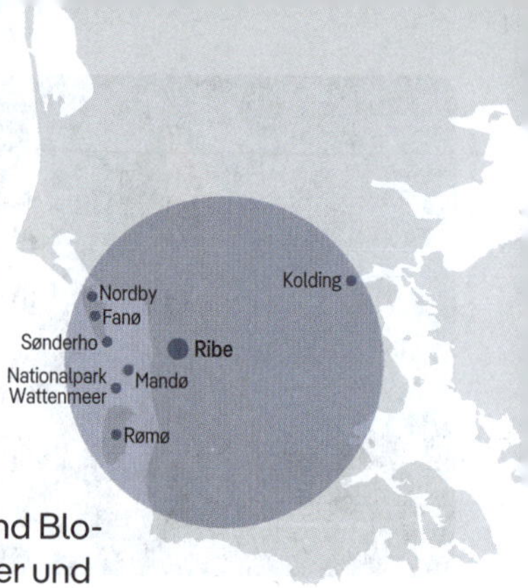

Rund um Ribe

Sich räkelnde Robben, Austernsafaris und Blokarts locken im Nationalpark Wattenmeer und auf den Inseln vor der Küste.

In grauer Vorzeit stießen die Wikinger mit ihren Schiffen von Ribe direkt ins Wattenmeer vor sowie weiter nach England und in Teile der heutigen Niederlande und Deutschlands. Heute stößt man im Wattenmeer vor allem auf Vogelfreund:innen: Rund 12 Mio. Vögel nutzen die riesigen Wattflächen als Futter- oder Rastplatz. Die Inseln Fanø und Rømø im Welterbe Nationalpark Wattenmeer sind auch für Strandgänger:innen attraktiv. Im Osten Jütlands liegt die Designhochburg Kolding und weiter südlich Sønderborg, im 19. Jh. ein Unruheherd während der Kriege zwischen Dänemark und Deutschland.

TOP-TIPP

Aktivitäten und Touren im Wattenmeer sind saisonabhängig und sehr beliebt, darum vielleicht schon vor der Reise buchen.

CARSTEN MEDOM MADSEN/SHUTTERSTOCK ©

Vadehavscentret

RAIMUNDO79/SHUTTERSTOCK ©

Tirpitz Museum

Watt & Tiere an der Westküste

EIN WELTNATURERBE

Am größten, flachsten, feuchtesten – die drei Superlative kennzeichnen das Unesco-Welterbe **Nationalpark Wattenmeer**, wo zweimal am Tag das Meer mit dem Himmel verschmilzt und sich die Vögel auf das ausgebreitete Buffet mit Würmern, Muscheln, Krabben, Garnelen und Schnecken stürzen.

Mutter Natur hält hier jede Menge Spaß bereit. Los geht's im schicken **Vadehavscentret** (Besucherzentrum Wattenmeer) 10 km südwestlich von Ribe mit Informationen zu den Watttieren. Bei Ebbe fährt ein Traktorbus zum Inselchen **Mandø** (42 Einw.) – oder man fährt selbst mit dem Auto hin. Auf der Insel kann man mit dem Mietrad eine 10-km-Schleife vorbei an Austernbänken, Deichen, Vögeln, sonnenbadenden Robben und gemütlichen Gasthäusern radeln.

Es werden außerdem **Austernsafaris** angeboten. In Wathosen gekleidet sammelt man dann so viele Austern, hier eine invasive Tierart, wie man kann. Im Vadehavscentret werden Austernmesser, Handschuhe und kleine Flaschen Sekt verkauft. Touren auf vadehavscentret.dk buchen!

Jedes Jahr im Frühling und Herbst entfaltet sich über den Marschen bei Sonnenuntergang ein einzigartiges Schauspiel.

KRIEGSMUSEEN & MODERNE ARCHITEKTUR

Die Küste rund um den Ort **Blåvand** ist mit Dutzenden, halb im Sand versunkenen Bunkern gespickt, die zum deutschen „Atlantikwall" gehörten. Dazu zählt auch das erstklassige unterirdische **Tirpitz Museum**, entworfen von der Bjarke Ingels Group (BIG).

16 km weiter nördlich ist ein weiteres Architekturjuwel von BIG. Das 2022 eröffnete **FLUGT – Refugee Museum of Denmark** residiert im einst größten Flüchtlingslager des Landes: Hier kamen 35 000 deutsche Zivilist:innen unter, die gegen Ende des Zweiten Weltkriegs über die Grenze geflohen waren. Ein innovativ gestalteter, 5 km langer Audiowalk führt zurück in diese Zeit; Ausstellungen beleuchten heutige Flüchtlingskrisen in aller Welt und regen zum Nachdenken an.

ÜBERNACHTEN AUF FANØ

Sonderho Kro
Das reetgedeckte *hygge*-Paradies von 1722 mit Gourmetrestaurant ist in ganz Dänemark bekannt. **€€€**

Nørbygaard Kro Fanø
Reetgedeckter Gasthof in alten Bauernhofgebäuden am Rand von Nordby mit Café und Laden. **€€**

Fanø Krogaard
Historischer Gasthof am Wasser in Nordby, 2020 nobel renoviert. **€€€**

FANØS EINZIGARTIGER CHARME

Jakob Sullestad ist Inhaber des Sønderho Kro, ein traditionelles Gasthaus auf Fanø.

Fannikerdagene
Fanø ist eine kreative Insel mit engen Verbindungen zur Geschichte. Bei diesem Fest im Juni huldigen wir unserem Kulturerbe mit Trachten, Tänzen, einem Umzug und einer traditionellen Hochzeit.

Fanø Bryghus
Zu Fuß oder mit dem Rad kann man wunderbar die Natur der Insel genießen; unterwegs sollte man auch mal halten, z. B. um hier ein Bier zu trinken.

Sønderho
Das schönste Dorf Dänemarks mit alten Häusern, einem Naturhafen und tollen Blicken aufs Wasser – herrlich! Kleinerzeuger:innen von Fanø haben mit ihren Produkten schon Preise gewonnen; probieren kann man diese in vielen der Restaurants und Hofläden der Insel.

ALAN KRAFT/SHUTTERSTOCK ©

Rømø

In der Luft versammeln sich Stare, manchmal Hunderte oder gar Tausende, und bilden dichte Formationen, die als *sort sol* (schwarze Sonne) bekannt sind. Auch hierfür werden auf vadehavscentret.dk Touren angeboten.

Inselrefugien

STRANDURLAUBS-HOTSPOTS AN DER NORDSEE

Das reizvolle **Fanø**, von Esbjerg nur zwölf Minuten mit der Fähre entfernt, wartet auf seinen 56 km² mit Stränden, Dünen, Heide und Marsch auf sowie mit zwei idyllischen Dörfern an den beiden Enden der Insel, **Nordby** und **Sønderho**. Die Fähre legt in Nordby an, einem Gewirr aus reetgedeckten Häuschen, blühenden Gärten und Sträßchen mit Läden und Cafés.

An die herrlichen Strände an der Westküste der im Sommer sehr beliebten Insel Fanø zieht es Familien und Wassersportfans. Im Norden erstreckt sich eine lange Sandzunge, **Søren Jessens Sand**, und Richtung Rindby tummeln sich am Strand Wind- und Kitesurfer:innen und Strandsegler:innen. Der **Club Fanø** (clubfanoe.dk) verleiht verschiedene windbetriebene Gefährte und organisiert bei Sønderho **Robbensafaris**. Oder man schippert auf der **M/S Martha** (marthasonderho.dk) vom kleinen Hafen von Nordby raus zur unbewohnten Insel **Langli** ein paar Kilometer nördlich von Fanø.

ÜBERNACHTEN AUF RØMØ

Enjoy Resorts Rømø
Luxusresort mit Ferienhäusern für Familien und Golfplatz, Wellnesszentrum und Restaurant. **€€€**

First Camp Lakolk Strand
Großer Campingplatz am Strand mit Einkaufszentrum und Hütten zum Übernachten. **€**

Marsk Camp
Elegante neue Glamping-Anlage mit Turm auf dem Festland beim Damm nach Rømø. **€€**

Die Insel **Rømø** im Süden ist mit dem Festland durch einen 10 km langen Damm verbunden und doppelt so groß wie Fanø. Im Winter ist die windumtoste Insel verschlafen, doch im Sommer tummeln sich am langen, weiten Sandstrand vor allem deutsche Tourist:innen.

Am beliebten **Lakolk Strand** gibt's riesige Zeltplätze; der **Sønderstrand** in der Südwestecke der Insel hält allerlei Aktivitäten bereit; hier drängen sich Autos, Wohnmobile und alle möglichen Strandsegler. Auf Rømø werden auch Naturaktivitäten wie Austernsafaris und Robbentouren angeboten.

Jütlands Designstadt

VOM KOLDINGHUS ZUM KUBEFLEX

Kolding, ein Städtchen mit einem netten Mix aus Alt und Neu, besticht mit zweierlei: seiner Burg sowie einem der besten Museen für moderne Kunst und Design Jütlands.

Am Seeufer erhebt sich stolz die Vorzeigeburg von Kolding, das **Koldinghus**, das nach einem Feuer 1808 nur noch eine rauchende Ruine war. Doch nach langen Renovierungen erstand es neu; den Höhepunkt bildete die preisgekrönte Arbeit der Architekten Inger und Johannes Exner, die den ausgebrannten Südflügel in ein architektonisches Spiel aus Alt und Neu verwandelten. Die Burg selbst ist ein reizendes Labyrinth voller schöner Ölgemälde, funkelnder Juwelen und Ausstellungen zur Königsfamilie. Mit **Handwerksworkshops** und Kostümierungsaktivitäten werden die Kinder bei Laune gehalten. Vom **Turm** bieten sich Panoramablicke auf Kolding.

Das **Trapholt** in einem weiteren Architekturjuwel am Ortsrand von Kolding präsentiert alles von dänischen Möbeln der Nachkriegszeit bis zu aktuellen Kunstinstallationen. Eines der interessantesten Ausstellungsstücke ist das Fertigsommerhaus des legendären dänischen Designers Arne Jacobsen, das **Kubeflex** mit seinen klaren Linien und seinem innovativen Modularsystem. Dies ist der 1970 ausgestellte Prototyp; produziert wurde das Haus nie. Am Empfangstresen des Trapholt kann man kostenlos eine Besichtigungszeit buchen. Wer Hunger hat, versucht, im stylishen Museumscafé, dem **Café Gustav Lind**, einen Fensterplatz mit herrlichem Blick auf den Koldingfjord zu ergattern. Am **Badebroen Fjordvej** kann man in einem Badebereich 15 Minuten östlich am Fluss entlang auch baden.

Kolding ist bestens ans Verkehrsnetz angebunden: Es verkehren Züge zu den meisten Orten Jütlands sowie Richtung Osten nach Odense und Kopenhagen.

DIE BESTEN ESSLOKALE IN KOLDING

Rafaels
Komischerweise ist Kolding in Dänemark bekannt für seine Pizzerien; das beliebte Rafaels ist eine der besten. Auch Pasta und Risotto. **€€**

You'll Never Walk Alone
Pub im englischen Stil mit deftiger Kneipenkost und Fußball auf großen Bildschirmen. **€€**

Den Blå Bistro
Bistro an einer munteren Straße mit französischer Zwiebelsuppe und Steak mit Pommes frites. **€€**

Madkælderen Koldinghus
Gehobenes dänisches Restaurant in einem stimmungsvollen Keller unter der Burg von Kolding. **€€€**

UNTERWEGS VOR ORT

Von Ribe verkehren Züge gen Norden nach Esbjerg (35 Min.; Richtung Fanø) und gen Süden nach Skærbæk (20 Min.; Richtung Rømø).

FanøFærgen (fanoefaergen.dk) betreibt von 5 bis 2 Uhr ein- bis dreimal stündlich Autofähren zwischen Esbjerg und Nordby. Auf Fanø fährt ein Bus etwa einmal die Stunde vom Anleger von Nordby nach Fanø Bad, Rindby Strand und Sønderho.

Vom Busbahnhof neben dem Bahnhof von Kolding fahren die Busse 7 und 9 zum Trapholt. Leihfahrräder gibt's bei Kolding Hotel Apartments. Es fahren auch Züge von Kolding nach Sønderborg.

Ankunft

Viele Reisende erreichen Dänemark am Flughafen Kopenhagen. Auf dem Weg zur Gepäckausgabe geht's vorbei an Cafés und Läden; weitere gibt's in der Ankunftshalle in Terminal 3. Ins Stadtzentrum sind es nur 8 km, 15 Minuten per Bahn oder Metro. Taxis brauchen länger. Außerdem bestehen internationale Flugverbindungen nach Billund und Aarhus.

Einreise
Deutsche, Österreicher:innen und Schweizer:innen benötigen für die Einreise lediglich einen gültigen Personalausweis. Angehörige anderer Staaten siehe nyidanmark.dk.

SIM-Karten
Prepaid-SIM-Karten sind bei WH Smith und 7-Eleven in der Ankunftshalle erhältlich. Bei der Gepäckausgabe gibt's außerdem einen Automaten.

Zugtickets kaufen
Bahnfahrkarten gibt's an den roten Automaten in der Ankunftshalle. Oder man erwirbt am blauen Automaten eine *rejsekort* für Bahn und Metro.

WLAN
Der Flughafen Kopenhagen bietet gutes Gratis-WLAN und auch in der Stadt kann man sich vielerorts kostenlos einloggen, besonders in Läden, Bars und Cafés.

Vom Flughafen in die Stadt

	Kopenhagen	Aarhus	Billund
ZUG	13 Min. **21,50 Kr**	–	–
METRO	13 Min. **23 Kr**	–	–
TAXI	30 Min. **250–350 Kr**	40 Min. **700 Kr**	6 Min. **75–95 Kr**
BUS	35 Min. **23 Kr**	50 Min. **97 Kr**	9 Min. **14,60 Kr**

LAND- & SEEWEG

Die durch die Fernsehserie *Die Brücke* bekannt gewordene, 16 km lange Øresundbrücke für Autos und Züge verbindet Kopenhagen mit Malmö in Schweden. Fährverbindungen von Schweden sind u. a. Göteborg–Frederikshavn, Varberg–Grenaa, Helsingborg–Helsingør und Ystad–Rønne auf Bornholm. Eine Landgrenze hat Dänemark nur zu Deutschland, mit Übergängen u. a. bei Padborg, Rens und Tønder in Südjütland.

Von Deutschland fahren Fähren nach Rødbyhavn auf Lolland, Gedser auf Falster, Rønne auf Bornholm und Havneby auf Rømø. Fährstrecken zwischen Norwegen und Dänemark sind Oslo–Kopenhagen, Oslo–Frederikshavn und Kristiansand–Hirtshals. Die Reederei Smyril fährt von Dänemark über die Färöer nach Island.

Unterwegs vor Ort

Dänemark hat ausgezeichnete öffentliche Verkehrsmittel, sodass man leicht per Bus und Bahn herumreisen kann. Mietwagen sind zwar praktisch, aber relativ teuer, besonders für die Einheimischen.

REISEKOSTEN

Mietwagen
400–600 Kr/Tag

Tanken
ca. 14 Kr/l

E-Auto laden
4,19 Kr/kWh

Bahnticket von Kopenhagen nach Aarhus
420 Kr

Mietwagen

Die besten Deals gibt's auf ausländischen Buchungsportalen. Mehrere Apps bieten Stundenpreise – Share Now hat Elektroautos und Benziner, GreenMobility nur Elektroautos. Nutzer von GoMore leihen Autos meist direkt beim Eigentümer. Ladesäulen betreiben Eon und Clever.

Mit dem eigenen Auto

Wer mit dem eigenen Fahrzeug nach Dänemark einreist, benötigt einen Fahrzeugschein und Versicherungsnachweis. Versicherungsanforderungen sind auf der Website der Dänischen Autoversicherer (www.dfim.dk) erläutert.

TIPP

Die App Rejseplanen umfasst einen Routenplaner für die besten Routen, Zeiten und Preise.

PEDALKRAFT

Dänemark zählt zu den fahrradfreundlichsten Ländern Europas. Zwei Drittel der Kopenhagener:innen pendeln jeden Tag mit dem Rad, was meist auch am schnellsten ist. Kopenhagen, Aarhus, Odense und Aalborg haben Radleihsysteme und auch anderswo können vielerorts Räder geliehen werden. In Kopenhagen verleiht Donkey Republic Räder auf Minutenbasis und erlaubt die Rückgabe an anderen Stellen als bei der Anmietung, alles über die App.

UNBEDINGT BEACHTEN!

Rechts fahren.

50

In bebauten Gebieten gilt eine Höchstgeschwindigkeit von 50 km/h (40 km/h im Zentrum von Kopenhagen), sonst 60–90 km/h bzw. auf Autobahnen 110 oder 130 km/h.

Beim Abbiegen auf Fahrräder achten!

Zugtickets

Bahnfahrkarten gibt's an Automaten, an Schaltern und über die Website und App der DSB. Für Frühbucher:innen gibt's Rabatte – nach orangefarbenen Sparpreistickets Ausschau halten! Reservierungen sind kostenpflichtig; da es aber manchmal voll ist, sind sie zu empfehlen.

Rejsekort

Mit einer *rejsekort* sind die Fahrkarten billiger. Das E-Ticket gilt für Bus, Bahn, Metro und Wassertaxi. Die Karte kostet 70 Kr; dann lädt man sie an den Bahnhöfen an den blauen Automaten auf. Auch in Bussen das An- und Abmelden nicht vergessen!

Flugzeug

Dänemarks wichtigster Flughafen ist Kopenhagen, doch internationale Flughäfen sind auch Aarhus, Billund und Aalborg. Die wichtigste dänische Fluglinie ist die SAS; sie führt Inlandsflüge durch. Die Airline DAT fliegt nach Bornholm. Außerdem kann man mit Nordic Seaplanes vom Zentrum von Kopenhagen nach Aarhus fliegen.

Geld

WÄHRUNG: **DÄNISCHE KRONE (KR)**

Kreditkarten

Visa und MasterCard werden meist angenommen, American Express und Diners Club seltener. Hotels, Tankstellen, Restaurants und Läden verlangen für ausländische Karten eventuell eine Gebühr.

Bargeld

An einigen Geldautomaten kann man Geld umtauschen. Viel Bargeld braucht man allerdings nicht, da in immer mehr Läden und Einrichtungen bargeldloses Zahlen möglich ist.

Trinkgeld

Hotels Fürs Tragen von Taschen aufs Zimmer reichen meist 10 bis 20 Kr.

Taxis Wird nicht erwartet; der Service ist im Preis inbegriffen.

Restaurants Trinkgeld wird nicht erwartet, aber immer normaler. Den Betrag aufrunden oder bei sehr gutem Service 10 % aufschlagen.

WIE VIEL KOSTET …

U-Bahn-Fahrt (Zentrum)
18 Kr

Leihrad
100–150 Kr pro Tag

Museumseintritt
100–130 Kr

Legoland-Ticket
ab 329 Kr

WIE … Geld sparen

Dänemark ist ein relativ teures Land, aber man kann auch sparen. Für Senior:innen und Studierende gibt's meist Ermäßigungen in Museen und bei Fahrkarten. Generell zahlt man mit einer *rejsekort* in Bus, S-Bahn und Metro weniger. Bahntickets früh buchen, dann gibt's die orangefarbenen Sparpreistickets. Selbstversorger:innen informiert die App Too Good To Go über Lebensmittelangebote.

DÄNEMARK DIGITAL

Dänemark wird immer bargeldloser und digitalisierter. Laut dem Digital Economy and Society Index 2022 belegte es in Europa nach Finnland den zweiten Platz. So werden nur selten keine Kreditkarten akzeptiert – es ist sogar wahrscheinlicher, dass Läden oder Cafés kein Bargeld nehmen. Selbst an Würstchen- und Marktständen und bei Vertrauenskassen auf dem Land wird um Zahlung per Mobile Pay gebeten, einer Bezahlapp für Inhaber:innen dänischer Bankkonten. Doch noch viel mehr ist digitalisiert. Führerscheine und Gesundheitskarten können auf dem Handy gespeichert werden und selbst die Korrespondenz mit der Lokalverwaltung geschieht per App.

LOCAL TIPP

Wer in Kopenhagen viel besichtigt, kann sich die digitale Kopenhagen-Karte herunterladen. Sie kostet 440 Kr und gewährt Zutritt zu fast 90 Attraktionen und zu öffentlichen Verkehrsmitteln.

Adrienne Murray Nielsen

Übernachten

Landgasthöfe

Die als *kros* bekannten Landgasthöfe sehen ihre Ursprünge bei einem reisemüden König, Erik Klipping, der 1283 verlangte, dass an den Straßen in regelmäßigen Abständen Gasthöfe eröffnet werden. Und auch heute gibt's noch viele: Einige sind öde (auch das Essen), andere sind modernisiert worden und haben sich zu ganz eigenen Reisezielen entwickelt.

Gemütliche Ferienhäuschen

Die im Dänischen „Sommerhaus" *(sommerhus)* genannten Ferienhäuser sind sehr beliebt und viele dänische Familien verbringen zumindest einen Teil ihres Jahresurlaubs in einem. Meist liegen sie auf dem Land oder am Meer und werden oft wochenweise vermietet, was billiger sein kann als einzelne Nächte.

Übernachten auf dem Bauernhof

Im Kern ist Dänemark ein Land der Felder und Bauernhöfe – wer also verstehen möchte, was das Leben hier jahrhundertelang ausgemacht hat, sollte in einer der rund 30 Bauernhofunterkünfte des Nationalen Verbands für Agrartourismus (bondegaards ferie.dk/de) nächtigen. Die Adressen reichen von stillen Höfen auf dem Land bis zu richtigen Agrarbetrieben.

WIE VIEL KOSTET EINE NACHT ...

im Schloss
ab 1250 Kr

im Hotel oder *kro*
700–1500 Kr

im Dormbett
150–300 Kr

Nobel nächtigen

Schlummern wie eine Königin – oder zumindest wie eine Baroness – in einem der vielen Schlösser und Herrenhäuser auf dem dänischen Land. Die Danish Castle and Manor Association hat eine Liste mit rund einem Dutzend teilnehmenden Palästen (schloesser-herrensitze.dk). Oft werden sie für Hochzeiten und Gruppenretreats genutzt, also frühzeitig buchen!

Minimalistische Hostels

In Dänemark gibt's jede Menge preisgünstige Hostels. Meist sind sie eher anstaltsmäßig als unkonventionell und richten sich an Schüler:innen- und Sportgruppen, doch sie sind sauber und erschwinglich. Der größte Herbergsverband ist Danhostel (danhostel.dk) mit 64 Hostels im ganzen Land. Danhostel ist auch Mitglied bei Hostelling International. Dazu kommen in größeren Städten auch private Hostels.

CAMPING

In Dänemark gilt nicht wie in Schweden ein Jedermannsrecht *(allemandsretten)* und Zelten am Strand ist ebenfalls verboten. Jedoch bieten Hunderte von Campingplätzen mit Ausstattung Stellplätze ab 70 Kr. Dazu kommen über 1000 einfache Zeltplätze – die primitivsten sind nur Waldlichtungen mit einem Feuerring. Auf udinaturen.dk gibt's eine Karte *(kort)*. Auf bewirtschafteten Campingplätzen kann man reservieren, auf den einfachen nicht.

Reisen mit Kindern

Trolle, Meerjungfrauen, Märchen, Legosteine – man könnte meinen, Dänemark sei nur für Kinder erfunden worden. Unzählige Freizeitparks, Zoos, Campingplätze und kinderfreundliche Strände erwachen jeden Sommer für gesunde, sichere und sorgenfreie Familienurlaube zum Leben. Wo sonst auf der Welt sieht man vor Cafés reihenweise Kinderwagen mit schlummernden Babys parken?

Reisezeit

Die beste Zeit für Familien ist Mai bis September. Dann herrscht meist gutes Wetter und touristische Angebote sind verfügbar. Die eigenen Kinder lernen auch andere Kinder kennen (die dänischen Schulferien dauern von Ende Juni bis Anfang August), jedoch sind die Sehenswürdigkeiten voll und teuer. Viele Familien-Hotspots wie Legoland sind von November bis April geschlossen und nur kurz zu Weihnachten geöffnet.

Ausstattung

- Die meisten Attraktionen und viele Cafés und Restaurants haben Wickelbereiche.
- Die Kopenhagener Metro hat Plätze eigens für Kinderwagen und jede Menge Aufzüge; Kinder bis zwölf fahren umsonst mit.
- Stillen in der Öffentlichkeit ist normal und kein Tabu.
- Apotheken sind am Wochenende oft geschlossen.

TIPPS FÜR KIDS

Lego House (S. 102)
Kleine kreative Köpfe freuen sich über das Hightech-Edutainment hier.

HC Andersens Hus (S. 90)
Die Zauberwelt der Märchen, erzählt in einer Weise, die Kinder garantiert begeistert.

Sagnlandet Lejre (S. 77)
Im „Sagenland" erweckt kostümiertes Personal die alten Zeiten zum Leben.

Tivoli (S. 58)
Der Tivoli diente Walt Disney als Vorbild für sein Disneyland.

Camp Adventure (S. 78)
Zauberhafter Waldpark mit Baumwipfelpfaden, Seilrutschen und allerlei Kletterei.

Übernachten

In der Hauptsaison sind Campingplätze gut. Viele bieten Hütten, Pools, Spielplätze, Minigolf und Aktivitäten. Auch Hostels sind prima: In den Zimmern haben oft bis zu sechs Personen Platz und es gibt meist Gästeküchen, Aufenthaltsräume und Leihräder. Auch viele Bauernhöfe sind auf Familien eingestellt und bieten Spielbereiche und Spaß in der Natur.

Essen gehen

Meist locken Restaurants bewusst Familien mit Kindern an. Viele bieten ein *børnemenu* (Kinderkarte) oder zumindest Standardspeisen wie Burger, *frikadeller* (Frikadellen) und Backwaren; und überall gibt's Würstchenstände – da können die meisten Kids nicht nein sagen.

SPIELELAND

Dänemarks Vorliebe für kreatives, anregendes und praktisches Design erstreckt sich auch auf die Spielplätze des Landes. Kein Spielplatz gleicht dem anderen – Schaukeln, Rutschen und Klettergerüste sind ein Ding der Vergangenheit. Dänische Firmen wie Monstrum, gegründet 2003, sind die Stars der Motto-, kunstbeflissenen und nachhaltigen Spielparadiese mit etwa riesigen Wesen, tollen Maschinen und zauberhaftem Ambiente – sie sehen nicht nur gut aus, sondern reizen auch zum freien Spielen. Spielplätze der Firma gibt's z. B. beim Lego House, beim Dokk1 in Aarhus und am Kopenhagener Flughafen sowie in Städten und Wäldern und an Küsten in ganz Dänemark.

Sicher reisen

Versicherungen

EU-Bürger:innen können mit der Europäischen Krankenversicherungskarte im Notfall medizinische Leistungen, aber keine Rückführungen ins Heimatland in Anspruch nehmen. Bürger:innen anderer Länder sollten sich über die jeweiligen Bestimmungen informieren. In der Regel empfiehlt sich eine Reiseversicherung für Diebstahl, Verlust von Eigentum und medizinische Versorgung.

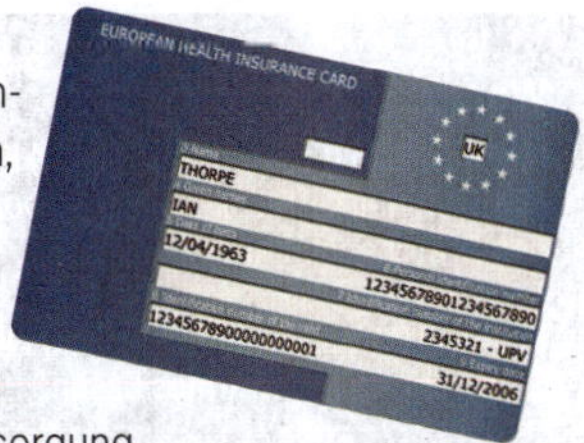

Gesundheit

Die Gesundheitsrisiken sind minimal und Reisende müssen keine besonderen Vorkehrungen treffen. Das Leitungswasser ist trinkbar. Die öffentliche Gesundheitsversorgung funktioniert gut und es gibt überall Apotheken. Aus der Coronapandemie ging Dänemark mit nur geringer Übersterblichkeit hervor und wurde allseits für den Umgang mit dem Virus gelobt; die meisten Leute ließen sich impfen.

Sicherheit

Dänemark zählt zu den sichersten Ländern überhaupt; die Economist Intelligence Unit kürte Kopenhagen 2021 zur sichersten Stadt der Welt. Die meistregistrierten Straftaten sind Diebstahl und Vandalismus. Auf den Färöern gibt's fast gar keine Kriminalität. Alleinreisende Frauen sollten keine Probleme haben, aber abends den gesunden Menschenverstand walten lassen und aufs Trampen verzichten.

FAHRRADWEGE

Die Dän:innen sind schnell unterwegs und auf den Radwegen kann's gefährlich werden. Die Radwege sind anders gepflastert, aber sonst sind sie nicht gekennzeichnet.

WASSERQUALITÄT (BADEVAND.DK)

Rote Flagge
Schlechte Wasserqualität; nicht baden!

Grüne Flagge
Gute Wasserqualität

Gelbe Flagge
Keine Warnung

Graue Flagge
Derzeit geschlossen

Cannabis

Für den Freizeitkonsum ist Cannabis in Dänemark weiter verboten. In Orten wie Christiania wird Cannabis zwar offen verkauft, es ist aber trotzdem illegal. Zwecks Entkriminalisierung wurden Gesetzeslockerungen gefordert, aber bisher ist nichts passiert. Medizinisches Cannabis wird zwar im kleinen Rahmen produziert, ist aber streng reguliert und wird auch kontrolliert.

ZECKEN

Zecken gibt's in ganz Dänemark in Wäldern und hohem Gras, vor allem im Sommer. Die meisten Bisse sind harmlos, doch Zecken können schwere Infektionen wie Borreliose und Enzephalitis übertragen. Campende und Wandernde sollten sich nach Zecken absuchen. Wer eine findet: schnell entfernen, das reduziert das Infektionsrisiko. Bei Schwellungen einen Arzt aufsuchen!

Essen, trinken & feiern

Wann?

Morgenmad (Frühstück; 6–9 Uhr) Einfache Mahlzeit mit Kaffee; klassisches *bolle med ost:* Brötchen mit Käse.

Frokost (Mittagessen; 12–14 Uhr) Meist Smørrebrød oder warmes Essen.

Aftensmad (Abendessen; 18–21 Uhr) Abendmahlzeit zu Hause; *middag:* Abendessen mit zwei oder drei Gängen. Die Dän:innen essen früh zu Abend.

Wo?

Bäckerei Billiges Frühstück und Mittagessen.

Coffeeshop Einfache Speisen wie Brötchen mit Käse, Croissants und Ähnliches.

Café Mittagessen usw. in lockerem Ambiente.

Vinstue/Bodega Altmodische Kneipe, serviert manchmal dänische Klassiker wie Smørrebrød, panierte Scholle oder *stegt flæsk* (Schweinebraten).

Kro Traditionelles Gasthaus. Klassische dänische Küche, oft auf Gourmetniveau.

Restaurant Mittags Smørrebrød und abends Deftigeres. In Lokalen mit neuer nordischer Küche gibt's immer öfter 5- bis 7-Gänge-Menüs.

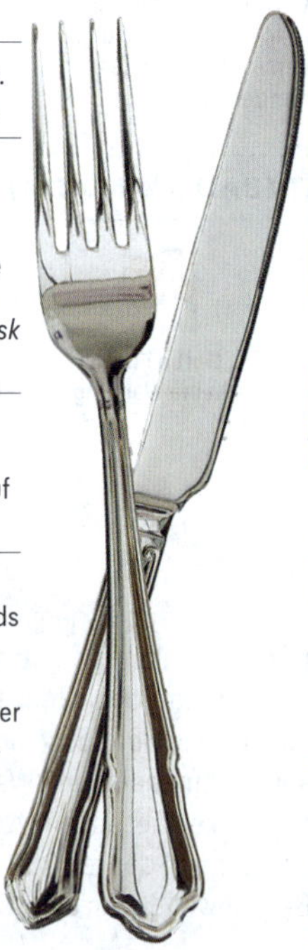

KULINARISCHES

æble Apfel
appelsin Orange
børnemenu Kindermenü
dagens ret Tagesgericht
danskvand Mineralwasser
drinkskort Getränkekarte
fadøl Fassbier
fisk Fisch
flæskesteg Schweinebraten
flaske Flasche
forretter Vorspeisen
frisk frisch
frugt Obst
godt klaret durchgebraten
grønsag Gemüse
hjemmelavet hausgemacht
hovedretter Hauptgerichte
hvidløg Knoblauch
hvidvin Weißwein
kaffe Kaffee
kage Kuchen
kød Fleisch
kold kalt
kylling Huhn
laks Lachs
lammekød Lamm
mælk Milch
med mit
mellemmåltid Snack
oksekød Rindfleisch
øl Bier
ost Käse
regning Rechnung
ret Gericht
rødvin Rotwein
sild Hering
sodavand Softdrink
spisekort/menu Speisekarte
svinekød Schweinefleisch
te Tee
torsk Kabeljau
vand Wasser
varm warm

WIE ...

Hotdogs bestellen

Wer am Kopenhagener Flughafen ankommt, wird beim Warten in der Gepäckausgabe vom Duft der *pølse* (Würstchen) umweht. Die Dän:innen lieben ihre Würstchen, die eine über hundertjährige Geschichte haben. Sie sind ein schneller Imbiss zwischendurch oder am späten Abend.

Um ein Würstchen auf dänische Art zu essen, bestellt man einen klassischen *hotdog* oder einen *ristet hotdog* mit allem *(med det hele)*. Das Gericht wird präzise zusammengebaut. Das Würstchen wird ins Brötchen gelegt, dann kommen Senf, Remoulade und Ketchup drauf, dazu rohe Zwiebeln, dann Röstzwiebeln und saure Gurkenscheiben. Eine Alternative ist die *Fransk*-Version in einem baguetteartigen Brötchen mit einem Loch in der Mitte.

WIE VIEL KOSTET …

Kanelsnegl (Zimtschnecke) **35 Kr**

Bolle med ost (Brötchen mit Käse) **32–45 Kr**

Tasse Kaffee **35 Kr**

Smørrebrød (eins) **70–130 Kr**

Menü im Stadtrestaurant **350–600 Kr**

Probiermenü im Sternerestaurant **2000 Kr**

Bier **70 Kr**

Glas Wein **80–150 Kr**

WIE …

Smørrebrød essen

Smørrebrød ist einfach ein belegtes Brot. Schon seit Langem ist es mittags eine Standardspeise; zuerst bezeugt ist es im Mittelalter. In der einfachsten Version besteht es aus einer Scheibe Roggenbrot mit Shrimps, saurem Hering, Ei oder Leberpastete *(leverpostej)* plus Garnierung. Doch das heute in Restaurants servierte Smørrebrød ist oft ein kleines Kunstwerk.

Smørrebrød essen ist fast ein Ritual und die Dän:innen sind da recht eigen. Die Zusammenstellung, die Brotsorte und die Garnitur – alles folgt ungeschriebenen Gesetzen. Zu Räucherlachs gehört z. B. Weißbrot, zu Hering Roggenbrot.

Selbst zum traditionellen dänischen Weihnachtsmittagessen am 25. Dezember gibt's belegte Brote in festgelegter Reihenfolge. Zuerst kommen leichtere Fisch- und Garnelenbrote, dann kommen die warmen, fleischigeren Varianten. Dazu wird immer mit einem Aquavit angestoßen, der wiederum mit einem Bier heruntergespült wird. Angestoßen wird mit *skål!*, während man allen Leuten am Tisch in die Augen schaut.

Günstiges Smørrebrød gibt's in Bäckereien; es gibt aber auch mehrgängige Brotgelage. In Cafés werden meist einzelne belegte Brote à la carte oder drei Brote zum Festpreis angeboten.

Butterbrot

Smørrebrød heißt einfach „Butterbrot"; zum traditionellen dänischen Mittagsgericht wurde es im 19. Jh. bei den Arbeiter:innen.

AUSGEHEN

Die Dän:innen feiern gern und die meisten Städte haben eine lebhafte Ausgehszene, mit Kneipen für ein gemütliches Bier, Bars für raffinierte Cocktails und Clubs zum Durchmachen.

Oft trinken die Dän:innen zu Hause vor dem Ausgehen erst einmal zusammen etwas und an sonnigen Nachmittagen hängen Freundesgruppen oft in Parks oder am Wasser ab und genießen ein paar Dosen Bier. Für einen lockeren Drink halten die kleineren und größeren Städte jede Menge Möglichkeiten bereit, doch in den Dörfern gibt's nicht unbedingt, wie in vielen anderen Ländern, auch eine Kneipe.

Bodegas sind altmodische Kneipen mit Bier vom Fass. Die kleineren Kneipen sind oft recht verraucht – hier ist das Rauchen drinnen noch erlaubt. Mit dem Trend zum Craftbier sind viele Brewpubs entstanden. Cafés und Bars haben oft auch Tische draußen und selbst im Winter machen es sich viele Dän:innen unter Decken und Heizstrahlern bequem.

Nicht zu verwechseln sind *vinstue* und *vinbar*. Eine *vinstue* ist wie eine Bodega. Eine *vinbar* ist eine trendige Weinbar in den Städten. Meist ist das Flair relaxt und locker; der neueste Trend ist *naturvin* (Naturwein).

Bars und Kneipen sind meist bis 1 oder 2 Uhr geöffnet, freitags und samstags auch länger. Einen Club braucht man vor Mitternacht gar nicht erst anzusteuern. In den meisten gelten keine strengen Dresscodes und um 4 oder 5 Uhr ist immer noch viel los.

Nachhaltig reisen

Rauf aufs Rad!

Das Auto stehen lassen und wie die Einheimischen aufs Rad steigen! Das ist nicht nur gut für die Umwelt, sondern in Stadtzentren auch am praktischsten. Außerhalb gibt's viele Radrouten.

Umweltfreundlich unterwegs

In Kopenhagen fahren Metro, S-Bahn, Fähren und einige Busse elektrisch. Viggo hat eine elektrische Taxiflotte, die Taxis von Drivr fahren mit grünem Wasserstoff. Oder man fährt selbst ein E-Auto von ShareNow oder GreenMobility.

Nachhaltig speisen

Mehr als ein Dutzend Restaurants haben das grüne Kleeblatt von Michelin. Das Høst (S. 59) in Kopenhagen bietet CO_2-neutrales Essen, vegan speist man im Plant Food (S. 98) in Aarhus; das ØsterGRO (S. 63) ist ein Biodachgarten mit Restaurant.

Mit Greenkayak kann man umsonst paddeln, während man im Wasser Müll aufliest. Die beliebte Idee entstand in Kopenhagen und jetzt gibt's Greenkayak auch in Aarhus, Aalborg, Præstø und Malmö.

Bei einer geführten Nachtwanderung im Dark Sky Park (S. 81) auf Møn und Nyord (darksky moen.dk) kann man seine Astronomiekenntnisse auffrischen.

2021 wurde Ærø (S. 94) zur nachhaltigsten Insel der EU erklärt. Ein Jahr zuvor standen Bornholm (S. 82) und Samsø ganz oben auf der Liste.

Emissionsfreier als zu Fuß kann man kaum unterwegs sein. Dänemark wartet mit einigen schönen (flachen) Wanderrouten auf wie dem **Øhavsstien** (S. 93) in Südfünen.

Freiwilligenarbeit

Jedes Jahr bewerben sich Tausende für das Projekt **Closed for Maintenance** (visitfaroeislands.com/en/closed) auf den Färöern, bei dem 100 Freiwillige drei Tage lang bei Arbeiten wie dem Wegebau oder dem Aufstellen von Schildern auf der ganzen Inselgruppe helfen.

In Kopenhagen bietet GoBoat (S. 55) Kanaltouren in einem kleinen Solarboot.

In Kopenhagen, Aarhus und Odense hilft **Cafe Exit** (cafeexit.dk) ehemaligen Strafgefangenen beim Neustart.

Auf Trolljagd

In ganz Dänemark sind über ein Dutzend große Trollskulpturen versteckt. Wer sich die Karte (trollmap.com) herunterlädt, kann auf Schatzsuche gehen! Die Trolle hat der dänische Künstler Thomas Danbo aus recycelten Materialien und altem Holz geschaffen.

2050

Im Climate Change Performance Index stand Dänemark weltweit an der Spitze, im Global Sustainability Index 2021 auf dem zweiten Platz. Bis 2050 will das Land klimaneutral werden.

Roskilde Festival

Das Roskilde Festival (S. 31) ist schon seit seiner Gründung 1972 gemeinnützig und möchte noch umweltfreundlicher werden. An Essensständen ist die jeweilige CO_2-Bilanz vermerkt und mit dem Mehrwegsystem für Becher wurde Plastikmüll eingespart.

Die Human Library in Nørrebro in Kopenhagen verleiht ganz besondere „Bücher": menschliche Bücher. Die Leser:innen wählen z. B. zu vorurteilsbehafteten Themen einen Titel aus und sprechen dann im Lesesaal mit einer betroffenen Person.

WEITERE INFOS

naturfonden.dk/oplev-naturen Wanderwege und Ähnliches in Dänemarks Naturschutzgebieten.

frivilligjob.dk Dänemarks größtes Portal für Freiwilligenarbeit.

danskretursystem.dk/en Zum Recyceln von Flaschen, Dosen und anderen Behältnissen.

LGBTQIA+

Dänemark zählt beständig zu den queerfreundlichen Ländern Europas. 2021 belegte es auf dem Spartacus Gay Travel Index weltweit den fünften Rang. In der Vergangenheit war es ein Vorreiter in Sachen Schwulenrechte und Antidiskriminierungsgesetzgebung; 1989 erkannte es als erstes Land offiziell gleichgeschlechtliche Partnerschaften an.

Die größte Party

Copenhagen Pride (copenhagenpride.dk) ist die größte Sause im Jahr. Immer im August findet eine Woche mit Aufführungen, Diskussionen über Menschenrechte und inklusiven Sportevents seinen Höhepunkt in einem Umzug durchs Zentrum mit Hunderttausenden Besucher:innen. Im Februar gibt's auch eine **Winter Pride** und 2021 fanden in der Stadt die World Pride und die Eurogames statt. **Aarhus** (aarhuspride.dk) und **Aalborg** (aalborgpride.dk) haben kleinere Pride-Events; die **Faroe Pride** wird Ende Juli in Tórshavn abgehalten. **Mix Copenhagen** (mixcopenhagen.dk) im Oktober ist eins der ältesten LGBTQIA-Filmfestivals der Welt.

AUSGEHEN

Kopenhagen wartet mit zahlreichen Ausgehmöglichkeiten auf; die meisten Restaurants und Bars sind queerfreundlich; die LGBTQIA-Bars und -Clubs im alten Latinerkvarteret bilden eine Art Schwulenviertel. Außerhalb von Kopenhagen ist die Ausgehszene kleiner. Das progressive Aarhus bietet eine Handvoll Bars und Clubs. In Aalborg und Odense gibt's jeweils nur einen dezidierten Laden.

DIE COMMUNITY

LGBT+ Danmark (lgbt.dk) ist die größte und älteste landesweite Organisation, gegründet 1948 als Kredsen af 1948 (Zirkel von 1948). Infos zur Community auf den Färöern bietet **LGBT+ Føroyar** (lgbt.fo). **LGBT Asylum** (lgbtasylum.dk) ist eine Freiwilligen-NGO, die sich um Geflüchtete kümmert.

Tourismus

Mit seiner freundlichen, liberalen Einstellung und einer Vielzahl von Events und Veranstaltungsorten ist Kopenhagen ein beliebtes Ziel für queere Reisende. **Out and About** (outandabout.dk) hat einen kostenlosen Führer auf Englisch mit Verzeichnissen und Informationen, erhältlich in LGBTQIA-Einrichtungen und der Touristeninformation.

Rundgänge

Ein- bis zweistündige Rundgänge auf Dänisch, Englisch und Deutsch zur LGBTQIA-Geschichte und -Kultur Kopenhagens bietet der Autor Bjarne Henrik Lundis (siehe visitcopenhagen.com).

DIE ÄLTESTE SCHWULENBAR

Das seit 1917 an derselben Stelle im Zentrum von Kopenhagen existierende **Centralhjørnet** ist angeblich die älteste noch bestehende Schwulenkneipe weltweit. Sie bietet beliebte Dragshows und sonntags Jazz und bezeichnet sich selbst als „heterofreundlich".

Barrierefrei reisen

Menschen mit Behinderungen können in Dänemark gut reisen. Immer mehr Orte sind barrierefrei und die öffentlichen Transportmittel sind meist rollstuhltauglich bzw. nutzbar für Personen mit anderen Einschränkungen.

Die Kopenhagener Metro

Alle U-Bahn-Stationen in Kopenhagen sind barrierefrei. Zu den Bahnsteigen fahren Aufzüge, zwischen Zugtüren und Bahnsteig gibt's keine Lücken und die Metro fährt auch zum Flughafen.

Am Flughafen

Hilfe für den Flughafen wird direkt über die Fluglinie gebucht. Der Kopenhagener Flughafen hat in Terminal 3 vor dem Sicherheitscheck ein gutes Infozentrum. Im ganzen Flughafen gibt's barrierefreie Toiletten und Aufzüge.

Übernachten

Moderne Hotels sind meist barrierefrei, doch einige ältere Hotels sind es nicht. Unterkünfte kann man auf **God Adgang** (Access Denmark; barrierefrei.dk) auf Barrierefreiheit checken.

SEHENSWÜRDIGKEITEN

Einige Museen in älteren Gebäuden haben keine Rampen. In vielen Orts- und Stadtkernen gibt's Kopfsteinpflasterstraßen.

Visit Copenhagen (visitcopenhagen.com) bietet ein Verzeichnis der barriereärmsten Attraktionen der Stadt.

Verkehrsmittel

Faltbare Rollstühle können in Taxis transportiert werden; mit Elektrostühlen vorbuchen! Zug- und S-Bahn-Stationen haben Aufzüge und (oft) barrierefreie Wagen. Busse haben Rampen, aber keine Einstiegshilfen. Auf Fähren ist die Ausstattung unterschiedlich.

Die App Be My Eyes

Die von Dän:innen designte Gratis-App für Blinde und Sehbehinderte bietet Zugang zu Freiwilligen in über 150 Ländern, die Unterstützung bei kleinen und großen Alltagsdingen leisten.

WEITERE INFOS

God Adgang (Access Denmark; barrierefrei.dk) zeichnet barrierefreie Gebäude, Einrichtungen und Services mit einem Siegel aus. Eine durchsuchbare Datenbank auf der Website zeigt an, auf welchen Einschränkungen Restaurants, Hotels, Strände und Verkehrsmittel eingestellt sind.

Danish Association of the Physically Disabled (DHF; danskhandicapforbund.dk) bietet Links für Reisende.

Dänischer Blindenverband (blind.dk)

Verkehrsverbund Kopenhagen (din offentlige transport.dk) hat Infos zur Barrierefreiheit.

SØLUND-MUSIKFESTIVAL

Mitte Juni strömen 20 000 Musikfreund:innen zum dreitägigen größten Festival weltweit für Menschen mit körperlichen und geistigen Behinderungen. Das Festival findet seit 1986 in Jütland statt. Es ist rollstuhlgerecht und es gibt Ruhezonen.

Barrierefreie Toiletten in Kopenhagen

In ganz Kopenhagen gibt's öffentliche Toiletten. Barrierefreie und/oder überwachte Toiletten sind auf kk.dk/toiletter auf einer praktischen Karte verzeichnet.

Einen Besuch in Legoland planen

Die anhaltende Beliebtheit der Legosteine – 2021 gab's ein Verkaufsplus von 22 % – und Direktflüge nach Billund von Städten in ganz Europa haben zur Folge, dass immer mehr Familien ganz gezielt Legoland und das Lego House ansteuern. Wer mit seinem Nachwuchs eine Pilgerfahrt zur Geburtsstätte der Legosteine plant, dem helfen die Tipps auf dieser Seite, die Reise voll auszukosten.

GUT ZU WISSEN

- Ins Legoland kann man Proviant mitnehmen. Im Pirateland gibt's nette Picknickbereiche.
- Große Familie? In einigen Zimmern und Hütten im Lego-Hotel haben bis zu acht Personen Platz.
- Die offizielle App Legoland Billund bietet Infos zu Wartezeiten und Zutritt per E-Ticket.
- Wer nicht selbst einen Kinderwagen mitbringen möchte, kann ihn im Park leihen.

Kalender checken!

Legoland hat sehr wechselhafte Öffnungszeiten, was man sich vor einer Reise genau anschauen sollte (legoland.dk). Von etwa Oktober bis Ende März geht der Park in den Winterschlaf, ist aber an manchen Wochenende dennoch geöffnet sowie länger rund um Halloween und Weihnachten. In der Hauptsaison kommen laut Legoland dienstags und mittwochs die meisten Besucher:innen, während samstags weniger los ist. Die dänischen Schulferien enden nach der ersten Augustwoche, danach sind die Wartezeiten entsprechend kürzer.

Günstigere Tickets

Online sind die Tickets fürs Legoland und Lego House etwas billiger. Günstiger fährt man auch mit Kombitickets für beide Attraktionen. Im Lego-Spielwarenkatalog (auf lego.com auch als PDF verfügbar) gibt's meist großzügige Legoland-Rabatte, z. B. kostenlosen Eintritt für ein Kind pro zahlenden Erwachsenen.

Hungrig?

Tische in den Lego-Restaurants, besonders im Mini Chef im Lego House und im Panorama im Legoland Hotel, am besten reservieren!

WELCHES LEGO-HOTEL?

Von den drei offiziellen Hotels ist das **Legoland Castle Hotel** mit seiner Comicburgarchitektur und seinen Ritter-, Prinzessinnen- und Zaubererzimmern am tollsten. Das **Legoland Hotel** liegt dem Park am nächsten, mit eigenem Zugang (aber ohne Frühzutritt). Zu den vielen Mottozimmern zählen Ninjago, Lego Friends und ein *Lego Movie*-Zimmer; zudem gibt's Zimmer mit Blick auf den Park. Die Kinder erhalten gratis einen Legobausatz. Toll ist das **Legoland Holiday Village** mit Themenspielplätzen und dem Naturbereich. Man kann direkt neben seiner Hütte parken und mit dem Shuttle zum Legoland fahren. Andere Unterkünfte siehe S. 103.

Kurz & knapp

ÖFFNUNGSZEITEN

Im Sommer sind Sehenswürdigkeiten länger, ansonsten aber unterschiedlich geöffnet.

Banken Mo–Fr 10–16 Uhr

Bars und Clubs 16–24, Fr & Sa bis 2 oder 5 Uhr

Cafés 8–18 Uhr

Geschäfte Mo–Fr 10–18, Sa bis 14 oder 16 Uhr, So oft geschl. (außer Supermärkte)

Restaurants 12–22 Uhr (Sa & So früher zum Brunch)

Rauchen

Die Dän:innen rauchen überraschend viel. In Restaurants, Bars und Clubs ist Rauchen verboten, jedoch in einigen kleinen Kneipen und Bodegas erlaubt.

Maße & Gewichte

Dänemark nutzt das metrische System. Dezimalstellen sind mit Komma, Tausender mit Punkt gekennzeichnet.

Internet

Gratis-Internet gibt's z. B. in Cafés und Supermärkten, in Verkehrsmitteln und in Bibliotheken.

GUT ZU WISSEN

Zeitzone
MEZ, im Sommer +1 Std.

Ländervorwahl
45

Notruf
112

Bevölkerung
5,8 Mio.

Strom 230 V / 50 Hz

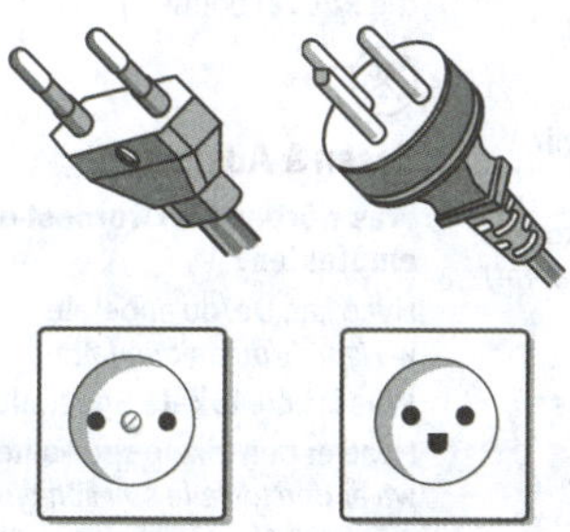

Typ C
220 V / 50 Hz

Typ K
230 V / 50 Hz

FEIERTAGE & FERIEN

Viele Dän:innen nehmen ihren Haupturlaub in den ersten drei Juliwochen. An den folgenden Feiertagen sind Ämter, Geschäfte und Dienstleistungseinrichtungen geschlossen:

Neujahr
1. Januar

Gründonnerstag

Karfreitag

Ostersonntag

Ostermontag

Christi Himmelfahrt
6. Donnerstag nach Ostern

Pfingstsonntag

Pfingstmontag

Verfassungstag
5. Juni

Heiligabend
24. Dezember

1. Weihnachtstag
25. Dezember

2. Weihnachtstag
26. Dezember

Silvster
31. Dezember

Sprache

Viele Reisende kommen ohne ein einziges Wort Dänisch aus, aber wer ein paar Worte Dänisch beherrscht, wird freundlicher empfangen und vielleicht sogar eingeladen zu dänischer Gemütlichkeit, genießt ein wunderbares Essen oder macht ein tolles Shopping-Schnäppchen.

Nützliches

Hallo. Goddag. *go·da*

Tschüss. Farvel. *far·vel*

Ja. Ja. *ja*

Nein. Nej. *nei*

Bitte. Vær så venlig. *wär ßo wen·lij*

Danke. Tak. *tack*

Entschuldigen Sie. Undskyld mig. *unn·sküll mei*

Tut mir leid. Undskyld. *unn·sküll*

Wie heißen Sie/heißt du? Hvad hedder De/du? *wa hey·a di/du*

Mein Name ist ... Mit navn er ... *mitt naun är ...*

Sprechen Sie/sprichst du Deutsch/Englisch? Taler De/du tysk/engelsk? *ta·la di/du tüsk/eng·elsk*

Ich verstehe nicht. Jeg forstår ikke. *jei for·stor i·cke*

Unterwegs

Wo ist ...?

Hvor er ...? *wor är ...*

Wie ist die Adresse?

Hvad er adressen? *wa är a·dräs·sen*

Können Sie/kannst du es aufschreiben?

Kunne De/du skrive det ned? *kan di/du skri·we dey nid*

Können Sie/kannst du es mir (auf der Karte) zeigen?

Kan De/du vise mig det (på kortet)? *kan di/du vi·se mei dee (po kor·tet)*

Schilder

Indgang/Udgang Eingang/Ausgang

Åben/Lukket Offen/Geschlossen

Ledige værelser Zimmer frei

Politistation Polizeistation

Varm/Kold Heiß/kalt

Uhrzeit & Datum

Wie spät ist es? Hvad er klokken? *wa är klogn*

Es ist (zwei) Uhr. Klokken er (to). *klogn er (toh)*

Halb (zwei). Halv (to). *hal (toh)*

Morgen morgenen. *mor·nen*

Nachmittag eftermiddagen. *ef·ta·mi·da·en*

Abend aftenen. *aaft·nen*

gestern i går. *i gor*

heute i dag. *i dä*

morgen i morgen. *i morn*

Notfall

Hilfe! Hjælp! *hjälp*

Stopp! Stop! *stop*

Geh weg! Gå væk! *go väg*

Ich bin krank. Jeg er syg. *jei är süj*

Können Sie/kannst du mir bitte helfen? Kan De/du hjælpe mig? *kä di/du jel·pe mai*

Rufen Sie ...! Ring efter ...! *ring ef·ta ...*

einen Arzt en læge. *in le·je*

die Polizei politiet. *poh·li·ti·et*

Essen & Ausgehen

Was würden Sie/würdest du empfehlen?

Hvad kan De/du anbefale? *wa kan di/du an·bee·fa·le*

Was ist die lokale Spezialität?

Hvad er den lokale specialitet? *wa är den lo·ka·le spä·scha·li·tät*

Prost! Skål! *skool*

Ich hätte gern (einen Gin).

(En gin), tak. *(in dschin) tack*

ZAHLEN

1	**en**	*in*
2	**to**	*to*
3	**tre**	*tree*
4	**fire**	*fir*
5	**fem**	*fem*
6	**seks**	*seks*
7	**syv**	*sü*
8	**otte**	*otte*
9	**ni**	*ni*
10	**ti**	*ti*

INS DEUTSCHE ÜBERNOMMEN

Das am häufigsten verwendete dänische Wort im Deutschen ist derzeit vermutlich **Hygge**.

WORTBETONUNG

Im Dänischen wird oft die erste Silbe des Worts betont. In zusammengesetzten Wörtern können mehrere Silben betont sein.

Wichtige Grammatik

Das Dänische hat wie das Deutsche auch eine „Sie"-Form, *De* und *Dem*. Die Wendungen hier sind meist in der „du"-Form mit *du* und *dig* angegeben, außer dort, wo die höfliche Anrede angemessener erscheint. In Dänemark ist das Du verbreiteter als im Deutschen, allgemein ist man auf der sicheren Seite, wenn man Senioren und Amtsträger siezt und ansonsten duzt.

Fünf Wendungen zum Lernen vor der Reise

1 Wann öffnet/schließt es?

Hvad er åbningstiderne? wa ehr *āb*-nings-ti-da-na

Besonders für Attraktionen usw. variieren die Öffnungszeiten je nach Jahreszeit.

2 Danke für das Essen.

Tak for mad. tak for mäd

Nach dem Essen sollte man vor dem Aufstehen immer *tak for mad* sagen.

3 Welchen Wein würden Sie empfehlen?

Hvilken vin anbefaler du? wil-*gen* win *an*-be-fa-la du

„Prost" heißt auf Dänisch *Skål!*

4 Kann ich „du" sagen?

Må jeg sige du? mā jä si-je du

Die Dän:innen nutzen in fast allen Lebenslagen die informelle Anrede (*du* und *dig*).

5 Hast du heute Abend schon was vor?

Har du planer i aften? ha du *pla*-na i *ahf*-den (In Dänemark schließen die Restaurantküchen schon recht früh: Man sollte vor 22 Uhr essen, in kleineren Orten vor 21 Uhr oder noch früher.)

WO WIRD DÄNISCH GESPROCHEN?

Der heutige internationale Status des Dänischen hat mit den historischen Grenzen des Landes zu tun. Dänisch ist die Amtssprache Dänemarks sowie neben dem Grönländischen bzw. Färöischen zweite Amtssprache in Grönland und auf den Färöern, beides autonome dänische Territorien. Bis 1944 war Dänisch auch Amtssprache Islands; heute wird es dort in den Schulen als erste Fremdsprache unterrichtet.

DIE FÄRÖER

UNGEZÄHMTE NATUR & GRANDIOSE ABGESCHIEDENHEIT

Entdecke unberührte Natur und faszinierende färöische Kultur fernab im Nordatlantik. Reisende bewundern einsame Leuchttürme und zeitlose Dörfer, wandern auf Bergpfaden und beobachten Vögel und sollten sich auf launenhaftes und raues Wetter mit Wind, Regen und Nebel einstellen.

Die wilde und windumtoste Inselgruppe ist von unvergleichlich rauer und ursprünglicher Schönheit. Schroffe Basaltberge erheben sich über schmale Meerengen und mächtige Klippen beherbergen unzählige Vögel. Die Inseln liegen isoliert, Hunderte Kilometer vom nächsten Nachbarn entfernt, und geben 54 000 Menschen ein Zuhause. Die Färöer sind ein autonomer Teil des Königreichs Dänemark. Von Kopenhagen braucht man nur zwei Stunden mit dem Flugzeug und nach vielen Jahren im Verborgenen sind die Inseln heute kein Geheimtipp mehr. Vom internationalen Flughafen auf Vágar gehen direkte Flüge zu mehreren Städten in Dänemark und Norwegen sowie nach Island, Schottland, Frankreich und Spanien. Ab Ende 2023 soll es eine Verbindung nach New York geben.

SASHA64F/GETTY IMAGES©

Es heißt, dass irische Mönche die Inseln als Erstes betraten; erst danach kamen die Wikinger, die sich hier vor 1000 Jahren ansiedelten. Nach Jahrhunderten der Isolation sind die Färinger ein unverwüstliches und unabhängiges Volk mit eigener Kultur, Sprache und Identität. Auch wenn ihre Heimat Teil des dänischen Königreichs ist, betrachten sich die Färinger nicht als Dänen. Traditionell leben die Inselbewohner:innen vom Meer, noch heute sind Fische und Lachsfarmen die wichtigsten Erwerbsquellen.

DIE WICHTIGSTEN ZIELE

TÓRSHAVN
Hauptstadt der Färöer und Feinschmeckerparadies. S. 138

VÁGAR
Wasserfälle und Wanderwege. S. 149

SMIT/SHUTTERSTOCK ©

Oben: Leuchtturm von Kallur (S. 147); gegenüber: Havnarkirkja (S. 140), Torshavn

Erste Orientierung

Die 18 Inseln des Archipels liegen ziemlich nah beieinander. Ein Netz aus Straßen und Tunneln verbinden die größten und zentralsten Inseln der Färöer. Die kleineren und am Rand liegenden Inseln sind nur mit Fähre oder Helikopter erreichbar.

Vágar, S. 149

Diese Insel hat alles, was die Färöer insgesamt ausmachen: mächtige Wasserfälle, hübsche Dörfer, spektakuläre Küsten und wunderbare Wanderungen.

Tórshavn, S. 138

Sitz eines Wikingerparlaments, Hafenstadt mit Museen, Feinschmeckerrestaurants und lebhaften Bars – das ist die Hauptstadt der Färöer.

AUTO

Ein Auto ist am praktischsten, um die Insel kennenzulernen, die Miete ist aber hoch. Die größeren zentralen Inseln sind über Tunnel miteinander verbunden; die meisten Orte erreicht man innerhalb einer Stunde von der Hauptstadt.

ÖPNV

In die wichtigsten Städte und Touristenorte fahren regelmäßig Busse, aber das kann dauern. Neun Inseln sind mit Fähren erreichbar, darunter Mykines, Kalsoy und Suðuroy. Helikopter sind ein wichtiges Verkehrsmittel für die kleinen Inseln.

EVENFH/SHUTTERSTOCK ©

Wasserfall Múlafossur (S. 151)

Perfekte Tage

Die meisten Highlights der Färöer sind leicht erreichbar. Wer etwas mehr Zeit hat, kann eine Fähre zu den entlegeneren Inseln nehmen.

Drei Tage

● Genieße die atemberaubende Landschaft von **Vágar** (S. 149): Halte im hübschen Dorf **Gásadalur** (S. 151) und besuche den **Wasserfall Múlafossur** (S. 151). Wandere entlang der Klippe von **Trælanípa** (S. 152) und spüre die Macht der Natur bei einer Bootsfahrt ab **Vestmanna** (S. 145). Dann geht's zurück in die Zivilisation und die Kultur von **Tórshavn** (S. 138) mit Kunst im **Listasavn Føroya** (S. 139) und lokaler Küche im **Ræst** (S. 141).

Eine Woche

● Verbringe einen Tag in Vágar und besuche die Papageitaucher auf **Mykines** (S. 153). Fahre nach **Tórshavn** (S. 138), halte im historischen **Dorf Kirkjubøur** (S. 143) und unternimm einen Tagesausflug nach **Nólsoy** (S. 143). Wandere im Norden zum Leuchtturm bei **Kalsoy** (S. 147), zum Gipfel **Klakkur** (S. 146) und zum Panoramaausblick von **Saksun** (S. 145). Trau dich, auf den Wellen vor **Tjørnuvík** (S. 145) zu reiten.

BESTE REISEZEIT

FRÜHLING
Überall Vögel, wenn die Papageitaucher und andere zum Brüten zurückkehren. Ende April findet das **Flag Day** Festival statt.

SOMMER
Gästezahlen steigen mit länger werdenden Tagen. Musikfestivals und die Feiern zu **Ólavsøka** (Nationalfeiertag; 28. und 29. Juli) starten.

HERBST
Die Reisesaison endet schnell, einige Cafés und Attraktionen schließen. **Beliebte Highlights** sind weniger überlaufen.

WINTER
Es wird dunkel, Weihnachten wird gemütlich. **Jazz und Lichtfestivals** in Tórshavn erhellen die kalten Monate Januar und Februar.

TÓRSHAVN

In einem Land wilder Berge und verstreuter Dörfer macht Tórshavn den Unterschied. Mehr als 20 000 Menschen leben in der Hauptstadt der Färöer und verwandeln sie in eine Art Metropolis. Tauche ein in die Inselkultur mit einem erhellenden Museumsbesuch und probiere die lokale Küche. Nach einem Einkaufsbummel geht's in die eine oder andere Bar – die winzige, aber florierende Hafenstadt hat einiges für ein paar Tage zu bieten. Viele der Sehenswürdigkeiten liegen nah an der Küste bei Tórshavn, an der sich Jachten und Fischerboote tummeln.

An der Südspitze von Streymoy wird der Hafen durch die Halbinsel Tinganes zweigeteilt, auf der sich hübsche Hütten, miteinander verwobene Wege und das Büro des Premierministers verteilen. Vor mehr als 1000 Jahren haben Wikinger hier eines der ersten Parlamente der Welt gegründet. Tórshavn bedeutet „Thors Hafen" nach dem nordischen Kriegsgott.

TOP TIPP

Tórshavns Küste und Stadtzentrum erlebt man am besten zu Fuß. Das Auto kann man sechs Stunden kostenlos auf dem Parkplatz neben dem Hafen parken.

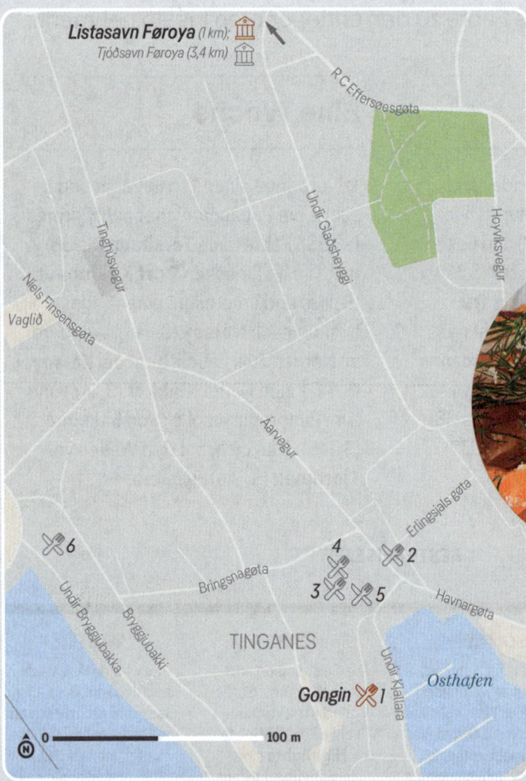

HIGHLIGHTS
1 Gongin

ESSEN
2 Áarstova
3 Barbara Fish House
4 Ræst
5 ROKS
6 Tarv

Geräucherter Lachs, Barbara Fish House (S. 141)

Halbinsel Tinganes

Geschichte & Kultur der Hauptstadt

TÓRSHAVNS MUSEEN & GALERIEN

Die großartige Nationalgalerie **Listasavn Føroya** führt eindrucksvoll in die färöische Kunst ein. Die Dauerausstellung zeigt Werke von 1830 bis heute. Es gib einige Gemälde mit aufgewühlten Seelandschaften und Dorfleben des bekannten Künstlers Sámal Joensen-Mikines. Bemerkenswert ist Edward Fugløs Gemälde *Colony* und die Skulptur *Whale-War*, die die Debatte um *grindadráp* (Walfang auf den Färöern; s. S. 151) aufgreift. Das faszinierende Spiegelzimmer, *The Deep Blue* von Tróndur Patursson, ist perfekt für Selfies.

Die Stücke im **Tjóðsavn Føroya** könnten etwas aufpoliert werden, aber das zweistöckige Nationalmuseum zeigt lokale Geschichte und färöische Traditionen. Die Ausstellung beschäftigt sich mit der Geologie und Archäologie der Inseln sowie mit der Bedeutung von Wolle und Seevogeljagd.

FÄRÖER FÜR FEINSCHMECKER

Die Hauptstadt hat eine feine Restaurantszene, echte färöische Küche gibt's über ***heimablídni*** (S. 158). Das Wort bedeutet „Heimgast", man kann sich zu einem selbst gekochten Essen bei Einheimischen anmelden.

SPAZIERGANG DURCH DIE GESCHICHTE TÓRSHAVNS

Die weiten Blicke über Tórshavn von der Festung **1 Skansin** und seinem berühmten Leuchtturm bieten zum Start eine gute Orientierung. Die Festung wurde 1580 oberhalb des Hafens zur Verteidigung gegen Piraten errichtet. Die aktuellen Befestigungen stammen aus dem Jahr 1780. Vorbei an den Fähranlegern geht es in die engen Gassen um **2 Undir Ryggi** in der Altstadt und dann in einem Bogen zurück zu einer Reihe traditioneller Häuser mit Grasdach entlang **3 Gongin**. Folge dem Fußweg Klettaskot durchs Zentrum der Halbinsel Tinganes mit einer dorfähnlichen Ansammlung schwarzgeteerter Häuser bis zu den historischen Speichern an der Spitze. In diesen rotbraunen Holzhäusern sind die unauffälligen **4 Büros des Premierministers** und mehrere Ministerien untergebracht. Nordische Siedler gründeten hier eins der frühesten Parlamente. Seit Anfang des 9. Jhs. wurden jeden Sommer Treffen einberufen, um neue Gesetze zu erlassen und Konflikte zu lösen. Ein versteckter Weg und Steinstufen führen zum Hafen, wo neben Hunderten kleinen Booten riesige Trawler liegen. Dann geht's auf einen Kaffee ins **5 Kafe Umami** und in die kleine Kunstgalerie **6 Smiðjan í Lítluvík** auf dem Weg zum stimmungsvollen alten Friedhof **7 Gamli Kirkjugarður**. Spaziere von dort weiter zur **8 Havnarkirkja**, einer schmucken Kathedrale aus dem Jahr 1788. In der Nähe steht das **9 Ráðhús** (Rathaus) aus dunklem Basaltstein. Das weiße Holzhaus an der Tinghúsvegur ist der **10 Løgting**, ein überraschend unauffälliges Parlamentsgebäude. Von hier schwenkt der Weg hinunter zur Niels Finsens Gøta mit den Schaufenstern der Strickläden und der traditionellen färöischen Kleidung von **11 Marjun Heimá**. Den Abschluss bildet der **12 Kongaminnið**, ein Obelisk, der an den Besuch von König Christian IX. 1874 erinnert, mit tollem Blick auf die Stadt.

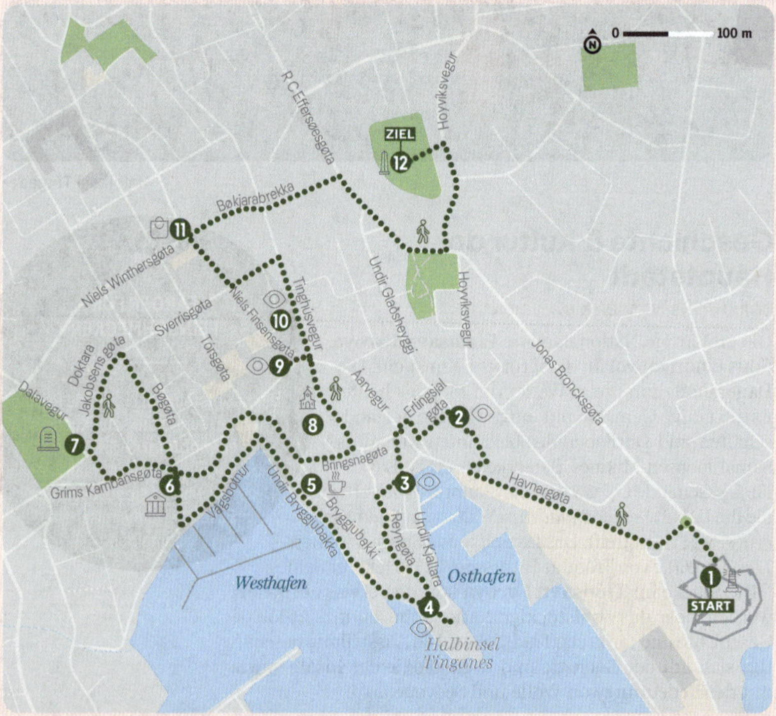

Gongin

Eine Kostprobe Tórshavner Lokale

IN DER HAUPTSTADT ESSEN GEHEN

Die Restaurants im winzigen Tórshavn kämpfen definitiv in der höheren Gewichtsklasse. Die Gastroszene der Hauptstadt hat abgehoben. Rund um Gongin am Osthafen gibt's zahlreiche gute Restaurants in historischen Grassodenhäusern, die vor allem Abendmenüs servieren. Für die hoch geschätzte Kombination moderner Gourmetküche mit der färöischen Tradition der Fermentierung (s. S. 159) im **Ræst** sollte reserviert werden. **Áarstova** verströmt Hygge mit gemütlichen Ecken und Vintage-Krimskrams; Star der Karte ist das langsam gegarte Lamm. Die Seefahrtsdeko im **Barbara Fish House** wird von Kerzen beschienen, auf den Tisch kommen heimische Fischgerichte. **ROKS** ist ein ungezwungener Laden, der modernes Fingerfood und Teller zum Teilen mit Seafood wie Muscheln, Kaisergranat und Seeigeln anbietet. Das **Tarv**, ein schickes Surf-und-Turf-Grilllokal am Wasser, ist bei Einheimischen beliebt.

DIE BESTEN BARS IN TÓRSHAVN

Essabar
Geschmackvolles Lokal über zwei Etagen, beliebt und bis früh am Morgen geöffnet.

Sirkus Bar
Muntere Klänge und fröhliches Publikum sorgen für eine ausgelassene Atmosphäre.

Blábar
Jazz und Blues für Musikkenner:innen.

Mikkeller
Außenstelle des Kopenhagener Brauereiimperiums mit Fassbier in historischem Ambiente.

OY Brewing
Die 2022 eröffnete Brauerei serviert Bier und Grillgut in einem Raum mit riesigen Stahlbottichen.

ÜBERNACHTEN IN TÓRSHAVN

Hotel Hafnia
Günstige moderne Zimmer und eine muntere Lobbybar in unschlagbar zentraler Lage. €€

Hilton Garden Inn
Schickes Hotel mit stilvollen skandinavischen Zimmern. Außerhalb des Zentrums, aber praktisch für Tagesausflüge. €€

Havgrím Seaside Hotel 1948
Nobles Boutiquehotel mit Blick auf die Insel Nólsoy, erstklassiger Service und grandioses Frühstück. €€€

Rund um Tórshavn

Atemberaubende Landschaft, anspruchsvolle Bergwanderungen und eine hinreißende Vogelwelt locken Gäste aus der Hauptstadt heraus.

Viele Höhepunkte der Färöer liegen ein ganzes Stück von Tórshavn entfernt. Auf der größten und zentralen Insel Streymoy begeistern die Ruinen von Kirkjubøur. Im Norden der Insel legen Boote zu den hoch aufragenden Vogelklippen von Vestmanna ab. Im grandiosen Tjørnuvík kann man auf kalten Wellen reiten und Saksun bezaubert mit spektakulärer Abgeschiedenheit. Nólsoy ist typisch für das traditionelle Leben auf den Färöern und liegt direkt vor Tórshavn. Durch den 2020 eröffneten Tunnel kommt man leicht zu den schroffen Bergen von Eysturoy und der zweitgrößten färöischen Stadt Klaksvík, Ausgangspunkt für die malerischen nördlichen Inseln und für eine Tagestour nach Kalsoy mit dem tollen Leuchtturm.

TOP TIPP

Öffnungszeiten auf Google Maps sind nicht immer korrekt angegeben, die meisten Cafés, Pensionen und Museen aktualisieren ihre Facebook-Seiten.

Nólsoy

Historische Wurzeln der Färöer

MITTELALTERLICHE KATHEDRALE & BAUERNHOF IN KIRKJUBØUR

Eins der geschichtsträchtigsten Dörfer der Färöer ist **Kirkjubøur**, das mit seinen schwarzen Holzhäusern und roten Fensterrahmen auch zu den schönsten zählt. Im Mittelalter lag hier das religiöse und kulturelle Zentrum. Die dachlose Ruine der Kathedrale **Kirkjubømúrurin** (St. Magnus) stammt aus dem 12. Jh. Ein paar Schritte weiter wird die älteste Kirche **Ólavskirkjan** (St. Olavs Kirche) noch immer genutzt. Sie wurde 1111 erbaut und einem der ersten christlichen Könige Norwegens gewidmet. Anders als bei vielen anderen Kirchen sind die Türen nicht verschlossen. Daneben steht **Roykstovan**, ein 900 Jahre altes Bauernhaus, Wohnsitz des früheren Bischofs. Das Anwesen ist seit 17 Generationen in Familienbesitz.

Am besten geht man zu Fuß nach Kirkjubøur und nimmt den Bus zurück. Von Tórshavn folgt ein herrlicher Fußweg einem Fluss Richtung Okkara-Brauerei, von wo sich ein 7 km langer, mit Steinen markierter Wanderweg über die Hügel windet. Diese beliebte und einfache Wanderung dauert rund zwei Stunden. Man hat tolle Ausblicke über die naheliegenden Inseln, bevor es steil hinab ins Dorf geht.

Livemusik am Meer

GROTTEN-KONZERTE

Der historische Holzschoner *Norðlýsið* bereitet den Weg zu einem einzigartigen Musikerlebnis. Jeden Sommer spielen Musiker:innen eine Reihe von Konzerten in Felsgrotten auf **Nólsoy** und **Hestur**. Diese natürlichen Konzerträume haben eine besondere Akustik. Das alte Schiff wird zur schwimmenden Bühne, während das Publikum sich die kurze Vorstellung von kleineren Booten aus ansieht. Programm und Tickets gibt's auf tn24.fo oder summartonar.fo.

Leben auf der kleinen Insel Nólsoy

TAGESAUSFLUG VON DER HAUPTSTADT

Mit der Fähre fährt man nur 20 Minuten zur Insel **Nólsoy**. Durch die Kieferknochen eines Pottwals betritt man das **Dorf Nólsoy** und fühlt sich wie in einer anderen Welt, mit bunten Häusern, vor denen Fische zum Trocken hängen. Die Steilküste im Osten wird vor allem von Vögeln wie Papageitauchern und der größten Sturmschwalben-Kolonie der Welt bewohnt.

An einer herrlich windumtosten Ecke an der Inselsüdspitze steht **Nólsoyar Viti**, ein fotogener weißer Leuchtturm von 1893. Man kann dorthin über die wilden Hügel der Insel wan-

WER WAREN DIE ERSTEN SIEDLER AUF DEN FÄRÖERN?

Die färöische Sprache ist altnordischen Ursprungs – ein Vermächtnis der Wikinger. Die ersten Siedler könnten aber auch keltisch sprechende Menschen von den britischen Inseln gewesen sein. Nach der Untersuchung von DNA und Kotablagerungen von Schafen haben Wissenschaftler:innen die Ankunft von Nutzvieh auf etwa 500 v. Chr. datiert und schlossen daraus, dass schon 350 Jahre vor Ankunft der Wikinger Menschen hier gelebt haben. Alte keltischen Grabzeichen, einige Ortsnamen und mittelalterliche Texte unterstützen die Theorie.

Die DNA zeigt, dass färöische Männer aus einem überwiegend skandinavischen Genpool stammen, während die Ahnen der Frauen vor allem von den britischen Inseln kommen.

ÜBERNACHTEN RUND UM TÓRSHAVN

VisitHOMES
Liebevoll gestaltete Zimmer in einem gemütlichen und aufmerksam geführten Haus in Leirvík. **€€**

Gjáargarður Guesthouse
Hotel im Stil eines Schweizer Chalets in Gjógv mit einfachen und ordentlichen Zimmern und einem guten Frühstück. **€€**

Leisure Pearl
Verträumte, renovierte Hütte mit zwei Zimmern mit Blick auf den Strand von Nord-Streymoy. **€€€**

WANDERREGELN AUF DEN FÄRÖERN

Ein Großteil des Landes auf den Färöern ist in Privatbesitz und anders als in anderen Ländern gibt es kein „Recht aufs freie Wandern". Landbesitzer erheben zunehmend Gebühren für bekannte Strecken, alte Dorfwege sind aber für alle zugänglich. Der großartige Guide *Hiking in the Faroe Islands* (visitfaroe islands.com) enthält viele kostenlose Routen.

Das Wetter kann sich plötzlich ändern, von Sonne zu Nebel oder Regen; wichtig sind warme, windbeständige und wasserfeste Kleidung und gute Schuhe. Ins Gepäck gehören Essen, Wasser, eine Karte und ein geladenes Handy. Einige Wege sind abgelegen oder führen an Klippen oder Steilküsten entlang. Darum informiere andere über dein Vorhaben. Schütze die Natur, indem du auf markierten Wegen bleibst und den Müll einsammelst.

HAKANYALICN/SHUTTERSTOCK ©

Weiße Kirche, Saksun

dern und auf dem 13 km langen Rückweg zum Fähranleger den Blick auf Tórshavn genießen. Der Weg biegt rechts vom Hafen ab und ist gut mit Steinhaufen und blauen Pfählen gekennzeichnet. Der Anstieg am Anfang ist steil, bleibt dann aber eben und folgt den grünen Böschungen. Rechts taucht noch ein Leuchtturm auf, es geht aber geradeaus weiter. Der sumpfige Weg kreuzt ein paar Fußgängerbrücken bis zum Ziel. Der Strahl aus der riesigen 4-Tonnen-Linse des Leuchtturms ist über 16 nautische Meilen zu sehen. Die Wanderungen dauert vier bis fünf Stunden. Checke die Abfahrtzeiten der Fähre zurück, bevor du losgehst.

Vogelklippen & Meereshöhle

BOOTSTOUR AB VESTMANNA

Vestmanna ist Startpunkt für einen der spannendsten Ausflüge, die Bootstour zu den spektakulären Vogelklippen, die **Vestmannabjørgini**. Vom Hafen führt die 90-minütige Tour den Sund hinauf zur Nordküste von Streymoy, wo riesige Felswände über den Atlantik ragen. Hoch oben nisten Seevögel wie Eissturmvögel, Klippenmöwen und Papageitaucher. Die See kann aufgewühlt sein und Reisende bekommen Schutz-

LIVEMUSIK RUND UM TÓRSHAVN

Maggies
Café und Pub im Dorf Nólsoy, bekannt für das Line-up von Live-Bands.

Summartónar
Sommerkonzertreihe (summar tonar.fo) mit heimischen Talenten, von modern bis klassisch.

G! Festival
Dreitägiges Festival im Küstendorf Gøta im Juli, mit lokalen und nordischen Indie- und Popgruppen.

helme, wenn die Boote durch Meerengen und in Meereshöhlen navigieren. Bootsfahrten (puffin.fo) finden von April bis September täglich statt. Wenn die See zu rau wird, fahren die Boote zur Felsspitze Trøllkonufingur (S. 152) und zu Meereshöhlen an der Südküste von Vágar. **Fishing with Blástein** bietet sehr gefragte Angelausflüge an.

In der Stadt Vestmanna selbst gibt's wenig Interessantes zu sehen. Eine Touristeninformationen am Hafen hat ein Café und die **Faer Isles Distillery**, die Whisky, Gin und Aquavit herstellt, bietet im Besucherzentrum Führungen und Verkostungen an.

Saksuns Lagune & schwarzer Strand

EINSAMES DORF IN EINEM UMWERFENDEN TAL

In einer entlegenen Ecke von Streymoy liegt **Saksun** am Ende einer einspurigen Straße in magischer Kulisse. Umgeben von zerklüfteten grünen Bergen mit herabstürzenden Wasserfällen blickt das Dorf auf **Pollurin**, ein kreisförmiges Tidebecken mit schwarzem Strand. Die wilde, wunderschöne Landschaft in strahlenden Farben ist der Traum aller Fotograf:innen. Das hat aber auch einen Haken. Viele Einheimische haben die Flut von Tourist:innen satt. Reisende sollten sich bewusst sein, dass es sich um einen Wohnort handelt und auf den ausgewiesenen Fußwegen bleiben.

Die Straße teilt sich, wenn man sich dem Dorf nähert. Rechts geht's nach **Dúvugarðar**, zu einem kleinen, nur im Sommer geöffneten Museum in einem Haus mit Grassodendach aus dem 19. Jh. und zu Saksuns auffälliger **weißer Kirche**. Die Straße nach links führt zum Parkplatz der Lagune. Der Spaziergang zur Mündung des Fjords ist herrlich, das natürliche Amphitheater ehrfurchtgebietend. Das Gelände ist seit 2019 eingezäunt, man muss eine Metallschranke passieren und dafür 75 Kr bezahlen (nur Kartenzahlung). Wer den Pfad am Hang, der nach Tjørnuvík führt, ein Stück hinaufläuft, hat einen fantastischen Blick auf die Lagune und die umgebenden Berge.

ÁTJAN WILD ISLANDS FESTIVAL

Das fünftägige Abenteuerfestival (atjanwildislands.com) findet im September statt, mit einem Bergrennen im Norden von Streymoy als Höhepunkt. Es können nur 500 Menschen teilnehmen, die ein 10-km-, Halbmarathon-, Marathon- oder 55-km-Ultra-Rennen durch raues, anspruchsvolles Gelände bestreiten. Die Laufenden bewältigen steile Aufstiege und erklimmen Berggipfel in atemberaubender Kulisse bis hinab nach Tjørnuvík. Das Rahmenprogramm bietet Kajakfahrten auf dem Meer, Felsklettern, Yoga, DJ- und Film-Nächte.

Wellenreiten in Tjørnuvík

IM KALTEN NORDATLANTIK SURFEN

Natürlich ist es nicht Hawaii, aber **Tjørnuvíks** U-förmige Sandbucht hat tolle Wellen. Einheimische haben den heute beliebten Surfort entdeckt. **Faroe Islands Surf Guide** (faroeislandssurf guide.com) vermietet Boards und bietet Anfängerkurse. Man braucht einen dicken Neoprenanzug, Stiefel und eine Kopfbedeckung, um sich vor dem eisigen Wasser zu schützen. Die besten Surf-Monate sind September bis April. Im Sommer gibt's außerdem SUP- und Klippensprung-Touren.

UNTERWASSER-KREISVERKEHR

Als der Eysturoy-Tunnel 2020 eröffnete, gingen Bilder seines Unterwasser-Kreisverkehrs viral. Er zeigt eine Installation von im Kreis tanzenden Figuren des färöischen Künstlers Tróndur Patursson. Mehr zum Tunnelbau S. 155.

FÄRÖISCHE STRICKWAREN KAUFEN

Snældan
Wollgeschäft in der 3. Generation, stellt gewirkte Pullis her, Laden und Spinnerei in Strendur.

Heimavirki
Mehrere Läden, die Handwerkskunst und Strickwaren verkaufen, z. B. Norðoya Heimavirki in Klaksvík.

Ribarhús
Kunsthandwerk in Fuglafjørður, verkauft Strickwaren und Bastelbedarf in einem uralten Krämerladen.

WARUM ICH DIE FÄRÖER LIEBE

Adrienne Murray Nielsen, Autorin

Als ich die Färöer das erste Mal betrat, wurde ich von einem freudlos grauen Himmel und Regenschauern begrüßt. Einen kurzen Moment habe ich überlegt, warum ich an diesen einsamen Ort gereist bin. Seitdem bin ich immer wiedergekommen, weil diese Inseln einfach einzigartig sind. Sie stemmen sich gegen die schroffesten Element des Nordatlantiks und zeigen uns die Natur unbändig und rau wie sonst nirgends; ihre unberührten Landschaften sind faszinierend. Zwar haben sich die Färöer als Reiseziel etabliert. Aber man entkommt den Massen leicht auf einer der abgelegeneren Inseln, bei einer anspruchsvollen Wanderung oder außerhalb der Hochsaison. Bei der Planung launisches Wetter einkalkulieren!

Slættaratindur hinaufklettern

DEN HÖCHSTEN GIPFEL DER FÄRÖER ERKLIMMEN

Slættaratindur erhebt sich aus der Felslandschaft im Norden von Eysturoy. Sein flacher Gipfel ist oft nebelverhüllt. Aber an klaren Tagen bestimmen überwältigende Panoramen das Bild der Insel. Der Berg ist der höchste Punkt der Färöer, auch wenn er 2012 nach einer Messung um 2 m schrumpfte und nun nur noch 880 m misst. Die Wanderung zum Gipfel beginnt in **Eiðisskarð**, an der Straße zwischen Eiði und Funningur. Vom kleinen Parkplatz führt ein ausgetretener Pfad für 30 Minuten steil hinauf. Mit steigender Höhe besticht der Anblick der nahen Gipfel. Danach geht der Weg diagonal nach links über den steinigen Grashang. Das Gelände wird felsiger je höher man kommt. Der Weg führt weiter über den Berghang, bevor es nach rechts und im Kreis zurück zum Gipfel geht. Die Wanderung dauert rund 2½ Stunden (hin & zurück). Auf Eis und lose Steine achten.

Fjord- & Bergpanoramen oberhalb von Klaksvík

AUFSTIEG AUF DEN KLAKKUR FÜR SENSATIONELLE AUSBLICKE

Vom Gipfel des **Klakkur** (413 m) bieten sich einige der schönsten Ausblicke über Berge und Fjorde der gesamten Färöer. Glücklicherweise ist der Weg hinauf einfach zugänglich. Vom Startpunkt (Richtung Heliport südwestlich von Klaksvík und dann den Weg hinauf) braucht man etwa eine Stunde. Man blickt hinunter auf die Hafenstadt **Klaksvík** und erkennt ihre tolle Lage im Bogen des Fjords, umgeben von steilen Bergen. Der Weg beginnt mit einem Schotterpfad und wird am Grashang an einem Sendemast vorbei schnell morastig und steil. Am Gipfel stehen ein paar Steinhaufen. Ein breiter, flacher Kamm führt zu einem gewaltigen Panoramablick.

Färöisches Bier trinken

DIE BRAUEREIEN DER INSELGRUPPE

Klaksvík ist Standort der größten Brauerei der Färöer, **Föroya Bjór**. Sie wurde 1888 von einem Bauern gegründet, der das Brauen in Dänemark gelernt hatte. Sie ist eins der ältesten Unternehmen der Inseln und noch immer im Familienbesitz. Heute werden 20 verschiedene Biere gebraut, vom Pils bis zum Starkbier. Zum Unternehmen gehören auch die jüngere Brauerei **Okkara** und **Einar's Distillery**, die in Mikladalur Whisky, Rum und Aquavit herstellt. Auf einer ein- oder zweistündigen Tour erfährt man alles über die 130-jährige

ESSEN AUF EYSTUROY

Café Cibo
Das beliebte Mittagslokal in Runavík serviert großzügige Burger und Sandwiches. **€**

Rose's Cafe
Nahe Eiði überzeugt das Café mit guter Qualität, freundlicher Bedienung und Ausblicken. **€€**

Brimborg
Schickes Restaurant am Abend in Gøtugjógv mit Grillhähnchen und Steaks. **€€**

RAINER GROSSKOPF/GETTY IMAGES ©

Trøllanes

DIE LEGENDE VON RISIN & KELLINGIN

Sowohl von Tjørnuvík als auch von der Straße zwischen Fiði und Funningur sieht man ein Paar auffällige Kliffpfeiler am Fuße der Nordspitze von Eysturoy. Es wird erzählt, sie seien ein Riese und eine Hexe, die die Färöer nach Island schleppen wollten. Kellingin, die „Hexe" mit zwei „Beinen" und einem spitzen „Hut", hat ein Seil um den nahen Berg Eiðikollur geworfen und der stämmige Riese Risin hat gezogen. Die ganze Nacht haben sie den Berg kein Stück bewegt. Bei Sonnenaufgang hat die Sonne sie dann versteinert.

Brauereigeschichte der Färöer. Die Touren enden mit Imbiss, Bier und Schnapsverkostung. Infos zu Führungen stehen auf der Website, es gibt auch einen Fabrikverkauf.

Licht, Kamera, Kalsoy!

JAMES BOND & UMWERFENDE KULISSEN

Dank des Leuchtturms von **Kallur** ist **Kalsoy** ein beliebtes Ausflugsziel. Die Nordspitze hat es in sich und bietet einen herausragenden Ausblick auf die Färöer. Die Fähre aus Klaksvík legt in **Syðradalur** an, von wo eine Straße durch vier haarsträubende Tunnel auf der Ostseite Kalsoys nach **Trøllanes** führt. Vom Parkplatz läuft man 30 Minuten über einen sumpfigen Hang bis zur Nordspitze der Insel. Der oberhalb eines fantastischen Aussichtspunktes thronende einsame rot-weiße Leuchtturm wird von dramatischen Klippen überragt und von spektakulären Küstenpanoramen eingerahmt, wie Viðoys steilem **Kap Enniberg**.

ALE-ANHÄNGER

Die färöische Brauszene wächst. 2022 hat **OY Brewing** (S. 141) eröffnet. Sie ist Teil von **Tórshavns Kneipentour** (beerwalk.dk). 2021 wurde Suðuroys Nano-Brauerei **Biskupskelda** gegründet, 2023 soll ein Schankraum in Vágur in Betrieb gehen.

ESSEN IN KLAKSVÍK

Amarant
Große Bäckerei und Café mit breiter Auswahl an Sandwiches und Gebäck. **€**

Fríða Kaffihús
An der Touristeninformation; Klaksvíks bestes Café mit leckerem Essen und Kaffee. **€**

Angus Steakhouse
Steaks, Burger und Lachs in schickem Ambiente. Filiale in Tórshavn. **€€**

WAS KANN MAN MACHEN AUF DEN FÄRÖERN?

Rose Alemayehu Poulsen ist Köchin und Besitzerin von Rose's Cafe in Eysturoy. Ihre Empfehlungen für die Hauptstadt und Umgebung:

Mykines
Die schönste Insel der Färöer (S. 153) hat eine einzigartige Vogelwelt. Ein Besuch sollte aber gut geplant werden, viele Seevögel kommen im Juni zum Nisten und fliegen Ende August wieder ab. Das Dorf ist ein gutes Beispiel für das färöische Leben in den 1970er- oder 1980er-Jahren.

Slættaratindur
Eine der besten Wanderungen führt hinauf zum Slættaratindur (S. 146), dem höchsten Berg auf den Färöern.

Ræst
Typisches Essen der Färöer gibt's im Ræst (S. 141) in Tórshavn.

Mikaladur

Das Finale des James Bond Films *Keine Zeit zu sterben* wurde hier gedreht, es wurde allerdings mit so vielen Effekten verfremdet, dass der kurze Auftritt des Ortes kaum zu erkennen ist. Spoileralarm! Es wurde ein Grabstein aufgestellt, für 007. Erstaunlicherweise scheinen die Menschen hier gern Selfies zu machen, trotz des Matsches drumherum.

Halte auf dem Rückweg in **Mikaladur** um die Statue der **Kópakonan** (Seehundfrau) zu betrachten, die der lokalen Legende zufolge ihre Seehundhaut ablegte und als wunderschöne Frau an Land ging. Doch ein Mann versteckte ihre Haut, sodass sie nicht mehr in den Ozean zurückkehren konnte.

Ein Kiosk in Trøllanes verkauft Getränke und Snacks. In Mikaladur gibt's das **Cafe Eðge** – aber nur im Sommer. Zu anderen Jahreszeiten muss man sich selbst versorgen.

UNTERWEGS VOR ORT

Die meisten Orte an Straßen sind innerhalb von einer Stunde von Tórshavn erreichbar. Zwei Strecken führen von der Hauptstadt in den Norden Streymoys: die neuere Küstenstraße durch den Kollafjardar-Tunnel und Oyggjarvegurin, eine malerische Route über die Berge. Von Tórshavn fährt ein Bus nach Kirkjubøur und Gamlarætt (101), Vestmanna (100), Klaksvík (400, 401) und zum Flughafen Vágar (300, 350). Fähren nach Dänemark und Island sowie nach Nólsoy und Suðuroy legen am Osthafen ab.

Der Eysturoy-Tunnel wurde 2020 eröffnet und hat die Fahrtzeit zwischen Tórshavn und Klaksvík auf 45 Minuten verringert. Klaksvík auf der Insel Borðoy ist bei Leirvík durch einen weiteren Unterseetunnel mit Eysturoy verbunden.

Eine Autofähre (ssl.fo) fährt mehrmals täglich vom Osthafen in Klaksvík nach Syðradalur auf Kalsoy. Bus 506 nimmt Fußgänger:innen auf und fährt nach Mikaladur und Trøllanes. Gut planen, um nicht lange auf die Fähre zurück warten zu müssen.

VÁGAR

Der internationale Flughafen der Färöer liegt auf Vágar. Wenn du also nicht mit der Fähre anreist, ist dies die erste Insel, die du betrittst. Weniger zerklüftet als seine östlichen Nachbarn, trumpft Vágar mit tollen Wasserfällen, traditionellen Dörfern und prächtigen Wanderwegen auf – ein perfekter Einstieg in die Inselgruppe. Im Zweiten Weltkrieg waren hier britische Soldaten stationiert. Sie bauten Pisten, Straßen und den Hafen. Während die nördliche Hälfte wildes Bergland ist, leben im Süden rund 3000 Menschen. In der größeren Siedlung Miðvágur im Osten gibt es eine Tankstelle und Supermärkte. Einmal um die Landzunge herum taucht Sandavágur auf mit der auffälligen rot bedachten Kirche, in der ein Runenstein aus dem 13. Jh. an den norwegischen Gründer der Siedlung erinnert. An der Westküste ist Sørvágur Ausgangspunkt für Ausflüge auf die zauberhafte Insel Mykines mit ihrer faszinierenden Küste und einem Dorf aus vergangenen Zeiten. Viele kommen aber vor allem wegen der Papageitaucher.

TOP TIPP

Anstatt vom Flughafen schnurstracks nach Tórshavn zu eilen, kannst du deine Reise auf Vágar beginnen und mit dem anfangen, was die Färöer besonders macht: die Natur. Warum nicht Mykines am Anfang zu besuchen, damit am Ende nicht schlechtes Wetter die Fahrt verhindert.

Felsentor Drangarnir (S. 151)

HIGHLIGHTS
1 Mykines
SEHENSWERTES
2 Bøsdalafossur
3 Bøur
4 Drangarnir
5 Gásadalur
6 Knúkur
7 Múlafossur
8 Mykines (Dorf)
9 Mykineshólmur
10 Sandavágur
11 Slættanes
12 Sørvágsvatn
13 Sørvágur
14 Tindhólmur
15 Trøllkonufingur
KURSE & TOUREN
16 Trælanípa
AUSGEHEN & FEIERN
(siehe 8) Locals
ÖPNV
17 Bootstouren
(siehe 8) Heliport

Bøur

Zeitlose Dörfer & tolle Wasserfälle

DIE SCHÖNSTEN WASSERFÄLLE DER FÄRÖER

Vier Kilometer von **Sørvágur** geht's auf der Küstenstraße zum hübschen Dorf **Bøur**, einer lauschigen Reihe von schwarzen, grasbedeckten Hütten die aufs Meer blicken. Ein Stück weiter taucht die Straße in einen Bergtunnel und im abgeschiedenen **Gásadalur** wieder auf. Erst nach dem Bau des Tunnels 2006 wurde der Ort durch eine Straße mit dem Rest der Inseln verbunden. Davor mussten die 11 Dorfbewohner:innen den Berg zu Fuß überqueren oder einen Helikopter nehmen. Auf den Spuren der Einheimischen kann man die **alte Postroute** steil über den Berg wandern. Direkt vor dem Dorf führt eine breiter 300 m langer Weg zum spektakulären Wasserfall **Múlafossur**. Er stürzt aus den Klippen ins Meer, und mit dem Dorf und den Bergen im Hintergrund ist er unwiderstehlich fotogen.

Brandungspfeiler & Seehunde erspähen

DRANGARNIR & TINDHÓLMUR MIT DEM BOOT ERKUNDEN

Küstenlandschaften sind selten so spektakulär wie die Felsen in **Drangarnir** und die Zacken der Insel **Tindhólmur**. Drangarnir besteht aus zwei Formationen, einer Felssäule und einem winkligen Bogen, während der gezackte Bergrücken von Tindhólmur 262 m aus dem Meer herausragt. Die **Mykines-Fähre** fährt täglich an diesen bemerkenswerten geologischen Formationen vorbei. Mit einer **Bootstour** von Blue Gate oder Sea Travel kommt man nah heran. Wer von Sørvágur losfährt, bekommt eine aufregende einstündige Fahrt durch die Bucht mit Stationen in Bøur und Múlafossur, bevor es durch die Wellen zu den Inseln geht. Man sieht Seevögel

STREITFRAGE GRINDADRÁP

Grindadráp, die Jagd auf Grindwale rund um die Färöer wird zunehmend infrage gestellt und von blutigen Bildern von Schlachtungen in der internationalen Presse begleitet.

Der Internationalen Union zur Bewahrung der Natur zufolge sind Langflossen-Grindwale nicht gefährdet. Färöische Waljäger töten jährlich rund 850 (manchmal auch einen Delfin). Sie werden zur Küste getrieben und dann mit Rückgratlanzen getötet. Tierschutzgruppen verurteilen dies als grausam und barbarisch, Einheimische argumentieren, dass der Wal eine nachhaltige Lebensmittelquelle sei und zur kulturellen Identität der Färöer gehöre.

Der Konflikt spitzte sich 2021 zu, als 1400 Weißseitendelfine getötet wurden. Nach dem öffentlichen Aufschrei hat die Regierung eine Quote von 500 Delfinen jährlich erlassen. Für Grindwale gibt es bisher keine Quoten.

ÜBERNACHTEN AUF VÁGAR

Á Giljanes Hostel & Campingplatz
Bei Sandavágur, Hostel mit guter Ausstattung, sauberen Zimmern und Zeltplätzen. **€**

Cottages by the Sea
Hübsch eingerichtete helle Doppelhäuser im skandinavischen Flair am Ufer von Sørvágur. **€€**

Múlafossur-Hütten
Zweibetthütten mit Grasdach am ruhigen Ufer oberhalb von Gásadalur. **€€€**

DER ZWEITE WELTKRIEG AUF DEN FÄRÖERN

Nachdem die Deutschen in Dänemark 1940 einmarschiert waren, startete die Operation Valentine der britischen Armee. Rund 8000 britische Soldaten wurden auf Vágar stationiert. Die Färöer zahlten einen hohen Tribut, mehr als 200 Fischer verloren ihr Leben. Gegenüber vom Flughafen erzählt das Kriegsmuseum **Krígssavnið** (geöffnet im Sommer an Wochenenden) die Geschichte mit Fotos, Andenken und individuellen Schicksalen. Einige Marotten haben die Briten hinterlassen: Die Färinger lieben Fish'n'Chips und in Supermärkten gibt's Marken wie Typhoo Tea und Tunnock's Teacakes.

IACOMINO FRIMAGES/SHUTTERSTOCK ©

Papageitaucher, Mykines

und manchmal auch Seehunde. Die Boote haben kein Dach, warme, wasserdichte Kleidung ist von Vorteil.

Wandern in Vágars toller Landschaft

MALERISCHE WANDERWEGE

Umwerfende Blicke über riesige Seeklippen, entfernte Inseln und einen donnernden Wasserfall gibt's auf dieser beliebten 6 km langen Wanderung (2 Std., hin & zurück) zu den Felskuppen bei **Trælanípa**. Die Strecke beginnt nach Zahlung von 200 Kr Eintrittsgebühr (Kartenzahlung möglich) an einem Gatter oberhalb von Miðvágur. Wandernde blicken auf **Sørvágsvatn**, den größten See der Färöer, auch Leitisvatn genannt, bevor es zur Landzunge hinab geht. Wenn man auf die Spitze zuläuft, erblickt man plötzlich steile Meeresklippen und der Weg gabelt sich. Links führen Holzstufen hinauf zur Spitze mit spektakulären Blicken über die Küste. Nach rechts kommt man zum Ausblick auf **Bøsdalafossur**, einen 30 m hohen Wasserfall, der ins Meer stürzt.

Vágar hat mehrere lohnende Wanderwege. Ein 1 km langer Spaziergang führt zu einem Aussichtspunkt, der auf die dramatische Felsspitze **Trøllkonufingur** (Hexenfinger) an der Südküste von Vágar blickt. Ein Parkplatz liegt am Hang hinter **Sandavágur**. Von hier läuft man etwa 20 Minuten auf einem asphaltierten (später geschotterten) Weg nach Osten.

Eine anstrengende 30 km lange Wanderung führt zum verlassenen Ort **Slættanes**. Los geht's am Parkplatz Á Hálsi bei Sandavágur bis nach **Gásadalur**. Man muss 12 bis 15 Stunden rechnen, kann

VERANTWORTUNGSVOLL WANDERN AUF DEN FÄRÖERN

Auf Vágar gibt es einige der schönsten Wanderwege auf den Färöern. Wer gut vorbereitet losläuft, hat mehr davon. Wanderregeln für die Färöer s. S. 144.

ESSEN AUF VÁGAR

Fiskastykkið
Das beste Café der Inselgruppe liegt versteckt in einem schönen, ehemaligen Lagerhaus in Sandavágur. **€€**

Gásadalsgarður Café& Pension
Renoviertes Traditionshaus in Gásadalur, warme Gerichte und selbst gebackener Kuchen. **€**

Cafe Pollastova
Originale Kunstwerke zieren die Wände dieses fröhlichen Cafés in Sørvágur. Im Sommer länger geöffnet. **€**

aber auf halber Strecke campen. Detaillierte Touren werden in dem Guide *Hiking in the Faroe Islands* (visitfaroeislands.com) beschrieben.

Papageitaucher auf Mykines

EIN PARADIES FÜR SEEVÖGEL

Einzigartig und unberührt ist **Mykines**, einer der wenigen Orte der Welt, wo man Papageitauchern richtig nahe kommen kann. Die süßen Federviecher kommen von Anfang Mai bis Ende August auf die Insel, bevor sie ihre bunten Schnäbel verlieren und monatelang über dem Meer verbringen. Die größte Kolonie auf Mykines nistet in Erdhöhlen auf Felskuppen an der Nordküste. Dorthin führt ein Fußweg direkt aus dem Dorf heraus. Nach einem Erdrutsch 2021 wurde der Hauptweg westlich eines Denkmals aus den 1930er-Jahren geschlossen. Zum Zeitpunkt der Recherche waren Teile der Nistplätze sowie die Insel **Mykineshólmur** mit der Fußbrücke, einem hübschen Leuchtturm und einer kreischenden Tölpelkolonie noch nicht zugänglich. Im Frühjahr 2023 soll neu entschieden werden. Doch auch trotz der Schließung kann man auf den Felskuppen Papageitaucher beobachten. Der Weg nach Mykineshólmur ist fantastisch und sollte auf keinen Fall verpasst werden, wenn der Zugang wieder geöffnet wird.

Alle Inselbesucher:innen zahlen eine Wandergebühr von 250 Kr, online auf hiking.fo oder im Café **Locals**.

Mehr Zeit auf Mykines

ÜBER NACHT IN EINEM TRADITIONELLEN DORF

Wer in Mykines übernachtet, erlebt authentisches Dorfleben. Nur zehn Menschen leben hier ganzjährig. Die wenigen engen Straßen sind rasch abgelaufen. In der Inselmitte erhebt sich der Funkmast auf dem Gipfel des **Knukur** (560 m) und bietet atemberaubende Blicke über Vágar und Mykines. Man läuft etwa 3 km vom Dorf über Pfade und raues Gelände. Ein kurzer Weg über das Feld hinter dem Helipad führt zum **Aussichtspunkt Kumlar**, von wo man auf Vogelklippen schaut. Zimmer gibt's im **Á Lonini Guesthouse**, **Mykineslon** und **The Locals**.

PAPAGEITAUCHER SCHÜTZEN

Rund eine halbe Million Papageitaucherpaare brüten auf den Färöern. Nach Jahren des Rückgangs ihrer Population sind Papageitaucher noch immer gefährdet, trotz der Jagdbeschränkungen. Wissenschaftler:innen meinen, dass Futtermangel aufgrund von steigenden Meerestemperaturen und Klimawandel mitverantwortlich sei. Ausgewachsene Vögel müssen weiter fliegen, um Futter zu finden und ihre Jungtiere länger schutzlos und hungrig zurücklassen. Die Vogelwelt auf Mykines genießt einen besonderen Schutzstatus, ebenso wie die Schwärme auf Nólsoy und Skúvoy. Befolge die Besuchsregeln, um Störungen zu minimieren: Bleibe auf den markierten Wegen und gehe nicht näher als 2 m an die Nester heran. Sprich leise, fotografiere die Nester nicht mit Blitz und lass keine Drohnen in Nistgebiete fliegen.

UNTERWEGS VOR ORT

Mit dem eigenen Auto kommt man am besten herum; Autovermietungen befinden sich links am Ausgang des Flughafens. Die Bushaltestelle ist direkt davor. Busse fahren nach Sørvágur (300) und Gásadalur (350) im Westen, sowie nach Osten durch Miðvágur und Sandavágur auf dem Weg nach Tórshavn. Praktischerweise kommen sie nah an den Sehenswürdigkeiten von Vágar vorbei.

Im Sommer verkehrt die Passagierfähre von Sørvágur (mykines.fo) nach Mykines zweimal täglich, etwas seltener im April, September und Oktober. Nicht alle Busse fahren im Winter. Mykines hat auch einen Heliport; Flüge (atlantic.fo) gehen drei- bis viermal die Woche zum Flughafen Vágar und weiter nach Tórshavn. Vom Schiffsanleger der Insel sind es mehr als 130 Stufen ins Dorf Mykines, wo es nur wenige (autofreie) Straßen gibt. Außerhalb des Dorfs gibt es nur Fuß- und Wanderwege. Die Strecke zur Papageitaucherkolonie wird durch Holzpfähle markiert. Achte auf Aushänge mit Karten.

Ankunft

Die meisten Reisenden kommen auf dem internationalen Flughafen der Färöer auf Vágar an. Alle Gäste müssen durch die Passkontrolle, und es gibt eine Duty-free-Zone bei der Ankunft. Die Abflughalle hat ein Café und eine Touristeninformation. Es gibt keinen Geldautomaten auf dem Flughafen, aber der Flughafenbus kann mit Karte bezahlt werden.

Einreise

Deutsche, österreichische und Schweizer Staatsangehörige brauchen wie die meisten Schengen-Bürger:innen nur einen Personalausweis für die Einreise. Die Färöer sind kein EU- oder Schengenmitglied, dänische Visa gelten nur, wenn entsprechend ausgestellt.

Ankunft mit der Fähre

Die **Smyril Line** (smyrilline.fo) Autofähre fährt wöchentlich von Hirtshals in Dänemark mit Zwischenhalt in Tórshavn nach Seyðisfjørður in Island. Im Sommer gibt's außerdem die Verbindung Hirtshals–Tórshavn.

WLAN

Die Färöer sind bekannt für schnelles Internet. Am Flughafen Vágar gibt's kostenloses WLAN. Zugang gibt's auch in vielen Hotels, Bibliotheken und Cafés überall in Tórshavn und Umgebung.

Handy

Trotz der abgeschiedenen Lage ist der Telefonempfang ausgezeichnet. Die Anbieter Føroya Tele und Nema decken die meisten Inseln ab. SIM-Karten gibt's in Läden oder Postämtern. Die internationale Vorwahl ist +298.

Vom Flughafen in die Stadt

BUS: 55 Min. **90 Kr**

TAXI: 50 Min. **750 Kr**

SHUTTLE: 50 Min. **230 Kr**

GELD

Die färöische Krone (Kr) ist 1:1 an die dänische Krone gekoppelt; man kann mit beiden Währungen bezahlen. Kreditkarten können in Geschäften, Restaurants, Hotels und selbst auf den entlegenen Inseln genutzt werden. American Express wird meist nicht akzeptiert. Den Eintritt in kleineren Museen muss man häufig bar bezahlen. Die meisten Städte und einige Dörfer haben eine Bank. Öffnungszeiten sind meist Montag bis Freitag von 9.30 bis 16 Uhr; in kleineren Orten eher kürzer. Geldautomaten sind rund um die Uhr zugänglich. Fremdwährung sollte besser nicht mitgebracht werden; es könnte schwierig sein, sie außerhalb von Tórshavn umzutauschen.

Unterwegs vor Ort

Dank des hervorragenden Straßennetzes und der Tunnel kann man die meisten Orte innerhalb von einer Stunde von Tórshavn erreichen. Mehrere abgelegene Inseln haben regelmäßige Fähr- und Helikopterverbindungen.

REISEKOSTEN

Autovermietung
ab 600 Kr/Tag

Bus von Tórshavn nach Klaksvík
90 Kr

Fährticket nach Mykines
60 Kr, einfach

Eysturoy-Tunnel
175 Kr/Auto, einfach

Mietwagen

Die beste Art, die Inseln zu erkunden, ist mit einem eigenen Auto. Vermietungen sind aber recht teuer. Es gibt mehrere Anbieter, die links neben dem Flughafen Schalter betreiben. Auch einige Pensionen vermieten Fahrzeuge.

Tunnelgebühren

Die Maut für Unterwassertunnel rangiert von 100 Kr bis 175 Kr pro Auto. Die Gebühren werden automatisch anhand der Nummernschilder berechnet. Autovermietungen kümmern sich um die Bezahlung und stellen sie später in Rechnung. Oder man zahlt online über tunnil.fo.

TIPP

Vier- oder Sieben-Tage-) Netzkarten (400 Kr/700 Kr) erlauben die unbegrenzte Nutzung von Bussen und Fähren auf den Inseln, außer Mykines.

TUNNELBLICK

Es dauert nicht lange, bis man auf ein wesentliches färöisches Phänomen stößt: Tunnel. Es gibt über 20, weitere sind in Planung. Die Tunnelobsession begann in den 1960er-Jahren und hat das Leben in den kleinen, einst isolierten Gemeinden verändert. Nicht alle Tunnel waren wirtschaftlich. Haarsträubende einspurige Strecken schneiden durch Berge, während moderne Ingenieurleistungen Inseln unter Wasser verbinden. Mit einer Länge von 11 km und dem ersten Unterwasser-Kreisverkehr ist der Eysturoy-Tunnel von 2021 bisher der größte.

UNBEDINGT BEACHTEN!

Rechts fahren, Licht immer anschalten.

Das Tempolimit beträgt generell 50 km/h in Wohngebieten, sonst 80 km/h.

M

„M"-Schilder zeigen Ausweichstellen in einspurigen Tunneln an.

Bus

Das Busnetz ist groß und die Fahrkarten sind günstig. In Tórshavn treffen sich alle Linien auf Streymoy. Von hier fahren Expressbusse zum Flughafen und nach Klaksvík, dort führen Routen weiter in den Nordosten. Auf Sandoy, Suðuroy und Kalsoy kann man auf Fähren umsteigen: ssl.fo/en.

Fähre

Mehrere Inseln haben Fährverbindungen: von Tórshavn nach Nólsoy und Suðuroy. An anderen Orten fahren Boote nach Sandoy, Kalsoy, Svínoy, Fugloy und Skúvoy. Man zahlt an Bord (Fahrpläne auf ssl.fo/en). Nach Mykines fährt man von Sørvágur, vorab online buchen (mykines.fo).

Helikopter

Helikopter (tyrla.atlantic.fo) fliegen drei- oder viermal in der Woche zwischen rund einem Dutzend Heliports, sie sind eine wichtige Verbindung für die kleinen Inselgemeinden. Tickets werden subventioniert und sind vor allem für Inselbewohner:innen bestimmt. Man kann nur ein Ticket pro Tag kaufen.

Nachhaltig reisen

Grüne Verkehrsmittel

Ein Mietwagen bietet die praktischste Möglichkeit, sich auf den Inseln zu bewegen. E-Autos sind eine Alternative. Die Entfernungen sind ziemlich kurz und es gibt einige Ladestationen (s. elbil.fo). Wer Zeit hat, kann das gute ÖPNV-Angebot nutzen oder ein Fahrrad mieten.

Rent a Bike & Outdoor (rentabike.fo) in Tórshavn bietet wöchentliche Radtouren wie Stadtrundfahrten oder Mountainbike-Ausflüge.

Schnür die Wanderschuhe

Wenige Aktivitäten haben einen geringeren CO_2-Fußabtritt als das Wandern. Zum Schutz der sensiblen Umwelt sollte man auf den Wegen bleiben und verantwortlich wandern, siehe „Wanderregeln“ (S. 144).

Voluntourismus

Tausende bewerben sich für das Programm „Temporär geschlossen“ (visitfaroe islands.com/en/closed), bei dem 100 Freiwillige drei Tage lang Aufgaben auf den Inseln übernehmen wie Wege herrichten und Schilder aufstellen.

Heimablídni (S. 158) bedeutet „Gastlichkeit daheim“: Einheimische laden Reisende zum Essen in ihr Zuhause ein. In familiärer Atmosphäre hat man die Gelegenheit, die Färinger besser kennenzulernen.

Ull er Føroya Gull ist ein altes färöisches Sprichwort und bedeutet „Wolle ist der Gott der Färinger“. *Heimavirki* sind lokale Handarbeitsgruppen, die ihre selbst gestrickten Werke verkaufen.

Tierwelt

Die Färöer sind ein Paradies für die Vogelbeobachtung. Mykines, Nólsoy und Skúvoy sind wegen der vielfältigen Vogelwelt und Biodiversität als Ramsar-Gebiete ausgewiesen. Viele Vögel nisten von Ende April bis Anfang September, in dieser Zeit gibt's also am meisten zu sehen. Ein Highlight sind die Papageitaucher auf Mykines (S. 153), die Bootsfahrt zu den Meeresklippen von Vestmanna (S. 144) ist ebenfalls toll.

Die Jagd von Grindwalen *(grindadráp)* ist umstritten. Tierschutzgruppen protestieren, während Einheimische den Wal als nachhaltige Lebensmittelquelle und die Jagd als Teil der färöischen Kultur betrachten, s. S. 151.

Nachhaltige Empfehlungen

Veltan Fast sämtliches Obst und Gemüse muss importiert werden. Veltan (veltan.fo) ist ein kleiner Hof mit Gemeinschaftsgarten auf Sandoy, wo Einheimische ihr Essen selbst anbauen.

Minority International Film Festival Filmfestival (fimff.org) in Tórshavn, jeden September mit einem Schwerpunkt auf nordischen Minderheiten und marginalisierten Gruppen.

Koks Dank der saisonalen und lokalen Küche wurde das färöische Restaurant Koks von Michelin mit einem grünen Kleeblatt für Nachhaltigkeit ausgezeichnet. Es soll 2024 auf die Färöer zurückkehren .

Übernachten

Hotels

In der Hauptstadt findest du die meisten Unterkünfte – von günstig bis schick, von einfach bis erstklassig wie das Hilton. Frühstück ist normalerweise enthalten und die meisten Hotels haben ordentliche Restaurants. Die Reservierung ist über internationale Buchungsapps am einfachsten. In kleineren Dörfern gibt es auch einige richtig gute Hotels, z. B. in Gjógv, Skálavík oder Viðareiði.

Haus & Hütte mieten

In den letzten Jahren haben Angebote zur Ferienvermietungen stark zugenommen. Es gibt einige sehr schöne Optionen, wie stilvolle Appartements, geschmackvoll renovierte Grassodenhütten und bezaubernde umgebaute Fischerhütten am Meer. Airbnb hat die meisten Angebote, mindestens zwei Nächte sind hier üblich. Die färöischen Seiten booklocal.fo und gestablídni.fo sind eine gute Alternative.

Günstig übernachten

Abgesehen vom eigenen Zelt sind günstige Unterkünfte eher dünn gesät. Á Giljanes Hostel & Campingplatz (S. 151) bei Sandavágur ist das einzige typische Hostel mit Schlafsälen. Es gibt einige günstigere Pensionen und Airbnb-Angebote mit Zimmern um 450–700 Kr pro Nacht; frühzeitig buchen.

WIE VIEL KOSTET EINE NACHT...

Campingplatz
Zelt ab 100 Kr

Pension
650–1300 Kr

Hütte mit Grasdach
900–2300 Kr

Camping

Anders als im übrigen Norden haben die Färöer keine öffentlichen Wildnisgebiete. Das Land ist im Privatbesitz; Camping ist deshalb nur auf dafür vorgesehenen Campingplätzen erlaubt. Es gibt etwa 20 Plätze, zu finden unter camping.fo. Einige sind wenig reizvoll und vollgepackt mit Wohnmobilen; es gibt aber auch ein paar hübsche. Achtung: Wohnmobile dürfen über Nacht nicht auf Parkstreifen stehen.

Pensionen

Eine gute Möglichkeit, die örtlichen Anwohner:innen zu unterstützen, ist eine Übernachtung in einer Pension. Die meisten Dörfer in der Nähe von Sehenswürdigkeiten haben B&Bs. Neben einer angenehmen Übernachtungsmöglichkeit bekommt man auch die Gelegenheit, mit den Gastgebern zu reden und mehr über die Färöer zu erfahren. Jede Insel hat eine eigene Website mit Informationen für Tourist:innen.

FÄRÖISCHE GRASSODENDACHHÄUSER

Egal ob märchenhafte Hütte oder Regierungsgebäude, überall auf den Inseln stehen Grassodenhäuser. Selbst moderne Hotels, Konzert- und Rathäuser haben die charakteristischen Grasdächer. Schon die ersten nordischen Siedler haben ihre Häuser auf diese Weise gegen die Kälte isoliert. In den Dörfern Kirkjubøur und Bøur gibt es viele hübsche Beispiele. In einem solchen Haus zu übernachten ist eine besondere färöische Attraktion. Schau bei Airbnb oder booklocal.fo nach entsprechenden Angeboten.

Essen, trinken & feiern

Selbstversorgung

Die meisten gut sortierten Supermärkte gibt es in Tórshavn. Miklagarðurs im Untergeschoss des Einkaufszentrums SMS ist besonders gut. In Städten wie Klaksvík, Miðvágur und Vestmanna gibt es Filialen der Kette FK (Føroya Keypsamtøka), des Discounters Bonus sowie Á. Geöffnet ist meist Montag bis Samstag von 8 bis 22 Uhr. In der Regel gibt's in jedem Dorf einen Laden. Die meisten Dinge sind importiert, überraschenderweise ist frischer Fisch manchmal schwer aufzutreiben.

Wo?

Cafés Zum Frühstück (Kaffee, Croissants oder Brötchen) und Mittag (Sandwiches, Salate und Suppen). Vegetarische Gerichte sind selten, in Tórshavn gibt's meist ein vegetarisches Angebot.

Zum Mitnehmen Fish'n'Chips sind beliebt. Pizzerien und Imbisse sind einfach, aber bis spät geöffnet.

***Matstova* (Restaurants)** Tórshavn hat die größte Auswahl für jedes Budget. Anderswo gibt's Standards wie Burger und Steaks, manchmal auch thailändische oder philippinische Restaurants.

***Heimablídni* (bei Färingern zu Gast)** Färöische Gerichte sind meist fleisch- und kartoffellastig und mit wenig Gemüse. Einige *heimablídni* servieren Fisch.

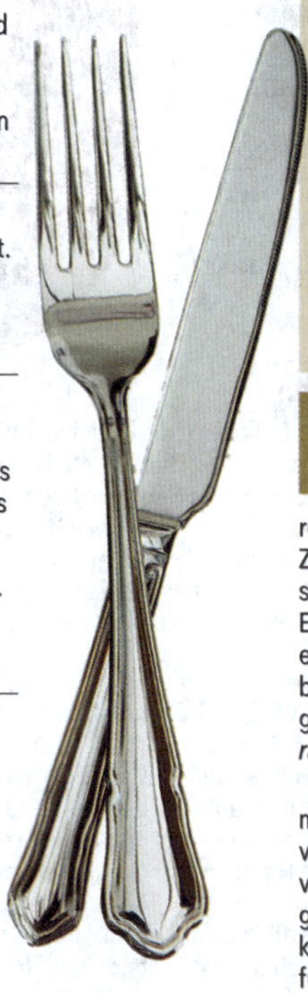

KULINARISCHES

barnamatskrá Kindermenü
bílegg Reservierung
breyð Brot
búffur Steak
burgari við neytakjøti Rindfleischburger
dagsins rættur Tagesgericht
døgurða Abendessen
drekkivørur Getränkekarte
epli Kartoffel
fiskur Fisch
forrættur Vorspeise
grillað gegrillt
grísur Schwein
høsnarungi Hühnchen
høvuðsrættur Hauptgericht
kaffi Kaffee
kaka, køka Kuchen
kál Kohl
kips Pommes frites
kjøt Lamm
laksur Lachs
mjólk Milch
morgunmatur Frühstück
øl, bjór Bier
ostur Käse
pylsa Wurst
rækjur Krabben
ræst fiskur fermentierter Fisch
rættur Gericht
royktum fleski geräucherter Schinken
saltaður toskur gepökelter Dorsch
sild Hering
skerpikjøt windgetrocknetes Lamm
smør Butter
steiktur frittiert
súpan Suppe
te Tee
vatn Wasser
vegetarur vegetarisch
vín Wein

WIE...

Heimablídni finden

Heimablídni steht für „zu Gast bei Färingern" und wird auf vielen der Färöer Inseln angeboten. Essen in einem privaten Zuhause ist einer der besten Wege, das färöische Leben kennenzulernen und authentisches Essen zu probieren. Die Gerichte reichen von einfachen Mittagessen mit Suppe über Kuchen bis zu mehrgängigen Menüs am Abend. Häufig gibt's Fisch oder Lamm und vielleicht auch mal *ræst* (fermentiertes Fleisch).

Heimablídni ist keine günstige Angelegenheit, meist zahlt man über 500 Kr, und man muss vorab reservieren, damit die Gastgeber alles vorbereiten können. Häufig gibt's eine Mindestgastzahl von zwei oder vier. Auf eatlocal.fo kann man die Angebote buchen. Alternativ führen die Websites der jeweiligen Insel oder der Touristeninformationen häufig eine Liste mit *heimablídni*-Angeboten.

OBEN: ANDYD/GETTY IMAGES ©

WIE VIEL KOSTET ...

Fischsuppe
135 Kr

Sandwich
50–90 Kr

Kaffee
35kr

Stück Kuchen
45 Kr

Menü (ohne Wein) in einem Gongin-Restaurant
500–750 Kr

Heimablídni-Abendessen
500–995 Kr

Bier
65kr

Glas Wein
60–100 Kr

WIE ... Traditionelles Ræst probieren

Gebeutelt von stürmischen Nordatlantikwinden haben die Färinger zur Haltbarmachung von Lebensmitteln seit Jahrhunderten die Kraft der Natur genutzt. Die salzige Luft und die gleichbleibend kühlen Temperaturen sind ideal für *ræst*, also zum Fermentieren. Es handelt sich um eine traditionelle Windtrockenmethode, die noch heute angewendet wird: Fleisch und Fisch werden in kleinen zugigen Hütten, den *hjallur*, aufgehängt. Manchmal sieht man auch Fisch (sogar schwarzes Walfleisch) in den Dachsparren der Häuser hängen. Wenn das Fleisch das Stadium *ræstur* erreicht hat, ist es essbar, ohne gekocht werden zu müssen. *Ræst kjøt* (fermentiertes Lamm) und *ræst fiskur* (fermentierter Fisch) sind färöische Spezialitäten.

Gut abgehangener (5–7 Monate), windgetrockneter Hammel, *skerpikjøt*, ist besonders beliebt und besonders aromatisch, das Fleisch hat eine trockene Textur und ist mit Schimmel überzogen. Einen Ort zu finden, wo man die Delikatesse probieren kann, ist eine andere Sache. Das Restaurant Ræst (S. 141) wird seinem Namen gerecht und serviert fermentierte Gerichte. In der Kleinbrauerei OY (S. 141) gibt's Püree aus gepökeltem Dorsch mit fermentiertem Lammfett, und das Tarv (S. 141) bietet windgetrocknetes Lamm auf traditionelle Art, dünn geschnitten mit Brot, Butter und einer Prise Salz. Meist wird *ræst* im Kreis der Familie mit Freunden gegessen; *heimablídni* kann eine weitere Gelegenheit zum Probieren sein.

Skerpikjøt

Es wird häufig behauptet, dass auf den Färöern mehr Schafe als Menschen leben. Tatsächlich gibt es rund 70 000 Schafe auf den Inseln. Sie werden traditionell im Oktober geschlachtet. Das meiste Fleisch wird zu *skerpikjøt*.

AUSGEHEN

Freitag- und Samstagabend füllen sich Bars und Kneipen in Tórshavn mit Feierfreudigen. Das Nachtleben konzentriert sich auf Gríms Kambansgøta und Tórsgøta, die meisten Bars und Pubs sind bis 4 Uhr früh geöffnet.

Außerhalb der Hauptstadt hat Klaksvík ein paar Bars und Pubs, ebenso wie Vágur auf Suðuroy, doch sonst ist es auf den Inseln eher ruhig; die meisten Färinger treffen sich mit Freunden zu Hause.

Neben den traditionellen Kneipen entstehen in der Hauptstadt zunehmend auch Kleinbrauereien mit Ausschank, wie das OY, sowie gemütliche Bars, die sich auf Craft-Bier spezialisiert haben, wie Mikkeller und Bjorkin. Das Angebot an Wein- und Cocktailbars ist ausbaufähig.

Es gibt keine spezifischen Orte für LGBTQIA+ auf den Färöern. Zur Pride werden jedes Jahr Partys organisiert und es gibt das jährliche Minority Film Festival. In Tórshavn ist Sirkus explizit queerfreundlich und veranstaltet manchmal LGBTQIA-Partys.

Livemusik ist an Wochenenden in Pubs und Bars zu hören. In Tórshavn bietet Blábar Jazz- und Blueskonzerte. Reinsaríið ist eine stimmungsvolle Konzert-Location in einer ehemaligen Wäscherei, während das Kulturzentrum Norðurlandahúsið (nordisches Haus) verschiedene Darbietungen und Shows organisiert.

Außerhalb von Tórshavn ist Maggies im Dorf Nólsoy bekannt für Livekonzerte. Zahlreiche kleinere Lokale und Cafés auf den Inseln bieten gelegentlich im Rahmen der Konzertreihe Summar Tonar (summertonar.fo) Klassik- und Folk-Konzerte.

Links: Porvoo (S. 172); rechts: Kauppatori (S. 168), Helsinki

FINNLAND

UMWERFENDE SZENERIE, WIDERSTÄNDIGER GEIST

Finnland ist ein eigentümlicher Schmelztiegel aus arktischem Norden, reizenden geschichtsträchtigen Küstenorten und spannenden modernen Städten.

Ist Finnland ein skandinavisches Land? Um sich an der alten Debatte zu beteiligen, muss man hinfahren. Finnland ist in vielerlei Hinsicht das schwarze Schaf der nordischen Länder – kulturell geformt von Ost und West sowie vom indigenen Erbe des Nordens. Geprägt ist es durch eine Geschichte verheerender Kriege und Invasionen, was die Auszeichnung als „glücklichstes Land der Welt“ umso bemerkenswerter macht.

JONATHAN STOKES/LONELY PLANET ©

Wieder und wieder ist Finnland auferstanden aus Ruinen, um sich zu einem Aushängeschild des guten Lebens zu entwickeln, mit Sommerhäuschen und weltbekanntem modernem Design und ebenso renommierter zeitgenössischer Architektur sowie einer blühenden Musik- und Gastroszene. *Sisu* (ein unübersetzbares Wort für Beharrlichkeit und Unbeugsamkeit), die wichtigste Eigenschaft des Landes, zeigt sich in der ganzen finnischen Kultur, vom Saunagang bis zu zähen Olympionik:innen und der tapferen Wildnis – selbst die finnischen Robben wehren sich mutig gegen das Aussterben. Auch die Natur zeigt Temperament, z. B. das kapriziöse Nordlicht und die endlosen Ufer, die dem Land den Beinamen „Land der tausend Seen“ beschert haben. Und auch die menschengemachten Juwele in Städten und Museen sind eine Augenweide.

Eine wahre Wonne ist der ansteckende vergnügungsfreudige Geist der Finn:innen – sie sind warmherzig und unter der oberflächlichen Reserviertheit echte Spaßvögel. Ob Festivals, Outdoor-Abenteuer oder uralte Ruinen – Finnland und sein einzigartiger geheimnisvoller Nimbus sorgen für unglaubliche Erkundungen.

DIE WICHTIGSTEN ZIELE

HELSINKI
Nördliche Coolness mit freundlichem Einschlag. S. 166

TURKU
Skandinaviens Version südlichen Charmes. S. 174

ROVANIEMI
Regionalhauptstadt und quirliges Zentrum Lapplands. S. 182

INARI
Der arktische Norden und indigene Kultur. S. 186

KILPISJÄRVI
Entlegenes Juwel mit tollen Wandermöglichkeiten. S. 195

Erste Orientierung

Finnland ist eins der großen Länder Europas – Helsinki ist rund 1000 km vom Polarkreis entfernt. Allein Lappland, die größte Region des Landes, erstreckt sich über 500 km. Die meisten Abenteuer beginnen in Helsinki, es sei denn, man fliegt direkt in den Norden.

Inari, S. 186
Im Norden gibt's die Heimat der Sam:innen zu entdecken, mit Hundeschlitten- und Schneemobiltouren und Rentierbeobachtung. Und das alles bei klarster Luft und unter weitem Himmel – herrlich!

Rovaniemi, S. 182
Rund um den Polarkreis Einheimische wie den Weihnachtsmann treffen und aus einer Vielzahl von Abenteuern wählen, die den hohen Norden verkörpern.

AUTO

Wer etwas mehr herumreist, für den ist ein eigenes Fahrzeug das beste Fortbewegungsmittel. Unbedingt auf den Straßen auf Tiere achten, immer wissen, wo die nächste Tankstelle ist, und im Winter Winterreifen aufziehen und das Wetter checken!

ÖFFENTLICHE VERKEHRSMITTEL

Nach den finnischen Verkehrsmitteln kann man die Uhr stellen. Am bequemsten sind Züge (vr.fi); Busse (matkahuolto.fi) sind langsamer, fahren aber öfter. Auf viel genutzten Bahnstrecken buchen! Busse müssen meist nicht reserviert werden. Zu den Inseln schippern Fähren, von denen nur wenige kostenlos sind.

ZU FUSS UNTERWEGS

Finnische Städte lassen sich bestens zu Fuß erkunden. In Helsinki und Turku liegen die meisten Hauptattraktionen nicht weit auseinander. Auf längeren Strecken und bei müden Füßen helfen öffentliche Verkehrsmittel und E-Scooter.

Rauma, S. 215
Eine einzigartige alte Holzstadt, Welterbestätte und doch sehr lebendig, mit zahlreichen guten Restaurants, Bars und Geschäften.

Fasta Åland, S. 226
Stille Wälder, schöne Autostrecken und jede Menge Obstgärten in der Sonnenecke Nordeuropas, dazu quirliges Alltagsleben und erholsame Abgeschiedenheit.

Turku, S. 174
Faszinierende mittelalterliche Baukunst in Finnlands ältester Stadt und früherer Hauptstadt. Kleine Hafenorte an der Südküste und auf den Inseln eignen sich prima für Erkundungen.

Saimaa-Seenland, S. 205
Hier erfährt man, warum Finnland das „Land der tausend Seen" heißt: Es locken Radtouren, Wanderungen, Wassersport und Sommerhäuschen an wunderschönen Ufern.

Helsinki, S. 166
Eindrucksvolle Kunst und Architektur, jede Menge Seen in der Nähe und spannende Aromen von Bauernhof bis Wald. Die Hauptstadt des „glücklichsten Lands der Welt" hat allen etwas zu bieten.

Hanko, S. 211
Nordisches Küstenleben in Reinkultur mit Kriegsgeschichte und Architektur im Empire-Stil in reizendem Küstenort voller freundlicher Leute und faszinierender Geschichten.

Perfekte Tage

Finnland ist ein tolles Land für Autotouren oder eine Mischung aus Bus, Bahn und Mietwagen. Über drei Viertel von Finnland sind bewaldet und es gibt 4600 km Küste – Zeit in der freien Natur zu verbringen ist ein Muss.

JONATHAN STOKES/LONELY PLANET ©

Tuomiokirkko, Helsinki (S. 167)

Langes Wochenende

- Ein großartiger Startpunkt der Finnlandreise ist die Hauptstadt **Helsinki** (S. 166) mit eindrucksvoller Architektur, toller Gastronomie, die Zutaten aus dem ganzen Land verwendet, sowie historischen Unterkünften. Ziellos umherzuschlendern – um etwa Gebäude oder in Nebenstraßen des **Designviertels** (S. 170) Schaufenster zu bestaunen – ist hier ein großer Spaß und erfordert sicher hinterher einen entspannenden Saunagang.

- Das altmodische **Porvoo** (S. 172), Finnlands zweitälteste Stadt, bildet einen fabelhaften Kontrast zu Helsinki und ist nur eine halbe Stunde mit dem Bus entfernt. Oder du besteigst eine Fähre, atmest frische Meeresluft und genießt das endlose Blau der **Schären von Helsinki** (S. 168).

BESTE REISEZEIT

Der Sommer steht im Zeichen der Feste und der Ferien in einem *mökki* (Häuschen). Extrem, aber herrlich ist's im Norden, mit endlosen Sommertagen und dem Nordstatt Sonnenlicht im Winter.

MÄRZ

Meist ein guter Monat für **Aktivitäten im Schnee**, da viel Schnee liegt, es aber auch genügend Tageslicht gibt und die Temperaturen steigen.

MAI

Die **Schneeschmelze** lässt Wasserläufe über die Ufer treten und Feuchtgebiete überschwemmen, was Aktivitäten in der Natur etwas einschränkt.

JUNI

Es beginnen die Sonnenfeiern, besonders zu ***Juhannus*** (Mittsommer; am Wochenende um den 22. Juni). In Lappland beginnt die Zeit der Mitternachtssonne.

VON LINKS: ALEKSANDRA SUZI/SHUTTERSTOCK ©, PETER ZELEI IMAGES/GETTY IMAGES ©, KARAVANOV_LEV/SHUTTERSTOCK ©

Eine Woche

- Zu einem Polarabenteuer geht's nach **Rovaniemi** (S. 182), Hauptstadt Lapplands und „offizielle Heimat des Weihnachtsmanns".

- In zwei Tagen kannst du die exzellenten Museen besuchen und ein wenig in die Natur eintauchen; dann führt eine vierstündige Fahrt hoch nach **Inari** (S. 186) und zu einigen Wahrzeichen samischer Kultur. Auf einer Autotour am schönen Fluss Tenojoki entlang geht's durch die Nordspitze Finnlands oder du fährst direkt eine halbe Stunde zum **Lemmenjoki-Nationalpark** (S. 194) und übernachtest dort.

- Vom Nationalpark sind es fünf Autostunden ins abgeschiedene **Kilpisjärvi** (S. 195) an der Nordwestspitze des Landes mit tollen Wildniswanderungen zum Dreiländereck aus Finnland, Norwegen und Schweden.

Zwei Wochen oder länger

- Mit so viel Zeit kannst du auch noch die Highlights Süd- und Zentralfinnlands abklappern. Los geht's mit zwei Tagen in **Helsinki** (S. 166), dann weiter ins **Saimaa-Seenland** (S. 205) mit Finnlands größtem See (3 Std. Fahrt) und Relaxen im Sommerhaus. Unterwegs nimmst du noch **Porvoo** (S. 172) mit, Finnlands zweitälteste Stadt. Oder du steuerst den Südwesten an: Zwei Zugstunden von Helsinki entfernt lockt **Tampere** (S. 219) mit coolem Industrieflair, von dort sind es zwei weitere Stunden nach **Rauma** (S. 217), wo du einen weiteren Sightseeing-Tag verbringst.

- Auf jeden Fall solltest du dir **Turku** (S. 174) nicht entgehen lassen, eine 1½-stündige Busfahrt von Rauma entfernt, mit Finnlands eindrucksvollster mittelalterlicher Architektur. Und anschließend bietet sich noch ein bisschen Schären-Hopping an.

JULI
Hauptreisezeit mit langen Tagen und jeder Menge **Festen**. Nachteil: In vielen Gebieten sind **Insekten** eine wahre Plage.

SEPTEMBER
Der Sommer neigt sich dem Ende zu und die Finn:innen gehen zurück an die Arbeit. Außerhalb der Städte sind viele Attraktionen bis Ende Mai geschlossen.

NOVEMBER
Fürs **Nordlicht** braucht man ein Quäntchen Glück, doch im November stehen die Chancen ziemlich gut.

DEZEMBER
Die **Weihnachtszeit** glänzt mit Märkten, viel *glögi* (Glühwein) und festlichen Traditionen.

HELSINKI

Als der preußische Architekt Carl Ludwig Engel 1816 in Helsinki ankam, hatte die Stadt 4000 Einwohner:innen. Sieben Jahre vorher hatte sich Russland nach 600 Jahren schwedischer Herrschaft Finnland einverleibt. Zar Alexander I. verlegte die Hauptstadt von Turku näher an Russland – und beauftragte Engel mit der Umgestaltung der kriegsgebeutelten Stadt in die würdige Hauptstadt des Großherzogtums Finnland.

Für Engel, der Helsinki bis zum letzten Atemzug widerstrebend umbaute, wäre die heutige Stadt mit ihrer vielfältigen Architektur der Wahnsinn, wobei sich Engels klassizistische Bauten mit Jugendstil und Schöpfungen des frühen 20. Jhs. mischen. Edelrestaurants, hippe Bars und Designateliers zeugen von cooler, moderner Kreativität. Doch diese Quirligkeit ist nur eine Kulisse für das Alltagsleben in der lässigen Hafenstadt. Parks, Strände und andere Naturrefugien sorgen für eine hohe Lebensqualität der 600 000 Einwohner:innen.

Ach Engel, könntest du Helsinki heute nur sehen!

TOP TIPP

Eine der besten Möglichkeiten, die Seebrise auf der Haut zu spüren, ist es, ein Fahrrad zu mieten. In der ganzen Stadt stehen gelbe Räder, zu leihen über die HSL-App (hsl.fi).

OLEKSIY MARK/SHUTTERSTOCK ©

Tuomiokirkko (Domkirche), Helsinki

Zwei heilige Institutionen

DAS HISTORISCHE HELSINKI

Schwer zu glauben, aber das Innenstadtviertel **Kruununhaka** war bis ins 17. Jh. nur ein kleiner Hafen mit Weideland. Heute beherbergt es zusammen mit seinen Nachbarvierteln Kluuvi, Kaartinkaupunki und Katajanokka viele der wichtigsten Sehenswürdigkeiten Helsinkis, u. a. die beiden „heiligen" Institutionen Tuomiokirkko (Domkirche) und Kappeli.

Die von Carl Ludwig Engel entworfene **Tuomiokirkko**, die die Skyline der Stadt prägt, wurde 1852 zu Ehren von Zar Nikolaus I. fertiggestellt. Der Besuch im Dom lässt sich schön mit dem beliebten **Kappeli** („Kapelle") kombinieren. Im mit Kronleuchtern geschmückten Glascafé hockte einst bis in den frühen Morgen die Kulturelite Finnlands zusammen, vom Komponisten Jean Sibelius bis zum Maler Akseli Gallen-Kallela.

Kleine Kunsttour

DIE KLASSIKER ERKUNDEN

Das Kunstmuseum **Ateneum** gegenüber vom Bahnhof, einem der schönsten Jugendstilbauten der Stadt, beherbergt eine Sammlung vom Rokoko des 18. bis zur Kunst des 20. Jhs.

HIGHLIGHTS
1 Designmuseum
2 Suomenlinna

SEHENSWERTES
3 Amos Rex
4 Arkkitehtuurimuseo
5 Ateneum
6 Helsinki Art Museum
7 Kauppatori
8 Kiasma
9 Tuomiokirkko
10 Uunisaari
11 Vanha Kauppahalli

KURSE & TOUREN
12 Allas Sea Pool
13 Löyly
14 Yrjönkadun Uimahalli

ESSEN
15 Kappeli
16 Mattolaituri

UNTERHALTUNG
17 Tavastia

DIE BESTEN RESTAURANTS IM STADTZENTRUM

Magu
Feine vegane Küche mit preiswerten Menüs besonders mittags (Mi–Sa). **€€**

Ravintola Kolme Kruunua
Nachbarschaftsjuwel mit heimeligen finnischen Gerichten von Frikadellen bis zu gebratener Renke. **€€**

Spis
Schnörkellose Nobelküche mit einem Menü voller regionaler Aromen. **€€€**

Palace
Finnlands einziges Zwei-Sterne-Restaurant mit saisonaler nordischer Küche und erstklassigem Ausblick. **€€€**

The Cock
Freundliche Nachbarschaftsbrasserie mit guter Auswahl an Cocktails und Wein. **€€**

Social Burger Joint
Preisgekrönte Burger, darunter auch vegane, vom finnischen MasterChef-Gewinner. **€**

Zu den wichtigen finnischen Werken zählen Eero Järnefelts Szenen aus dem Koli-Nationalpark, Akseli Gallen-Kallelas Gemälde zu Finnlands Nationalepos *Kalevala* und Helene Schjerfbecks markante Porträts. Dazu kommen Meisterwerke von Paul Cézanne und Edvard Munch.

Ganz in der Nähe organisiert das Museum für Gegenwartskunst, das **Kiasma**, Ausstellungen mit Werken in- und ausländischer Künstler:innen.

Sauna & Snacks

EIN BUMMEL ÜBER DEN MARKTPLATZ

In der **Vanha Kauppahalli** (Alte Markthalle) am quirligen **Kauppatori (Marktplatz)** werden finnische und ausländische Leckereien geboten, z. B. traditionelle cremige Lachssuppe bei **Story** oder die angeblich besten Austern Helsinkis in **Erikssonin Osteribaari**. An Finnischem gibt's alles von Fleisch wie Elch, Bär und Rentier bis zu Köstlichkeiten wie karelischen Pasteten und gebratener Renke.

Anschließend schlendert man hinüber zum ganzjährig geöffneten Allas Sea Pool mit Süß- und Meerwasserbecken und Sauna- und Wellnesseinrichtungen. Die Pools sind bis 21 Uhr geöffnet, sodass man auch schön bei Mondschein baden kann.

Ausflug zur Seefestung

ZEUGEN VON FINNLANDS VERGANGENHEIT

Draußen im Schärengarten Helsinkis mit mehr als 300 Inselchen liegt die Seefestung **Suomenlinna** aus den 1740er-Jahren, die einzige Welterbestätte der Stadt.

Eine kurze Fährfahrt vom Kauppatori laden die Befestigungen und Kasernen von Suomenlinna mit mehreren kleinen Museen, vom Spielzeug- und Militärmuseum bis zum **Suomenlinna-Museum** zur Geschichte der Festung, zu einem Bummel ein. Wer möchte, kann auch einen Blick ins **U-Boot Vesikko** aus dem Zweiten Weltkrieg werfen.

Suomenlinna ist ganzjährig zugänglich: Im Frühjahr und Sommer strömen Menschen mit Picknickkörben hierher und im Herbst ist die Insel dank Herbstlaub ein romantisches Ziel. Am zauberhaftesten ist die Festung aber im Winter, wenn die rosa Kasernen von Schnee bedeckt sind.

Umweltfreundlich saunieren

MODERNE SAUNA AM MEER

Der 2016 erbaute Saunakomplex **Löyly** fällt mit seiner Fassade aus 4000 maßgeschnittenen Kiefernplanken gleich ins Auge. Drinnen ist er im skandinavischen Stil mit Birkenholz

ÜBERNACHTEN IM STADTZENTRUM, IN KRUUNUNHAKA & IN KATAJANOKKA

Hostel Suomenlinna
Gemischte und Frauendorms sowie Doppel- und Familienzimmer auf der Festungsinsel Suomenlinna. **€**

Hotel Haven
Fünf-Sterne-Hotel mit schönem Frühstücksblick auf die Alte Markthalle und den Marktplatz. **€€€**

Hotel Fabian
Fabelhaftes Mitglied der Helsinkier Kämp Collection Hotels mit schöner Lobbybar. **€€**

JONATHAN STOKES/LONELY PLANET ©

Terrasse des Löyly

eingerichtet; für Strom sorgen Wasser und Wind. Die beiden elektrischen Saunas und die traditionelle Rauchsauna im Stadtteil **Hernesaari** bieten direkten Zugang zum Wasser, im Winter zu einem Eisloch. Buche einen Saunagang, komm ins Schwitzen, springe ins Wasser und sprinte dann zurück!

Nachhaltiges Inselabenteuer

EMISSIONSFREIE ERKUNDUNG

Die kleine Insel **Uunisaari** gleich vor Kaivopuisto ist das ganze Jahr über beliebt. Im Sommer fahren von der Merisatama in Kaivopuisto automatische elektrische Callboats. Von Mitte November bis Mitte April ist Uunisaari auch über einen Steg übers zugefrorene Meer erreichbar.

Die Insel samt Strand und Restaurant mit zwei Saunas ist leicht zu Fuß oder per Rad zu erkunden. Die Öffnungszeiten variieren je nach Jahreszeit.

Entspanntes Café am Meer

ENTSCHLEUNIGEN BEIM PLÄTSCHERN DER WELLEN

Das Restaurant-Café **Mattolaituri** am Meer verdankt seinen Namen einem schwimmenden Anleger in der Nähe, wo man seine Teppiche waschen kann. Das in den Sommermonaten

NUUKSIO-NATIONALPARK

Für einen stillen Tagesausflug ab Helsinki bietet sich der Nuuksio-Nationalpark an, mit klaren Teichen und Seen sowie uralten Wäldern, Klippen und Schluchten. Mehrere Rundwege führen zu Aussichtspunkten und Lagerfeuerplätzen und es gibt auch ein Zentrum fürs Downhill-Biken. Wer möchte, kann auch in Kattila aus dem Bus aussteigen und zu Fuß zum Naturzentrum gehen. Wer über Nacht im Park entspannen möchte, für den stehen einige Unterkünfte bereit. Anfahrt: Der Bus 245 fährt ab der Stadt Espoo, eine 45-minütige Busfahrt von Helsinki, zum Suomen luontokeskus Haltia (Finnisches Naturzentrum Haltia); hier gibt's Karten des Nationalparks. Die Busfahrt dauert etwa 20 Minuten.

AUSGEHEN IN PUNAVUORI & KAMPPI

Bar Mate
Hohe Fenster, Highball-Cocktails und köstliche Barsnacks: eine tolle Kombi in der loftartigen Bar.

Mini Bar
Kleine Bar an der Eerikinkatu mit großer Palette an Spirituosen, von Gin, Whisky und Rum bis zu Mezcal und Cachaça.

Ateljee Bar
Die Bar des Torni Hotel hat die beste Aussicht auf Helsinki, aber die Getränke sind teuer.

IAN G DAGNALL/ALAMY STOCK PHOTO ©

Designmuseum

geöffnete Café bietet am Wochenende DJs und ist beliebt für Drinks und Imbisse und zum Leutegucken. Der Betonbau sieht Jahrzehnte alt aus, stammt aber von 2011.

Underground-Kunst – tatsächlich!

COOL VON OBEN BIS UNTEN

Im **Amos Rex** unter dem Lasipalatsi-Gebäude von 1936 finden in schrägen, aber hippen Räumlichkeiten unter einem alten Busbahnhof Ausstellungen mit Werken einiger der bekanntesten Gegenwartskünstler:innen statt. Eine weitläufige Treppe führt hinunter in die Räume, wo bei experimentellen Arbeiten oft Altes, Neues und Zukünftiges zusammentreffen. Durch Dachlichter, die auf den Platz hinausragen, können Passant:innen einen Blick von außen in die Ausstellungen werfen.

Echte Augenweiden

ERSTKLASSIGE DESIGNS

Das **Designmuseum** in Helsinkis weltberühmtem **Designviertel** voller Möbel-, Kunst-, Mode- und Haushaltswarenläden ist ein Muss für alle Fans finnischen Designs. Die ständige Sammlung sucht in den Traditionen und der Natur des Landes nach den Wurzeln der finnischen Designkunst, während

HELSINKI-DESIGNTIPPS

Nina Jatuli, Eigentümerin und Designerin des Ladens Jatuli im Designviertel, gibt Tipps für die besten Designläden.

Terhi Pölkki
Wunderschöner Laden mit Terhi-Schuhen – ethisches nordisches Design mit dem richtigen Grad Avantgarde.

Lokal
Galerie und Laden mit wechselnden Ausstellungen und Designerstücken von örtlichen Kunsthandwerker:innen.

Papershop
Hübsches Geschäft mit allem Möglichen aus Papier, z. B. fabelhaften Drucksachen für echte Papierliebhaber:innen.

CAFÉS IN EIRA, ULLANLINNA & KAIVOPUISTO

RAMS Roasters
Third-Wave-Kaffee zu Zimtschnecken und herzhaften Pasteten. €

Sokerileipuri Alenius
Traditionelle Backwaren wie Bananen-Schoko-Kuchen und Gebäck aus den Händen eines echten Bäckers. €

Cafe Ursula
Das ganzjährig geöffnete Ursula am Meer serviert ganztägig Frühstücks- und Mittagsspeisen – mit Ausblick. €

die Wechselausstellungen zeitgenössisches Design zeigen. Erfreuen kann man sich hier an Ilmari Tapiovaaras Holzarbeiten, Eero Aarnios Stühlen und Lampen und Lotta Nieminens traumhaften Illustrationen. Es sind preisgünstige Kombitickets erhältlich, die auch den Besuch des nahen Arkkitehtuurimuseo (Museum für Finnische Architektur) umfassen.

Helsinkis House of Rock

LEGENDÄRE LIVEMUSIKBÜHNE

Das 1970 eröffnete **Tavastia** zählt zu Europas ältesten Rockclubs – drinnen erlebt man inmitten von Graffiti ein Stück laute Musikgeschichte. Hier sind schon einige der größten Namen aufgetreten, doch nicht alles dreht sich um Megastars: Hin und wieder bietet das Tavastia auch Neulingen eine Bühne. Samstagabends ist es ein Traum von einer Disco.

Traditionelle Saunas & Bäder

MACH'S WIE DIE EINHEIMISCHEN

Die Art-déco-Bäder in der **Yrjönkadun Uimahalli** warten mit einem Mix aus nordischer Eleganz und römischer Tradition auf. Die Einheimischen baden hier nackt wie auch bekleidet, bei unterschiedlichen Öffnungszeiten für Männer und Frauen.

Genauso wundervoll ist **Kotiharjun**, Helsinkis älteste öffentliche Sauna (1928), mit Holzofen für sanfte Dämpfe. Männer und Frauen saunieren getrennt, doch wer zusammenbleiben will, kann zu vernünftigen Preisen eine Privatsauna mieten. Handtücher, *pefletti* (Sitzkissen) und *sauna vihtas* (Badebesen) können geliehen oder hier gekauft werden.

Wegweisendes Kunstmuseum

SCHRÄG DRINNEN & DRAUSSEN

Im funktionalistischen Tennispalatsi logiert ein wunderbares Museum für Gegenwartskunst, das **Helsinki Art Museum** (HAM) mit 9000 Werken, davon 3500 Kunstwerken im öffentlichen Raum. Die meisten Werke des 20. und 21. Jhs. stammen von finnischen Künstler:innen; außerdem gibt's Ausstellungen aufstrebender Kunstschaffender.

Der **Tennispalatsi** (Tennispalast) sollte bei den Olympischen Spielen 1940, die kriegsbedingt auf 1952 verschoben wurden, als Auto- und Parkhaus dienen, bot aber auch vier Tennisplätze. An das Gebäude von Helge Lundström konnten sich die Einheimischen nur langsam gewöhnen und ab den 1960er-Jahren verfiel es. In den 1990er-Jahren fasste die Stadt Helsinki die Verwandlung des Baus in ein Kulturzentrum ins Auge.

DIE BESTEN GALERIEN IN KAMPPI & PUNAVUORI

Galleria Huuto
Ein Kollektiv unabhängiger Künstler:innen veranstaltet gefeierte Ausstellungen junger und etablierter Kunstschaffender.

Galleria Rankka
Das Rankka um die Ecke von der Galleria Huuto ist berühmt für seine interdisziplinären Kunstevents sowie für Ausstellungen junger Talente.

Helsinki Contemporary
Die derzeit angesagteste Galerie Helsinkis kann man prima bei einem Bummel den Bulevardi entlang besuchen.

Galerie Forsblom
Hier wird internationale und finnische Gegenwartskunst von renommierten Kunstschaffenden ausgestellt.

UNTERWEGS VOR ORT

Helsinki hat die einzige U- und Straßenbahn Finnlands sowie ein gutes Busnetz und das Radleihsystem City Bikes (hsl.fi/citybikes) mit über 1500 Rädern an 150 Leihstationen in der ganzen Stadt (April–Sept.). Das kompakte Stadtzentrum lässt sich leicht zu Fuß erkunden. Zu Dörfern in der Nähe fahren günstige Busse, zu Inseln wie Suomenlinna Fähren.

Rund um Helsinki

Die Altstadt von Porvoo, nur 52 km von Helsinki entfernt, ist unbedingt sehenswert. Die alten Holzhäuser und Kopfsteinpflasterstraßen laden zum Essen, Trinken und Herumbummeln ein.

Porvoo, Finnlands zweitälteste Stadt, ist ein beliebtes Ziel für Tages- und Wochenendausflüge ab Helsinki. In den viel fotografierten Lagerhäusern am Fluss wurden einst Waren für Orte in ganz Europa gelagert. Abseits des Flusses sind die Altstadtstraßen von reizenden alten Häusern in allen Farben gesäumt.

Porvoo besticht mit einer besonders tollen Gastroszene und einer aufblühenden Kunstszene. Vielleicht ist es mit seiner Geschichte der Schokoladenherstellung und einer Reihe fabelhafter Cafés mit viel Flair am Wasser sogar die Café- und Konditoreihauptstadt Finnlands. Tagsüber tummeln sich in den Straßen Besucher:innen, abends hat man den Ort unter der Woche fast ganz für sich allein.

TOP TIPP

Im Sommer schnaufen vom Kauppatori in Helsinki Dampfschiffe nach Porvoo. Die Fahrt dauert 3½ Stunden; wer nicht viel Zeit hat, fährt mit dem Bus zurück.

SURATWADEE RATTANAJARUPAK/SHUTTERSTOCK ©

Speicherhäuser am Fluss

Vanha Raatihuoneentori (Altes Rathaus)

EVANNOVOSTRO/SHUTTERSTOCK ©

Reizende Altstadt

BUMMEL DURCH KOPFSTEINPFLASTERSTRASSEN

Vanha Porvoo, 30 Busminuten von Helsinki entfernt, ist eine der reizvollsten Altstädte Finnlands, ein zauberhaftes Labyrinth aus Gassen und hölzernen Lagerhäusern. Die Hauptstraßen von Porvoo, einst ein quirliger Hafen und Markt, sind heute mit Boutiquen, Galerien, Souvenirläden und Antiquitätengeschäften gesäumt. Der beste Blick auf die schönen rostroten Speicherhäuser am Porvoonjoki bietet sich von der alten Brücke. Weniger Tourist:innen sind östlich vom Dom unterwegs; eine der schönsten Straßen ist die Itäinen Pitkäkatu.

Das **Stadtmuseum** ist in der Altstadt am schönen **Rathausplatz**. Der größte Teil der Sammlung mit Artefakten zur Stadtgeschichte befindet sich im **Vanha Raatihuoneentori** (Altes Rathaus).

Süße Hauptstadt

HEIMAT FINNISCHER NASCHKATZEN

Eine Fahrt nach Porvoo lohnt sich auch wegen der finnischen Süßigkeitenläden mit handgemachten Pralinen und Lakritzleckereien. Beliebt ist etwa der Fabrikladen von **Brunberg** mit seinen Schokopralinen und *pusu* (Küssen) aus Schokolade und Schlagsahne. Im **Petris Chocolate Room** locken Pralinen, fruchtige Süßigkeiten und alle möglichen Makronen.

Eine örtliche Spezialität ist die Runeberg-Torte, ein Mandel-Rum-Kuchen, angeblich das Lieblings-Frühstücksgericht des finnischen Dichters Johan Runeberg. Traditionell wird es an seinem Geburtstag (5. Februar) gegessen, doch in Porvoo kann man es im **Tee- & Kaffeehaus Helmi** jeden Tag probieren.

Das reizende **Cafe Postres** serviert sehr cremiges Eis und himmlische Desserts. Kalte Köstlichkeiten bietet auch die Eisfabrik **Vanhan Porvoon Glassikko** mit ungewöhnlichen Sorten wie Rose und braune Butter mit Pinienkernen. Auch das handgemachte Eis und die Sorbets im **Café Zum Beispiel** sind göttlich.

DIE BESTEN RESTAURANTS IN PORVOO

Bosgård
Echte Gourmets sollten dieses Hofrestaurant mit Bio-Charolais-Steaks und Burgern anvisieren. **€€€**

Fryysarinranta
Örtliche Leckereien wie Porvoo-Schnecken in einem der alten roten Speicherhäuser der Altstadt. **€€**

SicaPelle
Moderne saisonale Probiermenüs mit Fusion-Einschlag, z. B. Dashi-Jakobsmuscheln. **€€€**

Café Cabriole
Gutes Mittagsbuffet und jede Menge Kuchen in imposantem Jugendstilhaus. **€€**

Zum Beispiel
Großes, helles Café mit moderner internationaler Küche von Salat bis Pasta. **€€**

UNTERWEGS

Vom Busbahnhof Kamppi in Helsinki fahren etwa alle 30 Minuten Busse nach Porvoo. Oder wie wär's mit einer Schifffahrt vom Hafen von Porvoo?

TURKU

Turku, Finnlands zweitgrößte Stadt, war bis 1812 Hauptstadt des Landes. Von der ereignisreichen Geschichte der Stadt zeugen die majestätische Turun Linna (Turkuer Burg) und die alte gotische Tuomiokirkko (Dom), beide aus dem 13. Jh.

Noch verlockender ist das moderne Turku: Mit seinen avantgardistischen Galerien, Sommer-Musikfestivals und innovativen Restaurants macht es Helsinki den Rang als Kulturhauptstadt des Landes streitig. In Cafés und Clubs tummeln sich die Studierenden der Universität, während Designershops und Secondhandläden genügend Terrain für die Jagd nach verborgenen Schätzen bieten.

Durch das uralte Netz stimmungsvoller Straßen und Plätze fließt malerisch der Aurajoki Richtung Meer. Für Naturliebhaber:innen ist Turku das Tor zum herrlichen Schärenmeer. Und als eines der Haupttore nach Finnland – viele Besucher kommen mit der Fähre aus Schweden und Åland – ist Turku ein wunderbares erstes Ziel auf dem finnischen Festland.

TOP TIPP

Den ganzen Tag befördert die Minifähre Föri Spaziergänger:innen und Radfahrende kostenlos in zwei Minuten über den Aurajoki. Seit 1904 pendelt die Fähre über den Fluss und ist somit die älteste öffentliche Fähre Finnlands. Abfahrt ist ein paar Straßen südwestlich der Martinsilta.

Aurajoki

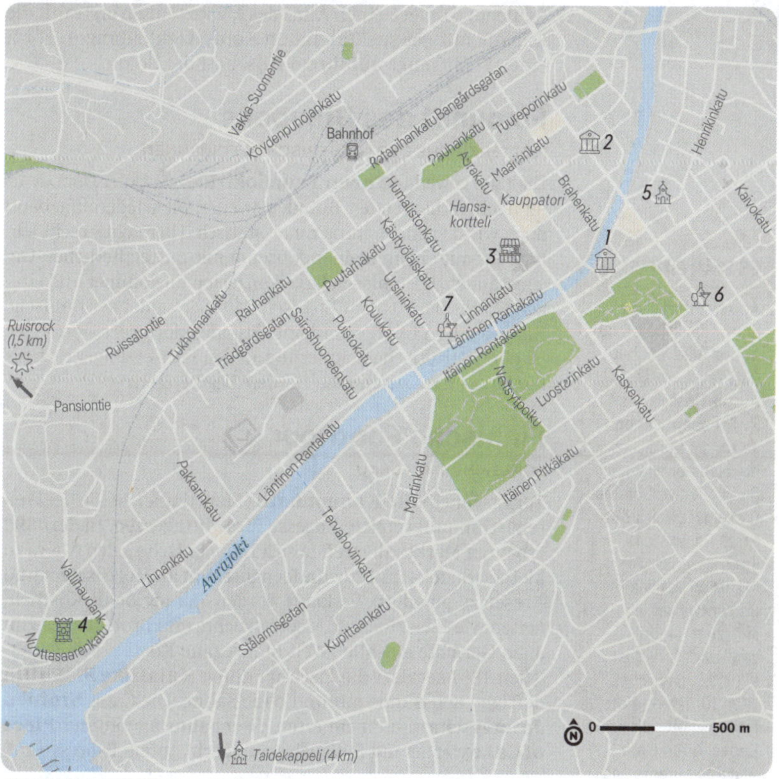

SEHENSWERTES
1 Aboa Vetus & Ars Nova
2 Auran Galleria
(siehe 2) B-Galleria
3 Kauppahalli
4 Turun Linna
5 Turun Tuomiokirkko

AUSGEHEN & FEIERN
6 Karaoke CocoLoco
7 Karaokebar Pelimies

Mittelalterliche Meisterwerke

KUNST TRIFFT ARCHÄOLOGIE

Düsternis und Licht in zwei Architekturjuwelen: Das Museum **Aboa Vetus** (Alt-Turku) am Fluss führt Besucher:innen hinab zu Turkus mittelalterlichen Straßen mit imposanten Steinruinen. Rund 37 000 Gegenstände wurden an der Stätte ausgegraben und es wird noch immer gebuddelt.

Heller geht's 7 km entfernt auf der anderen Flussseite in der **Taidekappeli** (Ökumenische Kunstkapelle St. Henrik) auf der Insel Hirvensalo zu. Die neugotische Backsteinkapelle über einem mittelalterlichen Holzgetreidespeicher ist nach Finnlands erstem Bischof benannt. Der hölzerne Innenraum sieht nicht gerade wie ein Gotteshaus aus: Die hohen Wände schaffen in einem hypnotischen

PRÄCHTIGE MARKTHALLEN

Turkus Markthalle ist Finnlands zweitälteste, von 1896; damit ist sie drei Jahre jünger als die **Vanha Kauppahalli** in Helsinki (S. 168). Beide wurden vom Architekten Gustaf Nyström entworfen.

Reuleaux-Dreieck einen Altar des Lichts. Außen erstrahlt die Kapelle mit der spektakulären Kupferverkleidung in Form eines Schiffsbugs auf ihrem Felsen in der Sonne.

Fixpunkt des Glaubens

MUTTERKIRCHE DER LUTHERISCHEN FINN:INNEN

Die 1300 geweihte **Turun Tuomiokirkko** (Turkuer Dom) wurde nach verheerenden Bränden wiederholt wiederaufgebaut, doch wirkt sie noch immer majestätisch. Hier geht's recht lebhaft zu, mit einem kleinen Museum mit mittelalterlichen Gegenständen, kostenlosen Orgelkonzerten im Sommer und einigen Gottesdiensten auf Englisch. Mittags sendet der finnische Radiosender YLE1 die markante Stundenglocke des Doms – sie ist eine patriotische Erinnerung an den Fortsetzungskrieg, als die Finn:innen zusammen für den Sieg beteten.

Finnische Foodtour

SCHLEMMEN IN TURKU

Turkus fabelhafte **Kauppahalli** (Markthalle) ist die bei Weitem stimmungsvollste Adresse fürs Mittagessen. In der 1896 erbauten Markthalle treffen sich Einheimische jeden Alters zu kleinen Snacks und zur Kaffeepause, um an Holztischen und -tresen zu plaudern. Verkauft werden hier regionale Köstlichkeiten wie Käse, Fleisch, Meeresfrüchte und Brot, aber es gibt auch Gerichte aus aller Welt und vegane Kost.

Seit 1887 serviert die Fischhandlung **Kalaliike S. Wallin** deftige Lachssuppe mit und ohne Sahne. Die Cafés **Sininen Juna Aschan** in einem alten Eisenbahnwaggon und **Piece of Cake** warten mit Süßspeisen und echt gutem Espresso auf.

Ecke für Gegenwartskunst

GESPEIST VON KREATIVER LEIDENSCHAFT

In den benachbarten Galerien **Auran Galleria** und **B-galleria** kann man der künstlerischen Ader Turkus nachspüren.

Die **Auran** an der Ecke Yliopistonkatu und Aninkaistenkatu wird seit über 30 Jahren von einer Familie geführt und zeigt auf zwei Etagen monatlich wechselnde Ausstellungen internationaler Kunstschaffender. Selbst wer keine paar Tausend Euro für ein Gemälde und eine Skulptur investieren kann, wird vom Mutter-Tochter-Team gern herumgeführt.

Die von Künstler:innen geführte, gemeinnützige **B-galleria** stellt junge Talente aus. An der Tür die Schuhe ausziehen, dann kann man sich experimentellen Installationen nähern. Im Hinterzimmeratelier werkeln Künstler:innen an Skizzen und Grafikdesign.

ES WAR EINMAL ...

Åbo (wie Turku auf Schwedisch heißt) bedeutet eine Siedlung *(bo)* am Fluss *(å)*. Als die Russen das Ruder übernahmen, verlor die Stadt – noch immer eng mit Schweden verbunden und einst zweitgrößte Stadt Schwedens – ihren Hauptstadtstatus an Helsinki und entwickelte sich zum Handelszentrum. „Turku" ist ein altes russisches Wort für „Marktplatz". Heute spielt sich das Leben in Turku am von Restaurants und Kulturattraktionen gesäumten Aurajoki ab.

Die Flussufer sind schon seit Jahrtausenden bewohnt. Archäologische Funde weisen zurück in die Steinzeit, doch Turku wurde 1229 als katholische Siedlung gegründet. Im 14. Jh. wurde die Stadt dank einer neuen Kirche und der Turkuer Burg zum Verwaltungs- und religiösen Zentrum.

ESSEN & AUSGEHEN AM FLUSS

Smör
Biospeisen aus regionalen Zutaten bei Kerzenschein in einem Gewölbekeller. **€€€**

Kakolanruusu
In einem alten Gefängnislagerhaus, mit saisonaler moderner Kost und einzigartiger Zubereitung über offenem Feuer. **€€€**

Surf Shack
Lockeres Kalifornienflair trifft auf skandinavische Raffinesse: DJs, Cocktails and veganes Softeis.

JAMO IMAGES/SHUTTERSTOCK ©

Turun Linna (Burg von Turku)

Feudale Festung

FINNLANDS GRÖSSTE BURG

Die gewaltige, 1280 an der Mündung des Aurajoki errichtete **Turun Linna** (Burg von Turku) ist die bei Weitem größte Festung Finnlands. Die Anbauten am steinernen Hof kann man kostenlos erkunden, doch auch das Eintrittsgeld fürs Museum lohnt sich. Der labyrinthische Bau umfasst Kerker, Bankettsäle und den eindrucksvollen Alten Burghof.

Im 17. Jh. herrschte der schwedische Graf Per Brahe von dieser Burg aus über Finnland; im späten 16. Jh. wurde der abgesetzte schwedische König Erik XIV. im Rundturm festgesetzt. Heute kennen die meisten Finn:innen die markante Architektur der Burg als Logo für Turun Sinappi (Turkuer Senf).

Rein ins Getümmel

ROCKIN' RUISSALO

Zu Finnlands Sommer-Rockfestival **Ruisrock** strömen 100 000 Musikfans. Jedes Jahr im Juli werden auf der Insel Ruissalo riesige Bühnen aufgebaut und es kommt jede Menge Pyrotechnik zum Einsatz. Das finnische Woodstock ist das älteste Rockfestival des Landes und das zweitälteste Europas – es findet seit 1970 statt.

UNGEWÖHNLICHE UNTERKÜNFTE

Hotel Kakola
Mit opulentem, warmem skandinavischem Design verwandeltes altes Gefängnis inklusive Zimmer im „Gefängnisschick". €€€

Gästehaus der Birgitten-Schwestern
Der Gästeflügel des Nonnenklosters ist ein Refugium mit kargen, makellosen Zimmern. €

Laivahostel Borea
Die SS *Bore*, ein in ein Hostel verwandeltes Passagierschiff, liegt vor dem Museum Forum Marinum vor Anker. €

Ruissalo Camping
Campingplatz auf der Insel Ruissalo mit Grasstellplätzen, tollen Hütten, Saunas und den Turku am nächsten gelegenen Stränden. €

Park Hotel
Jugendstilgebäude mit Blick auf einen Hügelpark sowie Zimmern mit Flair, klassischer Musik und einem Papagei in der Lobby. €€

STILVOLL AUSGEHEN IN TURKU

Panimoravintola Koulu
Die in einen Brewpub samt Biergarten verwandelte Schule hat saisonale Biere und interessanten Cidres.

Cosmic Comic Café
Traumkneipe für Mangafans mit Comic-Tapeten, riesiger Manga-Sammlung und Craftbier.

Uusi Apteekki
In der alten Apotheke dienen hölzerne Schubladen als Tische.

DIE BESTEN ORTE FÜR LIVEMUSIK

Tiirikkala
Coole Cocktailbar in einem Holzhaus mit Live-Jazz und -Blues am Wochenende.

Bar Ö
Bar mit gemütlichem Wohnzimmerflair, DJs und Livebands. Ein Liebling der Studierenden.

Dynamo
Musikclub im Zentrum mit Turkuer DJs und finnischen Bands sowie toller Terrasse.

Konzerthaus
Heimat des Turku Philharmonic Orchestra; spielt seit 1790, als die Musikalische Gesellschaft von Turku gegründet wurde.

Venus
Nightlife-Komplex mit breitem Zielpublikum, u. a. mit Livemusik, Tanz und Karaoke.

UNTERWEGS

Das Zentrum von Turku ist leicht zu Fuß zu erkunden. Beliebt ist auch Radfahren. Der Flughafen wird wenig angeflogen; meist ist es mit dem Auto ab Helsinki oder mit der Fähre ab Stockholm billiger nach Turku.

PEKKA LIUKKONEN/ALAMY STOCK PHOTO ©

Cocktailbar Tiirikkala

Viele Götter des Rock wie David Bowie, Bob Dylan, Ozzy Osbourne, Oasis und The Clash haben sich hier schon ins Getümmel gestürzt. Außerdem ist es faszinierend, die berühmten finnischen Metal-Bands auf ihrem ureigenen Terrain sowie ihre crowdsurfenden und moshenden Fans zu erleben.

Doch ein Meer aus schwarzen T-Shirts sieht man hier nicht unbedingt. Das Festival ist bunt und lebendig und Wiesen und Strände bilden eine schöne Kulisse für die Bühnen. Baden, zelten und Yoga – auch das gehört zum Festivalerlebnis mit dazu.

Hammer-Karaoke

FÜNF MINUTEN RUHM

Funfact zu Finnland? Eine beliebte Freizeitbeschäftigung hier ist Karaoke. Ein paar Mikros, eine Karaoke-Maschine und ein Bildschirm gehören in finnischen Kneipen zur Grundausstattung. Die gewöhnlich eher zurückhaltenden Finn:innen legen sich mit einer Show-Präsenz ins Zeug, die Juror:innen aller möglichen Fernsehshows beeindrucken würde – und die Kneipengänger:innen, alt wie jung, sind begeistert.

Alkohol, finnische Lieder mit kitschigen Textvideos und Back-up-Gesang des Publikums – alles trägt zum Spaß bei. Vielleicht möchte man ja hier mit einem internationalen Hit debütieren? Alle zu beklatschen und dem Karaoke-Gastgeber ein Trinkgeld zu geben gehören zur guten Sitte.

Zu den besten Bars in Turku für Gesangsabende gehören **Karaoke CocoLoco** und die **Karaokebar Pelimies**. In vielen Kneipen finden außerdem wöchentliche Karaoke-Abende statt.

Rund um Turku

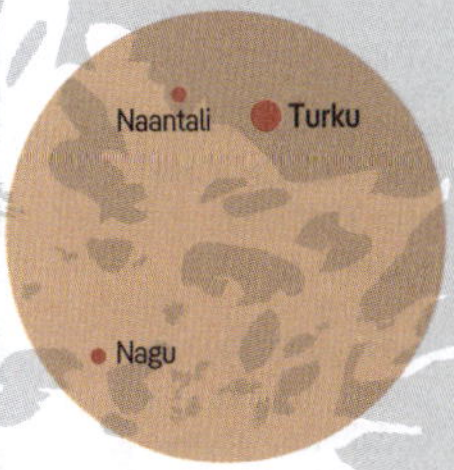

Mit Mumins tanzen, in Saunas relaxen oder die Einsamkeit im Wald genießen – alles nur eine kurze Fährfahrt von Turku entfernt.

Turku ist ein Sprungbrett zu Meeresrefugien und wilden Inseln an der Küste, nach Åland und Schweden. Unglaubliche 20 000 Inseln und Schären umfasst das Schärenmeer, eine der spektakulärsten Landschaften Finnlands nur die eine oder andere Fährfahrt von Turku entfernt. Hier gibt's keine herausragenden einzelnen Superattraktionen, nur stille Dörfer, jede Menge Vögel und beständig wechselnde Blicke auf Meer und Land.

Von Turku führen Sommerausflüge ins reizende Naantali (Schwedisch: Nådendal) nur 15 km östlich. Von Juni bis August ist hier dank der Muumimaailma (Muminwelt) viel los. Außerhalb der Saison ist es eine nebelverhangene Geisterstadt, wenn die Einheimischen auch hinter den Kulissen hart arbeiten, denn hier befindet sich Finnlands drittgrößter Hafen.

TOP TIPP

Im Sommer befährt der Minizug Minijuna Aikataulu eine praktische Schleife zwischen Naantali Spa und dem Hafen.

Naantali

ELENANOEVA/SHUTTERSTOCK ©

Muumimaailma (Muminwelt)

Treffen mit den Mumins

SPASS FÜR DIE GANZE FAMILIE

Die nicht nur in Finnland beliebten Mumins sind eine exzentrische Familie naturliebenden nilpferdähnlichen Trollwesen mit weißer Schnauze. Knuddeln kann man sie im Freizeitpark **Muumimaailma (Muminwelt)** 15 km von Turku. In interaktiven Spielzimmern können sich die Kinder austoben, die sich hier prächtig amüsieren.

Im Muminhaus und in Morras Grab begegnet man den Muminfiguren und in Snorks Werkstatt kann man ihm bei seinen Erfindungen helfen. Das zwei Tage gültige Ticket gewährt auch Zutritt zur **Abenteuerinsel Väski**, wo ältere Abenteurer:innen sich im Felsklettern, Goldwaschen, Seilrutschen und in Hochseilgärten ausprobieren können. In Naantali fahren bei der Brücke jede halbe Stunde kostenlose Shuttleboote zur Muumimaailma.

Oh là là ein Spa!

FANTASTISCHES SAUNALEBEN

Naantalis Geschichte als Heilbad begann 1723 mit der Entdeckung der Viluluoto-Quelle und ihrer Heilkräfte. Den Höhepunkt erreichte Naantalis Ruf als Kurort im 19. Jh.

Heute zählt das Spahotel **Naantalin Kylpylä** zu den besten Finnlands. Nicht-Gäste haben Zutritt zu den Einrichtungen wie Becken, traditionellen finnischen Saunas und türkischen und römischen Bädern. Beliebt sind auch die Massagen und Schönheitsanwendungen – im Sommer auf jeden Fall im Voraus buchen!

Weitere Saunaangebote in Naantali reichen von billig bis nobel. Im **Hotel Bridget Inn** kann man sich mit einer Luxussuite

DIE GESCHICHTE HINTER DEN MUMINS

Die Figuren Muminpapa, Muminmama und ihr ängstliches Kind, Mumintroll, sind der unkonventionellen Kindheit ihrer Schöpferin Tove Jansson bei ihren Künstlereltern zu verdanken. Weitere Figuren sind der ewige Wanderer Snufkin, die merkwürdigen Hatifnatten, die aus Samen emporwachsen und sich zu Gewittern hingezogen fühlen, und die eisige Morra, die überall eine frostige Spur hinterlässt.

Jansson, die sich früher als Satirikerin über Hitler und Stalin lustig machte, veröffentlichte die ersten Mumin-Zeichnungen in ihren politischen Karikaturen. Im Zweiten Weltkrieg schrieb sie ihr erstes von neun Kinderbüchern, *Mumins lange Reise*, gefolgt von mehreren Comic-Büchern. 1954 erschienen ihre Comicstrips zum ersten Mal in den *London Evening News* und später auch weltweit.

SHOPPEN IN NAANTALI

Moomin Shop
Laden in der Altstadt mit allem, was mit den Mumins zu tun hat.

Wanha Naantali Kauppa
Altmodische finnische Süßigkeiten, Krimskrams und lustige Souvenirs.

Unikeko
Heimdekoladen mit finnischen Dekoartikeln aus Fischhäuten und Hirschknochen.

mit eigener Sauna und Terrasse verwöhnen. Der **Campingplatz** von Naantali bietet gute preisgünstige Einrichtungen und eine Sauna am Strand. Die Hütten reichen von einfach bis komfortabler, mit Bad, Küche und sogar privater Sauna.

Schöne Altstadt

ALTE HOLZHÄUSER

Naantalis malerische **Altstadt**, 15 km von Turku und auch leicht mit dem Bus zu erreichen, ist ein Mix aus Hafenblick und Kopfsteinpflasterstraßen. In alten Holzhäusern logieren heute Kunstgewerbeläden, Galerien, Antiquitätenläden und Cafés.

Das **Stadtmuseum** erzählt die Geschichte des Orts von seinen klösterlichen Wurzeln an. In drei Gebäuden aus dem 18. Jh. beleuchtet es mit Gegenständen und anderen Ausstellungsstücken verschwindende Handwerke wie die Nadelmacherei und die Goldschmiedekunst.

Abseits der ausgetretenen Pfade

PILGERREISE FÜR NATURLIEBHABER:INNEN

Eine beliebte Art, das Schärenmeer zu erkunden, ist eine Rad- oder Autotour über den **Schärenweg**, eine 230-km-Rundroute von und nach Turku. Unterwegs sind kleine Inseln mit ganz eigenem entspanntem Flair durch zwölf Brücken und neun Fähren verbunden. Beim Radeln über die Landstraßen geht's vorbei an Feldern und Bauernhöfen, Brücken, Stränden und dem Meer. Dörfer und Pensionen laden zur Rast ein, man kann Erdbeeren pflücken und an einsamen Schären baden.

Von Mitte Mai bis August lässt sich ab Turku die gesamte Route absolvieren. Je weiter man fährt, desto besser muss man planen – zwischen den entfernteren Inseln verkehren die Fähren seltener. Bei der Planung hilft Ferry.fi (ferry.fi).

Relaxen in Nagu

DAS SCHÄRENMEER VON SEINER BESTEN SEITE

Hunger nach der ganzen Treterei? Dann bietet sich ein Päuschen in Nagu an, dem Entspannungshighlight der Inseln.

Im urigen Ort, einem sehr empfehlenswerten Stopp am Schärenweg, kann man sich ein paar Tage lang frischen Meeresfrüchten, kühlen Bädern und herrlichen Sonnenuntergängen widmen. Der Glanzpunkt hier ist das Essen. Zu den netten Restaurants zählt das **Köpmans** mit dem berühmten Hechtburger; an Ständen verkaufen Bäuer:innen und Fischer:innen Obst, Gemüse und geräucherten Lachs. Weiter geht's mit Picknickzutaten. Wer nicht radelt, kommt von Turku auch mit dem Bus samt Fährfahrt hierher (1¼ Std.).

INSEL-HOPPING

Die fünf größten bewohnten Inseln des Schärenmeers bilden die Gemeinde Pargas; wie meistens an der Südküste wird hier vor allem Schwedisch gesprochen.

Pargas (Finnisch: Parainen) Hauptort der Schärenmeers mit interessanten Attraktionen – lohnt einen kurzen Stopp.

Nagu (Finnisch: Nauvo) In Hafenhütten werden Designer-Seemannskleidung und Räucherlachs verkauft; Wanderwege führen zur Vogelwelt.

Korpo (Finnisch: Korppoo) Die letzte der „inneren Inseln", mit unberührten Wäldern, versteckten Stränden und freundlicher Inselkultur.

Houtskär (Finnisch: Houtskari) Kaum Attraktionen, aber reizende Stille, mit Fischern, Seeleuten und Naturfreunden.

Iniö Mächtige Seelandschaft, aber nur wenige Einwohner:innen. Von 1000 Inseln und Schären sind nur zehn bewohnbar. Hübsche Steinkirche.

UNTERWEGS VOR ORT

Im Sommer fährt die SS *Ukkopekka von* Turku zum Passagieranleger auf der Südseite des Hafens von Naantali. Zwischen den Inseln des Schärenmeers verkehren regelmäßig kostenlose Fähren. Zu den entlegeneren Inseln pendelt die MS *Eivor.*

ROVANIEMI

Rovaniemi (55 000 Einw.), Hauptstadt von Finnisch-Lappland, vermarktet sich als „offizielle Heimat des Weihnachtsmanns“. Der freundliche alte Herr in seinem roten Mantel residiert ganzjährig 8 km nordöstlich der Stadt am Polarkreis und hat erheblich zum boomenden Tourismus der Stadt beigetragen. Man kann das Weihnachtsmanndorf besuchen und Rentier-/Husky-/Schneemobil-/Nordlichtsafaris unternehmen, aber auch Beeren sammeln, Elche beobachten oder unter der Mitternachtssonne radeln.

1944 wurde Rovaniemi beim Rückzug der deutschen Wehrmacht fast komplett ausgelöscht. Anschließend wurde es nach Plänen von Alvar Aalto wieder aufgebaut, mit den Hauptstraßen in der Form eines Rentierkopfes: Das Stadion beim Busbahnhof ist in einem Auge, das Geweih westlich der Lapinkävijäntie. Rovaniemi verströmt keinerlei Reiz, doch es ist schön am Zusammenfluss von Kemijoki und Ounasjoki gelegen und das Museum Arktikum zählt zu den besten ganz Finnlands.

TOP TIPP

Meist liegt von Mitte November bis Ende April Schnee. Im Dezember und der ersten Januarhälfte scheint die Sonne weniger als vier Stunden am Tag. Trotzdem und trotz Temperaturen weit unter null sind Dezember und Januar die Hauptreisezeit – für diese Zeit Unterkünfte und Aktivitäten vorbuchen!

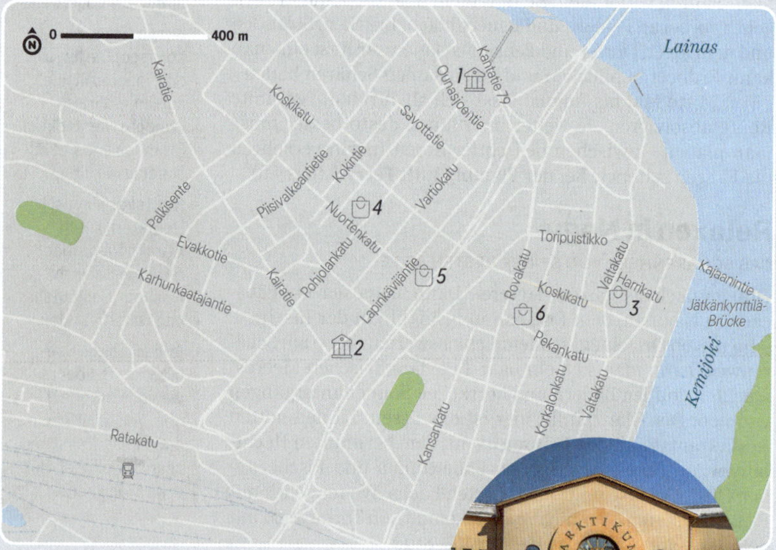

SEHENSWERTES
1 Arktikum
(siehe 1) Pilke Tiedekeskus
2 Taidemuseo

ESSEN
(siehe 1) Arktikum Cafe

SHOPPEN
3 Arctic Design
4 Lauri
5 Rinteenkulma
6 Sampokeskus

Arktikum

Kulturdreieck

DREI TOP-MUSEEN

Rovaniemi beherbergt drei ausgezeichnete Museen, die alle einen Besuch lohnen. Sparfüchse nutzen für alle drei als Kombiticket den Kulturpass.

Das **Arktikum** bietet nicht nur eine gute Einführung zur Geschichte, Kultur und Natur Lapplands, sondern ist auch ein Augenöffner für die gesamte arktische Welt – alles in einem umwerfenden Gebäude, das sich unter einer Straße durchschiebt, um in einem langen Atrium mit Glasdach wieder aufzutauchen.

Das **Pilke Tiedekeskus** (Pilke-Wissenschaftszentrum) neben dem Arktikum bietet eine unterhaltsame Ausstellung zur finnischen Forstwirtschaft. Man ist überrascht, wie viele Verwendungen es für Holz gibt. Kinder aller Altersstufen klettern gern auf den riesigen Holzlaster und in ein Vogelhaus.

Das **Taidemuseo** präsentiert auf zwei Stockwerken mit moderner und zeitgenössischer Kunst die visuelle Kreativität von Lappländer:innen und anderen finnischen Kunstschaffenden. Außerdem finden hier Konzerte statt. Gute Mittagsbuffets bieten das Café hier und das im Arktikum.

Ein bisschen shoppen

KUNSTGEWERBE & DESIGN

Ein wirklich einzigartiger Laden ist **Lauri** mit samischem und finnischem Kunsthandwerk wie Ringen, Tellern, Löffeln, Ohrringen und *kuksa* (Birkenholztassen) in einem der wenigen Holzhäuser in Rovaniemi, das 1968 aus einem Dorf hierherversetzt wurde.

Arctic Design verkauft allerlei Sachen aus Lappland, von Seifen und Saunadüften bis zu Brief- und anderen Taschen, Hüten und schönen Ohrringen aus Rentierfell.

Auch die großen Einkaufszentren in der Innenstadt sind interessant. Im **Sampokeskus** gibt's Filialen der finnischen Designhäuser **Pentik** und **Marimekko**; im **Rinteenkulma** residiert **Marttiini**, der berühmte, früher in Rovaniemi ansässige Messerhersteller.

DIE BESTEN RESTAURANTS IN ROVANIEMI

Roka
Gemeinschaftstische, Backsteinwände und fantasievolle Bistrokost aus heimischen und internationalen Zutaten. €€

Cafe & Bar 21
Stilvoller Laden für Waffeln, Salate und *bao*-Brötchen; hier ist auch die ausgezeichnete mexikanische Taquería Yuca. €

Nili
Einrichtung im Jagdhüttenstil sowie sehr gut zubereitete Lappland-Klassiker wie Seefisch, Rentier, Elch und Lachssuppe. €€€

Sky Kitchen & View
Stimmungsvolles Restaurant des Hotels Sky Ounasvaara mit Spezialitäten wie Waldpilzrisotto und Rentier. €€€

Monterosa Restaurant
Holznischen und Kerzen sorgen für ein schönes Speiseerlebnis bei diesem alteingesessenem Steakspezialisten. €€€

UNTERWEGS VOR ORT

Rovaniemis Flughafen liegt 8 km nordöstlich des Zentrums. Stadtbus 11 fährt von Dezember bis Februar täglich alle 40 Minuten ins Zentrum (Ruokasenkatu); Abfahrt vom Flughafen: 8.40 bis 20 Uhr. Bei Fluganküften verkehren auch Flughafen-Express-Minibusse (airportbus.fi) ins Zentrum sowie ein paarmal täglich auch vom Busbahnhof und von Stadthotels raus zum Flughafen, jedoch nicht unbedingt außerhalb der Wintersaison etwa von November bis April. Ein Taxi vom Flughafen in die Stadt kostet 20 bis 30 €.

Die Stadt selbst ist leicht zu Fuß zu erkunden. Vom Bahnhof und Busbahnhof sind es 20 Minuten zum Hauptplatz, dem Lordinaukio. Mietwagen gibt's am Flughafen und Bahnhof. Stadtbus 9 fährt zum Skigebiet Ounasvaara und zu Santasport, Bus 10 ebenfalls zu Santasport, aber es fahren keine Busse bis ganz hoch auf den Berg.

Rund um Rovaniemi

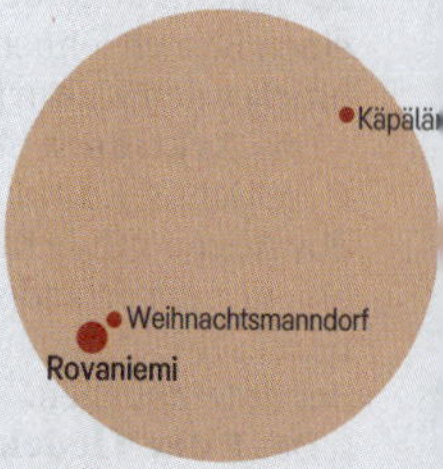

Fast alle pilgern zum Weihnachtsmanndorf, aber auch sonst gibt's in der Gegend das ganze Jahr über jede Menge zu erleben.

Nur 8 km außerhalb von Rovaniemi liegt direkt am Polarkreis (Napapiiri auf Finnisch) das Weihnachtsmanndorf, wo der hl. Nikolaus das ganze Jahr über weilt, und einige Weihnachts- und Arktisattraktionen locken stets Besucher:innen an. Für eine Tour nach Lappland gibt's noch weitere gute Gründe, von versteckten Rentier- und Huskyzuchten an Seen bis zu Beeren und Pilzen, die man in Wäldern sammeln kann, Tieren wie Elchen und klarem Himmel, der ideal fürs Nordlicht ist. All diese Erlebnisse bietet eine ganze Reihe von Veranstaltern. Und für die direkte Kommunikation mit der arktischen Natur begibt man sich einfach auf einen der gut markierten Wanderwege, die einen wegführen von Straßen und Menschen.

TOP TIPP

Wer direkt bei Einrichtungen bucht, die er oder sie besuchen möchte, spart oft Geld und genießt vielleicht noch dazu ein persönlicheres Erlebnis.

VICTOR MASCHEK/SHUTTERSTOCK ©

Weihnachtsmanndorf

Das Dorf des Weihnachtsmanns

DAS GANZE JAHR ÜBER WEIHNACHTSSTIMMUNG

In seinem „Büro" im **Weihnachtsmanndorf** 20 Busminuten nordöstlich von Rovaniemi empfängt der Weihnachtsmann das ganze Jahr über kostenlos Besucher:innen jeden Alters. Das Dorf an einem Waldrand umfasst allerlei Weihnachtsattraktionen sowie mehrere Restaurants und Geschäfte.

Das **Büro des Weihnachtsmanns** befindet sich in einem Gebäude aus Holz und Stein mit spitzem Dach. Vielleicht muss man Schlange stehen, um ihn zu sehen, den freundlichen Herrn mit ausgeprägten sprachlichen Fähigkeiten. Drinnen darf nicht fotografiert werden, doch die dreiminütige Audienz wird offiziell von Elfen abgelichtet – die Bilder kann man sich für 45 € herunterladen oder sich für 35 € pro A4-Foto ausdrucken lassen.

Sämtliche Post, die man vom **Weihnachtsmann-Postamt** abschickt, wird mit einem speziellen Polarkreis-/Weihnachtsmann-/Rentierstempel gestempelt. Die Briefe kann man in besondere Briefkästen werfen, damit sie vor Weihnachten ankommen.

Ansonsten kann man mit **Rentieren** Schlitten fahren (im Sommer wandern) und im **Huskypark** Schlittenhunde streicheln. Im Winter können Kinder im **Polarkreis-Schneemobilpark** Schneemobil fahren; in der **Schneemannwelt** gibt's Eislaufbahnen, Eis- und Schneerutschen und ein Eisrestaurant.

Rentiere, Huskys & ein Tierpark

MIT DEN TIEREN SPRECHEN

Die nachhaltig orientierte Einrichtung **Bearhill Husky** eine halbe Autostunde nordwestlich von Rovaniemi bietet im Winter Hundeschlittentouren, von kurzen Fahrten für Familien bis zu 25 bis 30 km langen Touren. Die ausgezeichneten Schlittenführer:innen sorgen dafür, dass es den Hunden gut geht. Ebenfalls prima für Schlittentouren ist auch das vom früheren Huskyrennenchampion Aki Holck betriebene **Huskypoint** 15 Autominuten nordwestlich von Rovaniemi.

Bei **Konttaniemen Porotila** erfahren Besucher:innen einiges über Rentiere und man kann diese füttern und Rentierschlittenfahrten unternehmen.

Im beliebten **Ranua-Wildtierpark** eine Autostunde südöstlich von Rovaniemi begegnet man vielleicht Braunbären, Elchen, Luchsen und Polarfüchsen.

SPEISEN AUS LAPPLAND

Rentier Das üblichste Fleisch hier, als Filets, Würstchen, in Suppen, sautiert oder als großes, über offenem Feuer geröstetes Schulterstück.

Elch Elche werden in den Wäldern Lapplands bejagt; ihr Fleisch schmeckt wie Wild.

Lachs Besonders gut aus dem Tenojoki im hohen Norden.

Renke Mit zartem Fleisch, aus dem Inarijärvi.

Beeren Cranberrys, Preiselbeeren, Blaubeeren – und die beliebten Moltebeeren, die blassen Himbeeren ähneln. Die Lappländer:innen sammeln im Spätsommer gern Beeren und verarbeiten sie zu Marmelade, Saft und Nachspeisen. Die inoffizielle Moltebeerenhauptstadt Lapplands ist Ranua; am ersten Augustwochenende findet hier ein Moltebeerenfest statt.

Waldpilze Werden ebenfalls gern gesammelt.

Leipäjuusto „Brotkäse", auch als Quietschkäse bekannt; mit Moltebeeren beliebt als Nachspeise.

UNTERWEGS VOR ORT

Wie immer ist man mit eigenem Fahrzeug am unkompliziertesten unterwegs; zum Weihnachtsmanndorf fahren ab Rovaniemi auch der Stadtbus 8 und der private Santa Claus Bus; viele Veranstalter bieten Transfers zu ihren Einrichtungen.

INARI

Das weitläufige Dörfchen Inari (ca. 650 Einw.) spielt in der lappländischen Kultur als Sitz des samischen Parlaments und als samische Kulturhauptstadt Finnlands eine wichtige Rolle. Nicht nur im Museum Siida und im Kulturzentrum Sajos erfährt man einiges über die samische Kultur, sondern auch auf Ausflügen zu samischen Rentierhöfen und Wohnhäusern. Das Dorf liegt am Ufer des Inarijärvi, eines schönen Sees voller Inseln, mit einer Fläche von 1084 km^2 der größte der Region. Schon seit Urzeiten fischen und jagen die hiesigen Sam:innen am See. Heute ist Inari ein Zentrum des Tourismus in Nordlappland, ein guter Ausgangspunkt für Wanderungen und Seetouren, Hundeschlittenfahrten und Nordlichtbeobachtung im Winter sowie gut als Tor zu den Nationalparks Lemmenjoki und Urho Kekkonen. Doch der Ort ist angenehm ruhig und wird keinesfalls von Tourist:innen überrannt.

TOP TIPP

Die Dorfmitte bildet der Supermarkt K-Market mit großem Parkplatz, ein paar Geschäften in der Nähe und dem Hotel Inari gegenüber. Sajos und Siida liegen nordwestlich; 2 bis 3 km südöstlich reihen sich ein paar Unterkünfte am See entlang.

PETER GUDELLA/SHUTTERSTOCK ©

Sajos

Die Kultur der Sam:innen entdecken

EIN PARLAMENT & EIN HERAUSRAGENDES MUSEUM

Eine bessere Einführung in die Kultur der Sam:innen als im Museum Siida und im samischen Kulturzentrum Sajos lässt sich kaum bekommen. Das kürzlich renovierte **Siida** (Samisches Museum und Nordlappland-Naturzentrum) erzählt detailliert und hervorragend präsentiert von der Geschichte und Kultur der Sam:innen und der nordlappländischen Natur. Im größeren der beiden Dauerausstellungssäle illustrieren große Fotopaneele die verschiedenen Ökosysteme der Region und den Wechsel der Jahreszeiten; mit Gegenständen, Infotafeln und Fotos wird die enge Verbindung zwischen Lebensunterhalt, Natur, Sprache, Trachten, Kunsthandwerk und anderen Elementen des samischen Lebens verdeutlicht. Draußen sind an einem 800 m langen Pfad alte samische Gebäude zu sehen. Außerdem gibt's hier einen Laden, ein Café und einen Schalter für Infos und Karten zur Gegend und den Nationalparks.

Im **Sajos** sind in einem 2012 eröffneten Gebäude mit Holz-und-Glasfassade das Samische Parlament Finnlands, eine Bibliothek samt Archiv, ein Kunstgewerbeladen, ein gutes Café und mehrere samische Organisationen untergebracht. Meist finden mittags einstündige Führungen inklusive 15-minütigem Film zur samischen Kultur statt, aber man kann das Gebäude auch ohne Führung besichtigen. Der **Duodji-Shop** hier ist der offizielle Laden des Samischen Kunstgewerbeverbands; ein Gütesiegel garantiert, dass ein Produkt ein authentisches Stück samisches Kunsthandwerk darstellt.

AUF DER JAGD NACH DEM NORDLICHT

Die Aurora borealis zählt zu den himmlischsten Naturphänomenen der Erde. Aber was genau ist das? Und warum ist es, wenn es zu sehen ist, gerade hier und jetzt zu sehen? Einige Antworten stehen auf S. 248.

DIE BESTEN KUNSTGEWERBE-LÄDEN IN INARI

Duodji-Shop
Laden des Samischen Kunstgewerbeverbands im Sajos mit Kleidung, Schmuck, Taschen, Messern, *kuksa* (Birkenholztassen), Büchern und CDs.

Siida
Museumsshop mit guter Auswahl an samischem Kunstgewerbe wie Samekki-Silberschmuck und Ságat-Taschen.

Inarin Hopea
Matti Qvick fertigt in seiner Werkstatt gegenüber vom Siida tollen Silber- und Goldschmuck.

Samekki
Der samische Kunsthandwerker Sami Laiti produziert feinen Silberschmuck und traditionelles samisches Kunstgewerbe wie z. B. Messer.

Pielpajärven Erämaakirkko (Pielpajärvi-Wildniskirche)

Spaziergang durch die Wälder

SEEN, FLÜSSE UND EINE HISTORISCHE KIRCHE

Mehrere gut gekennzeichnete Wege laden zur Erkundung der Umgebung von Inari ein. Ein schöner Weg führt durch moosige, felsige Wälder und vorbei an mehreren Seen zur hübschen hölzernen **Pielpajärven Erämaakirkko** (Pielpajärvi-Wildniskirche) aus den 1750er-Jahren in einem inzwischen verschwundenen samischen Winterdorf.

Der Weg beginnt an der Sarviniementie, die vom Siida Richtung Nordosten führt: Auf Straßen geht's zunächst 2,5 km zu einem Parkplatz (hierher kann man auch fahren), dann etwa 5 km auf Waldwegen zur Kirche – geht man den ganzen Weg, sind es hin und zurück etwa 4½ Stunden. Die Kirche ist immer geöffnet und man kann auch die Fensterläden öffnen, muss jedoch am Ende wieder alles schließen. Heute finden hier zu Ostern und zu Mittsommer Gottesdienste statt, außerdem Hochzeiten. Zurück nach Inari geht's auf

ÜBERNACHTEN IN & UM INARI

Wilderness Hotels
Nobelste Unterkunft in Inari, mit dem Wilderness Hotel Inari am See und dem Wilderness Hotel Juutua am Fluss. **€€€**

Guesthouse Husky
Recht geräumige Zimmer in traditionellem Holzhaus auf Huskyhof bei Ivalo mit tollen Husky-Aktivitäten. **€€**

Uruniemi Camping
Sommercampingplatz am See 2,5 km vom Dorfkern mit Hütten, Café sowie Rädern, Kajaks und Kanus zum Ausleihen. **€**

Jäniskoski-Stromschnellen und -Brücke

demselben Weg. Im Winter lässt sich der Weg mit Schneeschuhen begehen.

Ein kürzerer, ganzjährig begehbarer Weg ist der 6 km lange **Juutuanpolku** (Juutua-Pfad) ab dem Flussufer hinter dem Sajos. Er folgt dem Juutuanjoki flussaufwärts zu einer Hängebrücke über die tosenden Jäniskoski-Stromschnellen und führt dann auf der Nordseite des Tals wieder zurück.

Eine Rentierfamilie treffen

ETWAS ÜBER DAS HIRTENLEBEN LERNEN

Von November bis März bietet die **Renniina-Rentierfamilie** die Möglichkeit, mit Rentieren auf Tuchfühlung zu gehen: Dann bringt eine samische Familie ein paar Tiere ihrer Herde in das Gehege bei ihrem Haus am Dorfrand von Inari. Man kann die Tiere füttern und etwas über die Rentierzucht und samische Kultur erfahren.

TIPPS FÜR DIE POLARLICHT-BEOBACHTUNG

Juho Uutela, CEO von Beyond Arctic Adventures in Rovaniemi, ist auf Nordlichtfototouren spezialisiert und gibt uns ein paar Tipps.

Ort

Man muss sich von Lichtverschmutzung entfernen, also mindestens 20 bis 30 km weg von Siedlungen.

Wetter

Es sollte klar oder zumindest teilweise klar sein, sodass man den Nachthimmel sieht. Am besten ist es, sich den Ort nach dem örtlichen Wetter auszusuchen.

Sonnenaktivität

Das Nordlicht ist wegen Sonnenwinden zu sehen, die mit der Erde kollidieren. Damit das Licht erscheint, braucht man genügend Sonnenaktivität. Ein Kp-Index von 2 bis 3 (oder mehr) deutet darauf hin, dass Rovaniemi ein Lichtspektakel erlebt; siehe gi.alaska.edu/monitors/aurora-forecast.

UNTERWEGS VOR ORT

Das kleine Inari lässt sich gut zu Fuß erkunden. Die meisten Unterkünfte verleihen Fahrräder. Viele Leute fliegen zum Flughafen Ivalo 49 km südlich von Inari. Dort gibt's Mietwagenfirmen. Ilmari Slant (kuljetusliikeilmarislant.fi) hat Busse nach Inari (30 €); sie fahren 20 Minuten nach Fluganknunft und setzen Fahrgäste bei Hotels ab. Um zurück zum Flughafen mitzufahren, sollte man sich bis 15 Uhr am Vortag per Telefon oder Mail bei Ilmari Slant melden.

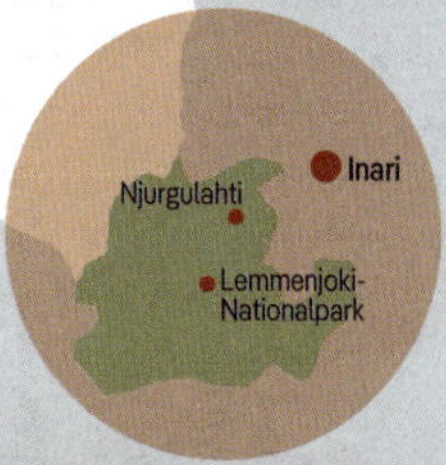

Rund um Inari

Riesige Weiten unberührter arktischer Natur harren der Erkundung – mit dem Auto, Fahrrad oder Boot, zu Fuß oder auf Skiern.

Inari liegt inmitten von Landschaften, die zu den spektakulärsten, aber am dünnsten besiedelten Finnlands gehören, wo Seen, Flüsse, Wälder und Fjells endlosen Raum für Abenteuer schaffen. Die beiden größten Nationalparks des Landes, der Lemmenjoki und Urho Kekkonen, sind in nur einer Stunde Fahrt zu erreichen. Im Norden bildet der Tenojoki auf 140 km die Grenze zu Norwegen und bietet Gelegenheit zu einer schönen Autotour. Hier oben sind die jahreszeitlichen Veränderungen extrem und ermöglichen unterschiedliche Aktivitäten. Der ideale Wandermonat ist der September mit Herbstfarben und nur wenigen Insekten. Der März ist mit längeren Tagen und moderateren Temperaturen gut fürs Skilanglaufen.

TOP TIPP

Die großen Nationalparks kann man zwar auf Tagesausflügen ab Inari besuchen, doch lohnen sie längere Aufenthalte.

VICTOR MASCHEK/SHUTTERSTOCK ©

Urho Kekkonen

LIM_JESSICA/GETTY IMAGES ©

Rentiere, Poro-Kuninkuusajot (S. 194)

Besuch in einem samischen Haus

KUNSTGEWERBE, RENTIERE & KAFFEE

Bei einem Besuch im Haus von **Tuula Airamo** in Tulvalahti 20 Autominuten nordwestlich von Inari lernt man aus erster Hand etwas über das Leben der Sam:innen. Bei dem dreistündigen Besuch füttert man Tuulas Rentiere, erfährt, wie Rentierfellschuhe entstehen und mit Pflanzen Wolle gefärbt wird, und lernt bei Kaffee und Kuchen etwas über die Volkskultur. Auch kürzere Besuche möglich; Buchung auf tuulasreindeer.weebly.com.

Rentiere & Huskys

TIERHÖFE

Die **Rentierfarm Petri Mattus** eine halbe Autostunde südwestlich von Inari gehört einer freundlichen samischen Familie und gewährt einen Einblick in die Rentierzucht (Dez.–April). Einen Tag vorher Kontakt aufnehmen! Im Mai geht's vielleicht zum Kalbgebiet, um Neugeborene zu bewundern.

Ride North Inari, ein Huskyhof am See rund 10 Autominuten nördlich von Inari, bietet zumeist kürzere Huskyerlebnisse, u. a. einfache Hofbesuche, bei denen man die netten Tiere knuddeln kann, und ein zweistündiges „Huskyerlebnis", bei dem man hilft, die Tiere vorzubereiten, um dann etwa 7 km

NACHHALTIG REISEN

Kirsi Suomi koordiniert das Projekt Nachhaltiger samischer Tourismus des Samischen Parlaments in Finnland.

Die Wildnis ist das Zuhause der Sam:innen
Die Besucher:innen sehen das Land der Sami:nnen als unberührte Wildnis, doch schon seit Urzeiten sind hier die indigenen Sam:innen zu Hause. Das Land sorgt für ihren Lebensunterhalt; sie hüten hier ihre Rentiere und jagen, sammeln und angeln. Auf der Reise durch ihr Land sollten Besucher:innen die Kultur der Sam:innen respektieren.

Menschen nicht zu Objekten machen
Wer indigene samische Siedlungen besucht, sollte die Einheimischen nicht in ihrem Alltag stören und sie nicht ohne ihre Erlaubnis fotografieren.

Vor dem Besuch
Lies unseren Besucherguide: samediggi.fi/saamelaismatkailu/en.

KUNSTGEWERBE JENSEITS VON INARI

Ateljee Huopapirtti
Paltto Elämysretket, Lemmenjoki, bietet prächtige Arbeiten der Filzkunst, viele mit alten schamanischen Symbolen.

Kammigalleria
Die samische Künstlerin Kikka Laakso kreiert in Lemmenjoki Schmuck und andere Sachen aus Rentiergeweih und -leder.

Kaunispään Huippu
Herrliche Sachen wie Schmuck aus hiesigen Edelsteinen am oberen Ende des Kaunispää-Skilifts in Saariselkä.

AUTOTOUR

In den hohen Norden

Diese Autotour steht ganz im Zeichen des Tenojoki (Deatnu auf Nordsami), eines für seine Lachse berühmten Flusses, der auf 140 km Länge die Grenze zu Norwegen bildet. Die Tour kann in einem langen Tag absolviert werden, aber schöner ist sie mit einer oder zwei Übernachtungen. Ein Großteil der Route führt durch die Gemeinde Utsjoki, die einzige in Finnland mit vorwiegend samischer Bevölkerung.

1 Inari

Los geht's in Inari, Ort am See und Zentrum samischer Kultur in Finnland.

Die Fahrt: Fahre 32 km auf der Straße 4 Richtung Norden, dann 65 km Richtung Westen auf der 95 nach Karigasniemi (insgesamt ca. 1½ Std.).

2 Karigasniemi

Über den Inarijoki führt eine Brücke nach Norwegen, aber du fährst auf der 970 Richtung Norden durchs Dorf. Hier ist die letzte Tankstelle vor Utsjoki und das Café im Hotel Guossi lädt zu einer Pause ein. Nach 5 km fließt der Inarijoki mit dem Karasjohka aus Norwegen zum Tenojoki zusammen – leider versperren Bäume den Blick auf den Zusammenfluss.

Die Fahrt: Die nächsten 1½ Stunden kannst du die Landschaft genießen: Die Straße windet sich parallel zum breiten Fluss zwischen den ihn säumenden Fjells durchs Teno-Tal nach Utsjoki.

3 Utsjoki

Das Lomakylä Valle (Feriendorf Valle) ist die nobelste Unterkunft an der Route, mit einem Restaurant hoch über dem Flussufer 99 km von Karigasniemi. Zwei Kilometer weiter liegt Utsjoki, wo die eindrucksvolle Sápmi-Brücke den Tenojoki überspannt.

Utsjoki

Utsjoki (340 Einw.) hat im Dorfsaal (Kylätalo Giisá) einen Kunstgewerbeladen, eine Touristeninformation und ein Café; Zimmer, Restaurant und Bar bietet das Mittelklassehotel Utsjoki. Außerdem gibt's ein paar meist kurze (2–6 km) Wanderwege.

Die Fahrt: Fahre rund 45 Minuten weiter das Teno-Tal entlang bis zum Ende der Straße (bzw. zum Ende Finnlands) in Nuorgam.

4 Nuorgam

Dies ist Finnlands nördlichstes Dorf. Am Dorfende erreicht man die norwegische Grenze; am Straßenrand ist ein Stein mit „Nördlichster Punkt der EU und Finnlands" beschriftet. Auf Karten ist zu sehen, dass sich der wahre nördlichste Punkt im Fluss rund 400 m nördlich von hier befindet, aber wir wollen nicht kleinlich sein. Das geschäftigste Plätzchen im Ort ist, wenn es geöffnet ist, das Nuorgamin Lomakeskus mit guten Hütten, Apartments und einem Café-Restaurant.

Die Fahrt: Nun geht's zurück nach Utsjoki und dann Richtung Süden nach Inari. Nach 5 km erreichst du die Utsjoen kirkkotuvat (Utsjoki-Kirchhütten) am Mantojärvi.

5 Utsjoki-Kirchhütten

Die Holzhütten (heute 13, früher mehr als 20) stammen teils aus dem 18. Jh. und wurden bis in die 1940er-Jahre hinein von samischen Familien genutzt, die hier zum Gottesdienst gingen. Die heutige Kirche hügelaufwärts wurde 1853 gebaut und ersetzte eine frühere, die verfallen war. Von den Hütten führt ein Weg Richtung Süden dorthin, wo die alte Kirche gestanden hat. Von hier fährst du rund zwei Stunden auf der Straße 4 gen Süden zurück nach Inari.

DIE BESTEN FESTIVALS IN & UM INARI

Poro-Kuninkuusajot Inaris „Königliches Rentierrennen“ (Ende März/Anfang April) mit „Jockeys“ auf Skiern auf dem zugefrorenen Inarijärvi.

Ijahis Idja Zweitägiges indigenes Musikfestival „Nachtlose Nacht“ (Aug.) mit vielfältiger samischer Musik.

Inari Viikot „Inari-Wochen“ (Ende Juli) u. a. mit Konzerten, Märkten und Partys in Inari, Saariselkä, Lemmenjoki und anderswo.

Skábmagovat Filmfestival der Indigenen (Ende Jan.) mit Filmen auch auf Englisch und einigen Freiluftvorführungen.

Kaamosjazz Das „dunkelste Jazzfestival der Welt“ (Jan.) erhellt die Winternächte von Saariselkä mit einem Wochenende voller Konzerte.

Schlitten zu fahren. Im Sommer gibt's Fahrten in Hundewagen, im Winter Schneeschuhwanderungen und Nordlichttouren.

Lemmenjoki: Finnlands größter Nationalpark

FLÜSSE, WÄLDER, FJELLS & GOLD

Finnlands größter Nationalpark, der Lemmenjoki, erstreckt sich südwestlich von Inari über 2860 km^2 Wälder, Fjells, Flusstäler und Feuchtgebiete. Im Sommer ist er bestes Wanderterrain; dann verkehrt auf dem Fluss auch ein Boot. Die meisten Wanderwege führen durch die etwa 40 km lange und 12 km breite „Erholungszone“ des Parks mit dem Lemmenjoki-Tal und Primärwald. Unterkünfte und Dienstleistungen konzentrieren sich im samischen Dorf **Njurgulahti** am Ostrand des Parks 45 Autominuten von Inari.

Am beliebtesten ist die 17 km lange Bootsstrecke von Njurgulahti nach **Ravadasköngäs** (25 €, 1 Std.), wo sich der Ravadasjoki 10 m tief in den Lemmenjoki ergießt, und dann weitere 6 km nach **Kultahamina** (insgesamt 30 €, 1½ Std.). Das von **Ahkun Tupa** aus Njurgulahti betriebene Boot fährt von Anfang Juni bis Mitte September. Von Mitte Juni bis Mitte August gibt's in jede Richtung morgens und abends ein Boot, sonst nur abends.

Man kann auch bis Ravadasköngäs laufen und dann das Boot zurück nehmen. Wenn täglich zwei Boote verkehren, kann man mit dem Boot hinfahren und zurück laufen oder nach Kultahamina fahren, nach Ravadasköngäs laufen und dann abends zurückfahren.

Die **Wanderwege** beginnen an einem Parkplatz 1,5 km südlich von Njurgulahti. Von hier sind es etwa 14,5 km durchs Tal zur Wildnishütte Ravadasjärvi, dann weitere 700 m nach Ravadasköngäs. Dann geht's hinab, um den Fluss in Searitniva oder Härkäkoski auf einem Kabelboot zu überqueren. Vom Parkplatz führt außerdem eine 16-km-Schleife über die Spitze des **Joenkielinenfell** (535 m) mit herrlichen Panoramen.

Kultahamina ist das Tor zum Goldrausch-Hotspot der 1940er- und 1950er-Jahre im Lemmenjoki. Dahin, wo das erste Gold gefunden wurde, sind es 1,6 km zu Fuß. Eine teils steile Tour mit Übernachtung führt über den **Kultareitti** (Goldweg), eine 25 km lange Schleife von Kultahamina nach Ravadasjärvi. An beiden Enden der Route und in Morgamoja (nach 4,5 km) gibt's Hütten zum Übernachten und man kann auch zelten.

UNTERWEGS VOR ORT

Wie immer ist es mit einem eigenen Fahrzeug am einfachsten. Busse von Eskelisen Lapin Linjat fahren vom Flughafen Ivalo 20 Minuten nach Fluganfunkt nach Saariselkä und Kiilopää. Zum Flughafen fahren sie in Kiilopää 2½ Stunden vor dem Abflug ab und halten eine halbe Stunde später in Saariselkä. Eskelisen hat außerdem täglich einen Bus von Karasjok in Norwegen über Inari, Saariselkä und Kiilopää nach Rovaniemi und einen von Inari über Saariselkä nach Rovaniemi. Richtung Norden fahren ab Kiilopää und Saariselkä nachmittags Busse. Im Winter pendelt ein Skibus zwischen den Hotels in und um Saariselkä und den Skiliften.

Zum Lemmenjoki-Nationalpark gibt's keine öffentlichen Verkehrsmittel. Ohne eigenes Fahrzeug muss man an einer Tour teilnehmen oder ein Taxi nehmen.

KILPISJÄRVI

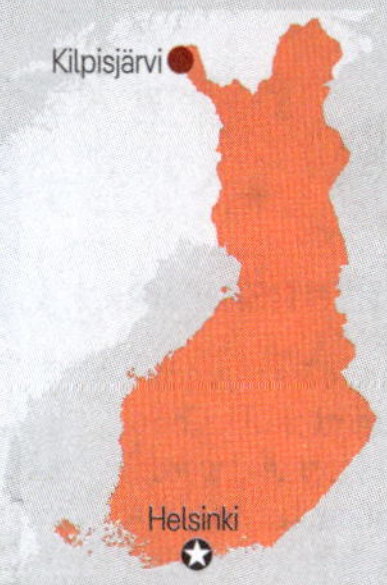

Wer einsame Orte mag, sollte das Dorf Kilpisjärvi an der Nordwestspitze Finnlands ansteuern. An der ganzen 200 km langen Straße von Muonio hier hoch gibt's nur eine nennenswerte Siedlung, das kleine Dorf Karesuvanto. Kilpisjärvi liegt im Schatten des Fjells Saana an der Ostseite des schönen Sees Kilpisjärvi mit Blick auf die Berge Nordschwedens am anderen Ufer. Die norwegische Grenze ist nur ein paar Kilometer nördlich und Skibotn am Lyngenfjord in Norwegen ist nur 50 km entfernt. Mit 490 m Höhe ist das am Rand der Skanden gelegene Kilpisjärvi außerdem das höchste Dorf Finnlands. In der schneefreien Zeit (meist Anfang Juni bis Anfang/Mitte Oktober) kann man hier toll in der Wildnis wandern und das ist, außer der Weiterfahrt nach Norwegen, auch der wichtigste Grund für einen Abstecher hier hoch.

TOP TIPP

Im Hauptteil des Dorfs liegen die meisten Unterkünfte und Restaurants, das Metsähallitus-Besucherzentrum (die Forst- und Naturschutzverwaltung), ein kleines Einkaufszentrum und eine Tankstelle. 5 km die Straße hoch Richtung Norwegen ist die Unterkunft Kilpisjärven Retkeilykeskus, 2 km weiter beginnt der wichtigste Wanderweg.

EIN RENTIERJAHR

Fast alle Rentiere in Finnland sind halbdomestiziert und werden vor allem für ihr Fleisch gehalten. Ein typisches Rentierjahr sieht in etwa so aus:

April/Mai In die Abkalbegebiete.

Mai Geburt der Kälber. Zwei Wochen später werfen Renkühe ihr Geweih ab.

Ende Juni/Anfang Juli Zusammentrieb der Kälber zwecks Markierung.

Oktober Paarungszeit (Brunft). Danach werfen Männchen ihr Geweih ab (die Geweihe wachsen im Sommer nach).

Ende Oktober/November/Dezember Zusammentrieb und Schlachtung ausgewählter Tiere.

24. Dezember Ein paar Rentiere fliegen mit dem Weihnachtsmann um die Erde.

Dezember–März/April Die Rentiere sind auf Winterweiden, oft nahe bei den Höfen ihrer Besitzer.

Weitere Infos über Rentiere bietet die Seite paliskunnat.fi des finnischen Rentierhirtenverbands.

OLIVER BIALLAWONS/SHUTTERSTOCK ©

Kolmen Valtakunnan Rajapyykki (Drei-Reiche-Grenzmal)

Treffen sich drei Länder

REISE ZUM DREILÄNDERECK

Westlich vom Kilpisjärvi treffen Finnland, Norwegen und Schweden zusammen: Das Dreiländereck am **Kolmen Valtakunnan Rajapyykki** (Drei-Reiche-Grenzmal) ist ein tolles Ausflugsziel. Von etwa Mitte Juni bis Ende September schippert die **MS Malla** vom Ufer des Kilpisjärvi (beim Kilpisjärven Retkeilykeskus) nach **Koltaluokta** am schwedischen Ufer (30 Min.; 35/50 € einfach/hin & zurück). Die Rückfahrt ist zwei Stunden später – Zeit genug, um die 3 km bis zum Grenzpunkt zu laufen. Das Drei-Reiche-Grenzmal steht nicht weit vom Golddajávri – ein Metallsteg führt dorthin. Auf der finnischen Seite liegen am Kuohkimajärvi offene, buchbare Wildnishütten.

Schön ist eine Wanderung zurück nach Kilpisjärvi. Der Pfad (11 km, ca. 3 Std.) folgt rund 2 km gen Nordosten einem Rentierzaun, biegt dann ab Richtung Osten hinauf durch Birkenwald und führt über Moorland mit tollem Ausblick. In Richtung des 100 m hohen **Kitsiputous-Wasserfalls** wird der Pfad steiniger. An einem kleinen Pass befindet sich ein rekonstruierter **deutscher Kriegsbunker**; dann geht's 4,5 km hinunter zum Wegbeginn an der Straße 2 km nördlich des Retkeilykeskus.

In die Hügel

FINNLANDS VORLETZTER GIPFEL

Finnlands höchster Punkt (1324 m) auf dem Fjell **Halti** an der norwegischen Grenze liegt 55 km (ca. 4 Tage eine Strecke, Juli–Mitte Sept.) von Kilpisjärvi entfernt. Einige Hotels und Veranstalter in Kilpisjärvi bieten Tagestouren mit Transfer nach **Guolasjávri** in Norwegen und einer recht anstrengenden Wanderung den Berg hoch und wieder runter (jeweils 7 km).

UNTERWEGS VOR ORT

Von Rovaniemi fahren über Muonio täglich zwei Busse. Die Unterkunft Kilpisjärven Retkeilykeskus liegt gut für die MS *Malla* und die Wanderwege. Wer im Hauptteil des Dorfs absteigt, muss weit bis zum Nordende des Dorfs laufen oder mietet oder borgt sich ein Fahrrad.

OULANKA-NATIONALPARK

Der Oulanka an der Ostseite der „Taille“ Finnlands zählt zu den beliebtesten Nationalparks des Landes, vor allem wegen seiner zerklüfteten Landschaft mit Schluchten, Stromschnellen, Wasserfällen, Klippen und Seen inmitten dichter Wälder, geformt durch die beiden Hauptflüsse Oulankajoki und Kitkajoki, die nah an der russischen Grenze zusammenfließen. Hier kann man wunderbar wandern, z. B. auf dem 82 km langen Karhunkierros-Weg von Nord nach Süd durch den Park, aber auch auf schönen kürzeren Routen. Und auf den Flüssen kann man toll Kanu und Kajak fahren und wildwasserraften und im Winter schneeschuhwandern und siklanglaufen. Im und beim Park gibt’s nur begrenzt Unterkünfte und Verpflegungsmöglichkeiten, doch jede Menge in Ruka, einem Winter- und Sommerferienort ein Stück weiter südlich.

TOP TIPP

Auf der Seite nationalparks.fi gibt’s jede Menge praktische und Hintergrundinfos zum Park, dem Karhunkierros und anderen Aktivitäten, u. a. Karten und Wegbeschreibungen. Eine gute Infoquelle ist auch das Besucher:innen-Zentrum mitten im Oulanka 13 km von Käylä eine geteerte Straße entlang.

DIE BESTEN UNTERKÜNFTE IN PARKNÄHE

Basecamp Oulanka
Gut geführte Lodge bei Juuma mit gutem Essen, freundlichem Empfang und Gratis-Sauna. €€

Ajakka
Pension auf großem Seegrundstück 7 km westlich von Juuma hat Zimmer mit Flair und tolles Essen aus regionalen Zutaten. €€

Oulangan Leirintäalue
Sommerzeltplatz beim Besucherzentrum des Nationalparks mit zehn 4-Pers.-Hütten, Kiosk und jeder Menge Platz für Zelte und Wohnmobile. €

Juuman Leirintäalue
Sommerzeltplatz in Juuma mit Häuschen mit Sauna, Café, Ruderbooten und SUP-Brettern. €

Retkietappi
Drei gemütliche Hütten sowie Zeltstellplätze und ein Café am See in Juuma. €€

Wunderbare kurze Wanderungen

WANDERN AUF DIE EINFACHE TOUR

Der sehr beliebte **Pieni Karhunkierros** (Kleiner Bärenring) führt vom Dorf Juuma auf einer 12-km-Schleife (3½–4 Std.) zu mit Landschaften, die zu den schönsten des Oulanka zählen. Der Weg ist fast das ganze Jahr begehbar – im Winter benötigt man vielleicht Schneeschuhe. Zu den Highlights zählen die Stromschnellen Myllykoski und Aallokkokoski, die donnernden Jyrävä-Fälle und zwei Hängebrücken.

Eine weitere tolle, viel weniger begangene Schleife ist der 6 km lange Weg **Kanjonin Kurkkaus** (Schluchtblick; Juni–Okt.) im Norden des Parks mit Ausblick auf die imposante Oulankajoki-Schlucht. Er beginnt am Savilampi-Parkplatz 10 km abseits der Straße 950. Eine gute Verlängerung (insgesamt dann 4 Std.) führt 4 km weiter zu den Taivalköngäs-Stromschnellen und zurück.

Die spektakulären **Kiutaköngäs-Fälle**, wo sich der Oulankajoki verzweifelt zwischen roten Klippen hindurchkämpft, sind nur einen leicht zu gehenden Kilometer vom Besucherzentrum des Parks entfernt. Wer länger wandern möchte, hängt noch den Waldrundweg durch den Könkään keino (8 km) dran.

Auf den Flüssen

RAFTING & KAJAKFAHREN IM OULANKA

Oulanka-Nationalpark

Wenn sie nicht zugefroren sind, etwa von Juni bis irgendwann im Oktober, kann man auf den Flüssen im Oulanka wunderbar paddeln. Die Hauptstrecke ist eine 25 km lange Kanu- und Kajakroute (5–7 Std.) den Oulankajoki hinunter, sie beginnt in Mataraniemi (mit dem Auto erreichbar) beim Besucherzentrum und führt nach Jäkälämutka – die Strecke ist auch für Anfänger:innen geeignet, ebenso für Familien mit Kindern. Anbieter wie Kuusamo Safaris in Ruka stellen die gesamte Ausrüstung und bringen einen am Ende zurück nach Mataraniemi (35–40 € pro Person).

UNTERWEGS VOR ORT

Der Flughafen von Kuusamo 26 km südlich von Ruka (mit Mietwagenschaltern) ist für viele das Tor zur Region. Nach Flugankünften fährt ein Flughafenbus (pohjolanmatka.fi) nach Ruka (30 Min.), manche Busse fahren auch weiter bis Hautajärvi (1¼ Std.). Ein Taxi vom Flughafen nach Ruka/Hautajärvi kostet etwa 65/140 €. Alle Nationalparks- und Karhunkierros-Zugangspunkte sind über geteerte und gute ungeteerte Straßen zu erreichen. Von Ruka fährt jeden Morgen ein Bus nach Hautajärvi, außerdem von Anfang Juni bis Anfang August montags bis samstags einer über Juuma und das Nationalparkzentrum – Fahrpläne siehe ruka.fi. Ein Taxi von Ruka nach Juuma/Hautajärvi kostet um die 55/90 €.

Rund um den Oulanka-Nationalpark

Ein Top-Ski- und Sommerferienort und ein eher selten besuchter Nationalpark, dazu im Sommer Bärenbeobachtung.

Rund 20 km südwestlich des Oulanka-Nationalparks liegt Ruka, einer der beliebtesten Wintersportorte Finnlands, der z. B. gut für Schneemobiltouren und Eisangeln ist. Auch im Sommer ist hier einiges los: Ruka ist ein guter Ausgangspunkt für den Oulanka sowie zum Radeln, Bärenbeobachten und für Fahrten zu Rentier- und Huskyhöfen. Rund 100 km südlich von Ruka ist der Hossa-Nationalpark, weit seltener besucht als der Oulanka, mit Wald, Seen und Flüssen sowie berühmten Felsmalereien und guten Wander-, Radel- und Kanumöglichkeiten. Etwas ganz anderes bietet Posio 65 km westlich von Ruka: Hier ist Pentik ansässig, eins der führenden Designhäuser Finnlands.

TOP TIPP

Die Website ruka.fi bietet umfassende Infos zur Region Ruka – gut zum Planen der Reise und für allerlei Buchungen.

Skifahren, Ruka

PERFEKTE TAGE AUF DEN PISTEN

Tuomas Lipasti ist ein begeisterter Snowboarder aus Ruka.

Mitten im Winter sind die Tage kurz, sodass man sich am besten sehr früh auf den Weg macht und gleich den ersten Lift hoch nimmt, um frischen Schnee zu genießen. Meine liebsten Carvingabfahrten sind die **vorderen Hänge** und **Kelo** – breit, steil und meist in tollem Zustand. Außerdem empfehle ich den **Ruka Park** – hier gibt's für jeden etwas. Der Sonnenuntergang lässt sich am besten nach einer kleinen Wanderung rüber zum **Juhannuskallio** genießen. Fürs Après-Ski empfehle ich die **Hanki Baari**, ein kleines, gemütliches Restaurant im Herzen von Ruka.

Winterabenteuer

WINTERWUNDERLAND VOLLER ACTION

Mit über 200 Skitagen an 36 vielseitigen Hängen und einer munteren Après-Ski-Szene zählt das CO_2-neutrale Ruka zu Finnlands Top-Wintersportzielen. Das Skigebiet teilt sich in das **Dorf Ruka (Rukan Kylä)** und das **Ruka-Tal (Rukan Laakso)** mit den Pisten am Hügel Rukatunturi dazwischen.

Doch das ist noch nicht die ganze Winter-Action: Du kannst mit Schneemobilen durch die Wälder brausen, mit **Erä-Susi** mit Huskys durch Schneelandschaften pflügen oder auf dem Hof **Kujalan Porotila** Rentier-Yoga ausprobieren. Beliebt sind auch Schneeschuhwanderungen und Fatbike-Touren: Im Winter sind mehrere Trails geöffnet. Dazu kommen Nachtsafaris zur Nordlichtbeobachtung.

Aufregende Sommerabenteuer

DER WILDE OSTEN

Vom Mitte Juni Bis Mitte September ist Ruka in voller Fahrt mit seinem Mix aus Downhill-Strecken und Querfeldein-Trails sowie 70 km Mountainbikerouten durch die Hügel und das Umland.

Oder du saust die 1 km lange Sommerrodelbahn hinunter oder schwebst mit der **Village2Valley-Seilbahn** über den Rukatunturi. Auch Rentier- und Huskyhöfe haben Sommerprogramme, mit Naturspaziergängen statt Schlittenfahrten.

Expedition ins Bärenland

FINNLANDS NATIONALTIER ERSPÄHEN

Am gemütlichen Beobachtungsposten **Karhu-Kuusamo** (karhujenkatselu.fi) rund 40 km östlich von Ruka hat man im Sommer sehr gute Chancen, wilde Braunbären zu sehen. Oft lassen sich hier abends am Teich mehrere von den Fischgräten angelockte Bären blicken. Außerdem bekommt man vielleicht Fischadler zu sehen. Von Mai bis September starten um 18 Uhr vierstündige Sessions (120 € pro Person); die Anfahrt zur Hütte organisiert man selbst. Ähnliches bietet **Lammintupa** für einen Posten 75 km von Ruka entfernt.

UNTERWEGS VOR ORT

Von der Dorfmitte von Ruka fahren im Winter Skibusse zum Ruka-Tal und zu anderen entfernten Teilen Rukas. Für längere Strecken ist ansonsten ein eigenes Auto am besten – das kann man am Flughafen von Kuusamo 26 km südlich von Ruka mieten. Von Anfang Juni bis Anfang August hat Hossa Bussi täglich (außer sonntags) morgens einen Bus von Ruka zum Hossa-Nationalpark, mit Rückfahrt am Abend. Ein Taxi von Ruka nach Posio und zurück kostet etwa 90 € plus etwa 50 € je Stunde Wartezeit.

KOLI-NATIONALPARK

Der Koli-Nationalpark am Ufer des Pielinen, Finnlands viertgrößtem See, ist das Herz der Region Nordkarelien.

Die höchste Erhebung im Koli, der 347 m hohe Ukko-Koli, ist gleichzeitig der höchste Punkt Südfinnlands. Vom bloßen Gipfel schweift der Blick über die bewaldeten Hänge zum Pielinen mit seinen Inseln. Dieser Landstrich ist verewigt in Eero Järnefelts Gemälden; auch seinem Reisebegleiter, dem Komponisten Jean Sibelius, diente er als Inspiration.

Doch um die Schönheit des Koli wertzuschätzen, braucht man keinen Uniabschluss. Im Winter bildet der Nationalpark den südlichsten Punkt Finnlands, um den zauberhaften Anblick von unter Schnee und Raueis erstarrten Bäumen zu bewundern. Im Winter schließlich lassen sich auch die Hänge des Koli auf Skiern oder mit Schneeschuhen angehen.

Die Orte der Region liegen weit auseinander und bieten nur wenige Unterkünfte, Restaurants und Sehenswürdigkeiten. Hier steht Mutter Natur im Mittelpunkt!

TOP TIPP

Das Koli-Naturzentrum Ukko mit einem kleinen Museum ist per Standseilbahn erreichbar, in der Nähe gibt es auch einen Parkplatz.

DIE SCHÖNSTEN WINTERERLEBNISSE IM KOLI-NATIONALPARK

Schneeschuhwandern
Auf Schneeschuhen kann man die verschneiten Hänge des Koli bewältigen und die unter ihrer Schneelast ächzenden Bäume bewundern. Geführte Touren bieten viele Hotels und Veranstalter der Gegend an wie z. B. Koli Active.

Hundeschlittenfahrten
Über den zugefrorenen Pielinen kann man sich von munteren Huskys ziehen lassen, die viele Tourenanbieter der Gegend züchten.

Abfahrtsski
Der Koli hat ein Abfahrtsskizentrum mit vier Liften und sieben unterschiedlich schwierigen Hängen.

KARAVANOV_LEV/SHUTTERSTOCK ©

Kolin Luontokeskus Ukko (Koli-Naturzentrum Ukko)

Die höchsten Punkte des Südens

WUNDERBARE WANDERREVIERE

Im Koli-Nationalpark gibt's über 60 km an markierten Wegen, von einer leicht zugänglichen, aber etwas kniffligen 800-m-Route bis zum mehrtägigen 60-km-Marsch.

Ein Klassiker ist der 1,4 km lange Weg **Huippujen Kierros** mit den berühmtesten Bergen des Koli, dem **Ukko-Koli**, **Akka-Koli** und **Paha-Koli**. Hier bestehen die Hügelkuppen aus nacktem, blassgrauem und weißem Quarzit und der Blick reicht über den Pielinen mit seinen Inseln. Knorrige Baumstämme wechseln sich ab mit üppigen Kiefern.

Eine weitere gute Route an den Gipfeln entlang ist der 7,5 km lange **Mäkrän kierros**: Er führt zu unberührten Wäldern und Lichtungen samt Lagerfeuerplatz. Zwar gibt's ein paar steile Anstiege, doch die Ausblicke vom 313 m hohen Mäkrä, der sich 219 m hoch über dem Pielinen erhebt, lohnen die Mühsal.

Die längste Wanderung (60 km, 4 Tage) führt um den See **Herajärvi**. Man kann sie auch auf 35 km (3 Tage) fast halbieren. Im Winter ist die Herajärvi-Route gesperrt, doch auf den kürzeren und beliebteren Routen gibt's von zahlreichen anderen Wandernden ausgetretene Wege.

Zahlreiche Wege beginnen zudem am **Kolin Luontokeskus Ukko** (Koli-Naturzentrum Ukko), wo man auch Karten der Gegend bekommt; andere starten im Dorf Koli und am Hafen Koli. Längere Wanderungen beginnen auch in Orten in der Nähe wie Lieksa.

UNTERWEGS VOR ORT

Am einfachsten ist der Koli-Nationalpark mit dem Auto erreichbar. Der nächste Ort, Joensuu, ist 63 km entfernt; von dort fahren Busse nach Ahmovaara 9 km vom Park. Die Taxis der Gegend heißen Kolin taksi.

Im Winter kann man im Dorf Vuonislahti aussteigen und von dort ein Taxi über den zugefrorenen Pielinen zu den Koli-Gipfeln nehmen. Joensuu ist etwa vier Zugstunden von Helsinki entfernt.

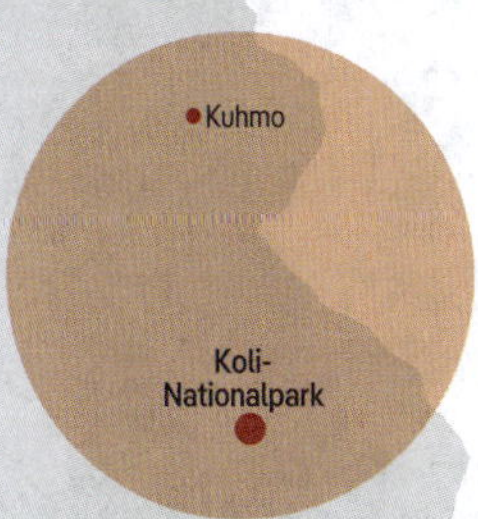

Rund um den Koli

Die Umgebung des Koli wartet mit wunderbaren Wildnislandschaften auf. Mit dem Fernglas kann man sich auf die Suche nach Tieren begeben.

Das entlegene Kuhmo beherbergt die größte Zahl an Bären und Wölfen Finnlands und war stets ein Brennpunkt historischer Ereignisse, was es vor allem der Nähe zur russischen Grenze verdankt. Schwedische und russische Monarch:innen haben sich hier um Land gebalgt. 1809, als Finnland als Großherzogtum Teil Russlands wurde, erblühte Kuhmos Geschäftswelt. 1940 gab es im Winterkrieg gegen Russland hier schwere Kämpfe; das diesem Krieg gewidmete Talvisotamuseo zählt heute zu den wichtigsten Sehenswürdigkeiten der Stadt. Kuhmo hat heute knapp 10 000 Einwohner:innen und statt quirligem urbanem Leben steht die Natur im Mittelpunkt.

TOP TIPP

Im Juli lassen sich bei einem renommierten Kammermusikfest in Kuhmo, das zwei Wochen lang Tausende Besucher:innen anlockt, Wildnis und Kultur kombinieren.

SYLVAIN CORDIER/GETTY IMAGES ©

Vielfraß, Kuhmo

Braunbären, Kuhmo

DIE BESTEN ESSOPTIONEN IN KUHMO

Kaesan Kotileipomo
Die Bäckerei mit Feinkost-Souvenirladen bietet sich für eine erfrischende Kaffeepause an, mit Leckereien aus der Gegend wie *rönttönen* (offene Pirogggen mit Kartoffel-Preiselbeer-Füllung). €

Neljä Kaesaa
Bistro mit Mittagsbuffet und Backwaren von der verbandelten Bäckerei Kaesan Kotileipomo. €

Kahvila retro
Einfaches finnisches Café mit Süßem und Deftigem sowie italienischem Eis. €

Tierwelt in Kuhmo

WILDNIS & WILDTIERE

Rund um Kuhmo dreht sich alles um wilde Tiere. Die unberührte Landschaft mit immergrünem Nadelwald, der sich bis nach Asien zieht, wird auch gern als „Wilde Taiga“ bezeichnet. In der Wildnis von Kuhmo fühlen sich viele der größten Fleischfresser Finnlands wohl wie Bären, Wölfe und Vielfraße. In der Gegend gibt's zahlreiche Wildtierhütten und Tourenanbieter. Viele Besucher:innen übernachten in angemieteten Beobachtungsposten und Häuschen – da die Sonne hier im Juni und Juli kaum untergeht, ist die Region ideal für die Wildtierbeobachtung und -fotografie. Die Saison für die Bärenbeobachtung beginnt im April und dauert bis September oder gar Oktober – dann bereiten sich die Tiere auf den Winterschlaf vor. Vielfraße und Wölfe sind das ganze Jahr über unterwegs.

Das **Bear Centre** besteht aus einem großen Beobachtungshaus mit Betten und Bädern. Drum herum gibt's im Marschland mit seinen Bären und Vielfraßen außerdem kleine Hütten. **Wild Taiga** hat in Kuhmo und im nahen Suomussalmi Tierbeobachtungshütten. Wildlife Safaris bietet verschiedene Dienstleistungen und Touren, von der Tierbeobachtung in Hütten bis zur Suche nach dem Nordlicht und Schneeschuhwanderungen sowie der Möglichkeit, das Ganze mit einem Saunagang zu beschließen.

UNTERWEGS VOR ORT

Kuhmo ist fast vollständig von Wildnis umgeben und man braucht ein Auto. Helsinki ist 600 km entfernt und der nächste Flughafen ist Kajaani 100 km westlich von Kuhmo. In Kajaani gibt's auch einen Bahnhof und Busbahnhof; nach Kuhmo fahren mehrere Busse am Tag. Freitags und sonntags verkehren auch Busse zwischen Kuhmo und Nurmes 80 km südlich.

SAIMAA-SEENLAND

Der Saimaa genießt in Finnland einen fast mystischen Ruf: Das Labyrinth aus Seen und Inseln scheint schon seit Anbeginn der Zeit zu existieren. Tatsächlich entstand es vor 11 000 Jahren, als sich die Gletscher der letzten Eiszeit zurückzogen und dabei Tausende Seen entstehen ließen. Zu dieser Zeit trennten sich einige Ringelrobben im Polarmeer von ihren Artgenossen und strandeten im Süßwasser. Diese Ringelrobben sind heute im Saimaa endemisch; zwar gelten sie noch immer als bedroht, doch ihre Zahl ist in den letzten Jahrzehnten von einigen Dutzend bis auf über 400 gestiegen.

Die Finn:innen genießen am Saimaa gern die Sommersonne und nächtigen in Häuschen am Ufer der Seen; in den Dörfern der Region eröffnen Caféterrassen und es steigen kleine Festivals. Im Winter sind die Seen mit Eis und Schnee bedeckt – die Einheimischen vergnügen sich mit Eislochangeln, Schlittschuhlaufen und Skifahren.

TOP TIPP

Die örtlichen Touristeninformationen haben Infos zu Radtouren im Sommer. Es gibt zwei beliebte Rundstrecken (120 bzw. 60 km). Auf beiden Routen geht's per Fähre über Seen und über Kämme zwischen den Seen; unterwegs gibt's außerdem Hotels, Restaurants, Cafés und Badestellen.

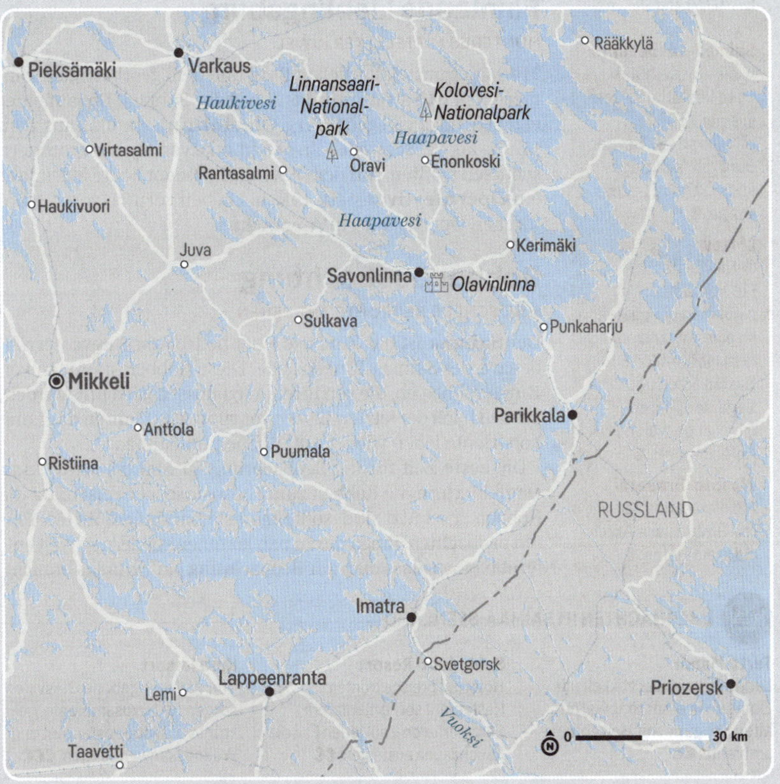

ARTBBNV/SHUTTERSTOCK ©

Burg Olavinlinna

Finnlands Lieblingsburg

MUNTERES MITTELALTERJUWEL

Mit seiner mittelalterlichen Burg und dem geschäftigen Sommerhafen ist Savonlinna das Juwel des Saimaa. Die auf einer eigenen Insel gelegene Burg **Olavinlinna** stammt aus dem 15. Jh., als die Schweden ihre Ostflanke vor den Nowgorodern schützen wollten. Auf der Olavinlinna findet heute jedes Jahr ein **Opernfestival** statt, 1912 ins Leben gerufen von der finnischen Opernsängerin Aino Ackté.

Robbenbeobachtung

EINE SCHEUE BEDROHTE ART SEHEN

Der **Saimaa** ist das Zuhause einer bedrohten Süßwasserrobbenart, der Saimaa-Ringelrobbe. Diese Robben stammen von Ringelrobben ab, die von ihren Artgenossen getrennt wurden, als sich nach der letzten Eiszeit vor rund 9500 Jahren das Land hob. Heute leben wieder 400 Robben im Saimaa.

Die beste Zeit für die Beobachtung ist Mai bis Mitte Juni: Dann klettern die Robben zum Fellwechsel auf Felsen. Da die Robben geschützt sind, sollte man sie nur auf geführten Touren beobachten, ihnen nie zu nah kommen sondern so weit entfernt bleiben, dass man zur Beobachtung ein Fernglas braucht.

HEIMISCHE SPEISEN & GETRÄNKE IN SAVONLINNA

Saimaa-Lachssuppe
In diesem gemütlichen Restaurant-Café in einer Kopfsteinpflasterstraße bei der Burg gibt's mittags stets cremige Lachssuppe. €

Lörtsy
Frittierte, flache Fleischpasteten genießt man am besten an einem Stand auf dem Marktplatz. Für Naschkatzen und Vegetarier:innen gibt's auch welche mit Apfelkompott. €

Waahto-Brauerei
Ale, Porter und Kaffee-Stout sowie Apfelcidre am Hafen. €

ÜBERNACHTEN IM SAIMAA-SEENLAND

Tertti Manor
Landrefugium bei Mikkeli mit Zimmern in einer renovierten alten Scheune mit Herrenhausambiente. €€

Sahanlahti Resort
Hotel mit preisgekröntem Restaurant sowie munterem Sommerhafen – auf jeden Fall die Rauchsauna austesten! €€

Kuru Resort
Von Wald umgebene Glasvillen sorgen für Luxusambiente, gekrönt von Nobelrestaurant und Wellnessanwendungen. €€€

AUTOTOUR DURCHS SEENLAND

Die Rundtour ab **1 Savonlinna** (S. 206) führt zu schönster Landschaft, bestem Essen und tollen Spots zur Tierbeobachtung im Saimaa-Seenland.

Von Savonlinna geht's über die Straße 14 und die 464 zum **2 Hotel & Spa Resort Järvisydän** (S. 208), hier relaxt du im Spa am See oder machst eine Kajaktour zum **3 Linnansaari-Nationalpark** (S. 208).

Dann geht's über die 464, 467 und 14 Richtung Juva, mit Halt bei der englisch-finnischen Teestube **4 Tea-House of Wehmais** mit Sandwiches, Buttermilch-Scones und vom ersten Teesommelier Finnlands ausgewählten Tees. Als Nächstes steht **5 Mikkeli** mit gastfreundlichen Herrenhäusern auf dem Programm. Im nahen **6 Kenkävero** gibt's ein Restaurant und kleine Läden mit regionalem Design. **7 Tertti Manor** (S. 206) bietet gehobene Scheunenunterkünfte sowie ein Restaurant und ein Café.

Weiter geht's auf der 62 Richtung Sahanlahti Resort über einen Kamm mit Blick auf die Felseninseln im See. Die **8 Lietvesi-Panoramastraße** durch den Saimaa-Geopark zeugt von der eiszeitlichen Entstehung der Landschaft. Kurz danach erreichst du den **9 Pistohiekka-Strand**.

Mittags bietet sich das **10 Sahanlahti Resort** (S. 206) an: Das Restaurant heimste für seine Nutzung heimischer Erzeugnisse Preise ein. Wer hier übernachtet, kann in die Geschichte von Sahanlahti als Sägemühlengemeinde des 19. Jhs. eintauchen.

Schließlich geht's über den **11 Punkaharju-Höhenrücken**, eine der bekanntesten der in den Wasserrinnen von Gletschereis entstandenen Kiesmoränen *(esker)* des Saimaa. Wer im Hotel Punkaharju nächtigt, kann Yoga, Sauna und Waldbaden sowie preisgekröntes Essen genießen, bevor es zurück nach Savonlinna geht.

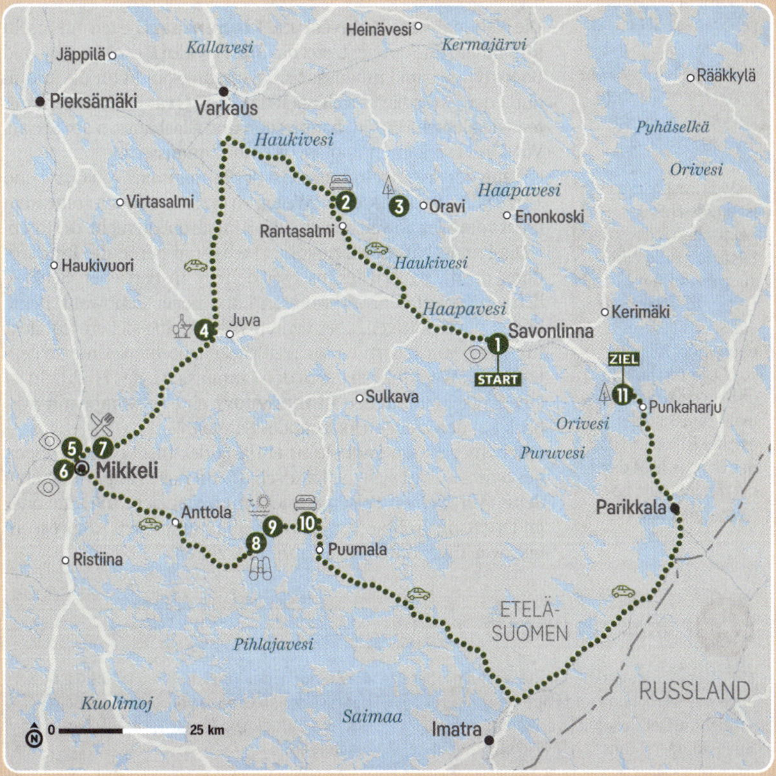

WARUM ICH DAS SAIMAA-SEENLAND LIEBE

Paula Hotti, Lonely-Planet-Autorin

Als ich in der Nähe des Saimaa-Seenlands aufwuchs, war das Beste bei Familienausflügen immer das Eis. Ich brauchte ein, zwei Jahrzehnte, um wertzuschätzen, was schon immer dagewesen war: ein Seenland voller Inseln und mit endemischen Robben sowie Herrenhäusern mit Festschmäusen aus regionalen Zutaten.

Doch unschlagbar ist angesichts des hektischen Alltags die besänftigende Wirkung davon, auf einem Felsen zu sitzen und auf Seen mit Inselchen voller Kiefern zu blicken. Lappland und Helsinki laden mehr zum Staunen ein, doch hier am Ufer des Saimaa hüllt dich die Natur in eine beruhigende Stille ein.

Kajaks, Linnansaari

Eine der besten Arten, die Schönheit des Saimaa zu genießen und die Robben zu sehen, ist eine **Ökoboottour** (lake landgte.fi), bei der man still zwischen den Inseln treibt, um sich mit der Landschaft verbunden zu fühlen.

Nationalparks im See

SCHÖN SCHLUMMERN & BADEN

Die Nationalparks **Kolovesi** und **Linnansaari** liegen auf Inseln im Saimaa. Im Sommer bietet das **Järvisydän Resort** Kajak- und Bootstouren zum Linnansaari. Als Ausgangspunkt für die Erkundung der Parks bietet sich auch das Dorf **Oravi** mit Unterkünften wie kleinen Hütten, Baumzelten und Glashäusern am See an. Von Oravi verkehren Bootstaxis zum Linnansaari.

Wenn der See zugefroren ist, ist der Linnansaari von Oravi und Järvisydän auf markierten Wegen zu erreichen, doch sollte man nicht vom Weg abweichen, um die Ringelrobben nicht zu stören.

Die Landschaft des Linnansaari entstand durch die Brandrodung, die die Bauern der Insel seit dem 16. Jh. betrieben. Schließlich wuchs auf dem verbrannten Land neuer Laubwald; heute bilden die schattigen, aber lichten Wälder eine sichere Zuflucht für Tiere, von Bibern bis zu Weißrückenspechten. Unterschiedlich lange Wege führen durch den Linnansaari; das Highlight ist eine Kraxeltour auf den **Linnanvuori**, eine Felsklippe mit Ausblick auf den blauen Horizont des Saimaa.

Bei einer stillen Paddeltour entlang der Inseln und Klippen des Saimaa zeigt sich die Landschaft von ihrer zauberhaftesten Seite. Auf kleinen Felsen erblickt man vielleicht die eine oder andere Ringelrobbe. Von Oravi braucht man nach Kolovesi ein bis zwei Tage; unterwegs kann man zelten.

UNTERWEGS VOR ORT

Mit öffentlichen Verkehrsmitteln sind größere Orte wie Savonlinna und Lappeenranta zu erreichen. Der Bus von Lappeenranta nach Savonlinna mit Umstieg in Mikkeli braucht 4¾ Stunden; der Zug kurvt in der Nähe an der russischen Grenze vorbei und braucht gut fünf Stunden; in Parikkala muss man umsteigen.

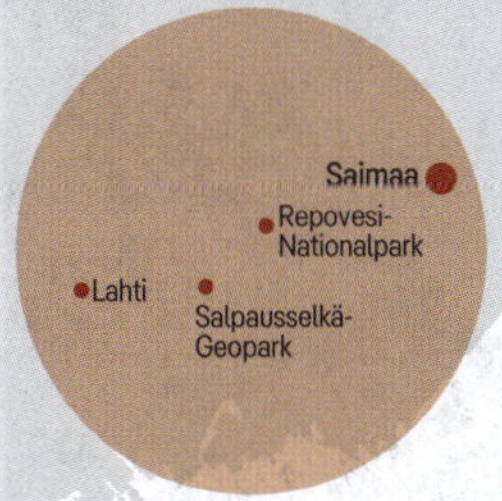

Rund ums Saimaa-Seenland

Erkunde die Eiszeitwunder des Salpausselkä-Geoparks oder Kunst und Sport in Lahti, Finnlands führender grüner Stadt.

TOP TIPP

Das Saimaa-Seenland ist im Osten von der Wildnis Kareliens und im Norden von weiten dichten Wäldern gesäumt. Im Südwesten verströmt Lahti inmitten der Seen und Wälder Finnlands einen Hauch urbanen Lebens.

Der Landstrich zwischen dem Saimaa und Helsinki ist für Erkundungstouren ein toller Teil Südfinnlands. Wie überall im Süden prägen Wälder und Seen die Landschaft: Hier ist das wichtigste Gewässer der Päijänne. Der vom kürzlich ausgewiesenen Salpausselkä-Geopark umgebene Hauptort der Region, Lahti, ist zugleich die führende Stadt Finnlands in Sachen Nachhaltigkeit.

In dem Gebiet kommen Abenteuersportfans auf ihre Kosten. Mit drei Skischanzen und jeder Menge Langlaufloipen ist Lahti auch als Wintersportzentrum bekannt. Doch im Sommer wird ebenfalls einiges geboten: Dann kann man in der Landschaft Kareliens klettern oder Kajak und Rad fahren.

Skischanze, Lahti

DIE BESTEN WEGE IM REPOVESI-NATIONALPARK

Ketunlenkki
Die beliebteste Route im Park ist diese 3,5-km-Schleife ab dem Lapinsalmi-Parkplatz, mit Flussüberquerung per Kabelfähre und Blick auf die Lapinsalmi-Brücke.

Kakkurinkierros
Der 26-km-Weg ist der längste im Park (2–4 Tage) und führt an seinen Hauptsehenswürdigkeiten vorbei.

Korpinkierros
Die 4,3 km lange Rundroute präsentiert die sich aus einem Teich erhebende Olhavanvuori-Klippe aus allen Blickwinkeln.

UNTERWEGS

Lahti, ein gutes Tor zur Region, liegt eine knappe Zugstunde von Helsinki entfernt; Züge fahren ein- oder zweimal die Stunde. Für die Umgebung braucht man allerdings ein Auto.

O.KEMPPAINEN/SHUTTERSTOCK ©

Olhavanvuori

Ein nagelneuer Geopark

FRISCH VON DER UNESCO GEKÜRT

Der **Salpausselkä** bei Lahti, eine einzigartige, von Eis und Wasser geformte Landschaft, wurde 2022 zum Unesco Global Geopark gekürt, was die internationale Bedeutung der Geolandschaften der Region unterstreicht.

Die beiden Salpausselkä-Endmoränen, vor rund 12 000 Jahren aus der Eiszeit übrig geblieben, verlaufen durch ganz Südfinnland und zeigen sich bei Lahti von ihren atemberaubendsten Seite. Insgesamt ist die Formation fast 500 km lang und bis zu 80 m hoch. Hier sind viele Aktivitäten in der Natur möglich, von Marschwanderungen bis zu Radtouren – Näheres siehe visitlahti.fi. Doch die Hauptattraktionen sind die Wallberginsel **Kelvenne** und die wallartige Erhebung *(esker)* **Pulkkilanharju**, beide im Päijänne-Nationalpark. Die Insel Kelvenne liegt im Südteil des Päijänne und ist nur mit dem Boot zu erreichen, wie z. B. von Ende Juni bis Anfang August mit der MS *Jenni Maria* ab Padasjoki.

Höhenrausch für Kletterfans

EINE SPEKTAKULÄRE FELSWAND

Zwischen den Landspitzen des Saimaa-Seenlands und Lahti liegt 2½ Autostunden von Savonlinna und eine Autostunde von Mikkeli der **Repovesi-Nationalpark** mit seiner berühmten senkrechten Felswand **Olhavanvuori**. Sie ist das wichtigste Ziel für Felskletterfans in Finnland und auch für alle anderen ein spektakulärer Anblick. Überdies lassen sich hier gut Vögel beobachten: Bei der Klippe sind Sterntaucher zu Hause. An den Servicepunkten des Parks kann man Räder und Kajaks mieten – die Olhavanvuori ist jedoch nicht per Rad zu erreichen.

HANKO

Das auf einer langen, sandigen Halbinsel gelegene Hanko (oder Hango, wie es bei den vielen schwedischsprachigen Bewohner:innen heißt) gedieh am Ende des 19. Jhs. als wohlhabendes russisches Heilbad. Damals ließen sich Unternehmer:innen und Industrielle am Meer opulente Villen im viktorianischen und Jugendstil erbauen. In vielen dieser Prachtstücke residieren heute gemütliche Pensionen und Restaurants.

Bei über 30 km an Stränden sind Baden und Sonnenbaden zwei der wichtigsten Attraktionen des Orts. Es herrscht aber auch kein Mangel an herrlich verlassenen Stränden für lange einsame Spaziergänge. Außerdem ist Hanko ein guter Startpunkt für Touren ins Schärenmeer. Oder man bleibt an Land und genießt die Früchte des Meeres in den vielen ausgezeichneten Restaurants des Orts. Auf jeden Fall sollte man sich unter die freundlichen Einheimischen mischen, die sich gern in Kneipen am Kamin versammeln oder dem Karaoke huldigen.

TOP TIPP

Es stehen nur begrenzt Unterkünfte zur Verfügung, also buchen. Eventuell Privatzimmer über Unterkunftsportale in Erwägung ziehen oder bei der Touristeninformation fragen. Die Pensionszimmer im Ortszentrum haben oft kein Bad direkt am Zimmer – früher wusch man sich im Heilbad.

HAFEN-GESCHICHTE

Der Hafen des südlichsten Orts Finnlands war schon lange vor Gründung der Stadt 1874 von strategischer Bedeutung. Außerdem war er ein Auswandererhafen: Von 1881 bis 1931 brachen von hier rund 250 000 Finn:innen in die USA und nach Kanada und Australien auf.

Das Friedensabkommen vom März 1940 am Ende des Winterkriegs sah vor, dass Finnland Hanko als Marinestützpunkt an die Sowjetunion abtreten musste. Die Einwohner:innen verließen den Ort, als die Sowjets mit 30 000 Soldaten einrückten und ein riesiges Netz aus Befestigungen errichteten. Jedoch lag Hanko isoliert von den russischen Fronten und wurde im Dezember 1941 aufgegeben. Im folgenden Frühjahr kehrten die Bewohner:innen in ihre zerstörte Stadt zurück. Näheres ist im Rintama Museo zu erfahren.

TSUGULIEV/SHUTTERSTOCK ©

Badehaus, Hanko

Erfrischende Bäder

AB INS KÜHLE NASS

Im 19. Jh. war Hanko ein beim russischen Adel beliebter Kurort. Heute ist das **Regatta Spa** das bekannteste Zeugnis dieser Ära. Die wunderbare moderne Anlage verfügt über einen großen glasgewandeten Pool mit 270-Grad-Blick aufs Meer und den Himmel.

Auch dem Baden im Meer wird weiterhin gehuldigt. Das ganze Jahr über wird ein kleines rotes **Badehaus** beim Hafen genutzt. Oft beginnt man hier den Tag mit einem erfrischenden Bad, auch gern im Adamskostüm. Im Winter wird im Eis ein Loch für die ganz Hartgesottenen freigehalten. Der Schlüssel fürs Badehaus ist in der Touristeninformation erhältlich.

An der finnischen Front

HANKOS GESCHICHTE GEDENKEN

An der Küste um Hanko sind dank der strategisch wichtigen Lage des Hafens schon blutige Schlachten geschlagen worden. Diese Geschichte des Kampfes um die Freiheit erzählen die Museen und Denkmäler des Orts.

Beim **RintamaMuseo** (Frontmuseum) sind Original-Schützengräben, -Bunker und -Geschützstellungen aus dem Winterkrieg zu sehen. Drinnen erzählt die Dauerausstellung „Hanko in fremden Händen" die ganze Geschichte. Anschließend lohnt sich eine Fahrt 5 km Richtung Osten nach Skogby: Hier stehen in den Wäldern bei der Straße noch immer erdbedeckte Bunker.

Wo in Hanko der Bulevardi an den Strand stößt, steht das **Freiheitsdenkmal**. Das Löwenstandbild erinnert an die Landung deutscher Befreiungstruppen 1918.

UNTERWEGS VOR ORT

Hanko (Hango) ist von Helsinki aus leicht mehrmals täglich (2 Std., mit Umstieg) mit dem Zug zu erreichen; ab Ende 2023 soll es auch eine Direktverbindung geben. Außerdem fahren mehrmals am Tag Busse. Mit Leihrädern sind wunderbar mehrere Badestellen in der Umgebung wie der beliebte Strand Silversand zu erreichen.

Rund um Hanko

An der Küste sind einige kleine Dörfer mitsamt ihren Schätzen zu entdecken, von mittelalterlichen Gebäuden bis zu moderner Handwerkskunst.

Fiskars auf halber Strecke zwischen Turku und Helsinki (55 km von Hanko) ist ein reizendes, zur Kreativhochburg mutiertes Fabrikdorf. In klassizistischen Backsteinbauten logieren heute Ateliers, Galerien und Ausstellungsräume für modernstes Design. Hier arbeiten und leben über 100 Designer:innen und Künstler:innen, sodass es viel zu entdecken gibt.

Das nahe Raseborg umfasst das Seebad eines der ältesten Orte Finnlands. Es ist ein idealer Startpunkt für die Erkundung des Nationalparks Ekenäs-Schärengarten per Boot sowie der Ruinen von Burg Raseborg. 2009 verschmolz Ekenäs mit den nahen Orten Karis und Pohja offiziell zur Gemeinde Raseborg, doch es werden auch noch die alten Namen genutzt.

TOP TIPP

Die meisten Leute besuchen Fiskars im Rahmen eines Tagesausflugs, aber es lohnt sich auch, hier zu übernachten – besonders wenn in Hanko alles voll ist.

Alte Mühle, Fiskars

ES WAR EINMAL EIN FABRIKDORF ...

Rund um **Fiskars**, einen alten Industrieort, der eine Wiedergeburt als Kreativzentrum erlebt, ist die Jagd nach Andenken eine wahre Freude. Die Eisenhütte Fiskarsbruk nahm 1649 mit einem einzigen Ofen die Arbeit auf und fertigte schließlich Millionen Pferdepflüge. 1822 kaufte der Turkuer Apotheker Johan Jacob Julin die Fabrik, die dann mit ihrer Produktion einer großen Palette an Landwirtschafts- und Haushaltsartikeln florierte, darunter die seit 1967 hergestellten bekannten orangefarbenen Scheren.

Heute sind in den Ziegelbauten Ateliers für modernes Design ansässig. In der Touristeninformation gibt's Karten für einen Bummel durchs malerische Zentrum mit Kunstgewerbeläden und Galerien von über 100 finnischen Kunsthandwerker:innen.

UNTERWEGS

Von Helsinki und Turku fahren Züge über Karis, wo man umsteigen muss. Zwischen Ekenäs und Karis bestehen einige Verbindungen mit Schienenbussen.

Burg Raseborg

Hof halten in Raseborg

EINE BURGRUINE INSPIZIEREN

Die Ruine einer der imposantesten mittelalterlichen Burgen Finnlands lädt zu einer Reise 500 Jahre zurück in die Vergangenheit ein. 35 km von Hanko erhebt sich auf einem Felsen über einem Rasen die **Burg Raseborg** vom späten 14. Jh. Im 15. Jh. war sie strategisch von großer Bedeutung, als sie den Handelsort Tuna schützte und der vertriebene schwedische König Karl Knutsson Bonde hier Hof hielt. Die Burg wurde 1558 aufgegeben und 300 Jahre lang ihrem Schicksal überlassen. Heute kann man die Ruine auf eigene Faust oder mit Führungen der **Slottsknekten** (slottsknekten.fi) erkunden.

Schärenabenteuer

MIT DEM BOOT DURCH DEN NATIONALPARK

Der **Nationalpark Ekenäs-Schärengarten** eine halbe Autostunde von Hanko entfernt lockt mit endlosem Blau. Fast 90 % des 5200 ha großen Parks sind Wasser, sodass man sich zur Erkundung der 1300 Inseln einer Tour anschließen muss, z. B. einer Bootstour von **Saariston Laivaristeilyt** oder einer Kajaktour von **Paddlingsfabriken**. Beliebt sind auch Touren mit Charterbooten.

Die beliebteste Insel ist **Älgö** mit einem 2 km langen Naturlehrpfad zum Aussichtsturm der Insel. Ein altes Fischerhaus wurde mit Sauna und Zeltplatz ausgestattet.

Auch auf den Inseln **Fladalandet** und **Modermagan** kann man im Zelt übernachten. Viele andere Inseln sind hingegen für Besucher:innen tabu, besonders die ökologisch fragilen äußeren Inseln. Infos zum Park und zur Buchung der Zeltplätze gibt's im Besucherzentrum Naturum in Ekenäs.

RAUMA

Wie nur wenige andere Orte in Finnland verkörpert Rauma die Vergangenheit. Das reizende Altstadtviertel Vanha Rauma genießt als herausragendes Beispiel einer nordischen Holzsiedlung Unesco-Welterbestatus. 1442 wurde Rauma zur Stadt ernannt, brannte dann im 17. Jh. aber zweimal nieder, sodass die Altstadt zu großen Teilen aus dem 18. und 19. Jh. stammt, als sich Rauma zu einem der größten Handelshäfen Finnlands entwickelte. Außerdem waren im frühen 19. Jh. fast alle Frauen der Stadt mit der Herstellung feiner Spitzen befasst.

Seitdem hat sich die Stadt weit ausgebreitet, doch Vanha Rauma ist auch heute ein munteres Zentrum mit über 100 Läden, Restaurants und Cafés. Die größte und stimmungsvollste der wenigen alten Holzstädte an der Westküste Finnlands ist auch ein guter Ausgangspunkt für Erkundungen landeinwärts und auf Inseln.

TOP TIPP

Raumas sehr professionelle Touristeninformation (visitrauma.fi) ist gewöhnlich gleich außerhalb der Altstadt in der Valtakatu 2 zu finden, doch von Juni bis August gibt's auch eine Filiale im Vanha Raatihuone (Altes Rathaus) im Herzen von Rauma. Ganzjährig werden unterschiedlichste Erlebnisse und Führungen angeboten, zu buchen über doerz.com/rauma.

EINHEIMISCHE TREFFEN

Aino Koivukari, Welterbe-Koordinatorin in Rauma, gibt Tipps dazu, wie man die Altstadt wie die Einheimischen erlebt.

Alles trifft sich im alten Rauma mit seinen reizenden Cafés und den köstlichen traditionellen Backwaren. Die Einheimischen genießen Kaffee und Doughnuts gern morgens am Kiosk auf dem Marktplatz: Mit einem *pystökaffe* (Kaffee im Stehen) beginnt man den Tag auf traditionelle Weise.

Man kann die freundlichen Einheimischen auch fragen, ob man einen Blick in verschlossene Hinterhöfe werfen darf. (In der „Spitzenwoche" im Juli sind die privaten Höfe öffentlich zugänglich.) So erhält man einen authentischen Einblick in den Alltag der Menschen.

UNTERWEGS

Die Altstadt ist leicht zu Fuß zu erkunden. Parkplätze gibt's dort nur wenige, dafür jede Menge gleich außerhalb.

IGOR GROCHEV/SHUTTERSTOCK ©

Vanha Raatihuone (Altes Rathaus)

Das alte Rauma erkunden

LEBENDIGE VERGANGENHEIT

Die Kopfsteinpflasterstraßen von Vanha Rauma bieten sich für wunderbare Streifzüge an. Mit ihren einstöckigen Holzhäusern ist die Altstadt ein lebhaftes Zentrum mit gemütlichen Cafés, Läden und ein paar kleinen Kunstgewerbeateliers.

Auf dem zentralen Marktplatz, dem **Kauppatori**, stehen Lebensmittel- und Blumenstände und selbst im Winter tummeln sich die Einheimischen hier an Kaffeeständen. Das hübsche **Vanha Raatihuone** (Altes Rathaus) von 1776 beherbergt ein interessantes Museum zur Lokalgeschichte und zur Tradition des Spitzenklöppelns in Rauma.

Zwei Straßen nördlich des Platzes erhebt sich die schöne **Pyhän Ristin Kirkko** (Heiligkreuzkirche) mit Wandmalereien vom frühen 16. Jh. Die spannende Museumswerkstatt **Tammela** südlich vom Kauppatori erzählt von Rauma als Welterbe und von den Restaurierungsarbeiten.

Richtung Osten logiert in einem der opulentesten Gebäude der Stadt das Marela, das vielleicht interessanteste der Museen Raumas. Das Haus einer reichen Kaufmannsfamilie aus dem 19. Jh. ist mit Antiquitäten, Wandmalereien und schwedischen Keramiköfen ausgestattet.

Am **Kalatori-Platz** vor dem Marela standen im Mittelalter die ersten Häuser von Rauma. Damals lag der Kalatori noch am Meer, das sich aber im Zuge postglazialer Hebungen nun 2 km westlich befindet.

Das Rauman taidemuseo (Kunstmuseum) ein Stück östlich des Marela hat Gemälde aus dem Goldenen Zeitalter Finnlands vom späten 19. und frühen 20. Jh. und zeigt außerdem wechselnde Ausstellungen mit moderner Kunst.

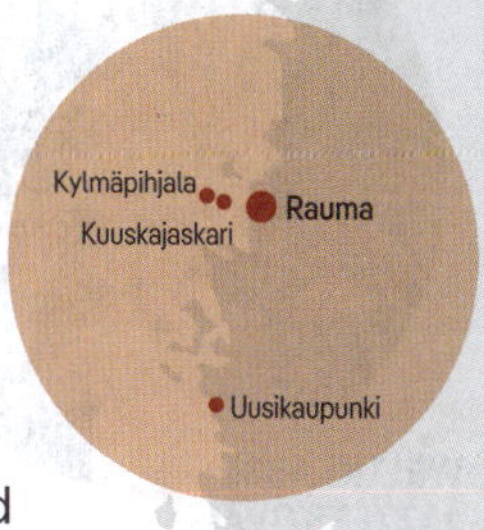

Rund um Rauma

Inseln, Leuchttürme, Strände, Seefahrerorte und dichte Wälder harren der Erkundung.

Die labyrinthischen Archipele der Südwestküste Finnlands umfassen Hunderte große und kleine flache Inseln, einige kaum mehr als nackte Felsen, andere mit Wäldern, Stränden, Leuchttürmen, Unterkünften und Restaurants. Im Sommer sind sie mit Wasserbussen, Bootstaxis oder mit dem eigenen Kanu oder Kajak zu erreichen, oder im Fall der Velhovesi-Ringroute auch über kleine Dämme und Brücken. Im Bottensee-Nationalpark sind auf einem 160 km langen Küstenabschnitt Dutzende separate Meeres- und Landgebiete vereint. Keine Autostunde von Rauma entfernt liegen auf dem Festland der entspannte Hafen Uusikaupunki und die größere Stadt Pori mit dem herrlichen Yyteri-Strand in der Nähe.

TOP TIPP

Für diese Region ist die Zeit von Juni bis August ideal. Außerhalb dieser Monate haben viele Tourismus-einrichtungen kürzere Öffnungszeiten oder sind gänzlich geschlossen.

Yyteri-Strand, Pori

IMAGE PROFESSIONALS GMBH/ALAMY STOCK PHOTO ©

Aktivitäten im Archipel

ERKUNDUNGEN ZU LAND & ZU WASSER

Im Sommer kann man vom Hafen Suvitien Merijakamo in Rauma mit Wasserbussen wunderbar die Inseln **Kuuskajaskari** rund 6 km vor der Küste und **Kylmäpihlaja** (10 km) ansteuern. Das einst befestigte, größtenteils bewaldete Kuuskajaskari beherbergt noch immer vier große Geschütze, zwei Wachtürme und mehrere Schützengräben, alles zu erkunden auf einem 3 km langen Rundweg. Das kleinere, kargere Kylmäpihlaja wartet mit einem 36 m hohen Leuchtturm auf und ist dank 28 hier nistenden Vogelarten für Naturkundler:innen interessant. Auf beiden Inseln gibt's jeweils ein Restaurant und/oder Café sowie verschiedene Unterkünfte. Von Mitte Juni bis etwa zum 20. August ermöglichen es die Fahrpläne der Wasserbusse (raumansaaristokuljetus.fi), beide Inseln an einem Tag zu besuchen.

WELTKLASSE-JAZZFESTIVAL

In der ersten Julihälfte erwacht die Stadt Pori zum Leben beim **Pori Jazz** (siehe Abb.), einem der größten Festivals Finnlands mit zuletzt weit über 300 000 Besucher:innen. Die meiste Musik erklingt im Kirjurinluoto-Park mit Dutzenden kostenlosen Konzerten in den ersten sechs Tagen des neuntägigen Festivals. An den letzten drei Tagen spielen dann bekannte Größen in einem abgegrenzten Bereich des Kirjurinluoto – dann ist Eintritt fällig. Im Mittelpunkt steht finnischer Jazz, doch das Angebot ist breit gefächert. Hier sind schon Megastars wie Elton John, Miles Davis und Björk aufgetreten, zuletzt auch Leute und Bands wie Nick Cave, Brian Wilson, Toto und Emeli Sandé.

Uriges Seefahrerdorf

UNERWARTETE KÜSTENREIZE

Der Ort **Uusikaupunki** rund eine Auto- oder Busstunde südlich von Rauma hat fast genauso viele alte Holzhäuser wie Rauma, doch es verströmt ein dezidiert maritimes Flair. Dank seiner quirligen Seglerszene im Sommer, der geschichtsträchtigen Seefahrt, einer Reihe einladender Restaurant-Bars an der Kaupunginlahti-Bucht und einigen ungewöhnlichen Museen kann man hier schön ein paar Stunden verbringen und vielleicht sogar übernachten.

Interessant ist vor allem das **Bonk-Museo**, die wunderbare Parodie eines Industriemuseums: Es erzählt vom ruhmreichen Aufstieg des (fiktiven) Unternehmens Bonk Business vom bescheidenen Sardinenfischerei-Familienbetrieb zum mächtigen „multiglobalen Konzern" und Weltmarktführer bei „vollfunktionierenden Maschinen". Das Wahlbergin museotalo beleuchtet den Lebensstil der reichsten Familie Uusikaupunkis vor 120 Jahren und erzählt von der Schiffsbau- und Schifffahrtsgeschichte des Orts im 19. Jh.

UNTERWEGS VOR ORT

Mit dem eigenen Auto ist man natürlich am unkompliziertesten unterwegs. Überall kann man problemlos parken. Es verkehren aber auch regelmäßig Busse zwischen Rauma und Pori (wo der Busbahnhof, Matkakeskus, 1,2 km südlich vom Stadtzentrum liegt) sowie sechs Busse täglich (Mo–Fr) zwischen Rauma und Uusikaupunki. Die etwa stündlich verkehrenden Pori-Stadtbusse 34, 34M, 34R und 34W verbinden Pori Matkakeskus mit dem Platz Kauppatori im Zentrum sowie mit Yyteri (50 Min.).

TAMPERE

Wenn das weltweit einzige Muminmuseum nicht Grund genug für einen Besuch in Tampere ist, dann gibt's da noch viel mehr, z. B. das Finlayson-Museum im Stadtzentrum, die Restaurantmeile an den mächtigen Tammerkoski-Stromschnellen und das hübsche Holzhausviertel mit historischer öffentlicher Sauna – die perfekte warme Begrüßung!

Die Holzhäuser und Backsteingebäude von Tampere bergen eine industrielle Vergangenheit, angestoßen 1820 vom Schotten James Finlayson, der hier eine Leinenfabrik gründete. Zu Beginn des 20. Jhs. war schon ein Drittel aller Bewohner:innen von Tampere Fabrikarbeiter:innen. Daher spielte die Arbeiterstadt im finnischen Bürgerkrieg eine wichtige Rolle, als die bürgerlichen „Weißen" gegen die „Roten" kämpften.

Heute ist Tampere die selbst ernannte Saunahauptstadt der Welt. Das Industrieerbe und die heutige kreative Energie bieten viele Möglichkeiten für Erkundungen.

TOP TIPP

Tampere ist gut zu Fuß zu erkunden, doch außer im Winter kann man auch gut radeln. Von Mitte April bis Ende Oktober stehen Citybikes zur Verfügung, zu leihen über eine App (Tampereen kaupunkipyörät). Fahrradverleihe vermieten auch E-Bikes.

MEHR MUMINS!

Die **Muumimaailma** (S. 180) in Naantali ist ein spaßiger interaktiver Freizeitpark, in dem die Kinder mit den Mumins in deren Fantasiewelt spielen können. Die Mumimwelt ist ganzjährig geöffnet, einige Teile wie die Muminhäuser jedoch nur im Sommer.

TAMPERE PHOTOGRAPHY/SHUTTERSTOCK ©

Finnisches Arbeitermuseum Werstas

DIE BESTEN ÖFFENTLICHEN SAUNAS IN TAMPERE

Kuuma Sauna
Moderne Sauna im Stadtzentrum, ganzjährig geöffnet, mit Möglichkeit zum Eislochbaden.

Rauhaniemen Kansankylpylä
Hübsches Bad am See aus den 1920er-Jahren; täglich geöffnet.

Kaukajärven Sauna
Dank langer Plattform kann man nach der Sauna gut im See baden, auch wenn er zugefroren ist.

Kaupinojan Sauna
Ganzjährig geöffnete Sauna am See mit Kiosk für Würstchen zum Grillen über offenem Feuer.

Tamperes Stromschnellen

BELIEBTES WILDWASSER

Die Stromschnellen des Tammerkoski-Kanals bilden eine mächtige Kulisse für die Haupteinkaufsstraße der Stadt, die **Hämeenkatu**. Die Backsteinbauten hier zeugen von der industriellen Vergangenheit Tamperes.

Eine alte Turbinen- und Lokomotivenfabrik beherbergt heute den Museumskomplex **Vapriikki**. Schon die Fabrik an sich ist toll; drinnen gibt's über ein Dutzend kleine Museen für Menschen jeden Alters, vom **Finnischen Spielemuseum** bis zum **Finnischen Eishockeymuseum**.

Das **Finlayson-Gelände** auf der anderen Seite der Stromschnellen umfasst Restaurants, Kinos und Geschäfte. Hier kann man an einer Führung aufs Dach der früheren Fabrik teilnehmen, mit weitem Blick auf Tampere. Interessant sind auch das **Finnische Arbeitermuseum Werstas** und die Sulzer-Dampfmaschine, die noch immer an ihrem ursprünglichen Standort steht.

Bei Hämeenpuisto betreibt Werstas auch das weltweit einzige **Lenin-Museum**, und zwar an der Stelle, wo die russische Sozialdemokratische Arbeiterpartei zu Beginn des 20. Jhs. Untergrundtreffen abhielt und sich Lenin und Stalin 1905 zum ersten Mal trafen.

ÜBERNACHTEN IN TAMPERE

Unity
Fitnesscenter sowie Pizzeria/Brauerei, sehr praktisch vereint in einem Gebäude in Pyynikki. **€€**

Dream Hostel & Hotel
Beste Budgetbleibe mit einem Angebot vom 16-Betten-Dorm bis zum Studio-Apartment mit Sauna. **€**

Lillan Boutique Hotel & Kök
Reizende, schicke Unterkunft in einer 100 Jahre alten Villa; mit Restaurant. **€€€**

SCHÖNER STREIFZUG SAMT SAUNA

Dieser Spaziergang zu Kunst, Ausblicken und einigen der besten Backwaren der Stadt führt am Rand des Stadtzentrums entlang. Los geht's am **1 Tampereen Taidemuseo** (Kunstmuseum Tampere) mit der zweitgrößten Kunstsammlung Finnlands, u. a. mit Werken finnischer Größen wie Helene Schjerfbeck und Akseli Gallen-Kallela. Eine Straße weiter nördlich bietet sich dann nach dem Kunstgenuss ein Anblick wie direkt aus dem Tampere des 19. Jhs.: Im **2 Amurin Museokortteli** sind in Holzhäusern Ausstellungen zum Leben der Arbeiter:innen in Tampere von 1882 bis 1973 zu sehen. Hier erfährt man auch, wie das Amuri-Viertel entstand. Danach bietet sich ein Päuschen im beliebten Café **3 Amurin Helmi** in Amuri an: Hier gibt's in einem Holzhaus am Museokortteli alles von frischen Brötchen bis zu *pannukakku* (Ofenpfannkuchen).

Gut gestärkt geht's jetzt zurück und Richtung Südwesten zum **4 Pyynikki**-Hügel, dem höchsten länglichen Wallberg *(esker)* der Welt: Er erhebt sich 80 m über dem Pyhäjärvi-See. Oben auf dem Hügel fährt ein Aufzug hoch auf den **5 Pyynikki-Aussichtsturm** mit Blick auf bewaldete Hügel und die Stadt. Von hier ist außerdem ein weiterer bekannter Turm Tamperes zu sehen, der Näsinneula im Freizeitpark Särkänniemi. Das beliebte Café **6 Pyynikin Munkkikahvila** am Fuß des Turms ist für seine frischen Doughnuts bekannt. Anschließend geht's runter vom Berg Richtung Nordwesten zu einer der berühmtesten Saunas Finnlands, **7 Rajaportin**, die schon seit 1906 regelmäßig im malerischen Viertel Pispala angeheizt wird. Die Sauna hat getrennte Umkleide- und Saunabereiche für Frauen und Männer sowie eine Gemeinschaftsterrasse, auf der man plaudern und sich vom *löyly* (Saunadampf) abkühlen kann.

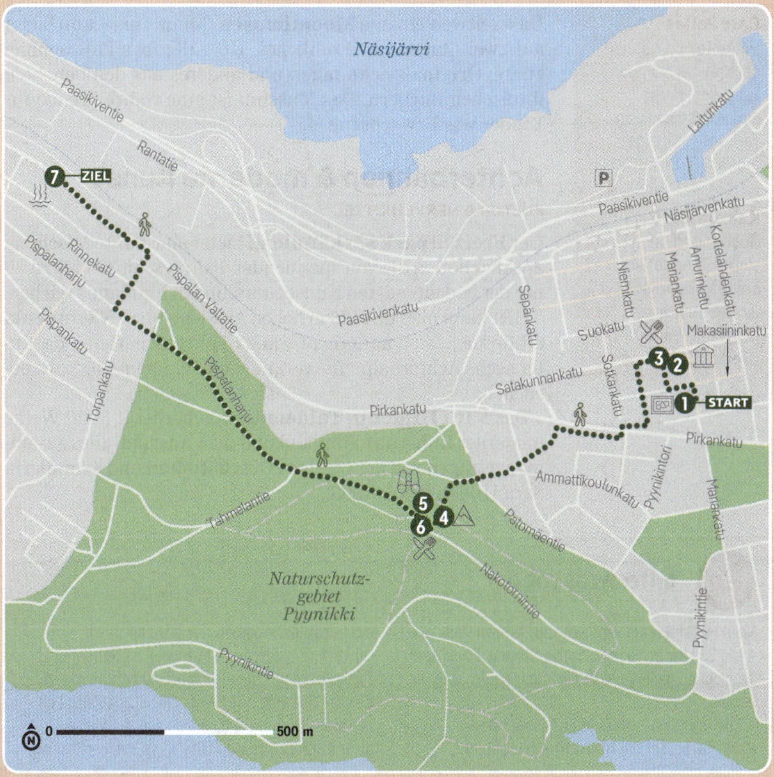

Im Tallipiha fünf Fußminuten von der Finlayson-Fabrik entfernt beherbergen alte Stallungen heute eine nostalgische Ansammlung kleiner Läden und Cafés. Besonders reizend ist es hier zur Weihnachtszeit.

Idyllische Insel

STRÄNDE OHNE ENDE

Neben urbanen Vergnügungen wartet Tampere auch mit tollen Naturjuwelen auf. Eins davon ist **Viikinsaari**.

Von Mitte Mai bis Anfang September ist die Insel mit einer Fähre (20 Min.) vom Laukontori im Stadtzentrum zu erreichen. Die Insel ist ein Naturschutzgebiet mit kurzen Naturlehrpfaden, kleinen Stränden und einem See für ein Bad. Die Fähre wird von Suomen hopealinja (hopealinjat.fi) betrieben.

An Aktivitäten gibt's z. B. Minigolf und SUP und es werden Ruderboote und Kajaks verliehen – oder man versucht sich im finnischen Spiel Mölkky, einer einfachen Version des Bowlings mit Holzscheiten. Wer sich keine Picknickzutaten mitbringt (Alkohol ist auf der Insel verboten!), kann sich im Sommerlokal der Insel verköstigen.

Zauberhafte Mumins

EINE NETTE FINNISCHE LEIDENSCHAFT

Das weltweit einzige **Moomimuseo** (Muminmuseum) bietet auf zwei Etagen nur Fröhliches. Überall gibt's Philosophiezitate, Originalzeichnungen und anderes aus den beliebten finnischen Büchern. Das Museum ist eine wahre Freude für Kinder wie Erwachsene.

Achterbahnen & moderne Kunst

KULTUR & NERVENKITZEL

Der **Freizeitpark Särkänniemi** bietet eine bunte Mischung an Angeboten, die von spannenden Fahrgeschäften bis zu einer der bedeutendsten Kunstsammlungen Finnlands reichen.

Hier kann man den 168 m hohen Aussichtsturm **Näsinneula** erklimmen, sich auf einem von 32 Fahrgeschäften – darunter sechs Achterbahnen – vergnügen oder einen Tierpark besuchen.

Das **Sara Hildénin Taidemuseo** beherbergt 5000 Werke moderner Kunst aus Finnland und dem Ausland, alles zusammengetragen von der hiesigen Geschäftsfrau und Sammlerin Sara Hildén (1905–1993).

DIE BESTEN CAFÉS IN TAMPERE

Wohvelikahvila
Urige Mittagsadresse bei den Tammerkoski-Stromschnellen mit über 20 süßen und herzhaften Waffelvariationen. €

Cafe Pispala
Gemütliches Café in Pispala, einem der beliebtesten Holzhausviertel Tamperes. €

Cafe Pellas
Beliebtes Frühstückscafé an der Hämeenkatu, der Haupteinkaufsstraße von Tampere; mittags gibt's z. B. Folienkartoffeln und Salate. €

Kahvila Runo
Bücher und Kuchen sind immer gut und beides zusammen gibt es im Runo – der Name bedeutet „Gedicht". €

UNTERWEGS VOR ORT

Vom Helsinkier Hauptbahnhof fahren von 4 bis 23 Uhr etwa jede halbe Stunde Züge nach Tampere. Außerdem verkehren regelmäßig Busse.

Die meisten Hotels in Tampere haben Parkplätze, für die man jedoch vielleicht extra zahlen muss. In der ganzen Stadt gibt's außerdem jede Menge Parkhäuser und Parkplätze am Straßenrand, zu zahlen meist per Kreditkarte oder App. Die Stadt selbst ist problemlos zu Fuß zu erkunden, es stehen aber auch Busse und Citybikes zur Verfügung.

Rund um Tampere

Die Mischung macht's: Urbanes Leben in Tampere, Kleinstadtkunst und Nationalparkwanderungen.

Zwar ist Tampere das Zentrum der Region Pirkanmaa, doch außerhalb der Stadt gibt's ein paar interessante Sachen. Der Nationalpark Helvetinjärvi (Höllensee) ist berühmt für den namengebenden, von Klippen gesäumten See und die in der letzten Eiszeit ausgeschürfte Helvetinkolu-Schlucht. Es gibt mehrere Wanderwege, von kurzen bis zur 11-km-Wanderung von den Hügeln zu den Schluchtengründen – das Terrain ist eine Herausforderung, aber teils gibt's Treppen. Der Nationalpark ist ganzjährig geöffnet, doch das für seine Kunstgalerien, Kulturfeste und jetzt sogar eine Kunstsauna bekannte Mänttä-Vilppula steuert man am besten im Sommer an.

TOP TIPP

Für den Helvetinjärvi-Nationalpark braucht man ein Auto, doch nach Mänttä-Vilppula verkehren Busse.

Helvetinjärvi-Nationalpark

Serlachius-Museen Gösta & Gustaf

Authentischer Kunstort

EIN DORF FÜR VISUELLE SCHÄTZE

Der „Kunstort" **Mänttä-Vilppula** 75 Autominuten nordöstlich von Tampere ist ein Muss für alle kreativen Seelen. Der Ortskern von Mänttä-Vilppula entstand rund um die Wollindustrie des 19. Jhs., doch heute sind die wichtigsten Sehenswürdigkeiten die **Serlachius-Museen Gösta & Gustaf**, Ersteres ein Kunstmuseum, Letzteres ein Geschichtsmuseum. Die alte Abteilung des Kunstmuseums am See befindet sich in einem Herrenhaus, dem einstigen Zuhause des Papierfabrikanten Göstä Serlachius. Er zählte zu den einflussreichsten Kunstmäzenen Finnlands und seine Sammlung an Kunst des Goldenen Zeitalters Finnlands und alter europäischer Meister bildet den Kern des Museums. Dies ist eine der bedeutendsten privaten Kunstsammlungen Nordeuropas.

Die Liebe der Familie Serlachius zur Kunst wird jedes Jahr von Mitte Juni bis Ende August mit einem **Festival für Gegenwartskunst** gefeiert, aber auch im Winter gibt's Wärmendes: Man kann (mit Buchung) in der preisgekrönten **Kunstsauna** des Museums schwitzen; hinter dem harmonischen Äußeren verbirgt sich ein runder Saunaraum mit erfindungsreichen Details wie Designer-Handtüchern und Mosaiken in den Duschen. Anschließend bietet sich ein Essen im Restaurant des Museums an.

Die Serlachius-Museen betreiben von Juni bis August täglich, ansonsten dienstags bis sonntags einen Shuttlebus von Tampere zu den Museen.

SCHÖN SHOPPEN IN MÄNTTÄ-VILPPULA

Taito Shop
Taito Shops mit finnischem Design und Kunstgewerbe gibt's in allen großen Städten Finnlands. Die Pullover, Poster, Stoffe, Taschen und die DIY-Artikel sind tolle Andenken.

Myllyrannan Uniikit Putiikit
Wäsche, Naturprodukte aus Lappland, Bekleidung und Dekoartikel gibt's in dieser Ansammlung von Läden am See.

Satumaista
Gegenstände zumeist aus Skandinavien, von schicken Bechern, Tellern und Gläsern bis zu Kerzen und saisonalen Getränken wie Flaschen mit *glögi* (Glühwein).

ÜBERNACHTEN IN MÄNTTÄ-VILPPULA

Mäntylinnan huoneistomajoitus Finnischer Lifestyle in mit Retrosachen eingerichteten Apartments in 1950er-Jahre-Gebäude. **€€**

Art Hotel Honkahovi
In dem funktionalistischen Hotel am See mit Blick auf denselben haben einige Zimmer kein eigenes Bad. **€€**

Mäntän Hovi
Das leicht angestaubte Flair des Boutiquehotels machen tolle Architektur- und Designdetails wieder wett. **€€**

JARNO HOLAPPA/SHUTTERSTOCK ©

Siikaneva

Helvetinjärvi-Nationalpark

HÖLLISCH SCHÖNE AUSBLICKE

75 Autominuten nördlich von Tampere erreicht man ein von zwei Bäumen gebildetes Tor mit der Aufschrift „Zur Hölle“: Es handelt sich um das Helvetin portti (Höllentor), einer von zwei Eingängen zum **Helvetinjärvi-Nationalpark**. Das Tor befindet sich an der Helvetinkoluntie 775 (Parkplatz Kankimäki); das andere Tor ist in Ruovesi im Westen des Parks. Der Nationalpark wartet besonders im nördlichen Teil mit Wanderwegen sowie Zelt- und Sanitäreinrichtungen auf. Wer sein Zelt am Haukkajärvi-Strand aufschlägt, kann über dem See schöne Sonnenuntergänge bestaunen; oder man nächtigt näher bei den Hauptsehenswürdigkeiten des Parks auf dem Zeltplatz Ruokejärvi. Von Mai bis Oktober steht auch das rustikale Hiedanmaja-Häuschen als Unterkunft zur Verfügung.

Derzeit führt der einzige Rundweg von Kankimäki zu den beiden wichtigsten Attraktionen des Parks: dem See Helvetinjärvi und der Schlucht Helvetinkolu, entstanden vor rund 200 Mio. Jahren. Der 4 km lange Weg umfasst Abschnitte mit Holzstegen über Marschgebiet, Pfade durch Wälder und ein paar Treppen hoch und runter. Der Eingang zur Schlucht ist aus Sicherheitsgründen blockiert, doch von einer Aussichtsplattform kann man sie in Augenschein nehmen.

Die Wege im **Siikaneva-Sumpf** gleich außerhalb des Nationalparks präsentieren einem die Marschlandschaften Finnlands. Hier liegt auch der **Ollinkivi**, ein runder Findling; einst war er eines der ersten von Umweltgesetzen geschützten Naturdenkmäler Finnlands.

RETTUNG EINES BUCHLADENS

Die 120 Jahre alte antiquarische Buchhandlung **Vinhan Kirjakauppa**, eine Seltenheit im ländlichen Finnland, ist für Büchernarren und -närrinnen eine tolle Adresse in Ruovesi, einem kleinen Dorf mit rund 4000 Einwohner:innen. Nachdem es vier Generationen lang im Besitz derselben Familie gewesen war, stand das Antiquariat kurz vor der Schließung, wurde jedoch von zwei finnischen Buchliebhaber:innen gerettet und eröffnet frisch renoviert 2023. Das hübsche Holzgebäude an der Hauptstraße von Ruovesi beherbergt außerdem eine Galerie, ein Café und Unterkünfte.

UNTERWEGS VOR ORT

Den Helvetinjärvi-Nationalpark erreicht man am besten per Pkw oder Wohnmobil; für Letztere stehen eigene Parkplätze bereit. Von Tampere verkehren an Schultagen dreimal täglich Busse, jedoch ist man am Ende noch 10 km vom Park entfernt.

FASTA ÅLAND

Fasta Åland (Ahvenanmaa auf Finnisch), die Hauptinsel der Åland-Inseln, besteht eigentlich aus rund einem Dutzend größerer, durch Brücken verbundener Inseln. Dieses „Festland" umfasst 70 % der Landfläche des Archipels sowie seine einzige Stadt. Außerdem leben hier 90 % aller Åländer:innen. Fasta Åland bietet mehr Geschichte, Kultur und Aktivitäten als alle anderen Inseln und hierher kommen auch die meisten Tourist:innen.

Der von Alexander II. nach Zarin Maria benannte Hauptort Ålands, Mariehamn, liegt im Süden der Hauptinsel. Die breiten, von Linden gesäumten Straßen erinnern ans russische Erbe und sind von einer Handvoll Läden, Kneipen und Restaurants gesäumt. Dies ist der lebhafteste Ort Ålands – aber viel los ist hier nicht. Auf Autotouren wirkt Fasta Åland oft wie eine abgeschiedene Insel. Nicht weit vom Hauptort entfernt stößt man auf stille Ecken inmitten von Natur und Meer.

TOP TIPP

Mariehamn hat die meisten Unterkünfte Ålands. Die Business- und Touristenhotels sowie Campingplätze und Pensionen sind preislich und vom Stil her sehr unterschiedlich. Wie auch auf den anderen Inseln sind sie am teuersten von Mitte Juni bis Ende August und vor allem im Juli. Besonders für Wochenenden sollte man reservieren.

Museumsschiff *Pommern*, Sjöfartsmuseum (Seefahrtsmuseum Åland)

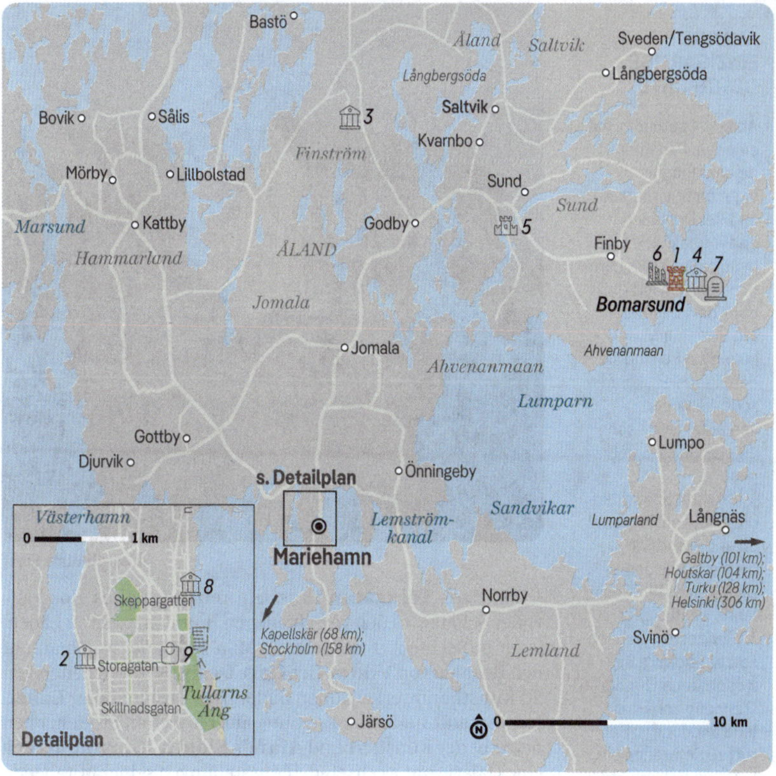

Seefahrtsgeschichte

DEN INNEREN PIRATEN ZUM LEBEN ERWECKEN

Das stimmungsvolle **Sjökvarteret** (Seefahrtsviertel) ist unbedingt sehenswert. Am Kai liegen alte Schoner vor Anker; vielleicht werden gerade Boote gebaut und am Ende des Piers steht die winzige rekonstruierte Seefahrerkapelle.

Im hypermodernen **Sjöfartsmuseum** (Seefahrtsmuseum Åland) gibt's Flaschenschiffe, Seemannskisten und andere Ausstattung ohne Ende. Den Kern bildet die Nachbildung eines Schiffes samt Mast, Salon, Kombüse und Kabinen.

Draußen liegt das schön erhaltene *Museumsschiff Pommern* vor Anker, eine 1903 in Glasgow gebaute Viermastbark.

Kunstvolle Souvenirs

INSPIRIERT VON DER ÅLÄNDISCHEN NATUR

In Sjökvarteret laden diverse Läden zur Erkundung ein wie **Guldviva**, spezialisiert auf Broschen, Manschettenknöpfe und Halsketten mit Motiven zur Flora und Fauna der Inseln. Das Geschäft **Salt** zeigt heimische Arbeiten wie Textilien, Keramiken, Silberartikel und Schmuck. Im rotbraunen Holzschuppen gibt's auch finnische Köstlichkeiten wie Sanddornmarmelade.

HIGHLIGHTS
1 Bomarsund
2 Sjöfartsmuseum
SEHENSWERTES
3 Ålands Fotografiska Museum
4 Bomarsund-Museum
(siehe 5) Fängelsemuseet Vita Björn
(siehe 5) Jan Karlsgårdens Friluftsmuseum
5 Kastelholms Slott
(siehe 2) Museumsschiff Pommern
6 Nya Skarpans
7 Prästö
8 Sjökvarteret
ESSEN
(siehe 5) Smakbyn
SHOPPEN
(siehe 8) Guldviva
(siehe 8) Salt
9 Torggatan 15

ÅLANDS EINZIGARTIGE GESCHICHTE

Åland ist autonom, mit eigenem Parlament, eigener Flagge, eigenen Briefmarken und der Domänenendung „ax". Die Einheimischen sprechen Schwedisch und dank der „besonderen Beziehung" der Inseln zur EU sind sie demilitarisiert, können zollfreie Waren verkaufen und haben eigene Glücksspielgesetze.

1809 trat Schweden die Inseln an Russland ab und Åland war bis zum Ende des Zarenreichs 1917 Russlands westlichster Außenposten. Danach setzten sich die Bewohner:innen für die Trennung von Finnland und für den Beitritt zu Schweden ein. In einem Völkerbundabkommen von 1921 wurden den Inseln einzigartige Kultur- und Sprachrechte und ein politisch neutraler Status zugestanden.

Die Einheimischen meinen oft, sie seien weder schwedisch noch finnisch. Trotzdem sind die Inseln ein beliebtes Ferienziel sowohl für Schwed:innen wie auch für Finn:innen.

POPOVA VALERIYA/SHUTTERSTOCK ©

Kastelholms Slott

Das Haus **Torggatan 15** ist ein reizendes altes Holzhaus voller Schätze. In den verschiedenen Räumen logieren Läden, jeder auf seine Art verlockend. Man weiß nie, was man auf den Regalen von **Viktor Crafts & Designs** mit Arbeiten von 20 Kunsthandwerker:innen findet. Das Designatelier **Labelled** verkauft im Laden Kleidung aus recycelten Stoffen; oben betreibt der Künstlerbund **Ålands Slöjd & Konsthantverk** eine Galerie mit wechselnden Ausstellungen seiner Mitglieder.

Historischer Bummel

GRÜNES GRAS & GESCHICHTSTRÄCHTIGE STÄTTEN

In **Sund** liegen drei historische Åland-Wahrzeichen, einige der ältesten Finnlands, nur einen kurzen Bummel über den Rasen voneinander entfernt.

Das **Kastelholms Slott** ist eine von den Schweden erbaute Burg an einer malerischen Bucht. Die Türme sind bis zu 15 m hoch, die Mauern bestehen aus 3 m dickem rotem Granit. Zu sehen ist hier z. B. ein mittelalterlicher Silberschatz.

Das **Fängelsemuseet Vita Björn** diente 200 Jahre lang als Gefängnis und ist heute ein klitzekleines Museum mit Zellen und Innenhof. Das eindrucksvolle **Jan Karlsgårdens Friluftsmuseum** Richtung Süden wiederum beherbergt Gebäude und Windmühlen aus Åland aus dem 18. und 19. Jh.

SPEISEN MIT AUSBLICK IN ÅLAND

Bodegan
Hübsches Restaurant am Pier mit köstlichen nordischen Grillgerichten von Lachs bis Tenderloin. **€€**

Soltuna Restaurang
Ålands höchstes Restaurant mit makellosem Ausblick, aber auch köstlichem Essen und freundlichem Service. **€€**

Nautical
Vom Meer inspirierte Speisen wie pfannengebratener Åland-Barsch mit Kümmelschaum, serviert am Hafen. **€€**

SPAZIERGANG DURCH DIE RUINEN VON BOMARSUND

Der 4,2 km (2 Std.) lange Spaziergang ist gut ausgeschildert und führt vorbei an mit Moos bewachsenen Feldern, Felsen und herrlichen Meerblicken – notwendig ist gutes Schuhwerk!

Die Wanderung führt an Ruinen vorbei, die die Geschichte der russischen Herrschaft im 19. Jh. und ihr Ende im Åland-Krieg illustrieren. Los geht's in 1 **Bomarsund**, der am besten erhaltenen Ruine. Über die verkehrsarme Hauptstraße erreicht man das 2 **Bomarsund-Besucherzentrum** mit verschiedenen Ausstellungen. Die ausgeschilderte Route führt dann zu Schutthaufen, die auf 3 **eine frühere Kaserne und geplante Gemeindebauten** schließen lassen. Dies war einst Skarpans, Ålands erste Stadt: Hier führte eine Postroute vorbei an Wohnhäusern, einer Schule und Proviantlagern für die rund 2000 russischen Soldaten und ihre Familien. Durch ein Holztor gelangt man auf die Grasfläche mit den Ruinen – Vorsicht: Bei Regen können ihre Plattformen rutschig sein! Dann geht's zurück zur Straße, über sie hinweg und vorbei an einer kleinen Holzhütte (einer niedlichen Bushaltestelle), dann rechts den Weg entlang zum mächtigen 4 **Brännklintstornet**. Anschließend zeigt die App einen felsigen Aufstieg auf den 5 **Djävulsberget** (Teufelsberg). Dieser ist sehr schwierig, sodass man am besten den ganzen Weg zurückgeht, links Richtung Bomarsund und wieder links auf den viel einfacheren Weg hoch zum Aussichtspunkt. Dann geht's wieder zurück hinunter nach Bomarsund. Der Weg, der Richtung Norden an Bomarsund vorbeiführt, führt zum 6 **Notvikstornet**; wer genug vom Laufen hat, kann ihn auch fahren. Zum Sonnenuntergang sind der Djävulsberget und Notvikstornet wirklich zauberhaft!

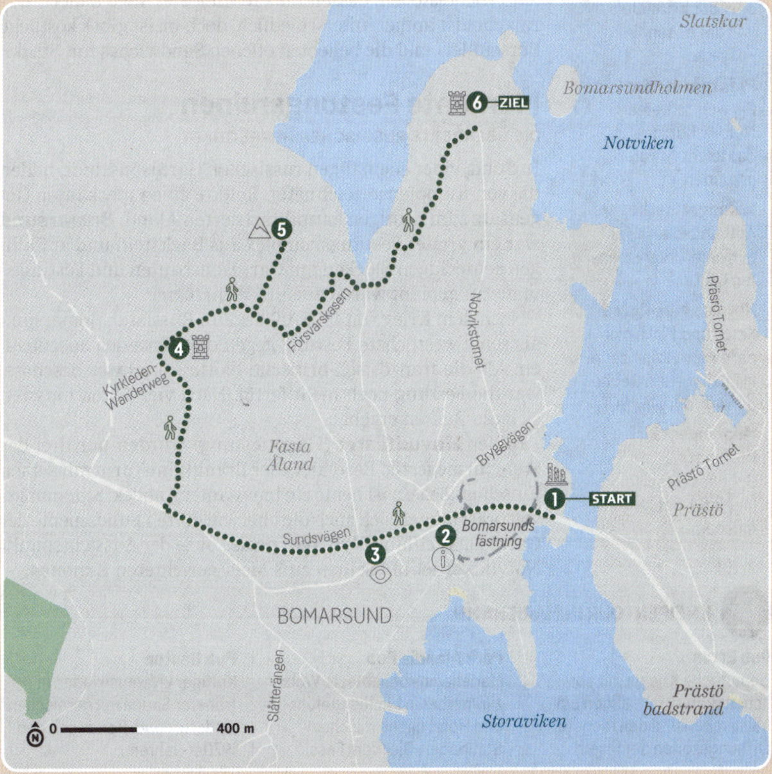

MEINE LIEBLINGS-FOTOSPOTS

Olle Strömberg, der das Ålands Fotografiska Museum (cameramuseum.com) leitet, ist schon seit dem zehnten Lebensjahr ein Fotonarr – es ist sogar seine erste Kamera, eine Gevabox, ausgestellt. Dies sind seine Lieblings-Fotospots:

Sankt Mikael Kyrka
Ich mache gern Fotos drinnen, besonders von den Wandbildern, aber auch draußen von der besonderen Fassade.

Prästgårdsnäset
Ein wunderbares Naturschutzgebiet, das leicht zu Fuß zu erkunden ist.

Wikingermarkt
Authentisches Event mit vielen interessanten Leuten!

Hermas Museigård
Fotos und Picknicks bei einem Hofmuseum in Enklinge mit Gebäuden aus dem 16. Jh.

Museumsschiff Pommern
Schönes Segelschiff im Åland-Seefahrtsmuseum.

Nerdige Nostalgie

EINE AUSSERGEWÖHNLICHE KAMERASAMMLUNG

Die riesige Sammlung an historischer audiovisueller Ausrüstung im **Ålands Fotografiska Museum** ist vielleicht die umfangreichste Kamerasammlung der Welt – absolut sehenswert!

Die Vitrinen sind vollgestopft mit 16 000 Fotogerätschaften von den 1830er-Jahren bis heute. Was die Sammlung so einzigartig macht: Sie umfasst nicht nur alte Fotoapparate, sondern auch Video- und Tonaufnahmegeräte aus aller Welt wie Plattenspieler, Fernseh- und Dunkelkammertechnik, Tonbandgeräte und Walkmans.

Das vom Ehepaar Olle und Benita Strömberg liebevoll geführte Museum basiert auf der überbordenden Privatsammlung der beiden.

Gastronomischer Hotspot

PROBIEREN GEHT ÜBER STUDIEREN

Einen Crashkurs in Sachen Åland-Spezialitäten bietet **Smakbyn**, ein „Probierdorf" mit Hofladen, Kochkursen, Bäckerei und Brennerei. Den Kern bildet das lebhafte Restaurant mit offener Küche, wo die Köch:innen aus regionalen Biozutaten Åland-Standardgerichte zaubern wie hausgemachtes *svartbröd*, einen dunklen Früchtestollen, dessen Zubereitung vier Tage dauert. Das Angebot ist immer unterschiedlich, doch meist gibt's köstliche Barschfilets und die beliebten offenen Sandwiches mit Steak.

Markante Festungsruinen

DIE ÜBERRESTE RUSSISCHER HERRSCHAFT

In Sund, einer ehemaligen russischen Garnisonsstadt, bilden die von Kämpfen gezeichneten Relikte einen markanten Gegensatz zum heutigen entmilitarisierten Åland. **Bomarsund** war ein großer Festungskomplex aus Backstein und auffälligen achteckigen Blöcken mit Garnisonsbauten und Festungsmauern; geplant waren auch 15 Wehrtürme.

Nach dem Krieg von 1808/09 begann Russland, Bomarsund als seine westlichste Festung gegen die Schweden auszubauen. Als die französisch-britische Flotte sie schwer beschoss, war die Festung noch nicht fertig. Nach vier Tagen mussten sich die Russen ergeben.

In der **Huvudfästet** (Hauptfestung) wurden nur drei der Wehrtürme fertig. Besonders der Brännklint-Turm mit seinen Einschusslöchern ist heute ein imposanter Anblick. Stimmungsvoll präsentieren sich auch die überwucherten Fundamente der Garnisonssiedlung **Nya Skarpans** sowie der Aussichtspunkt Notvikstornet mit seinen aufs Meer gerichteten Kanonen.

KNEIPENTOUR IN MARIEHAMN

Pub Ettan
Gemütliche Kneipe mit ehrlichen Bieren, redseligen Einheimischen und den längsten Öffnungszeiten der Inseln.

Park Ålandia Pub
Mariehamns beliebteste Wohnzimmerbar in familiengeführtem Hotel mit heimischem Stallhagen-Bier vom Fass.

Pub Bastun
Kultiger Livemusikladen in früherer Sauna mit nordischen Underground-Bands seit den 1970er-Jahren.

Kanonen, Bomarsund

Prästö auf der anderen Seite der Brücke wurde zu Bomarsunds Toteninsel: Hier gibt's neben einem Militärkrankenhaus auch separate griechisch-orthodoxe, jüdische, muslimische und christliche Friedhöfe für Kriegsgefangene. Gleich hinter der Brücke ist das kleine Bomarsund-Museum mit Grabungsfunden. Ein 5,5 km langer Inselspaziergang führt über den schönen Küstenpfad zu Grabstätten, der alten russischen Telegrafenstation und dem Garnisonskrankenhaus.

Bastionen aus Kriegszeiten

RELIKTE VERSCHIEDENER SCHLACHTEN

Auf den Åland-Inseln sind über hundert *fornminne* (Grabstätten) aus der Bronze- und Eisenzeit entdeckt worden, die von über 6000 Jahren menschlicher Besiedlung zeugen. Zwar sind alle klar ausgeschildert, doch liegen die meisten auf unscheinbaren Feldern. Die Entdeckung von Festungsruinen bestätigte, dass die Inselgruppe für die Wikinger ein bedeutendes Hafen- und Handelszentrum waren.

Im Großen Nordischen Krieg von 1700 bis 1721 flohen die meisten Åländer:innen nach Schweden. In den 1740er-Jahren und 1809 drangen die Russen erneut vor; der letzte Akt der Militarisierung hier war die Invasion Ålands 1918 im Ersten Weltkrieg.

LASS DICH VERÄPPELN ...

Ein mildes Klima, viel Sonne und lange Herbste sind ideal für den Apfelanbau. Gut 40 Erzeuger kultivieren hier auf über 270 ha Äpfel; die meisten der Äpfel (und Birnen) in finnischen Supermärkten stammen von den Åland-Inseln.

Die Apfelsaison beginnt meist Ende Mai und Mitte August werden die Frühblüher gepflückt; normalerweise dauert die Ernte bis in den Oktober.

Von August bis Januar wird gern Apfelsaft getrunken. **Grannas Äppel** presst verschiedene Apfelsorten von Lobo zu Amarosa zu köstlichen Säften frei von Zusatzstoffen. Der Hof **Öfvergårds** bietet „Apfelsafaris" mit Saftverkostung und im Hofladen sind köstliche Souvenirs erhältlich wie z. B. Apfel-Glühwein.

UNTERWEGS VOR ORT

Für die Erkundung der Inseln mietet man am besten ein Auto. Auf den Inseln gibt's eher wenige Leihwagen und sie sind teurer als in Turku, sodass man vielleicht am besten dort ein Auto leiht. Außerdem kann man auf den Inseln Fahrräder und Mopeds leihen.

Rund um Fasta Åland

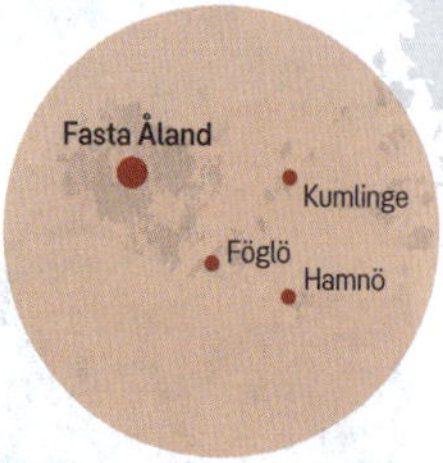

Die sechs Gemeinden jenseits von Fasta bilden den abgelegenen, schwerer zu erreichenden Teil der Inselgruppe. Die Zahl der winzigen Inseln übertrifft sogar jene der Einwohner:innen.

Wem Fasta Åland zu normal vorkommt, der sollte die entlegenen äußeren Inseln des Archipels ansteuern. Die winzigen Granitinselchen erstrecken sich übers Schärenmeer zwischen Fasta und Finnland. Die mit Weißbirkenwäldern bewachsenen und durch Fähren (und gelegentliche Brücken) verbundenen Inseln sind mit kurvigen Straßen, Rad- und Wanderwegen durchzogen – sowie mit sehr vielen Wasserwegen. Auf jeden Fall aber harren die äußeren Inseln der Erkundung.

Die Tausenden von Inselchen im äußeren Archipel teilen sich in zwei Gruppen, die von verschiedenen Fährlinien bedient werden. Zum nördlichen Archipel gehören Kumlinge, Lappo, Brändö und Jurmo, zum südlichen Föglö, Sottunga und Kökar.

TOP TIPP

Einige Inseln sind durch kostenlose Fähren verbunden. Autofahrende sollten beachten, dass es nur wenige Tankstellen gibt, sodass man am besten vor der Fahrt volltankt.

HIVAKA/SHUTTERSTOCK ©

Kumlinge

Sankta Anna Kyrka

Felsenfest & aufrecht

MITTELALTERLICHE STEINKIRCHEN

Diese rund zwei Fährstunden von Fasta Åland entfernten Inseln sind schon seit Langem besiedelt, wenn auch nur spärlich. Die kargen Landschaften zogen in der Bronzezeit Robbenjäger und später Hansekaufleute an. An diese Frühzeit erinnern drei herrlich erhaltene mittelalterliche Steinkirchen.

Die **Sankta Anna Kyrka** nördlich vom Dorf Kumlinge ist eine Kirche aus buntem Feldstein mit 500 Jahre alten Malereien. Der Marienschrein auf dem Altar sowie das Taufbecken stammen wahrscheinlich von der Mitte des 13. Jhs.

Die **Sankta Maria Magdalena Kyrka** in Kyrkvägen (Föglö) wurde im 14. Jh. errichtet, doch von dem Ursprungsbau ist nur das Kirchenschiff erhalten. 1860 wurde der größte Teil der Kirche neu errichtet, was auch den neugotischen Schmuck erklärt. Die Kirche steht auf einer Insel südlich von Degerby und ist über eine Brücke zu erreichen. Bei Restaurierungsarbeiten wurde 1967 ein altes Kruzifix gefunden, das einen Knochen und ein Pergamentstück enthielt.

Die **Sankta Anna Kyrka** steht auf der Insel Hamnö westlich von Kökar auf den Ruinen eines Franziskanerklosters. Die alte Mönchskapelle lädt zu einem Bummel ein. Drinnen gibt's eine Votivgabe in der Form eines türkischen Piratenschiffs.

DIE SCHÖNSTEN INSELN DES ARCHIPELS

Brändö
Die nördlichste Gemeinde der Åland-Inseln mit etwa 1180 Inseln und nur etwa 500 Bewohner:innen.

Föglö
Mit über 500 Bewohner:innen ist Föglö die größte Gemeinde der äußeren Inseln; hier gibt's mehr Beamte als Bauern.

Kökar
Das felsige Kökar an der Südspitze des Archipels verströmt ein wunderbar abgeschiedenes Flair.

Kumlinge
Das nur von wenigen Besucher:innen angesteuerte Kumlinge ist wegen seiner stillen Wälder und seiner ruhigen Wanderwege beliebt.

Vårdö
Von der höchsten Erhebung der „Garteninsel" wurden in grauer Vorzeit andere Inseln mit Feuer vor Gefahren gewarnt.

UNTERWEGS VOR ORT

Die Kerngruppe der Inseln – Brändö, Torsholma, Åva und Jurmo – ist durch Brücken und kostenlose Fähren sowie eine ausgeschilderte Radroute verbunden. Wer lieber mit dem Boot unterwegs ist: Die Wasserwege eignen sich bestens zum Kajakfahren und Segeln.

Ankunft

Der Flughafen Helsinki-Vantaa ist für die meisten Besucher:innen das Tor nach Finnland. Der Flughafen mit Bahnhof im Untergeschoss liegt 28 km vom Stadtzentrum von Helsinki entfernt. Seit 2021 gibt's ein gemeinsames Terminal für Ankünfte und Abflüge, außerdem jede Menge Cafés, Restaurants und Läden. Eine neue Gepäckausgabe eröffnet im Sommer 2023.

Einreise
EU-und Schengen-Bürger:innen benötigen für die Einreise nur einen Personalausweis oder einen Reisepass.

SIM-Karten
Prepaid-SIM-Karten sind am Flughafen in den R-kioski-Läden erhältlich; einer ist im Ankunftsterminal und ein anderer am Gate 50 im Nicht-Schengen-Bereich. Auch WHSmith-Läden verkaufen SIM-Karten.

Grenzübergänge
Bei der Einreise mit der Fähre gelten die üblichen Einreisebestimmungen. Wer aus Nicht-Schengen-Ländern einreist, muss mit gültigen Dokumenten über offizielle Grenzübergänge einreisen.

WLAN
Kostenloses 100-MBit/s-WLAN steht im Flughafen ohne Passwortzugang zur Verfügung. Das WLAN ist in Finnland meist schnell und steht vielerorts zur Verfügung.

Vom Flughafen in die Stadt

	Helsinki	Tampere	Rovaniemi
ZUG	30 Min. **4,10 €**	–	–
METRO	45 Min. **2,80 €**	30 Min. **4,50 €**	10 Min. **8 €**
TAXI	30 Min. **35 €**	20 Min. **35 €**	10 Min. **25 €**

FLUGHÄFEN IN FINNLAND

Finnlands größter Flughafen ist der Flughafen Helsinki-Vantaa, doch aus Europa gibt's auch Flüge zu anderen, kleineren Flughäfen, besonders nach Rovaniemi in Lappland. Von Helsinki sind es etwa 1,5 Std. nach Rovaniemi. Zum halben Preis kommt man in 8 bis 9 Std. auch mit dem Zug hin, mit dem Nachtzug in 11 bis 12 Std.

Neben Rovaniemi gibt's in Lappland auch noch Flughäfen in Kemi-Tornio, Kittilä und Ivalo, vor allem für Inlandsflüge. Nach Helsinki hat der Flughafen Tampere-Pirkkala die meisten Auslandsverbindungen, z. B. nach Großbritannien, in die Niederlande sowie nach Dänemark und Deutschland.

Unterwegs vor Ort

Für die größeren Städte sind Bahnen praktisch und bequem, für kleinere Orte Busse; für manche Ziele benötigt man ein Auto.

REISEKOSTEN

Mietwagen
ab 70 €/Tag

Tanken
ca. 2,04 €/l

Ladesäulen
ab 0,20 €/kWh

Zugticket von Helsinki nach Tampere
ab 8,90 €

Mietwagen

Am günstigsten ist es, Autos in größeren Städten oder an Flughäfen zu mieten. Manche kleineren Orten haben gar keine Autoverleiher. Es gibt Autos mit und ohne Schaltung sowie Hybrid- und Elektroautos – das Ladenetz wird beständig ausgebaut.

Verkehr

Die größeren Straßen sind gut in Schuss, doch je abgelegener die Straße, desto holpriger. Warnschilder für Elche und Wild beachten! Im Winter wird es auf den Straßen glatt, sodass niedrigere Geschwindigkeiten gelten. Mietwagen haben Winterreifen.

TIPP

Trampen ist sicher, aber eher ungewöhnlich, besonders in den entlegeneren Gegenden – wer's probieren will, braucht Zeit und Geduld.

FÄHRROUTEN

Finnland ist mit mehreren europäischen Ländern durch Fähren verbunden. Fähren aus Tallinn kommen meist am Länsisatama terminal an, manche aber auch am Katajanokan terminaali im Zentrum. Fähren aus Schweden steuern Helsinki, Turku, Naantali und Vaasa an, die Fähren aus Deutschland legen in Helsinki in Vuosaari an. Die schnellsten (und preiswertesten) Fähren brauchen von Helsinki nach Tallinn zwei Stunden (ab 17 €). Auf den Nachtfähren von Finnland nach Tallinn und Schweden wird gern gefeiert und es kann laut werden.

UNBEDINGT BEACHTEN!

Rechts fahren.

50

In bebauten Gebieten gilt eine Höchstgeschwindigkeit von 50 km/h, sonst 80 km/h bzw. auf Autobahnen 120 km/h (im Winter 100 km/h).

0,5

Die Promillegrenze liegt bei 0,5.

Bus & Bahn

Die größeren Städte besonders unterhalb von Lappland sind gut per Bahn und Fernbus zu erreichen. In Lappland fahren Züge nach Tornio, Rovaniemi, Kemijärvi und Kajaani, mit wenigen Halten unterwegs. Busse und Bahnen sind zuverlässig und bequem, doch im Winter kann Schnee für Verzögerungen sorgen.

Zugtickets

Bahntickets sind billiger, wenn man sie mindestens einen Monat im Voraus übers Internet kauft. Die staatliche Bahngesellschaft heißt VR. Tickets für Fernzüge sind vor der Fahrt zu kaufen, Tickets für Pendlerzüge können auch im Zug gelöst werden. An den Bahnhöfen gibt's Fahrkartenautomaten und Serviceschalter.

Flugzeug

Finnair fliegt in Finnland über ein Dutzend Flughäfen an, von Helsinki z. B. Turku (40 Min.) und Ivalo in Lappland (1¾ Std.). Wer's nicht eilig hat, sollte den umweltfreundlicheren Zug nehmen. So sieht man unterwegs auch mehr vom Land.

Geld

WÄHRUNG: **EURO (€)**

Kreditkarten

Hotels, Cafés, Restaurants und Geschäfte akzeptieren Kreditkarten, ebenso die meisten Marktstände, besonders in größeren Städten. In entlegeneren Gebieten sollte man für den Fall technischer Störungen bei Lesegeräten Bargeld dabeihaben.

Digital bezahlen

Digitales Bezahlen wird immer beliebter, doch Kreditkarten und Bargeld werden noch viel genutzt. Für mobiles Bezahlen in Finnland ist MobilePay die beliebteste App, doch auch andere Apps wie ApplePay funktionieren.

Trinkgeld

Trinkgelder sind in Finnland nicht üblich, doch einige Restaurants haben besonders bei Kartenzahlung inzwischen die Möglichkeit geschaffen, Trinkgeld zu geben. Das Personal freut sich immer über zusätzliches Einkommen.

WIE VIEL KOSTET ...

Nacht im Iglu in Lappland
Ca. 300 €

Rentierhof & Schlittenfahrt
Ab 100 €

Öffentliche Sauna
8–15 €

Fährticket nach Tallinn
20 €

WIE ... Ein paar Euro sparen

Studierende, Rentner:innen und Personen über 65 erhalten bei vielen Sehenswürdigkeiten und auf Bahn- und Bustickets Rabatte. Wer in Helsinki viel besichtigen möchte, kann in der Touristeninformation eine Helsinki Card erwerben und hat damit kostenlos Zutritt zu vielen Sehenswürdigkeiten und Museen und zum Stadtrundfahrtsbus. In der aufblühenden Foodie-Hochburg Turku bietet die Turku Food Walk Card Zugang zur Kulinarikszene der Stadt.

TIPP

Wer mit dem Auto unterwegs ist, sollte immer ein paar Münzen griffbereit haben, da es in den Städten noch immer einige Münzparkuhren gibt, wenn auch die Zahlung per App oder Karte inzwischen verbreiteter ist.

DIE BESTEN DINGE IM LEBEN SIND GRATIS

Da eine Pizza in Helsinki schnell über 20 € kosten kann, erscheint Finnland als teures Reiseland. Auch viele Finn:innen leiden inzwischen unter den hohen Lebenshaltungskosten. Auch Bahn- und Busfahrkarten können teuer erscheinen, doch die Entfernungen sind eben groß. Andererseits sind einige tolle Sachen hier gratis, z. B. die Bildung und die Gesundheitsversorgung, sodass die Finn:innen unterm Strich im Allgemeinen gern ihre hohen Steuern zahlen.

Übernachten

Ferienhäuser

Finnland ist ein Land der Ferienhäuser und viele werden auch an Tourist:innen vermietet. Die größte Auswahl hat Lomarengas (lomarengas.fi). Viele Ferienhäuser liegen an Seen oder am Meer und haben eine Sauna. Traditionell sind finnische Ferienhäuser eher sehr bescheiden, z. B. mit Außentoiletten, doch zuletzt sind auch luxuriösere entstanden.

Camping

Dank dem Jedermannsrecht ist Zelten so gut wie überall erlaubt, besonders für einen oder zwei Tage und nicht auf bewirtschaftetem Land. In Naturschutzgebieten und Nationalparks ist das Zelten in ausgewiesenen Bereichen gestattet. An einigen Stränden darf man nur eingeschränkt zelten. Bevor man ein Feuer macht, benötigt man immer die Erlaubnis der Person, der das Land gehört.

Glasiglus & das Eishotel

Glasiglus bieten eine tolle Möglichkeit, das Nordlicht zu bestaunen, besonders in Lappland mit zahlreichen Angeboten, von Rovaniemi bis hinauf in die nördlichsten Teile von Saariselkä. Im Süden Finnlands stehen Glasiglus meist an Seen oder an der Küste und bieten schöne Ausblicke und den Genuss des Sternenhimmels. Oder man nächtigt bei Temperaturen unter null (0 bis –5 °C) im aus Schnee und Eis bestehenden Arctic SnowHotel in Rovaniemi.

WIE VIEL KOSTET EINE NACHT …

im rustikalen Ferienhaus am See
200 €

im Hosteldorm
30 €

im Herrenhaus
150 €

Budget-Unterkünfte

In der Hauptsaison kostet ein Bett im Hosteldorm ab ca. 30 €, kann besonders in Helsinki aber auch 70 € verschlingen. Eine gute Quelle für billige Bleiben in Finnland ist hostellit.fi. Dazu kommen Budgethotels für etwa 50 bis 70 €. Auch einige Pensionen mit Zimmern ohne eigenes Bad sind recht günstig.

Herrenhäuser

Finnland hat keine ausgeprägte B&B-Kultur, doch in abgelegeneren Gegenden gibt's einige reizvolle Pensionen in alten Herren- und Bauernhäusern. In den Herrenhäusern werden oft tolle regionale Erzeugnisse aufgetischt. Die Herrenhäuser reichen von schicken Unterkünften mit Spa bis zu einfacheren, aber ebenso zauberhaften Häusern.

NACHHALTIG NÄCHTIGEN

Nolla-Hütten („Null-Hütten") sind einfache Hütten am Meer in Helsinki und im Schärenmeer bei Turku. Die A-förmigen Hütten folgen einem Zero-Waste-Ethos und Teile der Gewinne gehen an den Finnischen Naturschutzbund. Ollero bietet nachhaltige Glasiglus in Lappland und das Arctic TreeHouse in Rovaniemi hat schon Nachhaltigkeitspreise gewonnen, genauso wie das Solo Sokos Hotel Seurahuone in Lahti. Wer nachhaltig nächtigen möchte, hält nach den Labels Green Key und Sustainable Travel Finland Ausschau – damit sind in Finnland Unterkünfte ausgezeichnet.

Reisen mit Kindern

Finnland ist unglaublich kinderfreundlich und ein tolles Ziel mit Kindern. In der vielen freien Natur Finnlands kann man in Seen und Flüssen baden, durch Nationalparks wandern, Rad fahren und Freizeitparks besuchen. Im Winter bieten sich allerlei Abenteuer im Schnee an und der Weihnachtsmann empfängt das ganze Jahr Besucher:innen.

Unterwegs vor Ort

In Helsinki fahren Kinder bis sieben im gesamten ÖPNV und auf den Fähren umsonst mit. Die erwachsene Begleitung von Kindern im Kinderwagen fährt ebenfalls gratis. Ansonsten zahlen Kinder meist um die 60 % des Erwachsenenpreises. Kindersitze für Mietwagen müssen reserviert werden und kosten etwa 45 € pro Tag; vielleicht kann man einen als Handgepäck im Flugzeug mitnehmen.

Sehenswertes

Die finnischen Kinder haben von Mitte Juni bis Anfang August Ferien und viele Aktivitäten für Kinder sind außerhalb dieser Zeit geschlossen. Im Sommer tummeln sich auf den Campingplätzen finnische Familien und es ist meist warm. Mit älteren Kindern, die den Schnee lieben, reist man am besten im März oder April: Dann gibt's wieder genügend Tageslicht, der Schnee ist besser und die Kälte ist nicht so extrem.

Übernachten

Hütten sowie Ferienhäuser und -wohnungen sind toll für Familien. Auch Campingplätze sind gut, oft mit Strand am See und Spielplatz und es werden Boote und Fahrräder verliehen. Die meisten Hotels bieten für einen geringen Aufpreis Extrabetten. Kinder unter zwölf nächtigen oft umsonst.

Ausgehen

In den meisten Museen in Helsinki haben Kinder freien Eintritt. In vielen Restaurants sind Hochstühle Standard, doch vielleicht ist die Zahl begrenzt. Resorthotels haben in der Regel familienfreundliche Restaurants mit Kinderkarte oder Angeboten, bei denen Kinder in Begleitung von Erwachsenen gratis essen.

TIPPS FÜR KIDS

Muumimaailma (Muminwelt) (S. 180)
Mumin-Themenparkspektakel.

Weihnachtsmanndorf (S. 185 und S. 246)
Der dicke Kerl in Rot empfängt ganzjährig Gäste.

Schneemannwelt (S. 185)
Schlittschuhlaufen, rutschen und im Eisrestaurant essen.

Särkänniemi (S. 222)
Freizeitpark mit Achterbahnen und Drehrestaurant.

Jukupark (https://jukupark.fi)
Finnlands größter Wasserpark mit wilden Rutschen.

Wildtierpark Ranua (S. 185)
Tiere sowie Pferdeschlittenfahrten und Mini-Schneemobile.

KINDERERZIEHUNG IN FINNLAND

In Finnland wird bei der Erziehung viel Wert auf eigenständiges Spielen an der frischen Luft gelegt – die Kinder sollen die Natur frei erkunden. In den Wäldern z. B. in Lappland lernen sie schon von klein auf Feuer zu machen und bestimmte Werkzeuge zu benutzen. Kinderprogramme und -aktivitäten sind teils weniger strukturiert als anderswo und bieten Raum zur Entfaltung, was auch interaktive und lehrreiche Museen zur Folge hat. Meist bieten solche Einrichtungen im Sommer Vorführungen und Aktivitäten, sodass ein Besuch für Erwachsene wie Kinder gleichermaßen interessant ist.

Sicher reisen

Begegnungen mit Bären

Begegnungen mit Bären sind extrem unwahrscheinlich, da Bären Menschen meist aus dem Weg gehen. Sollte man einen sehen, dann ruhig ohne Augenkontakt zurückgehen – rennen nutzt nichts, denn die Bären sind schneller. Bären sind gute Kletterer und Schwimmer. Wer von einem Bären verfolgt wird, sollte sich auf den Boden legen, Kopf und Nacken mit den Händen bedecken und sich tot stellen.

Mücken

Im Juni und Juli wimmelt es in Finnland nur so vor Mücken, ganz besonders auf dem Land und in Lappland. In den Städten gibt's kaum welche; am schlimmsten sind sie in Wäldern, wenn kein Wind weht. Darum ist Kleidung angezeigt, die den Körper von Kopf bis Fuß bedeckt, dazu ein Kopfnetz und Insektenschutz! Außer dass ihre Sticke jucken, sind die finnischen Mücken harmlos.

Winter

Im Winter ist Finnland ein echtes Wunderland, doch das hat seinen Preis: die Kälte. Mehrer Kleidungsschichten tragen, da die Luft zwischen den Kleidungsstücken als Isolierung fungiert. Bei Temperaturen unter -15 °C das Gesicht mit einem Schal oder einer Skimütze bedecken und keine wasserhaltigen Produkte wie Make-ups und Feuchtigkeitscremes auftragen!

ALLEIN UNTERWEGS

Finnland ist relativ sicher für alleinreisende Frauen, dennoch empfiehlt es sich, die üblichen Vorsichtsregeln zu berücksichtigen.

WARNSCHILDER

Vorsicht vor Elchen auf der Straße

Vorsicht vor Rentieren auf der Straße

Vorsicht vor Wild auf der Straße

Unbeschrankter Bahnübergang

Waldbrandwarnung: Feuer machen verboten!

Kriminalität

In Sachen Taschendiebstahl ist Finnland recht sicher, doch er kommt vor, besonders da, wo es in den Städten voll ist, wie in Geschäften und in Bussen und Bahnen. Wer sein Handy, Portemonnaie oder andere Wertsachen verliert, kann sich ans Löytötavaratoimisto (Fundbüro, Tel. +358600 41006, rund um die Uhr) oder an die Polizei wenden.

NACHTLEBEN

Im Allgemeinen sind die Finn:innen ein bisschen reserviert, aber höflich. Aggressionen gibt's meist nur abends nach Alkoholgenuss in Bars, Clubs und auf offener Straße in den Städten, doch auszugehen ist dennoch sicher. Besucher:innen erscheint der Alkoholkonsum der Finn:innen vielleicht exzessiv, doch in letzter Zeit trinken immer mehr Leute Alkoholfreies.

Essen, trinken & feiern

Wann?

Aamiainen (Frühstück, 7–10 Uhr) Eher einfach, mit Filterkaffee oder Tee und Brot, Joghurt oder Porridge.

Lounas (Mittagessen, 11–13 Uhr) Wird oft als Buffet serviert.

Illallinen (Abendessen, 17–18 Uhr) Besteht meist aus etwas teureren Gerichten; kann auch später stattfinden, besonders wenn man feiert oder sich mit Freunden trifft.

KULINARISCHES

Ruokalista: Speisekarte
Alkuruoka: Vorspeisen
Pääruoka: Hauptgerichte
Jälkiruoka: Dessert
Brunssi: Brunch
Lasten lista: Kinderkarte
Sesongin menu: Saisonales Menü
Maistelumenu: Probiermenü
Kasvismenu: Vegetarisches Menü
Kasvisvaihtoehto: Vegetarische Speise
Kala: Fisch
Kana: Huhn
Liha: Fleisch
Naudanliha: Rindfleisch
Lammas: Lamm
Possu: Schweinefleisch
Pihvi: Steak
Keitto: Suppe
Salaatti: Salat
Ranskanperunat: Pommes frites
Voileipä: Sandwich
Juomat: Getränke
Tuoppi: Bierkrug
Pullo: Flasche
Lasi: Glas
Mehu: Saft
Viini: Wein
Punaviini: Rotwein
Valkoviini: Weißwein
Rosé-viini: Roséwein
Kuiva: trocken
Makea: süß
Siideri: Cidre
Olut: Bier
Kuohuviini: Schaumwein
Kahvi: Kaffee
Päivän erikoinen: Tagesgericht
Keittiö suosittelee: Empfehlungen der Küche

Wo?

Ravintola (Restaurant) Vom Mittagsbuffet und der Eckbar bis zur Nobelküche.

Leipomo oder leipomo-kahvila (Bäckerei oder Café und Bäckerei) Handwerks- oder traditionelle finnische Bäckereien mit kleinem Speisebereich.

Panimoravintola (Brauereigaststätte) In den größten Städten gibt's meist eine oder zwei, mit Essen von Streetfood und Gastropubkost bis zu deutsch angehauchten Speisen.

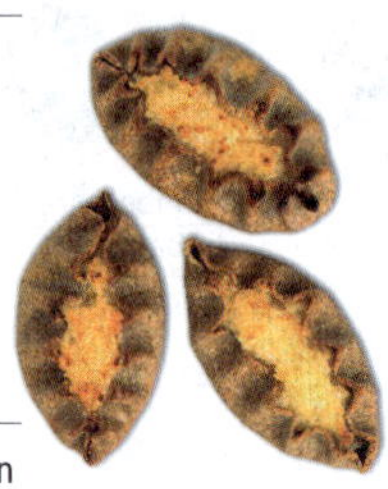

Baari (Bar) Von schicken Läden mit edlen Cocktails bis zu relaxteren Nachbarschaftskneipen.

WIE …

Bestellen & abräumen

In Cafés bestellt man meist am Tresen und bezahlt dort auch. In einigen Cafés wird das Bestellte an den Tisch gebracht, in anderen muss man es selbst holen. Oft wird erwartet, dass man auch abräumt; vielleicht kann man sein Geschirr auf einen Wagen stellen. Falls nicht, räumt das Personal ab.

In Mittagsrestaurants, besonders den billigeren, gibt's oft ein Buffet; man zahlt zuerst und holt sich dann Speisen und Getränke. Meist gibt's Salate, Suppen sowie Fleisch- und fleischlose Gerichte, ebenso Gluten- und Laktosefreies. Kaffee/Tee und Nachspeisen sind inbegriffen.

Abendrestaurants sowie Mittagsrestaurants mit Speisen à la carte bieten Tischservice. Man setzt sich einfach hin und wird bedient.

WIE VIEL KOSTET ...

eine Zimtschnecke
2–4 € (je nach Größe und Ort)

Filterkaffee (Third-Wave-Coffeeshops sind am teuersten)
2,50–5 €

Mittagsbuffet
9–13 €

Pizza
13–16 €

Abendessen im Sternerestaurant
200 €

Bier
7–10 €

Wein
8–15 €

WIE ...

Kaffee trinken

Die Finn:innen trinken pro Kopf weltweit den meisten Kaffee – laut International Coffee Association 12 kg pro Person. Daher mag es überraschen, dass es sich beim Kaffee hier meist um leicht gerösteten Filterkaffee statt wie in anderen Kaffeetrinkerländern um starken Espresso oder cremigen Cappuccino handelt. Die meisten Finn:innen beginnen den Tag mit einem großen Becher Kaffee (oder drei).

Am Arbeitsplatz sind regelmäßige Kaffeepausen Teil des Arbeitsvertrags und manchmal trinken die Finn:innen abends nach dem Saunagang noch eine besondere Tasse Kaffee.

In Cafés bestellen die Finn:innen meist Filterkaffee – manchmal ist ein *santsikuppi* (eine zweite Tasse) inbegriffen – oder ein Cappuccino.

Seit über zehn Jahren gibt's in Finnland immer mehr Coffeeshops, in denen die Bohnen aus kleinen Röstereien stammen und es auch samtige Flat Whites gibt.

Purist:innen trinken ihren Kaffee natürlich schwarz, die ganz Mutigen mit einem Schuss Milch – und die modernen Radikalen sogar mit Hafermilch.

Will man sich mit Finn:innen anfreunden, lädt man sie zum Kaffee ein – das können sie kaum ausschlagen!

Ein Kaffeeplausch bietet den Finn:innen auch Halt – viele haben nette Erinnerungen an solche Momente. Wer nicht sauniert, für den bricht ein gemeinsamer Kaffee vielleicht das Eis.

Small Talk nein danke!

Das Finnische hat kein bestimmtes Wort für das „Bitte" z. B. beim Bestellen und es gibt auch keine Small-Talk-Kultur. Kurze Sätze sind also meist kein Zeichen für Unhöflichkeit, sondern so sind sie halt, die Finn:innen!

AUSGEHEN

Die Finn:innen sind für ihren starken Alkoholkonsum bekannt, doch in den letzten Jahren trinken besonders die jüngeren Leute immer weniger: Man trifft sich vielleicht zum Abendessen und zu ein paar Drinks und ist um Mitternacht wieder zu Hause.

Doch da Alkohol in Restaurants und Bars teuer ist, verabreden sich viele Finn:innen oft erst einmal zu Hause, bevor sie dann gegen Mitternacht ausgehen.

Im Sommer trifft man sich auch in Parks und an Stränden. Im Winter geht man gern in schickere Clubs – aus den Winterschuhen schlüpft man dann am Ziel in die feineren Treter.

Kneipen schließen unter der Woche meist um 2 und freitags und samstags um 3 oder 4 Uhr; Bars in Städten haben bis 4 Uhr geöffnet. Nach der Schließzeit haben in größeren Städten für die Nachtschwärmer:innen Snackwagen oder Pizzerien geöffnet.

Karaoke ist im ganzen Land beliebt und man kann leicht mitmachen; das Publikum ist meist etwas angesäuselt und daher sehr freundlich und nachsichtig.

Wer ein Bier bestellt, sollte nicht erwarten, dass das Glas bis oben hin voll ist: Finnland hat strenge Alkoholgesetze und für alle Getränke gelten die offiziellen Maße.

Wein wird in drei Mengen serviert: 12 cl, 16 cl und 24 cl.

In Lebensmittelgeschäften gibt's alkoholische Getränke mit weniger als 5,5 % Alkohol. Stärkeres wie Wein und Spirituosen gibt's bei Alko, Finnlands staatlichem Alkoholverkaufsmonopol.

Nachhaltig reisen

Jedermannsrecht

Das Jokamiehenoikeus (Jedermannsrecht) ist ein altes Gesetz, das es den Menschen erlaubt, sich überall in der Wildnis und sogar auf Privatland zu bewegen und Ski und Rad zu fahren, solange sie sich verantwortungsvoll verhalten.

Trekking

Die Wanderwege im Koli-Nationalpark (S. 201) bieten Gelegenheit zu mehrtägigen Trekkingtouren. Die längste Wanderung rund um den See Herajärvi ist 60 km lang und dauert vier Tage (eine kürzere Version ist 35 km lang).

Samisches Kunsthandwerk

Das bunte Sámi-Duodji-Logo des Samischen Kunstgewerbeverbands garantiert, dass Kunsthandwerk authentisch samisch ist und die Gewinne an Gemeinden im Norden fließen. In Inari betreibt der Verband außerdem einen Laden (S. 187).

Radtouren

Auf dem Schärenweg (S. 181) kann man emissionsfrei von Insel zu Insel hüpfen. Die 230 km lange Rad-Rundroute beginnt und endet in Turku und führt über Brücken zu winzigen Inseln mit einer einzigartigen Meereskultur.

Finnlands staatliche Forstverwaltung betreibt in Nationalparks und Naturschutzgebieten gepflegte Wildnishütten. Die Hütten immer so verlassen, wie man sie vorgefunden hat – also auch Feuerholz ersetzen und Müll mitnehmen!

Artikel aus recycelten Materialien wie abgeworfenen Rentiergeweihen und Fischleder sind schöne samische Souvenirs. In Läden wie Lauri (S. 183) kann man den Kunsthandwerker:innen bei der Arbeit zuschauen.

Wer mag, kann etwas für den Schutz der gefährdeten Saimaa-Ringelrobben (S. 206) spenden. In den letzten Jahren sind die Populationen dank der Bemühungen des **WWF Suomi** (wwf.fi) und anderer von nur ein paar Dutzend auf 400 Exemplare gewachsen.

In Turku unterstützen diverse Geschäfte eine Kreislaufwirtschaft. Entdecke Boutiquen und Designer, die Naturstoffe verwenden, upcyceln und Secondhandkleidung verkaufen. Viele Antikläden verschaffen Möbeln und Dekoartikeln ein zweites Leben.

Tierbeobachtung

Die rauen, unberührten Wälder von Kuhmo beherbergen immer mehr Bären, Wölfe und Vielfraße. Im Juni und Juli, wenn die Sonne nie untergeht, kann man sie per Fernglas von einer Wildnishütte aus beobachten.

Nordlicht

In Lappland sollte man die Tourbusse ignorieren und auf Schneeschuhen selbst auf Nordlichtsuche gehen. Dabei helfen Infoquellen wie die App „My Aurora Forecast & Alerts".

In der ersten Zero-Waste-Pizzeria Finnlands, dem YLP! (ylp.fi), wird die Pizza komplett aus regionalen Zutaten zubereitet.

Finnlands Lieblingswaldfrucht ist die Moltebeere. In Ranua (S. 185), Lapplands Moltebeerenhauptstadt, kann man sie selbst pflücken.

3

Finnland ist ein tolles Ziel für nachhaltiges Reisen. Im Environmental Performance Index (EPI) von 2022 rangiert Finnland insgesamt weltweit an dritter Stelle, bei der Nachhaltigkeit in Meeresgebieten an erster. Außerdem ist das Land für ethischen Wildtiertourismus bekannt.

Baden im Meer

Statt zu duschen kann man beim Badehaus (S. 212) in Hanko ein erfrischendes Bad im Meer nehmen. Die Kosten für die Schlüsselleihe (5 €) werden in die Unterhaltung der Hütte investiert.

WEITERE INFOS

ymparisto.fi
Das Jedermannsrecht gemäß der finnischen Umweltverwaltung.

eceat.fi
Nachhaltige Aufenthalte auf Biohöfen.

metsa.fi
Gepflegte Hütten in Nationalparks und Wildnisschutzgebieten.

LGBTQIA+

2021 rangierte Finnland auf dem Spartacus Gay Travel Index weltweit an 22. Stelle, weit hinter Dänemark und Schweden. Gleichgeschlechtliche Ehen wurden 2017 legalisiert, Adoption durch gleichgeschlechtliche Paare schon ein Jahr früher. Im Allgemeinen sind die Finn:innen allen Mitmenschen gegenüber freundlich gesinnt, aber es gibt noch Vorurteile, z. B. bei einigen Gesetzen zur geschlechtsangleichenden Therapie.

Riesenpartys

Helsinki, Heimat von Tom of Finland (siehe unten), veranstaltet im Juni mit der einwöchigen Helsinki Pride (pride.fi) Finnlands größte LGBTQIA-Sause. Eine jährliche Helsinki Pride gibt's seit 2006, doch die Geschichte reicht zurück in die 1970er-Jahre, als der organisierte Kampf um die Verbesserung der Lage sexueller Minderheiten in Finnland begann. In fünf Städten, z. B. in Helsinki, Turku und Tampere, findet im Oktober und November außerdem das Filmfestival Vinokino (vinokino.fi) zu queerem Filmschaffen aus aller Welt statt, mit allem von Dokus bis zu Spielfilmen.

SETA FÜR SEXUELLE MINDERHEITEN

Seta ry (seta.fi; vom Finnischen für „sexuelle Gleichstellung") ist die 1974 gegründete, heute größte Organisation für LGBTQIA-Rechte Finnlands. Sie hat schon mehrere juristische Schlachten gewonnen wie zur Ehe und Adoption für alle. Die bekannteste Vorsitzende von Seta ist Tarja Halonen, die erste Präsidentin Finnlands.

MENTALITÄTEN

Im Allgemeinen äußern die Finn:innen besonders in größeren Städten gegenüber dem Verhalten anderer weder Zustimmung noch Ablehnung. Doch teils zeigen sich negative Einstellungen, besonders dann, wenn Alkohol im Spiel ist – dann werden manche Leute lauter und unverblümter. Einige konservative Geistliche verheiraten keine gleichgeschlechtlichen Paare.

Szeneviertel & -bars

Helsinkis LGBTQIA-freundliches Szeneviertel mit Bars wie dem Fairytale ist Kallio; hier bietet auch das Kvääristö einen *safe space* für queere Frauen und Gender-Minderheiten. In Vallila bei Kallio befindet sich die einzige Schwulensauna Finnlands, das Vogue. Das noblere Ausgehviertel Punavuori wird von der Helsinkier LGBTQIA-Szene ebenfalls gern angesteuert. Die einzige queere Bar in Tampere ist das Mixei. In Turku lohnt die Bar Suxes einen Besuch.

TOM OF FINLAND

Tom of Finland ist die bekannteste Schwulenikone Finnlands. Seine Kunst schmückt T-Shirts und Bettwäsche und man kann auch seinen Wodka probieren. 2023 findet im Kiasma Modern Art Museum in Helsinki eine Ausstellung mit seinen Werken statt.

Tourismus

Gay Travel Finland (gaytravelfinland.com) ist Mitglied von IGLTA, der International LGBTQ+ Travel Association, und eine tolle Quelle für Reiseinfos. Die internationale Gaily Tour (gailytour.com) organisiert Touren mit LGTBQIA-Thema.

ALEXANDER SPATARI/GETTY IMAGES ©

Barrierefrei reisen

Finnlands öffentliche Infrastruktur von Ämtern bis zu Verkehrsmitteln ist auf barrierefreies Reisen eingestellt und es wird daran gearbeitet, Natur und Sehenswürdigkeiten zugänglicher zu machen.

Barrierefreie Natur

Die Website der Nationalparks (nationalparks.fi) bietet eine durchsuchbare Karte von Helsinki bis ganz hoch nach Lappland zu barrierefreien Zielen mit 56 verschiedenen Arten der Zugänglichkeit wie Plankenwegen und Behindertentoiletten.

Flughafen

Der Helsinkier Flughafen wurde 2021 renoviert und bietet Menschen mit eingeschränkter Mobilität Rollstühle und andere Hilfen. Am Flughafen gibt's Infoschalter, aber am besten ruft man, falls man Hilfe benötigt, vor der Ankunft an.

Übernachten

Besonders Hotelketten haben sich um mehr Barrierefreiheit bemüht, aber auch immer mehr kleinere und familienbetriebene Hotels springen auf den Zug auf. Am besten ruft man vorher immer an, um sich nach den Einrichtungen zu erkundigen.

WEITERE INFOS

Respecta *(respecta.fi)* bietet die größte Palette an Hilfsgeräten und Dienstleistungen in Finnland. Zum Reservieren Kontakt aufnehmen! **The Finnish Association of People with Physical Disabilities** *(invalidiliitto.fi)* ist eine Interessenvertretung für Menschen mit Behinderungen und bietet ihnen Dienstleistungen. **The Finnish Federation of the Visually Impaired** *(Näkövammaisten liitto; nkl.fi)* bietet in ihrem Iiris Centre im Itäkesku in Helsinki Hotelzimmer und ein Museum der Sehbehinderung.

ÖPNV

Für sehbehinderte Personen sowie Rollstuhl- und Elektromobilnutzende (Letztere nur in Metros erlaubt) ist der ÖPNV in Helsinki gratis. Mit dem EU-Behindertenausweis lassen sich verschiedene Behinderungen nachweisen.

Preis für Barrierefreiheit

Bei den Accessible Cities Awards 2022 des ENAT (European Network for Accessible Tourism) landete Helsinki in Anerkennung seiner langjährigen Bemühungen auf dem zweiten Platz. Zuletzt gab's etwa neue Straßenbahnen und zugängliche Naturareale.

Strände in Helsinki

Die Helsinkier Strände Aurinkolahti und Hietaranta bieten einen schwimmenden Badesessel und einen Mobi-mat®-Teppich zur Erleichterung der Fortbewegung auf Sand.

STRASSEN IN HELSINKI

In Helsinki sind der Senats- und der Marktplatz kopfsteingepflastert. An den Ampeln besonders rund um Marktplatz und Mannerheimintie-Straße gibt's kaum Hilfen für Sehbehinderte. Im Winter liegt Schnee.

Ekeventjohku.com organisiert barrierefreie Touren in und um Lohja 60 km von Helsinki entfernt. **Adventureapes.fi** bietet barrierefreie Naturerkundungen und ist führend bei Reisen für Menschen mit Sehbehinderungen. **Palmuasema.fi** bietet Tipps zu barrierefreien Hotels, Spas und Naturzielen.

SMELOV/SHUTTERSTOCK ©

Weihnachtsmanndorf, Rovaniemi (S. 185)

WIE VIELE WEIHNACHTSMÄNNER?

Der Weihnachtsmann ist natürlich übermenschlich, sodass es kein Wunder ist, dass er an zwei, vier oder sechs Orten gleichzeitig sein kann. Doch wenn er unerwartet überall auftaucht, kann das problematisch sein. Selbst im Weihnachtsmanndorf gibt's ihn ein zweites Mal: im „Weihnachtshaus" bei der Rezeption des Santa Claus Holiday Village und im Zentrum von Rovaniemi, wo er noch ein Büro hat. Und für einige Tourgruppen tritt er an anderer Stelle ein weiteres Mal extra auf. Viele Eltern versuchen, zu viele Weihnachtsmannauftritte zu vermeiden, um den Nachwuchs nicht zu verwirren!

WIE ... Santa finden

Du willst deiner Familie etwas gönnen und dem Weihnachtsmann in der Arktis, wo er zu Hause ist, einen Besuch abstatten, und zwar in Rovaniemi in Finnisch-Lappland, seiner „offiziellen Heimat". Aber dann stellst du fest, dass eine Pauschaltour mit drei Übernachtungen für eine vierköpfige Familie Tausende Euro kosten kann, wobei noch nicht mal sicher ist, ob man auch ins Weihnachtsmanndorf kommt.

Doch es ist kein Problem, das Ganze auf eigene Faust zu organisieren und, bucht man früh genug, auch eine Menge Geld zu sparen. Mehrere Fluglinien bieten besonders im Winter Direktflüge nach Rovaniemi, z. B. Easyjet, Ryanair, Air France, KLM und Eurowings.

Übernachten

Rovaniemi bietet jede Menge Unterkünfte, von Hostels und Wohnungen für Selbstversorger bis zu Luxushotels.

Am unteren Ende kostet ein Familienzimmer im Winter um die 200 € pro Nacht. Die Hotels im Weihnachtsmanndorf selbst sind meist luxuriös und teuer; erschwinglicher sind die gepflegten Standard-Häuschen im Santa Claus Holiday Village.

Aktivitäten

Das Weihnachtsmanndorf, eine Art Weihnachtsthemenpark am Waldrand, liegt 8 km von Rovaniemi und ist leicht mit dem Bus zu erreichen. Dort kann man den freundlichen Weihnachtsmann jeden Tag kostenlos in seinem „Büro" aufsuchen – wenn's voll ist, muss man vielleicht Schlange stehen. Und zu vernünftigen Preisen kann man auch eine Schlittenfahrt mit seinen Rentieren unternehmen oder Schneemobil oder Hundeschlitten fahren.

Im tiefen Winter ist das Dorf zauberhaft. Wer noch Zeit hat, kann in Ounasvaara Ski fahren, das Arktikum besuchen, nach dem Nordlicht Ausschau halten oder mit Bearhill Husky oder dem Rentierhof Konttaniemen Porotila längere Touren unternehmen (reservieren!).

Reisezeit

Wie wär's mit März statt Weihnachten? Dann liegt noch immer viel Schnee, es gibt mehr Tageslicht und es ist nicht ganz so kalt und die Unterkünfte sind günstiger.

Und der Sommer? In der Zeit der Mitternachtssonne liegt zwar kein Schnee, aber die Zimmer sind billiger und der Weihnachtsmann ist trotzdem da!

Kurz & knapp

ÖFFNUNGSZEITEN

Die Öffnungszeiten sind unter der Woche und am Wochenende unterschiedlich. Auf dem Land gibt's weniger Angebote. Hier die typischen Öffnungszeiten in größeren Städten:

Banken Mo–Fr 10–16.30 Uhr

Bars wochentags 15–2 Uhr

Cafés wochentags 8–19 Uhr

Clubs Fr & Sa 20–5 Uhr

Einkaufszentren 10–20 Uhr

Geschäfte Mo–Fr 10–18, Sa & So 11–17 Uhr

Restaurants 11–21.30 Uhr

Rauchen

In öffentlichen Gebäuden ist Rauchen verboten. Restaurants und Cafés haben meist keine Raucherbereiche. Zigaretten gibt's in den Läden bei den Kassierer:innen.

GUT ZU WISSEN

Zeitzone
Osteuropäische Zeit: MEZ plus 1 Stunde

Ländervorwahl
358

Notruf
112

Bevölkerung
5,5 Mio.

Maße & Gewichte

Finnland nutzt das metrische System. Dezimalstellen und Tausender sind mit Komma gekennzeichnet, z. B. 2,000 für 2000.

Leitungswasser

Das Leitungswasser ist von hoher Qualität und problemlos trinkbar.

Strom

220 V / 50 Hz; 230 V / 50 Hz

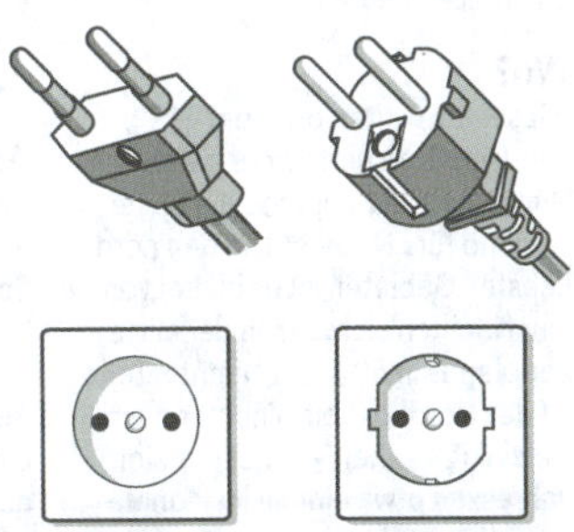

Typ C
220 V / 50 Hz

Typ F
230 V / 50 Hz

FEIERTAGE

Es gibt 13 Feiertage in Finnland. Dann sind einige Geschäfte und Dienstleistungen geschlossen oder nur eingeschränkt geöffnet.

Neujahr 1. Januar

Heilige Drei Könige 6. Januar

Karfreitag Freitag vor Ostern

Ostersonntag & Ostermontag März/April

Tag der Arbeit 1. Mai

Christi Himmelfahrt Am 40. Tag nach Gründonnerstag

Pfingstsonntag Siebter Sonntag nach Ostern

Mittsommer Samstag zwischen 20. und 26. Juni

Allerheiligen Samstag zwischen 31. Oktober und 6. November

Unabhängigkeitstag 6. Dezember

Erster Weihnachtstag 25. Dezember

Zweiter Weihnachtstag 26. Dezember

KUZNETSOVA JULIA/SHUTTERSTOCK ©

Nordlicht, Lappland (S. 182)

APPS

Für die Suche nach dem Nordlicht gibt's zahlreiche Apps und Websites. Zum Beispiel schickt My Aurora Forecast Nachrichten aufs Handy, falls die Möglichkeit besteht, in der Umgebung Nordlichter zu sehen. Außerdem hilft die App vorherzusagen, wann und wo die Chancen am größten sind. Wenn der Himmel bewölkt ist, ist die Suche sinnlos, sodass es sich auch lohnt, die Wolkenkarte des Finnish Meteorological Institute (ilmatieteenlaitos.fi/pilvet-pohjoismaat) zu checken. Andere gute Quellen sind die US-amerikanische NOAA (National Oceanic and Atmospheric Administration; swpc.noaa.gov) mit 30-Minuten- und 3-Tages-Vorhersagen und gi.alaska.edu/monitors/aurora-forecast.

WIE ... Das Nordlicht aufspüren

Stell dir einen Fuchs vor, wie er unter dem dunklen Winterhimmel über die Schneelandschaft huscht. Dabei berührt sein pelziger Schwanz immer wieder den Schnee und schlägt so Funken, die den Himmel beleuchten. Dies sind *revontulet* (Feuer des Fuchses), die Aurora borealis. Wissenschaftlich betrachtet ist das Phänomen deutlich profaner: Es wird durch Sonnenwindteilchen verursacht, die mit einer Geschwindigkeit von bis zu 72 Mio. km/h auf die obere Schicht der Erdatmosphäre treffen, was Licht in unterschiedlichen Farben hervorbringt. Ist es nicht doch eher der Fuchs?

Wann?

Die beste Zeit fürs Nordlicht ist der März: Dann ist der Himmel am klarsten. Im Winter machen die Schneelandschaften das Erlebnis noch zauberhafter. Der September ist auch gut: Dann sind die Nächte wieder dunkel genug, um die Lichter zu sehen. Die beste Uhrzeit ist von 23 bis 1 Uhr nachts.

Wo?

Mit seinen weiten offenen Landschaften und seiner tiefen Dunkelheit ist Lappland die beste Gegend fürs Nordlicht. In den nördlichsten Gebieten ist es in drei von vier Nächten sichtbar. In der Mitte Lapplands in 60 % der Nächte. Teils ist das Nordlicht bis hinunter nach Helsinki zu sehen – in der dunklen Jahreszeit etwa einmal im Monat. Natürlich ist die Sicht inmitten von Lichtverschmutzung schlechter.

Hotels

Viele Hotels bieten Glasiglus und Hotelzimmer mit Glaswänden, damit man das Nordlicht bequem vom Bett aus bestaunen kann. Das Arctic Snow Hotel (https://arcticsnowhotel.fi) nordwestlich von Rovaniemi z. B. hat Zimmer mit Glaswänden, die speziell fürs Anschauen des Nordlichts konzipiert sind. Auch in vielen Skigebieten Lapplands stehen Glasiglus.

Ausrüstung

An kalten Winternächten sollte man sich draußen unbedingt in Schichten kleiden, besonders in Lappland, wo die Temperaturen bis auf -30 oder -40 °C fallen können. Also Handschuhe oder Fäustlinge sowie Mütze und warme Schuhe mit genug Platz für dicke Socken nicht vergessen!

MR. TEMPTER/SHUTTERSTOCK ©

Sauna

WIE ...

Die finnische Sauna-Etikette meistern

Sisu, Sibelius und Sauna: Dies ist die finnische heilige Dreifaltigkeit, wie die Finn:innen von klein auf lernen. *Sisu* (Durchhaltevermögen) für die langen, dunklen Wintermonate, Sibelius als weltweit geschätzter Finne und die Sauna, die dem Land vielleicht eine lockerere Einstellung zur Nacktheit beschert hat. Doch Saunas sind das, was die Finn:innen im Ausland am meisten vermissen.

Wie verbreitet sind Saunas?

In Finnland gibt's über 3 Mio. Saunas – und damit mehr als Autos. Die meisten Wohnhäuser und Wohnungen haben eine, und wenn nicht, dann gibt's eine im Wohnblock, die die Bewohner:innen nutzen können. Sommerhäuser haben ebenfalls Saunas, oft nah am Wasser.

Wo saunieren?

Fast alle Hotels haben Saunas für ihre Gäste. In größeren Städten gibt's außerdem alte öffentliche Saunas im Viertel, z. B. in Tampere und Helsinki. Für ein paar Euro kann man auch Freizeitzentren zum Schwimmen und Saunieren aufsuchen. Einige Städte haben zudem moderne Saunakomplexe an Seen oder an der Küste, z. B. Jyväskylä.

Wie funktioniert's?

Ein Saunagang sollte eine einfache Sache sein, also kein Stress! In öffentlichen Saunas sind die Umkleiden und Duschen für Männer und Frauen getrennt. Vor dem Saunagang muss man immer duschen. In einer gemischten Sauna sollte man immer Badesachen tragen, es sei denn, es wird extra darauf hingewiesen, dass Badekleidung kein Muss ist. Aber wer will, kann trotzdem Badesachen tragen. Einige Finn:innen saunieren nackt, andere nicht, und beides ist okay. Und immer schön Wasser trinken!

Was nicht geht

In der Sauna sollte man nicht zu laut sein. Meist ist es in Ordnung, mit anderen zu reden – vielleicht ist das sogar die Gelegenheit, bei der die Finn:innen am meisten zum Reden aufgelegt sind –, doch in der Regel ist die Sauna ein Ort für stillen Genuss.

DAMPF MACHEN UND AUSHALTEN

In öffentlichen Saunas schöpft die dem Ofen am nächsten sitzende Person Wasser auf die Steine. Die Hitze sollte für alle erträglich sein – ist man also die Person mit der Wasserkelle, sollte man es mit dem Wasserschöpfen nicht übertreiben und fragen, ob mehr Hitze gewünscht wird. Einige Finn:innen brüsten sich damit, wie viel Hitze sie ertragen können, doch wem es zu heiß wird, der kann sich einfach auf die Bänke weiter unten setzen – ganz oben ist die Hitze am intensivsten. Der Dampf ist als *löyly* bekannt. Wer den Saunagang genießt, kann sagen, der *löyly* ist gut.

Sprache

Nützliches

Hallo./Guten Tag. Hei/Terve (höflich)/Moi (informell). *hey/ter-we/moi*

Tschüss. Näkemiin/Moi (informell). *nä-ke-miin/moi*

Ja. Kyllä (höflich)/Joo (informell). *kül-la/joo*

Nein. Ei. *ey*

Bitte. Für „bitte" gibt's im Finnischen kein geläufiges Wort. Oft wird *kiitos* (danke) benutzt.

Danke. Kiitos/Kiitti (informell). *kii-toss/kii-ti*

Entschuldigung. Anteeksi. *an-täk-si*

Tut mir leid. Olen pahoillani/Sori (informell). *o-lehn pa-hoi-la-ni/so-ri*

Wie heißen Sie/heißt du? Mikä teidän nimenne on?/Mikä sun nimi on? (informell). *mi-kä tei-dän-ni-mä-ne on?/mi-kä sun ni-mi on?*

Mein Name ist ... Minun nimeni on .../Mun nimi on ... (informell). *mi-nun ni-mä-ni on .../mun ni-mi on...*

Sprechen Sie Deutsch/Englisch? Puhutko saksaa/englantia? *pu-hut-ko ßak-ßaa/en-glan-ti-a?*

Ich verstehe nicht. En ymmärrä. *en ü-mär-rä*

Unterwegs

Wo ist ... (der Bahnhof)? Missä on ...? *mi-ßä on ...?* (juna-asema (informell)/rautatie-asema *ju-na-a-ße-ma/rau-ta-ti-a-ße-ma)*

Ich suche ... Etsin ... *et-ßin ...*

Können Sie es mir (auf der Karte) zeigen? Voitko näyttää minulle (kartta)? *woit-ko nä-üt-tää mi-nul-le (kar-ta)?*

Datum & Uhrzeit

Wie spät ist es? Paljonko kello on? *pal-jon-ko kä-lo on?*

Es ist (ein) Uhr. Kello on (yksi). *kä-lo on (ük-ßi)*

Morgen huomenta. *hu-o-män-ta*

Nachmittag iltapäivää. *il-ta-pä-i-wää*

Abend/Nacht iltaa/yötä. *il-taa/jö-tä*

heute tänään. *tä-nään*

morgen huomenna. *hu-o-men-na*

Notfall

Hilfe! Apua! *a-pu-a!*

Verschwinde! Mene pois!/Häivy! (informell). *me-ne pois!/hä-i-wü!*

Ich bin krank. Minä olen sairas. *mi-nä o-len ßai-ras*

Rufen Sie die Polizei! Soittakaa poliisi! *ßoi-ta-kaa po-lii-ßi!*

Essen & Trinken

Was würden Sie empfehlen? Mitä suosittelisit? *mi-tä ßu-o-ßi-te-li-ßit?*

Kann ich eine Karte bekommen? Saisinko ruokalistan? *ßai-ßin-ko ru-o-ka-lis-tan?*

ZAHLEN

1 **yksi** *ük-ßi*

2 **kaksi** *kak-ßi*

3 **kolme** *kol-me*

4 **neljä** *nel-jä*

5 **viisi** *wii-ßi*

6 **kuusi** *kuu-ßi*

7 **seitsemän** *ßeyt-ße-män*

8 **kahdeksan** *ka-dek-ßan*

9 **yhdeksän** *ü-dek-ßän*

10 **kymmenen** *küm-mä-nen*

INS DEUTSCHE ÜBERNOMMEN
Das geläufigste finnische Wort im Deutschen ist **Sauna**.

BESONDERE SPRACHE

Das Finnische ist nur mit dem Estnischen und Karelischen und einer Handvoll anderer Sprachen verwandt. Viele Finn:innen sprechen Schwedisch als Muttersprache und alle Finn:innen lernen Schwedisch in der Schule; teils muss man also aufs Schwedische zurückgreifen.

Grundlegende Grammatik

Die größten Schwierigkeiten beim Finnischen bereiten die Substantiv- und Verbendungen sowie die langen zusammengesetzten Wörter.

Bekannte Wörter

Finnisch ist nicht verwandt mit den indo-europäischen Sprachen, jedoch gibt's viele Lehnwörter aus baltischen, slawischen und germanischen Sprachen sowie viele aus dem Französischen und Englischen abgeleitete Wörter.

Samische Sprachen

Es gibt neun verschiedene samische Sprachen, von denen drei in Finnland gesprochen werden. Man schätzt, dass in Finnland heute ein Drittel der Sam:innen eine samische Sprache spricht.

bures *puh-res* wird im Nordsamischen für „hallo, wie geht's?" genutzt.

oaidnaleapmái *o-id-na-liep-mey* bedeutet „tschüss".

giitu *ki-y-tu* heißt „danke".

boazu *po-a-tsu* heißt „Rentier" auf Nordsamisch; auf Finnisch heißt es **poro** *po-ro*.

guovssahasat *ku-ows-sa-ha-sat* ist das Nordlicht auf Nordsamisch; auf Finnisch heißt es **revontulet** *re-won-tu-let*.

Juovlastállu *ju-ow-la-sta-lu* heißt der Weihnachtsmann auf Nordsamisch, **Joulupukki** *ju-lu-pu-ki* auf Finnisch.

WER SPRICHT FINNISCH?

In Finnland, Schweden, Norwegen und im russischen Teil Kareliens sprechen rund 6 Mio. Menschen Finnisch. Auf Finnisch heißt Finnland Suomi, die Sprache selbst auch *suomi*.

ISLAND

Insel der Naturgewalten

In den größten Wildnisgebieten Europas, die mit jedem Vulkanausbruch ihre Gestalt verändern, wartet das Abenteuer.

In der Familie der nordischen Nationen ist Island der merkwürdige, ziemlich aufgeblasene Onkel. Die Insel war das letzte Gebiet der nördlichen Halbkugel, das vor rund 1200 Jahre besiedelt wurde und wird manchmal als erstes Experiment der Neuen Welt bezeichnet. Die ersten Siedler:innen waren mittelalterliche Seeleute, die stur genug waren, vor der Erfindung des Kompass wochenlang Richtung „Norden" zu segeln.

Die ersten Menschen brachten eine Schiffsladung Vieh mit und begannen damit, das Land wie in ihrer Heimat zu bewirtschaften. Sie fällten Bäume und verbrannten das Holz. Der Wald, der damals ein Drittel der Insel bedeckte, verschwand. Die Situation verschlimmerte sich, als die kleine Eiszeit anrollte: Die Bevölkerungszahl blieb für fast acht Jahrhunderte stabil unter 50 000.

VICHIE81/SHUTTERSTOCK©

Inzwischen hat sich die Geschichte umgekehrt. Alle 15 Gletscher der Insel schrumpfen; der jährliche Verlust an Eis ist doppelt so groß wie der Flughafen Keflavík. Gleichzeitig ist die Bevölkerung aufgrund von Einwanderung und Wirtschaftsboom auf ein Rekordniveau angestiegen und der Anteil an Waldflächen aufgrund der wärmeren Temperaturen und des verringerten Raubbaus gewachsen.

Die langjährige Feststellung, dass auf Island mehr Schafe als Menschen leben, verliert langsam ihre Gültigkeit, wie auch vieles andere.

DIE WICHTIGSTEN ZIELE

REYKJAVÍK
Nachtleben und Kultur. S. 258

DER GOLDENE KREIS
Heiße Quellen und Geschichte. S. 274

VÍK & DIE SÜDKÜSTE
Höhepunkte und Gebirgswege entlang der Ringstraße. S. 282

DIE OSTFJORDE
Geologische Wunder und unberührte Wanderwege. S. 296

JAN JERMAN /SHUTTERSTOCK ©

Oben: Hornbjarg-Klippe (S. 321); gegenüber: Polarlicht, Kirkjufell (S. 324)

AKUREYRI
Paradies für Walbeobachtung.
S. 304

DIE WESTFJORDE
Papageitaucher und seltsame Museen. S. 315

HALBINSEL SNÆFELLSNES
Mikrokosmos der wunderbaren Natur Islands. S. 322

Erste Orientierung

Islands größte Attraktion ist, dass einem überall Wunder begegnen. Die ausgewählten Orte stehen für die Vielfalt von Natur und Kultur, aber an jedem einzelnen kannst du dein eigenes Island entdecken.

Die Westfjorde, S. 315

Am Rande der Arktis bietet Islands abgelegenste Ecke die perfekte Umgebung für Mountainbike-Touren, Vogelbeobachtung und Baden in freier Natur. Nicht versäumen: das Naturschutzgebiet Hornstrandir.

Halbinsel Snæfellsnes, S. 322

Das farbenprächtige Reich von West-Island lockt mit exotischen Lavaspritzern, grünen Wiesen mit Wasserfall, arktischblauem Wasser, einer glitzernden Eiskappe und zähen, kleinen Islandpferden.

Reykjavík, S. 258

Islands pulsierendes Herz: eine große Stadt im Kompaktformat mit lebendiger Kultur- und Gastroszene.

Der Goldene Kreis, S. 274

Eine der unvergesslichsten Strecken der Welt, die sich neben den Megaattraktionen Þingvellir, Gullfoss und Geysir nicht verstecken muss.

AUTO

Für die Erkundungstouren durch die wilde Landschaft Islands ist ein Mietauto von Vorteil, möglichst mit Vierradantrieb. In ländlichen Gegenden sind Schotterstraßen normal, und außer im Sommer sollte man den Wetterbericht sorgfältig verfolgen.

BUS

Busse sind im Sommer eine gute Alternative. Entlang der Ringstraße gibt es tägliche Abfahrten in Städten und Dörfern. Nach Þórsmörk und Landmannalaugar fahren Busse, die Flüsse durchqueren können.

ZU FUSS

Island erlebt man am besten, wenn man zu Fuß unterwegs ist – weit weg von den Massen in atemberaubendem Gelände. Die Landschaft ist so vielfältig und es gibt so viele geologische Wunder, die höchste Aufmerksamkeit verdienen.

Perfekte Tage

Island ist perfekt für Roadtrips mit dem Verkehrsmittel deiner Wahl. Die berühmte Ringstraße führt im Süden an spektakulären Aussichten vorbei, anderswo solltest du Zeit für Abstecher an die Küste einplanen.

Gullfoss (S. 277)

Wenig Zeit

- Miete ein Auto für einen Tag oder nimm an einer organisierten Tour zum **Goldenen Kreis** teil (S. 274), der etwa 250 km langen Rundstraße von Reykjavík zu den Attraktionen des Südens: zum **Wasserfall Gullfoss** (S. 277), zum **Geysir** (S. 276), der ursprünglichen Heißwasserfontäne, nach der alle anderen Geysire benannt wurden, und zum **Þingvellir-Nationalpark** (S. 274), wo sich das Parlament Alþingi zur Gründung Islands versammelte. Reise im Uhrzeigersinn über Þingvellir nach Geysir.

- Halte zum Mittagessen an der Tomatenfarm **Friðheimar** (S. 276) und auf dem Weg zurück in **Selfoss** (S. 279), einer Stadt im Umbau mit 8000 Einwohner:innen.

BESTE REISEZEIT

Der Sommer gehört Campingwagen, Mitternachtssonne und Wanderungen in Shorts – aber: Regen ist nie weit entfernt. Im Winter gibt's Polarlichter und Eishöhlen.

JANUAR

Mit feiernden, betrunkenen Isländern beim heidnischen Fest **Þorrablót** *súrsaðir hrútspungar* (eingelegte Hammelhoden) probieren.

FEBRUAR

Eingefrorene Wasserfälle und Schnee, die mit täglich sieben Minuten mehr Tageslicht anfangen zu schmelzen.

APRIL

Die Zeit der Polarlichter geht mit **heller werdenden Nächten** langsam zu Ende. Verhandle Preise für Hotels und Autovermietung.

10 Tage auf der Ringstraße

- Mit mehr als einer Woche Zeit kannst du über den Goldenen Kreis hinaus die komplette Ringstraße abfahren.

- Fahre von **Reykjavík** (S. 258) zur stimmungsvollen Stadt **Vík** (S. 282), vorbei an schwarzen Stränden und spektakulären Wasserfällen. Plane Stopps rund um den **Vatnajökull-Nationalpark** (S. 284) ein und achte auf Schafe, die die Straße nach **Egilsstaðir** (S. 301) überqueren.

- Atme die Bergluft am **See Mývatn** (S. 310) und fahre an die Küste zur Hauptstadt der Walbeobachtungen: nach **Húsavík** (S. 309).

- Probiere die Spezialitäten der nördlichen Hauptstadt **Akureyri** (S. 304) und beende die Rundtour mit einem heißen Bad.

Länger Zeit

- Mehr Tage heißt: weitere Schlenker auf der Ringstraßenroute zu den Fjorden der Küste. Erkunde die Kleinstädte Islands in den **Ostfjorden** (S. 296); nimm zur Papageitauchersaison die Einbahnstraße nach **Borgarfjörður Eystri** (S. 298).

- Wandere durch die **Schlucht Jökulsárgljúfur** (S. 311) von Ásbyrgi bis zum Dettifoss und **fahre entlang der Nordküste** (S. 312) von Siglufjörður nach Hofsós. Um dem Touristenverkehr zu entfliehen, bietet sich ein Abstecher in die **Westfjorde** (S. 315) zu abgeschiedenen Thermalquellen und erstaunlichen Museen an.

- Nimm die Fähre Baldur zur **Halbinsel Snæfellsnes** (S. 322), einer Miniversion von allem, was Island zu bieten hat.

JUNI
Hallo, Sommer! Mitte Juni beginnt die kurze, dreimonatige **Reisesaison**; Vorabbuchungen sind unerlässlich.

JULI
Zweistellige Temperaturen bis zu 20°C; prima für **Hochlandwanderungen** und **Walbeobachtungen**. Massenhaft Papageitaucher.

SEPTEMBER
Länger werdende Nächte bringen **Polarlichter**, herrliche Sonnenuntergänge und kühlere Temperaturen, aber keinen Schnee. Beliebter Reisemonat.

NOVEMBER
Die meisten **natürlichen Eishöhlen** können sicher besucht werden, Temperaturen unter null verhindern ihr Schmelzen (bis März).

REYKJAVÍK

In Reykjavík leben zwei Drittel aller Isländer:innen (240 000 Menschen). Im pulsierenden Zentrum der Insel wird überall gebaut, um die nördlichste Hauptstadt der Welt von einem übergroßen Fischerdorf in eine internationale Stadt zu verwandeln.

Wer zum ersten Mal herkommt, empfindet die Stadt als herzlicher als erwartet und als größer. Das Stadtzentrum – vom Alten Hafen bis zum Hlemmur-Busbahnhof – ist aber weniger als 3 km lang und kann leicht zu Fuß erkundet werden. Wer hinter die touristische Fassade blickt, findet einen Ort, an dem sich ästhetische Raffinesse mit einem urigen, Jeder-kennt-jeden-Gemeinschaftsgefühl vermischt.

Dazu kommen schneebedeckte Berge, aufgewühltes Meer und kristallklare Luft – und die hohe Wahrscheinlichkeit, dass man sich hoffnungslos verliebt und schon auf dem Heimweg beginnt, auf den nächsten Besuch zu sparen.

TOP TIPP

Wer sich das isländische Wort für „Imbisshalle" *(mathöll)* merkt, wird nie hungrig sein. Seit **Hlemmur Mathöll** in einem ehemaligen Busbahnhof eröffnet wurde, sind diese Markthallen mit sechs bis acht Imbissen an sechs Orten anzutreffen. Mittagstisch: **Vera Mathöll**, **Borg29** und **Grandi Mathöll**. Abendessen: **Hafnartorg Gallery** und **Pósthús**.

SVEDOLIVER/SHUTTERSTOCK ©

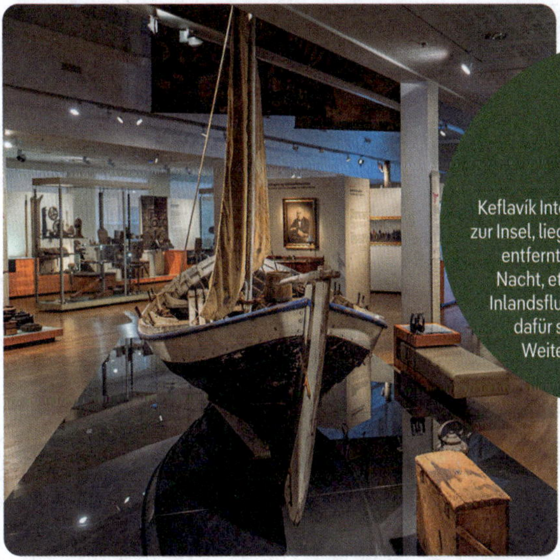

TRABANTOS/SHUTTERSTOCK ©

Isländisches Nationalmuseum

ANKOMMEN

Keflavík International Airport, das Tor zur Insel, liegt 50 km vom Stadtzentrum entfernt. Busse fahren Tag und Nacht, etwa alle 30 Minuten. Der Inlandsflughafen von Reykjavík ist dafür sehr nah am Zentrum. Weitere Infos zur Ankunft S. 330.

Kulturhauptstadt

MITTELALTERERBE & MODERNE KUNST

Woher rührt Reykjavíks Ruf als Kulturhauptstadt? Daher, dass sie als kleine Stadt überraschen kann, indem sie die Erwartungen übersteigt? Kaum. Allein die vielen kulturellen Orte und öffentlichen Gelder sind Beweis für den Wunsch Reykjavíks, an andere europäische Hauptstädte heranzureichen.

Anders als die meisten Hauptstädte hat Reykjavík kein Hauptmuseum mit Warteschlangen und Onlinebuchungen. Das **Isländische Nationalmuseum** kommt dem aber nahe. Das dreistöckige Gebäude zeigt sowohl Dauer- als auch Wechselausstellungen (Audioführungen in vielen Sprachen). Das wertvollste Stück ist die winzige Eyrarland-Bronzestatue von etwa 1000 v. Chr., die wohl den nordischen Gott Thor mit seinem Hammer darstellen soll.

Gegenüber wurde im April 2023 das **House for Icelandic Studies** eröffnet. Im Gebäude werden die Sammlung mittelalterlicher Pergamentmanuskripte von Árni Magnússon und ähnliche Objekte zum ersten Mal der Öffentlichkeit zugänglich gemacht.

Auf der Liste der zu besuchenden Schenswürdigkeiten steht auch die **Isländische Nationalgalerie**. Im ersten Stockwerk finden Ausstellungen renommierter zeitgenössischer isländi-

SPARTIPPS

Reykjavík City Card Wird online und in der Stadt verkauft und bietet Zutritt zu den meisten großen Galerien und Museen, öffentlichen Bädern und den Strætó-Bussen sowie zur Fähre nach Viðey. Erhältlich für 24, 48 und 72 Stunden.

Bus 55 nach/ von Keflavík Die Alternative zu den teuren Flughafenbussen und Taxis ist Bus 55 von Strætó (straeto.is). Die Fahrt zwischen BSÍ-Busbahnhof und Keflavík Airport kostet 2000 Kr. Die Fahrt dauert gut eine Stunde, die mit dem Flughafen-Shuttle 40 Minuten.

ÜBERNACHTEN IN REYKJAVÍK

Loft Hostel
Hoch über der belebten Bankastræti, modernes Hostel für junge Menschen. **€**

CenterHótel
Lokale Kette von Innenstadt-Häusern unterschiedlicher Größe und Stile. **€€**

Baldursbrá Guesthouse
In einer ruhigen Straße am Innenstadtsee. Wohnzimmer und Garten mit Jacuzzi und Grill. **€€**

HIGHLIGHTS
1 Isländisches Phallusmuseum
2 Isländische Nationalgalerie
3 Nationalmuseum
4 Kunstmuseum Reykjavík – Hafnarhús
5 Kunstmuseum Reykjavík – Kjarvalsstaðir

SEHENSWERTES
6 Alþingi
7 House for Icelandic Studies
8 Lava Show
9 Nordisches Haus
10 Öskjuhlíð
11 Perlan
12 Meeresmuseum Reykjavík
13 Whales of Iceland
(siehe 11) Wonders of Iceland: Glaciers & Ice Cave

KURSE & TOUREN
14 FlyOver Iceland

ESSEN
15 Bæjarins Beztu
16 Brút
17 Café Loki
18 Chickpea
19 Dill
20 Fjallkonan
21 Geiri Smart
22 Mandi Ingólfstorg

(siehe 21) Mat Bar
23 Matur og Drykkur
24 Messinn
25 Monkeys
26 ÓX
27 Public House
28 ROK
29 Sægreifinn
30 SKÁL!
(siehe 9) SÓNÓ
31 Sumac
32 Þrír Frakkar

AUSGEHEN & FEIERN
33 Anna Jóna
34 Bravó
35 Kaffibarinn
36 Kaldi
37 KEX Bar
(siehe 34) Kiki
38 Port 9
39 Prikið
(siehe 19) Röntgen
40 Skuggabaldur
41 Tíu Sopar
42 Tölt
43 Veður

UNTERHALTUNG
44 Gaukurinn
(siehe 44) Húrra

DAS BESTE BROT & GEBÄCK

Sandholt
Wegen der großen Auswahl an frischen Baguettes, Croissants, Gebäck und Sandwiches meist sehr voll. €

Kattakaffihúsið (Das Katzencafé)
Veganes Gebäck in einem Café, in dem man von Katzen begrüßt wird. €€

Baka Baka
Witzige Bäckerei, die sich nach 17 Uhr in ein Restaurant mit Pizza und Pasta verwandelt. €

TRUBA7113/SHUTTERSTOCK ©

Kunstmuseum Reykjavík

scher und internationaler Künstler:innen statt. In der Sammlung des 20. Jhs. hängen zwei hochgelobte Gemälde von Jón Stefánsson und Gunnlaugur Scheving, die denselben Titel tragen: *Sumarnótt* (Sommernacht).

Das **Kunstmuseum Reykjavík** im Hafnarhús ist die erste Adresse in Sachen moderne Kunst. In der Dauerausstellung werden Werke des für seine Pop-Art-Collagen bekannten Malers Erró gezeigt. Das Ticket gilt auch für zwei weitere Standorte, Kjarvalsstaðir und Ásmundarsafn, wo die Nachlässe von Maler Jóhannes Kjarval und Bildhauer Ásmundur Sveinsson zu sehen sind.

BARRIEREFREI REISEN

Fast jedes Geschäft am Laugavegur ist rollstuhlgerecht. Mit der Kampagne **Römpum upp Ísland** (Rampen für Island) aus dem Jahr 2022 soll es in Island bis März 2026 1500 Rampen geben. Weitere Infos zum barrierefreien Reisen siehe S. 339.

DIY Polarlicht-Jagd

HELLO DARKNESS, MY OLD FRIEND

Polarlichter können in den dunklen Monaten zwischen September und April gesichtet werden, wegen der städtischen Lichter aber kaum in Reykjavík. Um zu sehen, was passiert, wenn Solarwinde auf das Magnetfeld der Erde treffen, braucht man Finsternis. Polarlichter zu finden ist ein Geduldsspiel – dazu kann es gehören, eine Schicht mehr anzuziehen als geplant und vorher den Polarlichtbericht zu checken. Das isländische Wetteramt beurteilt täglich die Solarwindaktivitäten der letzten

ÜBERNACHTEN IN REYKJAVÍK

Konsulat Hotel
Umgebautes Kaufhaus von 1900; freundliche Zimmer mit antiken Akzenten und modernem Komfort. €€€

Reykjavík Edition
Auffälliges Fünf-Sterne-Haus neben der Konzerthalle Harpa, mit 253 von Roman und Williams gestalteten Zimmern. €€€

Alda Hotel
Boutiqueelemente machen das Alda zu etwas Besonderem: gestrickte Lampenschirme, Sauna und Hot Tub. €€€

drei Tage anhand einer neunstufigen Skala. Die Werte bewegen sich meist um Stufe drei, über fünf verheißt einen seltenen Solarsturm.

Auf dem Küstenweg läuft man nur eine Stunde vom Stadtzentrum zur Spitze der Halbinsel von Reykjavík und dem **Leuchtturm von Grótta**. Wenn die Polarlichtvorhersage vielversprechend ist, wird der Parkplatz dort voll. Einsamkeit findet man im **Naturschutzgebiet Heiðmörk**. Man kann auch mit öffentlichen Verkehrsmitteln nach Norðlingaholt gelangen, ein eigenes Auto ist aber bequemer. Für Fotos vom Polarlicht vor der Silhouette von Reykjavík ist der Berg **Öskjuhlíð** ein ausgezeichneter Ort.

Wer ein Auto hat, findet auch am See Kleifarvatn und an der Straße zu den Bláfjöll-Bergen gute Polarlichtorte, wenn es keinen (oder nur wenig) Schnee gibt.

Sich einer Führung anzuschließen hat den Vorteil eines erfahrenen Guides und eines wintererfahrenen Fahrers. Viele Anbieter können auch extrem robuste Winterkleidung zur Verfügung stellen. Man sollte vorher die Rücktrittsregelungen prüfen. Einige Tagestouranbieter fahren trotz Wolken und schlechter Vorhersage los; sie erstatten keine Fahrpreise, ermöglichen aber oft, kurzfristig umzubuchen.

Party in Reykjavík

UNABDINGBAR: GUTE SCHUHE

Reykjavík ist bekannt für die Partys am Wochenende, die meist bis in die Puppen und manchmal bis in den Wochenanfang gehen (besonders im Sommer). *Djammið* bedeutet in der Hauptstadt „ausgehen“, oder man sagt *pöbbarölt* für „Kneipentour“.

Barbesitzer sagen, dass Pandemie und Craftbier-Kultur dazu geführt haben, dass die Leute heute eher nach der Arbeit zur Happy Hour in die Kneipe gehen. Günstiges Bier gibt es hier nicht. Wer aufs Geld schauen muss, freut sich über die App **Reykjavík Appy Hour**, die alle Angebote der Stadt anzeigt. Wer vorher noch eine Grundlage schaffen möchte, geht zu **Anna Jóna**, **Skál!** und **Fjallkonan**. Ansonsten sind **Bravó**, **Skuggabaldur** und **Kaldi** einladende Bars.

Gluck, gluck, gluck. Es ist 22 Uhr. Jetzt kann man in der Weinbar **Port 9** mit Schauspieler:innen und Medienmacher:innen auf Tuchfühlung gehen und im **Tíu sopar** vielleicht mit ein paar Politiker:innen. Die Schickeria der Stadt trifft sich im **Röntgen** (über 30) und im **Prikið** (unter 30). Im **Veður** oder im schicken **Tölt** lassen sich Cocktails genießen.

Mitternacht. Die Dezibel auf Laugavegur und Austurstræti schießen in die Höhe. Die Tanzfläche in der queeren Bar Kiki

STADT DER KATZEN

Bis 1984 waren Hunde aus der Stadt Reykjavík verbannt, weil man der Meinung war, sie seien Bauernhoftiere. Viele Bewohner:innen wuchsen deshalb mit Katzen als Haustieren auf. Heute dösen die Katzen der Bürger:innen auf den beheizten Gehwegen und freunden sich mit weltbekannten Gästen an – 2011 veröffentlichte der *New Yorker* Haruki Murakamis Kurzgeschichte „Stadt der Katzen“, die möglicherweise durch seinen Besuch des Internationalen Literaturfestivals in Reykjavík inspiriert ist. Jeden Dezember stellt die Stadt eine riesige, metallene Katzenstatue am Lækjartorg auf, um die volkstümliche Weihnachtskatze zu feiern, ein monsterähnliches Wesen, das Kinder quält und sie lebend verschlingt, vor allen jene, die zum Fest keine neue Kleidung tragen.

POLARLICHT-TOUREN

Reykjavík Excursions (re.is)
Dreistündige kommentierte Bustouren. Bietet auch eine Tagestour auf dem Goldenen Kreis inkl. Polarlichtstopps.

Aurora Basecamp (aurorabasecamp.is)
Polarlichtsimulation, bevor es mit einem Guide hinausgeht zu den echten Lichtern.

Mit dem Schiff
Die Walbeobachtungsanbieter Elding (elding.is) und Special Tours (specialtours.is) jagen Polarlichter in der Faxi-Bucht.

SPAZIERGANG DURCH DIE ALTSTADT VON REYKJAVÍK

Reykjavíks Geschichte beginnt – wie diese Tour – in der **1 Landnahmeausstellung** in der Aðalstræti („Hauptstraße"). Das faszinierende archäologische Museum basiert auf der Ruine eines Wikinger-Langhauses aus dem 10. Jh. und verbindet Technologie und Archäologie. Gegenüber steht die **2 Bronzestatue von Landvogt Skúli Magnússon**, bekannt als „Vater des modernen Reykjavík". Als die Stadt noch aus einer Ansammlung von Bauernhöfen bestand und das Land zu Dänemark gehörte, stieß Magnússon mit der Gründung von Webereien, Gerbereien und Wollfärbereien die Industrialisierung an. Einige Schritte die Krikjustræti entlang liegt das Parlament **3 Alþingi**. Als Island nach und nach seine Autonomie erhalten hatte, wurde Reykjavík zum Standort des erneuerten Alþingi bestimmt. Das Basaltgebäude von 1881 beherbergt 63 Abgeordnete. Am Templarasund rechts zum Stadtteich **4 Tjörnin** und zum **5 Rathaus** abbiegen. Im Inneren steht ein interessantes 3D-Modell von Island. Danach die Lækjargata entlang, vorbei am geschniegelten **6 Reykjavík Saga Hotel**, das im Sommer 2022 eröffnet hat, und dem herrlichen Fischrestaurant **7 Messinn**. Am Platz Lækjartorg steht das **8 Büro der Premierministerin** in einem der ältesten festen Gebäude Reykjavíks, 1771 als Gefängnis fertiggestellt. Am benachbarten Platz Hafnartorg sind die aktuelleren Betonhäuser weniger bescheiden. Aber der sagenumwobene Hotdog-Stand **9 Bæjarins Beztu** steht nach einem vorübergehenden Umzug wieder am alten Platz. Auf der anderen Straßenseite lockt eine weitere Institution der Stadt, der **10 Kolaportið-Flohmarkt**. Zum Abschluss der Runde geht's ins Café **11 Anna Jóna**, in dem modernes isländisches Leben und Design dominieren.

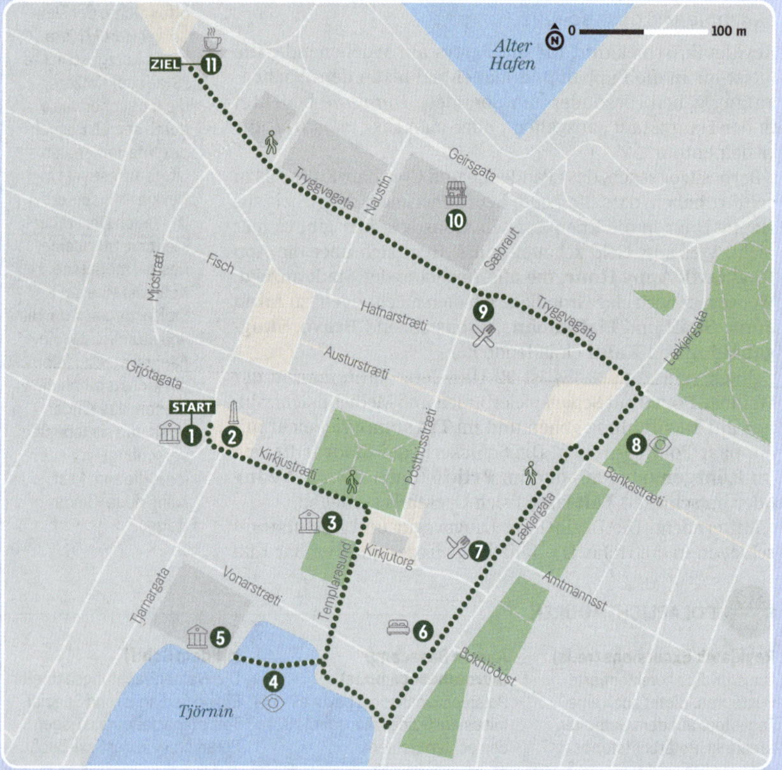

BIKEMP/SHUTTERSTOCK ©

Rathaus

bebt und der Klassiker **Kaffibarinn** (eine Bar aus dem 1990er-Jahre-Film *101 Reykjavík*) ist proppevoll. Im Gaukurinn, im Húrra und im Kex gibt's Livemusik. Die Warteschlangen sind durch das ständige Hin und Her der Feiernden schnell überwunden. Wer um 4 Uhr früh noch immer unterwegs ist, stellt sich am Hotdog-Stand Bæjarins Beztu oder im Falafelladen **Mandi** an. Taxis fahren vom Ingólfstorg und Lækjatorg; man kann sich in Rejkjavík aber sicher zu Fuß bewegen.

Überdachte Naturausstellungen

UNTERHALTUNG BEI JEDER WETTERLAGE

Umfragen zeigen, dass 75 % der Tourist:innen wegen der Natur kommen. Die restlichen 25 % lassen sich auch mit (häufig der Natur nachgebildeten) Indoor-Aktivitäten unterhalten.

FlyOver Iceland (Erw./erm. 5000/2500 Kr) ist ein sensationelles 30-minütiges Filmerlebnis, bei dem das Publikum mit baumelnden Füßen vor einer 20 m langen Leinwand hängt und über den eisbedeckten Hvannadalshjúkur oder den isolierten Leuchtturm von Þrídrangar schwebt, als würden sie ein Flugzeug steuern. Kinder müssen mindestes 1 m groß sein, um mitfliegen zu dürfen.

Auf der anderen Straßenseite, im Stadtviertel Grandi, steht ein riesiges Museum mit nur 23 Ausstellungsstücken. **Whales**

DIE „HAUPTSTADTREGION"

Die „Hauptstadtregion" ist nicht gleich Reykjavík. Wenn Hotels und Airbnb sich in der „Hauptstadtregion" verorten, ist damit meist ein Standort in einer der fünf Gemeinden im Umland gemeint. Für Außenstehende sind die Grenzen zu diesen Nachbarorten schwer erkennbar und bedeutungslos. Aber man muss aufpassen, dass man die Einwohner:innen von Kópavogur, Hafnarfjörður, Garðabær, Seltjarnarnes oder Mosfellsbær nicht als Bewohner:innen Reykjavíks bezeichnet! Bus 27 von Strætó erschließt den ganzen Großraum Rejkjavík.

PROVIANT FÜR DIE AUTOTOUR KAUFEN

Bónus Laugavegur
Supermarkt mit pinkem Sparschwein und 13 Filialen in Reykjavík, gilt als günstigste Einkaufsquelle Islands.

Krónan Grandi
Große Auswahl an fertigen Mahlzeiten, z. B. frische Suppen, Sandwiches, Sushi und Mikrowellengerichte.

Hagkaup Skeifunni
Geöffnet 24/7, mit gesalzenen Preisen wegen der besseren Qualität der frischen Lebensmittel.

Isländisches Phallusmuseum

of Iceland zeigt lebensgroße Modelle von Walen. Tiefer eintauchen kann man im **Meeresmuseum Reykjavík**, wo man erfährt, wie das isländische Volk dadurch geprägt wurde, dass es vom Ozean lebte. Hier lernt man beispielsweise den Unterschied zwischen Schellfisch und Kabeljau (Kabeljau ist der mit dem samuraiartigen „Bart").

Das emporragende **Perlan** – das Wahrzeichen steht auf den Geothermaltanks der Stadt – zeigt eine Dauerausstellung über die Natur Islands: *Wonders of Iceland*. Besucher:innen treten in eine 100 m lange Eishöhle aus 350 Tonnen Schnee und Asche vom Ausbruch des Eyjafjallajökull 2010. Zur Ausstellung gehören außerdem eine Augmented-Reality-Darstellung der Vogelnester in den Klippen des Látrabjarg sowie interaktive Räume mit Fakten zu Vulkanen, Erdbeben und Gletschern.

Wer noch weiter in den isländischen Naturwundern versinken möchte, geht in die **Lava Show**, wo Felsen zu flüssiger Lava schmelzen und wie glühender Honig mit 1100 °C in einen abgedunkelten Raum mit 88 Sitzen fließt. Der Guide bei der Mini-Eruption hat alle nötigen Requisiten, um zu erklären, was in Vulkanen geschieht.

Schließlich besteht die Möglichkeit, ein bestimmtes Körperteil jeder männlichen Spezies Islands aus der Nähe zu betrachten – im **Isländischen Phallusmuseum**, wo 215 Penisse von 93 Säugetieren in Formalinröhren ausgestellt werden. Die Isländische Fauna reicht offensichtlich vom Blauwal (großer Penis, kleine Hoden) bis zur Waldmaus (0,3 cm, aber sehr

SCHWIMMEN IM MEER

Zum Strand von Reykjavík, Nauthólsvík, bringen Einheimische ihre ausländischen Freunde, um zu testen, wie zäh sie sind. Zum Schwimmen im isländischen Ozean bedarf es etwas Mut. Im Sommer kann die Temperatur des Wassers zweistellig werden (ca. 10 °C!), im Winter wirds dann aber richtig kalt. Danach springen die Menschen in den Hot Tub (38 °C ganzjährig) mit Blick auf den Strand.

Die Bucht von Nauthólsvík wurde künstlich angelegt, und der gelbe Sand – von anderswo geliefert – ist an warmen Sommertagen heiß begehrt zum Sonnen, Volleyballspielen und für andere typische Strandaktivitäten. Im Sommer kosten Umkleiden und Hot Tub nichts, im Winter zahlt man 740 Kr.

GROSSARTIGER KAFFEE IN REYKJAVÍK

Reykjavík Roasters
Eine Institution in Sachen Kaffe mit Hartholztischen und entspannter Atmosphäre.

Kaktus Espressobar
Unterschiedliche Möbelstücke und Pflanzen im Fenster. Beliebt bei Hipstern.

Cafe Flóra
Das stimmungsvolle Lokal im Botanischen Garten ist im Sommer gut besucht.

Valdís im Frakkarstígur

fruchtbar!). Dies ist das einzige Museum der Welt, das sich dem Penis widmet, und zwar mit Erfolg. Das Museum am Hafnartorg wurde 2021 eröffnet und umfasst außerdem eine Folkloreabteilung mit mythischen Figuren sowie vier bescheidene „Spenden“ vom *homo sapiens*.

Restaurantszene in Reykjavík

VON TRADITIONELL BIS NEUE NORDISCHE KÜCHE

Die Restaurantszene von heute ist nicht vergleichbar mit dem kümmerlichen Angebot, als Lonely Planet Anfang der 1990er-Jahre den ersten Reykjavík-Führer herausbrachte. Noch immer tischt **Þrír frakkar** traditionelles isländisches Essen in gediegener Atmosphäre auf. Wer zum Mittag weniger förmlich *plokkfiskur* (Fischsuppe) und *kjötsúpa* (Lammsuppe) essen möchte, geht ins **Café Loki** – Einheimische wird man hier aber kaum noch treffen.

Der Preisunterschied zwischen einem exquisiten und einem durchschnittlichen Restaurant ist oft klein. Da kann man sich auch für das Bessere entscheiden. Nach Michelin-Sternen gegriffen haben **Dill** und **ÓX**. Klein und innovativ sind **Mat Bar**, **ROK** und **Brút**. Gruppen werden eher im **Geiri Smart**, **Public House** oder **Monkeys** einen Tisch bekommen.

Das Fischrestaurant **Sægreifinn** („Der Meeresbaron“) in einem winzigen Schuppen am Alten Hafen wird seinem Namen gerecht. **Matur og Drykkur** interpretiert klassische isländi-

EIS ESSEN (JA, WIRKLICH)

Isländer:innen lassen sich nicht von der Sonne vorschreiben, wann sie Eis essen sollen. Wenn das Wetter gut genug ist, um das Haus zu verlassen, gibt es kein Halten. **Ísbúð Vesturbæjar** und **Ísbúð Huppu** sind Experten für Softeis mit Süßigkeiten und Aromen; Kinder lieben *bragðarefur* mit drei Süßigkeiten nach Wahl.

Wer Qualität schätzt, geht zu **Valdís** und **Omnom** am Alten Hafen. Hier gibt's eine bunte Auswahl an Sorten sowie grau aussehende, aber leckere Lakritzvarianten. Hochgelobt ist aktuell der Neuling **Skúbb** für seine cremigen Kreationen, in der Nähe vom Laugardalslaug, 30 Minuten zu Fuß vom Zentrum.

CRAFTBIER TRINKEN IN REYKJAVÍK

Session Craft Bar
Der neue Standard für Craftbier. Die Edelstahlbar bietet ein großes Angebot und viele Veranstaltungen mit Bierbezug.

Skúli Craft Bar
Ganz vorn dabei auf der Craftbier-Welle; 14 Craftbiere vom Fass und alkoholfreie Ales.

Malbygg Taproom
Angesagte Adresse in der Szene, aber schwer erreichbar und mit kurzen Öffnungszeiten.

RADFAHREN IN REYKJAVÍK?

Nach nordischen Standards ist Reykjavík kaum eine Radfahrstadt. Der Wind mag schuld sein – Statistiken über Gegenwind gibt es aber nicht. Bürgermeister Dagur Eggertsson (bekannt dafür, dass er auch bei Treffen mit prominenten Politikern seinen Helm dabeihat) hat für eine Verbesserung der Fahrradwege gesorgt und das Rad zu einer echten Alternative zu Auto und Staus gemacht. Eine Reihe von gemeinschaftlichen Wegen für Radfahrende und Fußgänger:innen verbinden die Buchten der Hauptstadtregion entlang der Küste – von der Spitze der Halbinsel Seltjarnarnes bis nach Hafnarfjörður im Stadtzentrum. Es gibt zwei Fahrradvermietungen im Stadtzentrum: **Reykjavík Bike Tours** und **Borgarhjól**.

sche Gerichte neu in sechsgängigen Menüs. Im **Messinn** wird frisch gebratener Fisch in der Pfanne serviert.

Vegetarische Angebote standen immer ganz unten in der Speisekarte. Außerhalb von Reykjavík kann das immer noch so ein. Zu den besten rein vegetarischen Lokalen zählen der Imbiss **Chickpea** und das mediterrane **SÓNÓMatseljur** in der architektonischen Schönheit des Nordischen Hauses. Das libanesische **Sumac**, ein weiterer Favorit der gehobenen Küche, kocht nicht streng vegetarisch.

Kulturnacht in Reykjavík

DAS AUGUSTFESTIVAL

Die **Kulturnacht** (menningarnott.is) fand erstmals 1996 zum Geburtstag von Reykjavík statt und ist heute die größte eintägige Veranstaltung Islands. Die Feiern im Stadtzentrum finden immer am ersten Samstag nach dem 18. August statt. Der Tag beginnt mit dem **Reykjavík Marathon** (rmi.is) mit rund 10 000 Teilnehmenden. Der 10-km-Lauf bekommt von Menschen am Straßenrand lautstarke Unterstützung.

Die Kulturangebote sind zwanglos und familienorientiert. Die Stadt vergibt „Waffel-Bons" an alle, die auswärtige Gäste aufnehmen. Zum Abschluss des Tages findet auf dem Berg Arnarhóll ein Konzert statt, bei dem verschiedenste Künstler:innen auftreten. Um 23 Uhr endet alles mit einem Feuerwerk und das Nachtleben von Reykjavík übernimmt.

Abschalten & mit Einheimischen abhängen

NACHBARSCHAFTS-POOLKULTUR

Heißes Wasser gehört zu den wenigen Dingen, für die die Menschen in Reykjavík weniger zahlen als anderswo in Europa. Dank der reichlichen geothermalen Versorgung gibt es 17 öffentliche Pools in und rund um Reykjavík. Bis auf einen sind es allesamt Freibäder mit Hot Tubs in verschiedenen Temperaturen und Saunas, geöffnet von früh morgens bis abends.

Jedes Viertel in Reykavík hat einen eigenen *sundlaug*. **Sundhöllin** ist der im Stadtzentrum. Die „Schwimmhalle" wurde 1937 nach einem Entwurf des legendären Architekten Guðjón Samúelsson gebaut, der für Kirchen und Theater bekannt ist. 2017 wurde das Bad nach jahrelanger Renovierung und Erweiterung um einen Außenbereich mit Hot Tubs und Schwimmbecken wieder eröffnet. Die ursprüngliche Halle bleibt geöffnet, ebenso wie der geheime Hot Tub im Obergeschoss mit Blick über die Stadt. Die Männerumkleiden sind dieselben, während sich die Frauen im neuen Anbau umziehen. Im Sommer gibt es Außenumkleiden – die Angestellten weisen den Weg.

GÜNSTIG ESSEN IN REYKJAVÍK

Chickpea
Vegetarische Salate und Sandwiches zum Mitnehmen, mit gutem Preis-Leistungs-Verhältnis. €

Flatus
Günstige Pizzastück-mit-Bier-Kombinationen, mittags und abends, im belebten Backpackerhostel Kex. €

Emilie & the Cool Kid
Familienbetriebenes Café mit einer großen Auswahl an Cookies und Bagels. Toller Brunch. €

ARCTIC IMAGES/ALAMY STOCK PHOTO ©

Laugardalslaug

Zum Schwimmen hat **Laugardalslaug** ein Olympiabecken mit acht Bahnen und „Verkehrsregeln". Es gibt auch ein Hallenbad, das für Training und Wettbewerbe genutzt wird. Familien bevorzugen das riesige *sundlaug* mit der Acht-Meter-Wasserrutsche und den Freizeitbecken für die Kleinen.

Das dritte Bad in Fußnähe zum Zentrum ist **Vesturbæjarlaug**, es ist am stärksten im Viertel verankert. Es wurde 1961 mithilfe von lokalen Spenden und ehrenamtlicher Mitarbeit gebaut. Das ursprüngliche 25-Meter-Becken ist voller Badegäste, aber zum Glück sind viele damit zufrieden, gar nichts zu tun! In der Nachbarschaft, wo reichlich Akademiker und Künstler zuhause sind, haben viele die Gewohnheit, einfach nur nach der Arbeit im warmen Wasser zu entspannen.

Der Eintritt kostet 1200 Kr, Kinder unter 17 zahlen nichts. Mit einem 10er-Ticket für 5600 Kr kann man sparen; es ist gültig für alle Bäder der Stadt Reykjavík.

BADEREGELN

Wer ein öffentliches Bad mit trockenem Haar betritt, outet sich als Anfänger und zeigt, dass die Regel, vor dem Bad zu duschen (mit Seife!), nicht eingehalten wurde. Dank des vielen heißen Wassers enthalten die Becken nur wenig Chlor und die meisten wollen, dass das so bleibt. Ein anderer Anfängerfehler ist, das Handtuch im Spind zu lassen und den ganzen Raum beim Herausgehen nass zu machen. Es gibt Handtuchhalter bei der Dusche.

Gut zu wissen: Für Frauen gibt es keine eigenen Kleiderregeln mehr; alle dürfen nun oben ohne.

UNTERWEGS VOR ORT

Busse fahren zwar die Hverfisgata rauf und runter, aber zu Fuß läuft man besser den Laugavegur entlang – die Haupteinkaufsstraße.

Reykjavíks öffentliches Verkehrssystem ist außen gelb und innen grün; Reykjavíks bunte Strætó-Busse nutzen zunehmend die erneuerbaren Energien der Stadt. Zur Hauptverkehrszeit fahren die Busse alle 10 bis 15 Minuten, tagsüber und abends dann nur noch alle 30 Minuten. Betriebsschluss ist gegen Mitternacht, an Werktagen fahren die Busse dann wieder ab 6.30 Uhr; sonntags verkehren sie wesentlich seltener.

Tickets können nicht mehr bar oder mit Karte im Bus bezahlt werden; Reisende müssen mit speziellen KLAPP-Tickets zahlen. Die meisten nutzen die KLAPP-App auf ihrem Smartphone; es gibt aber auch Prepaid-Karten bei 18 Verkaufsstellen in Reykjavík. Fahrten kosten 550 Kr, gültig für 75 Minuten. Kinder unter 12 fahren kostenlos und Fahrräder können mitgenommen werden, wenn genug Platz ist.

Rund um Reykjavík

Wer die geothermischen Dämpfe und abkühlenden Vulkane der Gegend erkundet, findet heraus, warum Reykjavík „Rauchbucht" heißt.

Als die Gründer Islands Reykjavík zur Hauptstadt machten, taten sie den heutigen Tourist:innen einen großen Gefallen: Der Südwesten ist eine tolle Gegend, um viele der bewunderten Highlights des Landes zu erkunden, ebenso wie weniger bekannte Rückzugsorte der Einheimischen.

Während der berühmte Goldene Kreis (S. 274) jedes Jahr Millionen anzieht, finden überraschend wenige zu den Naturschönheiten rund um Reykjavík. Das Naturschutzgebiet Reykjanesfólkvangur ist von Wanderpfaden durchzogen, die an spritzenden, blubbernden heißen Quellen vorbeiführen.

Die Menschen in Reykjavík hatten ihre Vulkane im Hinterland ganz vergessen, bis im Fagradalsfjall 2021 das erste Mal seit 800 Jahren ein Vulkan ausbrach und ein neues geologisches Zeitalter für die Region einläutete.

TOP TIPP

Seit der Eröffnung der **Hvammsvík Hot Springs** 2022 ist der unberührte Hvalfjörður (Walfjord) ein toller Tagesausflug zum Wandern und Baden.

BLUE PLANET STUDIO/SHUTTERSTOCK ©

Lavaröhre Raufarhólshellir

MARCEL FORRER/SHUTTERSTOCK ©

Fagradalsfjall-Krater

Abkühlende Krater im Fagradalsfjall

DAS NEUESTE STÜCK ISLANDS

Die schuhförmige Halbinsel Reykjanes, die sich westlich von Reykjavík erstreckt, hatte seit 800 Jahren keinen Ausbruch erlebt, als das **Bergmassiv Fagradalsfjall** im März 2021 zum Leben erwachte. Der Ausbruch zog sich bis August 2022 in unterschiedlich starken Wellen und mit einer langen Unterbrechung und überzog die Berge mit schwarzer, schroffer Lava.

Die Wanderung zum Berggrat mit Blick auf das **Lavafeld** ist mäßig anstrengend. Sie beginnt mit einer stattlichen Parkgebühr an die Grundbesitzer – 1000 Kr, über Parka.is – an dem Parkplatz, der bei Google Maps „Geldingadalir Parking P1" heißt (Geldingadalir ist ein Tal im Bergmassiv Fagradalsfjall.) Vom Aussichtspunkt Stórhóll, nur 2,5 km vom Parkplatz, sieht man alles bis auf die Krater. Der 13 km lange Rundweg führt zur aktuellsten Lavaschicht und bietet das gleiche Bild, aber mit der Chance, Krater zu entdecken und vielleicht auch vulkanische Gase.

Immer auf die Wetterbedingungen achten. Am Berg ist es kalt und windig, mit unerbittlichem Nebel.

LAVARÖHREN ERKUNDEN

Lavaröhren entstehen, wenn die Lava über einem fließenden Magmakanal hart wird. Auf der Halbinsel Reykjanes gibt es zwei riesige Höhlen, die mit einer Führung besucht werden können.

Raufarhólshellir ist eine Lavaröhre aus dem 11. Jh., 1360 m lang (die drittgrößte Islands), und hat einige fantastische Lavasäulen. Einstündige Führungen (7500 Kr) finden stündlich statt.

Am Grund der massiven Lavaröhre **Þríhnjúkagígur** öffnet sich ein vulkanisches Gewölbe, in dem eine romanische Kirche oder die Freiheitsstatue stehen könnten. Die begleiteten, langsamen sechsminütigen Abfahrten im gläsernen Aufzug sind sicher. Der Preis (50 000 Kr pro Person) ergibt sich aus dem einzigartigen Weg in die Erde hinein.

ÜBERNACHTEN AM FLUGHAFEN KEFLAVÍK

Hotel Berg
Neue nordische Architektur, Pool auf dem Dach; am nördlichen Ende von Keflavík. Kostenloser Flughafenbus. **€€**

Konvin Hotel
Eines der vielen riesigen Flughafenhotels an der früheren US-Basis Ásbrú, gegenüber vom Flughafen Keflavík. **€**

Aurora Hotel
Das einzige Hotel direkt am Flughafen, rund 100 m vom Terminal. Solide Business-Hotel-Zimmer. **€€**

Blaue Lagune

HIGHLIGHTS DER HALBINSEL REYKJANES

Naturschutzgebiet Reykjanesfólkvangur
Aushängeschilder sind der See Kleifarvatn, das blubbernde Geothermalgebiet Krýsuvík und die Vogelklippen Krýsuvíkurberg.

Stampar
Diese Calderen sind rund 2000 Jahre alt, ein kurzer Spaziergang vom markierten Parkplatz an Straße 425.

Brimketill
Vom Ozean geschaffener Küstenpool. Es heißt, hier hätten einst Trolle gebadet.

Mit dem Mietauto dauert die Fahrt von Reykjavík zum Fagradalsfjall rund eine Stunde. Strætó-Busse fahren nur bis Grindavík; im Sommer kann man die restlichen 12 km per Anhalter fahren.

Hinein in die Blaue Lagune

SANFTE KIESELERDE

Wer an Island denkt, dem fällt zweifellos als Erstes die Blaue Lagune ein. In flauschigen weißen Bademäntel watet man hinaus in das milchig blaue Wasser, umgeben von Lava – der Inbegriff von Entspannung und Luxus.

Die Lagune ist auch gut für die Gesundheit. Die blau-grüne Farbe des Wassers wird durch Kieselerde verursacht. Sie bildet einen weichen, weißen Schlamm am Boden der Lagune, der gegen Hautkrankheiten wie Psoriasis hilft. Algen enthalten Kollagen und wirken gegen Falten; sie werden an der „Masken-Bar" im Becken ausgegeben. Mit anderen Worten: Die Mineralien der Blauen Lagune helfen auch bei Jetlag.

Die meisten Gäste verweilen zwei Stunden im Wasser, bei molligen 38 °C. Die Lagune ist riesig, sodass man leicht ruhige Ecken finden kann. Wer genug von der Lagune hat, geht in das Dampfbad oder die Sauna oder schnappt sich

ÜBERNACHTEN AM FLUGHAFEN KEFLAVÍK

Hótel Keflavík
Unterkunft mit Strahlkraft in Keflavík: goldfarbene Armaturen und eine besonders kitschige Lobby. **€€**

Courtyard by Marriott
Reizendes Design gleicht den öden Standort von diesem wuchtigen Marriott aus (seit 2021). Gute Ausstattung. **€€€**

Guesthouse 1x6
Familienbetrieb aus recyceltem Holz, Treibholz und Vulkanstein. Mit Hot Tub aus Stein draußen. **€€**

einen Bademantel und begibt sich auf die Aussichtsterrasse im zweiten Stock.

Die Lagune wird von rund zwei Millionen Menschen im Jahr besucht, Reservierung ist notwendig. Die Preise hängen von der Tageszeit ab und reichen von 9000 bis 14 000 Kr. Handtücher werden gestellt, die Gäste müssen vor Betreten duschen. Wer online bucht, kann den Transport vom/zum Flughafen Keflavík bzw. Reykjavík dazu buchen (7000 Kr). Viele Busanbieter in Reykjavík bieten planmäßige Touren. Mit dem Mietwagen fährt man etwa 45 Minuten von Reykjavík zur Blauen Lagune.

Planschen am Atlantik

WEITERE ANGESAGTE THERMALBÄDER

Während es noch Jahrzehnte dauerte, bis sich die milchblaue Lagune bei Grindavík zur Attraktion entwickelte, sind in nur zehn Jahren weitere geothermische Luxusbäder entstanden.

Sky Lagoon,die größte Wellness-Anlage, wurde 2021 als ernsthafte Konkurrenz zur Blauen Lagune eröffnet. Vorher war hier ein Industriegelände ohne jegliches Grün. Viele der Klippen und Felsen drum herum sind künstlich, schaffen aber eine stimmungsvollen Eingang. Die Lagune selbst ist 75 m lang, mit Infinity-Blick über die Faxa-Bucht. Reykjavík ist nicht zu sehen, obwohl man nur 20 Minuten fährt. Einige behaupten, an klaren Tagen die Halbinsel Snæfellsnes zu sehen. Und die gutshofartigen Häuser auf der anderen Seite der Bucht? Das ist der Wohnsitz des isländischen Präsidenten, Bessastaðir.

Auf der anderen Seite von Reykjavík, rund 40 Minuten mit dem Auto, verschmelzen die **Hvammsvík Hot Springs** mit der Küste, als wären die acht Becken mit unterschiedlichen Temperaturen natürlich entstanden. Wasserpegel und -temperatur wechseln in einigen Becken mit den Gezeiten. Das Schwimmen im Meer gehört zum Spaß – oder ist Therapie; der Ort ist beliebt bei Anhängern des Extremtemperaturgurus/Sportlers Wim Hof und bietet entsprechende Workshops. Zur fantastischen Anlage gehören außerdem ein Restaurant und ein Boutiquehotel.

DIE SCHÖNSTEN WANDERUNGEN BEI REYKJAVÍK

Berg Esja
Ausgetretene Pfade auf Reykjavíks Berg, die meisten enden am Steinn (Fels) bei 600 m. Drei Stunden.

Reykjadalur
Beliebtes Tal mit heißen Quellen, zu Fuß nur vom Parkplatz außerhalb von Hveragerði erreichbar. Vier Stunden.

Glymur
Islands zweithöchster Wasserfall; 7 km Rundweg, Blick über Hvalfjörður. Nur erfahrene Wandernde, mindestens drei Stunden.

UNTERWEGS VOR ORT

Innerhalb eines Radius von 50 km um Reykjavík fahren Strætó-Busse auch zu abgelegenen Zielen – falls du die Ausdauer hast, die restliche Strecke möglicherweise zu Fuß zurückzulegen. Zum Tal Reykjadalur z. B. nimmt man den Bus bis Hveragerði und muss dann noch einige Kilometer laufen. Soll heißen, nach Hvalfjörður und zum Fagradalsfjall kommt man am besten mit einem Mietauto.

Verbindungen von der Blaue Lagune zum Flughafen Keflavík oder ins Stadtzentrum von Reykjavík müssen online gebucht werden. Ein schöner 7 km langer Fuß- und Fahrradweg führt von der Blauen Lagune nach Grindavík, das zum Strætó-Busnetz gehört.

DER GOLDENE KREIS

Der berühmte Goldene Kreis ist eine 250 km lange Strecke über zwei Kontinente – ja, Kontinente! Erster Halt der Route ist der Þingvellir-Nationalpark, durch den die tektonische Grenze zwischen Europa und Nordamerika verläuft. Sie zerreißt die Landschaft in Felsspalten und Schluchten. Die Unesco-Welterbestätte hat aber auch eine bemerkenswerte Geschichte: Vor rund 1100 Jahren wurde in Þingvellir das isländische Parlament, Alþingi, gegründet.

Seit es gedruckte Bilder gibt, ist der Geysir das bekannteste Naturphänomen Islands. Zur Überraschung vieler ist der alte Geysir längst im Ruhestand; abgelöst wurde das Symbol Islands durch den etwa alle 10 Minuten spuckenden Strokkur nebenan.

Vom Geysir fährt man 15 Minuten mit dem Auto bis zum Wasserfall Gullfoss, wo ein mächtiger Gletscherfluss hinunterrauscht. Der Name bedeutet „goldener Wasserfall", an sonnigen Tagen gibt's einen tollen Regenbogen.

TOP TIPP

Für Reisende, die den großen Touristenstrom umgehen möchten, lohnt ein wenig Planung. Die isländische Touristeninformation betreibt einen Live-Verkehrsbericht (visiticeland.com) im Hinblick auf die Spitzenzeiten der Hauptziele. Im Sommer ist man durch das ständige Tageslicht sehr flexibel.

STEPHAN LANGHANS/SHUTTERSTOCK ©

Þingvallakirkja (S. 276)

HIGHLIGHTS
1 Geysir
2 Gullfoss
3 Strokkur
4 Þingvellir-Nationalpark

SEHENSWERTES
5 Flúðir
6 Laugarvatn
7 Skálholt
8 Kirche von Skálholt
9 Þingvallakirkja

KURSE & TOUREN
10 Fontana

ESSEN
11 Litla Bændabúðin
12 Minilik

Þingvellir-Nationalpark (S. 276)

SCHNORCHELN ZWISCHEN ZWEI KONTINENTEN

Silfra gehört zu den bekannten Spalten im Þingvellir-Nationalpark, nur ist diese mit Wasser des Sees Þingvellir gefüllt. Das Wasser ist sehr klar, da es vom Gletscher Langjökull kommt und durch Lavafelsen gefiltert wurde. Es gibt keine Fische oder Korallen, nur hellgrüne Algen. Man kann bis zu 100 m tief sehen.

Islands Gründung in Þingvellir

WANDERN ZWISCHEN DEN KONTINENTEN

Erster Halt auf der Route ist der **Þingvellir-Nationalpark**, durch den die tektonische Grenze zwischen Europa und Nordamerika verläuft. Sie hat die Landschaft in Schluchten und Spalten aufgerissen. Der Ort hat aber auch eine historische Dimension, die das Weltkulturerbe einzigartig macht: Islands Parlament, Alþingi (ausgesprochen *ál-thingk-ii*), wurde 930 v. Chr. in Þingvellir *(thing-vedh-liir)* gegründet.

Vom Besucherzentrum des Parks oberhalb von **Almannagjá**, verläuft ein Weg eine spektakuläre Felsspalte hinab. Am **Lögberg** (Gesetzesberg) traf sich das Alþingi jährlich und der einzige bezahlte Beamte des Landes, der Gesetzessprecher, trug den Parlamentsmitgliedern die gültigen Gesetze vor. Gelehrte sind sich uneinig über den Standort der Parlamentstreffen. Viele glauben, dass der Ort nach der Christianisierung Islands an den Fuß der Felswand von Almannagjá verlegt wurde, die als natürlicher Verstärker für die Stimme des Gesetzessprechers wirkte.

Der Fluss **Öxará** fließt durch das westliche Plateau und stürzt in hübschen Kaskaden an seinem Ende hinab. Am eindrucksvollsten ist **Öxaráfoss** am nördlichen Ende des Alþingi. Im Becken **Drekkingarhylur** wurden Frauen ertränkt, die der Kindstötung, des Ehebruchs oder anderer Verbrechen für schuldig befunden wurden.

Am östlichen Ende gibt es weitere kleinere Schluchten. **Flosagjá** ist nach einem Sklaven benannt, der in die Freiheit sprang, und **Nikulásargjá** nach einem betrunkenen Sheriff, der tot im Wasser gefunden wurde. Die **Þingvallakirkja** ist eine der ersten Kirchen Islands. Unter den benachbarten Höfen ist auch das Sommerhaus der Premierministerin.

Strokkur

Isländische Wahrzeichen

DIE MACHT VON WASSER & ERDANZIEHUNG

Eine der berühmtesten Touristenattraktionen, **Geysir** (*gay*-ziir; wörtlich „Springquelle"), ist die ursprüngliche Heißwasserfontäne, nach der alle anderen benannt wurden. Sie liegt im Geothermalgebiet Haukadalur – einem Tal mit heißen Quellen und leuchtenden blauen Becken, Schlammtöpfen und farbenfrohen Mineralien. Man sollte jeden Schritt mit Bedacht tun (und sich nicht in den Wind stellen!), einige Wasserquellen sind über 100 °C heiß.

Der Große Geysir hat rund 800 Jahre Wasser ausgestoßen, hatte aber auch Ruhephasen. Zur Zeit der Recherche galt er

FRISCHE LEBENSMITTEL ESSEN

Friðheimar, Reykholt Im Restaurant dreht sich alles um die riesigen Tomaten aus dem Treibhaus mit Geothermieheizung. **€€**

Flúðasveppir Farmers Bistro, Flúðir Pilzsuppe von der einzigen Pilzfarm Islands, mit Brot und *álegg* (Garnierung) aus der Region. **€€**

Lindin, Laugarvatn Restaurant in einem süßen, kleinen silbernen Haus gegenüber Laugarvatn; wilde Forelle und Seesaibling. **€€€**

als inaktiv. Aber dafür entlädt sich **Strokkur** alle 10 bis 15 Minuten. Genauso lange fährt man auch zum **Gullfoss** („goldener Wasserfall"), wo ein mächtiger Gletscherfluss in die Tiefe stürzt. Vom Parkplatz sind es etwa 500 m für einen guten – und nassen – Blick auf das isländische Wahrzeichen.

An den beiden Hauptattraktionen kann es voll werden und sie wirken kommerzieller als andere. Der Andrang schwankt aber stark, weil die meisten Touristenbusse und Einzelbesucher zur gleichen Zeit in Reykjavík losfahren; Planung lohnt also. Außerhalb des Sommers begrenzt das Tageslicht die Möglichkeiten.

Unterwegs

KLEINSTÄDTISCHES ISLAND

Islands Süden ist gespickt mit Bauernhöfen und kleinen Orten, die mit dem Tourismus gewachsen sind. Wer den Goldenen Kreis im Uhrzeigersinn fährt, kommt zuerst nach **Laugarvatn** (See heißer Quellen). Das Dorf (350 Ew.) liegt am westlichen Ufer des Sees Laugarvatn, nach dem der Ort benannt wurde. Der See wird nicht nur aus den Strömen der nebligen Berge im Hintergrund gespeist sondern auch aus der heißen, seit dem Mittelalter berühmten Quelle Vígðalaug. Im **Fontana**, einem eleganten Geothermalbad am See, kann man im See schwimmen und in dem mit Zedernholz ausgekleideten Dampfbad entspannen, dessen natürliche Dämpfe aus dem darunterliegenden Erdreich kommen.

Das Dorf **Skálholt**, in dem etwa 100 Menschen leben, ist sehr geschichtsträchtig: Es war das Bistum, das Islands Seelen vom 11. bis 18. Jh. regierte. Die (moderne) Kirche kann besichtigt werden.

Die ländliche Gemeinde **Reykholt** (300 Ew.) – eins von vielen Reykholts auf der Insel – liegt direkt an der Quelle Reykjahver und ist traditionell ein Gewächshausdorf. Besonders sehenswert ist der spektakuläre und stimmungsvolle tiefe Fluss Hvítá – Südislands Zentrum für Wildwasserrafting.

Das kleine, landwirtschaftliche **Flúðir** (800 Ew.) ist über eine neue Brücke an der Straße 359 mit Reykholt verbunden. Die Stadt ist in ganz Island bekannt dafür, die meisten Pilze des Landes zu produzieren. Sie ist ein beliebtes Wochenendausflugsziel für Menschen aus Reykjavík, die hier eine Hütte haben. Der fabelhafte Bauernmarkt **Litla Bændabúðin** ist der beste Ort, um sich mit hier gewachsenen Erdbeeren und Paprika einzudecken. Das äthiopische Restaurant **Minilik** hat einen hervorragenden Ruf.

SCHÖN ÜBERNACHTEN AM GOLDENEN KREIS

Campingplatz Vatnskot bei Þingvellir
Zeltplatz am See, Hauptcampingplatz bei Leirar. Betrieben vom Nationalpark. **€**

Héraðsskólinn
Privatzimmer und Schlafsäle in einzigartigem Boutiquehotel am See; in Laugarvatn. **€**

Hótel Geysir
77 Zimmer, nordisch minimalistisch kühl, schöner Spa-Bereich und tolle Lage. **€€€**

Blue Hotel Fagrilundur
Aufmerksame Besitzer und herzlicher Empfang, großartiges Frühstück und viele Tipps. **€€**

Bubble Hotel
Einmaliges Schlaferlebnis in durchsichtigen, kugelförmigen Zelten mitten in einem kleinen Wald bei Reykholt. **€€€**

Torfhús Retreat
Elegante „Farm" mit zehn exklusiven Hütten im Stil mittelalterlicher Grassodenhäuser. **€€€**

UNTERWEGS VOR ORT

Ein Mietwagen bietet die besten Möglichkeiten, den Goldenen Kreis zu erkunden, vor allem wenn man in der Region übernachten möchte. Bustouren aus Reykjavík – in Reisebussen und kleineren und exklusiveren Fahrzeugen – dauern acht Stunden. Der Þingvellir-Nationalpark verfügt über eine Touristeninformation. Kostenpflichtige Parkplätze gibt es in Almannagjá, Þingvellir, und am Vulkankrater Kerið.

Rund um den Goldenen Kreis

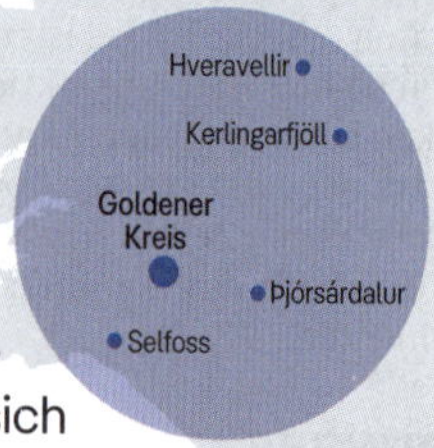

Der Goldene Kreis ist nicht nur ein Tagesausflug von Reykjavík, sondern ein Reiseziel für sich und bietet reichlich Naturschönheit und Aktivitäten über Þingvellir, Gullfoss und Geysir hinaus.

Aus touristischer Sicht klingt es vielleicht nicht sehr attraktiv, aber der Goldene Kreis erstreckt sich im Wesentlichen über das südliche Tiefland von Island. Gesegnet mit Flachland und feuchten Sommern ist dies das Kernland der Milch- und Pferdewirtschaft sowie der geothermisch angetriebenen Treibhäuser, in denen alles von Tomaten bis zu roten Rosen wächst.

Den Goldenen Kreis in einem mehrtägigen Ausflug abzufahren, ist eine fabelhafte Möglichkeit, um das Land kennenzulernen. Einige der interessanteren Unterkünfte und der besten Restaurants liegen am Goldenen Kreis – der Region, die Reisenden traditionsgemäß die schönsten Seiten des Landes offenbart und dazu einige weniger bekannte Geheimnisse.

TOP TIPP

Das 2023 wiedereröffnete Kerlingarfjöll-Bergresort (highlandbase.is) ist das erste ganzjährig betriebene Bergresort im isländischen Hochland.

ALBERTO LOYO/SHUTTERSTOCK ©

Hütten am Kerlingarfjöll (S. 281)

AFRICA2008ST/SHUTTERSTOCK ©

Kerið-Krater

Tor zum Goldenen Kreis

DIE STADT SELLFOSS ERKUNDEN

In **Selfoss** schlafen und essen die Menschen und gehen am Fluss Ölfusá angeln: Die Pendlerstadt, eine Stunde Autofahrt von Reykjavík entfernt, ist wegen der zahlreichen Restaurants und Unterkünfte standardmäßig ein Halt auf der Ringstraße.

Das Stadtzentrum von Selfoss mag alt aussehen, ist aber ein moderner Wiederaufbau – ein „neues altes Stadtzentrum". Im Rahmen des ehrgeizigen Stadtentwicklungsplans haben sich Dutzende neue Geschäfte und Restaurants angesiedelt, darunter die **Old Dairy**, eine Markthalle mit acht Restaurants. Der Plan sieht vor, eine zweite Brücke über den Ölfusá zu bauen, um die chronischen Staus im Sommer zu verringern.

Die vielen Geschäfte und Restaurants in Familienbesitz sind ein guter Einstieg ins kleinstädtische Island. Die meisten liegen am Austurvegur und ein paar wenige am Eyrarvegur. Hervorzuheben sind der Strickladen **Alvörubúðin**, der Hotdog-Stand **Pylsuvaginn**, die Eisdiele **Ísbúð Huppu**, der Geschenkeshop **Motivo**, Uhrenhändler **Karl úrsmiður**, das Schuhgeschäft **Skóbúð Selfoss**, das Antiquariat **Bókakaffið** und die Bäckerei **GK**.

Wer sich über das **Bobby Fischer Center** in Sellfoss wundert, das dem US-amerikanischen Schachmeister Bobby Fi-

KERIÐ

Eine der weniger bekannten Sehenswürdigkeiten des Goldenen Kreises ist der Vulkankrater Kerið. Er soll 6500 Jahre alt sein, 55 m tief und 170 m breit. Die leuchtend roten, mit grünem Moos bedeckten Wände und das türkisfarbene Wasser ergeben ein schönes Bild. Der Weg um den Krater herum dauert 30 Minuten bis eine Stunde. Gebührenpflichtiger Parkplatz.

DIE BESTEN GEOTHERMALBÄDER JENSEITS DES GOLDENEN KREISES

Hrunalaug
Abgelegene Naturbadestelle im ländlichen Tal, 6 km von Flúðir entfernt. Kann nur wenige Personen aufnehmen.

Gamla Laugin
Neubau des ältesten Schwimmbads Islands, umringt von natürlichen Felsen und heißen Quellen; vorab buchen.

Reykholtslaug
Kleiner öffentlicher Pool mit zwei Hot Tubs, einem Schwimmbecken und Rutsche.

Hjálparfoss

scher gewidmet ist, der von 2004 bis zu seinem Tod 2008 auf Island lebte: Fischer liegt auf dem Friedhof neben der kleinen Laugardælakirkja bei Selfoss begraben.

Der verborgene Kreis

GRÜNES TAL AN DER GRENZE ZUM HOCHLAND

Manchmal wird das Tal **Þjórsárdalur** „Verborgener Kreis" genannt; die satte Landschaft des Südens trifft hier auf das Hochland mit bunter Lava. Wegen der fehlenden Transportmittel in die Region und weil viele zu wenig Zeit haben, findet man hier Südisland ohne die Massen – bis jetzt, denn 2025 soll eine große Hotelanlage mit Luxus-Freibad öffnen.

26 Kilometer nordöstlich von Árnes an der Straße 32 gibt es eine ausgeschilderte Abzweigung zum reizenden Wasserfall **Hjálparfoss**. Das Wasser fällt von zwei Seiten über gewundene Basaltsäulen in ein tiefes Becken: ein toller Ort für ein Picknick.

An der Straße 327, Abzweig von Straße 32, liegen die Ruinen des „Langhauses" **Stöng**. Das 1104 nach dem Ausbruch der Hekla unter weißer Vulkanasche begrabene Gehöft gehörte einst Gaukur Trandilsson, einem Wikinger des 10. Jhs., der ein stürmisches Leben führte. Es wurde 1939 bei der ersten archäologischen Ausgrabung Islands entdeckt und half dabei, andere Wikingerhäuser zu datieren. Aufgedeckt wurden die Fundamente eines Hofs, einer Scheune, einer Schmiede und einer Kirche. Nicht mit **Þjóðveldisbærinn** (www.thjodveldisbaer.is) verwechseln, einer nahegelegenen Rekonstruktion des Stöng, die von Juni bis August geöffnet ist.

EIN NACHMITTAG IN HVERAGERÐI

Die Stadt Hveragerði ist gesegnet mit heißen Quellen, Gewächshäusern und immer mehr Pendler:innen aus Reykjavík.

Reykjadalur-Wanderweg Die Wanderung das Reykjadalur hinauf zu einem kleinen Fluss mit Badetemperatur ist sehr beliebt. Zurück geht's auf demselben Weg. Badeanzug und Handtuch nicht vergessen, drei bis vier Stunden einplanen.

Sundlaugin Laugaskarði Der öffentliche Pool der Stadt wirkt wie eine alte Villa und war bis 1966 der längste Pool Islands. Das Dampfbad ist wunderbar.

Gróðurhúsið Imbisshalle mit sieben Ständen (von Nudeln bis Hähnchen), Atmosphäre und Einrichtung passen zum Namen „Das Gewächshaus".

ESSEN RUND UM SELFOSS

Old Dairy
Quirlige Imbisshalle mit acht Restaurants – Pizzas, Tacos, Thaigerichte und *skyr*-Smoothies. Außenbestuhlung. **€**

GK Bäckerei
Hippe Sauerteigbäckerei an der Hauptstraße in Selfoss, klebrige Zimtschnecken und frischer Kaffee. **€**

Fjöruborðið
Das Lokal für ein Drei-Gänge-Hummermenü. Am Meer im bezaubernden Stokkseyri. **€€€**

Ein Fußweg vom Stöng führt nach ein paar Kilometern zum entzückenden kleinen Tal **Gjáin**, voller verdrehter Lava, spektakulärer Wasserfälle und Höhlen, die wie aus einer anderen Welt anmuten.

Rund 10 km hinter Gjáin auf der von Schlaglöchern übersäten Straße 332 öffnet sich der verblüffende Blick auf den Wasserfall **Háifoss**, der aus 122 m Höhe hinabstürzt. In der Schlucht darunter gibt es dicke, 2 Mio. Jahre alte Lavaformationen.

Vom Goldenen Kreis ins Tal Þjórsárdalur fährt man ab Geysir (oder Gullfoss) über die Straße 30 nach Flúðir, Straße 32 (auch Þjórsárdalsvegur) beginnt etwa 12 km südlich von Flúðir.

Ins Herz von Island

KJÖLUR & DAS HOCHLAND

„Hochland" ist der allumfassende Begriff für Islands verödetes Binnenland mit Gletschern und Vulkanen. Das Gebiet ist nur zeitweilig bewohnt, und die Straßen sind längere Zeit gesperrt, um den empfindlichen Boden zu schützen. Wenn die Straßen Mitte bis Ende Juni endlich öffnen, ist es möglich, direkt von Süden nach Norden zu fahren, entweder über **Kjölur** (Straße 35) oder **Sprengisandur** (Straße F-26). Beide beginnen am Goldenen Kreis. Sprengisandur ist länger und anspruchsvoller und nur für Fahrzeuge geeignet, die Furten durchqueren können. Kjölur kann man mit einem Mini-SUV befahren. (Prüfen, ob die Versicherung des Wagens für Kjölur gilt; viele Verträge haben eine Nicht-Hochland-Klausel.)

Kjölur führt 165 km von Gullfoss zum nördlichen Hof Eiðsstaðir im Tal Blöndudalur. Der höchste Punkt (etwa 700 m) liegt zwischen den Eiskappen Langjökull und Hofsjökull, nahe dem Berg Kjalfell (1000 m). Auf halbem Weg liegt das **Naturschutzgebiet Hveravellir**, ein Geothermalgebiet mit Fumarolen und heißen Quellen. Im einladenden, künstlichen **Becken** kann man baden. Hveravellir hat einen Campingplatz und eine einfache Hütte (hveravellir.is); es gibt Essen und Kaffee, aber kein Benzin.

Wer wandert, sollte lieber in den Bergen von **Kerlingarfjöll** bleiben. Die farbenfrohe, spektakuläre Landschaft besteht aus zerklüfteten Gipfeln und Graten sowie verstreuten heißen Quellen. Das **Kerlingarfjöll Mountain Resort** (highlandbase.is) bietet Unterkünfte für alle Preisklassen.

Um vom Goldenen Kreis nach Kjölur zu kommen, fährt man von Gullfoss auf der Straße 35. Früher gab es planmäßige Busse zwischen Akureyri und Reykjavík über Kjölur, zum Zeitpunkt der Recherchen war die Verbindung eingestellt.

HALLDÓR-LAXNESS-MUSEUM

Nobelpreisträger Halldór Laxness (1902–98) lebte sein ganzes Leben in Mosfellsbær. Sein Haus am Fluss ist heute das **Gljúfrasteinn-Laxness-Museum** (gljufrasteinn.is). Es steht an der Straße von Reykjavík nach Þingvellir (Straße 36). Das vom Autor gebaute vornehme Haus aus den 1950ern ist gut erhalten und enthält originale Möbelstücke, ein Schreibzimmer und Laxness' Kunstsammlung, u. a. mit Textilkunst seiner Frau Auður, die seine handgeschriebenen Manuskripte abtippte. Es gibt eine Audio-Tour. Vor dem Haus steht noch immer Laxness' geliebter Jaguar.

UNTERWEGS VOR ORT

Dieser Teil des ländlichen Islands verfügt über die beste Straßeninfrastruktur. Im Winter sollte immer gut geplant werden; die Strecken nach Þingvellir und Þjórsárdalur (der Verborgene Kreis) werden leicht durch Schnee beeinträchtigt. Die Hochebene Hellisheiði zwischen Reykjavík und Selfoss ist windig und verschneit; bei schlechtem Wetter ist eventuell Straße 39 entlang der Südküste besser.

Zum Zeitpunkt der Recherchen gab es keine planmäßigen Busse zwischen Reykjavík und Akureyri über Kjölur, auch „Kjalvegur" genannt, in der Vergangenheit wurde die Strecke bedient.

VÍK & DIE SÜDKÜSTE

Auf dem Papier erreicht die Zahl der in Vík lebenden Menschen nicht einmal 500. Wenn man aber die Erträge aus dem Tourismus betrachtet, ist Vík de facto die Hauptstadt der Südküste.

Die Ringstraße verläuft direkt durch den stimmungsvollen Küstenort, der wegen des fehlenden Hafens lange keinen Grund hatte zu wachsen. Die Zeiten haben sich geändert. Der Ort befindet zu seinem Glück zwischen wichtigen Sehenswürdigkeit in einem sehr ansehnlichen Teil des Landes. Westlich liegen der Basaltstrand Reynisfjara, das Felsplateau Dyrhólaey und die Wasserfälle Skógafoss und Seljalandsfoss. Östlich sind das Lavafeld von Eldhraun aus den verheerenden Laki-Ausbrüchen sowie das Tor zum Vatnajökull-Nationalpark.

Entlang der Küste schwappen weiße Wellen über schwarze Strände, während die Klippen vom vielen Regen grün erstrahlen. Um es auf den Punkt zu bringen: Es ist ziemlich besonders hier.

TOP TIPP

Plane auf dem Weg nach Vík viele Stopps ein und wenn es heißt „Katla bricht aus", dann renn. In der Region stehen Islands berüchtigtste Vulkane, darunter Eyjafjallajökull, Katla, Hekla und Öræfajökull.

Hafen in Höfn (S. 289)

HIGHLIGHTS
1 Dyrhólaey
2 Gljúfrabúi
3 Jökulsárlón
4 Kvernufoss
5 Reynisfjara
6 Seljalandsfoss
7 Skógafoss
8 Volkskundemuseum Skógar
9 Vatnajökull-Nationalpark

SEHENSWERTES
10 Alternativer Parkplatz am Jökulsárlón
11 Diamond Beach
12 Lakagígar-Kraterreihe
13 Loftsalahellir
14 Reynisdrangur
15 Reynisfjall

KURSE & TOUREN
16 Schlauchboottouren auf der Gletscherlagune

INFORMATION
17 Skaftafellsstofa-Besucherzentrum

Seljalandsfoss (S. 286)

MAX TOPCHII/SHUTTERSTOCK ©

Scanne den QR-Code, um dich über Programme und Veranstaltungen in Skaftafell zu informieren

HIGHLIGHT

Nationalpark Vatnajökull – Süden

Im Vatnajökull-Nationalpark trifft Feuer auf Eis: sieben von zehn aktiven Vulkanen liegen unter der Kappe von Europas größtem Gletscher. Der Park gehört zum Unesco-Welterbe und umfasst 14% von Island. Das südliche Ende, von Kirkjubæjarklaustur bis Lónsöræfi, birgt einige der größten Naturschätze Islands und Aktivitäten für jede Jahreszeit.

NICHT VERPASSEN

- Skaftafell
- Svartifoss
- Skaftafellsjökull
- Hvannadalshnjúkur
- Gletscherwanderungen
- Eishöhlen
- Lakagígar

Skaftafell

Im Skaftafell-Nationalpark laufen Besucher:innen in einen unberührten Birkenwald und packen erst mal ihre Jacke aus, weil es immer kühler wird, je näher man dem massiven Gletscher Vatnajökull kommt. Der Wald lässt erahnen, wie Island im mittelalterlichen Warmklima vor seiner Besiedlung ausgesehen haben könnte. Heute wiederum ist der Gletscher sichtbarer Beweis für das Schrumpfen der isländischen Eiskappe.

Der geschäftige Parkplatz am Besucherzentrum spiegelt nicht die Ruhe des Skaftafell wider: Wer den Massen entkommen möchte, folgt einfach nicht den Wegen, die zum Wasserfall Svartifoss führen. Der ist etwas kraftlos, wird aber von tollen Basaltklippen eingerahmt. Für eine kürzere Wanderung empfiehlt sich der 5 km lange Rundweg vorbei am **Svartifoss** (Foto), eine der angenehmsten Wanderungen, die man sich wünschen kann.

Gletscher und Wald: Morsár & Bæjarstaðaskógur

Wer einen Tag in Einsamkeit wandern möchte, sollte sich ins Tal des Morsár-Gletschers oder in den Wald Bæjarstaðaskógur aufmachen; beide Wege sind flach, aber lang. Eifrige Wandernde werden mit einem herrlichen Blick vom Gipfel des Kristinartindar belohnt. Extra-Pulli und Proviant nicht vergessen – der 18 km lange Rundweg dauert sechs bis acht Stunden, je nach Fitness und Jahreszeit. Karten und Infos gibt's auf: vjp.is.

Gletscherwanderungen

Der Höhepunkt eines Besuches im Süden des Vatnajökull ist eine Gletscherwanderung, inklusive Einführung in die Gletscherkunde. Im Sommer gehen die meisten Touren zum **Falljökull** (bei Skaftafell), im Winter zum **Breiðamerkurjökull** (bei Jökulsárlón) und dauern mindestens 2½ Stunden. Mit Eispickel und Steigeisen ausgestattet, werden Wandernde zu Spalten, Strömen und Tümpeln auf dem Gletscher geführt. Das Tempo ist langsam und der Schwierigkeitsgrad mittel; von der Moräne auf den Gletscher kann es steil werden.

Eishöhlen

In diesem Teil des Vatnajökull fahren professionelle Führer jeden Winter mit Super-Jeeps zum Fuß des Gletschers, um einen natürlichen Eingang zu finden; die Landschaft verändert sich jeden Sommer, und außerhalb der Eismonate von Oktober bis März ist der Besuch unsicher. In den letzten Jahren war meist die **Saphir-Höhle** das Ziel, aber jede Tour hängt von den Wetterbedingungen und dem vorhandenen Sonnenlicht ab. Touranbieter sind Arctic Adventures (adventures.is) und Local Guide of Vatnajökull (localguide.is). Es kostet mindestens 35 000 Kr pro Person, weil der Platz in den massiven Trucks begrenzt ist.

Hvannadalshnjúkur

Auf 2110 m über dem Meeresspiegel ist das Gletschermassiv Hvannadalshnjúkur Islands höchster Punkt. An klaren Tagen sieht man den Gipfel von Skaftafell, eine 12- bis 18-stündige Wanderung entfernt. **Mountain Guides** (mountainguides.is) und **Tindaborg** (tindaborg.is) bieten Touren an. Der Frühling ist die beste Zeit für einen Ausflug, wenn es morgens kalt genug ist, damit das Eis nicht schmilzt.

Lakagígar

Heute sind die Vulkankrater von **Laki** moosbewachsen und friedlich. Entstanden sind sie bei einem Ausbruch 1783, bei dem ein Viertel der isländischen Bevölkerung starb. 135 Krater haben die Erdoberfläche aufgerissen, was zu einer katastrophalen Abkühlung der nördlichen Halbkugel führte. Wegen seiner abgeschiedenen Lage kommen nur wenige Menschen hierher; man braucht einen großen, robusten Jeep sowie Erfahrung mit Geländewagen. Im Sommer werden Touren angeboten.

AUF DEM SCHMELZENDEN GLETSCHER

Von Juni bis August bietet der Vatnajökull-Nationalpark nachmittags kostenlose Führungen auf den Gletscher des Skaftafellsjökull. Die einstündige Wanderung startet am Besucherzentrum, wo der Gletscher am Ende des 20. Jhs. begann, und führt über Moränen, deren älteste Hügel aus den 1930er-Jahren stammen. Termine siehe vjp.is.

TOP TIPPS

- Im Park verteilen sich Hotels und Pensionen, jedoch nicht genug für die Nachfrage. Früh buchen und mit hohen Preisen rechnen.
- Das Gebiet um Kirkjubæjarklaustur und Höfn bietet die meisten Unterkünfte.
- In Höfn ist die Auswahl an Restaurants am größten. Proviant füllt man am besten in Kirkjubæjarklaustur oder Höfn auf.
- Das kleine Café Vatnajökull in einer ehemaligen Tankstelle bei Fagurhólsmýri, etwa 16 Minuten von Skaftafell, ist ein behaglicher Ort nach einem Tag draußen.
- Parkgebühr in Skaftafell nicht vergessen; 1000 Kr pro Tag.

VOLKSKUNDE-MUSEUM SKÓGAR

Höhepunkt im kleinen Skógar ist das wunderbare Volkskundemuseum, in dem alle Aspekte des isländischen Lebens vorgestellt werden. Die riesige Sammlung wurde im Laufe von 75 Jahren von Þórður Tómasson zusammengestellt. Mit 92 ging er als Museumskurator in Rente. Sein letztes Buch über lokale Folklore veröffentlichte er 2021, ein Jahr bevor er mit 101 Jahren verstarb.

Die Jagd nach Wasserfällen

RINGSTRASSE HVOLSVÖLLUR-VÍK

Island hat Tausende Wasserfälle; einige der beliebtesten und eindrucksvollsten liegen an der Ringstraßen zwischen Hvolsvöllur und Vík.

Den glitzernden 60 m hohen Wasserfall **Seljalandsfoss**, der die niederen Hänge des Vulkans Eyjafjallajökull heruntertost, sieht man schon kilometerweit entfernt. Ein rutschiger Weg führt um die Rückseite des Wasserfalls; robuste Stiefel und wasserdichte Kleidung sind ratsam.

Nur 500 m weiter sprudelt der bescheidene **Gljúfrabúi** in eine verborgene Schlucht. Mit dem Auto fährt man die Þórsmörk-Straße hinunter oder läuft den Weg vom Seljalandsfoss-Parkplatz (gebührenpflichtig).

Auch **Skógafoss** liegt direkt an der Ringstraße. Der 62 m hohe Wasserfall stürzt am westlichen Rand von **Skógar** spektakulär über Felsklippen hinab. Eine steile Treppe an der Seite führt hinauf zu schwindelerregenden Ausblicken; am Fuß des Wasserfalls läuft man durch Wassernebel und Regenbogen. Es wird erzählt, dass ein Siedler namens Þrasi eine Goldtruhe hinter dem Skógafoss versteckt hat. Oben neben dem Wasserfall beginnt der eindrucksvolle **Fimmvörðuháls-Wanderweg**.

In der kleinen touristischen Stadt Skógar liegt der reizende **Kvernufoss**, ein etwas versteckter 20 m hoher Wasserfall, hinter den man laufen kann. Der kurze Fußweg dorthin beginnt östlich des Parkplatzes vom Volkskundemuseum Skógar. Klettere über den Zaunübertritt und folge ungefähr 15 Minuten dem Fußweg zu den Klippen.

SNEAKER-WELLEN

In Reynisfjara muss man immer mit Sneaker-Wellen rechnen: Menschen werden immer wieder von plötzlichen starken Wellen überschwemmt, die sie unterschätzt haben. Mehr über das Phänomen der Sneaker-Wellen in Island siehe S. 341.

Wo geht's zum Strand?

SAND UND SAGEN

Wer 2021 die dystopische Netflix-Serie *Katla* gesehen hat, errät wohl die Farbe des Strandes an Islands Südspitze: schwarz wie Magmafels aus den Tiefen der Erde.

Die Sandküste wirkt spektakulär, von oben wie von unten, auch wegen der krachenden Wellen. Für den Blick von oben – und vielleicht ein paar Papageitaucher – bietet sich die Halbinsel **Dyrhólaey** an, eine beeindruckende Erhebung 10 km westlich von Vík. Nach *Njáls Saga*, der dramatischsten Mittelaltersage, hatte der einzige Überlebende des Feuers, das Njáls Sippe auslöschte – ein Mann namens Kári – hier seinen Hof. Eine weitere Verbindung zur Wikingerära ist die Höhle **Loftsalahellir**, erreich-

ÜBERNACHTEN IN & UM VÍK

Hamragarðar
Campingplatz neben dem verborgenen Wasserfall Gljúfrabúi, gute Ausstattung und Auslastung. €

Barn
Modernes Hostel auf einem Bauernhof außerhalb von Vík, von Schlafsaal bis Suites. €

Hótel Vík
Schickes Hotel mit schwarzer Fensterfront bei den Klippen am östlichen Ende von Vík. €€€

BIKEMP/SHUTTERSTOCK ©

Skógafoss

FIMMVÖRÐUHÁLS-WEG

Der 25 km lange Bergpfad **Fimmvörðuháls** verbindet Þórsmörk und Skógar. Viele Wandernde schaffen den Pfad in acht bis zehn Stunden bis **Þórsmörk** (S. 294). Kleidung für alle vier Jahreszeiten einpacken!

bar über den Weg direkt vor dem Damm nach Dyrhólaey, wo in Sagazeiten Ratstreffen stattfanden.

Die Halbinsel ist ein Naturschutzgebiet mit großer Vogelpopulation; während der Nistzeit (1. Mai bis 25. Juni) wird die Straße über Nacht von 19 bis 9 Uhr gesperrt.

Am anderen Ende des langen schwarzen Streifens, näher bei Vík, liegt der Strand **Reynisfjara**. Er erstreckt sich vor lauter eindrucksvollen Basaltsäulen, die wie eine magische Kirchenorgel aussehen. Direkt vor der Küste ragen die Felsspitzen von Reynisdrangur aus dem Meer heraus. Es wird erzählt, dass Trolle ein Schiff stehlen wollten, aber von der Sonne erwischt wurden und zusammen mit dem Mast versteinerten. Von Vík führt ein Weg hinauf zum **Reynisfjall**-Kamm (340 m) mit tollem Ausblick.

Spritztour zum Eisberg

ZU FUSS & AUF DEM WASSER

An der Gletscherlagune **Jökulsárlón** wird Island seinem Namen gerecht: Eisberge, die sich vom größten Gletscher Europas lösen und Richtung Meer treiben, stranden kurz vor ihrem Ziel an den Sandbänken der riesigen Bucht, die früher selbst ein Gletscher war.

VATNAJÖKULL AUS DER LUFT

Vom winzigen Flughafen in Skaftafell, gegenüber dem Eingang zum Vatnajökull-Nationalpark, bietet **Atlantsflug** (flightseeing.is) an, Island aus der Vogelperspektive zu sehen. Rundflüge führen über Gletscherausläufer, Schluchten und Berge. Der Preis für eine Flugzeugtour beginnt bei 20 000 Kr; Helikoptertouren kosten das Doppelte.

Guesthouse Carina
Saubere, geräumige Zimmer mit Gemeinschaftsbad in einem großen umgebauten Haus nahe Víks Zentrum. **€€**

UMI Hotel
Modernes Gebäude an einer trostlosen Straße bei Skógar. Frühstück und Ausstattung sind exzellent. **€€€**

Hótel Katla
Großes Landhotel mit 72 gemütlichen Zimmern. Sauna und Hot Tub. **€€€**

AUTOTOUR

Highlights an der Südküste

Bei der Fahrt die Ringstraße entlang kommt man direkt an vielen der berühmtesten Sehenswürdigkeiten Islands vorbei, als wäre die Strecke für einen Ausflug gemacht: an den Wasserfällen Skógarfoss und Seljalandsfoss sowie an der Schlucht Jökulsárgljúfur. Deshalb werden hier anstelle von dem, was offensichtlich ist, ein paar kurze und lohnende Abstecher auf der Fahrt von Hella über Vík nach Höfn beschrieben.

1 Höhlen von Hella

Auf dem Hof von Hellar in Landsveit reicht diese 50 m lange, menschengemachte Höhle bis zu 11 m unter die Erdoberfläche. Sie entstand vor 700 bis 1100 Jahren. Fünf alte Schlote und einige Ritzungen, wahrscheinlich von Mönchen, sind noch intakt.

Die Fahrt: Folge abseits der Ringstraße der Straße 242 bis zum ausgeschilderten Parkplatz und gehe 1,8 km bis zum Seljavallalau-Pool.

2 Seljavallalaug

Seljavallalaug ist das älteste Schwimmbad des Landes. Der umwerfende Standort zwischen steilen Bergen und einem Fluss hat rein praktische Gründe: Das Wasser wird über eine heiße Quelle erwärmt.

Die Fahrt: Fahre von der Ringstraße auf einen Parkplatz an der Straße 221 und laufe 800 m zum Fuß des Gletschers Sólheimajökull.

3 Sólheimajökull

Einer der am einfachsten erreichbaren Gletscher ist der Sólheimajökull. Die eisige Gletschermündung ergießt sich vom Mýrdalsjökull und ist beliebt für Gletscherwanderungen und Eisklettertouren.

Gletscherwanderungen sollten mit einem der örtlichen Anbieter gemacht werden; Start am Parkplatz.

Seljavallalaug

Die Fahrt: Die Schlucht Fjaðrárgljúfur liegt westlich von Klaustur (Kirkjubæjarklaustur), 3 km nördlich der Ringstraße über Straße 206.

4 Fjaðrárgljúfur

Die schattige, aber malerische Schlucht Fjaðrárgljúfur, ausgespült vom Fluss Fjaðrá, ist dank einiger Instagrammer und Justin Bieber (der hier ein Video gedreht hat) zu einiger Bekanntheit gelangt. Entlang der südlichen Kante verläuft über einige Kilometer ein Wanderweg.

Die Fahrt: Tanke in Kirkjubæjarklaustur auf, dem letzten Ort für die nächsten 200 km. Touren zum Ingólfshöfði starten in Fagurhólsmýri an der Ringstraße.

5 Kap Ingólfshöfði

Kap Ingólfshöfði hat einen spektakulären Sandstrand und eine Geschichte, die bis zur Ankunft der ersten Siedler auf Island zurückreicht. Touren werden von Öræfaferðir (fromcoasttomountains.com) angeboten.

Die Fahrt: Biege von der Ringstraße 12 km westlich von Jökulsárlón am Schild „Fjallsárlón" ab und fahre 2 km bis zum Parkplatz.

6 Fjallsárlón

Der mächtige Gletschersee Fjallsárlón ist weniger überlaufen als der benachbarte Jökulsárlón. Das Gebiet ist in Privateigentum und gehört zu einem nahen Hof. Es gibt nur ein Café und einen Anbieter von 45-minütigen Dingiausflügen (fjallsarlon.is).

Die Fahrt: Weiter geht's auf der Ringstraße, vorbei an der einspurigen Brücke über den Jökulsárlón, zum einzigen größeren Ort im Südosten Islands.

7 Höfn

Höfn gilt als Hauptstadt der Fischrestaurants. Reserviere einen Tisch bei Otto Matur & Drykkur für eine unvergessliche Mahlzeit oder kauf dir eins der berühmten Hummerbaguettes an der Hafnarbúðin.

„Diamond Beach", Jökulsárlón

Große und kleine Eisberge reihen sich am südlichen Ende der Lagune auf. Die meisten Reisenden halten an der Brücke **Jökulsárbrú**, wo die Eisberge dem Ufer am nächsten sind. Ein Stück weiter westlich (**„the alternative carpark"** auf Google Maps) gibt es erhöhte Wege mit Panoramablick. Manchmal entdeckt man Ringelrobben, die sich auf dem Eis ausruhen.

Die Amphibienboote, die Tourist:innen den **Jökulsárlón** hinauf- und hinabfahren (es gibt keinen Hafen) gehören zu den ältesten Tourismusangeboten Islands. Zur Hochsaison im Sommer gibt es jeden Tag rund 40 Touren (icelagoon.is), die 40 Minuten zwischen den Eisbergen kreuzen. Doppelt so teuer (12 000 Kr) sind einstündige Schlauchboottouren, die viel näher an die Eisberge heranfahren.

Eine dritte Möglichkeit, die Lagune zu erkunden, ist per **Kajak** (iceguide.is); Abfahrt vom Hauptparkplatz. Für die fast einstündige Fahrt ist eine Grundfitness erforderlich; anders als die anderen Fahrzeuge ist das Kajak völlig lautlos. Hör genau hin und du kannst das Wasser schmelzen hören: tropf, tropf, tropf.

Auf der anderen Seite der Straße, wo der See ins Meer fließt, sieht man Eisfragmente auf kohlschwarzem Sand leuchten. Dank einiger bescheidener Bildbeschreibungen wird der Ort **„Diamond Beach"** genannt.

ÞAKGIL

Þakgil ist ein atemberaubender Campingplatz für Zelte und Wohnmobile, die in einem grünen Tal zwischen schroffen Felsformationen stehen. In der Umgebung bietet sich die Wanderung zum 642 m hohen Bergkamm **Mælifell** an, wenn du entsprechende Ausrüstung und Erfahrung hast. Decke dich in Vík mit Lebensmitteln ein – rund um den Mælifell wirst du nichts finden.

UNTERWEGS VOR ORT

Die Ringstraße von Hella nach Vík wird im Sommer sehr voll. Je näher man Höfn kommt, desto mehr nimmt der Verkehr ab.

Die meisten Sehenswürdigkeiten liegen an der Straße oder innerhalb von 10 km von der Ringstraße entfernt. Schotterwege sind selten.

Vík ist Haltestelle für Busse von Reykjavík nach Höfn; sie halten an der N1-Tankstelle im Stadtzentrum.

Rund um Vík & die Südküste

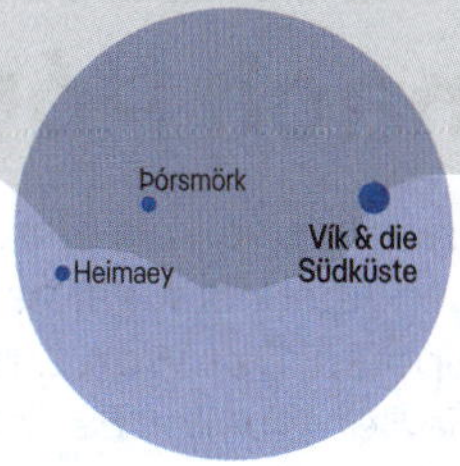

Der Blick entlang der Südküste erstreckt sich über Berge, Ozean, Berge, Ozean, Berge. Doch was versteckt sich hinter den Bergen und draußen auf See? Einige spektakuläre Ausflüge.

Im südlichen Hochland – Islands verödetem Binnenland ohne Siedlungen und befestigte Straßen – gibt es einige der beliebtesten Ziele für Wanderungen. Landmannalaugar und Þórsmörk sind die wichtigsten Gebiete oder auch Anfang und Ende: der 55 km lange Wanderweg dazwischen ist der berühmte Laugavegurinn.

Es gibt auch die Möglichkeit, die eigene Seetüchtigkeit zu testen. Die Fähre nach Vestmannaeyjar, ein Schärengebiet mit 15 kuppelförmigen Inseln, braucht nur 35 Minuten vom Landeyjahöfn an der Südspitze. Die größte Insel, Heimaey, wird von einer Gemeinschaft bewohnt, die von „kontinentalen" Isländer:innen Eyjamenn – Inselmenschen – genannt werden.

TOP TIPP

Einige Tourist:innen fahren nur nach Vestmannaeyjar, um im international hochgelobten Restaurant Slippurinn (S. 294) zu speisen.

Fähre, Heimaey (S. 295)

WANDERN

Von Landmannalaugar nach Þórsmörk

Bei der zwei- bis fünftägige Wanderung auf dem Laugavegurinn von Landmannalaugar nach Þórsmörk verdienen sich Backpacker ihre Sporen. Das Wort Laugavegurinn bedeutet ganz passend „Weg der heißen Quelle". Es erwarten einen farbige Berge, Gletscherflüsse und natürlich Gletscher. Dies ist die beliebteste Wanderung Islands, mit guter Infrastruktur und sorgfältig positionierten Hütten entlang der 55 km Strecke. Hütten sollten Monate vorab gebucht werden (fi.is).

1 Landmannalaugar

Von Landmannalaugar läuft man relativ locker 12 km (vier bis fünf Stunden) bis zur ersten Hütte. Wenn du Etappe 1 und 2 auf einen Tag legst, kommst du nach acht bis zehn Stunden in Álftavatn an. Fülle deinen Wasservorrat in Landmannalaugar, bis zur ersten Hütte gibt es keine weitere Quelle.

Der Weg: Die Strecke führt vorbei an kochender Erde bei Stórihver und weiten Feldern aus glitzerndem Obsidian. Die Strecke über Skalli ist ruhiger; ein Merkblatt gibt's an der Information in Landmannalaugar.

2 Hrafntinnusker

Am Hrafntinnusker kannst du ein paar kleine Wanderungen vor Ort ohne Gepäck einschieben. Es gibt Aussichtspunkte bei Söðull (20 Minuten hin & zurück) und Reykjafjöll (eine Stunde hin & zurück), sowie ein verstecktes Geothermalgebiet hinter den Eishöhlen (drei Stunden hin & zurück); frag den Wildhüter nach Wandertipps.

MIKEMODULAR/SHUTTERSTOCK ©

Wanderung zwischen Hrafntinnusker und Álftavatn

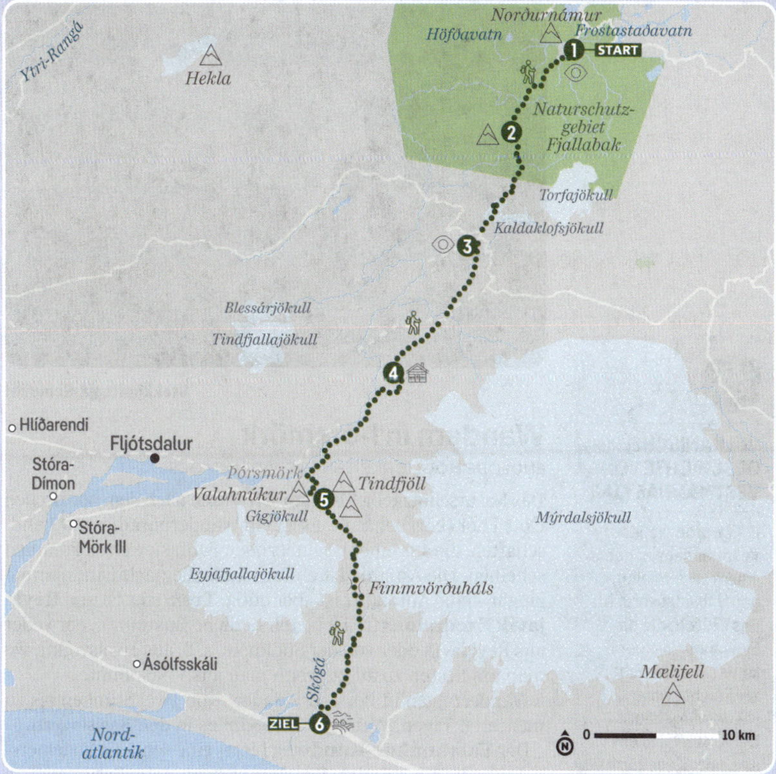

Der Weg: Auf den 12 km (vier bis fünf Stunden) bis Álftavatn siehst du die Eiskappen von Tindafjallajökull, Mýrdalsjökull und dem berüchtigten Eyjafjallajökull.

3 Álftavatn

Die beiden Hütten mit Trinkwasser und Matratzen können 72 Personen aufnehmen. Sie öffnen, wenn die örtlichen F-Straßen geöffnet werden (je nach Wetter zwischen Anfang und Ende Juni), sodass man mit Geländewagen zu den Hütten kommt. Mitte September werden sie wieder geschlossen.

Der Weg: Auf dem Weg nach Emstrur (15 km, sechs bis sieben Stunden) musst du mindestens einen großen Fluss überqueren.

4 Emstrur-Botnar

Emstrur hat 60 Betten, verteilt auf drei Hütten auf kargem Grund. Mach einen Abstecher zur spektakulären Markarfljótsgljúfur – einer riesigen, vielfarbigen Schlucht. Der Weg ist gut ausgeschildert und dauert eine Stunde (zurück auf demselben Weg).

Der Weg: 15 km (sechs bis sieben Stunden) relativ flache Strecke nach Þórsmörk. Wenn du in Þórsmörk nicht übernachten möchtest, musst du dort sein, bevor der letzte Bus abfährt.

5 Þórsmörk

Die karge Umgebung verwandelt sich in herrlich grüne, üppig blühende Landschaft: deine Belohnung für den letzten Abschnitt.

Der Weg: Diese Verlängerung von Þórsmörk, (24 km, acht bis zehn Stunden) beginnt in üppig grünen Bergen und plötzlich liegt Schnee. Der Weg führt zwischen zwei Gletschern hindurch, vorbei an der Lava eines Ausbruchs von 2010.

6 Verlängerung nach Skógar

Skógar ist das Ziel der wirklich fantastischen Fimmvörðuháls-Wanderung (fimmvorduhals.is). Der letzte Teil durch die Schlucht des Flusses Skógá wird Wasserfallweg genannt. Wandere einen Tag oder übernachte in den Hütten von Baldvinsskáli (fi.is) und Fimmvörðuskáli (utivist.is) auf halber Strecke.

Stakkholtsgjá-Schlucht

Wandern in Þórsmörk

ENDLOSE MÖGLICHKEITEN IN EWIGEM TAGESLICHT

Das Naturschutzgebiet **Þórsmörk** wurde nach dem nordischen Gott Thor (Þór) benannt. Es ist ein Wanderparadies mit Landschaften, die aus einer bezaubernden Fantasiewelt zu kommen scheinen. Die Anfahrt ist einfacher als die nach Landmannalaugar – eine Autofahrt ist aber nötig. **Trex** (trex.is) und **Reykjavík Excursions** (re.is) bieten tägliche Bustouren, entweder aus Reykjavík oder von der Südküste, z. B. aus Hvolsvöllur, wo man am besten zusteigt, wenn man aus Vík kommt.

Wanderungen in Þórsmörk dauern von zwei Stunden bis zu mehreren Tagen, Wanderkarten gibt es in den Basislagern.

Der **Valahnúkur-Rundweg** bietet eine schnelle Vogelperspektive; die 2½-stündige Wanderung beginnt im Basislager von **Húsadalur**. Der Blick reicht über zwei Gletscher, verflochtene Gletscherflüsse und endlose moosbedeckte Berge.

Der **Tindafjöll-Rundweg** ist die beliebteste „Kurzwanderung" in dem Gebiet. Je nach Ausgangspunkt dauert der Weg drei bis sechs Stunden – am schnellsten geht's von **Básar** und **Langidalur**. Der Weg führt durch die Tindafjöll-Schlucht und über den Bergkamm, stellenweise wird's schmal mit steilen Abhängen.

Durch die verschlungene **Stakkholtsgjá-Schlucht** führt eine kurze, aber famose Wanderung (1½ Std.) am Flussbett entlang, vorbei an moosbedeckten Wänden und einem versteckten Wasserfall. Es ist nicht so einfach, dort hinzukommen; versuche auszuhandeln, dass dich einer der täglichen Amphibienbusse mitnimmt.

VULKANISCHE GESCHICHTE VON VESTMANNAEYJAR

1973 wurde die Stadt Vestmannaeyjar nach einem sechsmonatigen Vulkanausbruch des **Eldfell**, der die Einwohner in einer kalten Januarnacht zur Flucht zwang, wiederaufgebaut. Der Krater ist leicht an seiner Kegelform und der fehlenden Vegetation erkennbar. Zu Fuß läuft man eine Stunde, Volcano ATV (volcanoatv.is) bietet aber auch Touren mit dem Quad.

Das **Eldheimar Museum** erzählt die Geschichte dieses wichtigen isländischen Ereignisses.

ESSEN & AUSGEHEN IN HEIMAEY

Slippurinn
Leckere isländische Gerichte; das Restaurant strotzt vor Kreativität. Im Winter geschlossen **€€€**

Gott
Frische Fusionsküche mit gesunden Biozutaten in einem Raum mit Holzfußboden und bunten Stühlen. **€€**

Brothers Brewery
Schankraum einer lokalen Brauerei – mehrere Ales vom Fass und gute Stimmung. **€**

PHOTONN/SHUTTERSTOCK ©

Papageitaucher, Heimaey

Die Inselgemeinde

TAGESAUSFLUG NACH HEIMAEY

Von Vík fährt man eine Stunde mit dem Auto und 30 Minuten mit dem Boot zu den Vestmannaeyjar. Die Vestmannaeyjar-Fähre fährt siebenmal am Tag von Landeyjahöfn und legt im Hafen der größten Insel **Heimaey** an. Nicht alle 4400 Inselbewohner:innen sind Fischer:innen. Andere bereiten den Fisch zu: Gastgewerbe ist die zweitgrößte Einnahmequelle der Insel, woraus zahlreiche Events wie Golfturniere und Musikfestivals resultieren.

Besucher jeder Größe finden Attraktives auf der Insel. 2019 wurde ein Weißwalpaar aus einem chinesischen Aquarium eingeflogen, das hier seinen Lebensabend genießen sollte. Es lebt nun in einem 32 000 m^2 großen Meeresgehege in der Bucht Klettsvík, wird aber auch regelmäßig ins **Sæheimar Aquarium** oberhalb des Hafens gebracht. Das Aquarium ist auch informelles Vogelkrankenhaus, in dem reizende Baby-Papageitaucher („Pufflings") Kräfte für das bevorstehende Leben sammeln.

Die Schären sind Heimat der weltgrößten atlantischen Papageitaucher-Kolonie. Jeden Sommer ab Juni kommen Papageitaucher zu ihren Nisthöhlen am Kap **Stórhöfði**, am **Heimaklettur** und anderswo, um zu balzen und sich fortzupflanzen. Papageitauchertouren werden von **Ribsafari** (ribsafari.is) und **Eyja Tours** (eyjatours.com) angeboten. Auch die alte Festung **Skansinn** lohnt einen Besuch.

ÜBERNACHTEN IN ÞÓRSMÖRK

Die folgenden Basislager sind grundsätzlich von Juni bis September geöffnet und bieten Hütten und Zeltplätze. Hüttenplätze müssen vorab gebucht werden; bringe deinen eigenen Schlafsack mit. Wildes Zelten ist streng verboten.

Básar
Hütten für 83 Personen, Küche und Sitzplätze draußen, duschen kostet, Campingplatz. (utivist.is)

Húsadalur
Private Hütten, Schlafsäle, Glamping-Zelte und Campingplatz. Restaurant mit drei warmen Gerichten täglich. (volcanotrails.com)

Langidalur
Hütte für 75 Personen mit voll ausgestatteter Küche, gebührenpflichtige Dusche und Campingplatz. (fi.is)

UNTERWEGS VOR ORT

Die Fähre nach Heimaey (herjolfur.is) fährt von Landeyjahöfn (35 Minuten) und im Winter von Þorlákshöfn (drei Stunden) ab. Wer im Winter kommt, sollte auf der Insel übernachten. Eagle Air in Reykjavík bietet mehrere Flüge pro Woche.

Die Straße nach Landmannalaugar bleibt bis zum Sommeranfang gesperrt, bis die Wege aufgetaut sind, meist Mitte bis Ende Juni. Erfahrene Fahrer:innen mit geeignetem Auto (frag die Autovermietung) können eine von drei Strecken nehmen: F208 von Norden und F225 oder F208 von Süden. Die Fahrt nach Þórsmörk ist wegen mächtiger Flüsse schwieriger, aber kürzer. Trex und Reykjavík Excursions fahren täglich nach Landmannalaugar und Þórsmörk.

DIE OSTFJORDE

Mit Fischern und Bauern, Aluminiumhütten und Hotels, einer Künstlergemeinde und einem Internat sorgen die Ostfjorde für viele Kontraste. Hier wird wirtschaftlicher Erfolg noch in Fisch gemessen.

Das geologisch alte Land hat hohe Berge, aber keine aktiven Vulkane. Sehr spektakulär ist die Landschaft rund um die nördlichen Fjorde, weshalb die dreitägige Víknaslóðir-Wanderung von Borgarfjörður Eystri nach Seyðisfjörður besonders beliebt ist. Bei gutem Wetter wird dir ein Wandertag hier im Gedächtnis bleiben.

Die Region erstreckt sich von Djúpivogur im Süden bis Vopnafjörður im Norden – über Hunderte Küstenkilometer. Die Ostküste hat keine großen Höhepunkte, Wasserfälle oder Michelinsterne, aber gerade das macht ihren Charme aus. Willkommen im dörflichen Island.

TOP TIPP

An der leeren Straße nördlich von Vopnafjörður taucht überraschend das Schwimmbad Selárdalslaug auf, das 1949 am Ufer des Selá gebaut wurde, um den Kindern an der Küste das Schwimmen beizubringen. In diesem Teil Islands gibt es wenige Geothermalbecken, wodurch das warme Bad umso beliebter ist.

FLOTTMYND/GETTY IMAGES ©

Bakkagerði (S. 298)

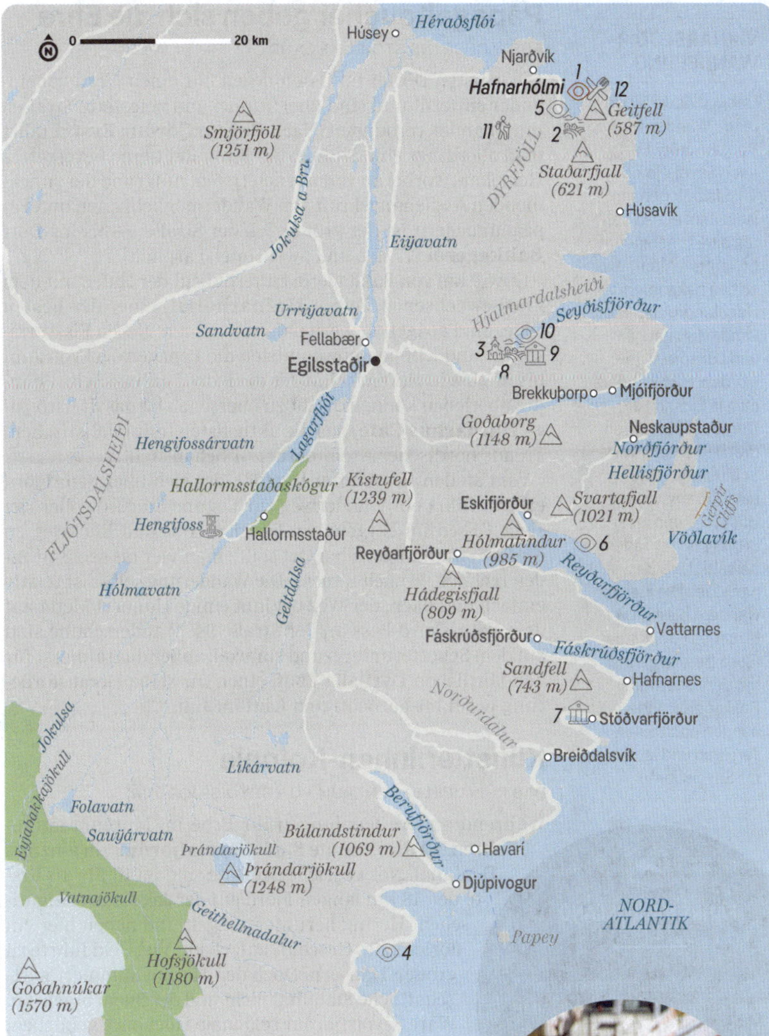

HIGHLIGHTS
1 Hafnarhólmi

SEHENSWERTES
2 Bakkagerði
3 Bláa Kirkjan
4 Blábjörg
5 Borgarfjörður Eystri
6 Helgustaðanáma
7 Petra's Stone Collection
8 Seyðisfjörður
9 Kunstzentrum Skaftfell
10 Tvisöngur

KURSE & TOUREN
11 Stórurð

ESSEN
12 Hafnarhús Café

Papageitaucher, Hafnarhólmi (S. 298)

TEDDIVISCIOUS/SHUTTERSTOCK ©

VÍKNARSLÓÐIR-WANDERUNG

Der markierte 55 km lange Wanderweg von Borgarfjörður Eystri nach Seyðisfjörður, Víknaslóðir genannt, ist in den letzten Jahren eine zunehmend beliebtere Alternative zu den bekannten Hochlandrouten wie Landmannalaugar und Lónsöræfi geworden. Hier wandert man in Einsamkeit. Der Weg führt durch drei bemerkenswerte Schluchten – Brúnavík, Breiðavík und Húsavík – und kann in drei bis vier Tagen bewältigt werden, je nach Ziel. Die meisten wandern bis zum verlassenen Loðmundar-Fjord; zurück geht's mit dem Jeep nach Bakkagerði; andere hängen noch einen Tag dran und laufen bis Seyðisfjörður.

Papageitaucher geben sich die Ehre

ABSTECHER INS STOISCHE LAND

Die meisten Dörfer im Osten liegen nur einen Fjord voneinander entfernt und sind über Tunnel und befestigte Straßen miteinander verbunden. Nach **Borgarfjörður Eystri** fährt man allerdings eine Stunde durch von Rentieren bevölkertes Heideland, vorbei an verlassenen Höfen. Aufgrund der zunehmenden Anziehungskraft von Wandermöglichkeiten und Papageitauchern ist der größte Teil der Straße 94 bis ins Dorf **Bakkagerði** (77 Ew. und zwei Hotels) asphaltiert.

Etwa 7 km von Bakkagerði entfernt liegt der Hafen mit dem grasbewachsenen Felsen **Hafnarhólmi**, einer der besten Orte, um Papageitauchern nahezukommen. Neben Eissturmvögeln und Klippenmöwen nisten die Papageivögel von Juni bis August in Hafnarhólmi, bis die Baby-Pufflings selbstständig überleben können. Nicht zu übersehen ist das dreistöckige **Hafnarhús Café**, das die aktuellsten (minimalistischen) Trends nordischer Architektur zur Schau stellt.

Vom steilen Bergkamm Dyrfjöll, der sich über dem Fjord erhebt, führt ein Wanderweg zur Lagune Stórurð voller riesiger Felsen im Nirgendwo. Für den Hin- und Rückweg zu diesem stimmungsvollen Ort sollte man vier bis sechs Stunden rechnen, je nach Fitness. Die Wanderung selbst ist relativ einfach und flach; der Weg beginnt einige Hundert Meter auf dem Vatnsskarð-Pass an der Straße 94. Wanderschuhe sind auf dem Schotteruntergrund sinnvoll, außer du trainierst für den jährlichen Dyrfjalla-Lauf, einen für seine Herausforderung berühmt-berüchtigten Lauf im Juli.

Künstler:innen-Kolonie

DAS KULTURELLE ZENTRUM VON SEYÐISFJÖRÐUR

Während andere Siedlungen ihr Erbe im Museum aufbewahren, ist die gesamte Stadt **Seyðisfjörður** ein einziges Denkmal. Norwegische Seeleute sind im 19. Jh. als Erste den 18 km langen Fjord auf der Jagd nach Atlantischem Hering heruntergesegelt und haben hier ein florierendes Geschäft aufgebaut. Viel Geld führte zu großen Häusern. Doch den Hering kümmert wirtschaftliche Stabilität nicht und der Boom brach ein. Wäre Seyðisfjörður regionale Hochburg geblieben, würden viele der bemerkenswerten Häuser wahrscheinlich nicht mehr stehen und wären wie anderswo durch Betongebäude ersetzt worden.

Seyðisfjörður lockt noch immer Außenseiter an; der Schweizer Maler Dieter Roth hat den Großteil seiner

FÄHRE NACH ISLAND

Von Juli bis August finden in der Blauen Kirche in Seyðisfjörður jeden Mittwochabend Konzerte statt; am Abend zuvor legt die Fähre der Smyril Line (S. 330) aus Dänemark an. Die Autofähre hat Platz für 1482 Menschen und ihre Fahrzeuge.

DIE BESTEN FISCHRESTAURANTS IN DEN OSTFJORDEN

Randulff's Seahouse
Holzhaus mit Objekten aus der Zeit, als Eskifjörður noch Heringsort war. Plätze am Wasser. **€€**

L'Abri
Renoviertes Krankenhaus mit Blick aufs Wasser. Französische Küche, aber mit Fáskrúðsfjörðurs Geschichte. **€€€**

Beituskúrinn (Köderhütte)
Fotogene Hütte am Wasser, heute heitere Restaurant-Bar, probiere die *fiskipanna* (frischer Fisch mit Kartoffeln). **€€**

FRANK SCHOLLER/SHUTTERSTOCK ©

Seyðisfjörður

Karriere in Seyðisfjörður verbracht und das Fundament des **Kunstzentrums Skaftfell** (skaftfell.is) gelegt, einer angesehene Residenz für bildende Künstler:innen. Jeden Juli kommen Prominente zum **Kunst- und Musikfestival LungA**.

Seyðisfjörður entdeckt man am besten mit einem Spaziergang von der Blauen Kirche den Regenbogenpfad hinunter. Am Ortsrand steht die begehbare Soundskulptur **Tvísöngur**, ein lohnender 15-minütiger Spaziergang von der Fischfabrik Brimberg entfernt. Der südliche Teil des Ortes wurde von einem massiven Erdrutsch stark beschädigt. Es ist geplant, die Häuser umzusetzen.

STRASSE NACH SEYÐISFJÖRÐUR

Winterstürme können den Bergpass nach Seyðisfjörður versperren, und es gibt keine Ausweichstrecke. Das ängstigt die Bewohner:innen, inspiriert aber auch. *Trapped,* die beliebte Netflix-Serie, spielt in Seyðisfjörður, während die Smyril-Line-Fähre ankommt und ein Mord verübt wird. Allerdings hatte die Fjarðarheiði-Straße bereits 2013 ihren großen Auftritt in dem Wohlfühlfilm *Das erstaunliche Leben des Walter Mitty,* in dem Ben Stiller die Hauptrolle spielt und schließlich mit dem Skateboard den kurvenreichen Berg hinunterfährt. Auch in Wirklichkeit fühlt man sich auf der Straße wie im Kino. Der Bau eines 12,5 km langen Tunnels (der längste Islands) soll 2024 beginnen.

Stattliche Steine

VERBORGENE ORTE UND ECHTE JUWELEN

Das vulkanische Island erinnert daran, dass die Erde ständig in Bewegung ist, während die inaktiven Ostfjorde ihr hohes Alter zutage fördern. In der Region gibt es zwei rührige Steinmuseen: Sehenswertes ist hier,quasi in Stein gemeißelt.

Zehn Minuten Autofahrt vom Ort Eskifjörður entfernt gibt es ein Loch im Boden, das die Welt veränderte. Es ist der Eingang zur 70 m langen **Helgustaðir-Mine**, wo einst die größten und reinsten Kristalle gefunden wurden. Diese ermöglichten die Erfindung von Teleskopen und Vergrößerungsgläsern.

ÜBERNACHTEN IN DEN OSTFJORDEN

Hafaldan Old Hospital Hostel
Seyðisfjörðurs erstklassiges Hostel verteilt sich auf zwei Standorte. **€**

Ferðaþjónustan Mjóeyri
Pension mit Aussicht und Hütten außerhalb von Reyðarfjörður. Schöner Hot Tub in Form eines Bootes. **€€**

Silfurberg Guesthouse
Boutique-Pension in einer umgebauten Scheune auf abgelegenem Gelände, rund 30 km von Breiðdalsvík. **€€€**

NEUES DORF, NEUES MUSEUM

Jedes Dorf der Ostfjorde brüstet sich mit einem Museum, das den Charakter seiner Gemeinde widerspiegelt. Fáskrúðsfjörður hat das **Französische Museum**, das das Erbe französischer Seeleute aus dem 19. Jh. bewahrt; Eskifjörðurs **Seefahrtsmuseum** liegt in einem Holzhaus aus dem Jahr 1816; das hübsch gelegene **Kriegsmuseum** in Reyðarfjörður zeigt die Besatzung durch die Alliierten im Zweiten Weltkrieg; Djúpivogur beherbergt **Auðunns Stein- & Mineraliensammlung**, betreut vom freundlichen Gründer; und in Breiðdalsvík gibt es den Laden **Kaupfjélagið**, in originaler Ausstattung aus den 1950ern mit Holzregalen und Registrierkasse.

JOANNE MOYES/ALAMY STOCK PHOTO ©

Seefahrtsmuseum, Eskifjörður

Der größte Kristall, der je abgebaut wurde, der **Iceland Spar**, wird heute im British Natural History Museum in London ausgestellt. Inzwischen gibt es vor Ort nur noch kleine Stücke.

Am Ende der Straße 92 im Naturschutzgebiet Neskaupstaður liegt die **Osterhöhle** (Páskahellir). Ein Schild behauptet, dass man von der Höhle „den Tanz der Sonne am Ostermorgen sehen kann". Bleibt die Frage, was gemeint ist. Oder ob es sich bei der Höhle nicht eher um eine Bucht handelt. Egal, der kurze Spaziergang am Strand ist nett und in der Bucht – oder Höhle – sieht man die versteinerten Reste von Bäumen, die vor 12 Millionen Jahren hier standen.

In **Stöðvarfjörður** steht das Haus von Petra Sveinsdóttir (1922–2012), einer eifrigen Steinesammlerin. Bald nach dem Tod ihres Mannes 1975 öffnete sie ihre bunte Sammlung für Gäste. **Petra's Stone Collection** (steinapetra.is) wird heute von ihren vier Kindern erhalten.

Eine weitere geologische Besonderheit ist die Ignimbritwand **Blábjörg**, die keiner anderen am Strand von Berufjord gleicht: Manche sehen sie in Blau, andere in Grün. Entscheide selbst.

UNTERWEGS VOR ORT

Bergtunnel verkürzen die Entfernungen zwischen größeren Orten deutlich. Seyðisfjörður, Borgarfjörður Eystri, Neskaupstaður und Mjóifjörður sind Abstecher ohne weitere Verbindung.

Statt des Tunnels zwischen Fáskrúðsfjörður und Reyðarfjörður bietet die Schotterstraße 955 entlang der Halbinsel Vattarnes wunderbare Blicke und gelegentlich Schafe, die über die Straße laufen.

Der höchste und gut genutzte Bergpass ist (im Sommer) Hellisheiði Eystri, Straße 917, zwischen Egilsstaðir and Vopnafjörður.

Auf halber Strecke nach Borgarfjörður Eystri steht ein grüner, solarbetriebener Automat mit kalten Getränken. Kein Witz!

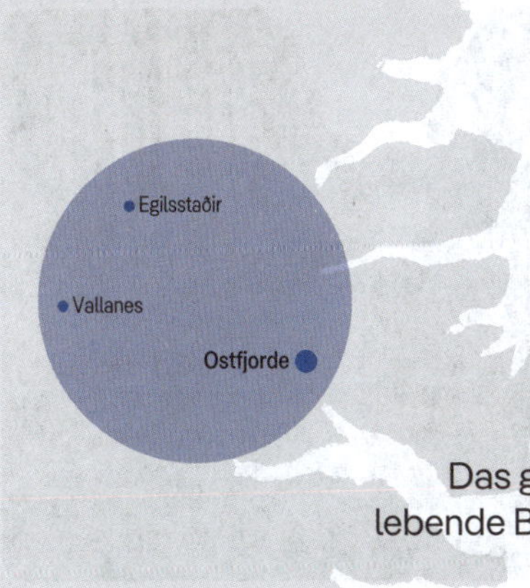

Rund um die Ostfjorde

Das grüne Binnenland im Osten ist die belebende Beilage zum frischen Fisch der Fjorde.

Im Gegensatz zur steinigen Küste der Ostfjorde ist das östliche Binnenland der beste Ort für Bäume. Kiefern. Eichen. Birken. Der Hallormsstaður-Wald ist der größte Islands. Die Wanderwege dort zeigen, wie viele Baumarten am Breitengrad 65° Nord wachsen. Manche sprechen von „der am wenigsten isländischen Landschaft“. Aber auch die typische vulkanische Ödnis ist nicht weit: der beeindruckende Fluss Lagarfljót erstreckt sich 140 km bis zu einem Gletscher im Hochland.

Die Hauptstadt der Region, Egilsstaðir (2500 Ew.), liegt am Ufer des Lagarfljót. Direkt an der Ringstraße gibt es hier zahlreiche Restaurants, die Biozutaten und Gemüse aus der Region verarbeiten.

TOP TIPP

Vök Bäder (Erw./erm. 6000/3000 Kr), 5 km von Egilsstaðir, schwimmende Thermalbecken im See Urriðavatn mit tollem Blick und Bar.

Lagarfljót (S. 302)

GRÜSSE DIE RENTIERE, MEIDE DEN WURM

Anfang des 18. Jhs. importierte die isländische Regierung Rentiere und ließ sie für die Jagd frei. Das gleiche wurde mit Moschusochsen aus Grönland versucht. Übrig geblieben sind 3000 Rentiere, die nur im Osten leben und häufig von der Straße aus zu sehen sind und sie manchmal auch kreuzen!

Ein anderes Tier, das einzigartig ist in Ostisland, ist der berüchtigte Lagarfljót Wyrm. Die volkstümliche Figur lebt im ruhigen Fluss Lagarfljót und ist zweifellos das berühmteste Monster Islands. Erstmals wurde es 1350 erwähnt und seitdem regelmäßig gesichtet. Im Winter 2012 hat ein Bauer das Monster mit der Kamera festhalten können. Das Internet hat den Beweis.

IGOR TICHONOW/GETTY IMAGES ©

Stuðlagil-Schlucht

Unter der Oberfläche

WASSERKRAFTWERK ENTHÜLLT BASALTFORMATIONEN

Die wunderbare **Stuðlagil-Schlucht** hat Jahrhunderte unentdeckt existiert. Die Erklärung: Die Felswände lagen unter Wasser, bis das gigantische **Kárahnjúkar-Wasserkraftwerk** den durch die Schlucht fließenden Gletscherfluss aufstaute. Mit sinkendem Wasserstand wurden ungewöhnlich hohe Basaltwände in erdigen Farben sichtbar.

Der Abstecher von der Ringstraße ist etwa 50 km nördlich von Egilsstaðir ausgeschildert. Man kann die Schlucht von beiden Seiten des Flusses **Jökulsá á Dal** erreichen. Am östlichen Ufer vom Hof **Klaustursel**, wo zwei Brücken nebeneinander den Fluss überqueren, ist die Aussicht aber schöner. Die kleinere Brücke wurde 1906 als New Yorker Eisenbahnbrücke hergestellt – besser nicht benutzen. Auf der anderen Seite, etwa 2 km weiter, liegt ein Parkplatz für Stuðlagil-Besucher:innen, von wo ein Wanderweg über weitere 2 km zu den Basaltwänden führt.

Für die Aussicht von der westlichen Seite fährt man auf der Straße **Jökuldalsvegur** an Klaustursel vorbei bis zum Stuðlagil-Schild. Autos können oberhalb einer Metallplattform geparkt werden, von der aus Stufen hinauf zum Rand der Klippen führen.

Das natürliche Muster der Basaltwände und die grünlich düstere Farbe des Gletscherflusses ergeben ein tolles Fotomotiv. Dass der Ort so beliebt ist, ist auch Instagram zu verdanken – oder anzulasten. In jedem Fall ist der Anblick in weichem Licht besonders schön.

ÜBERNACHTEN RUND UM DIE OSTFJORDE

Laugarfell
Gemütliche Pension und Campingplatz an der Grenze zum Hochland. Tolles Freibad. **€€**

Tehúsið Hostel
Zimmer mit Stockbetten und Gemeinschaftsküche. Am besten ist die coole Café-Bar. **€**

Hotel 1001 Nótt
Elegantes Anwesen mit Blick auf den See Lagarfljót in einer ruhigen Ecke außerhalb von Egilsstaðir. **€€€**

BKOLODZIE/SHUTTERSTOCK ©

Skriðuklaustur

Den Herbst schmecken

BIO-BRUNCH & BÜFETT IM HERRENHAUS

Der Bio-Hof **Vallanes** hat den besten Brunch; Pfannkuchen aus regionaler Gerste, selbst gemachte Veggie-Burger und Pesto aus wildem Sauerampfer. Das Restaurant **Móðir Jörð** (modirjord.is) besteht vollständig aus regionalem Holz. Apfelbäume wachsen draußen als Teil eines kühnen subarktischen Experiments; in einem farbenfrohen Treibhaus hängen violette Trauben.

Zum Mittagessen bietet sich das tägliche Sommerbüfett im Restaurant **Klausturkaffi** (Erw. 4000 Kr) im ehemaligen Herrenhaus **Skriðuklaustur** (skriduklaustur.is) an. Es wurde vom isländischen Bestsellerautor Gunnar Gunnarsson gebaut und später dem isländischen Staat gestiftet. Im ersten Stockwerk gibt es eine Ausstellung über Gunnarsson, dessen Bücher Millionen Menschen gelesen haben.

Achte auf dem Weg zurück nach Egilsstaðir auf die Orkan-Tankstelle – es ist eigentlich eine Eisdiele! Von deren Parkplatz führt ein ansprechender Weg zum **Hallormsstaður Arboretu**. In dem Wald wachsen für den 65. Breitengrad Nord überraschend viele Baumarten – insgesamt 80. Auf dem Weg entlang den Klippen des Lagarfljót liegen jede Menge Picknickplätze.

Das Restaurant **Eldhúsið** in Egilsstaðir ist stolz auf die Zutaten von örtlichen Höfen; eine Broschüre stellt die Bauern und Lieferanten vor. Das Drei-Gänge-Menü kostet 11 000 Kr und bietet ein tolles Preis-Leistungs-Verhältnis. Es gibt auch vegane Gerichte.

HENGIFOSS-WANDERUNG

Der 128 m hohe Hengifoss war einst der zweithöchste Wasserfall Islands, verlor den Platz aber, als der schmelzende Gletscher Morsár sich 2017 den ersten Platz schnappte (Hengifoss ist nun Dritter). Die Platzierung spielt aber keine Rolle für die Beliebtheit. Der Hengifoss liegt oben an einer Schlucht. Ein 5 km langer, nur mäßig steiler Rundweg führt (1½–2 Stunden) hinauf, vorbei an prächtigen Basaltfelsen am kleineren Wasserfall Litlanes auf halber Strecke.

UNTERWEGS VOR ORT

Die atemberaubende Straße 939, Öxi genannt, ist im Sommer eine Abkürzung nach Egilsstaðir. Ein weiterer Panorama-Bergpass nach Egilsstaðir ist die Straße 95 (die ehemalige Ringstraße) bei Breiðdalsvík; meide die Wege im Winter. Beide umfahren die Ostfjorde.

AKUREYRI

Akureyri ist mit nur 22 000 Einwohner:innen Islands zweitgrößte Stadt. Es gibt coole Cafés, erstklassige Restaurants und so etwas wie eine Partyszene in der Fußgängerzone Hafnarstræti – ganz anders als im restlichen ländlichen Island.

Akureyri liegt vor schneebedeckten Gipfeln an der Spitze des Eyjafjörður, dem längsten Fjord Islands (60 km). Dänische Kaufleute schufen mit Baumpflanzungen die Grundlage für die öffentlichen Parks Kjarnaskógur und Lystigarður. Der Hafen ist der zweitwichtigste Anlaufhafen für Kreuzfahrten und liegt nur einen Steinwurf vom Polarkreis entfernt. Lebhafte Winterfestivals und einige der besten Skipisten Islands machen die Stadt auch außerhalb der Saison attraktiv.

Die entspannte Atmosphäre und unzählige Unterkünfte bieten eine gute Basis zur Erkundung des Eyjafjörður und seiner Umgebung.

TOP TIPP

Der Eintritt zum **Akureyri-Museum** gilt auch für andere Museen, z. B. das **Spielzeugmuseum Akureyri** und den tollen **Laufás-Hof**. Das moderne **Kunstmuseum Akureyri** (listak.is) bietet jeden Donnerstag um 12 Uhr Führungen. Im Juli findet das Kunstfestival **Listasumar** (listasumar.is) statt, mit Events für jedes Alter und jeden Geschmack.

Akureyrarkirkja (S. 306)

SEHENSWERTES
1 Skjálfandi-Bucht
2 Vaðlaheiðar-Tunnel

KURSE & TOUREN
3 Forest Lagoon
4 GeoSea
5 Skigebiet Hlíðarfjall
6 Kjarnaskógur
7 Sundlaug Akureyrar

DIE BESTEN BARS IN AKUREYRI

Græni Hatturinn
Winziger Laden: am Besten für Livemusik.

R5 Micro Bar
Saisonale Ales und das Beste der isländischen Craftbier-Szene in Akureyris anspruchsvollster Bar.

Götubarinn
Lieblingsbar der Einheimischen, mit Klavier im Keller für gemeinsame Singabende.

Ölstofa Akureyrar
Gastgeber der Brauerei-Lounge (brewers lounge.is) zusammen mit der örtlichen Einstök-Brauerei.

Heiße Oasen

WARME QUELLEN IM ÜBERFLUSS

Was könnte der kalte Norden mit diesem Überfluss an heißem Wasser tun? Nimm ein Bad, entspanne. Und sinne über die Antwort – und das Leben – nach.

Vor einigen Jahren, während des Baus des **Vaðlaheiðar-Tunnels** in den Außenbezirken von Akureyri, trafen die Bauarbeiter beim Graben in den Berg auf einen Strom heißen Wassers. Fünf Jahre später, 2022, wurde die **Forest Lagoon** eröffnet. Das Luxusbad (Erw. 6000 Kr) liegt auf einem grünen Hügel mit Blick über Akureyri. Ein schwacher Duft von brennendem Holz aus dem Kamin im Gebäude erfüllt die ruhige Atmosphäre im Außenbereich, wo es ineinander übergehende Becken mit

ÜBERNACHTEN IN AKUREYRI

Hótel Akureyri
Boutiquehotel mit gut ausgestatteten Zimmern (nach vorne raus mit Blick auf den Fjord). **€€**

Campingplatz Hamrar
Beliebt bei Familien, mit Spielplatz, der von den Pfadfindern betreut wird. **€**

Sæluhús
Mini-Dorf aus modernen Studios, perfekt für ein paar Tage Erholung. **€€€**

SPAZIERGANG DURCH AKUREYRI

Starte in der Heimstatt des nordisländischen Symphonieorchesters: Im **1 Kulturzentrum Hof** gibt es im Sommer auch einen Schalter der Touristeninformation. Hier legen Kreuzfahrtschiffe an und fahren die Busse nach Rejkjavík ab. Überquere die einzige vierspurige Straße in Akureyri, vorbei an dem trostlosen Platz **2 Ráðhústorgið** in die **3 Hafnarstræti**, eine nur 200 m lange Einkaufsstraße mit Restaurants, Hotels und Souvenirläden (Einheimische gehen lieber in die Mall). Wechsle am **4 Buchladen Eymundsson** die Straßenseite und nimm die 96 Stufen hinauf zur **5 Akureyrarkirkja**. Die moderne Kirche ist normalerweise für Besucher:innen geöffnet. Sie wurde vom ersten ausgebildeten Architekten Islands, Guðjón Samúelsson, entworfen, der Anfang des 20. Jhs. der führende Architekt des Landes war.

Etwa 600 m weiter liegt der **6 Botanische Garten Lystigarðurinn**, ein wunderbarer Ort für einen duftenden Bummel. Die Fülle der Flora erstaunt angesichts der Nähe zum Polarkreis; hier gibt es Exemplare jeder in Island heimischen Art sowie jede Menge Pflanzen aus hohen Breitengraden und Hochgebirgen aus aller Welt. Akureyri ist sehr sonnenreich. Die Chancen stehen also gut für einen schönen Spaziergang den von Bäumen gesäumten Spítalavegur entlang hinunter zur Eisdiele **7 Brynjuís**, einer Institution im alten Teil der Stadt, bekannt als Innbærinn. Die Holzhäuser, wie jene des nahegelegenen Akureyri-Museums, standen früher an der Küste. Die immer gut besuchte Eisdiele hat Eis für jede Wetterlage: Wenn der Tag kalt und grau ist, nimm eine Kugel mit Lakritzaroma, passend zur Farbe des Himmels.

unterschiedlicher Temperatur und einem kalten Tauchbecken gibt. Die finnische Trockensauna ist herrlich.

Weiter nordöstlich liegt mit **GeoSea** (Erw. 5500 Kr) ein weiterer glücklicher Zufall: Aus einem geothermischen Bohrloch wurde bei Bohrungen Meerwasser heraufgepumpt, das Badetemperatur hatte. GeoSea liegt am Rand einer Klippe mit tollem Blick über die **Skjálfandi-Bucht**. Gäste, die nach Flossen Ausschau halten, können mit viel Glück Wale entdecken.

Das **öffentliche Schwimmbad Sundlaug Akureyrar** (Erw./erm. 1100/600 Kr) in Akureyri selbst ist landesweit beliebt und speziell ausgestattet für Kinder und ihre Begleitung. Der Außenbereich bietet drei Wasserrutschen (für die Mutigen) und fünf Hot Tubs (für die Faulen). Niemand scheint hier Bahnen zu schwimmen, aber für alle Fälle gibt es immerhin zehn davon.

Winterspaß

WENN DER SCHNEE ENDLICH FÄLLT

Der Winter verwandelt Akureyri und die Umgebung in einen riesigen Spielplatz. Die Skisaison kann von Mitte November bis Mitte Juni dauern.

Hlíðarfjall in Akureyri ist das größte Skigebiet, mit sieben Lifts, darunter ein Vier-Personen-Sessellift. Der längste Hang ist 2,3 km, mit gepflegten Pisten für Skiabfahrten und Snowboarding. An der Basis gibt es Tagespässe (Erw. 5500 Kr) und man kann Ausrüstung ausleihen (hlidarfjall.is/ski-rental). Der 5x5 Ski-Pass (skiiceland.is) gilt für fünf Tage in den fünf wichtigsten Skigebieten im Norden: Akureyri, Sauðárkrókur, Siglufjörður, Ólafsfjörður und Dalvík.

Das Langlaufangebot hat sich verbessert. Loipen gibt es am **Hlíðarfjall** und im **Kjarnaskógur-Wald** in Akureyri. Einige sind beleuchtet; aber nicht alle, weil im Dunkeln das Polarlicht sichtbar wird. Skíðadalur bei Dalvík hat manchmal Loipen (keine Gebühr). Kurse gibt es in Ólafsfjörður und Siglufjörður; Ausrüstung kann in Skíðaþjónustan (skidathjonustan.com) ausgeliehen werden.

Die Skigebiete und Hänge bieten sicherlich Spaß, können sich aber nicht mit den großen europäischen Skigebieten messen. Die Abfahrten jenseits der Piste auf beiden Seiten des **Eyjafjörð** sind einzigartig. Die Städte Siglufjörður und Grenivík sind die besten Ausgangspunkte für Abfahrten vom Gipfel zum Meer, sowohl mit Pistenraupe als auch mit Hubschrauber. Touranbieter **Arctic Freeride** (facebook.com/arcticfreeride), **Kaldbaksferðir** (kaldbaksferdir.com) und **Arctic Heli Skiing** (arcticheliskiing.com) bieten mehrtägige Pakete.

WALBEOBACHTUNG IN AKUREYRI

Walbeobachtungsschiffe legen vom Hafen im Stadtzentrum für Touren durch den Eyjafjörður ab. Die Enge und Länge des Fjords sorgen für ruhige See, anders als sonst in Island. Die Touren sind auch kürzer und dauern im Sommer etwa zwei Stunden – gute Bedingungen für Kinder und Menschen, die leicht seekrank werden. Die benachbarte Skjálfandi-Bucht nahe Húsavík bietet ein noch tolleres Erlebnis: Buckel- und Zwergwale erspähen.

Kulturhaus Hof

UNTERWEGS VOR ORT

Die Benutzung der Stadtbusse in Akureyri (straeto.is) ist für alle kostenlos, sie fahren allerdings nicht zum Flughafen. Der Taxiruf ist 461 1010. Um Parkgebühren in Akureyri mobil zu bezahlen, kann man EasyPark oder Parka herunterladen. Gratis-Parkmöglichkeiten sind weithin verfügbar, z. B. am öffentlichen Schwimmbad.

Rund um Akureyri

Die nordöstliche Region ist Heimat des weltgrößten Säugetiers, des Blauwals, und birgt Europas mächtigsten Wasserfall. Schon angebissen?

Der „Diamond Circle“ führt zu den Glanzstücken des nördlichen Vatnajökull-Nationalparks. Der Name ist etwas hochtrabend, leitet sich aber von der Rhombusform des 250-km-Rundwegs von Mývatn nach Húsavík ab – durch die Schlucht Jökulsárgljúfur, die durch den Gletscherfluss Jökulsá á Fjöllum geschaffen wurde.

Der See Mývatn (ausgesprochen *mi-waht*) und seine Umgebung wirken wie außerirdisches Gelände: sprudelnde Schlammlöcher, bizarre Lavaformationen, dampfende Fumarolen und vulkanische Krater rund um einen See mit vielen Vögeln.

An der Küste ist Húsavík, Islands Hauptstadt der Walbeobachtung, ein beliebtes Reiseziel. Es ist die hübscheste Fischerstadt im Nordosten mit bunten Häusern, einzigartigen Museen und schönen schneebedeckten Gipfeln entlang der Bucht.

TOP TIPP

Der 33 km lange Weg vom Dettifoss nach Ásbyrgi ist der beste im Vatnajökull-Nationalpark, machbar für jeden Fitnessgrad, auch in kürzeren Varianten.

GUSTAVO MS_PHOTOGRAPHY/SHUTTERSTOCK ©

Schwimmbad Hofsós (S. 313)

AUTOTOUR DIAMOND CIRCLE

Beginne den Tag früh mit einer dreistündigen Wanderung am östlichen Mývatn und lauter geologischen Besonderheiten bei **1 Dimmuborgir**, **2 Hverfjall** und **3 Grjótagjá**. Mittags geht's zu Fish'n'Chips ins winzige Dorf **4 Reykjahlíð**. Fahre nach **5 Hverir**, einem stinkenden Gebiet mit heißen Quellen, und wandere zum Berg Námafjall mit Ausblick über die dampfende Landschaft. Mache einen Abstecher zum **6 Krafla-Kraftwerk** und blicke in den türkisen Víti-Krater. Schließe den ersten Tag mit einem abendlichen Besuch im Mývatn-Naturbad ab, der nördlichen Version der Blauen Lagune. Am nächsten Morgen geht es weiter nach Húsavík. Wale beobachtet man am besten früh morgens oder spät abends; eine Bootsfahrt in der Abendsonne ist einfach herrlich und das Wasser viel ruhiger. Folge der befestigten Straße 862 die Schlucht Jökulsárgljúfur entlang, lausche dem Donnern des **7 Dettifoss**, des „kraftvollsten" Wasserfalls Europas. Picknicke am **8 Hljóðaklettar** und wandere durch die Schlucht von **9 Ásbyrgi**. Halte auf dem Weg nach Húsavík in der Papageitauchersaison für einen Spaziergang zum **10 Tjörnes-Leuchtturm** westlich von Mánárbakki. Die Gegend ist bekannt für fossilienreiche Küstenklippen (die ältesten Schichten reichen 2 Millionen Jahre zurück). Informiere dich in **11 Húsavík** im Walmuseum, bevor du an Bord einer Walbeobachtungstour gehst. Danach gibt's Essen im Hafenrestaurant Gamli Baukur. Beende den Rundkurs am himmlischen Wasserfall **12 Goðafoss**. Hier sollen nach der Christianisierung heidnische Götterbilder entsorgt worden sein. 40 km südlich liegt der spektakuläre Aldeyjarfoss, erreichbar nur mit Geländewagen.

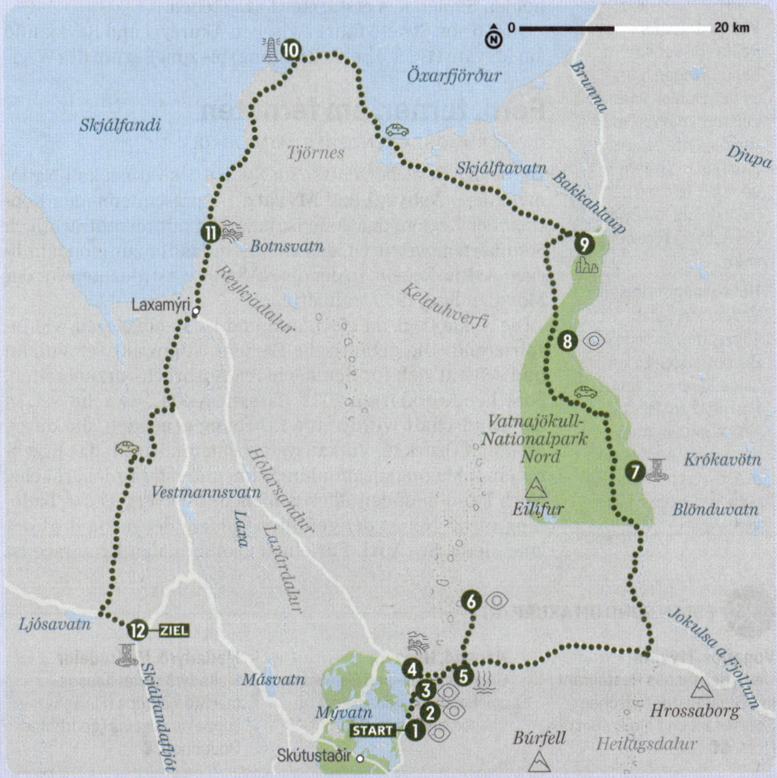

WANDERN IN DER JÖKULSÁRGLJÚFUR

Der 33 km lange Wanderweg durch die Schlucht verbindet drei Orte, von denen aus jeweils kurze Ausflüge möglich sind. Karten gibt's im Besucherzentrum Ásbyrgi und online (vjp.is).

Ásbyrgi Hufeisenförmige, grüne Schlucht mit einigen leichten Wanderwegen. Die meisten gehen zum Botnstjörn, wo die Vogelstimmen in den Klippen widerhallen.

Vesturdalur Eine Reihe von verwobenen Wegen führt zu den Höhlen und Felsformationen von Hljóðaklettar, zu den Rauðhólar-Kratern und den Teichen des Eyjan (nicht mit Eyjan bei Ásbyrgi verwechseln).

Hólmatungur Üppige Vegetation, herabstürzende Wasserfälle. Beliebt ist der 4,5 km lange Rundweg vom Parkplatz am Fluss Hólmá entlang zum Wasserfall. Anders als in Ásbyrgi und Vesturdalur ist Campen hier verboten.

Lava am See

ÖSTLICHER MÝVATN

Die Höhepunkte am östlichen Ufer des Mývatn sind durch Straßen und Wege miteinander verbunden und ergeben zusammen eine drei- bis vierstündige Wanderung.

Vom Dorf Reykjahlíð führt ein gut ausgeschilderter Weg zur **Grjótagjá**, einer klaffenden Spalte in einer wassergefüllten (45 °C) Höhle. *Game of Thrones*-Fans kennen den Ort, an dem Jon Schnee von Ygritte entjungfert wurde.

Die Lavafelder am östlichen Rand des Mývatn werden von dem Tuffring **Hverfjall** (auch Hverfell) dominiert. Der fast symmetrische Krater ist vor 2700 Jahren bei einer verheerenden Wasserdampfexplosion entstanden. Das riesige Ehrfurcht gebietende Wahrzeichen erhebt sich 452 m in die Höhe und hat einen Durchmesser von 1040 m.

Etwa 2 km vom Hverfjall Richtung See liegt das gigantische, zerklüftete Lavafeld **Dimmuborgir** (die „dunklen Schlösser"). Es wird angenommen, dass die merkwürdigen Säulen und Klippen bei einem Ausbruch vor 2000 Jahren entstanden sind, als sich die Lava über das Moor ergoss. Das Wasser im Moor begann zu kochen, sodass Dampf durch die flüssige Lava blies und sie abkühlte, wodurch sich Säulen formten. Als die Lava in die niederen Ebenen weiterfloss, blieben die hohlen Säulen aus erstarrter Lava stehen.

Bus 56 von Strætó fährt zwischen Akureyri und Reykjahlíð am Mývatn (1½ Std., eine Richtung) bis zum Beginn des Wegs.

Fern, ferner, am fernsten

DIE NÖRDLICHE GRENZE DES VATNAJÖKULL

Die beiden Besucherzentren im Norden des Vatnajökull-Nationalparks – **Ásbyrgi** und **Mývatn** – repräsentieren den Kontrast der Region; das erste ist bewaldet mit rekordträchtigen Sommertemperaturen, das zweite ist das Tor zur mondähnlichen **Askja**-Region, in der die NASA ihre Astronauten vor der Mondlandung 1969 trainierte.

Die Askja liegt im Hochland und ist so abgelegen wie inspirierend. Die gigantische Caldera ist ein aktiver Vulkan und scheint sich für den nächsten Ausbruch vorzubereiten. Forschende erklärten 2022, dass die Askja „erwacht" sei. In der Landschaft wurde eine Erhebung gemessen, die durch erhöhten Druck im Vulkansystem entstanden ist; das Ergebnis einer Magmaansammlung 2 km unter der Erdoberfläche. Noch kann man den Blick genießen. Und vergiss das Badezeug nicht. Neben der gefüllten Caldera der Askja liegt der laue kleine See **Víti**. Für einen geothermalen Kratersee ist

ESSEN RUND UM AKUREYRI

Vogafjós, Mývatn Unvergessliches Restaurant mit Glasfenster zwischen Speisesaal und Melkraum des Hofs. **€€**

Naustið, Húsavík Gegrillte Fisch- und Gemüsespieße, selbst gebackener Rhabarberkuchen. **€€**

Fjalladýrð, Möðrudalur Fjalladýrð bietet hausgemachte *kjötsúpa* (Fleischsuppe) und *kleina* (gedrehter Doughnut). **€**

BRANISLAV KUCINSKY/SHUTTERSTOCK ©

Grjótagjá

das Wasser etwas kühl (20–30 °C), doch gehört ein Bad im milchig blauen Wasser des Víti zu den Highlights des Abenteuers Askja. **Mývatn Tours** (myvatntours.is) bietet tägliche Touren zur Askja. Wer über Nacht bleiben möchte, bucht eine Hütte in **Drekagil** (ffa.is).

Der zugänglichere Teil des Parks ist die **Schlucht Jökulsárgljúfur**, die vom gewaltigen Jökulsá á Fjöllum ausgespült wurde, Islands zweitlängstem Fluss. Am Kopf der Schlucht liegt **Dettifoss**, ein faszinierender Wasserfall, über dessen Kante jede Sekunde 400 m^3 Wasser donnern. Der Wasserfall kann von beiden Seiten der Schlucht besucht werden, der Straßenzugang von Westen ist aber einfacher.

Bus 56 von Strætó fährt zwischen Akureyri und Reykjahlíð am Mývatn (1½ Stunden, eine Richtung). Von hier starten Touren zur Askja. Ein Mietwagen ist ideal für die Schlucht Jökulsárgljúfur (zwei Stunden von Akureyri, eine Strecke).

Die Wale in der Bucht von Skjálfandi

WALBEOBACHTUNG

Aktivität Nummer Eins in **Húsavík** erkennt man sofort: Im hübschen Hafen reihen sich Schoner und Holzboote, die Passagiere für die nächste Walbeobachtungsfahrt aufnehmen.

ÞEISTAREYKIR-STRASSE

Für den Weg von Húsavík nach Mývatn bietet sich die weniger befahrene Straße über Þeistareykir an. In den Bergen gibt es selten besuchte heiße Quellen. Hier steht auch das Kraftwerk Þeistareykir, die viertgrößte geothermale Energiequelle Islands, die den Strom für die riesige Siliziummetall-Fabrik in Húsavík produziert. Seit 2022 wurde die gesamte Straße zwischen Húsavík und Mývatn asphaltiert.

ÜBERNACHTEN RUND UM AKUREYRI

Campingplatz Ásbyrgi
Geschützt von Bäumen und Felsen: sauberer Campingplatz des Vatnajökull-Nationalparks. **€**

Langavatn Guesthouse
Freundlicher Bauernhof zu gutem Preis, einer von vielen in der Gegend. **€€**

Dimmuborgir Guesthouse
Einfache Zimmer mit Bad und Blick auf den See Mývatn, dazu einige Holzhütten **€€**

AUTOTOUR

Abgeschiedene Nordküste

Verkehrsstaus – Schafe, die die Straße überqueren. Gelbes Licht – ein Leuchtturm. Die Strecke entlang der Nordküste von Hvammstangi bis zur Spitze der Halbinsel Langanes ist eine Alternative zur Ringstraße. Hier geht es nicht darum, von A nach B zu kommen. Die Straße wechselt zwischen Schotter und Asphalt – fahre gemächlich und genieße den Blick aufs Meer. Am Rand der Arktis ticken die Uhren langsam …

1 Hvítserkur

Es heißt, Hvítserkur sei ein Troll gewesen, der vom Sonnenaufgang erwischt wurde, als er versuchte, das Kloster Þingeyrar zu zerstören. Ob wahr oder nicht, Hvítserkur ist ein 15 m hoher Brandungspfeiler. Vom Parkplatz führt ein kurzer Weg zur Aussichtsplattform. Der Weg in die andere Richtung endet an einem schönen, schwarzen Strand, mit Blick auf einen großen Robben-Rastplatz.

Die Fahrt: Skagaströnd liegt 20 km nördlich von der Ringstraße auf der Halbinsel Skagi. Die Straße 744 ist eine Abkürzung nach Sauðárkrókur.

2 Skagaströnd

Das Dorf Skagaströnd hat ein Restaurant (Hafen), eine Pension (Salthús) und zwei Hellseher, die zufälligerweise Nachbarn sind (Museum der Prophezeiung). All die Einrichtungen sind in den letzten zehn Jahren entstanden, weshalb das adrette Dorf noch immer wie ein gut gehütetes Geheimnis wirkt. Die alte Fischfabrik ist heute Künstler:innen-Residenz von NES (neslist.is). Der Spaziergang zum Kap Spákonuhöfði ist herrlich.

Die Fahrt: Die Straße nach Hofsós ist von Westen asphaltiert; die (spektakuläre) Straße nach Siglufjörður ist teilweise eine Schotterpiste und führt durch einen einspurigen Tunnel.

MARCO BOTTIGELLI/GETTY IMAGES ©

Hvítserkur

3 Hofsós Freibad

Das etwas verschlafene Fischerdorf Hofsós (200 Ew.) war seit dem 16. Jh. Handelszentrum; heute ist es vor allem für das spektakuläre Freibad bekannt. Das 2010 eröffnete Bad mit Infinity-Becken und Blick auf den Fjord fügt sich toll in die Landschaft ein.

Die Fahrt: Tunnel verbinden Siglufjörður auf beiden Seiten der Troll-Halbinsel. Im Winter fährt man besser über Ólafsfjörður.

4 Hering-Museum in Siglufjörður

Das liebevoll gestaltete, preisgekrönte Museum schafft es, die Glanzzeit Siglufjörðurs von 1903 bis 1968 nachzubilden, als es die isländische Hauptstadt der Heringsfischerei war. In drei Gebäuden einer ehemaligen norwegischen Heringstation zeigt das Museum die Arbeit und das Leben der Stadtbewohner:innen.

Die Fahrt: Zum Zeitpunkt der Recherche war die 55 km lange Straße 870 im Sommer geeignet für Zweiradantrieb, im Winter nicht befahrbar.

5 Melrakkaslétta

Auf der weiten und flachen Halbinsel Melrakkaslétta (Polarfuchsebene) ist Treibholz die einzige gedeihende Baumart. Laufe zum Leuchtturm auf Hraunhafnartangi, um an der Spitze Islands zu stehen. Die Straße führt vorbei an hügeligen Feldern, Teichen und Sümpfen, ein Vogelparadies!

Die Fahrt: Im Sommer ist die holprige Straße nach Fontur auf der schmalen Spitze der Halbinsel Langanes mit Geländewagen befahrbar, vorbei an Steinstränden mit Treibholz und zufälligen Meeresablagerungen.

6 Langanes Halbinsel

In der Form einer Gans mit sehr langem Hals ist die neblige Halbinsel Langanes eine der einsamsten Ecken Islands. Am Skoruvíkurbjarg hat man die seltene Gelegenheit, eine Tölpelkolonie beobachten.

LOKALE BETRIEBE IN HÚSAVÍK

Húsavík Öl
Craft-Brauerei mit bunten Ales in einer ehemaligen Molkerei Húsavíks; Schankstube neben der N1-Tankstelle.

Kaðlín
Geschäft einer örtlichen Strickkooperative, verkauft alles aus isländischer Wolle.

Jaja Ding Dong
Bar-Pizzeria benannt nach einem Song aus der in Húsavík spielenden Netflix-Komödie *Eurovision Song Contest: The Story of Fire Saga*.

STEFANO EMBER/SHUTTERSTOCK ©

Húsavík

Die Walbeobachtungstouren von Húsavík bieten im Prinzip alle das Gleiche: Sie fahren in die Skjálfandi-Bucht und halten nach Walen Ausschau. Die Saison dauert von März bis November; die Bandbreite der Arten verändert sich über die Monate: Blauwale sind im Sommer am häufigsten, während im Frühling und Herbst auch Schwertwale auftauchen.

Die „klassische" Walbeobachtungstour auf alten Holzschiffen dauert drei Stunden; Anbieter sind **North Sailing** und **Gentle Giants**. Die Passagiere bleiben während der ganzen Zeit an Deck, es gibt aber warme Schutzanzüge.

Wer es etwas exklusiver möchte, bucht eine Segelschoner-Tour von North Sailing. Eines der Schiffe – *The Opal* – hat einen Elektromotor, wodurch sowohl Lärm als auch Kohlendioxidemissionen minimiert werden. Die Segel werden in der Regel auf dem Weg zurück in den Hafen gesetzt.

Schneller geht's mit Festrumpfschlauchbooten (RIB), die mit doppelter Geschwindigkeit fahren. Die RIBs sind eine gute Wahl, wenn sich die Wale weit draußen aufhalten, aber nicht so geeignet bei hohem Wellengang, weil man für die Suche nach Walen einen guten Blick über die Oberfläche braucht. Kleine Boote dürfen mit Motor nicht näher als 50 m an die Wale heranfahren.

Natürlich kann man Wale (manchmal) auch vom Land aus beobachten, und das kostenlos. Am besten geht das von den Klippen am gelben Leuchtturm von Húsavík.

Im Sommer pendeln täglich Strætó-Busse zwischen Húsavík und Akureyri. Mit dem Mietauto fährt man eine Stunde.

UNTERWEGS VOR ORT

Der Vaðlaheiðar-Tunnel verbindet Akureyri mit dem Nordosten. Die Mautgebühr beträgt 1500 Kr und kann nur online bezahlt werden. Im Sommer kann man auch die Straße 84 nehmen, was die Fahrt um 15 Minuten verlängert.

Vom Flughafen in Húsavík gibt es täglich Flüge von und nach Reykjavík (eagleair.is).

Man bemüht sich, den Diamond Circle ganzjährig befahrbar zu halten. Bei starkem Schnee wird die Strecke um den Dettifoss aber geschlossen.

DIE WESTFJORDE

Die Menschen in Nordwest-Island – Vestfirðingar genannt – haben lange gedroht, sich von Island abzuspalten und die Demokratische Republik der Westfjorde zu gründen. Das ist zum Glück ein Witz, aber er spricht Bände: Nur 7000 Menschen wohnen auf der massiven Halbinsel ganz im Norden, die wirkt wie ein eigenes Land.

Auf der Karte von Island erscheinen die Westfjorde als krakelige Aneinanderreihung eines Fjords an den nächsten – Fjord ist das nordische Wort für schmale Meeresarme mit tiefem Wasser und steilen Bergen. Das Gelände ist das älteste in Island und ähnelt dem des benachbarten Grönlands.

Die naturgegebenen Kurven verlängern jede Autofahrt. Zum Vergleich: Die Größe der Region entspricht nur etwa einem Fünftel Islands, aber bei einer Umrundung der Küste auf dem Westfjords Way kommt man auf insgesamt 950 km.

TOP TIPP

Hólmavík bietet Walbeobachtung jenseits der Massen. **Láki Tours** (lakitours.is) ist der einzige Anbieter im ruhigen Wasser von Steingrímsfjörður und macht von Juni bis Oktober tägliche Touren zu Buckelwalen und manchmal auch Orcas. Die Wale fressen häufig nah an der Küste, sodass man sie oft auch gut vom Land aus sehen kann.

Dynjandi-Wasserfall (S. 318)

HIGHLIGHTS
1 Dynjandi-Wasserfall
2 Naturschutzgebiet Hornstrandir
3 Museum der Alltagskultur
4 Rauðisandur
5 Heimatmuseum der Westfjorde

SEHENSWERTES
6 Bolafjall-Plattform
7 Bolungarvík
(siehe 9) Fjord People
8 Garðar BA
9 Ísafjörður
10 Skálavík
11 Leuchtturm bei Svalvogar
12 Þingeyri

KURSE & TOUREN
(siehe 9) Borea Adventures
13 Látrabjarg-Vogelklippen

ESSEN
14 Französisches Café
(siehe 12) Simbahöllin

SHOPPEN
(siehe 9) Ívaf
(siehe 9) Karitas

DIE WESTFJORDE

MENNO SCHAEFER/SHUTTERSTOCK ©

Heimatmuseum Westfjorde

Kosmopolitisches Ísafjörður

DIE REGIONALHAUPTSTADT DER WESTFJORDE

Ísafjörður ist der Ausgangspunkt für Abenteuertouren in die Westfjorde und mit Abstand die größte Stadt der Region. Sie liegt in einem engen Tal, das in den Skutulsfjörður mündet, und ist an allen Seiten von hohen Gipfeln umgeben.

Das Zentrum von Ísafjörður besteht aus alten blechverkleideten Holzhäusern, z. B. in der Wohnstraße **Tangagata**, wo sich die winzigen alten Häuser dicht aneinanderreihen.

Die ältesten Häuser stehen in Richtung Hafen, beim **Heimatmuseum der Westfjorde**, das in mehreren alten Kaufmannshäusern untergebracht ist. Es ist vollgepackt mit Angel- und Schifffahrtszubehör, Werkzeugen aus der Zeit des Walfangs und alten Fotografien von in der Sonne trocknenden Fischen, großen Schiffen und noch mehr Fisch. Statt alte Andenken und Bilddokumente zu bewahren, erkundet das **Museum der Alltagskultur** die Magie des Alltags, mit Witz, Poesie und Storytelling. Zwei örtliche Anthropologen sammeln zu persönlichen Erzählungen und Geschichtsfragmenten Ausstellungsstücke wie Schuhe, Bücher und Kurzfilme.

DIE BESTEN FISCHRESTAURANTS DER WESTFJORDE

Tjöruhúsið, Ísafjörður
Aufstrebendes rustikales Fischlokal. Büfett mit heißen Pfannen und muntere Gastgeber. **€€**

Húsið, Ísafjörður
Holztische drinnen oder auf der Terrasse, leckeres Essen und lokales Fassbier. **€€**

Flak, Patreksfjörður
Unprätentiöser Craftbier-Pub mit kleiner Karte: Suppe, Fisch oder Gemüse, mittags und abends. **€€**

Vagninn, Flateyri
Plokkfiskur (Fischeintopf) mit Roggenbrot oder feurige Fischsuppe **€€**

JAGD AUF UNTERKÜNFTE

Trotz ihrer Größe gibt es nur einige Hundert Hotelzimmer in den Westfjorden. Alternativen sind Privatzimmer oder Bauernhöfe; dank der niedriger Eigenheimpreise gibt es einige tolle Airbnbs, siehe Unterkünfte auf S. 333.

SCHLAFEN IN DEN WESTFJORDEN

Old Bookstore
Alte Möbel und Holzboden über dem bekannten Buchladen in Flateyri. **€€€**

Heydalur
Skurriler Bauernhof mit hübschem Pool in einem Gewächshaus und Kobbi, einem sprechenden Papagei. **€€**

Ísafjörður Hostel
Luxushostel mit sauberen Vier-Bett-Zimmern, in einer Wohnstraße in der Altstadt. **€**

Ísafjörður ist Islands drittwichtigster Anlaufhafen für Kreuzfahrtschiffe. Die Folge sind unzählige Souvenirläden entlang der Aðalstræti. Strickladen **Ívaf** verkauft Wollkleidung in tollen Farbkombinationen und klassischen Mustern. Traditionellere Pullover und Handschuhe gibt es bei **Karitas**, einer Kooperative lokaler Strickfans. Das Atelier **Fjord People** bietet handgezeichnete Karten, Aquarellfarben und ein Kochbuch des Cafés **Simbahöllin** in Þingeyri.

Das Westfjord-Panorama

DIE BOLAFJALL-PLATTFORM

Man kann nun – gefahrlos – über den Rand des Bergs Bolafjall gehen: auf einer massiven Plattform aus 60 Tonnen Stahl. Die ambitionierte **Bolafjall-Plattform** wurde 2022 fertiggestellt und bietet das ultimative Westfjordpanorama auf 638 m Höhe. Der Blick reicht bis zum Naturschutzgebiet Hornstrandir und zum großen Fjord **Ísafjarðardjúp**. Einige behaupten sogar, Grönland zu sehen!

Schau zurück auf die schwarzen Basaltklippen ... und eine gigantische Radarkuppel. Bolafjall ist auch ein Armeestützpunkt! Deshalb der Stacheldraht und die Metalltore. Die Radarstation ist eine von vier NATO-Kontrollstationen in Island, die den arktischen Luftraum überwachen.

Von Juni bis Anfang September kann man direkt auf die Spitze des Bergs fahren, rund 9 km von der Stadt **Bolungarvík** entfernt, die einen Teil der 200 Millionen Kronen für den Bau der Bolafjall-Plattform übernommen hat. Bei leichtem Schnee bleibt der größte Teil der Straße geöffnet, die restlichen 3,5 km sind ein gemütlicher Spaziergang. Beachte, dass es auf dem Berg immer sehr windig ist.

Von Bolungarvík führt eine Schotterstraße zum Strand von **Skálavík**, beliebt für kurze Wanderungen und kalte Bäder. Der einfache Campingplatz ist ein toller Ort für Wohnmobile.

Islands schönster Wasserfall?

WASSERFALL-WELLNESS

Der bekannteste Ort der Westfjorde ist der **Dynjandi-Wasserfall**, der eigentlich eine Aneinanderreihung von sechs Fällen ist. Auch wenn der grandiose und malerische **Fjallfoss** an der Spitze seinen kleineren Geschwistern die Show stiehlt, sind auch diese auf dem Weg hinauf zum Aussichtspunkt sehenswert.

Dynjandi ist für isländische Verhältnisse weder besonders mächtig noch sehr groß. Dass viele erfahrene Reisende ihn bevorzugen, könnte mit seiner Lage zu tun haben. Das Wasser

WARUM ICH DIE WESTFJORDE LIEBE

Egill Bjarnason, Lonely Planet Autor

Bei meiner ersten Reise in die Westfjorde habe ich als Reporter die Sommerbewohner in Hornstrandir interviewt, die sich dafür einsetzten, die entlegene Halbinsel zur „digitalfreien Zone" zu erklären. Damals wollte die Regierung einen Funkmast aufstellen, doch alle, mit denen ich sprach, zogen ein unbesorgtes Leben der Erreichbarkeit vor.

Die – für moderne Zeiten radikale – Idee der Westfjorde ist, einen Raum für echte Abenteuer zu bewahren. Für dieses Buch bin ich wieder nach Hornstrandir gefahren. Zwei Balken. Ein Balken. Ich nähere mich Veiðileysufjörður, ein kurzer Zufluss mit langem Namen, und die Berge haben das schwache Netz verschluckt. Null.

ÜBERNACHTEN IN DEN WESTFJORDEN

Campingplatz Tungudalur
Camping in einem grünen Tal außerhalb von Ísafjörður, mit toller Stimmung in der Küchenhütte. **€**

Melanes
Hinreißende Hobbithöhlen für zwei Personen direkt an der Bucht von Rauðasandur. Camping möglich. **€€**

Harbour Inn
Elegante und moderne Zimmer mit Gästeküche und gemütlichem Esszimmer. Gutes Frühstück. **€€**

Bolafjall-Plattform

verteilt sich weit und spritzt nicht, sodass Besucher:innen nah herangehen können, ohne nass zu werden. Er ist ebenso eindringlich und überwältigend wie beruhigend und wohltuend.

Radtouren

RUHIGE STRASSEN & UNGLAUBLICHE PFADE

Radfahren in den Westfjorden ist ein schnell wachsender Trend, angeschoben von der **Westfjords Way Challenge** (cyclingwest fjords.com). Die Ultra-Ausdauer-Radtour führt in fünf Tagen über eine Gesamtlänge von 960 km die Küstenstraße entlang. Wer es erst einmal ausprobieren möchte, macht sich vom Dorf **Þingeyri** auf eine atemberaubende Fahrt die steilen Klippen des **Dýrafjörður** entlang. Angenehme vier Stunden verbringt man auf der Fahrt zum orangefarbenen **Leuchtturm bei Svalvogar**; die 40-Kilometer-Tour ist anstrengend, aber auf passablem ebenem Grund. Erfahrene Radfahrende können die Halbinsel in 6 bis 8 Stunden umrunden. Leihfahrräder gibt's im Café Simbahöllin (simbahollin.is) ab 12 500 Kr.

In Ísafjörður hat **Borea Adventures** (boreaadventures.com) mehrmals in der Woche geführte Touren im Programm; wer fit genug für 6 Stunden radfahren ist, kann die „Fjord-Hopping"-Tour über die Berge nach Bolungarvík probieren.

DIE WESTFJORDE FÜR KINDER

Haukur Sigurðsson, Fotograf aus Ísafjörður und zweifacher Vater, empfiehlt Familienspaß in den Westfjorden. *@haukursigurdsson*

Raggagarður
Der riesige Spielplatz in Súðavík, 20 km von Ísafjörður, wurde von Vilborg Arnardottir im Andenken an ihren Sohn Raggi gestaltet. Spaßig schön, auch für Erwachsene, mit Picknick- und Grillplätzen.

Samúel Jónsson´s Kunstmuseum
Die naiven Tierskulpturen von Samúel Jónsson (1884–1969) befeuern die Fantasie. An klaren Tagen ist schon die 40-minütige Fahrt von Bíldudalur toll; der Großteil des Museums ist draußen am steinigen Strand.

Holtsfjara
Auf dem ruhigen Strand von Önundarfjörður (auf Google Maps „Önundarfjörður Pier") finden Sandburgenwettkämpfe statt.

KAFFEE TRINKEN IN DEN WESTFJORDEN

Litlibær, Skötufjörður
Rasendachhütte aus dem 19. Jh., vollgestopft mit Andenken der hier geborenen und aufgewachsenen Besitzer.

Simbahöllin, Þingeyri
Ruhiges Café in einem restaurierten Krämerladen von 1915. Außenplätze in einem alten Bus.

Kaffi Norðurfjörður, Strandir
Das abgelegenste von allen, mit Blick auf den Hafen in Islands bevölkerungsärmster Gemeinde.

DIE KÜSTE VON STRANDIR

Spärlich bewohnt, wunderbar friedlich und wohl bekannt bei Reisenden ist der östliche Rücken der Westfjorde, einer der spektakulärsten Orte Islands. Die Straße nördlich von Hólmavík, die um einige Fjorde herumführt, ist gesäumt von aufragenden Felsen und eine raue, wilde und unglaublich lohnende Strecke. Die Straße endet am Norðurfjörður, wo die Abgehärteten sich mit einem heißen Getränk bei Kaffi Norðurfjörður und einem Bad im herrlichen Krossneslaug-Pool belohnen.

MARTI BUG CATCHER/SHUTTERSTOCK ©

Rauðisandur

Westlichster Abstecher

SANDSTRÄNDE MIT PAPAGEITAUCHER-KLIPPEN

Eigentlich liegt der Strand von **Rauðisandur** am falschen Breitengrad. Wenn er, sagen wir, 20 Grad weiter südlich läge, würden sich an diesem 10 km langen, tropisch wirkenden Strand mit rotem Sand bunte Handtücher und Sonnenschirme stapeln. Die Sandfarbe kommt von pulverisierten Muscheln. An hellen Sonnentagen kann man hier sogar sonnenbaden, aber die meisten tragen doch Wanderschuhe; die Gegend ist prima für lange und kurze Wanderungen.

Die Fahrt auf der steilen, engen Straße ist abenteuerlich. Der Blick von oben ist einfach großartig; der Strand sieht vielleicht nicht rot aus, denn die Sonne „färbt" ihn häufig gelb oder sogar schwarz. Auf Meereshöhe gibt's an der Straße eine Abzweigung: zum 1,5 km langen Fußweg zum Strand rechts Richtung Saurbær abbiegen. Um zum Parkplatz des Campingplatzes zu kommen, links nach Melanes abbiegen. Der Fußweg von Saurbær kann bei Flut sehr nass werden. Weiter unten an der Straße liegt ein kleines weißes Haus mit dem **Französischen Café** (Franska Kaffihúsið), wo von Juni bis August Waffeln und Kaffee serviert werden.

SEEROUTE NACH SNÆFELLSNES

Die Baldur-Autofähre überquert den Breiðafjörður zur Halbinsel Snæfellsnes mit einem fünfminütigen Halt auf der autofreien Insel Flatey. Wer auf der Insel bleiben möchte, kann das Auto kostenlos rüberschicken, siehe S. 326.

BADEN IN DEN WESTFJORDEN

Hellulaug
Direkt am Strand mit Blick auf den Ozean, 500 m östlich vom Hótel Flókalundur.

Reykjafjarðarlaug
Betonpool (32 °C), der echte Genuss ist aber ein 45 °C warmes, natürliches Becken im Gras.

Pollurinn
Betonierte, natürliche Hot Pots (46 °C); abendlicher Treffpunkt, ausgeschildert an Straße 617, 3,8 km hinter Tálknafjörður.

Die Straße 612 führt bis zur Spitze der Halbinsel und einem der größten Vogelfelsen Europas. An den **Látrabjarg-Klippen** – auch der westlichste Punkt Europas – treffen sich von Juni bis Mitte August alle: Papageitaucher, Tordalken, Lummen, Kormorane und andere Seevögel. Die Klippen erstrecken sich über insgesamt 14 km, der längste Weg (rund 20 km) führt bis zum Strand Rauðisandur. Beste Besuchszeit ist abends, wenn die Vögel zu ihren Nestern zurückkehren.

Auf dem Rückweg liegt das **Schiffswrack Garðar BA**, ein Instagram-Favorit.

HORNSTRANDIR-BESUCHERZENTRUM

Das Hornstrandir-Besucherzentrum am zentralen Platz in Ísafjörður (S. 317) bietet praktische Reiseinformationen und eine kleine Ausstellung über seinen berühmtesten Bewohner, den Polarfuchs.

Wandern auf Hornstrandir

EUROPAS LETZTE WILDNIS

Die nördlichste Spitze der Westfjorde, 0,6 % der isländischen Landmasse, ist eins der letzten Wildnisgebiete Europas. Das **Naturschutzgebiet Hornstrandir** ist eine atemberaubende Schönheit aus aufragenden Bergen und abstürzenden Klippen. Nur wenige Reisende verschlägt es hierher, um von einem Fjord zum nächsten zu fahren, mal für zwei Nächste, mal für eine Woche. Das Wetter ist launisch und der Polarfuchs trägt sein braunes Sommerfell. Die Füchse von Hornstrandir scheinen nicht zu wissen, dass Menschen sie sonst überall jagen: einige nähern sich Menschen und fressen sogar aus der Hand. Der letzte menschliche Vollzeitbewohner dieser schroffen Gegend ist 1952 weggezogen; Landwirtschaft lohnt kaum hier oben. Viele Nachfahren haben ihre Familienhöfe aber in Sommerhäuser verwandelt.

Um nach Hornstrandir zu gelangen, braucht man erst einmal einen Hafen; es gibt keine Straßen. Von Ísafjörður fahren von Juni bis Mitte August täglich Schiffe von Borea (borea.is) und Sjóferðir (westtours.is). **Hornvík** und **Hesteyri** sind die beiden Basislager, besetzt von einem einsamen Ranger. Die meisten Wanderwege verlaufen rund um die **Hornbjarg-Klippen**. Die beliebteste Wanderung, **Königshorn** (Hornleið), von **Veiðileysufjörður** nach Hesteyri dauert vier bis fünf Tage.

Wer ohne mehrtägige Wanderung nach Hornbjarg möchte, kann in **Strandir** (strandferdir.is) am östlichen Ende der Westfjorde ein Boot buchen.

WAR DAS GERADE EIN EISBÄR?

Seit 2008 sind fünf Eisbären von Nordost-Grönland nach Island gelangt – im Sommer, wenn das fehlende Eis die Bären zwingt, ihr normales Revier auf der Suche nach Futter zu verlassen. Die meisten sind in Hornstrandir gelandet. Die Regierung hat beschlossen, sie zu töten, weil sie zu schwach und aggressiv seien, nachdem sie Hunderte Kilometer geschwommen sind.

UNTERWEGS VOR ORT

Die Straßen sind überwiegend unbefestigt, häufig felsig, aber grundsätzlich wunderschön; die meisten sind mit Zweiradantrieb befahrbar. Dank der Bergtunnel – einige sehr eng! – hat die Ringstraße „Westfjords Way" keine schwierigen Bergpässe, mit Ausnahme der Dynjandisheiði: eine 15 km lange Schotterstraße zum Dynjandi-Wasserfall, die meistens verschneit ist. Es gibt nur wenige, weit voneinander entfernte Tankstellen in den Westfjorden.

Die Baldur-Autofähre (seatours.is) verbindet die südlichen Westfjorde mit Stykkishólmur auf der Halbinsel Snæfellsnes. Im Sommer fährt sie zweimal am Tag von Brjánslækur mit Zwischenhalt auf der Insel Flatey.

Busverbindungen gibt es nur rund um Ísafjörður, mit kommunalen Bussen nach Bolungarvík, Suðureyri, Flateyri und Þingeyri. Mitfahrgelegenheiten für längere Strecken unter samferda.net.

HALBINSEL SNÆFELLSNES

Funkelnde Fjorde, spektakuläre Vulkangipfel, steile Meeresklippen, ausladende goldene Strände und knackige Lavaströme prägen die vielseitige und faszinierende Landschaft der 100 km langen Halbinsel Snæfellsnes. Das Gebiet wird von der glitzernden Eiskuppe Snæfellsjökull überragt, die in Jules Vernes *Die Reise zum Mittelpunkt der Erde* verewigt wurde. Gute Straßen und regelmäßige Busse sorgen für eine einfache Anreise von Reykjavík. Snæfellsnes bietet einen Querschnitt der Höhepunkte Islands auf kleinem Raum. Stykkishólmur, an der bewohnten Nordküste, ist die größte Stadt der Region und damit naheliegender Startpunkt. Entlang der Nordküste Richtung Westen folgen kleinere Orte. Im Westen umfasst der Snæfellsjökull-Nationalpark nicht nur Gletscher, sondern auch Vogelschutzgebiete und Lavafelder. An der ruhigen Südküste liegen einige schöne Pferdehöfe zwischen gewaltigen Felsen.

TOP TIPP

Mit dem Kajak durch die ruhigen und steinigen Bäche von Breiðafjörður eröffnet sich eine andere Perspektive auf die bergige Halbinsel. Vestur Adventures (vesturadventures.is) bietet zwei- bis drei-stündige Touren vom Grundarfjörður in den Gewässern rund um den Berg Kirkjufell; wer es idyllisch mag, paddelt gegen Sonnenuntergang.

ALBERTO MARZAIOLI/SHUTTERSTOCK ©

Stykkishólmur (S. 324)

HIGHLIGHTS
1 Breiðafjörður
2 Djúpalón-Strand
3 Kirkjufell
4 Snæfellsjökull
5 Snæfellsjökull-Nationalpark

SEHENSWERTES
6 Dritvík
7 Helgafell
8 Malarrif

KURSE & TOUREN
9 Go West!
10 Láki Tours

TRANSPORT
11 Baldur-Fähre

SALAJEAN/SHUTTERSTOCK ©

Kirkjufell (S. 324)

Abenteuer auf See

3009 INSELN IM BREIÐAFJÖRÐUR

Fischer im **Breiðafjörður** behaupteten lange, es gebe zwei Dinge, die nicht gezählt werden könnten: die Sterne am Nachthimmel und die felsigen Inseln im Breiðafjörður. 2016 hat das Isländische Institut für Naturgeschichte die Behauptung widerlegt und 3009 Inseln und 1275 Schären (einsame Felsen mitten im Meer) gezählt.

Flatey ist mit 2 km Länge und 500 m Breite sicherlich nicht die größte Insel in der Bucht, aber Heimat von Tausenden aggressiven Küstenseeschwalben. Offiziell leben sechs Personen auf der Insel. Im Sommer sind es dann mehrere Hundert, die den Campingplatz **Krákuvör**, die Pension **Læknishús** und das **Hótel Flatey** (hotelflatey.is) bevölkern. Keine Autos, keine Geschäfte – nur du und die Natur. Das Restaurant im Hótel Flatey fischt seine Zutaten aus der Bucht und hat eine Kellerbar mit gelegentlicher Livemusik. Nimm die Baldur-Fähre (S. 321) nach Flatey.

Breiðafjörður war in den letzten Jahren der beste Ort, um **Orcas** zu sehen, normalerweise im Herbst, wenn die Heringsschwärme ankommen. Im Sommer gibt's Papageitaucher und Seevögel und hin und wieder Walsichtungen mit **Láki Tours** (lakitours.is) aus Grundarfjörður.

Der Berg ruft

REISE ZUM MITTELPUNKT EINER GESCHICHTE

Kein Wunder, dass Jules Verne den Gletscher **Snæfellsjökull** in seinen Abenteuerroman *Die Reise zum Mittelpunkt der Erde* einfließen ließ: Als der Vulkan ausbrach, wurde sein Gipfel auseinandergerissen und fiel in die eigene Magmakammer, wodurch eine riesige Caldera entstand. Die Helden im Buch brauchten rund 400 Seiten, um in Italien anzukommen – ein derartiger Einsatz ist nicht nötig, um den Anblick zu genießen.

Die eintägige, fordernde und steile Wanderung durch Schnee zum Gipfel (1446 m) kann zwischen sechs und zwölf Stunden dauern, je nach Bedingungen, Jahreszeit und Fitness der Gruppe. Auch erfahrene und gut ausgestattete Bergwandernde dürfen den Gletscher nicht ohne lokalen Guide erklimmen. Prüfe die Angebote von **Summit Adventure Guides** (summitguides.is), **Go West!** (gowest.is) oder anderen in den zwei Besucherzentren des Snæfellsjökull-Nationalparks in Malarrif und Hellissandur.

Weiter zum nächsten Ort eines modernen Klassikers, zum Pfeilspitzenberg aus *Game of Thrones,* dem Blickfang im Nordwesten des Grundarfjörður: **Kirkjufell** (463 m). Die Aussicht

TOP-ABENTEUER-TOUREN

Löngufjörur hoch zu Ross
Auf einem Islandpferd – berühmt für die spezielle Gangart *tölt* – den weißen Sand des Löngufjörur („langer Strand") entlangreiten: Touren mit Íshestar (ishestar.is) dauern zwei bis sieben Tage, auf Stränden, die per Auto nicht erreichbar sind. Spüre zum Wellenrauschen die Sonne im Gesicht und den Wind im Haar.

Vatnshellir-Höhle
Beliebte 45-minütige Tour mit Summit Adventure Guides (summitguides.is) über Wendeltreppen hinunter in die alte Lavaröhre einer Höhle. Guides erklären das faszinierende geologische Phänomen und erzählen Trollgeschichten der Region.

Snæfellsjökull mit dem Schneemobil
Snæfellsjökull Glacier Tours (theglacier.is) erobern den Gletscher bis auf 1410 m per Pistenraupe (Truck mit Kettenrädern) und Schneemobilen.

ÜBERNACHTEN IN STYKKISHÓLMUR

Freezer Hostel
Schlafsäle/einfache Zimmer in einer ehemaligen Fischfabrik in Hellissandur; bietet Konzerte und Kulturveranstaltungen. **€**

Sjávarborg Guesthouse
Grob verputzte Wände und rustikale Einrichtung am Hafen in Stykkishólmur. Café im Erdgeschoss. **€€**

Hótel Egilsen
Boutiquehotel in Stykkishólmur in einem liebevoll restaurierten Holzhaus. Charmantes Knarren bei Wind. **€€€**

ZEBRA-STUDIO/SHUTTERSTOCK ©

Djúpalón-Strand

über den Zwillingswasserfall **Kirkjufellsfoss** vor dem Berg soll das beliebteste Instagrammotiv Islands sein. Überlege gut, ob du hinaufsteigen möchtest. Bei Eis und Feuchtigkeit ist der Untergrund nicht sicher. Im Oktober 2022 wurde der Kirkjufell-Wanderweg nach einem tödlichen Unfall geschlossen.

Die Region hat außerdem ihren eigenen heiligen Berg. **Helgafell**, südlich von Stykkishólmur, wurde einst von Anhängern des Gottes Þór verehrt. Mit 73 m ist er zwar recht klein, war aber zu Sagazeiten so heilig, dass ältere Isländer:innen ihn aufsuchten, wenn der Tod bevorstand. Heute glauben die Einheimischen, dass sich Wünsche erfüllen, wenn man hinaufsteigt. Keine schlechte Belohnung, zusammen mit dem Ausblick.

Spektakulärer Strand plus Training

TESTE FANTASIE & STÄRKE

Der höchste Punkt im Snæfellsjökull-Nationalpark ist der namensgleiche, nicht zu übersehende Gletscher. Aber auch der tiefste Punkt hat es in sich: der wilde schwarze **Djúpalón-Strand** (oder Djúpalónssandur), dessen Felsformationen die Fantasie und den Glauben an Trolle anregen. Der Strand wurde nach zwei brackigen Pools hinter dem Felsbogen **Gatklettur** benannt. Teile des schwarzen Sands sind mit verros-

FAVORITEN DER VOGELFANS

Gunna Lára Pálmadóttir, Geologin und Vogelbeobachterin aus Hellissandur, empfiehlt ihre Lieblingsorte zum Erkunden der Natur im Snæfellsjökull-Nationalpark.

Arnarstapi
Die steinige Küste bietet ausgezeichnete Möglichkeiten für Vogelbeobachtungen entlang der Klippen aus Basaltsäulen, im Hintergrund der Berg Stapafell und der Vulkan Snæfellsjökull. Der schmale Weg führt nach 2,5 km bis Hellnar.

Svalþúfa bis Malarrif
Einstündige Wanderung durch die Natur zwischen dem Svalþúfa-Vogelfelsen und Malarrif, mit den atemberaubenden Lóndrangar-Klippen, die über der Landschaft thronen wie versteinerte Trolle.

Djúpalón-Strand
Umgeben von einzigartigen Felsformationen und den Überresten unserer Seefahrtsgeschichte.

ESSEN IN STYKKISHÓLMUR

Narfeyrarstofa
Snæfellsnes' Lieblingsrestaurant mit Hafenblick und romantischer Beleuchtung im zweiten Stock. **€€€**

Sjávarpakkhúsið
Zutaten direkt von Fischern, Bauern und Brauereien. Mies- und Jakobsmuscheln sind Highlights. **€€€**

Skipper Gastropub
Der „Gastropub" bietet Burger und Fish and Chips in großzügigen Portionen, flinke Bedienung. **€€**

KLIMAWARNUNG FÜR SNÆFELLS-JÖKULL

Die Eiskappe des Snæfellsjökull hat sich während des letzten Jahrhunderts halbiert und ist auf durchschnittlich 30 m Dicke geschmolzen. In den letzten 30 Jahren ist der Schneefall auf dem Gletscher dramatisch zurückgegangen, sodass das Skigebiet schon vor einigen Jahren geschlossen wurde. 2050 wird der Gletscher praktisch verschwunden sein. In der Region hat man 2019 den ersten Gletscher für tot erklärt, als der Klimaaktivist Andri Magnason ein gut besuchtes Begräbnis für den Okjökull organisierte.

TRAVELVOLO/SHUTTERSTOCK ©

Snæfellsjökull (S. 324)

tetem Metall des englischen Fischkutters *Epine* bedeckt, der 1948 hier Schiffbruch erlitt.

Am Strand liegen vier **Kraftprobesteine** aus vergangenen Zeiten. Mithilfe der Steine wurde die Kraft von Fischeranwärtern gemessen: der kleinste ist Amloði (Stümper) mit 23 kg, gefolgt von Hálfdrættingur (schwach) mit 54 kg, Hálfsterkur (mittelstark) mit 100 kg. Der größte, Fullsterkur (volle Kraft) mit 154 kg wird immer noch in Kraftwettbewerben genutzt. Hálfdrættingur markierte die Grenze zum Schwächling, wer ihn nicht heben konnten, galt als ungeeignet für ein Leben auf See.

Der Strand war eine vorindustrielle Fischereistation, als die Fischer noch ohne Hafen im Ruderboot hinausfuhren. Wer hinüber zur Bucht **Dritvík** läuft, kann sich auf die Spuren der über hundert Seeleute begeben, die jedes Frühjahr aufbrachen, als auf den Höfen nichts zu tun war. Sechs bis 14 Mann Besatzung schoben ihre Boote in die Wellen – und hofften das Beste.

UNTERWEGS VOR ORT

Das beste an Snæfellsnes ist die kurze Entfernung zwischen den Attraktionen, nie länger als 100 km. Die Straßen sind gut; die einzige längere Strecke über Schotter liegt zwischen Stykkishólmur und Dalir, die sich aber auch für Zweiradantrieb eignet. Eine wirklich wenig befahrene Strecke ist die Fahrt um den stiefelförmigen Hvammsfjörður auf der oft übersehenen Halbinsel zwischen Snæfellsnes und den Westfjorden – sie hat nicht einmal einen Namen!

Die Baldur-Autofähre (seatours.is) fährt ganzjährig von Stykkishólmur zu den Westfjorden. Man spart damit nicht viel Zeit oder Geld; sie fährt 2½ Stunden, etwa eine Stunde und 15 Minuten weniger als mit dem Auto. Der größte Vorteil ist die Insel Flatey; man kann das eigene Auto mit der Baldur-Fähre ohne zusätzliche Kosten transportieren, d. h. du steigst in Flatey aus und beendest die Reise über die Bucht, wenn die Fähre am Nachmittag oder am nächsten Tag wieder vorbeikommt.

Rund um die Halbinsel Snæfellsnes

Gletschertunnel und Denkmäler zu Ehren der isländischen Sagas lassen unter die Oberfläche der Landschaft und ihrer Geschichte blicken.

Isländer:innen kennen die Region Vesturland (West-Island) durch ihre Sagas: Zwei der bekanntesten, *Laxdæla Saga* und *Egils Saga*, spielen in der Region mit Hügelgräbern und einem außergewöhnlichen Museum. Im Hinterland steht der Hof des mittelalterlichen Historikers Snorri Sturluson, der die heute wertvollsten Manuskripte niedergeschrieben hat.

Ein Stück den Borgarfjörður hinunter liegt am Rand zum Hochland Húsafell. Der Ausdruck „unter die Oberfläche blicken" bekommt hier eine neue Bedeutung: Wandere durch Islands längste Lavaröhre oder tritt nach der Fahrt mit einem Superjeep auf den Gletscher Langjökull durch eine Tür (ja, eine Tür) in Tunnel, die tief in den Gletscher hineinführen.

TOP TIPP

Höfe, die du besuchen solltest: Sturlureykir (Reitausflüge), Háafell (Ziegenfarm), Streichelzoo Hólar, und Erpsstaðir (Milchhof mit hausgemachtem *skyr* und Eis).

AMI PARIKH/SHUTTERSTOCK ©

Langjökull-Tunnel

TÜR ZUM GLETSCHER LANGJÖKULL

Die Tür zu Islands zweitgrößtem Gletscher ist immer offen, wortwörtlich. Die Tür des Gletschers hat die Form und Größe eines massiven Bohrers und führt 500 m in die Eiskappe hinein. Der menschgemachte Tunnel wurde 2015 von dem Unternehmen Into the Glacier fertiggestellt und ist nur mit Superjeeps erreichbar. Weil die natürlichen Eishöhlen am Fuß des Gletschers zusammenfallen, wenn die Temperaturen steigen, liegt der Tunnel auf der Spitze der Eiskappe und kann das ganze Jahr über besichtigt werden. Touren starten in Húsafell.

Bewaldete Lavafelder

DIE HÚSAFELL-BASIS

Am Rand des Gletschers Langjökull, weit im Inneren des Borgarfjörður, liegt das Waldgebiet **Húsafell** mit einem Hotel, einem Campingplatz und Hütten. Entdecke unzählige, ausgeschilderte Wanderwege unterschiedlicher Längen und Niveaus sowie Lavaröhren und Wasserfälle.

Ein leichter 11 km langer Ausflug (Rundweg) führt zum spektakulären **Wasserfall Hraunfossar**. Der Name bedeutet „Lavafeld-Wasserfälle", weil das kristallklare Wasser aus dem Untergrund der umliegenden Lavafelder herausströmt. In der Nähe liegt **Barnafoss**, eine weiterer schäumender Wasserfall. Die Wasserfälle liegen an der Straße 518.

Östlich von Húsafell bilden die weiten öden Lavaströme von **Hallmundarhraun** eine herrlich gruselige Landschaft aus gigantischen Lavaröhren. Die 1100 Jahre alte, 1,5 km lange **Víðigelmir-Höhle** ist die größte Lavaröhre Islands und kann besichtigt werden. Sie lockt mit ständig wechselnden Felsformationen und hat im Inneren einen sicheren Fußweg, der für Führungen (Erw./erm. ab 6500 Kr/frei) genutzt wird. Zeiten stehen auf der Website (thecave.is), Helm und Taschenlampe sind inklusive.

Eine Lavaröhre, die du allein erkunden kannst, ist **Surtshellir**. Du brauchst aber die richtige Ausrüstung: Helm, Wanderschuhe und eine Taschenlampe (nicht dein Handy). An der Straße 518 weist ein hellgelbes Schild auf die Abzweigung nach Arnarvatnsheiði hin (Straße F578). Folge dem holprigen Weg für 7 km bis Surtshellir.

Um hinzukommen, ist ein Mietwagen nötig; von Stykkishólmur auf der Halbinsel Snæfellsnes fährt man mindestens zwei Stunden nach Húsafell.

BUCHE EINEN BAUERNHOF

Hey Iceland (heyiceland.is) ist eine Buchungsplattform für Gasthäuser und Hütten auf Bauernhöfen oder ländlichen Grundstücken, und die lokale Alternative zu Booking.com und Airbnb. Weitere Unterkünfte siehe S. 333.

Auf den Spuren der Sagas

TREFFEN MIT MÖRDERN & POETEN

In Westisland lebten einige der berühmtesten Entdecker und Saga-Helden. Hier wurden ihre Geschichten erzählt und niedergeschrieben.

Das **Landnahmezentrum** in **Borgarnes** widmet sich dem Saga-„Helden", der mit drei Jahren erstmals betrunken war und mit sieben seinen ersten Mord beging: Egill Skallagrímsson, der beliebte Soziopath der isländischen Siedlungszeit. Seine Geschichte wird von der Geburt bis ins hohe Alter in *Egils Saga* erzählt (er wurde auch im Alter nicht netter); niedergeschrieben von Snorri Sturluson.

ÜBERNACHTEN IN STYKKISHÓLMUR

Fossatún Campingkapseln
Winzige Hobbithäuser für bis zu vier Personen. Badezimmer im separaten Haus. **€**

Hótel Varmaland
Geräumiges Landhotel, Frühstück auf der Dachterrasse und Speisesaal. Pool im nahen Dorf Varmaland. **€€**

Hotel Húsafell
Schickes, modernes Hotel mit großen, komfortablen Zimmern. Tolles Restaurant. **€€€**

LOUIELEA/SHUTTERSTOCK ©

Hraunfossar

Die isländischen Sagas sind ein Stück Literatur, das als großartige Dokumentation des mittelalterlichen Europas gilt. Doch warum wurden sie auf wertvollem Pergament geschrieben? Zur gleichen Zeit waren andere Nationen mit der Niederschrift der Bibel befasst, auf Latein. Das Museum **Snorrastofa** in **Reykholt** widmet sich dem ehemaligen Bewohner des Hofs Snorri Sturluson; dem Autor der *Snorra-Edda,* die größte und detaillierteste Quelle modernen Wissens über die nordische Mythologie. Ohne ihn wäre die nordische Mythologie verloren gegangen und das Schreiben von Sagas wäre nicht so beliebt geworden.

Sturlusons Leben ist ein Zeugnis seiner Zeit (1179–1241); er wurde von Islands reichstem Mann adoptiert, in die einzige Schule des Landes geschickt und übernahm zweimal die Aufgabe des Gesetzessprechers im Alþingi-Parlament (der einzige bezahlte Regierungsposten damals und eine äußerst mächtige Position). In seiner Glanzzeit regierte er etwa die Hälfte Islands – bis er im Keller seines Hauses im Auftrag des norwegischen Königs umgebracht wurde.

Von Stykkishólmur auf Snæfellsnes fahren täglich Strætó-Busse nach Borganes (eine Stunde); wer ins Hinterland möchte, braucht ein Mietauto.

BÄDER IN DER SCHLUCHT & KRAUMA

Giljaböðin, auch bekannt als die „Bäder in der Schlucht", sind so etwas wie ein Geheimnis. Das Hotel Húsafell betreibt in einer entlegenen Schlucht zwei heiße Bäder, die maximal 16 Gäste nutzen dürfen, die von einem Guide begleitet wurden. Der Preis ist entsprechend hoch (Erw. 10 000 Kr), der Standort dafür exklusiv. Ganz anders im nahegelegenen **Krauma** (Erw. 5500 Kr). Die Bäder wurden von Snorralaug inspiriert, einem denkmalgeschützten Pool aus dem 13. Jh. auf dem Hof von Snorri Sturluson.

UNTERWEGS VOR ORT

Die Straßen der Region sind gut zugänglich und die meisten Strecken sind asphaltiert. Auf der Ringstraße zwischen Borgarnes und Reykjavík kann es voll werden und es gibt einige Radarfallen. Die Straße 47 von und nach Reykjavík ist weniger befahren und führt um den schönen Hvalfjörður. Die übliche Strecke geht durch den Unterwassertunnel, deshalb kann man den Abzweig leicht verpassen – nach Schildern zur Straße 47 Ausschau halten.

Ankunft

Der Flughafen Keflavík ist für die meisten Reisenden der erste Ankunftsort in Island. Der Flughafen ist ein internationales Drehkreuz für Transatlantikflüge und liegt 50 km von Reykjavík entfernt; Tag und Nacht fahren alle 30 Minuten Busse. Man ist schnell und einfach aus dem Flughafen mit nur einem Terminal draußen, vor allem, wenn man aus dem Schengen-Raum kommt. Für längere Aufenthalte gibt es ein Café und einen Kiosk.

SIM-Karten
Wer eine SIM-Karte benötigt, bekommt Karten von Síminn, Vodafone und Nova in der Ankunftshalle. EU-Bürger:innen und viele US-Bürger:innen kommen in den Genuss der „roam like at home"-Regelung.

Geldwechsel
Arion Bank hat eine Flughafenfiliale, die Wechselkurse am Geldautomaten in der Ankunftshalle sind aber günstiger. Bargeld ist nicht unbedingt nötig; alle Transportmittel akzeptieren Karten.

Flughafenbus
Die drei (konkurrierenden) Flughafen-Shuttle-Angebote–Flybus, Airport Direct und Gray Line – haben Wucherpreise. Eine günstige, aber langsamere und unregelmäßigere Alternative ist der öffentliche Strætó-Bus auf der Straße 55.

Zollfrei
Island hat die höchste Verbrauchssteuer auf Alkohol in Europa. Reisende dürfen aber 1 l Spirituosen, 3 l Wein oder 18 l Bier zollfrei importieren sowie eine Stange Zigaretten pro Person.

Vom Flughafen in die Stadt

BUS	1½ Std.	2000 Kr
TAXI	45 Min.	18 000 Kr
SHUTTLE	1 Std.	3800 Kr

WEITERE ANKUNFTSMÖGLICHKEITEN

Fährhafen Seyðisfjörður Die wöchentliche Smyril Line Autofähre, die von Dänemark über die Färöer nach Island fährt, legt in Seyðisfjörður in Ost-Island an. Die Überfahrt dauert drei Tage – für 1482 Passagiere und rund 800 Autos. Nicht im Winter.

Flughafen Akureyri Die nördliche Hauptstadt Akureyri wird täglich von der lokalen Fluglinie Niceair angeflogen. Der Flughafen wird gerade erweitert, um mit Keflavik konkurrieren zu können; geplante Fertigstellung 2024.

Inlandsflughafen Reykjavík Flüge aus Grönland und von den Färöern landen am Inlandsflughafen mitten in Reykjavík.

Unterwegs vor Ort

Am besten bereist man Island mit dem Auto. Mietwagen und Benzin sind teuer, die Entfernungen zwischen den Regionen dafür relativ klein.

REISEKOSTEN

Mietwagen
ab 16 000 Kr/Tag

Benzin
ca. 300 Kr/Liter

Ladesäule
40 Kr/Min.

Bus von Reykjavík nach Akureyri
10 700 Kr/Erw.

Mietwagen

Die meisten Autovermietungen haben eine Filiale am Keflavík International Airport. Bezahlt wird pro 24 Stunden, nicht pro Kalendertag. Achte darauf, dass der Vertrag ohne Kilometergrenze ist und die Versicherung Schotterwege umfasst. Außerhalb des Sommers braucht man Vierradantrieb.

Verkehr

Die Ringstraße ist durchgehend asphaltiert, ebenso wie die meisten Straßen zwischen Städten und Dörfern. Im Sommer sind Schotterwege entlang der Küste für alle Fahrzeuge befahrbar. Bergstraßen, F-Straße genannt, kommen aus dem Hochland und eignen sich nur für SUVs. Flussquerungen nur mit Erfahrung!

TIPP

Island vollzieht den Wechsel zur E-Mobilität schneller als andere Länder (außer Norwegen). Autovermietungen nehmen zu.

SICHER REISEN

Das Wetter in Island ändert sich alle fünf Minuten und damit auch die Fahrbedingungen. Eine trockene Straße kann schnell vereisen und rutschig werden; safetravel.is informiert über Fahr- und Wetterbedingungen, auch im Frühling und Herbst, wenn die Bergpässe an der Ringstraße winterlich sein können.

Schotterstraßen und einspurige Brücken haben Geschwindigkeitsbegrenzungen. Reisende verursachen häufiger Unfälle als Einheimische und müssen öfter Bußgelder wegen Geschwindigkeitsüberschreitung bezahlen.

UNBEDINGT BEACHTEN!

Rechts fahren.

90

Geschwindigkeit 90 km/h auf befestigten Straßen; 80 km/h auf Schotter.

0,2

Die Promillegrenze liegt bei 0,2.

Bus

Strætó (straeto.is) ist der ÖPNV-Anbieter in ganz Island, einschließlich Reykjavík. Im Sommer kann man das ganze Land mit öffentlichen Verkehrsmitteln bereisen. Die siebenstündige Busfahrt zwischen Reykjavík und Akureyri findet ganzjährig statt, an sechs Tagen in der Woche.

Fähre

Regelmäßige Fähren (road.is/travel-info/ferries) fahren von Landeyjahöfn zu den Vestmannaeyjar, von Reykjavík zu den Viðey-Inseln, von Stykkishólmur zu den südlichen Westfjorden, von Dalvík zur Insel Grímsey, von Árskógsandur zur Insel Hrísey und von Neskaupstaður nach Mjóifjörður (im Winter).

Flugzeug

Icelandair fliegt mindestens dreimal am Tag vom Inlandsflughafen in Reykjavík nach Akureyri sowie täglich nach Ísafjörður und Egilsstaðir. Eagle Air fliegt vom Inlandsflughafen in Reykjavík nach Húsavík, Höfn und zu den Vestmannaeyjar. Norlandair fliegt Bíldudalur und die Insel Grímsey an (via Akureyri).

Geld

WÄHRUNG: **ISLÄNDISCHE KRONE (KR)**

Karte oder bar

Drei Gruppen von Menschen zahlen in Island noch bar: Kriminelle, Kinder und Tourist:innen. Die Kreditkarte ist das Standardzahlungsmittel in Geschäften und Restaurants. Eine kleine, aber wachsende Anzahl von Läden nimmt nur noch Kartenzahlungen an. Für Hotdogs und Führungen kann Bargeld noch sinnvoll sein.

Trinkgeld

In Island ist es nicht üblich, Trinkgeld zu geben. Bis auf Tourführer:innen, die „kostenlose" Führungen anbieten, ist niemand auf Trinkgelder angewiesen. Wer etwas gibt, zeigt die Wertschätzung für eine Dienstleistung. Trinkgeldtöpfe in Cafés und Restaurants werden häufig für Feiern der Mitarbeitenden genutzt.

Geldwechsel

Viele Banken in Reykjavík arbeiten „bargeldlos"; wer Geld wechseln möchte, geht zu einer der großen Filialen, wie Landsbankinn in der Aðalstræti. Jede Stadt hat einen Geldautomaten.

Mobil bezahlen

Mobile Bezahlformen wie Apple Pay werden fast überall akzeptiert. Kreditkarten haben den Vorteil, dass du dafür keinen Strom brauchst.

WIE VIEL KOSTET ...

Mietwagen, pro Tag
ab 16 000 Kr

Busticket
550 Kr

Museumseintritt
1500–3500 Kr

Trinkgeld für eine „kostenlose" Führung
3000– 6000 Kr

WIE ... ein paar Kronen sparen

Islands bestgehütetest Spargeheimnis ist der Schlafsackplatz *(svefnpokapláss)* in Hostels sowie in einigen Pensionen und Hotels. Für einen Bruchteil der normalen Kosten bekommt man ein Bett ohne Bettzeug; du bringst den eigenen Schlafsack, Handtuch und Kissen mit. *Svefnpokapláss* ist nicht das gleiche wie ein Platz im Schlafsaal – du bekommst ein Einzelzimmer, nur ohne Bettzeug. Auf ferdalag. is gibt es eine Liste der Schlafsackunterkünfte.

STEUERN & ERSTATTUNGEN

Preise in Island enthalten immer 24 % MwSt. Preise ohne Angabe der Umsatzsteuer gelten als unseriös. Nicht-Isländer:innen können sich die Mehrwertsteuer für Einkäufe über 6000 Kr erstatten lassen. Frage im Geschäft nach einer Bescheinigung zur Steuererstattung. Nach Vorlage der Quittung und des Gegenstands wird das Formular bei der Arion-Bankfiliale am Flughafen Keflavík in der Abflughalle abgezeichnet und an der Kasse daneben das Geld ausgezahlt.

LOCAL TIPP

Jede Stadt in Island hat einen öffentlichen Pool mit Hot Tubs im Freien sowie häufig tollen Saunas und Dampfbädern. Die durchschnittlichen 1100 Kr für den Eintritt lohnen sich wirklich.

Übernachten

Hostels

HI Iceland (hostel.is) betreibt 29 über das Land verteilte Hostels. Sie sind eine Möglichkeit, die Reiseausgaben klein zu halten. Schlafsaalbetten kosten etwa 6000 Kr pro Nacht, ein Einzelzimmer 11 000 Kr bis 16 000 Kr. Weitere Optionen, die nicht zum HI-Netz gehören, sind das Galaxy Pod Hostel in Reykjavík, das Hafnarstræti Hostel in Akureyri und die Pension Kirkjubær in Stöðvarfjörður.

Urlaub auf dem Bauernhof

Bauern in ganz Island bessern ihr Einkommen mit der Vermietung von Hütten, Gästezimmern oder renovierten Bauernhäusern auf, die sie über die Plattform „Hey Iceland" anbieten („hey" ist isländisch für Hallo). Viele bieten einfache Leistungen und Reinigung; bei einigen kann man am Landleben teilhaben. Interessant sind Heydalur in den Westfjorden, Hraunsnef bei Borgarnes, Vellir nahe Vík und Skútustaðir am See Mývatn.

Campervans

Die Miete von Wohnmobilen ist nicht viel teurer als ein Mietwagen und Island ist für einen Camperurlaub wie gemacht. Die Flexibilität ist beträchtlich. Aufgrund der großen Beliebtheit der Camper ist es nicht mehr erlaubt, nachts außerhalb der vorgesehenen Campingplätze zu stehen. Sie sind unterschiedlich ausgestattet. Die Preise reichen je nach Größe des Fahrzeugs und der Jahreszeit von 20 000 bis 50 000 Kr pro Tag.

WIE VIEL KOSTET EINE NACHT ...

auf einem Zeltplatz
1800 Kr

in einer Pension
15 000 Kr

in einer Hütte
30 000 Kr

Sumarbústaður

Isländer:innen lieben ihre *sumarbústaður* (Sommerhütten), die sich über bewaldete Gegenden verteilen, z. B. in Grímsnes im Süden, Skorradalur im Westen und Kjarnaskógur im Norden. Viele gehören den Gewerkschaften; Island hat die höchste Mitgliedsrate eines nicht kommunistischen Landes. Trotzdem haben Reisende, dem Kapitalismus sei dank, jede Menge Kurzzeitoptionen. Für Gruppen sind Hütten häufig eine kostengünstige Lösung.

Glamping

Isländer:innen schlafen nicht in Iglus – du kannst es aber gern tun. Der Trend des „glamourösen Campings" hat Island mit der Eröffnung des ersten Bubble Hotels erreicht, wo du in einer durchsichtigen Blase in einem entlegenen Wald ohne Lichtverschmutzung quasi im Schein des Polarlichts schläfst. Die meisten Glampingangebote eignen sich aber nur für den Sommer.

WANN BUCHEN?

Von Juli bis Mitte September sollten Unterkünfte weit im Voraus gebucht werden; dann ist es günstiger und leichter, etwas zu finden: Einige Teile Islands sind während der Hochsaison im Sommer schnell ausgebucht. Die Südküste von Vík nach Höfn – eine abgelegene Gegend mit beliebten Zielen, aber wenigen Einwohner:innen – ist meist als Erstes ausgebucht. Reykjavík und größere Städte profitieren vom Größenvorteil sowie von Airbnb. Campingplätze müssen nicht im Voraus gebucht werden, für Camper gibt es auf einigen Plätzen aber die Möglichkeit (über parka.is/camping).

Essen & trinken

Wann

Morgunmatur (Frühstück, 8–10 Uhr): eher einfach: Kaffee und Toast mit Butter und Gouda.

Hádegismatur (Mittag, 12–14 Uhr): Suppe, Salat oder Burger; meist einfacher als das Abendessen.

Kvöldmatur (Abendessen, 18–21 Uhr): Hauptmahlzeit des Tages, aufwendigere und (teurere) Gerichte wie Lamm und Dorsch.

KULINARISCHES

Uppáhelt kaffi Filterkaffee.

Kjötsúpa Lammfleischsuppe mit viel Gemüse.

Fiskur dagsins Fisch des Tages. Häufig Lengfisch, günstiger als Dorsch oder Schellfisch.

Skyr Ein Quark-ähnliches Dessert.

Bláber Wilde Blaubeeren. Eine der wenigen Beerensorten, die in Island wild wachsen.

Kleina in tierischem Fett ausgebackenes Schmalzgebäck mit Kaffee. Enthält manchmal Rosinen und heißt dann *ástarpungar.*

Rúgbrauð Roggenbrot (oder Kuchen!) mit viel braunem Zucker und Butter bestrichen. Traditionell in heißen Quellen gebacken.

Lakkrís Lakritze. Allein oder zum Schokoladendessert.

Pönnukökur Dünne Pfannkuchen mit Rhabarbermarmelade und Schlagsahne am Sonntagnachmittag.

Happy Bier-Tag

Am 1. März 1989 endete eine nüchterne Trockenzeit der isländischen Geschichte: Bier wurde legalisiert. Das Getränk war 74 Jahre verboten, während jeder andere Alkohol völlig legal genossen werden konnte. Jedes Jahr am ersten Tag im März feiert das Land einen landesweiten Bier-Tag, was sonst? Die Feierlichkeiten beginnen gegen 12 Uhr mittags in Craftbier-Bars und Kneipen überall im Land. In Reykjavík gibt's im Bjórgarðurinn (bjorgardurinn.is) und Ægisgarður (aegisgardur.is) Veranstaltungen.

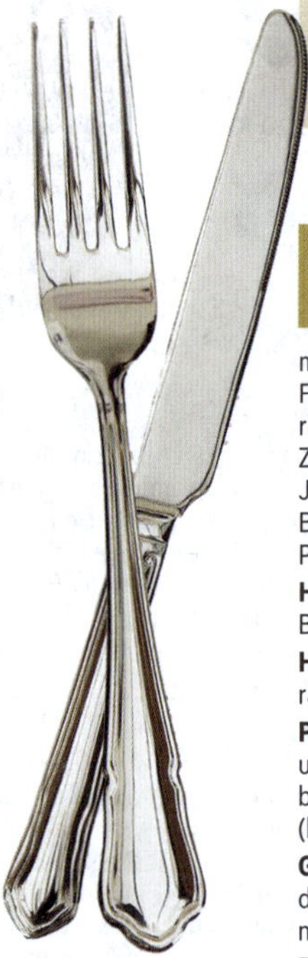

WIE ...

Verantwortungsvoll essen

Es birgt den Reiz des Neuen, Wal, Papageitaucher oder sogar *hákarl* (fermentierten Hai) zu probieren, doch bedenke die Folgen. Nicht die Einheimischen, sondern Tourist:innen verzehren den Großteil des verkauften Zwergwalfleischs, um es mal zu probieren. Die Jagd auf Papageitaucher wurde wegen sinkender Brutzahlen in den meisten Regionen eingestellt. Probiere stattdessen diese lokalen Spezialitäten:

Harðfiskur Luftgetrockneter Stockfisch mit Butter.

Hangikjöt „abgehangenes Fleisch", meist geräuchertes Lamm in dünnen Scheiben.

Pylsur Isländische Hotdogs aus Lamm, Rind und Schwein, mit rohen oder frittierten Zwiebeln, Ketchup, Senf und scharfer Remoulade (bestelle *eina með öllu* – einen mit allem).

Grjónagrautur Milchreis mit Rosinen. Isländer:innen essen Milchreis zum Abendessen, nicht als Frühstück oder Dessert.

Plokkfiskur Fischeintopf. Schellfisch, Kartoffeln, Milch, Mehl, Zwiebeln, püriert und mit Salz und einer Prise Curry gewürzt.

WIE VIEL KOSTET …

Kleina von der Bäckerei
300 Kr

Kjötsúpa (Fleischsuppe)
2200 Kr

Milchkaffee
700 Kr

1 Kilo *harðfiskur*
10 000 Kr

Mittag im Imbiss
3000 Kr

Abendessen für zwei im Sternerestaurant
25 000 Kr

Bier
1400 Kr

Glas Wein
1600 Kr

WIE … Speisen erkennen, die zur Herausforderung werden könnten

Früher wurde nichts vergeudet, und manch traditionelles isländisches Gericht ähnelt eher einer Requisite aus einem Horrorfilm als Essen. Diese Gerichte stehen nur selten auf den Karten; sie werden vor allem bei *þorramatur*-Buffets zu *Þorrablót* (Wintersonnenwendfeier) serviert (Mitte Januar bis Mitte Februar).

Svið Gesengter Schafskopf (mit Augen) zweigeteilt, gekocht und frisch serviert.

Sviðasulta Sülze aus *svið*-Stücken. Wird ganzjährig in Supermärkten verkauft.

Slátur Es gibt zwei Varianten: *lifrapylsa* ist Leberwurst aus Schafsgedärmen, Leber und Schmalz, in Schafsmagen gestopft und gekocht (ähnlich wie das schottische *haggis*). *Blóðmör* enthält zusätzlich Schafsblut (ähnlich wie Blutwurst).

Hrútspungar Hammelhoden in Molke und in Kuchenform zusammengepresst. Wird kalt gegessen.

Hákarl Fermentierter Hai. Promikoch Anthony Bourdain behauptet, dass dies „das Schlimmste, Ekligste und Schrecklichste" war, was er je probiert hat. Gordon Ramsay hat ihn ausgespuckt und Ainsley Harriott meinte, es sei, als kaue man eine uringetränkte Matratze. So weit und so gut – tatsächlich schmeckt es besser als es riecht. Man sollte jedoch bedenken, dass nicht bekannt ist, wie viele Grönlandhaie es überhaupt noch gibt.

Kæst skata Fermentierter Rochen, noch intensiver als der fermentierte Hai! Traditionelles Weihnachtsgericht und wegen des ranzigen Ammoniakgeruchs Auslöser von Nachbarschaftsfehden in Mehrfamilienhäusern.

Griff zum Brennivín

Brennivín, Schnaps mit Kümmelgeschmack ähnlich wie Aquavit, wird zu *þorramatur* gereicht, ein Shot für jeden Bissen *hákarl*. Die Flaschen haben ein schwarzes Etikett, früher war es grün wie Medizin: ein Versuch der Regierung, positive Assoziationen zu verhindern.

FRISCHE LEBENSMITTEL KAUFEN

Frage eine:n Bewohner:in des Nordens, welches der acht Länder das beste Essen hat, und sie werden ihr eigenes nennen. Nächste Frage: Wie ist das andere Essen im Norden? „Ekelhaft!"

Island ist für vergammeltes Essen bekannt, doch stimmt meist das Gegenteil. Lokale Zutaten – aus dem Meer, dem Gewächshaus oder vom Bauernhof – sind besonders frisch. Tatsächlich ist das größte Exportgut Islands essbar: Fisch, einschließlich (gezüchtetem) Lachs.

Im alten Island war Milch das einzige frische Erzeugnis im Winter. Noch heute ist Island ein Land der Milchprodukte. Zuschüsse sorgen für günstige Preise für Käse, *skyr* und Butter in den teuersten Supermärkten der Welt. Lokal angebautes Gemüse kann teurer sein als importiertes, ist aber von hoher Qualität, vor allem Gewächshausprodukte wie Tomaten, Paprika und Salate. Und die Auswahl wird größer: Der Erfolg von Nordischem Wasabi – ein Lebensmittel-Start-up versorgt Spitzenrestaurants auf der ganzen Welt – zeigt, dass Islands Gewächshäuser mit günstigem Strom und unerschöpflicher Wasserversorgung fast alles möglich machen können.

Brot und Gebäck sind Glückssache. Restaurants und Geschäfte importieren gefrorenen Teig und verkaufen ihn als „frisch gebacken". Konkurrierende Bäckereien in Reykjavík haben aber auch zu besserer Qualität geführt.

Der Schlüssel für gutes Essen in Island ist, sich (und die Bedienung) zu fragen, wo die Zutaten herkommen.

Nachhaltig reisen

Freilaufende Schafe

In Island leben mehr Schafe als Menschen. Die meiste Zeit des Jahres bewegen sich die Schafe frei: Vorsicht, wenn du mit dem Auto unterwegs bist. Auch Gatter sollten immer wieder geschlossen werden, damit nicht auch die Pferde frei durch die Gegend laufen.

Saubere Strände

Müll entlang der weiten isländischen Küste einsammeln hilft, das Meer von Plastik und von zurückgelassenem Angelzubehör zu befreien, das Tieren schaden kann. Wer sich an Sammelaktionen beteiligen möchte, kontaktiert Blái herinn oder Ocean Missions.

Keine Geländefahrten

Isländischer Boden bildet sich langsam und erodiert schnell; Geländefahrten beschädigen die Landschaft langfristig und sind streng verboten. Die Strafen sind saftig.

The Icelandic Pledge (pledge.visiticeland.com) ist eine Online-Vereinbarung, mit der Tourist:innen versprechen, die Natur während ihrer Reisen in Island zu respektieren.

Mit Camper, Wohnmobil und Faltwohnwagen darf man laut Isländischer Umweltbehörde (ust.is) nur auf gekennzeichneten Campingplätzen übernachten.

Island hat seit 2019 keine Zwergwale mehr gejagt. Das Fleisch, das Tourist:innen jedoch immer noch als lokale Delikatesse vorgesetzt wird, ist aus Norwegen importiert. 2016 wurden noch Walsteaks in Supermärkten verkauft. In einer Umfrage des gleichen Jahres erklärten nur 1,5 % der Isländer:innen, dass sie Walfleisch essen.

VON LINKS: RTUR DIDYK/SHUTTERSTOCK ©, TOMAS REBRO/SHUTTERSTOCK ©, DOMNITSKY/SHUTTERSTOCK ©

Handgestrickte Islandpullis werden von Tourist:innen bewundert und von Einheimischen mit Stolz getragen. Einen Pulli in Erwachsenengröße fertigzustellen, dauert zwischen 14 und 25 Stunden, je nach Anzahl der Farben und Extras, wie Reißverschluss oder Knöpfe. Die isländischen Stricker:innen ärgern sich über ihre sinkenden Gewinne durch das Angebot von in China hergestellten Pullis, auch wenn diese authentische Wolle aus Island verwenden. Das vor Ort gesponnene Garn wird in Containern nach China verschifft und kehrt als Pulli mit dem Label „handgestrickt aus isländischer Wolle" zurück in die großen Souvenirläden.

Bäume pflanzen

Wenn du länger bleibst, kannst du dich Initiativen zur Aufforstung des isländischen Waldes anschließen. Worldwide friends (wf.is) und SEEDS (volunteer.is) unterstützen einheimische Organisationen.

Grüne Aktivitäten

Segeln, Paddeln, Reiten, Wandern und Radfahren haben einen deutlich geringeren CO_2-Fußabdruck als Helikopter-Flüge und Super-Jeep-Touren. North Sailing in Húsavík bietet Walbeobachtung mit Elektro-Booten.

Spenden

Landvernd (landvernd.is) ist die führende spendenfinanzierte Umweltorganisation in Island. Die Icelandic Association for Search and Rescue (ICE-SAR; icesar.com) ist eine gemeinnützige und nicht gewerbliche Freiwilligenorganisation, die Reisenden in Not hilft.

Lokalnachrichten über Tourist:innen, die die Natur an unfassbaren Orten zu ihrer Toilette machen, sind eine typische Sommermeldung. Die isländische Antwort darauf lautet: „Auch wenn die Natur ruft, werde ich sie nicht aufsuchen".

Leitungswasser

Island hat das sauberste Wasser der Welt; man kann es bedenkenlos trinken. Einheimische finden es verschwenderisch, Wasserflaschen zu kaufen, wenn man die gleiche Qualität aus dem Hahn bekommt.

WEITERE INFOS

Vjp.is Regeln für den Nationapark Vatnajökull.

Safetravel.is Ofizielle Quelle für sichere Abenteuer in Island.

Pledge.visiticeland.com Kurze 10-Punkte-Liste für verantwortungsvolles Verhalten.

LGBTQIA+

Island gehört zu den LGBTQIA-freundlichsten Ländern der Welt; im Spartacus Gay Travel Index stand es 2021 auf Platz 10 der Rangliste. Island hatte einen offen schwulen Premierminister und hat als einer der ersten Staaten gleichgeschlechtliche Ehen legalisiert sowie das Adoptionsrecht angepasst.

Gay Pride & Bear Festival

Das jährliche Reykjavík Pride-Festival (hinsegindagar.is) und seine Parade gehören zu den bestbesuchten Veranstaltungen des Landes – mit rund 100 000 Teilnehmenden (das entspricht 25 % der isländischen Bevölkerung). Die Parade findet am zweiten Samstag im August statt und führt von der Hallgrímskirkja die (regenbogenfarbene) Skólavörðustígur hinab. Man kann es nicht übersehen.

Das jährliche RVKBear Festival (reykjavikbear.is) Anfang September wird von der gemeinnützigen Organisation Bangsafélagið für „Bären jeder Form und Größe" veranstaltet. Das viertägige Festival bietet Partys und Tagestouren ab Reykjavík.

IN REYKJAVÍK

Außer im August, dem Pride-Monat, ist die queere Szene eher unauffällig, auch in Reykjavík. Die nationale LGBTQIA-Vereinigung (samtokin78.is) hat ihren Sitz in der Suðurgata 3 direkt neben dem Rathaus von Reykjavík; donnerstags ist offen. Die meisten Veranstaltungen finden auf Isländisch statt. Tipps und Neuigkeiten gibt's auf gayice.is und gayiceland.is.

JENSEITS VON REYKJAVÍK

Im kleinstädtischen Island sind queere Orte eher selten – also überall jenseits von Reykjavík. In Akureyri lädt die Organisation HIN Hinsegin Norðurland donnerstags zu wöchentlichen Treffen im Rósenborg, Skólastíg 2, ein; alle sind willkommen. Die Einstellung in Island ist allgemein positiv.

Bars & Cafés

Kiki (kiki.is) ist die einzige LGBTQIA-Bar in Reykjavík, mit vollen Tanzflächen an jedem Wochenende. Cafés mit queeren Besitzer:innenn sind das gemütliche Babalú (babalu.is) und der Coffee Shop Iða Zimsen (facebook.com/IdaZimsen) in einem unabhängigen Buchladen mit dem gleichen Namen. Namm! ist ein veganer Catering-Service, spezialisiert auf Süßes und Desserts, die im wunderbaren Katzen-Café (kattakaffihusid.is) verkauft werden.

PINK ICELAND

Pink Iceland (pinkiceland.is) kümmert sich um Veranstaltungen und spektakuläre Hochzeitsorte für schwule und lesbische Paare. Private Gruppen bekommen Reisepakete zusammengestellt, Einzelreisende können individuelle Reiserouten entlang der Ringstraße, zu den Westfjorden und nach Südisland buchen.

Little Gay Reykjavík

In seinem Buch *Little Gay Reykjavík* (Sæmundur, 2019) zeichnet Guðjón Ragnar Jónsson die Geburt der Schwulenrechtsbewegung nach, mit lustigen Anekdoten aus dem Nachtleben der 1980er-Jahre.

ALEXANDER SPATARI/GETTY IMAGES ©

Barrierefrei reisen

Island ist ein herausforderndes Reiseland, bemüht sich aber, Barrieren abzubauen, und wird dabei von dem staatlich finanzierten Tourist Site Protection Fund unterstützt. Sehenswürdigkeiten in Südisland haben die beste Infrastruktur (um große Gästezahlen unterzubringen) und damit die größte Anzahl rollstuhlgeeigneter, asphaltierter Wege.

Label der isländischen Tourismusbehörde

Wenn ein Tourismusunternehmen die Kriterien für das „Gott aðgengi"-Programm erfüllt, erhält es eines von drei grünen Labels: rollstuhlgerecht, sehbehindertengerecht sowie hörgeschädigtengerecht.

Flughäfen

Islands fünf wichtigste Flughäfen bieten den „MyWay"-Unterstützungsdienst für Passagiere mit eingeschränkter Mobilität: Keflavík, Inlandsflughafen Reykjavík, Ísafjörður, Egilsstaðir und Akureyri. Die Unterstützung sollte 48 Std. vor Abflug bei der Fluggesellschaft angefordert werden.

Unterkunft

Neue Gebäude, die nach 2012 gebaut wurden, haben Aufzüge und barrierefreie Badezimmer. Die meisten Campingplätze und einige Hostels sind barrierefrei gestaltet. Öffentliche Schwimmbäder bemühen sich um Zugänglichkeit mit besonderen Spinden und Poollifts; ältere Pools rüsten langsam nach.

WEITERE INFOS

Wheel Map *(wheelmap.org)* ist eine Online-Karte mit rollstuhlgerechten Orten. Aktualisierungen kommen von Nutzer:innen.

National Confederation of Physically Disabled People *(sjalfsbjorg.is)* betreut einen Online-Führer (auf Isländisch) mit empfohlenen Restaurants und Hotels. Suche nach „Ferðalög og samgöngur". Kurzfristige Vermietung von Hilfsmitteln.

Iceland Unlimited *(icelandunlimited.is)* ist ein Tourenanbieter von Ausflügen für eingeschränkte Reisende.

TRAVABLE APP

Kostenlos und für alle Betriebssysteme bietet die TravAble (travable.is)-App Suchmöglichkeiten nach barrierefreien Unternehmen in Island.

Saisonale Herausforderungen

Von November bis März sind Bürgersteige meist zugeschneit und vereist, trotz Räumung und Salz. In Stadtgebieten gibt es geothermisch geheizte Wege, die Eis und Schnee fernhalten.

ÖPNV

Öffentliche Busse in Reykjavík sind rollstuhlgerecht, die Busse müssen aber eigenständig betreten und verlassen werden. Busse außerhalb Reykjavíks sind nicht barrierefrei.

SONNENBLUMEN-UMHÄNGEBAND

Sonnenblumen-Bänder werden zunehmend an wichtigen Orten wie dem Flughafen Keflavík und dem Perlan genutzt und erkannt. Die Bänder zeigen, dass die Personen, die sie tragen, eine verborgene Einschränkung haben und Unterstützung, Hilfe oder etwas mehr Zeit benötigen.

RAMPEN FÜR ISLAND

Fast jedes Geschäft an der Haupteinkaufsstraße Laugavegur in Reykjavík ist rollstuhlgerecht – dank der Kampagne „Rampen für Island". Die Geschäfte bekommen Finanzierungen und Unterstützung. Ziel ist es, bis März 2026 1500 Rampen gebaut zu haben.

Sicher reisen

Versicherungen

Die meisten Tourist:innen, die ohne Visum einreisen dürfen, sind aufgrund von bilateralen Verträgen krankenversichert. Arzttermine für Nicht-Ansässige sind trotzdem kostspielig; viele Staatsangehörige müssen ihre Behandlungen voll bezahlen und erhalten erst später eine Erstattung. Die Europäische Gesundheitskarte gewährleistet eine schnelle Abwicklung.

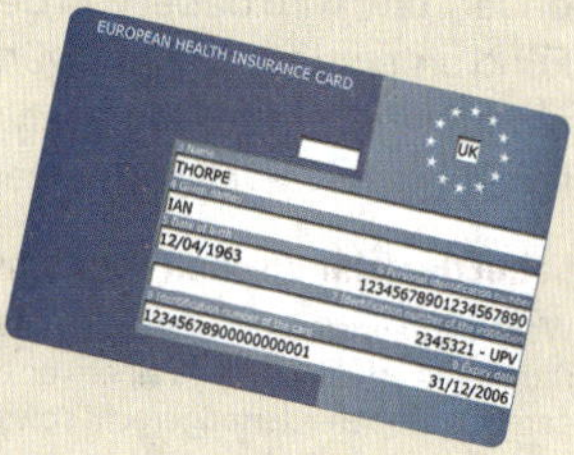

Erdbeben

Island sitzt auf der eurasischen und der nordamerikanischen tektonischen Platte. Erdbeben treten regelmäßig entlang der U-förmigen Plattengrenze auf, die durch die Halbinsel Reykjanes, die südlichen Tiefebenen bis Vatnajökull, durch das Hochland über die Askja bis in die Region Húsavík verläuft. Häuser werden erdbebengerecht gebaut, in jüngerer Zeit waren keine Opfer zu beklagen. Das letzte großen Erdbeben ist 2008 bei Selfoss aufgetreten.

Lawinen

Schneelawinen sind die tödlichste natürliche Gefahr in Island. Wandernde, auch wenn sie moderate Wege wählen, sollten sich auf der Website der isländischen Wetterbehörde (en.vedur.is) über aktuelle Lawinen und Alarmmeldungen informieren. Meide Stürme. Die meisten Lawinen beginnen, wo Hänge steil werden, auf der Windseite. Lawinen-Notfallausrüstung nicht vergessen.

NOTFÄLLE

Islands Notfallnummer ist 112. Sprechzeiten in Arztzentren von Reykjavík stehen auf heilsugaeslan.is. Lade die isländische SafeTravel-App herunter.

FARBEN BEI WETTERALARM

Grün Alles in Ordnung, weitermachen.

Gelb Potenziell gefährlich, wenn keine Vorsichtsmaßnahmen ergriffen werden.

Orange Schlimmer Sturm. Lass das Auto stehen.

Rot Extreme Wetterlage mit Wind in Hurricanstärke, tritt nur selten auf.

Vulkanische & geothermische Risiken

Island hat rund 130 aktive Vulkane. Unmittelbare Gefahr durch Lava und vulkanische Gase treten in entlegenen Gebieten auf; gefährlich ist, ihnen nahe kommen zu wollen. Die vorgeschriebenen Wege zu verlassen ist wegen möglicher Hohlräume und Treibsand riskant.

REGEL NR. 1: BEACHTE DIE VORHERSAGE

Die Wettervorhersage ist deine Versicherung. Erstbesucher:innen unterschätzen häufig, wie schnell sich die Bedingungen verändern können. Hinterlasse bei Wanderungen deinen Reiseplan (safetravel.is/travel-plan) oder miete einen PLB-Notruf (Person Locator Beacon). Bleibe im Auto, wenn du im Schnee stecken geblieben bist, und informiere dich auf safetravel.is.

LINKS: THOMAS COLLETT/SHUTTERSTOCK ©, RECHTS: GDEFILIP/SHUTTERSTOCK ©

Gefährliche Orte

Respektiere die Natur. Das bedeutet: Beachte Wetterbericht und Reisewarnungen. Wenn der Zugang zu einer natürlichen Attraktion begrenzt ist, dient das dem Schutz von Landschaft und Reisenden.

Reynisfjara-Strand

Entgegen der allgemeinen Wahrnehmung ist der Reynisfjara-Strand einer der gefährlichsten von Island. Am schwarzen Strand an der südlichen Spitze bei Vík haben in den letzten Jahren sogenannte Sneaker Waves einige Menschenleben gefordert – das sind gewaltige Wellen, die ganz plötzlich infolge einiger kleinerer Wellen auftreten und weit ins Land fließen.

Der Strand Reynisfjara hat auf der Grundlage der nationalen Wellenvorhersage der Road and Coastal Administration (waves.is) ein Farbsystem erstellt, um das Ausmaß der Sneakerwellen zu bewerten. Folge den Anweisungen und komme den Wellen nicht zu nah; eine starke Welle kann jede:n mitreißen und der tiefe Meeresgrund hinter den Sandbänken erzeugt sehr starke Strömungen.

Fagradalsfjall-Lava

Die Lava aus dem Ausbruch des Fagradalsfjall 2021–22 kann besucht werden und ist für alle sicher, die den vorgesehenen Wegen folgen. Direkt auf den Lavafeldern zu laufen, ist gefährlich, weil man jederzeit ohne Vorwarnung einbrechen kann.

F-STRASSEN

F-Straßen sind nicht die üblichen Schotterstraßen; das F steht für *fjall* oder „Berg" und weist auf schlechte Bedingungen und Flussdurchquerungen hin. F-Straßen wie Kjölur können mit einem normalen Jeep sicher befahren werden; andere erfordern riesige Reifen für Flussfurten. Autoversicherungen gelten häufig nicht auf F-Straßen. Unerfahrene Fahrer:innen sollten nicht versuchen, Flüsse zu durchqueren. Wer im Wasser stecken bleibt, sollte sofort den Motor abstellen und sich auf dem Autodach in Sicherheit bringen, statt durch die Strömung zu waten.

DER BERG KIRKJUFELL

Der Kirkjufell (463 m) wacht über den Nordwesten von Grundarfjörðu und gilt als einer der meistfotografierten Orte Islands, er tauchte in *Game of Thrones* und auf unzähligen Instagram-Accounts auf. Mit seiner Berühmtheit hat auch der Verkehr hierher zugenommen, ebenso wie die Zahl der ernsten Unfälle durch instabilen Grund und starke Winde. Meide den Weg bei Nässe, Eis und Wind. Richte dich nach den Empfehlungen der Touristeninformation Saga Center in Grundarfjörður und buche ggf. einen Führer. Im Winter 2022 wurde der Bergpass nach einem tödlichen Unfall komplett geschlossen; im Winter bleibt er eventuell gesperrt.

Reisen mit Kindern

Wasser und Schnee, Stock und Stein, Strände und Bäder – Island ist ein einziger großer Spielplatz für Kinder. Familien bevorzugen die warmen Wochen von Mitte Juni bis Mitte August, wenn sich alle, egal wie alt, bis spät draußen aufhalten können, selbst nach dem Abendessen. Und wenn es regnet, ist es Zeit, die nächste Eisdiele zu orten.

Sehenswertes

Grundsätzlich zahlen Schulkinder 50 % des Erwachsenenpreises für Touren, Museen, öffentliche Pools, Mahlzeiten und Inlandsflüge. Kinder unter sechs Jahren müssen meist nichts zahlen. In Reykjavík können Kinder unter zwölf kostenlos Bus fahren. Hotels und Pensionen bieten häufig günstigere Familienzimmer mit einer Schlafcouch.

Ausstattung

- Restaurants und Tankstellen haben in der Regel Räume zum Windelwechseln.
- Die meisten Hotels (seltener die günstigen) bieten gegen Aufpreis Zustellbetten, am besten bei der Buchung reservieren.
- Nicht rezeptpflichtige Medikamente gibt's nur in Apotheken, die sonntags geschlossen sind.
- Wenige Leihmöglichkeiten für Baby-Ausrüstung, schau in der Facebook-Gruppe „Barnavörur Til sölu/Óska eftir". Autovermietungen haben Kindersitze.

TIPPS FÜR KIDS

Reykjavík Familienpark & Zoo
Kinderzoo mit tollem Spielplatz und Sommerrummel.

Árbæjarlaug
Schwimmbad im Vorort von Reykjavík, ausgerichtet für Kinder jeden Alters.

Wonders of Iceland
Interaktive, spannende Ausstellung über die isländische Natur.

Lava Show (in Vík & Reykjavík)
Auf 1100 °C erhitzte Felsen, um Lava zu schmelzen und einen Vulkanausbruch zu imitieren.

Walbeobachtung
Akureyris schmaler Fjord bietet ruhige See und kürzere Touren.

Unterwegs vor Ort

In Reykjavík und Akureyri zahlen Kinder unter zwölf nichts für den Bus. Miet-Elektroroller sind weit verbreitet – Helme sind für junge Menschen vorgeschrieben.

Beste Reisezeit

Im Sommer ist das Wetter perfekt, um draußen zu schwimmen, und für Bootstouren. Der isländische Kalender ist außerdem vollgepackt mit Aktivitäten für Kinder. Starke Winde und viel Schnee können jüngeren Kindern den Winter verhageln.

FAMILIENSPASS UNTER FREIEM HIMMEL

Was machen Isländer:innen mit ihren Kindern? Sie ziehen ihnen Badeanzüge an – bei jedem Wetter. In öffentlichen Pools spielen die Kinder, während Erwachsene versuchen zu entspannen. Sie ähneln Spielplätzen, mit Rutschen unterschiedlicher Höhen, flachen Freizeitbecken und Bällen zum Spielen.

Für Kinder muss Natur Spaß machen, schön sein reicht nicht. Der Skógafoss ist weniger beeindruckend als der Seljalandsfoss, der einen Weg hinter dem fallenden Wasser hat. Schroffe Strände – z. B. Langanes und Strandir – sind voll von „Schätzen" wie Walknochen und Treibholz aus Sibirien.

CHONES/SHUTTERSTOCK ©

Kurz & knapp

ÖFFNUNGSZEITEN

Öffnungszeiten ändern sich über das Jahr. Hier werden die Zeiten zur Hochsaison angegeben; die Zeiten in der Zwischen- und der Nebensaison sind kürzer.

Banken Mo–Fr 9–16 Uhr

Bars bis 1 oder 4 Uhr an Wochenenden

Cafés 10–18 Uhr

Restaurants 11.30–14.30 und 18–21 oder 22 Uhr

Geschäfte Mo–Fr 10–18 Uhr, Sa 10–16 Uhr; in Reykjavík öffnen manche am Sonntag

ALKOHOL

Das Bier im Supermarkt ist alkoholfrei: die staatliche Vínbúðin-Kette hat ein Alkoholverkaufsmonopol für leichte und starke Getränke. Seit 2022 ist Mikrobrauereien erlaubt, Flaschen direkt an Besucher:innen zu verkaufen.

GUT ZU WISSEN

Zeitzone
Greenwich Mean Time (GMT): MEZ minus 1 Stunde

Ländervorwahl
+354

Notruf
112

Bevölkerung
380 000

MASSE & GEWICHTE

Island nutzt das metrische System.

KREDITKARTEN-PIN

Eine vierstellige PIN ist notwendig für Einkäufe mit Kredit- bzw. Debit-Karte. Stelle sicher, dass du eine Karte mit PIN-Nummer hast.

Strom 230 V / 50 Hz

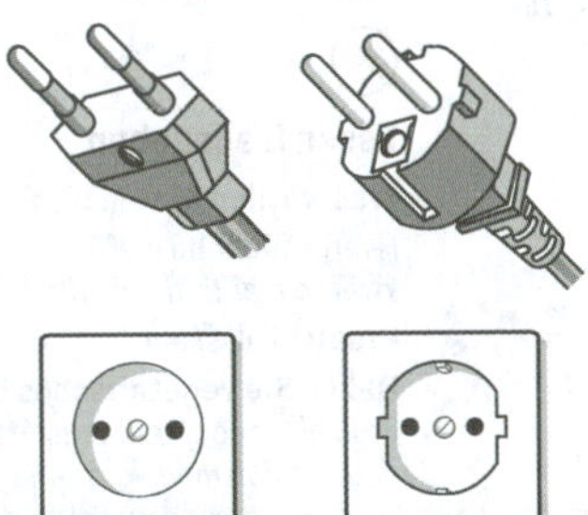

Typ C
220 V / 50 Hz

Typ F
230 V / 50 Hz

FEIERTAGE

Es gibt 16 Feiertage in Island, die sich unterschiedlich auf Öffnungszeiten auswirken. Restaurants außerhalb von Reykjavík haben zu Weihnachten, Neujahr und Ostern geschlossen. Zum Feiertag der Angestellten muss mit starkem Verkehr gerechnet werden.

Neujahr 1. Januar

Ostern März oder April; Gründonnerstag und Karfreitag bis Ostermontag

1. Sommertag Erster Donnerstag nach dem 18. April

Tag der Arbeit 1. Mai

Himmelfahrt Mai oder Juni (wechselt jährlich)

Pfingstsonntag und -montag Mai oder Juni (wechselt jährlich)

Nationalfeiertag 17. Juni

Tag der Angestellten 1. Montag im August

Weihnachten 24. bis 26. Dezember

Silvester 31. Dezember

Sprache

Isländisch gehört zur germanischen Sprachenfamilie, zu der Deutsch, Englisch, Niederländisch und alle skandinavischen Sprachen (außer Finnisch) gehören. Es ist verwandt mit dem Altnordischen und enthält die Buchstaben „eth" (ð) und „thorn" (þ), die es auch im Altenglischen gab.

Nützliches

Hallo. Halló. *hal-lo*
Tschüss. Bless. *bless*
Ja. Já. *jau*
Nein. Nei. *ney*
Danke. Takk./Takk fyrir. *takk/takk fi-rir*
Entschuldigung. Afsakið. *af-sa-kidh*
Tut mir leid. Fyrirgefðu. *fi-rir-gel-dhe*
Wie heißt du? Hvað heitir þú? *kwadh hey-tir thu*
Ich heiße ... Ég heiti ... *jea hey-ti ...*
Sprichst du englisch? Talarðu ensku? *ta-lar dhu ens-kö*
Ich verstehe nicht. Ég skil ekki. *jea skil ä-ki*

Unterwegs

Wo ist (das Hotel)? Hvar er (hótelið)? *kwar är (ho-te-lidh)*
Wie ist die Adresse? Hvað er heimilisfangið? *kwadh är hey-mil-is-faun-gith?*
Kannst du mir (auf der Karte) zeigen? Geturðu sýnt mér (á kortinu)? *gjä-tör-dhö sint mjär (au kor-ti-nö)*

Schilder

Inngangur Eingang
Útgangur Ausgang
Opið Geöffnet
Lokað Geschlossen
Bannað Verboten
Snyrting/Salerni Toiletten

Uhrzeit & Datum

Wie spät ist es? Hvað er klukkan? *kwadh är klük-kan?*
Es ist ... vormittags/nachmittags. Hún er ... fyrir hádegi/eftir hádegi. *hun är ... für-rirr hau-dey-i/äf-dirr hau-dey-i.*
am Morgen að morgni. *ath mo-dni*
Nachmittag eftir hádegi. *äf-dirr hau-dey-i*
am Abend að kvöldi *ath kwöl-di*
Gestern í gær *i gairr*
Heute í dag *i dahch*
Morgen á morgun. *au mor-gön*

Notfall

Hilfe! Hjálp! *chalp*
Verschwinde! Farðu! *far-dhö*
Ich habe mich verlaufen. Ég er villtur/villt. (m/f) *jea är wil-tür/wilt*
Wo sind die Toiletten? Hvar er snyrtingin? *kwar är snir-tin-gin*
Rufe ... ! Hringdu á ...! *hring-dö au ...*
einen Arzt lækni *laik-ni*
die Polizei lögregluna *lö-reg-lö-na*

Essen & ausgehen

Was würden Sie empfehlen? Hverju mælir þú með? *kwär-jö mai-lir thu mädh*
Prost! Skál! *skaul*
Haben Sie vegetarisches Essen? Eruð þið með grænmetisrétti? *är-ödh thidh mädh grän-mä-tis-rjä-ti*

ZAHLEN

1 **einn** *eydn*
2 **tveir** *tweyr*
3 **þrír** *thrir*
4 **fjórir** *fjo-rir*
5 **fimm** *fimm*
6 **sex** *seks*
7 **sjö** *sjö*
8 **átta** *auch-ta*
9 **níu** *ni-ö*
10 **tíu** *ti-ö*

PURES ISLÄNDISCH

Im Isländischen gibt es keine Lehn- und Fremdwörter, so heißt Computer auf isländisch „tölva".

AUSSPRACHE

Die Betonung liegt grundsätzlich auf der ersten Silbe.

Isländisch

Buchstabe	Aussprache
Á á	au (wie in „Haus")
Ð ð	th („th" wie englisch „the")
É é	e (wie in „je")
Í í	ih (wie in „Lied")
Ó ó	oh (wie in „Boot")
Ú ú	uh (wie in „gut")
Ý ý	ih (wie in „Lied")
Þ þ	th (stimmlos wie in „think")
Æ æ	ei (wie in „Eis")
Ö ö	ö (wie in „öffnen")

Ortsnamen

Ortsnamen werden je nach grammatikalischem Fall unterschiedlich geschrieben, z. B. in Busfahrplänen oder Straßenschildern.

Begrüßung

In der alten isländischen Kultur waren Begrüßungen mit vielen Küssen verbunden. Heute schütteln die meisten nur noch Hände oder küssen allenfalls eine Wange.

Sons und Dóttirs

Isländer:innen mögen es eher informell. Eine Person wird nur selten mit Titel und/oder Nachnamen angesprochen. Isländer:innen verwenden das alte patronymische System, bei dem *son*, „Sohn", oder *dóttir*, „Tochter" an die Genetivform des Vaternamens, seltener des Mutternamens, angehängt wird.

WER SPRICHT ISLÄNDISCH?

Island wurde im 9. und 10 Jh. vor allem von Norweger:innen besiedelt. Im 14. Jh. hatten die isländische (altnordisch) und die norwegische Sprache keine großen Gemeinsamkeiten mehr. Das lag vor allem an Änderungen im Norwegischen, während sich das Isländische über die Jahrhunderte bemerkenswert wenig verändert hat. Tatsächlich gibt es seit etwa 1100 eine ungebrochene literarische Tradition. Die 700 Jahre alten Sagas und die *Edda* klingen auch im heutigen Isländisch noch wie früher.

Isländisch wird von nur 350 000 Menschen gesprochen.

Jeder Versuch, isländisch zu sprechen, wird sehr geschätzt.

OLENA ZNAK/SHUTTERSTOCK ©

Oben: Trondheim (S. 358); rechts: Kajakfahren, Flåm (S. 414)

DIE WICHTIGSTEN ZIELE

OSLO
Die Kulturhauptstadt. S. 385

RJUKAN
Hotspot für Outdoor-Aktivitäten. S. 388

STAVANGER
Tolle kulinarische Szene. S. 395

BERGEN
Hanseatische Geschichte. S. 400

SOGNEFJORD
Spektakuläres 203 km langes Abenteuer. S. 411

NORWEGEN

DRAMATISCHE LANDSCHAFTEN, KUNST & WIKINGERGESCHICHTE

Mit seinen selbstbewussten Städten, seiner unberührten Wildnis und seinen erstaunlichen Naturphänomenen ist Norwegen in vielerlei Hinsicht wirklich atemberaubend.

Von Gletschern ausgeschnittene Fjorde, karge Gebirge mit glitzernden Seen, riesige Flächen mit immergrünem Wald und ursprüngliche, schneebedeckte Wildnis: Norwegens unvergleichliche Landschaften sind über Jahrmillionen entstanden. Die raue Schönheit des Landes ist einfach umwerfend und die Möglichkeiten, mit der Natur auf Tuchfühlung zu gehen, sind endlos, im Sommer beim Wandern, Radfahren, Raften und Kajakfahren, im Winter beim Schneeschuhwandern, Skifahren und auf der Suche nach dem Nordlicht.

DARIO DUNO/SHUTTERSTOCK©

Aber auch die Städte werben um Aufmerksamkeit. Die Hauptstadt Oslo schiebt sich mit neuen Gebäuden wegweisender Architekt:innen für die bedeutenden Kulturgüter des Landes immer mehr ins Rampenlicht. Heute scheint selbst das urigste Dorf eine visionäre Attraktion aufzuweisen, von avantgardistischen Stätten der Gegenwartskunst bis zu minimalistisch-luxuriösen Berghütten.

Norwegens Reisebranche nutzte die Corona-Zwangspause klug und ging aus der Krise mit verstärktem Einsatz für die Umsetzung der Klimaziele hervor: Gegenüber 2019 sollen die Emissionen bis 2030 halbiert werden und die wertvollen Ressourcen durch mehr Nachhaltigkeit geschützt werden.

Doch bei all dem Wandel ist der Reiz des Landes ungebrochen – ob man die Wikinger erkundet, die Freiheit der Natur genießt oder einfach nur in das Flair eines Stadtviertelcafés eintaucht. Norwegen ist ein einzigartiges, einmaliges Reiseziel und die meisten Besucher:innen wollen immer wieder hierher zurück.

ÅLESUND
Jugendstilrefugium am Fjord.
S. 415

TRONDHEIM
Norwegens königliche Geschichte.
S. 358

LOFOTEN
Bezaubernde Fischerdörfer.
S. 368

TROMSØ
Polarlicht und Walbeobachtung.
S. 373

KARASJOK
Die Hauptstadt der Sam:innen.
S. 379

Erste Orientierung

Norwegens Highlights verteilen sich auf die lange, zerfurchte Küste, reichen aber auch ins Landesinnere. Hier herumzureisen kann recht zeitintensiv sein, doch unterwegs wird man mit spektakulären Landschaften belohnt.

Tromsø, S. 373

Die „Hauptstadt der Arktis" ist ideal fürs Polarlicht und mit Polarmuseen und lebhaftem Nachtleben ein quirliges Tor zu den Naturwundern des Nordens.

Karasjok, S. 379

Mit dem Samediggi, dem samischen Parlament, und einem Museum zu den Sam:innen in Norwegen ist die Kleinstadt durch die Kultur der Sam:innen geprägt.

Lofoten, S. 368

Die zerklüftete Inselkette zerrt mit ihren Fischerdörfern voller Hütten vor einer Kulisse zackiger Berge an der Seele – gleichzeitig furchteinflößend und schmerzhaft schön.

Bergen, S. 400

Die Berge und Fjorde der Umgebung harren der Erkundung, Bryggen lockt mit Hansegeschichte und kulinarisch gibt's alles von traditionellen Happen bis zur Sterneküche.

Ålesund, S. 415

Aus dem Feuer von 1904 ging diese unglaublich hübsche Stadt, das Tor zum wunderbaren Geirangerfjord, in Jugendstilpracht hervor.

Trondheim, S. 358

In Norwegens schönster Stadt gesellen sich zu fürstlichen Gebäuden und einem gotischen Dom, der tief in der turbulenten Geschichte des Landes verwurzelt ist, urige Viertel.

Sognefjord, S. 411

Eine der beliebtesten Naturschönheiten Norwegens, aber am zweitlängsten Fjord der Welt lässt sich trotzdem noch ein stilles Plätzchen finden.

Oslo, S. 385

Norwegens Hauptstadt erwirbt sich mit Weltklassemuseen und architektonischen Meisterwerken, einem spannenden alternativen Flair und einer selbstbewussten Kulinarikszene immer mehr Ansehen.

SCHIFF/FÄHRE

Expressboote und Fähren schippern über die Fjorde, hinaus zu rauen Inseln und an der gesamten Küste entlang.

BUS

Im Norden sind Fernbusse das wichtigste Transportmittel; landesweit gibt's ein ausgedehntes Busnetz.

AUTO

Mit dem Auto lassen sich Naturwunder, Dörfer und Landschaften leichter erkunden. Die ausgezeichneten Straßen sind oft kurvenreich, sodass Entfernungen täuschen können.

ZUG

Die Züge sind zuverlässig und bequem und einige Strecken wie Oslo–Bergen sind unvergesslich. Das Bahnnetz reicht bis Bodø hoch oben im Norden.

Perfekte Tage

Selbst auf einem Kurztrip nach Norwegen lassen sich Outdoor- mit Stadtabenteuern verbinden. Mit etwas mehr Zeit sind auch die Landschaften erreichbar, die das Land so einzigartig machen.

Osloer Oper (S. 386)

Wenig Zeit

- Los geht's in **Oslo** (S. 385) mit einigen der künstlerischen und architektonischen Meisterwerke wie dem neuen, 2022 eröffneten **Nasjonalmuseet** (S. 387). Spaziere am Wasser entlang und genieße vom Dach der schneeweißen **Osloer Oper** (S. 386) den Ausblick auf den Oslofjord; in **Grünerløkka** (S. 387) bietet sich später ein Streifzug durch die unkonventionellen Bars an.

- Auf der berühmten Bahnstrecke Oslo–Bergen fährst du über die wunderschöne Hochebene der Hardangervidda nach **Bergen** (S. 400), um in **Bryggen** (S. 402) durch die alten Gassen mit ihren Holzhäusern zu bummeln. Auf dem **Fisketorget** (S. 403) kannst du Meeresfrüchte schlemmen, dann geht's mit der **Fløibanen** (S. 402), einer Standseilbahn, auf den Fløyen mit Sonnenuntergangsblick auf die Stadt.

BESTE REISEZEIT

Im Winter beeindruckt über schneebedeckten Bergen das Spektakel des Polarlichts, im Sommer kannst du wandern, radeln und picknicken.

JANUAR

Arktis-Abenteuer mit Schneemobil, Schlittenhunden und Rentieren ohne Ende; das Nordlichtfestival (S. 374) in Tromsø bringt mit Musik Licht ins Dunkel.

FEBRUAR

Beim jahrhundertealten **Rørosmartnan** verwandelt sich Røros (S. 363) mit Ständen, Volksmusik, Tanz und Geschichtenerzählen.

MÄRZ

Das **Sunfest** (S. 533) markiert die Rückkehr der Sonne nach Longyearbyen (S. 383); das **samische Ostern** umfasst Rentierrennen und Hochzeiten.

Eine Woche

- Wer etwas mehr Zeit hat, kann die Reise ab Oslo in **Myrdal** (S. 413) unterbrechen, dann mit der alten Flåmsbana nach **Flåm** (S. 413) weiterzuckeln und über den **Nærøyfjord** (S. 413) schippern, um schließlich über Gudvangen und Voss **Bergen** (S. 400) zu erreichen.

- Nach der Erkundung von Bergen (siehe links) fährst du runter nach **Stavanger** (S. 395) mit seiner reizvollen Altstadt mit weißen Holzhäusern und **gefeierten Restaurants** (S. 397) – ein Fest für den Gaumen! Und da der Lysefjord so nah ist, solltest du dir die atemberaubende Wanderung zum **Preikestolen** (S. 399) nicht entgehen lassen, bevor es wieder nach Hause geht.

Mehr Zeit

- Von **Oslo** (S. 385), der heutigen Hauptstadt, mit ihren Museen nimmst du den Zug nach **Trondheim** (S. 358), der einst bedeutendsten Stadt des Landes. Dort kannst du den Turm des auf dem Grab des hl. Olaf erbauten **Nidarosdoms** (S. 359) erklimmen und anschließend über die **Gamle Bybro** (S. 360) nach **Bakklandet** (S. 360) mit seinen Kopfsteinpflasterstraßen, Läden und Café-Bars schlendern.

- In **Bodø** (S. 365) kannst du in einem Festrumpfschlauchboot den Gezeitenstrom **Saltstraumen** (S. 367) erleben, drüben auf den **Lofoten** (S. 368) dann im Schatten zerklüfteter Berge in Fischerdörfern weilen. Zum Abschluss geht's hinauf nach **Tromsø** (S. 373), der Hauptstadt der Arktis, um unter der Mitternachtssonne ausgiebig zu feiern.

MAI

Der Syttende Mai (17. Mai) ist **Verfassungstag**: Flaggenschwingende Menschen in Trachten treffen sich zu Umzügen und Spielen.

JUNI

In Voss (S. 411) findet das weltweit größte Extremsportfestival, **Ekstremsportveko**, statt, mit Musik und Events von Kajakfahren bis BASE-Jumping.

AUGUST

Der goldene Monat für **Musikfestivals**. Das Rock- und Indiefestival Øya in Oslo ist eins der grünsten Europas.

NOVEMBER

Die Zeit der **Walbeobachtungstouren**: Vor Tromsø (S. 373) tummeln sich Buckel- und Schwertwale, um sich an Hering sattzufressen.

LILLEHAMMER

Der beliebte Wintersportort Lillehammer gelangte weltweit zu Bekanntheit, als er 1994 die olympischen Winterspiele ausrichtete. Mit einer ganzen Reihe erstklassiger Sporteinrichtungen und Olympia-Attraktionen lockt die Sporthochburg auch heute noch Athleten:innen und Tourist:innen an.

Doch schon seit der Mitte des 19. Jhs. zieht es Reisende in den Ort, angelockt durch seine idyllische Lage am Nordufer von Norwegens größtem See, dem Mjøsa. Zeitgenoss:innen des norwegischen Künstlers Frederik Collett (1839–1914) ließen sich von seinen Darstellungen der Winterlandschaften um Lillehammer inspirieren; viele ihrer Arbeiten sind im Kunstmuseum der Stadt zu sehen. 2017 wurde die Stadt außerdem zu einer Unesco-City of Literature; in ihren ehemaligen Wohnhäusern wird die Geschichte der beiden Literatur-Nobelpreisträger Sigrid Undset und Bjørnstjerne Bjørnson erzählt.

TOP TIPP

Mit den Apps **Bolt** und **ShareBike** lassen sich für die Fahrt hoch zum Olympiaparken E-Scooter und E-Bikes leihen.

PE3K/SHUTTERSTOCK ©

Norges Olympiske Museum

Olympialegende

LILLEHAMMERS OLYMPISCHES ERBE

Lillehammer ist stolz auf seinen Platz in der Sportgeschichte. Seine Olympia-Attraktionen sind nicht nur etwas für echte Sportfans: Sie bieten Geschichte, Architektur und Ausblicke.

Das **Norges Olympiske Museum** (Norwegisches Olympiamuseum) im selben Komplex wie das Maihaugen erzählt von den Ursprüngen der Spiele und von Norwegen als Ausrichter zweier Winterspiele: Oslo 1952 und Lillehammer 1994. Die Ausstellungen – viele feiern die Erfolge norwegischer Sportler:innen – fassen den Nachbau einer Skischanze ein. Es gibt jede Menge Filmmaterial und auch einen Biathlon-Simulator.

Nachdem man etwas über die Hintergründe erfahren hat, geht's über den Maihaugvegen und Sigrid Undsets veg 1,5 km hoch zum **Olympiaparken**, um dem Geist von 1994 nachzuspüren. Die beiden wichtigsten Komplexe hier sind die Håkons Hall und die Eidsiva Arena, die im Boden versenkt sind, um nicht aus der Landschaft herauszuragen. Die für die Spiele von 1994 gebauten Einrichtungen werden noch immer zum Trainieren und für Sportevents und Konzerte genutzt. Wer möchte, kann einen Blick in die große Arena werfen.

OLYMPIASTÄTTEN RUND UM LILLEHAMMER

Skigebiet Hafjell
Im Skigebiet Hafjell, heute mit 50 km an markierten Pisten Norwegens drittgrößtes Skigebiet, fanden 1994 die Skiwettkämpfe statt. Es liegt 15 km nördlich von Lillehammer.

Olympia-Bob- & Rodelbahn
Auf Skandinaviens einziger Bobbahn in Hunderfossen 10 Zugminuten von Lillehammer kann man die Olympiastrecke mit 120 km/h hinunterrasen.

Skigebiet Kvitfjell
Bei den Olympischen Spielen fanden am Kvitfjell, näher bei Ringebu als bei Lillehammer, die Skilanglaufwettkämpfe statt, doch es gibt auch mehrere Abfahrtspisten.

ÜBERNACHTEN IN LILLEHAMMER

Stasjonen
Das Stasjonen, mehr Hostel als Hotel, bietet einfache, aber behagliche Zimmer und Dorms direkt überm Bahnhof. **€€**

Clarion Collection Hotel Hammer Hinter der Holzfassade an der Storgata verbergen sich moderne Zimmer; Nachmittags-*fika*. €€€

Scandic Lillehammer Hotel
Tapeten mit Sportmotiven, Fitnessstudio, Pool, Skulpturenpark und Spa, in Wohngebiet beim Olympiaparken. **€€€**

ESSEN & AUSGEHEN IN LILLEHAMMER

Lillehammer Bakeri
Sandwiches und frisch gebackene Backwaren neben einem deckenhohen Kamin. €

Heim
Die herzliche Begrüßung stimmt ein auf Klassiker wie Burger in einer Kneipe voller Krimskrams an der Storgata. €€

LYNG
Saisonale Karte mit erlesenen Gerichten wie Ente mit Aprikosenpüree. €€€

Nikkers
Eine Terrasse am Fluss und Berghüttenflair machen das Bistro Nikkers das ganze Jahr über zu einem munteren Kneipentreff.

Lillehammer Mikrobryggeri
Höhlenartiger Biertempel mit Barsnacks und den eigenen Gebräuen.

Hinter der Håkons Hall führt ein Weg langsam hoch zur **Skisprungschanze Lysgårdsbakkene**. Hier fand die Eröffnungszeremonie der Spiele statt und noch immer steht am Fuß der Schanze der Turm für das olympische Feuer. Ganz nach oben fährt eine Seilbahn; wer genug Puste hat und schwindelfrei ist, kann auch die 936 schmalen Stufen nehmen und einen Ausblick auf Lillehammer und den Mjøsa genießen.

Schnappschüsse

KULTURGESCHICHTE, KUNST & LITERATUR

Doch natürlich reicht die Geschichte der Stadt weiter zurück als bis 1994; ein paar Museen gewähren Einblick in das Lillehammer vergangener Zeiten.

Auf erhöhtem Gelände rund 1,5 km vom Olympiaparken wurde 1904 das **Freilichtmuseum Maihaugen** eröffnet, ursprünglich ein Herzensprojekt des reisenden Zahnarzts Anders Sandvig: Beim Zähneziehen im Gudbrandsdalen sammelte er wichtige Kulturgüter und Gebäude, um sie für die Nachwelt zu erhalten. In den Bereichen Dorf, Stadt und Wohnsiedlung der 36 ha großen Anlagen kann man problemlos Stunden verbringen und sich vorstellen, wie man früher lebte, und sich vom kostümierten Personal Geschichten erzählen lassen. Im Sommer finden in der Stabkirche aus Garmo aus dem 13. Jh. noch immer Gottesdienste statt. Interessant ist auch die Hauptausstellung *Impulse* mit über 1000 Gegenständen wie Textilien, Waffen und Volkskunst.

Sigrid Undsets Bjerkebæk gleich gegenüber vom Olympiaparken ist das frühere Zuhause der Literatur-Nobelpreisträgerin Sigrid Undset; im Sommer kann man drinnen erfahren, wie sie dazu kam, die historischen Romane zu schreiben, für die sie berühmt wurde.

Das markante, vom Architekturbüro Snøhetta entworfene **Lillehammer Kunstmuseum** im Zentrum der Stadt präsentiert über 1500 Werke norwegischer Künstler:innen vom 19. Jh. bis heute, u. a. von Edvard Munch; viele zeigen Alltagsszenen aus Lillehammer.

UNTERWEGS VOR ORT

Lillehammer ist per Bahn und Bus rund 2½ Stunden von Oslo und 4½ bis 5½ Stunden von Trondheim entfernt. Man kommt an der Lillehammer Skysstasjon am Ende der Jernbanegata an. Hier warten auch Taxis.

Die meisten Sehenswürdigkeiten liegen oben in der Stadt, bergan vom Bahnhof. Sie sind nicht allzu weit weg, doch dank der Anstiege ist das ein ziemlicher Marsch. Der Olympiaparken ist an den Busstrecken B3 und B6 (Stopp Stampesletta Håkons Hall); für Maihaugen ist der B7 am besten. Handy-Bustickets gibt's mit der **App Innlandstrafikk**.

Zwar liegen Hunderfossen und Hafjell eigentlich nah beieinander, sie sind jedoch durch Wasser getrennt. Ohne Auto kommt man mit dem Bus (141 oder 142) besser nach Hafjell, mit dem Zug besser nach Hunderfossen.

Rund um Lillehammer

Die Hügel rund um Lillehammer sind das ganze Jahr über eine Sportspielwiese, doch weiter entfernt erheben sich die spektakulärsten Berge Norwegens.

Der Nationalpark Jotunheimen rund 2½ Autostunden von Lillehammer ist eines der spannendsten Wildnisgebiete Norwegens. Durch die klammartigen Täler schlängeln sich Wanderwege hinauf zu allen über 2300 m hohen Gipfeln des Landes. Entsprechend bedeutet der Name des Parks „Heim der Riesen".

Mit einer stimmungsvollen Stabkirche, einem tosenden Wasserfall und dunklen Holzhäusern in den steilen Hügeln eignet sich der Ort Lom als schöner Stützpunkt. Vom Dorf mit Hotels, Touristeninformation, Supermarkt und toller Bäckerei windet sich die schöne Sognefjellet-Straße durch den Nationalpark, über den höchsten Bergpass des Landes und in Richtung der berühmten norwegischen Fjorde.

TOP TIPP

Sowohl die Touristeninformation als auch das Norsk Fjellsenter in Lom bieten Infos und Tipps zu Wanderungen und anderen Aktivitäten im Nationalpark.

Stabkirche von Lom

ESSEN IN LOM

Bakeriet i Lom
Die stilvolle Bäckerei von Lom bietet feine Brote und Brötchen. Donnerstags bis samstags gibt's auch neapolitanische Pizza. €

BrimiBue
Eine täglich wechselnde Karte mit Speisen aus regionalen Zutaten in luftigem kantinenartigem Restaurant; darüber befinden sich minimalistische moderne Zimmer. €€€

LINKS: AGUSTAVOP/GETTY IMAGES ©, UNTEN LINKS: ANETLANDA/SHUTTERSTOCK ©

Sognefjellet-Straße

Hoch hinauf auf der Sognefjellet-Straße

NORDEUROPAS HÖCHSTER BERGPASS

Die sich durch den Nationalpark Jotunheimen windende **Sognefjellet-Straße** (Rv55; siehe Abb.) zählt zu den 18 Norwegischen Landschaftsrouten. Sie führt von Lom nach Gaupne abseits des Lustrafjords. Mit ihrem höchsten Punkt auf 1434 m ist sie Nordeuropas höchste Bergstraße. Von Südwesten her geht's durch zahlreiche Haarnadelkurven hoch über die Baumgrenze nach Turtagrø mit fabelhaftem Ausblick auf die Skagastølstindane-Berge rechts. Aus Richtung Lom ist der Anstieg sanfter: Er folgt dem schönen Bøverdalen, dem Tal des Flusses Bøvra.

Unter Radfahrer:innen ist die Straße legendär, doch für eine Tour muss man sehr fit sein und über perfekte Bremsen verfügen.

Der Schnee schmilzt hier oben teilweise erst Anfang Juli, die Straße ist jedoch meist von Mai bis November geöffnet.

Radfahren, Sognefjellet-Straße

ÜBERNACHTEN IN LOM

Lom Camping
Schnörkelloser Campingplatz am Fluss Bøvra am Beginn der Sognefjellet-Straße. €

Fossheim Hotel
Seit 1897 familiengeführtes Hotel mit holzvertäfelten Zimmern, gemütlichen Hütten und Frühstücksbuffet. €€€

BrimiBue
Minimalistische moderne Zimmer für Designbewusste über dem gleichnamigen Restaurant. €€€

Wandern auf dem Besseggen

Durchs „Heim der Riesen" wandern

DEN NATIONALPARK JOTUNHEIMEN ERKUNDEN

Bei den 50 markierten Wegen des Jotunheimen hat man die Qual der Wahl. Egal, was man aussucht – sei es eine flache Anfängerroute oder eine Mehrtagestour mit Übernachtung in DNT-Hütten: Immer wird man mit unvergesslichen Ausblicken auf die wilde, faszinierende Landschaft belohnt.

Der berühmteste Wanderweg ist der **Besseggen**: Er ist so beliebt, dass er in den drei Monaten des Jahres, in denen er begehbar ist, von 30 000 Wandernden absolviert wird. Die Route von Memurubu nach Gjendesheim (6 bis 8 Stunden) führt hinauf auf 1743 m und ist gut machbar für alle mit guter Fitness. Man parkt in Gjendesheim und schippert dann mit der Fähre über den See (Ticket im Voraus buchen!). Der Weg führt steile Hügel hinauf, über flache Hochebenen und vorbei an Gletscherseen und erfordert eine steile Kraxelei zum Besseggen-Kamm hinauf. Schließlich erreicht man den Gipfel des Veslefjell, das „Dach des Besseggen".

KLIMAWANDEL UND GLETSCHER-ARCHÄOLOGIE

Die steigenden Temperaturen haben dazu geführt, dass die Gletscher mit beängstigender Geschwindigkeit schmelzen. Und wo sich das Eis zurückzieht, kommen in den Bergen Spuren menschlicher Besiedlung zum Vorschein. Allein in den Nationalparks Zentralnorwegens wie dem Jotunheimen haben Gletscherarchäolog:innen von 50 Stätten schon über 2000 Artefakte katalogisiert und gesichert. Das ist die Hälfte aller bisherigen Gletscherfunde weltweit.

Zu den Funden zählen ein vor 1700 Jahren eingefrorener Kittel und ein 3300 Jahre alter Schuh; beide sind mit anderen erstaunlichen Sachen im ausgezeichneten **Norsk Fjellsenter** in Lom zu sehen, teils Museum, teils Besucherzentrum für die umliegenden Nationalparks.

UNTERWEGS VOR ORT

Von Lom fahren Busse zum nächstgelegenen Bahnhof in Otta mit Verbindungen nach Lillehammer, Oslo und Trondheim. Außerdem bestehen direkte Busverbindungen nach Oslo, Bergen und Trondheim. Während der Wandersaison von Mitte Juni bis Mitte August verkehren von Lom zudem einige Busse zu verschiedenen Wanderwegen im Park. Außerhalb dieser Zeit braucht man jedoch ein Auto (oder ein Fahrrad, wenn man sehr fit ist), um den Nationalpark voll und ganz zu würdigen.

TRONDHEIM

Ohne Zweifel ist Trondheim eine der fotogensten Städte Norwegens. Bunte hölzerne Speicherhäuser säumen den Fluss Nidelva auf seinem Weg hinaus zum Trondheimsfjord und aus dem Stadtbild sticht der Turm des gotischen Doms hervor. Trondheim ist heute die drittgrößte Stadt des Landes, doch die Pracht einiger der Gebäude verweist auf eine reiche Vergangenheit – eine Geschichte, die in Museen und Galerien erzählt wird.

Dank stylisher Cafés und Bars, wegweisender Küche und zukunftsorientierten Kultureinrichtungen bietet die alte Stadt ein jugendliches Bild. Dazu tragen auch die vielen Studierenden bei: Fast ein Fünftel der Einwohner:innen besucht die renommierten Hochschulen der Stadt.

Vor allem aber ist es eine wahre Freude, durch Trondheim zu bummeln oder zu radeln, ob durch Kopfsteinpflasterstraßen oder an einem sonnigen Sommertag am Fluss entlang.

TOP TIPP

In Midtbyen befinden sich der Haupt- und Busbahnhof, die meisten Sehenswürdigkeiten, Restaurants und Bars sowie die Einkaufsstraßen Thomas Angells gate und Nordre gate. Südlich des Flusses ist Bakklandet, im Westen das Wanderrevier Bymarka und im Osten das Viertel Solsiden.

Trondheim

HIGHLIGHTS
1 Gamle Bybro
2 Nidarosdom

SEHENSWERTES
3 Erkebispegården
4 Kristiansten Festning
5 Stiftsgården
6 Trampe

ESSEN
7 Baklandet Skydsstasjon

AUSGEHEN & FEIERN
8 Antikvariatet
9 Britannia Bar
10 Habitat
11 NB6
12 ØX Tap Room
13 Trondhjem Mikrobryggeri

Erzbischöfe, Heilige & Könige

TRONDHEIM ERZÄHLT DIE GESCHICHTE NORWEGENS

Von der historischen Bedeutung der Stadt, die einst Nidaros hieß, zeugen dic alten Sakralbauten, die gleichzeitig die Geschichte Norwegens erzählen.

Auf der Grabstätte des hl. Olaf, des Königs, der in Stiklestad zum Märtyrer wurde und Norwegen zum Christentum führte, wurde 1035 eine kleine Holzkapelle errichtet. Tausend Jahre später ist der oft erweiterte **Nidarosdom** die nördlichste gotische Kirche überhaupt. Die hohe Westfassade schmücken 76 Skulpturen historischer Persönlichkeiten und ein Buntglasfenster aus 10 000 Stücken. Der einst „düstere Dom" wird inzwischen von einem preisgekrönten Beleuchtungssystem erhellt. Im Sommer kann man die 176 engen Stufen des Turms besteigen und Trondheim aus einer einzigartigen Perspektive begutachten.

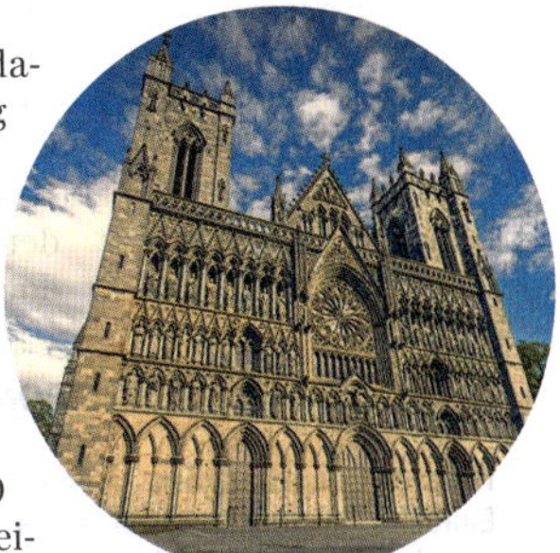
Nidarosdom

TOLLE KUNST IN TRONDHEIM

TKM Bispegata
Die Hauptgalerie beim Nidarosdom des Kunstmuseums von Trondheim hat eine Sammlung mit Kunst aus 150 Jahren und bietet auch Sonderausstellungen.

TKM Gråmølna
Der TKM-Ableger in Solsiden bietet Wechselausstellungen und Arbeiten des einflussreichen norwegischen Künstlers Håkon Bleken. Draußen umfasst Lars Ø Rambergs *Kapitalistischer Realismus* sechs Segmente der Berliner Mauer.

K-U-K (Kjøpmannsgata Ung Kunst)
Die unabhängige Galerie stellt junge Künstler:innen aus. Der ausgezeichnete Shop verkauft Originalstücke, von Postkarten bis zu gerahmten Gemälden – falls Brieftasche und Gepäck groß genug sind.

IAN BOTTLE/ALAMY STOCK PHOTO ©

Sverresborg Trøndelag Folkemuseum (S. 361)

Das mit Grünzeug geschmückte **Habitat** zapft u. a. Craftbiere der Trondheimer Brauerei Monkey Brew. Im unterirdischen **ØX Tap Room** tummelt sich ganz unterschiedliches Volk, das gern die vielfältigen vor Ort gebrauten Biere probiert. Die studentische Kneipe **Trondhjem Mikrobryggeri** hat bis zu acht der eigenen Biere vom Fass. Wer lieber dem Wein zuspricht, der kann die Weinbar **NB6** im Stil der Nachkriegszeit ansteuern. Fachkundig gemixte Cocktails bietet die **Britannia Bar** – einen Tisch reservieren und aufbrezeln! Livemusik in lockerem Rahmen bietet der büchergesäumte Konzertraum des **Antikvariatet**; oder man schaut nach, was gerade im **Havet** läuft, einem Mehrzweckbau mit schwimmenden Saunen östlich des Stadtzentrums (Bus 20, Haltestelle Strandveikai).

Wer lieber alkoholfrei unterwegs ist, freut sich über allerlei tolle entsprechende Drinks in fast allen Bars der Stadt.

UNTERWEGS VOR ORT

Der Hauptbahnhof für Fernbusse und Züge ist Trondheim S. Der Flughafen Trondheim Værnes liegt 35 Minuten mit dem Zug vom Zentrum entfernt.

Alle Stadtbusse halten an oder bei der Ecke Munkegata und Dronningens gate. Trondheims Straßenbahn, die Gråkallbanen, fährt von der St Olavsgata Richtung Westen nach Lian. Mit der **AtB-App** kann man Fahrten planen und Tickets kaufen. Wer am Tag mehr als zwei Einzelfahrten unternehmen möchte, für den lohnt sich das 24-Stunden-Ticket.

Trondheim hat ein gutes Radwegenetz; Räder gibt's an den 38 Stadtrad-Verleihstationen. Zur Nutzung braucht man die **App Trondheim Bysykkel**.

Wer in Trondheim nicht unbedingt Auto fahren muss, spart sich die Maut bei der Fahrt in die Stadt und wieder hinaus; außerdem umgeht man die heftigen Parkgebühren. Ansonsten informiert die Seite **trondheimparkering.no** über E-Auto-Ladestationen und Parkplätze. Und nicht auf den Busspuren fahren!

Rund um Trondheim

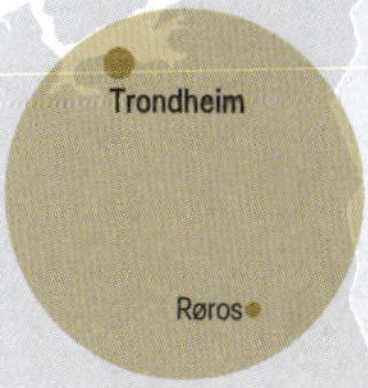

Unter den vielen historisch bedeutsamen Orten, die von Trondheim leicht zu erreichen sind, sticht Røros durch seinen Charme und seine einzigartigen Monumente hervor.

Über drei Jahrhunderte hinweg war das reizende Unesco-Welterbe Røros in einer Kulisse aus kargen, teils bewaldeten Hügeln rund 150 km südöstlich von Trondheim das Zentrum des Kupferbergbaus in Norwegen. Der Reichtum der Minenbesitzer floss teils in den Ort mit seinen schönen Holzhäusern und einer übergroßen Kirche. Wer an den Häusern aus dem 18. Jh. mit Cafés, Galerien und Kunstgewerbewerkstätten vorbeibummelt, könnte den Ort glatt für ein Freilichtmuseum halten. Die hübschen Häuser bilden einen starken Kontrast zu den geschützten Schlackenhalden der Kupferbergwerke; die Schmelzhütte beherbergt heute ein faszinierendes Museum, das von der Knochenarbeit erzählt, die den Reichtum der Stadt hervorbrachte.

TOP TIPP

Festes Schuhwerk tragen – im Einklang mit der rauen Vergangenheit von Røros sind einige Straßen ziemlich uneben.

ROGER HJELMSETH/SHUTTERSTOCK ©

Røros

ARTEM NEDOLUZHKO/SHUTTERSTOCK ©

Smelthytta

Die Vergangenheit ausgraben

DAS KUPFERBERGBAUERBE VON RØROS

Man muss nicht weit gehen, um den Reiz von Røros zu erkennen. Oben in der Mørkstugata läutete die **Hyttklokka** (Schichtuhr) zum Beginn und Ende des Arbeitstags in der Schmelzhütte. Über die Straße und die als **Malmplassen** (Erzplatz) bekannte Freifläche erreicht man die **Smelthytta**, ein riesiges Museum in einer alten Kupfererzhütte: Es erweckt die 333 Jahre lange Geschichte des Kupferbergbaus der Stadt zum Leben. Der beschwerliche Abbau- und Schmelzprozess wird mit Modellen und Vorführungen detailliert beschrieben.

Hinter dem Museum geht's über eine Holzbrücke zum geschützten **Slegghaugan** (Schlackehalde). Die großen, holzkohlefarbenen Abraumhügel bilden ein bizarres historisches Denkmal, doch der Aufstieg nach oben lohnt sich wegen der Ausblicke auf den Ort.

Über den Weg zwischen Fluss und Schlackehalde geht's zum **Sleggveien** (Schlackenweg), einer kurzen Gasse mit Bergarbeiterhäuschen mit Grassodendächern – sie sind auch dann interessant, wenn sie nicht geöffnet sind.

Zurück Richtung Ortszentrum erhebt sich als Symbol des Wohlstands zur Zeit der Fertigstellung 1784 der einfarbige Turm der **Røros Kirke** mit ihren 1600 Plätzen. Links der Kirche ist die Familiengruft von Peder Hiort, einem wohlhabenden Direktor der Røros-Kupferwerke im 18. Jh. und einem wichtigen Förderer des Baus der Kirche.

ÜBERNACHTEN & ESSEN IN RØROS

Erzscheidergården
Außergewöhnlicher Service und ein Frühstücksfest mit regionalen Erzeugnissen sind in dem geschmackvoll-rustikalen Hotel des 17. Jhs. Standard. €€

Vertshuset Røros
Individuell gestaltete altmodische Zimmer und ein elegantes Restaurant mit Speisen aus frischen Zutaten aus der Region. €€

Trygstad Bakeri
Kuchen für Schleckermäuler sowie verschiedene Pizzen. €

Kaffestugu
Köstliche, schnörkellose Standardgerichte wie *smørbrød*. Hinter dem funktionalen Tresenbereich verstecken sich reizende Speiseräume mit Wandbildern. €€

UNTERWEGS VOR ORT

Von Oslo kann man in einer knappen Stunde herfliegen; von Trondheim ist Røros eine schöne 2½-stündige Zugfahrt entfernt (etwas länger, aber genauso schön mit dem Bus). Es ist also eine Tagestour möglich. Mit dem Auto dauert es von Trondheim etwa zwei Stunden.

Die wichtigsten Sehenswürdigkeiten konzentrieren sich in ein paar Straßen wie der Kjerkgata und Mørkstugata, alles ist leicht zu Fuß zu bewältigen. Von Bahn und Bus, die unten am Hügel ankommen, geht's zur Smelthytta jedoch recht steil hoch.

BODØ

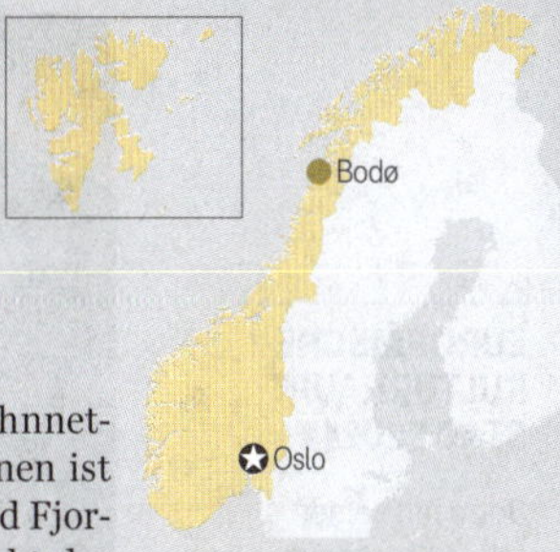

Bodø ist der nördlichste Punkt des norwegischen Bahnnetzes – die Fahrt von Trondheim mit der Nordlandsbanen ist tags wie nachts eine fantastische Reise an Wäldern und Fjorden entlang. Außerdem ist Bodø der nördlichste Punkt der Küstenroute Kystriksveien, einer der schönsten Autostrecken des Landes.

Bis vor Kurzem war das Nachkriegsstadtzentrum kaum interessant, doch mit dem preisgekrönten Konzerthaus und der neuen Bibliothek hat es eine Art Kulturwandel gegeben, sodass Bodø nun 2024 Europäische Kulturhauptstadt ist und Bauarbeiten im Zentrum auf weiteren Wandel hindeuten.

Doch ihre Hauptattraktion ist die Lage der Stadt mit zerklüfteten Bergen in der Ferne und Seeadlern am weiten Himmel. Und Adrenalinjunkies können ganz in der Nähe am legendären Saltstraumen ihrer Sucht frönen.

TOP TIPP

In und um Bodø kann es sehr windig sein, besonders von Oktober bis März. Wer den Saltstraumen auf eigene Faust erkundet, sollte die Windvorhersage und die Gezeiten im Auge behalten – sowohl die Brücke als auch der Weg hinunter zum Wasser sind sehr exponiert.

SERGI REBOREDO/ALAMY STOCK PHOTO ©

Norsk Luftfartsmuseum

Fisch & Höhenflüge

NORDLANDS HANDELS- UND VERKEHRSGESCHICHTE

In der Nähe des Flughafens erzählen zwei Museen die Geschichte von Handel, Entdeckungsfahrten und Reisen in Nordnorwegen und darüber hinaus.

Das neuste Norwegian Jekt Trade Museum, das **Jektefartsmuseet**, steht am rauen Ufer des Saltfjorden in Bodøsjøen. Das dunkle Holzgebäude birgt die *Anne Karoline*, die letzte der Jekten, breiter offener Handelsschiffe aus Holz, in Nordland. Hier kann man ihre Geschichte entdecken wie auch die Handelsgeschichte eines der wichtigsten Exportartikel Norwegens. Vier Jahrhunderte lang beförderten diese Jekten Stockfisch aus dem Norden nach Bergen – das Frachtgut war damals bedeutender für die Wirtschaft als heute das Öl. Doch der Handel war gefährlich und hier erfährt man, wie Kaufleute, Fischer und Seeleute von heute auf morgen alles ans Meer verlieren konnten.

Einen Kilometer näher Richtung Zentrum widmet sich das **Norsk Luftfartsmuseum** einer moderneren Beförderungsart. Es residiert in einem riesigen propellerartigen Gebäude, das die Geschichte der zivilen und militärischen Luftfahrt Norwegens zelebriert. Im 10 000 m^2 großen Tempel der Luftfahrt hängen Flugzeuge wie z. B. eine Spitfire; die Ausstellungen befassen sich u. a. mit wegweisenden Flügen wie denen von Hans Dons, Norwegens erstem Piloten, und Roald Amundsens Zeppelinreise zum Nordpol 1926. Man erfährt etwas über die Physik des Fliegens und kann sich in eine Cessna setzen und einen früheren Tower erklimmen. Das Museum ist gigantisch, sodass man viel Zeit einplanen sollte.

EUROPÄISCHE KULTURHAUPTSTADT 2024

Bodø mit seiner tollen Kombi aus Kulturhaus und Bibliothek, dem **Stormen**, sowie einem schon jetzt randvollen Programmkalender mit z. B. Rock- und Klassikfestivals ist 2024 die erste Europäische Kulturhauptstadt nördlich des Polarkreises. Das einjährige Programm ARCTICulation umfasst über 600 Veranstaltungen, von samischem Theater und samischer Kunst bis zu kulinarischen Erlebnissen und im Winter einem Lichtfest.

In der Stadt selbst gibt's Pop-up-Kunst und -Kultur und die einzigartige Landschaft von Nordland bildet die Kulisse für zahlreiche weitere Events. Auch nach dem Ende des Hauptstadtjahrs wollen die Organisator:innen das Kulturangebot aufrechterhalten. Näheres siehe **bodo2024.no**.

ÜBERNACHTEN IN BODØ

Smarthotel
Einfache, kleine Zimmer in schickem, dezentem Stil in einem neuen Budgethotel gegenüber vom Bahnhof. **€€**

Thon Hotel Nordlys
Hafenhotel mit komfortablen Zimmern, einige eingerichtet im Nordlichtmotto und mit Nespresso-Maschine. **€€**

Scandic Havet
Normaler Scandic-Standard in weißem Turm, doch das Dachrestaurant mit Bar ist perfekt für den Blick aufs Meer. **€€€**

ANDREI ARMIAGOV/SHUTTERSTOCK ©

Saltstraumen

Die Kraft des Mahlstroms spüren

MÄCHTIGER GEZEITENSTROM

Etwa alle sechs Stunden strömen beim Gezeitenwechsel 400 Mio. km³ Wasser durch die Meerenge zwischen Saltenfjord und Skjerstadfjord rund 30 km vom Zentrum von Bodø. Durch die Kraft des sich durch einen nur 150 m breiten Kanal quetschenden Wassers entstehen mächtige Strudel. Willkommen beim **Saltstraumen**, oft gepriesen als mächtigster Gezeitenstrom weltweit.

Stella Polaris und **Explore Salten** bieten von der Stadt Touren im Festrumpfschlauchboot zur Meerenge, vorbei an aufragenden Bergen, vielleicht mit Blick auf den einen oder anderen Seeadler – wenn man Glück hat. Dank den kraftvollen Motoren der Boote können die Skipper geschickt um die Strudel herumkurven und das Phänomen so zu einem echt spannenden Erlebnis machen.

Außerdem kann man sich den Gezeitenstrom von oben anschauen. Die Fahrt hierher auf der Straße Fv17 ist problemlos – vor der Saltstraumbrua, der Bogenbrücke über die Meerenge, parken und auf dem Gehweg über die Brücke gehen, bis man mitten über dem Mahlstrom ist. Ein Pfad führt hinunter zum Ufer mit gutem Ausblick. Die Stadtbusse 200 und 300 brauchen etwa 40 Minuten bis zum Saltstraumen, doch mitunter lassen sich die Fahrzeiten schlecht auf die Gezeiten abstimmen. Gezeitenpläne gibt's in der Touristeninformation und im Internet – so stellt man sicher, dass man am Strom ist, wenn die Strudel am stärksten sind.

ESSEN & AUSGEHEN IN BODØ

Craig Alibone
Tagsüber Pâtisserie, abends Champagnerbar: Das schicke Café verführt mit dekadenten Torten und Kuchen, Pralinen und Macarons. €

Hundholmen Brygghus
Das schummrig beleuchtete Brauhaus mit einer riesigen Auswahl an Bieren serviert an der Theke klassische Kneipenkost und im Speisesaal norwegische Gerichte. €€

LystPå
Mittags gibt's hier lockere kleine Burger-Mahlzeiten, abends Speisen aus Zutaten wie Saltfjellet-Rentier. Im Sommer ist die Terrasse ein perfektes Plätzchen zum Dinieren. €€€

UNTERWEGS VOR ORT

Bahnhof, Fährhafen und Hurtigruten-Anleger tummeln sich am östlichen Ende des Hafens; Expressboote Richtung Svolvær fahren vom Sentrumsterminalen in der Nähe des Hotels Scandic Havet.

Stadtbusse verkehren zum 3,5 km entfernten Flughafen sowie zu den Hauptattraktionen der Gegend; Bustickets gibt's mit der App **Billett Nordland**. Mit dem Auto ist man unabhängig von unregelmäßigen Busverbindungen.

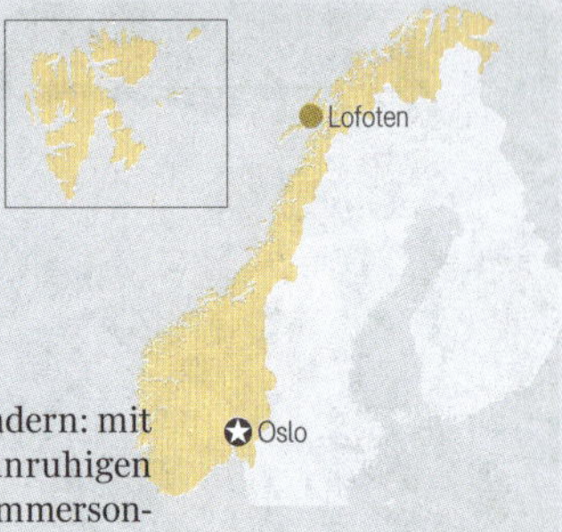

LOFOTEN

Rasend schnell können die Lofoten ihr Gesicht verändern: mit steil aufragenden, wilden Bergen, die sich aus dem unruhigen Meer erheben, unbeschreiblich schön im Licht der Sommersonne, jedoch furchteinflößend an einem stürmischen Novembernachmittag. Aber egal – diese Inseln sind einfach hinreißend.

Die Menschen zieht es schon seit Jahrtausenden auf die Lofoten; in einem der besten Museen Norwegens sind Funde der Wikingerzeit zu sehen. Auch Künstler:innen sind von den inspirierenden Landschaften angezogen – ihre Arbeiten sind in Galerien auf der ganzen Inselgruppe ausgestellt.

Doch die Lofoten sind nicht nur ein Ort der kreativen Einkehr. Mit dem Auto oder Rad kann man die Inseln von oben bis unten abfahren – am besten mit frisch gebackenen Brötchen als Proviant im Gepäck.

TOP TIPP

Von Nord nach Süd sind die Hauptinseln der Lofoten Austvågøy (mit Svolvær, dem größten Ort der Inseln), Vestvågøy (mit dem Lofotr Wikingermuseum), Flakstadøy und Moskenesøy, allesamt durch Brücken oder Tunnel an der Hauptstraße, der E10, verbunden.

Henningsvær (S. 370)

HIGHLIGHTS
1 Lofotr Vikingmuseum

SEHENSWERTES
2 Å
3 Henningsvær
4 Kabelvåg
5 Reine
6 Svolvær
7 Strovågen

KURSE & TOUREN
8 Svolværgeita

Lofotr Vikingmuseum (S. 370)

STOCKFISCH-GRUNDKURS

Auf den Lofoten erspäht man bald reihenweise große Holzgestelle, an denen Kabeljau trocknet, wodurch *tørrfisk* (Stockfisch) entsteht. Der einstige Lebenssaft der norwegischen Wirtschaft wird noch immer nach jahrhundertealten Methoden produziert.

Im Februar wird der Kabeljau geschnitten und an die Gestelle gehängt, wo er dem idealen Klima der Lofoten, nicht zu warm, nicht zu kalt, fast vier Monate bis Mai ausgesetzt ist. Dann wird er reingeholt und reift weitere zwei oder drei Monate, bevor er für verschiedene Märkte nach Qualität sortiert wird.

Dorfblicke

KLASSISCHE LOFOTEN-PANORAMEN

Die Bilder von *rorbuer* (Fischerhütten) an felsigen Küsten mit auf dem Wasser dümpelnden Booten sind typisch für die Lofoten. Über die windigen Straßen und Brücken des Archipels zu fahren und immer wieder abzubiegen, um seinen Lieblingsdorfblick zu finden, ist die simpelste Freude einer jeden Lofotenreise.

Das alte **Kabelvåg** nur 6 km südwestlich von Svolvær hat einen winzigen Hafen mit einer begehbaren Mole – beim Blick zurück türmen sich hinter dem Dorf düstere Berge auf.

Das quirlige **Henningsvær** ist nicht nur hübsch, sondern gruppiert sich um den langen, schmalen Naturhafen, mehr oder weniger in U-Form, mit stilvollen Boutiquen und Cafés zum Wasser hinunter – ein Fest für Fotograf:innen. Hinter dem Hafen befindet sich der vielleicht malerischste Fußballplatz der Welt: Das Henningsvær-Stadion liegt den Elementen schutzlos ausgesetzt am Ende der Hellandsøya, mit Felsinselchen abseits der Seitenlinien.

Ein bestimmter Blick von der E10 auf **Reine** mit superfotogenen Gipfeln im Hintergrund ist so faszinierend, dass hier extra ein Parkplatz angelegt wurde. Und **Å** (oder Å i Lofoten) an der Südspitze von Mosekesøy ist ein eigens wie für Postkarten geschaffener Ort, mit schroffen Felswänden hoch über malerischen, mit Grassoden gedeckten Hütten.

Die Wikinger der Lofoten

DAS WIKINGERMUSEUM

Etwas abseits der E10 versetzt einen das **Lofotr Vikingmuseum** 14 km von Leknes auf Vesvågøy tausend Jahre zurück in die Blütezeit der Wikinger. Das Museum verdankt sich der Entdeckung eines 83 m langen Häuptling-Langhauses 1981 im nahen Borg – es ist das größte je in Skandinavien entdeckte seiner Art.

In der Ausstellung im Hauptgebäude erfahren die Besucher:innen etwas über den unerwarteten Fund und können sich einige der tollen Schätze und Artefakte anschauen, die zusammen mit dem Haus gefunden wurden, z. B. Blattgoldamulette, Schmuck und Keramik. Im Nachbau des Langhauses stellen kostümierte Angestellte den Alltag der Wikinger nach und führen traditionelle Web- und Stricktechniken vor. Ein 1,5 km langer Weg auf dem Gelände führt vorbei an Nutztieren hinunter zum Wasser, wo der Nachbau eines Wikingerschiffs liegt.

Wer an einem Festmahl mit Wikingermotto, einem Abend mit Essen und Geschichten im Langhaus, teilnehmen möchte, muss

ESSEN AUF DEN LOFOTEN

Bacalao
Legeres Bar-Restaurant am munteren Hafen von Svolvær mit Sandwiches, Burgern und einer tollen Fischsuppe. **€€**

Børsen
Die Spezialität im Top-Restaurant von Svolvær in einem alten Holzhaus auf Svinøya ist Lofoten-Stockfisch. **€€€**

Lysstøperiet Kafé
Luftiges Café im Zentrum von Henningsvær mit tollem Kaffee, kleinen Happen und köstlichem Kuchen. **€€**

MK WONG/GETTY IMAGES ©

Das Dorf Å

sich per E-Mail anmelden. Anfang August findet hier außerdem ein Wikingerfest mit Markt, Konzerten und Spielen statt.

Kunst auf den Lofoten

KUNSTGALERIEN & WERKSTÄTTEN

Auf den Lofoten sind so viele Künstler:innen ansässig, dass es im gesamten Archipel jede Menge Galerien gibt. Bei den meisten kann man einfach vorbeischauen und sie verkaufen auch Kunst, z. B. **Lofoten Glass** in Kabelvåg: Hier kann man bei einem Workshop die Kunst der Glasbläserei erlernen; oder man schaut sich einfach in der Galerie und im Laden um.

Dazu kommen einige renommierte Galerien mit Kunst norwegischer wie ausländischer Kunstschaffender. Das **Nordnorsk Kunstsenteret** gleich am Torget (dem Hauptplatz) in Svolvær zeigt die Arbeiten der besten zeitgenössischen Künstler:innen der Region und veranstaltet alle zwei Jahre das Lofoten International Art Festival (LIAF). In Storvågen huldigt die **Gallery Espolin** dem Werk eines der größten Künstler:innen Norwegens, Karre Espolin-Johnson: Seine eindringlichen Stiche von normalen Menschen sind hier zusammen mit einer Doku über sein Leben und Büchern mit seinen Illustrationen zu sehen.

KÖNIG ØYSTEINS HÜTTEN?

Auf den Lofoten ist die nächste rote Holzhütte nie weit entfernt – die *rorbuer* sind ein Symbol der Inseln. Der Überlieferung zufolge brachte sie im 12. Jh. König Øystein Magnusson (reg. 1103–1123) mit, für die Fischer, die bis dahin unter ihren umgedrehten Booten geschlafen hatten. Die Arbeitskräfte bei Laune zu halten zahlte sich aus: Die wichtigste Einnahmequelle des Monarchen war der Export von Trockenfisch. Ein Denkmal für den König steht in Storvågen, zu erreichen über einen Pfad ab dem Kongsstein.

Heute dienen viele alte *rorbuer* als Ferienhäuschen mit moderner Ausstattung, doch die meisten haben sich ihr schönes rustikales Flair bewahrt – ein echtes Lofotenerlebnis.

Fiskekrogen
Elegantes Restaurant in Henningsvær mit deftiger Fischsuppe und Eintopf sowie feineren Speisen. **€€€**

Havet Restaurant & Bar
Schickes Restaurant (reservieren!) im Hotel The Tide in Sørvågen mit vielfältiger Meeresfrüchtekarte. **€€€**

Bakeri
Bei jedem Besuch in Å ein Muss: Die Dorfbäckerei verkauft frisches Brot und göttliche *kanelsnurr* (Zimtschnecken). **€**

DIE BESTEN UNTERKÜNFTE DER LOFOTEN

Fast Hotel Svolvær Spartanische Zimmer zum Selbsteinchecken, aber die Lage am Wasser ist toll. €

Svinøya Rorbuer Moderne und traditionelle *rorbuer* auf der anderen Seite der Svinøyabrua in Svolvær – mit die besten der Lofoten. €€€

Henningsvær Bryggehotell Erstklassiges altes Hotel am Hafen mit behaglichen Zimmern mit edler Einrichtung in sanftem Grau. €€€

The Tide Gut und modern ausgestattete *rorbuer* und ein kleines, ultrastylishes Hotel in Sørvågen rund 3 km vom Moskenes-Fähranleger. €€€

WHATAFOTO/SHUTTERSTOCK ©

Svolværgeita

Auch in Henningsvær gibt's einige Galerien und Werkstätten; am besten ist die **KaviarFactory**. In dem Gebäude aus den 1950er-Jahren wurde tatsächlich bis Ende der 1990er-Jahre Kaviarpaste hergestellt, doch heute dient es als Ausstellungsort für Werke bekannter internationaler Künstler:innen wie Ai Weiwei und Olafur Eliasson. Durch die Lage am Wasser wirken die Lofotenszenen drinnen gleich erheblich spektakulärer.

Die Svolværgeita besteigen

EINE KÜHNE KRAXELEI IN SVOLVÆR

Die **Svolværgeita** – „Die Ziege" genannt, da der Doppelgipfel Ziegenhörnern ähnelt – ist von ganz Svolvær aus zu sehen. Im Sommer wandern und kraxeln Adrenalinjunkies hoch auf den Berg und springen dann für Instagram zwischen den Granitfelsen umher. Die erfahrenen **Northern Alpine Guides** in Kabelvåg bieten halbtägige Bergabenteuer.

UNTERWEGS VOR ORT

Das Drehkreuz der Inseln ist Svolvær mit Fähr- und Expressbootverbindungen nach Bodø am Festland sowie Flügen vom kleinen Flughafen.

Mit dem Auto kann man abseits der Hauptstraße E10 mehr Schönheiten der Inseln erkunden.

Von Svolvær fahren Busse nach Kabelvåg, Henningsvær und zu anderen Punkten auf den Inseln bis hinunter nach Å, jedoch sind die Verbindungen besonders im Winter eher sporadisch. Tickets gibt's mit der **App Billett Nordland**.

Die Abfahrtszeiten der Busse sind nicht immer auf die Ankünfte der Fähren von Bodø in Moskenes abgestimmt; wer zu Fuß ankommt, sei vorgewarnt, dass es hier keinen Taxistand gibt – die Weiterfahrt muss im Voraus arrangiert werden.

TROMSØ

Tromsø, das selbst ernannte „Tor zur Arktis“, ist eine kleine Stadt mit einem großen Ego, mit allerlei Möglichkeiten zu arktischen und anderen Vergnügungen.

Es liegt 400 km nördlich des Polarkreises an der Ostküste der Insel Tromsøya, die mit Tromsdalen auf dem Festland durch eine Bogenbrücke, die Tromsøbrua, verbunden ist.

Tagsüber sind wichtige Sehenswürdigkeiten zu erkunden, von einer modernen Kirche bis zu Museen zur Geschichte der Erforschung der Arktis. Abends ist im Zentrum jede Menge los, wenn Einheimische wie Besucher:innen lebhafte Musikclubs, alte Kneipen und ausgezeichnete Restaurants ansteuern.

Dunkle Fjorde und verschneite Berge bilden die Kulisse für Outdoor-Aktivitäten und hier wird das volle Programm geboten. An langen Sommertagen kann man schön wandern, während der Winter mit Aussicht aufs Polarlicht lockt.

TOP TIPP

Zum Flughafen pendelt ein Shuttle, doch auch die Stadtbusse 40 und 42 fahren etwa zum halben Preis dorthin (hat man viel Gepäck, kann's allerdings eng werden). Am Flughafen ist die Haltestelle vom Ankunftsterminal auf der anderen Straßenseite.

MIKHAIL VARENTSOV/SHUTTERSTOCK ©

Ishavskatedralen

TROMSØS TOP-EVENTS

Nordlichtfestival (Januar)
Neuntägiges Jazz- und Klassikfestival an verschiedenen Spielstätten, aber keine Garantie aufs Nordlicht.

Samische Woche (Februar)
Kulturfest um den samischen Nationalfeiertag (6. Februar) mit Arktismarkt und Rentierrennen.

Bukta (Juli)
„Rock, Bier und Seafood" lautet das Motto dieses Musikfestivals in der Telegrafbukta (Telegrafenbucht) im Südwesten von Tromsøya.

Arctic Pride (November)
Ein Pride-Umzug wie kein anderer am 68. Breitengrad zur Feier queerer Kultur nördlich des Polarkreises mit einer Woche voller Events.

Himmlische Höhen

EISMEERKATHEDRALE & FJELLHEISEN-SEILBAHN

Die 1 km lange Tromsøbrua führt zur **Ishavskatedralen** (Eismeerkathedrale), seit ihrer Weihung 1965 ein Symbol der Stadt. Die 35 m hohe Fassade der Tromsdalen kirke, wie sie eigentlich heißt, reckt sich gen Himmel, während die elf eisweißen, mit Aluminium verkleideten Betonsegmente inmitten der Bergkulisse der Stadt an Gletscherspalten gemahnen. Das stille Innere eignet sich bestens für einen Moment des Innehaltens oder man bewundert einfach die minimalistische Architektur.

Vom **Fjellheisen** (knapp 1 km von der Kirche über Turistvegen und Anton Jakobsens veg) bieten sich Panoramablicke auf Tromsø und die Berge. Die Gondelfahrt dauert nur vier Minuten. In der Bergstation ist das beliebte **Fjellstua Restaurant**; außerdem beginnen hier einige Wanderwege wie z. B. auf den **Tromsdalstinden** (1238 m). Zurück geht's an der Gondelbahn vorbei die **Sherpatrappa** (Sherpatreppe) hinunter. Die 1200 Steinstufen der nach den Nepalesen, die sie bauten, benannten Treppe führt durch Wald zum Fløyvegen, einer Wohnstraße ein paar Straßen oberhalb der Talstation der Bahn.

Gleich außerhalb der Talstation fährt der Bus 26 zurück ins Zentrum.

ESSEN IN TROMSØ

Risø Mat og Kaffebar
Café an der Strandgata mit gutem Kaffee und *kanelsnurr* sowie köstlichen Suppen und *smørbrød*. **€**

Bardus Bistro
Laden mit einem Hauch von Retro, tollem Service und regelmäßig aufgefrischter Karte, auf der z. B. Rentier steht. **€€€**

Fiskekompaniet
Modernes Fischrestaurant mit fantasievollen Aromen. Eingang in der Killengreens gate. **€€€**

Ein Schluck Brauereigeschichte

TOUR DURCH EINE MIKROBRAUEREI

In Nordnorwegen ist Mack ein Synonym für Bier, seit Ludwig Markus Mack 1877 die Brauerei in Tromsø gründete. Sie hat Brände, Finanzprobleme und sogar die Prohibition überlebt; 2012 zog die Braustätte in eine riesige neue Anlage in Balsfjord um. Auf einer Führung durch die alte **Macks Ølbryggeri**, heute eine Mikrobrauerei, erfährt man etwas über das Schicksal des Unternehmens, bevor man Biere probiert und beim Brauen zuschaut. Die Gerätschaften sind zum Teil mit Rock-and-Roll-Ikonen bemalt und für jede Charge Bier gibt's einen eigenen Soundtrack. Die Führungen beginnen im Kjeller 5 neben der Ølhallen, der ältesten Kneipe Tromsøs. Die lohnt nach der Tour durchaus eine Einkehr – zwar ist die Kneipe fast 100 Jahre alt, doch die Biere sind immer schön frisch.

Aurora-Erlebnisse

DEM NORDLICHT AUF DER SPUR

Die ständig ihre Form verändernden Säulen aus milchig-weißem, grünem und rotem Licht zu beobachten ist ein unvergessliches Erlebnis.

Tromsø liegt direkt im Auroragürtel und ist somit ideal für die Suche nach dem Polarlicht. Vielleicht hat man oben auf dem Fjellheisen Glück, besser stehen die Chancen allerdings abseits der Lichtverschmutzung. Ein einzigartiges Wildniserlebnis ist die Kombination aus Nordlicht und Hundeschlittentour. Es gehört auch Glück dazu, das Nordlicht zu sehen – aber das ist ja gerade das Spannende!

Walwanderung

WALBEOBACHTUNGSTOUREN

Im Winter locken riesige Heringsbestände Buckel- und Schwertwale in die Gewässer um Tromsø. Von November bis Januar bieten sich gute Chancen, auf einer Bootstour ab dem Stadthafen Wale zu sichten, ob per Festrumpfschlauchboot, Jacht oder „stillem" Katamaran wie z. B. von **Brim Explorer** (brimexplorer.com); dabei stören die Motoren die Wale so wenig wie möglich, während man sie aus respektvollem Abstand beobachtet.

Die Touren können bis zu acht Stunden dauern; die meiste Zeit ist man mit der Hin- und Rückfahrt und der Suche nach den Walen beschäftigt – warme Kleidung mitnehmen!

TOP-MUSEEN & -GALERIEN IN TROMSØ

Polarmuseum
Das Museum führt mit einfachen Exponaten und ausgestopften Tieren durch die Geschichte der Arktis, von der Fangjagd bis zu den Polarexpeditionen von Roald Amundsen.

Polaria
Das Aquarium beherbergt arktische Meereswesen und verspielte Robben; außerdem zeigt es Panorama-Naturfilme und Ausstellungen zu den Folgen der Präsenz des Menschen in der Arktis.

Perspektivet
Wechselnde Kunst- und Fotoausstellungen zum Thema Arktis; oben erfährt man etwas über die Geschichte der Autorin und bildenden Künstlerin Cora Sandel (Sara Fabricus), in deren Haus das Museum untergebracht ist.

UNTERWEGS VOR ORT

Prostneset direkt am Hafen ist der Hauptknotenpunkt für Busse, Fähren und Expressboote. Im Obergeschoss befindet sich die Touristeninformation.

Der Flughafen von Tromsø ist 5 km vom Stadtzentrum entfernt und die Drehscheibe für den Flugverkehr im Norden Norwegens, mit Verbindungen zwischen Oslo und Svalbard sowie nach Alta und weiter.

Die Busse 20, 24 und 26 fahren über die Tromsøbrua Richtung Eismeerkathedrale; Bus 26 fährt weiter zum Fjellheisen. Handytickets gibt's über die **App Troms Billett**; die **App Troms Reise** dient nur als Routenplaner.

ALTA

Altas Lage an der exponierten Felsenküste des Altafjords wirkt beinahe fast außerirdisch – an kalten Wintertagen strahlt der Himmel rosa über den schneebedeckten Gipfeln des Fjords. Weniger inspirierend ist das Ortszentrum mit einigen großen, kastenartigen Gebäuden mit Einkaufszentren und Büros, doch eine schöne Ausnahme bildet die herrliche Nordlichtkathedrale, die einen genaueren Blick lohnt.

Berühmt ist der Ort für die Welterbe-Sammlung von Felszeichnungen aus der Steinzeit, von denen einige von 5000 v. Chr. stammen und einen spannenden Blick ins Dasein arktischer Jäger und Sammler erlauben. Die Landschaft lädt zu Erkundungen ein: Man kann dem Nordlicht nachstellen, mit Hundeschlitten fahren, angeln und Ski fahren. Jeden März beginnt und endet hier in festlicher Atmosphäre Europas längstes Hundeschlittenrennen, ein grandioses Fest der Ausdauer.

TOP TIPP

Alta hat zwei Hauptviertel, das Sentrum mit dem verkehrsfreien Hauptplatz sowie Busbahnhof, Läden, Restaurants und der Nordlichtkathedrale und das hügelige Bossekop 2 km westlich, größtenteils ein Wohngebiet. Hjemmeluft (mit dem Alta Museum) liegt weitere 3 km westlich.

Felsmalerei in Alta

Spuren menschlicher Besiedlung

WELTERBE-PETROGLYPHEN & KÄMPFE DER SAMEN

Schon seit Jahrtausenden sind in den einsamen, wilden und oft unwirtlichen Landschaften dieser Arktisregion Menschen unterwegs und im **Alta Museum** in Hjemmeluft rund 5 km vom Stadtzentrum entfernt sind die Spuren zu sehen, die sie hinterlassen haben.

Die Welterbestätte „Felszeichnungen von Alta" umfasst eine wirklich einzigartige Sammlung von Petroglyphen, die in den 1960er- und 1970er-Jahren gefunden wurden. Diese verteilen sich auf fünf Stätten, doch die meisten – rund 3000 – gibt's in Hjemmeluft. Außerdem sind dies die einzigen für Besucher:innen zugänglichen. Vom Museum führen zwei Rundwege (1,2 km Richtung Osten bzw. 3 km Richtung Westen) zu Ritzungen und Zeichnungen, die Jäger und Sammler im Verlauf von 5000 Jahren hinterließen – die ältesten sind 7000 Jahre alt. Die Steinzeitszenen im Fels zeigen Tiere wie Elche, Bären, Kormorane und Fische sowie menschliche Figuren und Boote. Dass sie das harte arktische Klima und in neuerer Zeit auch Vandalismus überdauert haben, grenzt an ein Wunder. Einige der ersten entdeckten Ritzungen wurden in den 1970er-Jahren rot angemalt, damit sie herausstachen, was heute so sicher nicht mehr passieren würde.

LECKERE HAPPEN

Puskas Musikk & Platebar
Hier gibt's nur ein paar warme Getränke, Biere und Snacks, doch der Ort, ein Plattenladen, ist toll. €

Erica
Sehr beliebtes, luftiges Restaurant mit Tapas sowie Pizza und Pasta. In der Markedsgata. €€

Stakeriet
Aufmerksames Personal und großzügig bemessene nordische Speisen zum Teilen in schickem Ambiente. €€€

ÜBERNACHTEN IN ALTA

Canyon SMART Hotell
Check-in per SMS-Code und gut geschnittene Zimmer. Frühstück gibt's im Alattio rund 50 m vom Hotel. €€

Altafjord Gjestegaard
Pension mit geräumigen Zimmern und gemütlichen Gemeinschaftsbereichen. Zwischen Zentrum und Alta Museum. €€€

Scandic Hotel Alta
Beliebt durch zuverlässigen Komfort und tollen Service. Teils Zimmer mit Blick auf die Nordlichtkathedrale. €€€

> **FINNMARKSLØPET**
>
> Von seinen spontanen Anfängen 1981 mit nur drei Teilnehmenden und wenigen Regeln hat sich der Finnmarksløpet zum längsten Hundeschlittenrennen Europas entwickelt. Er findet immer im März statt und beginnt und endet in Alta. Das 1200 km lange Rennen führt durch die arktische Wildnis Nordnorwegens und stellt Fertigkeiten und Ausdauer von Tieren und Schlittenführer:innen auf eine harte Probe. Die Bedingungen können extrem hart sein, doch wenn es wegen des Wetters schwer ist, der Route zu folgen, nutzen die Hunde ihren Geruchssinn, um auf Kurs zu bleiben. Beim Start schauen immer Tausende zu und unterwegs findet an Etappenzielen wie Kautokeino, Karasjok und Kirkenes das mitreisende Festival Finnmarksløpet Siida statt.

Im stilvollen Museum werden die Hintergründe der Felsbilder ausgebreitet. Außerdem kann man tief in die Kultur der Sam:innen eintauchen – ein Wasserkraftprojekt drohte die Sam:innen einst aus der Region zu verdrängen. Der Protest gegen das Projekt in den 1970er- und 1980er-Jahren (der Alta-Konflikt) wurde zum Auslöser eines Wandels im Kampf der Sam:innen um ihre Rechte und führte schließlich zur Bildung des samischen Parlaments in Norwegen.

Erhebende Architektur der Nordlyskatedralen

EIN GOTTESHAUS DES 21. JAHRHUNDERTS

Beim Bummel über die Fußgängerstraße Markedsgata ist die **Nordlyskatedralen** (Nordlichtkathedrale) am Ende der Straße gegenüber vom Scandic Alta nicht zu übersehen. Aus der sanft gebogenen Dreiecksform der titanverkleideten, 2013 fertiggestellten Kirche schraubt sich ihr Glockenturm gen Himmel.

Beim Innenraum arbeitete das Architekturbüro Link aus Stavanger eng mit dem dänischen Künstler Peter Brandes zusammen; beim Betreten gilt das Hauptaugenmerk seiner hypermodernen Christusfigur. Mit ihren ausgebreiteten Armen deutet die 4,3 m hohe, vergoldete Bronzeskulptur die Kreuzigung an, obwohl sie triumphierend nach oben schaut. Der von warmem, ans Nordlicht erinnerndem Licht erfüllte Kirchenraum lädt zu friedvollem Verweilen ein.

Von außen ist die Kirche noch umwerfender, wenn sie abends angestrahlt wird und über ihr das Polarlicht tanzt.

Aktiv in Alta

OUTDOOR-ABENTEUER

Hat man die beiden Hauptattraktionen des Städtchens erkundet, kann man sich der endlosen freien Natur vor den Toren Altas widmen. Nicht umsonst fand in Alta im 19. Jh. die frühe Erforschung des Nordlichts statt: Hier lässt es sich toll erleben. Bessere Chancen bieten sich, wenn man sich vom Leuchten des Orts und an der Küste entfernt.

Alta, Heimat des Hundeschlittenrennens Finnmarksløpet, ist auch sonst ein Zentrum für allerlei Schlittenhunde-Abenteuer, mit Schlitten im Winter und mit Karren im Sommer. Eine breite Palette an Touren bietet **Holmen Husky**, von Schnuppertrips bis zu mehrtägigen Touren übers Finnmark-Plateau.

> **UNTERWEGS VOR ORT**
>
> Der kleine Flughafen von Alta liegt zehn Autominuten außerhalb der Stadt; es gibt Flüge nach Oslo (zwei Stunden) und Tromsø (40 Minuten).
>
> In Städte und Orte des hohen Nordens bestehen besonders im Winter nur eingeschränkt Busverbindungen. Lokal- und Regionalbusse fahren vom Busbahnhof am Einkaufszentrum Sentrum Syd. Handytickets über die App Snelandia Mobillett sind billiger als im Bus gekaufte Fahrkarten.
>
> Das Ortszentrum ist klein und problemlos zu Fuß zu durchmessen; die Hauptstraße ist die Markedsgata. Wer das Umland ausführlich erkunden möchte, ist jedoch auf ein Auto angewiesen.

KARASJOK

Karasjok (Kárášjohka), das sich auf Sami den Namen mit dem Fluss teilt, an dem es liegt, ist fraglos die Hauptstadt samischer Kultur in Norwegen. Das kleine, von Wald und Fjells umgebene Dorf beherbergt das Sámediggi (Samisches Parlament Norwegens; Sametinget), De Samiske Samlinger (Samisches Nationalmuseum) und eine Handvoll anderer Attraktionen zur Kultur und Geschichte des Volks der Sam:innen.

Die indigenen Sam:innen, traditionell nomadische Rentierhirt:innen, leben schon seit Tausenden von Jahren in einem Gebiet im Norden der heutigen Länder Norwegen, Schweden und Finnland sowie in Nordwestrussland. Zwar sind heute nur noch wenige Sam:innen echte Nomad:innen, doch einige haben noch immer Rentierherden. In Karasjok lässt sich die Lebensweise der Sam:innen mit ihrem Kampf um offizielle Anerkennung als eins der beiden Völker Norwegens prima erkunden.

TOP TIPP

Eine richtige Touristeninformation gibt's nicht, doch die Rezeption des Karasjok Camping hat Infos für Besucher:innen. Das freundliche, fachkundige Personal hilft bei der Planung von Aktivitäten im und ums Dorf. Allgemeine Fragen beantwortet auch das Personal im Sápmi-Park.

INTREEGUE PHOTOGRAPHY/SHUTTERSTOCK ©

Sámediggi, Karasjok

KUNST & KUNSTHANDWERK

Sámi Dáidda-guovddáš (SDG)
Das Sámi Centre for Contemporary Art bietet in einer luftigen Galerie Ausstellungen mit samischem *duodji* (Kunstgewerbe) und moderner Kunst sowie öffentliche Vorträge.

Boble Glasshytte
Im einzigen Glaskunstatelier der Finnmark kann man Meisterglasbläserin Tonje Tunold in Aktion erleben und sich ihre bunten Gläser, Schüsseln und Vasen anschauen und kaufen. Im Sápmi-Park.

Sámediggi: Parlamentsgeschäfte

DAS SAMISCHE PARLAMENT NORWEGENS

In schöner Lage rund 1 km vom Dorfkern von Karasjok steht durch Kiefern geschützt das **Sámediggi**, das samische Parlament Norwegens. Das mit Lärchenholz verkleidete halbrunde Gebäude umschließt einen Turm in der Mitte, der an ein *lavvu* (samisches Zelt) erinnert. Das Bauwerk fügt sich schön ins Gelände ein, als hätte es schon immer hier gestanden.

Doch die Eröffnung des neuen Parlaments im Jahr 2000 erinnerte auch an den Kampf der Sam:innen um Anerkennung ihrer Rechte in Norwegen. Die Kampagne zur Christianisierung der Sam:innen im 18. und 19. Jh. führte zu immer größerer Einschränkung samischer Traditionen: So wurde der Joik (eine traditionelle Liedform) als „sündhaft“ verboten und in Schulen durfte kein Sami gesprochen werden.

Nach dem Zweiten Weltkrieg änderte Norwegen seine Haltung und die Lage der Sam:innen wurde langsam besser. Jedoch gab es echte Fortschritte erst nach dem Alta-Konflikt in den späten 1970er-Jahren und frühen 1980er-Jahren um den Bau eines Wasserkraftwerks am Wasserlauf Alta-Kautokeino, dem das samische Dorf Máze zum Opfer fallen sollte. Die Proteste gegen den Staudamm führten schließlich zur Gründung des samischen Parlaments 1989.

ESSEN & ÜBERNACHTEN IN KARASJOK

Kjell's Kafé
Beliebtes schnörkelloses Café im Dorfzentrum mit Omeletts, Burgern und Chicken Wings. **€**

Karasjok Camping
Campingplatz auf einem Hügel hinterm Sámediggi mit Hütten, Zelt- und Wohnmobilstellplätzen und Whirlpool. Ganzjährig. **€**

Scandic Karasjok
Im Sápmi-Park; Zimmer mit Rentiermotto und Farbakzenten. Im Sommer mit samischem Restaurant Storgammen. **€€€**

Heute treffen sich viermal im Jahr 36 demokratisch gewählte Abgeordnete, um für die samischen Gemeinden wichtige Angelegenheiten wie Bildungs- und Kulturfragen zu besprechen.

Drinnen ist das Gebäude mit Werken samischer Künstler:innen geschmückt wie z. B. dem großen blauen Gemälde *Luottat* (Spuren) von Hilde Skancke Pedersen im Plenarsaal. Außerdem gibt's hier eine Bibliothek mit 40 000 Büchern in samischen Sprachen, darunter einige wertvolle jahrhundertealte Bände.

Draußen kann man sich die landschaftsfreundliche Architektur des Gebäudes anschauen; oder man schließt sich, falls keine Sitzungen stattfinden, dienstags, mittwochs oder donnerstags (ohne Anmeldung) um 13 Uhr einer Führung an.

Kultur in Karasjok

SAMISCHES KULTURERBE

Neben dem samischen Parlament laden auch zwei weitere Einrichtungen in Karasjok dazu ein, tiefer in die Kultur der Sam:innen einzutauchen. Mit 5000 kulturell wertvollen Objekten ist **De Samiske Samlinger** (das Samische Nationalmuseum) das größte Museum seiner Art in Norwegen. Drinnen gibt's etwa Kleidung, Werkzeuge und *duodji* der Sam:innen, draußen ein kleines Freilichtmuseum mit samischen Gebäuden und einem kurzen Lehrpfad zu alten samischen Techniken der Rentierjagd. Zum Museum gelangt man, indem man hinter dem Scandic Hotel weiter aus dem Dorf hinausgeht, dann links abbiegt und bis zum Ende der Straße weitergeht; unterwegs kommt man am Sendezentrum von **NRK Sápmi** vorbei. Ein gläsernes *lavvu* erinnert an die Eröffnung dieses Gebäudes im Jahr 2000.

Im **Sápmi-Park** vermitteln einem Sam:innen selbst Wissen über ihre Kultur. Draußen kann man Winter- und Sommercamps sowie andere Behausungen erkunden. Die Anlage ist ganzjährig geöffnet, doch im Sommer (Juni bis August) werden in den *lavvus* traditionelle Handwerke wie das Silberschmieden vorgeführt und manchmal sind hier auch Rentiere unterwegs. Im Hauptgebäude läuft im „Magischen Theater“ eine Multimedia-Präsentation über die Sam:innen.

OSTERFEST IN KARASJOK

Für die Sam:innen des arktischen Nordens steht Ostern für den Beginn einer Jahreszeit mit sonnigeren Tagen. Familien und Freund:innen treffen sich unter dem helleren Frühlingshimmel. Dies ist eine optimistische Zeit für Taufen und Hochzeiten mit allerlei Feierlichkeiten vor der Wanderung der Rentiere.

In Karasjok wird Ostern mit einem zehntägigen Fest mit samischer Musik, Märkten, Ausstellungen und Sportevents gefeiert, u. a. mit Rentierrennen, Scooter-Geländerennen und Gottesdiensten.

Noch größere Osterfeiern finden in Kautokeino statt, u. a. der samische Grand Prix mit hochkarätigen Wettbewerben mit samischen Liedern und Joiks, eindringlichen Gesängen, die das Wesen von Orten, Menschen oder Tieren besingen.

UNTERWEGS VOR ORT

Karasjok ist nur über die Straße erreichbar. Es fahren Busse z. B. nach Kautokeino, Alta und Ivalo in Finnland – zwar zuverlässig, aber nicht regelmäßig. Das Fahren durch die Kiefernlandschaft ist dafür aber eine wahre Freude.

Karasjok ist nicht groß, aber weitläufig. Das Samische Museum und das Sámediggi sind jeweils 1 km von der Haupteinkaufsstraße entfernt, jedoch in entgegengesetzter Richtung.

SVALBARD

Die raue Schönheit von Svalbard (Spitzbergen) lockt Reisende auf der Suche nach Polarabenteuern an, um in den Fußstapfen von Forschenden, Bergarbeitern und Eisbären zu wandeln.

Die größte Siedlung der Inseln, Longyearbyen, liegt wie zufällig über dem Isfjord bei den Gletscherzungen des Longyearbreen und Larsbreen. Zum Nordpol ist es näher als nach Oslo, doch die bunte Bevölkerung des Orts verleiht ihm das Flair eines europäischen Wintersportorts. Der Industriehafen und die arktistauglichen Häuser sind nicht gerade hübsch, doch dank ein paar guten Restaurants und Bars sowie Museen ist der Ort ein guter Startpunkt für Aktivitäten in den Bergen und Tälern.

Zwar ist Svalbard wegen der Kreuzfahrtschiffe und billigen Flüge nicht mehr das herrlich einsame Ziel vergangener Tage, doch der Geist eines majestätisch öden Orts lebt fort und lockt Furchtlose an, um weiter vorzudringen als bisher.

TOP TIPP

Schuhe an der Tür ausziehen! Diese Tradition geht zurück in die Zeit, als die Bergarbeiter keinen Kohlenstaub in ihre Baracken schleppen wollten, und wie wird noch in allen Hotels und teils auch anderswo befolgt. Die Regel gilt für alle – verschwinden werden die Schuhe also wohl nicht.

Eisbären, Svalbard

Barentsburg & Pyramiden

ENTLEGENE RUSSISCHE BERGBAUSIEDLUNGEN

Zwar gehört Svalbard zu Norwegen, doch laut dem Spitzbergenvertrag von 1920 haben alle Unterzeichnerstaaten ein Recht auf die natürlichen Ressourcen des Archipels. Daraus entstanden russische Bergbausiedlungen, deren Besuch ein echtes Highlight darstellt.

Barentsburg 60 km südwestlich von Longyearbyen wirkt zwar wie ein vergessener Außenposten der Sowjetunion am Ende der Welt, doch hier wird noch immer Kohle gefördert. Schilder mit kyrillischen Buchstaben, Wandbilder mit heldenhaften Arbeiter:innen und das wunderbar retromäßige Barentsburg Hotel ermöglichen eine schräge Zeitreise.

Die Mine im nach dem pyramidenförmigen Berg in der Nähe benannten **Pyramiden** wurde 1998 geschlossen, als sie nicht mehr gewinnbringend arbeitete. Außer ein paar Hartgesottenen, die Einrichtungen für Tourist:innen unterhalten, ist dies jetzt eine Geisterstadt; verlassene sowjetische Gebäude und ein Lenindenkmal sorgen für postapokalyptisches Flair.

Zuletzt fanden zu diesen Siedlungen keinerlei Touren statt und Exkursionen von russischen Reiseunternehmen wurden von Visit Svalbard wegen des Kriegs in der Ukraine nicht bewor-

EISBÄREN

Von Warnschildern mit der Aufschrift *Gjelder hele Svalbard* (gilt für ganz Svalbard) bis zu Postkarten an Souvenirständen: In Svalbard sind Eisbären den Menschen stets präsent. Und das aus gutem Grund: Auf dem Archipel leben 3000 dieser kräftigen Raubtiere, die sich von Robben im Eismeer ernähren. Doch sie leiden unter dem Klimawandel: Da das Eis zurückgeht, schrumpfen auch ihr Territorium und ihre Chancen, erfolgreich auf Jagd zu gehen. Eisbären zu jagen oder sie zu stören ist verboten.

Die Chance, auf einen Bären zu treffen, ist eher gering. In Hotels in Longyearbyen sind mehrere ausgestopfte Exemplare zu sehen, was daran erinnert, wie sehr sich die Einstellungen gewandelt haben hin zum Schutz dieses scheuen Säugetiers.

ÜBERNACHTEN IN LONGYEARBYEN

Gjestehuset 102
Einfarbige Zimmer und Dorms mit Gemeinschaftsküche und -bad in makellosem Zustand in Nybyen 2,5 km vom Zentrum. **€**

Mary-Ann's Polarrigg
Frühere Bergarbeiterbaracken mit gemütlichen Zimmern (ein paar mit Bad) und Einrichtung mit Polarmotto. **€€**

Svalbard Hotell & Lodge
Stylishes Boutiquehotel, u. a. mit modernen Apartments für Selbstversorger, doch die nahe Svalbar kann laut sein. **€€€**

ben. Wer die russischen Siedlungen besichtigen möchte, sollte sich bei Visit Svalbard nach der derzeitigen Lage erkundigen.

Abenteuer ohne Ende

WANDERN, HUSKYS & SCHNEEMOBILE

Svalbard ist ein Ziel für Abenteurer:innen und verschiedene Veranstalter meist in Longyearbyen arbeiten zusammen, um in der Nähe des Orts und auch weiter entfernt im Eis besondere Erlebnisse zu ermöglichen. Viele Touren können über die Touristeninformation gebucht werden.

Auf mehrstündigen Wanderungen lassen sich die umliegenden Berge und Täler erkunden, mit ehemaligen Bergwerken und längst aufgegebenen Gerätschaften, die heute unter Denkmalschutz stehen. Einige Routen führen in der Nähe des Global Seed Vault vorbei, eines Saatgutlagers, das als Versicherung gegen das Artensterben angelegt wurde, allerdings kann man nicht hineingehen. Hundeschlittentouren hier können erstaunlich anstrengend sein, doch auf einem der Hundehöfe sein eigenes Huskyteam einzuspannen ist ein wunderbares Erlebnis.

Ins stille Herz von Svalbard führen mehrtägige Expeditionen zu Fuß oder per Ski, Schneemobil, Hundeschlitten oder Kajak – etwas für Menschen mit ausgeprägtem Abenteuersinn.

Museen in Longyearbyen

SVALBARD VERSTEHEN

Nur wenige Leute reisen nach Svalbard, um nur in Longyearbyen abzuhängen, doch die Museen des Orts bieten die Gelegenheit, die Geschichte der Besiedlung durch den Menschen zu verstehen, bevor man selbst in die Wildnis aufbricht.

Das **Svalbard-Museum** bietet eine umfassende Einführung zum Archipel: zu den Menschen, die hier leben, zu den Tieren, zu Jagd und Fallenstellerei, zum Walfang, Bergbau, zur Geografie, Geologie und den Folgen des Klimawandels. Es ist eher altmodisch, aber sehr detailliert; es befindet sich im selben Gebäude wie das Universitätszentrum Svalbard. Das unabhängige **North Pole Expedition Museum** dahinter bietet mit Filmmaterial, Zeitungen und historischen Gegenständen eine vertiefte Einführung in die Geschichte der Polarforschung.

ESSEN & AUSGEHEN IN LONGYEARBYEN

Stationen
Legeres, lockeres Restaurant im Lompensenteret mit norwegischen und internationalen Klassikern. €

Vinterhagen
Der Wintergarten von Mary-Ann's Polarrigg ist mit Grünzeug geschmückt und serviert heimische Gerichte wie Rentier- und Robbensteaks. €€€

Svalbard Bryggeri
Freitags kann man zwei Stunden lang in der Bar der nördlichsten Brauerei der Welt zechen (Touren möglich).

Svalbar
Die pulsierende Musik lockt Gäste an, aber es sind die Cocktails und das freundliche Personal, die einen hier bis in die frühen Morgenstunden halten.

UNTERWEGS VOR ORT

Wer nicht auf einer Kreuzfahrt herkommt, landet nach einem Flug von Oslo (ca. drei Stunden) oder Tromsø (1½ Stunden) in Longyearbyen. Bei Flugankünften stehen Flughafenbusse bereit.

Der Ort ist zumeist flach, aber weitläufig und zu ein paar Hotels (besonders zum Gjestehuset 102) kann der Marsch besonders bei frostigen Temperaturen lang werden. Fahrdienste bieten Svalbard Buss og Taxi und Longyearbyen Taxi.

In Longyearbyen kann man problemlos herumlaufen – Eisbären verirren sich nur selten ins Zentrum –, doch das durch Warnschilder klar gekennzeichnete Ortsgebiet sollte man nur in Begleitung eines bewaffneten Guides verlassen. Das Risiko, angegriffen zu werden, ist gering, doch das Ergebnis könnte eine gepfefferte Geldstrafe und schlimmstenfalls der Tod – für Bär und Mensch – sein.

Zwischen Longyearbyen und Barentsburg oder Pyramiden gibt's keine Straßen. Im Sommer reist man per Boot, im Winter per Schneemobil, wenn es die Bedingungen erlauben.

OSLO

Mach dich darauf gefasst: Oslo wird der nächste Brennpunkt skandinavischer Coolness. Lange wurde Oslo dafür geschmäht, dass der Stadt das mühelose Designerflair von Stockholm, Kopenhagen oder Helsinki fehlte, doch in aller Stille wurden Vorzeigebauten errichtet, mit einem Angebot an Museen, das eh schon das Beste der Region ist. Erst jetzt blickt der Rest der Welt hierher. Ist Oslo vielleicht der vielversprechendste Kandidat für den Titel als Kulturhauptstadt Skandinaviens?

Als Hauptstadt Norwegens ist Oslo mehr als die Kulturmetropole des Landes. Es dient auch als Prüfstein für ein neues Norwegen, ein hippes und multikulturelles mit einer leicht anderen Einstellung zum Leben. Das zeigt sich nirgends besser als in Grünerløkka, einem früher heruntergekommenen Viertel, das heute eines der besten urbanen Ziele Nordeuropas darstellt.

TOP TIPP

Angesichts der vielen Museen der Stadt ist der Oslo Pass (visitoslo.com/de/aktivitaten-und-attraktionen/oslo-pass) eine weise Investition. Er gilt für die meisten Osloer Museen und die öffentlichen Verkehrsmittel und umfasst diverse Rabatte. Erhältlich ist er im Internet und den Touristeninformationen.

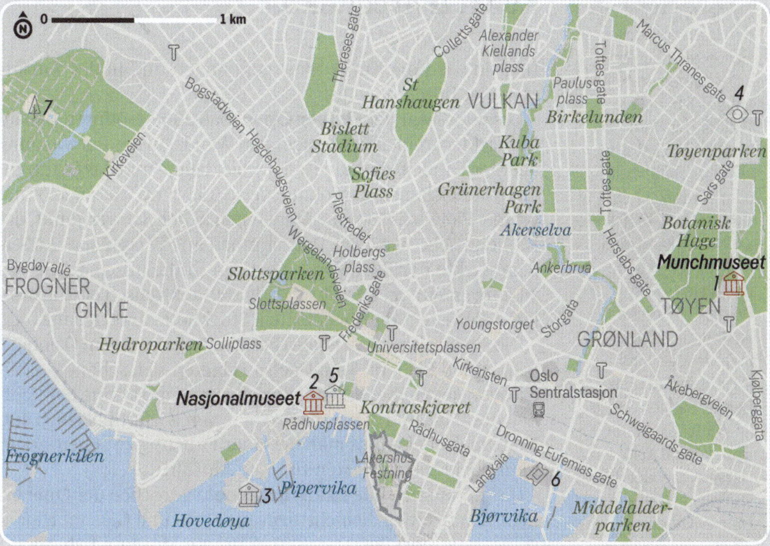

HIGHLIGHTS
1 Munchmuseet
2 Nasjonalmuseet

SEHENSWERTES
3 Astrup Fearnley Museet
4 Grünerløkka
5 Nobels Fredssenter
6 Osloer Oper
7 Vigelandsparken

TOMMY ALVEN/SHUTTERSTOCK ©, ARCHITECTS: SNØHETTA

Osloer Oper

Kunst & Architektur

STADT DER KULTUR

In Oslo wird die Kunst ernst genommen und in der Kulturszene ist immer viel los.

Los ging's mit der **Osloer Oper**. Das 2008 eröffnete Gebäude markierte einen fundamentalen Wandel in der Entwicklung der Stadt, indem das alte Hafengebiet belebt und das Stadtzentrum auf bislang ungewohnte Weise Richtung Wasser geöffnet wurde. Plötzlich hatte die Stadt einen neuen Schwerpunkt, der Einheimische wie auch Tourist:innen ans Wasser zog. Außerdem wirkte der Bau Wunder bei den Einheimischen, die viel zu lange meinten, dass ihre Stadt architektonisch eine armselige Schwester von Kopenhagen, Stockholm and Helsinki sei.

Die Oper erinnert an einen Gletscher oder einen im Oslofjord treibenden Eisberg. Vom Dach aus bieten sich schöne Ausblicke, von gegenüber erschließt sich einem die kühne Schlichtheit des Baus und drinnen wird man von Kiefernholz begrüßt. Noch mehr bekommt man bei einer Führung zu sehen – oder man bucht gleich Karten für eine Aufführung.

Das herausragende **Munchmuseet** südöstlich der Oper erhebt sich in einem Schichtturm aus Stahl und Glas im Hafengebiet von Bjørvika. Das 2021 eröffnete Museum beherbergt

RAUS AUS DER STADT

Der Ausdruck *friluftsliv* ist zentral für das Selbstverständnis der Norweger:innen. Wörtlich bedeutet er „Freiluftleben", doch die Norweger:innen nutzen ihn meist für eine breitere, fast spirituelle Freude an der Natur. Und die Einwohner:innen Oslos bilden da keine Ausnahme. Nördlich der Stadt erstrecken sich, erreichbar in einer halben Stunde mit der T-bane, die Wälder der Nordmarka, das vielleicht wildeste Hinterland aller europäischen Städte. Dank 1200 km an Wegen kann man aus dem Zug steigen und gleich in die Wildnis eintauchen. Im Sommer kann man wandern und angeln, im Frühling Beeren suchen und im Winter Ski fahren. Dazu kommt der Nervenkitzel der Skisprungwettkämpfe am Holmenkollen.

ESSEN IN OSLO

Oslo Street Food
Nichts kündet so vom neuen Oslo wie dieses Treffen von Foodtrucks mit Essen aus aller Welt und DJs am Abend. **€€**

Sentralen Restaurant
Neue nordische Fusionskost in lockerem Ambiente zu überraschend angemessenen Preisen. **€€**

Mathallen Oslo
Alte Markthalle mit Feinkost und coolen Cafés als Huldigung an kleine Erzeugerbetriebe Norwegens. **€€**

die wichtigsten Meisterwerke von Norwegens Lieblingsmaler Edvard Munch wie zwei Versionen des *Schreis* sowie die *Madonna* und *Die Seine bei Saint-Cloud*. Kurz gesagt: Dies ist eins der besten Kunstmuseen Skandinaviens.

Der im Juni 2022 eröffnete Neubau des **Nasjonalmuseet** ist noch neuer als das Munchmuseet und vielleicht noch bedeutender, eine atemberaubende Kombination aus altmodischer Eleganz und minimalistischem modernem Glasbau. Die außergewöhnlich umfangreiche Sammlung umfasst Werke von Edvard Munch (wie den *Schrei*), Gauguin, Picasso, El Greco, Manet, Degas, Renoir, Matisse, Cézanne und Monet. Direkt neben dem Museum ist das **Nobels Fredssenter**, ein modernes Museum, das den Träger:innen des Friedensnobelpreises huldigt.

Vom Nationalmuseum südlich am Hafen entlang ist das **Astrup Fearnley Museet** ein passendes avantgardistisches Zuhause für eine schöne Sammlung mit Gegenwartskunst wie Werken aus den USA der 1980er-Jahre, z. B. Jeff Koons' *Michael Jackson and Bubbles*, und großen Arbeiten von Damien Hirst.

Und ein sehr erfrischendes Kunsterlebnis verspricht ein Bummel durch den hübschen **Vigelandsparken**, das Schmuckstück des Frognerparken, mit seinen 212 Granit- und Bronzekunstwerken von Norwegens beliebtestem Bildhauer, Gustav Vigeland.

Grünerløkka

SCHRÄGES OSLO

In Grünerløkka verschafft sich Oslo ein wenig Tiefgang, Diversität und Widersprüchlichkeit, ganz abgesehen von *street credibility*. Das Viertel ist gleichermaßen kunstbeflissen, multikulturell und locker.

Das von den Einheimischen kurz „Lokka" genannte alte Arbeiterviertel wartet mit Vintage-Läden, schäbigen, aber hippen Cafés und Bars, avantgardistischen Kunststätten und Sonntagsmärkten auf. Von der Stadt ist es durch die Stromschnellen, Wasserfälle und bewaldeten Ufer der Akerselva getrennt.

Am Wochenende bietet sich tagsüber ein Bummel über den **Markveien** und die **Thorvald Meyers gate** an. Abends sind die **Torgatta** und der **Fredensborgveien** die Kneipenmeilen; wem der Sinn nach Livemusik, Tanzen oder einfach einer langen Nacht steht, der sollte das **Vulkan** und die Läden den Hügel hinauf an der **Møllergata** ansteuern. Auch im ganzen Gebiet um die **Hausmannsgate** ist abends meist etwas los.

MUSEEN AUF BYGDØY

Vikingskipshuset
Zwei schön restaurierte, 1100 Jahre alte Langboote.

Kon-Tiki Museum
Dem Floß Kon Tiki von 1947 gewidmet, mit dem Thor Heyerdahl von Peru nach Polynesien segelte.

Frammuseum
Der Schoner *Fram* aus dem 19. Jh. bildet den Aufhänger für heroische Geschichten über Arktisexpeditionen.

Seefahrtsmuseum
Das ultimative Museum zu Norwegens Beziehung zum Meer.

Norsk Folkemuseum
Norwegens größtes Freilichtmuseum mit über 140 Gebäuden.

UNTERWEGS VOR ORT

Der Flughafen Oslo Gardermoen ist das internationale Tor nach Norwegen. Er liegt 35 km nordöstlich der Stadt, ist aber mit Express- und günstigeren Vorortzügen gut ans Zentrum (Hauptbahnhof Oslo S) angebunden.

Das beste Transportmittel für Strecken, die zu weit zum Laufen sind, ist die T-bane, die U-Bahn, die Haltestellen wie Nationaltheatret, Stortinget und Jernbanetorget bedient.

Nach Bygdøy mit seinen Museen schippern Fähren vom Rådhusbrygge-Anleger. Zu anderen Zielen am Oslofjord ist die Abfahrt am Vippetangen-Anleger.

RJUKAN

Rjukan, versteckt vor der Außenwelt in einem langen Tal zwischen unglaublich steilen Wänden, ist voller Möglichkeiten. Außer ein paar Museen hat der Ort selbst nicht viel zu bieten – man kann nur die Aussicht bewundern, was man bei jeder Gelegenheit tun sollte. Doch die spektakuläre Kulisse ruft unwiderstehlich zu allerlei Aktivitäten: Rjukan ist die Abenteuerhauptstadt Südnorwegens.

Oberhalb des Talrands liegt Richtung Norden die weite Hardangervidda. Im Süden erhebt sich über Rjukan der vielleicht schönste Gipfel Norwegens, der Gaustatoppen (1883 m). Diese beiden Naturgiganten warten mit einigen der besten Wanderwege Norwegens auf, ganz abgesehen von der eindrucksvollsten und ungewöhnlichsten Seil- und Standseilbahn des ganzen Landes. Auch Skifahren, Eisklettern und Bungeejumping sind wichtige Elemente des herrlichen Rjukan-Abenteuers.

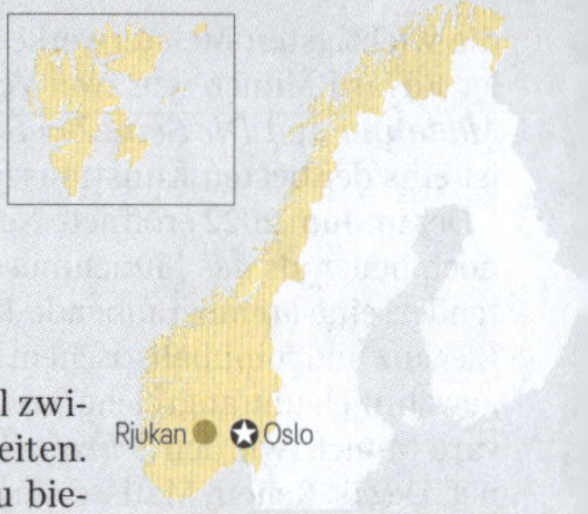

TOP TIPP

Das schmale Rjukan erstreckt sich am Fluss Måna rund 6 km das Tal entlang. Am Ostende des Orts winden sich enge Kehren aus dem Tal hinaus Richtung Süden; 10 km diese Straße hinauf liegt Gaustatoppen, die wichtigste Unterkunftsregion für die Skigebiete und das Tor zum Gausta.

BENT NORDENG/SHUTTERSTOCK ©

Rjukan

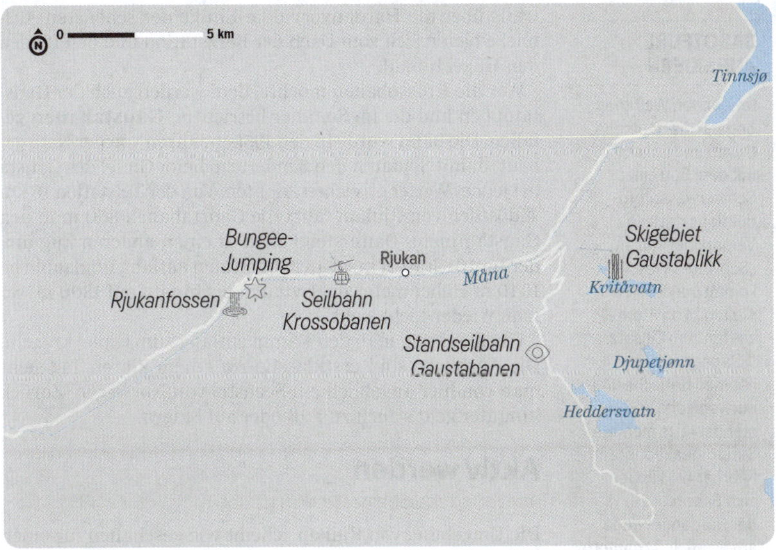

Hoch hinaus

SÜDNORWEGENS SCHÖNSTE AUSBLICKE

Hoch über dem westlichen Ende des Tals kann man 9,5 km vom Ort entfernt am östlichen Ende des Tunnels parken und nimmt dann den 200 m langen, unbeschilderten Schotterweg zum Aussichtspunkt über dem 104 m hohen **Rjukanfossen**. Wo's langgeht, ist nicht sofort zu erkennen, doch gewöhnlich parken ein oder zwei Autos an der Straße gleich beim Tunneleingang und südlich der Straße ist dies der einzige sichtbare Schotterweg.

Das Rjukan-Tal ist so tief, dass die Sonne den Talgrund von Oktober bis März nicht erreicht – doch inzwischen stehen 450 m oberhalb des Dorfplatzes von Rjukan Sonnenspiegel; die 2013, fast 100 Jahre, nachdem die Idee zuerst aufgekommen war, aufgestellten Spiegel bedecken eine Fläche von über 50 m^2. In den 1920er-Jahren war der örtliche Wasserkraftwerksbetreiber so besorgt um die psychische Gesundheit seiner sonnenentwöhnten Angestellten, dass er ihnen die **Krossobanen** baute, sodass sie aus dem Tal hochfahren und die Sonne sehen konnten. Die oberhalb des Westendes des Orts ausgeschilderte Seilbahn fährt hinauf auf den Gvepseborg (886 m). Von der Bergstation führen Wanderwege und Bike-

UNGEWÖHNLICHE ERLEBNISSE

Schlittenfahrten
Durch Winterwälder auf einem Pferdeschlitten oder über die Hardangervidda mit dem Huskyschlitten.

Elchsafari
Im Sommer in Rauland südwestlich von Rjukan nach Elchen Ausschau halten.

Sauna am See
Sauna mit Ausblick beim Gaustablikk Fjellresort.

Sabotørruta (Saboteurroute)
Der 8 km lange Weg folgt einem im Zweiten Weltkrieg vom norwegischen Widerstand genutzten Pfad.

ÜBERNACHTEN & ESSEN IN RJUKAN

Gaustablikk Fjellresort
2022 schön runderneuerte Lodge mit unglaublichem Ausblick (teils auf den Gauda) und Top-Restaurant. €€€

Rjukan Hytteby & Kro
Direkt am Fluss mit ausgezeichneten, freundlich eingerichteten Hütten und deftigem Essen. €€

Rjukan Admini
Historisches Landhaus mit Himmelbetten, Pastelltönen und üppigem Garten. €€€

trails über die Hardangervidda. Einige der schönsten Ausblicke bieten sich vom Dach der Bergstation und den Pfaden den Hügel hinauf.

Wer die Krossobanen mochte, dem werden auch der Gaustatoppen und die im Sommer betriebene **Gaustabanen** gefallen. Die Bahn wurde in den 1950er-Jahren von der Nato gebaut, damit Soldaten den Sendeturm beim Gipfel des Gausta bei jedem Wetter erreichen konnten. Von der Talstation 10 km südöstlich von Rjukan fährt die Gaustabanen 860 m in den Gausta hinein. Dann steigt man in einen anderen Zug um, der im 40-Grad-Winkel an 3500 Stufen entlang unglaubliche 1040 m Höhenmeter überwindet, bis hinauf auf 1800 m, wo man wieder Licht sieht.

Von hier kann man den Kamm entlang zum Gipfel kraxeln. Die Ausblicke sind erstklassig: An einem klaren Tag sieht man von hier angeblich ein Sechstel von Norwegen. Zurück hinunter geht's auch zu Fuß oder auf Skiern.

SABOTEURE AUF SKIERN

Im Zweiten Weltkrieg begann die deutsche Besatzungsmacht mit dem Bau einer Schwerwasserproduktionsstätte in Vemork bei Rjukan. „Schweres Wasser" kommt bei der Herstellung von Atomwaffen zum Einsatz.

Dagegen unternahmen britische und norwegische Widerstandskräfte mehrere Sabotageaktionen. Im Februar 1943 ließen sich Saboteure in der Hardangervidda absetzen und konnten Sprengstoff platzieren, der die Anlage zerstörte. Dann setzten sie sich auf Skiern in die Hardangervidda ab und entkamen so der Gefangennahme.

1965 wurde daraus der dramatische, aber historisch ungenaue Film *Kennwort „Schweres Wasser"* mit Kirk Douglas.

Heute residiert im Kraftwerksgebäude das Norwegische Industriearbeitermuseum (nia.no) mit einer interessanten Ausstellung zum Wettlauf um den Bau der Atombombe sowie einem fabelhaften Miniaturkraftwerk.

Aktiv werden

NERVENKITZEL OBERHALB VON RJUKAN

Die Umgebung von Rjukan scheint wie geschaffen für einen Adrenalinrausch. Neben den Wander-, Biking- und Skifahrmöglichkeiten, die Krossobanen und Gaustabanen erschließen, gibt's weitere Aktivitäten – Infos in der unter der Woche geöffneten Touristeninformation.

Im Ort selbst kann man am westlichen Ende des Tals von einer Brücke zum Industriearbeitermuseum **Bungeesprünge** unternehmen. Der 84 m tiefe Sprung in die Schlucht ist der höchste auf dem norwegischen Festland – ein echter Nervenkitzel!

Rjukan ist außerdem berühmt als Zentrum des **Eiskletterns**: Dabei erklimmt man einfach nur einen riesigen Eiszapfen. Wem das Spaß macht: In der direkten Umgebung des Orts gibt's über 150 Routen. Näheres wieder in der Touristeninformation.

Nach solch haarsträubenden Aktivitäten erscheint Skifahren wirklich erholsam. Das **Gaustablikk-Skizentrum** im Schatten des Gaustatoppen, des höchsten Bergs Südnorwegens, wartet mit tollen, unterschiedlich schweren Abfahrten auf. Oder man erklimmt den Gaustabanen und fährt auf Skiern wieder hinunter.

UNTERWEGS VOR ORT

Zwar ist Rjukan leicht mit dem Bus zu erreichen, aber ein Auto ist hier sehr praktisch. Im Tal selbst fährt der Bybuss vom Norwegischen Industriearbeitermuseum 6,5 km westlich von Rjukan zum Ostende des Tals. Fahrräder verleiht Rjukan Gjestegård. Im Sommer verkehren Busse zwischen Rjukan und Gaustastoppen (facebook.com/fjellbussen/).

Rund um Rjukan

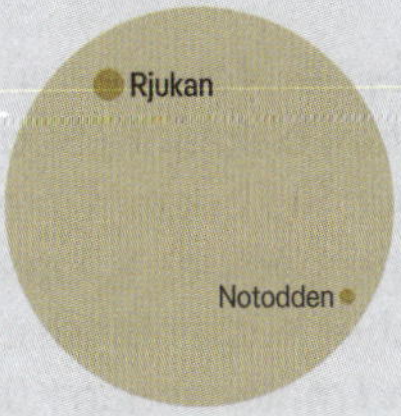

In den entlegenen Tälern und Orten Südnorwegens umgibt dich stets die Vergangenheit.

Das von der Außenwelt durch hohe Berge, dichte Wälder und harte Winter verborgene Binnenland von Südnorwegen ist eine kaum bekannte Region, die wie ein Fantasieland wirkt. Die Attraktionen dieser Gegend an wenig befahrenen Nebenstraßen und in tiefen Tälern scheinen einem mittelalterlichen Epos zu entstammen.

Nichts verkörpert diesen Geist so wie die Stabkirche von Heddal, die die Aura einer legendären Vergangenheit verströmt. Die in der späten Wikingerzeit erbaute Kirche hat komplexe Schnitzereien und einen Drachenkopfgiebel: Wie der Bug eines Wikingerschiffs erhebt sich der Bau an einer unscheinbaren Provinzstraße. Von den 500 bis 600 ursprünglich errichteten Stabkirchen weisen nur 20 von 28 verbliebenen – die zu den ältesten erhaltenen Holzbauten überhaupt zählen – viele der ursprünglichen Komponenten auf. Aber keine kann Heddal das Wasser reichen!

TOP TIPP

Im Sommer sollte man frühmorgens in Heddal sein, um den Bustourist:innen auszuweichen, die die Kirche vom Vormittag bis zur Abenddämmerung belagern.

Stabkirche Heddal (S. 394)

AUTOTOUR

Südnorwegen

Die bei Norweger:innen beliebte, bei ausländischen Tourist:innen kaum bekannte Südküste bietet die Gelegenheit zu einer tollen Autotour. Sie beginnt in einer altehrwürdigen Stadt, führt dann vorbei an einigen weißen Küstendörfern und weg von der Hauptstraße zu herrlicher Küstenlandschaft. Die Kombination aus natürlicher Schönheit und malerischen Küstendörfern sorgt für eine herrliche Autotour.

1 Tønsberg

Die Tour beginnt in Norwegens ältester Stadt. Das unter dem Wikinger Harald I. Schönhaar im 9. Jh. gegründete Tønsberg, später Hauptstadt des Landes, wartet mit einer mittelalterlichen Festung und Wikingerruinen auf.

Die Fahrt: Auf der E18 geht's vorbei an Sandefjord, Larvik, Skien und Kragerø Richtung Südwesten. Der Abzweig von der E18 hinter Akland auf die Rv416 nach Risør ist leicht zu übersehen.

2 Risør

Das weiße Risør windet sich um einen U-förmigen Hafen und zählt zu den hübschesten Küstenweilern Südnorwegens. Vor Häusern aus dem 17. Jh. dümpeln bunte Fischerboote auf ruhigem Wasser.

Die Fahrt: Kehre auf die E18 zurück und nimm die Ausfahrt Arendal. Parken kann ein Albtraum sein, parke hinter dem Tunnel und lauf zu Fuß.

3 Arendal

Arendal ist der Kulturort Südnorwegens, mit munterem Haupthafen (Pollen) und einer guten Galerie für Gegenwartskunst, der Bomuldsfabriken Kunsthall. Im Juli findet ein erstklassiges Jazzfestival statt. Im reizenden Viertel Tyholmen stehen Holzhäuser aus dem 17. bis 19. Jh.

TUPUNGATO/SHUTTERSTOCK ©

Sognedalstrand

Die Fahrt: Zurück auf der E18 folgst du rund 16 km südwestlich des Abzweigs nach Arendal den Schildern zum Zentrum von Grimstad.

4 Grimstad

An einem hübschen Hafen erheben sich die weißen Holzhäuser von Grimstad. In den 1840er-Jahren arbeitete hier der Schriftsteller Henrik Ibsen in der Apotheke, dem heutigen Ibsenhuset.

Die Fahrt: Auf der E18 geht's vorbei an Lillesand, Kristiansand und Mandal, dann nach Lindesnes. Die Straße führt durch eine windige Landschaft voller Felsbrocken.

5 Lindesnes

Der Leuchtturm Lindesnes Fyr am südlichsten Punkt Norwegens ist sehr stimmungsvoll, besonders wenn der Wind bläst, was häufig der Fall ist.

Die Fahrt: Fahre zurück auf die E18 und dann hinunter nach Flekkefjord.

6 Flekkefjord & Jøssingfjord

Erkunde Flekkefjords hübsche Altstadt zu Fuß, dann geht's auf der Rv44 durch karge Felshügel steil hinunter zum Jøssingfjord mit einem Wasserfall und zwei Häusern des 17. Jhs. unter einer überhängenden Klippe (bekannt als Helleren).

Die Fahrt: Fahre auf der Rv44 weiter Richtung Nordwesten. Das winzige Sogndalstrand ist auf vielen Karten gar nicht eingezeichnet – es liegt 2,5 km südlich von Hauge i Dalane.

7 Sogndalstrand

Die malerischen Holzhäuser von Sogndalstrand aus dem 16. und 17. Jh. zieren zahlreiche Tourismusplakate.

Die Fahrt: Nach Egersund sind es nur 30 km in nordwestlicher Richtung auf der Rv44.

8 Egersund

Das hübsche Egersund kann unter den weißen Holzdörfern an der Küste mehr als mithalten.

Stabkirche Heddal

ÜBERNACHTEN & ESSEN RUND UM RJUKAN

Seljord Hotel
Das Hotel von 1858 hat individuell gestaltete Zimmer mit faszinierenden historischen Anklängen. €€

Dalen Hotel
Das wunderschöne alte Hotel von 1894 sieht fast wie eine Stabkirche aus, mit herrlicher alter Einrichtung und Spukzimmer (Nr. 17). €€€

Seljord Hotell Restaurant
Das Hotelrestaurant mit der besten Küche in Seljord ist bekannt für Fisch- und Wildgerichte, alles perfekt zubereitet. €€€

Stabkirche Heddal

EIN MÄRCHEN IN HOLZ

Auf der E134 westlich von Notodden lassen die rostenden Fabriken, Wohnhäuser und umzäunten Äcker nicht vermuten, was einen erwartet. Und dann erscheint 67 km südöstlich von Rjukan vor einem die **Stabkirche Heddal**. Die beste Möglichkeit, hierher zu kommen, und die einzige ohne einen unpraktischen Buswechsel in Notodden, ist die Fahrt mit dem Auto.

An einem regnerischen Wintertag erhebt sich die Kirche aus der Düsternis wie ein Geist. An einem hellen Sommertag wirken die spitzen Winkel und die Schnörkel wie eine Art Erscheinung.

Heddal ist die größte und schönste der verbleibenden Stabkirchen Norwegens. Getragen wird der Bau von zwölf langen und sechs kürzeren Kiefernholzpfeilern, jeder gekrönt mit einer furchteinflößenden geschnitzten Fratze. Außerdem hat die Kirche vier mit Schnitzereien verzierte Eingangsportale.

Gemäß ihrer fast mystischen mittelalterlichen Ästhetik erhielt die Kirche ihre derzeitige Form 1242, also vor fast 800 Jahren. Der Glockenturm wurde 1850 ergänzt.

Den Eintritt bezahlt man im benachbarten Besucherzentrum, dann kann man in der Kirche die herrlichen Wandmalereien von 1668, eine Runeninschrift im Laubengang und den „Bischofsstuhl“ aus dem 17. Jh. bewundern. Die Schnitzereien erzählen die heidnische Geschichte des Wikingers Sigurd (Siegfried) des Drachentöters, neu gedeutet als christliche Parabel von Jesus und dem Teufel. Der Altar stammt von 1667 und wurde 1908 restauriert.

UNTERWEGS VOR ORT

Zwischen den größeren Orten der Region wie Rjukan, Kongsberg, Notodden, Seljord und Dalen verkehren Busse, gut, wenn man's nicht eilig hat und gern auch mal umsteigt. Mit dem eigenen Auto ist man allerdings problemloser unterwegs.

STAVANGER

Beim Wettbewerb um den Titel als coolste Stadt Westnorwegens steht Stavanger ein bisschen im Schatten, besonders im Vergleich zu Bergen. Doch hat Stavanger keinen Grund, den Nachbarn im Norden zu beneiden.

Es ist ein heiterer Ort, der seine Rolle als Norwegens Stadt des Öls mit einer hübschen Lage, imposanten Museen und einer reizenden Altstadt vereint. Die kompakte Innenstadt lässt sich am besten zu Fuß erkunden. Dank dem vielen Ölgeld besticht Stavanger mit einem umfangreichen Angebot an Restaurants. Und es kann selbst für norwegische Verhältnisse teuer sein. Doch Stavanger ist auch das Urbild einer prosperierenden skandinavischen Stadt, die sich zu amüsieren weiß.

Und dazu ist die Stadt auch noch das Tor zu vielen spektakulären Erlebnissen im Lysefjord, zu entdecken auf einem Tagesausflug.

TOP TIPP

Wer mit dem Auto nach Stavanger kommt, sollte ein Hotel mit eigenem Parkplatz wählen: Die städtischen Parkplätze kosten mindestens 240 Kr am Tag. Wer nicht mit dem Auto zum Lysefjord will, braucht das Auto ansonsten hier nicht.

HIGHLIGHTS
1 Stavanger Domkirke

SEHENSWERTES
2 Breidablikk
3 Ledaal
4 Norsk Oljemuseum

ESSEN
5 RE-NAA
6 Restaurant SÖL
7 Sirkus Renaa Sølvberget
8 Tango
9 Fischmarkt Torget

Norsk Oljemuseum (S. 397)

TOP-MUSEEN IN STAVANGER

Konservenmuseum
Stavangers bestes kleines Museum befasst sich mit der Sardine.

Archäologisches Museum
Hier kann man alles über die Wikinger:innen erfahren.

Stavanger Kunstmuseum
Norwegische Kunst vom 18. Jh. bis heute, mit schönem Skulpturengarten.

Seefahrtsmuseum Stavanger
Zwei Jahrhunderte Seefahrtsgeschichte mit erschütternden Geschichten von Schiffsunglücken.

Norwegisches Kindermuseum
Kindheit im Lauf der Zeiten, mit alten Spielzeugeisenbahnen, riesigen Puppen und Meccano-Kästen.

TRAVEL FAERY/SHUTTERSTOCK ©

Gamle Stavanger

Alt-Stavanger

KOPFSTEINPFLASTER & WEISSE HOLZHÄUSER

Gamle Stavanger, Stavangers kleine Altstadt am Westufer des Hafens, hat etwas Reizendes, sogar Zauberhaftes. Weiße Holzhäuser aus dem späten 18. Jh., allesamt makellos gepflegt und mit hübschen Blumenkästen geschmückt, säumen die Kopfsteinpflastergassen. Zumeist sind dies Wohnhäuser, aber es gibt auch Silberschmieden und Töpfereien, gelegentlich auch ein Café mit fotogener Katze. Zwischen den Gebäuden und durch die Bäume am Nordende der Altstadt eröffnen sich einige tolle Fotomotive. Das Viertel bildet einen ruhigen Gegensatz zu der manchmal nassforschen, florierenden modernen Ölstadt Stavanger.

Die steinerne **Stavanger Domkirke** auf einem Hügel oberhalb des Südendes des Hafens ist Norwegens ältester mittelalterlicher Dom in Originalform. Erbaut 1125 und nach einem Brand 1272 restauriert, weist der Dom eine faszinierende Mischung aus Gotik, Barock, Romanik und anglonormannischen Einflüssen auf.

Interessant sind etwas abseits auch das opulente Herrenhaus **Breidablikk** aus dem späten 19. Jh. und die zwischen 1799 und 1803 erbaute heutige Königs- und Sommerresidenz **Ledaal**.

ÜBERNACHTEN IN STAVANGER

Thompsons B&B
Heimeliges B&B in Villa von 1910, mit einladendem Flair und gutem Frühstück. **€**

Darby's Inn
Opulente Innenausstattung in altem Haus mit antiken Möbeln, persischen Teppichen und sogar einem Stutzflügel. **€€**

Clarion Collection Hotel Skagen Brygge
Dezent luxuriös und direkt am Hafen, mit kostenlosem Abendessen. **€€€**

Ölstadt

NORWEGENS SPANNENDSTES MUSEUM

Stavanger ist der Heimathafen von Equinor (früher Statoil), Norwegens größtem Ölkonzern. Alle paar Wochen kehren hierher Arbeiter:innen von den Ölplattformen zurück, um sich zu erholen und ihren Verdienst unters Volk zu bringen.

Detailliert wird Norwegens Ölgeschichte im **Norsk Oljemuseum** erzählt. Zu den Highlights hier zählen die weltweit größte Bohrspitze, simulierte Ölbohrinseln, eine riesige Halle mit Bohrinselmodellen und die Ausstellung über die Tragödie, die sich 1980 auf der Ölbohrinsel *Alexander L. Kielland* abspielte und bei der 123 Menschen ums Leben kamen.

Norwegen ist der elftgrößte Ölproduzent der Welt. Das Museum befasst sich auch mit den Folgen, z. B. mit dem Klimawandel. Der 14-minütige Film *Oljeunge* (Öljunge) verleiht Norwegens Bemühen um die Versöhnung der Widersprüche zwischen dem Wohlstand, den die Ölindustrie Norwegen gebracht hat, und dem wachsenden Bewusstsein für die negativen Umweltfolgen ein menschliches Gesicht. Für das Museum sollte man mindestens zwei Stunden einplanen.

Stavanger kulinarisch

FRÜCHTE DES MEERES

Stavanger ist eine der besten Foodie-Adressen Norwegens.

Auf dem **Torget-Fischmarkt** kann man in einer kleinen Feinkostabteilung verzehrfertige Garnelen und Räucherlachs kaufen; nebenan gibt's ein gehobenes Restaurant.

2022 war das spannendste Gourmeterlebnis in Stavanger das **Restaurant SÖL** mit seinem Fokus auf Nachhaltigkeit, Naturweinen und einer Kost aus saisonalen regionalen Zutaten. Toll ist auch das **Tango** beim Südende des Hafens.

Das **RE-NAA**, das Aushängeschild von Sternekoch Sven Erik Renaa, hat nur eine Handvoll Tische. Das Restaurant lässt sich von Ort und Jahreszeit inspirieren: Fisch, Meeresfrüchte und Fleisch werden kombiniert mit Kräutern, gesammelten Zutaten und essbaren Blüten. Zu günstigeren Preisen gibt's das Essen des Renaa im Café **Sirkus Renaa Sølvberget**.

Stavangers Rolle als eine der besten Kulinarikadressen Norwegens bestätigt sich jedes Jahr im Juni und Juli mit dem **Gladmat**, einem der größten Foodfestivals Skandinaviens mit Kochvorführungen und jeder Menge Spezialmenüs in Restaurants.

DIE BESTEN BARS IN STAVANGER

Broremann Bar
Die alteingesessene Bar am Wasser bietet tolle Cocktails für ein anspruchsvolles Publikum über 30.

Bøker og Børst
Craftbier vom Fass, Bücher auf den Regalen, Retro-Einrichtung und ein überdachter Innenhof – was will man mehr?

Cafe Sting
Vom Hafen den Hügel hoch, mit Livejazz, Kunstausstellungen und fabelhafter Dachterrasse.

UNTERWEGS VOR ORT

Dank Direktflügen ab Flughäfen in Europa ist Stavanger nun Ziel von Wochenendtourist:innen. Es fahren Busse und Züge nach Oslo; Richtung Norden nach Bergen (meist über Haugesund) ist es eine schöne Schiffsreise.

Stavanger liegt über die E39 rund 210 km südlich von Bergen; die Fahrt dauert mitsamt Fähren und über kurvenreiche Fjordstraßen rund 4½ Stunden. Der 27 km lange Rogfast-Tunnel unterm Meer hindurch, der 2026 oder 2027 fertig werden soll, wird dann der längste Straßentunnel der Welt sein und die Reisezeit zwischen den beiden Städten auf unter vier Stunden reduzieren.

Rund um Stavanger

Am Lysefjord über dem Abgrund balancieren oder eine Bootstour über den Fjord unternehmen – oder am besten beides!

Der Lysefjord ist der bei Weitem malerischste Fjord im Süden des Fjordlandes Westnorwegens. Versteckt im Binnenland östlich von Stavanger hält der Lysefjord die beliebtesten Fjorderlebnisse Norwegens bereit.

Am schönsten ist die Wanderung zum Preikestolen (Predigtstuhl) mit seinem unvergesslichen Ausblick. Dann kommt der Blick von unten auf die senkrechten Felswände an Bord eines Schiffes auf der Tour durch den Fjord. Für Mutige und/oder Verwegene gibt's schließlich noch die Wanderung zum Klemmblock Kjeragbolten für ein Norwegen-Kultfoto davon, wie man auf dem Felsen steht – was vielleicht noch der am wenigsten furchteinflößende Teil der Unternehmung ist.

TOP TIPP

Am Preikestolen bietet sich der beste Ausblick auf den „Predigtstuhl" und den Fjord vom felsigen Hügel oberhalb der Felskanzel.

KOCHNEVA TETYANA/SHUTTERSTOCK ©

Lysefjord

Preikestolen

Zauberhafter Preikestolen

DEN LYSEFJORD GENIESSEN, ZU FUSS ODER PER BOOT

Unter den vielen Möglichkeiten, den Lysefjord zu erkunden, sollte die Wanderung zum **Preikestolen** Priorität genießen. Der leicht mit dem Auto (40 Minuten) oder dem Bus (eine Stunde) zu erreichende Wegbeginn ist nicht weit von Stavanger entfernt. Die zweistündige Wanderung (3,8 km einfach) ist anspruchsvoll, doch für jeden einigermaßen Fitten machbar. Etwas leichter wurde der Aufstieg durch die Steinstufen an den steilsten Stellen am Anfang und in der Mitte des Wegs, die 2019 angelegt wurden. Erst gegen Ende erkennt man, wohin man eigentlich unterwegs ist: Ein paar Hundert Meter vor dem Preikestolen klafft links plötzlich ein 604 m tiefer Abgrund. Selbst an Wolkentagen kann das Licht hier dem Fjord ein ätherisches Flair verleihen.

Das perfekte Gegenstück zur Wanderung auf den Preikestolen ist eine dreistündige **Lysefjord-Bootstour** ab Stavanger. Man kommt an der Vagabundenhöhle und am Hengjane-Wasserfall vorbei und 600 m über sich erspäht man, wie todesmutige Tourist:innen über dem Rand des Preikestolen hängen.

ÜBERNACHTEN

Preikestolen Fjellstue
Hostel-, Lodge- und Cottagezimmer am See am Beginn des Preikestolen-Weges; ideal, um den Massen zu entfliehen. €

Preikestolen Camping
5 km vom Beginn des Wegs zum Preikestolen, mit Laden und Restaurant sowie hübscher Lage im Wald. €

Lysefjorden Lodge
Einfache DNT-Hüttenunterkünfte am Fjord in Lysebotn; guter Startpunkt für den Kjeragbolten. €

ANDERE PREIKESTOLEN

Auch andere Felskanzeln in Norwegen sind als Preikestolen bekannt: eine oberhalb von Geiranger und eine bei der Trolltunga (Trollzunge; S. 410) mit Blick über den See Ringedalsvatnet am Südende des Hardangerfjords.

UNTERWEGS VOR ORT

Seit der Eröffnung der Stavanger-Tau-Tunnel im Jahr 2019, mit dem weltweit längsten Unterseetunnel, dem Ryfast (14,3 km), wurde es viel einfacher, den Preikestolen zu erreichen. Jetzt kann man vom Zentrum von Stavanger in einer knappen Stunde über die Rv13 nach Tau und weiter zum Wegbeginn an der Preikestolhytta fahren. Wer kein Auto hat: **Pulpit Rock Tours** bietet von März bis November mindestens viermal am Tag Busse (50 Minuten) vom Hauptbusbahnhof von Stavanger zum Wegbeginn.

Rødne Fjord Cruises bietet ganzjährig 3½-stündige Bootstouren zum Lysefjord und zurück nach Stavanger.

Von Mitte Juni bis Ende September bietet **Go Fjords** Tagesausflüge per Bus von Stavanger zum Kjeragbolten mit Zeit für die Wanderung hinauf (fünf Stunden hin & zurück).

BERGEN

Bergen zählt zu den schönsten Städten Skandinaviens. Die von sieben Hügeln und sieben Fjorden umgebene Stadt wartet nicht nur in der kompakten Altstadt mit wunderschönen Holzbauten auf. Im Gebiet um den Innenhafen von Bergen mit dem mittelalterlichen Viertel Bryggen als Kernstück ist immer viel los – Besucher:innen aus Europa und aller Welt zieht es immer wieder hierher zurück. Die Stadt ist für ihre ausgezeichnete Restaurantszene bekannt und hat zudem ihre eigene Musikszene; die Hügel rund herum sind mit Seilbahnen und Wanderwegen durchzogen.

In Bergen kann man problemlos eine ganze Woche lang die Reize und versteckten Ecken der Stadt erkunden – somit ist sie an sich schon ein tolles Reiseziel. Doch gleichzeitig ist sie das wichtigste Tor zu den Fjorden des Landes. Bergen hat einfach alles!

TOP TIPP

Wer ein paar Tage in Bergen ist und viel sehen will, für den lohnt sich vielleicht die Bergen Card (visitbergen.com) mit kostenlosem oder ermäßigtem Zutritt zu Museen, Konzerten und Touren und der Nutzung öffentlicher Verkehrsmittel und der Fløibanen.

GRISHA BRUEV/SHUTTERSTOCK ©

Bergen

HIGHLIGHTS
1 Bryggen

SEHENSWERTES
2 Berg Fløyen
3 Berg Ulriken

KURSE & TOUREN
4 Standseilbahn Fløibanen
5 Ulriken643

ESSEN
6 Bryggen Tracteursted
7 Colonialen Matbar
8 Fisketorget Mathallen
9 Lysverket
10 Pingvinen
11 Råvarene
12 Torget-Fischmarkt

UNTERHALTUNG
13 Grieghallen
14 Hulen
15 Madam Felle
16 Østre
17 USF Vertfet

DAS FAST VERLORENE PARADIES

Bryggen schaffte es nur knapp ins 21. Jh. 1944 explodierte im Hafen ein niederländisches Munitionsschiff: Dächer wurden abgedeckt und Pfähle verschoben sich, was die heutige Neigung der Häuser erklärt. Mindestens siebenmal wurde Bryggen durch Brände verheert, zuletzt 1955, als ein Drittel des Viertels abbrannte. Nach diesem Brand wurden Stimmen laut, die den Abriss des „Rattennests" und Feuerrisikos forderten. Stattdessen sollten hier moderne achtstöckige Häuser, ein Busbahnhof, ein Einkaufszentrum und ein Parkplatz entstehen. Glücklicherweise wurde Bryggen durch archäologische Grabungen nach dem Feuer gerettet. Über 1 Mio. Artefakte wurden entdeckt, die von der historischen Bedeutung des Viertels zeugen.

Bryggen & die Hanse

EIN MITTELALTERLICHER HAFEN

In **Bryggen** wird Geschichte lebendig. Das Unesco-Welterbeviertel (*bryggen* bedeutet „Kai") am Ostufer des Vågen besteht aus einer wunderschönen Ansammlung von schiefen bunten, aus rauen Brettern gezimmerten Holzgebäuden. Zwischen den Fassaden führen schulterbreite dunkle Gänge einladend zu Kunstwerkstätten und kleinen Läden, in denen die Holzböden und schiefen Holzwände knarren wie auf einem alten Segelschiff.

Im 12. und 13. Jh. war Bergen Norwegens Hauptstadt und ein Mitglied der Hanse, die den Handel Nordeuropas kontrollierte. Und Bryggen war der Wirtschaftsmotor der Stadt. Im 14. Jh. teilten sich jeweils mehrere *stuer* (Handelshäuser) die zwei- bis dreistöckigen Holzgebäude mit Geschäfts- und Wohnräumen sowie Warenspeichern. Jedes hatte eine Winde für die Be- und Entladung von Schiffen sowie einen großen Versammlungsraum *(schøtstue)*, in dem sich die Kaufleute trafen und aßen. Heute nehmen die 58 (oder 61, wie einige meinen) Häuser von Bryggen eine Fläche von 13 000 m^2 ein, nur ein Viertel der Ursprungsfläche. Die meisten stammen aus der Zeit nach dem großen Feuer von 1702.

Von oben herab

BERGENS BESTE AUSBLICKE

Einer der schönsten Ausflüge in Bergen ist eine Tour auf einen der umliegenden Berge: Auch von oben sieht Bergen wirklich toll aus. In der Touristeninformation gibt's die kostenlose Broschüre *Walking Map of Mount Fløyen.*

Am beliebtesten ist die **Fløibanen**, eine 26-Grad-Standseilbahn, die vom Stadtzentrum einen hübschen bewaldeten Hügel mit weißen Holzhäusern zum Gipfel des **Fløyen** (320 m) hochfährt. Von der Aussichtsplattform gesehen erstreckt sich Bergen wie eine Spielzeugstadt in die Fjorde. Die beliebteste Wanderung hier oben ist Weg Nr. 4 entgegen dem Uhrzeigersinn, dann Weg 6 hinunter zum Hafen.

Ein wenig weiter weg vom Hafen, aber vom Zentrum noch gut zu erreichen ist der **Ulriken** (643 m), doppelt so hoch wie der Fløyen und genauso schön. Die Seilbahn **Ulriken643** rauscht in nur sieben Minuten zum Gipfel mit herrlichem Blick auf die Stadt, die Fjorde und die Berge. Außerdem gibt's eine **Seilrutsche**. Von den vielen Wanderwegen hier ist am schönsten der vier- bis sechsstündige Weg Richtung Norden über die Kämme zur Bergstation der Fløibanen.

ÜBERNACHTEN IN BERGEN

Det Hanseatiske Hotel
In Originalholzhäusern; vereint alte Architektur mit luxuriöser zeitgenössischer Ausstattung. **€€€**

Grand Hotel Terminus
Das schöne alte Hotel von 1928 gegenüber vom Bahnhof erinnert an die Blütezeit des Reisens per Eisenbahn. **€€€**

Hotel Park
Zwei familiengeführte Häuser aus dem 19. Jh. voller Kuriositäten und Antiquitäten. **€€€**

CNORA/GETTY IMAGES ©

Berg Fløyen

Kulinarisches Bergen

NORWEGENS FOODIE-HAUPTSTADT

Bergen hat alles, von stimmungsvollen Speisestuben in Bryggen aus der Hansezeit über alteingesessene Adressen für Hausmacherkost bis hin zu avantgardistischen Tempeln der neuen nordischen Küche. Die Touristeninformation hat Infos zu Führungen.

Ins **Pingvinen** kommen die Einheimischen für Mahlzeiten, wie sie ihre Eltern und Großeltern einst kochten, z. B. *kjøttkaker* (Frikadellen mit Erbsenpüree und Preiselbeeren), *plukkfisk* (Kabeljau mit Kartoffelpüree, Schinken und Fladenbrot) oder *lapskaus* (Eintopf mit Salzlamm).

Auf dem **Torget-Fischmarkt** werden in roten Zelten verzehrfertig Lachs, Calamari, Fish and Chips, Garnelenbaguettes und Meeresfrüchtesalate serviert. Die weit schickere **Fisketorget Mathallen** bietet feste Stände mit jeweils eigener Karte, z. B. mit traditioneller cremiger Fischsuppe, Austern oder Kaviar.

Die **Marken**, eine der besten Fressmeilen Norwegens, führt vom Bahnhof bis fast zum Hafen und ist von Läden mit globaler Küche und netten Cafés gesäumt. Das supercoole **Råvarene**, Bergens erstes Zero-Waste-Café, bietet Sandwiches, Salate und Snacks mit regionalen, nachhaltig erzeugten Zutaten.

Der authentischste der historischen Speisesäle in Bryggen ist **Bryggen Tracteursted** in einem Gebäude von 1708 mit-

WARUM ICH BERGEN LIEBE

Anthony Ham, Lonely Planet Autor

In Bergen verliebte ich mich in Norwegen. Bryggen und der Fischmarkt am Hafen erinnern an die elegante Einfachheit des Norwegens vor dem Ölboom – damals drehte sich alles um die Fischerei. Außerdem verliere ich mich gern in den Sträßchen und Kopfsteinpflastergassen von Sandviken ganz in der Nähe. Und genauso sehr freue ich mich auf die Ausflüge, die von hier aus möglich sind, z. B. mit einer Hurtigruten-Fähre in die Fjorde. In den hübschen Straßen dieser modernen, kultivierten Stadt pulsiert das Leben. Und fast das Schönste ist für mich, im Pingvinen ein Gericht nach Hausmacherart zu verspeisen.

AUSGEHEN IN BERGEN

Terminus Bar
Erstklassige holzvertäfelte Whiskybar im Grand Hotel Terminus mit über 500 torfigen Drinks.

Cafe Opera
Alteingesessener Laden des Bergener Nachtlebens mit Cocktails, Craftbier und Folkmusik.

Bryggeriet
Mikrobrauerei im Zentrum mit Hafenblick und kreativen Bieren vor allem nach deutscher Art.

SCHÖNE ALTE STRASSEN

Jørgen Jørgensen ist pensionierter Lehrer. Seine Familie lebt seit fast 250 Jahren in Sandviken.

Von der Fløybanenstation folgt man der **Øvregaten** Richtung Norden. Dies ist Bergens älteste Straße. Im Lauf der Jahre war dies ein Zentrum des Handwerks und der Prostitution.

Rechts geht's steil die **Nicolaikirkeallmenningen** hoch und weiter durch die **Steinkjellergaten**. Ohne Autoverkehr kann man hier an kleinen Läden entlangbummeln.

Von hier geht's rechts in den **Øvre Blekeveien** zur alten Skansen-Feuerwache mit schönem Blick auf die Stadt. Nach einem weiteren Hügel kann man durch den **Fjellveien** Richtung Norden nach **Sandviken** gehen, dem hübschesten Teil Bergens.

GONZALES PHOTO/ALAMY STOCK PHOTO ©

Hulen

samt alten Stallungen, der Küche (mit Steinfußboden – dies war das einzige Haus in Bryggen, in dem ein Feuer brennen durfte) und der einzigen noch existierenden *schøtstuene* (Speisestube). Das Restaurant serviert regelmäßig wechselnde traditionelle norwegische Gerichte.

Wem der Sinn nach fachkundig zubereiteter neuer nordischer Küche steht (gelegentlich auch „New Fjordic" genannt), sollte die **Colonialen Matbar** oder das **Lysverket** ansteuern.

Bergen musikalisch

STADT DER LIVEMUSIK

Wie keine andere Stadt Norwegens hat Bergen Musik im Blut, die sich meist an ein heimisches Publikum richtet. In den ersten Jahren des 21. Jhs. beförderte die „Bergen Wave" Norwegen auf die weltweite Electronica-Bühne. Die Heimat für avantgardistische Electronica-Sounds ist inzwischen das Østre.

Unter europäischen Heavy-Metal- und Indie-Rock-Fans genießt das **Hulen** Kultstatus. Der Laden von 1968 präsentiert sich angemessen düster in einem umgebauten Luftschutzkeller.

Im fabelhaften kleinen **Café Sanaa** erklingen Jazz, Blues und westafrikanische Beats, live und von DJs. Ein anderer vielseitiger Laden ist das **Madam Felle** in Bryggen; und an einem Sommerabend gibt's keine schönere Stätte für Livemusik als das **USF Vertfet** am Wasser. Klassikliebhaber:innen freuen sich wiederum, wenn von August bis Juni in der **Grieghallen** das Bergen Philharmonic Orchestra aufspielt.

UNTERWEGS VOR ORT

Bergen ist leicht zu erkunden. Die meisten Attraktionen sind zu Fuß, per Boot, Standseil- und Gondelbahn zu erreichen. Vom Bahnhof ist die Stadtbahn Bybane am besten. Tipp: Wenn man am Flughafen am Automaten ein Stadtbahnticket zieht, braucht man eins für Zone 1 – die Anweisungen sind nicht ganz klar.

Wer mit dem Auto hier ist, benötigt eine Parkstrategie. Nur wenige Hotels haben einen eigenen Parkplatz und die öffentlichen Parkhäuser im Zentrum verlangen mindestens 300 Kr für 24 Stunden. Am besten lädt man sein Gepäck ab und fährt dann zum Bygarasjen am Busbahnhof, mit 200 Kr Bergens günstigster Parkplatz.

Rund um Bergen

Der Hardangerfjord östlich von Bergen strotzt vor natürlicher Schönheit – menschliche Siedlungen nehmen sich dagegen zwar heroisch, aber doch belanglos aus.

Der Hardangerfjord, einer der größten Norwegens, ist Herz und Seele der norwegischen Fjordlandschaft. An schmale Streifen zwischen Wasser und steilen Hängen klammern sich Dörfer, während sich Klippen hoch zum Schnee und zu den Wolken recken.

Die Schönheit des Hardangerfjords mit seinen Aussichtspunkten und Wasserfällen ist Grund genug herzukommen. Doch gerade das Zusammenspiel von Menschen und unwirtlicher Umgebung verleiht dem Hardangerfjord seine Würde: Äpfelgärten und Wikingerspuren, der früher unzugängliche, heute noch immer schwer erreichbare Berghof Kjeåsen und Wanderungen über eins der größten Eisfelder Nordeuropas. Ein Wahnsinnsort, der jede Minute verdient, die man ihm widmen kann!

TOP TIPP

Die Touristeninformationen am Hardangerfjord (hardangerfjord.com) haben ausgezeichnete Materialien wie z. B. Wanderkarten. Hervorragend ist etwa *Hardanger Hiking Highlights* (30 Kr).

DIGNITY100/SHUTTERSTOCK ©

Dronningstien (S. 407)

DIE SCHÖNSTEN WANDERUNGEN

Vøringsfossen (4 km, zwei Stunden)
Ab Storegjel geht's durch die Schlucht bis in die Nähe der Fälle.

Berghof Kjeåsen (4 km hin & zurück, vier Stunden)
Auf den Kjeåsen ab Simadal (bei Eidfjord). Steiler Weg mit mindestens einer Strickleiter.

Vikanuten (8 km, fünf Stunden)
Über dem Hardangerfjord ab Jondal, mit tollen Fjordblicken.

Königin Sonjas Panoramaweg (16 km, acht bis neun Stunden)
Herrliche Wanderung von Røte nach Lofthus mit abschließendem steilem Abstieg über die „Mönchstreppe".

Berghof Kjeåsen

DER ABGELEGENSTE BAUERNHOF NORWEGENS

Kaum etwas ist so typisch norwegisch wie der **Berghof Kjeåsen**. In einem Land, in dem es oft Knochenarbeit ist, sich ein Stück Land zum Leben und Bearbeiten zu schaffen, spielt Kjeåsen noch einmal in einer ganz eigenen Liga.

Kjeåsen liegt 166 km östlich von Bergen und 13 km nordnordwestlich von Eidfjord. Nach Eidfjord fahren Busse, doch nach Kjeåsen kommt man nur mit dem Auto. Am besten fährt man also gleich die ganze Strecke mit dem Auto.

An einem steilen, entwaldeten Hang an einem 600-m-Abgrund über dem Eidfjord liegen zwei Höfe mit spektakulärem Ausblick. Die seit mindestens Mitte des 19. Jhs. bestehenden Höfe waren bis zum Bau einer Straße 1975 nur über einen steilen Pfad erreichbar. Bis dahin mussten alle Baumaterialien von Menschen hochgeschleppt werden. (Bei einem Gebäude soll die Bauzeit 30 Jahre betragen haben.) Die letzte ständige Bewohnerin, Bjørg Wiik, die hier 40 Jahre lang allein lebte, verließ den Ort 2019, kehrt im Sommer aber stets wieder zurück.

Schon die Anfahrt macht Spaß. Wer nicht zu Fuß geht, fährt von Eidfjord auf der Rv7 8 km Richtung Norden. Vom beschilderten Abzweig zum Hof führt die Straße 2,5 km steil hinauf, dann weitere 2,5 km durch einen steilen Tunnel. Da die Straße so schmal ist, ist der Verkehr geregelt: Hoch geht's jeweils zur vollen Stunde, runter zur halben. Im Winter ist die Straße meist gesperrt.

Wandern auf dem Folgenfonna

AUF DEM HOCHEIS WANDERN

Das drittgrößte Eisfeld in Festlandnorwegen, der **Nationalpark Folgefonna**, bedeckt 168 km². Zum Eisfeld gibt's mehrere Zugangspunkte, von Jondal im Westen bis Odda im Osten. Diese Zugangspunkte sind von Bergen 120 bzw. 190 km entfernt und am besten mit dem Auto zu erreichen (inklusive Fähre Tørvikbygd-Jondal).

An einigen Stellen ist das Eis des Folgefonna 400 m dick. In dieser eindrucksvollen, schönen Landschaft schlängeln sich Gletscher hinunter in nahe Täler. Von der Ferne funkelt die Eiskappe in der Sonne und wird unter einer Wolkendecke grau wie Holzkohle. Aus der Nähe offenbaren sich dann verschiedenste Eisfarben von Gletscherblau bis zu reinstem Weiß; tiefe Spalten prägen die vielfältig strukturierte Landschaft.

HARDANGERVIDDA

Der Nationalpark Hardangervidda (S. 407) ist Norwegens größtes Schutzgebiet und eine ganz eigene Welt mit wilden Rentieren und fabelhaften Wandermöglichkeiten.

ÜBERNACHTEN RUND UM BERGEN

Eidfjord Gjestegiveri
Klassische norwegische Pension mit weißem Holz, antiken Möbeln und eigenem Pfannkuchencafé. **€€**

Energihotellet
Boutiquehotel in früherem Kraftwerk aus den 1960er-Jahren in Nesflaten 29 km südlich von Røldal. **€€**

Hardanger Gjestegård
Hölzerne Pension vom späten 19. Jh. mit antiken Möbeln – hier übernachtet man wie im Märchen. **€€**

Berghof Kjeåsen

In dieser Landschaft zu wandern ist kein Kinderspiel. Zwar kann man so zwar mit dem Gletscher, einer typischen nordeuropäischen Landschaftsform, auf Tuchfühlung gehen, doch wer nicht nur am Gletscher entlanglaufen möchte, sollte sich aufs Eis nur in Begleitung professioneller Guides begeben. Eine Möglichkeit ist die zeitlose Folgefonna-Überquerung, eine mehrtägige Expedition von Sundal nach Odda, doch es gibt auch Tageswanderungen; besonders gut ist die sechsstündige Wanderung zum **Juklavassbreen**. Die meisten Wanderungen eignen sich für alle in guter körperlicher Verfassung – warme Kleidung und robustes Schuhwerk sind ein Muss.

Zwei ausgezeichnete Anbieter sind das **Folgefonni Glacier Team** (folgefonni.no) in Jondal und **Best Adventures** (best adventures.no) in Øvre Eidfjord.

Die Kraft der Natur

DIE RAUE SCHÖNHEIT DES HARDANGERFJORDS ERKUNDEN

Eidfjord 153 km östlich von Bergen ist ein ideales Tor zur Hochebene **Hardangervidda**, dem größten Bergplateau Nordeuropas. Zwar ist Eidfjord mit dem Bus zu erreichen, aber mit dem Auto hat man mehr Möglichkeiten. Von Eidfjord windet sich die Rv7 hoch durchs Måbødalen zur Hochebene. Unterwegs warten einige bewegende Attraktionen.

AUSSICHT AUF DEN HARDANGER-FJORD

Heidi Kvamsdal, Tourismusangestellte und Fotografin aus Eidfjord, stellt ihre Lieblingsausblicke am Hardangerfjord vor.

Mein Lieblingsblick am Hardangerfjord ist der spektakuläre Wasserfall **Vøringfoss** nur 20 Autominuten von Eidfjord. Toll ist auch der Blick vom **Berghof Kjeåsen**.

Einige meiner Lieblingsaussichten am Hardangerfjord bieten sich auf der Wanderung **Vier Wasserfälle** bei Kinsarvik und vom **Dronningstien (Königin Sonjas Panoramaweg)**. Beide Wanderwege sind anspruchsvoll, aber sehr lohnend. Auch vom Wasserfall **Steinsdalfossen** in Norheimsund hat man tolle Ausblicke – er liegt gleich an der Hauptstraße. Keinen großen Einsatz erfordert die Aussicht am **Bondhusvatnet**, einem blaugrünen Gletschersee.

Sandven Hotel
Das reizende Sandven am Fjord in Norheimsund ist fast 170 Jahre alt. **€€**

Utne Hotel
Das älteste Hotel Norwegens von 1722 erhebt sich am Fjord wie ein elegantes Museum mit moderner Ausstattung. **€€€**

Hardanger Panorama Lodge
Die schöne Lodge hoch über Ulvik wirkt wie ein Luxusbaumhaus, mit Glas und Kiefernholz und tollem Ausblick. **€€€**

DIE WIKINGER VOM HARDANGERFJORD

Die Fjorde bildeten einen wichtigen Teil des Reichs der Wikinger. Vom 8. bis zum 11. Jh. war **Kinsarvik** eine der größten Wikinger-Siedlungen der Region. Die kleine U-förmige Grünfläche gegenüber der Touristeninformation von Kinsarvik war einst der **Wikingerhafen**. Auch die **Kirche von Kinsarvik** markiert einen klaren Bruch mit der Wikinger-Vergangenheit: Die um 1180 von schottischen Invasoren gebaute Kirche zeugt davon, wie schnell die Dominanz der Wikinger verblasste, sobald ihre ruhmreichen Tage vorbei waren.

Nur 30 km entfernt bilden in **Eidfjord** 350 **Wikinger-Grabhügel** von 400 bis 1000 n. Chr. die größte eisenzeitliche Stätte Westnorwegens. In der Touristeninformation ist eine Karte für einen 90-minütigen Rundweg erhältlich.

Vøringfoss

In Øvre Eidfjord 7 km von Eidfjord wird im fabelhaften **Norwegen Natursenter** (norsknatursenter.no) interaktiv die Flora und Fauna der Region erkundet; das Personal hat Infos zu Aktivitäten und Inspiration bietet auch ein ausgezeichneter Film. Durch einige tolle kurvige Tunnel weiter oben im Tal führt die Straße zum herrlichen, 182 m hohen **Vøringfoss**: Hier ergießen sich Wasserfälle über den Rand des Plateaus in eine Schlucht, einige aus einer schwindelerregenden Höhe von 145 m, zu beobachten von mehreren Aussichtspunkten entlang der Straße und vom Fossli Hotel (nur im Sommer geöffnet; Parken 50 Kr).

Rund 12 km nördlich von Eidfjord stürzen sich die **Skytjefossen** von der Hardangervidda fast 300 m tief ins Simadalen – diese Fälle zählen zu den höchsten Norwegens. Man fährt bis nach Tveit und parkt gleich hinter dem letzten Haus. Die Wanderung zu den Fällen ist etwa 3 km lang und dauert hin und zurück 1½ Stunden.

Trolltunga

AM RAND DES ABGRUNDS

Norwegen geizt nicht gerade mit instagramtauglichen Aussichtspunkten für scheinbar Todesmutige. Das beste Beispiel

ESSEN RUND UM BERGEN

Anchalee's Thaimat
Ganzjährig geöffneter authentischer Thai-Foodtruck in Eidfjord mit gutem, erschwinglichem Essen. **€**

Tunet På Haugen
Café im Herzen von Eidfjord, der neben Suppe und Sandwiches auch Kochkurse im Sommer bietet. **€**

Gløyp Spiseri
Nobelküche in Kinsarvik mit Schwerpunkt auf regionalen Zutaten und erstklassiger Küche. **€€€**

AUTOTOUR UM DEN HARDANGERFJORD

Die Fahrt beginnt im ruhigen kleinen **1 Norheimsund**, einem praktischen Zugang zur Region aus Richtung Bergen. Einst war der hübsche kleine Ort am Fjord für die Bewohner:innen Bergens ein beliebtes Wochenendziel. Nur 6 km nordöstlich liegt um ein paar Fjordecken herum **2 Øystese**, das sich vom gesichtslosen Hardanger-Ort zu einem der führenden Zentren für Gegenwartskunst in Norwegen gemausert hat: Das Kunsthuset Kabuso lockt internationale Künstler:innen wie Damien Hirst und Matthew Barney an.

Nach 34 km Richtung Nordosten erreicht die Fv7 **3 Kvanndal**; von hier fahren regelmäßig Fähren nach **4 Utne**. Der reizende, für seine wunderbar erhaltenen alten Straßen und das Hardanger-Volksmuseum bekannte Weiler ist von Obstgärten umgeben. Von Utne sind es auf der Rv550 36 besonders im Spätfrühling und Frühsommer schöne Kilometer nach **5 Jondal**. Die ganze Zeit führt die Straße am Fjord entlang, vorbei an Obstgärten, Fischerhütten und winzigen Stränden. In Hereiane streckt sich schierer Fels aus dem Fjord hoch zu den Gipfeln; am Bootsschuppenkiosk in Jondal gibt's Waffeln.

Von Jondal geht's weiter grob Richtung Süden nach **6 Rosendal** (54 km). Zwar trennen den Ort die hohen Berge und die Eiskappe des Nationalparks Folgefonna (S. 406) von den übrigen Orten am Hardangerfjord, doch dank der Fährverbindungen ab Stavanger und Bergen kommen zahlreiche Besucher:innen hierher. Rosendal verfügt über ein gutes Nationalparkszentrum und das Baroniet Rosendal (1665), Norwegens einzige Baronie, lockt mit einem herrlichen Rosengarten.

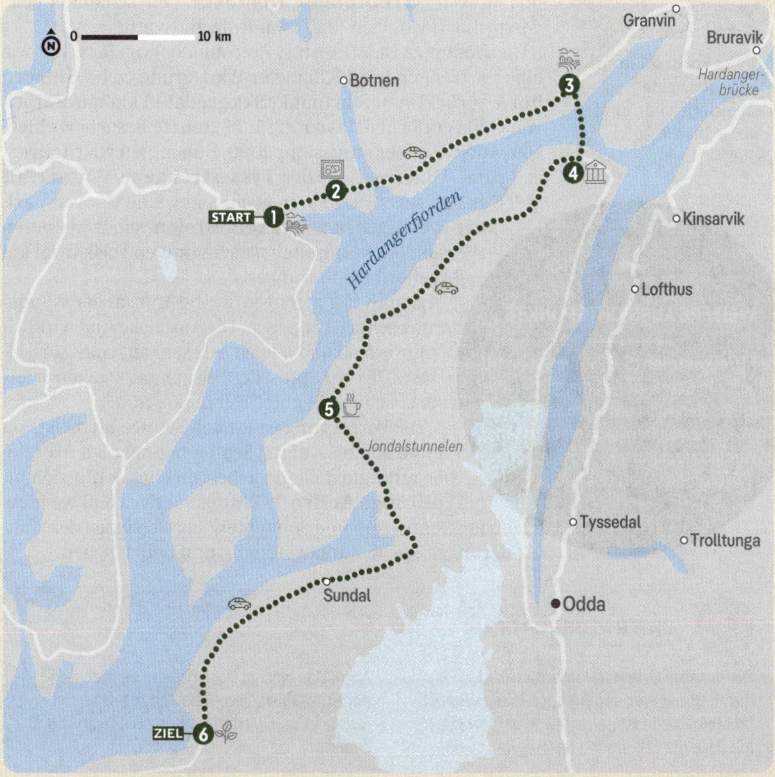

HARDANGER-ÄPFEL

Der Hardangerfjord ist Norwegens Obstgarten, mit Äpfeln als Spezialität. An den Straßen weisen Schilder mit „Bær salg" auf Obstverkauf aus kleinen Kisten hin. Nähere Infos auf siderlandet.no/de/.

Lofthus Ekspedisjon
Mit eigener Cidre-Produktion und einem Restaurant am Fjord; organisiert Verkostungen.

Hardanger Saft og Suderfabrikk
Traditioneller Obstbauernhof mit Apfel- und Pflaumengärten sowie Saft- und Cidre-Produktion.

Ulvik Frukt & Cidreri
Hausgemachte Apfelsäfte und Cidres sowie frische Äpfel und Kirschen.

GINGER_POLINA_BUBLIK/SHUTTERSTOCK ©

Trolltunga

hierfür ist die **Trolltunga** („Trollzunge"), ein schlanker Felsvorsprung hoch oben über dem Ringedalsvatnet.

Die Trolltunga ist 159 km (3½ Autostunden) von Bergen sowie eine anstrengende 23-Kilometer-Wanderung (zehn Stunden hin & zurück) vom Startpunkt Skjeggedal 13 km nordöstlich von Odda entfernt – das sorgt für begrenzte Besucherzahlen. Der Aufstieg über insgesamt 1000 Höhenmeter ist teilweise brutal. Unterwegs ist der **Tyssestrengene-Wasserfall** (646 m) zu sehen. Und wer noch genug Energie verspürt, kann weitergehen zum **Preikestolen**, einer kleineren Version der berühmten gleichnamigen Felskanzel am Lysefjord bei Stavanger.

Ist man erst mal oben, ist die Mühsal der Wanderung schnell vergessen: Die Ausblicke sind wirklich umwerfend und lohnen jede schmerzende Muskelfaser. Bis zur Spitze der Felszunge zu gehen erfordert schon ein gutes Nervenkostüm!

Die Wanderung ist je nach Schneefall meist von Ende Mai bis Anfang September möglich. Wer lieber mit einem Guide gehen möchte, kann sich an **Trolltunga Active** (trolltunga-active.com) wenden, mit Sonnenauf- und Sonnuntergangsversionen der Wanderungen sowie Bungeejumping und Seilrutschen.

WEITERE AUSSICHTSPUNKTE

Der **Preikestolen** (S. 399) am Lysefjord östlich von Stavanger ist die Mutter aller waghalsigen Aussichtspunkte Norwegens, zu erreichen nach einer tollen Wanderung durch die südwestliche Fjordlandschaft des Landes.

UNTERWEGS VOR ORT

Die meisten Orte am Hardangerfjord sind durch Busse verbunden, doch man muss oft umsteigen und ist daher lange unterwegs. Ideal für die Erkundung der Region ist ein Auto. Das einzige Dorf, das am einfachsten per Autofähre zu erreichen ist, ist Utne, mit regelmäßigen Verbindungen ab Kinsarvik und Kvanndal.

SOGNEFJORD

Wer nur Zeit für einen norwegischen Fjord hat, sollte den Sognefjord ansteuern, nach dem 350 km langen Scoresbysund in Grönland mit 203 km Länge der zweitlängste Fjord der Welt. Die Ausblicke hier sind einfach hinreißend, mit steilen Felsen, Schnee und Eis im Winter und Wasser in allen Blautönen. Zusammen mit einigen unglaublich schönen Fjorddörfern und der berühmten, fast senkrechten Flåmsbana sorgt das dafür, dass die beiden Arme des Sognefjords, der Nærøyfjord und der Aurlandsfjord, bei Tourist:innen äußerst beliebt sind.

Doch bieten sich zahlreiche Möglichkeiten, den Massen zu entfliehen und ein eigenes stilles Eckchen zu finden, ob mit dem Rad über die Berge oder beim Kajaken mit den Robben. Für jedes hübsche, aber volle Touristendorf wie Flåm oder Aurland gibt's ein Undredal oder Otternes, das wie ein in der Zeit stehen gebliebenes Fjorddorf wirkt und das viele Reisende übersehen, da sie ständig nur die Aussicht bewundern.

TOP TIPP

Die tolle ganz oder nur in Teilen buchbare Tour **Norway in a Nutshell** umfasst den Zug von Bergen oder Oslo nach Myrdal, die Flåmsbana nach Flåm, eine Nærøyfjord-Schifffahrt nach Gudvangen, einen Bus nach Voss und die Rückfahrt mit dem Zug nach Bergen oder Oslo.

APOSTOLIS GIONTZIS/SHUTTERSTOCK ©

Aurlandsfjord

HIGHLIGHTS	SEHENSWERTES	KURSE & TOUREN
1 Nærøyfjord-Schiffstour	**3** Aurlandsfjellet	**7** Wanderweg Flåm–Aurland
2 Otternes	**4** Kjelsfossen	**8** Flåmsbana
	5 Stegastein	**9** Njord
	6 Kirche von Undredal	

DER LÄNGSTE TUNNEL DER WELT

Wer sich dem Aurlandsfjord im Sommer aus Richtung Osten nähert, kann die 45 km lange, haarsträubende Aurlandsfjellet-Route über die Berge nehmen. Oder man kann *unter* diesen Bergen hindurchfahren, durch den längsten Straßentunnel der Welt. Der 2000 fertiggestellte Lærdalstunnel führt 24,51 km von Lærdal nach Aurland und ist damit 7,59 km länger als der Schweizer Gotthardtunnel. Er ersetzte die lange Fährstrecke Gudvangen–Lærdal und verminderte die Gefahren des Fahrens im Winter auf der E16 zwischen Bergen und Oslo. Der Tunnel ist eine echte Leistung: An einer Stelle türmen sich über einem 1,4 km Fels. Doch den Rekord sollte man genießen, solange er besteht: Der Rogfast-Unterseetunnel bei Stavanger wird, wenn er 2026 oder 2027 fertig ist, dann der längste der Welt sein.

Hoch über dem Aurlandsfjord

STAUNEND HINABSEHEN

Der tiefe, schmale Aurlandsfjord ist 29 herrliche Kilometer lang und zweigt vom Hauptfjord ab, dem Sognefjord. Von oberhalb des Aurlandsfjords bieten sich Ausblicke, die zu den schönsten ganz Norwegens zählen, und auch hinaufzukommen kann schon umwerfend sein.

Die 45 km lange Sommerroute **Aurlandsfjellet**, auch Snøvegen (Schneeweg) genannt, zählt in einem Land voller Bergstraßen zu den spektakulärsten. Die kurvige schmale Straße klettert vom Meeresspiegel hoch zur öden, mit Felsen übersäten Hochebene, die Aurland von Lærdalsøyri (Lærdal) trennt, und dann wieder hinunter. Unterwegs liegt der Aussichtspunkt **Stegastein**, der sich 630 m über dem Aurlandsfjord über den Abgrund schiebt. Auf der schicken, kühnen Kiefernholzplattform auf beunruhigend dürren Stahlbeinen bietet nur eine

ÜBERNACHTEN AM SOGNEFJORD

Undredal Gjestehus
Reizende kleine Pension und ideale Basis für den zauberhaften Weiler am Wasser. **€€**

Stalheim Hotel
Ultimative Zimmer mit Blick ins Nærøydalen – am besten ist Zimmer 324 (oder eins der Nachbarzimmer). **€€€**

Flåmsbrygga
Direkt am Anleger in Flåm, mit Balkonen, tollen Fjordblicken und ausgezeichnetem Pub und Restaurant, Ægir Bryggeri. **€€**

Brüstung aus Glas Schutz vor dem Sturz in die Tiefe. Von Aurland sind es zum Stegastein 8 km – man muss also nicht die gesamte Aurlandsfjellet-Straße fahren.

Alles, was Aurland zu bieten hat, hat auch **Flåm** tief drinnen im Aurlandsfjord. Die **Flåmsbana** ist ein 20 km langes Eisenbahnwunderwerk, das sich durch 20 Tunnel 866 Höhenmeter hochschleppt. Mit einer Steigung von bis zu 5,5 % ist sie eine der steilsten Bahnen der Welt. Der altmodische Zug braucht 45 Minuten nach Myrdal auf der öden, baumlosen Hardangervidda, vorbei an tiefen Klammen und tosenden Wasserfällen. Die Bahn hat Anschluss an die spektakuläre Bahnstrecke von Oslo nach Bergen, sodass man schön weiterreisen kann.

Den Nærøyfjord erkunden

MAXIMALES FJORDSPEKTAKEL

Müsste man den perfekten Fjord entwerfen, würde das Ergebnis ungefähr so aussehen wie der tiefe, hübsche Nærøyfjord. Zwar zählt er zu den meistbesuchten Fjorden Norwegens, doch der gute Grund dafür sind seine steilen Klippen, an denen Wasser hinunterstürzt. Ein Wasserfall, der **Kjelsfossen**, ergießt sich an der Südwand des Nærøydalen-Tals über dem Dorf Gudvangen. Die Talwände sind hier so steil, dass eine Lawine eine Kraft von 12 t/m² hätte, sich mit 50 m/Sekunde fortbewegen würde und nach örtlicher Überlieferung eine Herde Ziegen einfach so ganz über den Fjord befördern würde. Als Ersatz für schwimmende Ziegen kann man stattdessen die Robben beobachten, die sich ungeniert auf den Felsen sonnen.

Am besten erlebt man den **Nærøyfjord** in all seiner Pracht auf einer Schiffstour; im Sommer verkehren regelmäßig Schiffe von Flåm nach Gudvangen. Auf dem Oberdeck kann man sowohl die Größe des Fjords ermessen als auch Details in Augenschein nehmen.

Den Massen entfliehen

DAS EIGENE ECKCHEN AM FJORD FINDEN

Unbedingt mit dem Schiff über den Nærøyfjord schippern und mit dem Zug von Flåm nach Myrdal hochklettern – doch nicht weit entfernt herrscht Stille.

Das über eine schmale unbefestigte Straße (oder mit dem Rad ab Flåm) zu erreichende **Otternes** (siehe Abb.) wurde in den 1990er-Jahren aufgegeben. Die Ausblicke von hier sind grandios. Früh am Tag, wenn sonst noch niemand hier ist, wirken die 27 restaurierten

KRISTOF BELLENS/SHUTTERSTOCK ©

WEITERE ATTRAKTIONEN AM SOGNEFJORD

Stalheim
Von der Terrasse des bekannten Hotels Stalheim bieten sich umwerfende Ausblicke; außerdem gibt's in den umliegenden Bergen zwei schöne Wanderungen.

Stabkirchen
Drei Stabkirchen aus dem 11. Jh. stehen am Ufer des Sognefjords (Hopperstad-Stabkirche in Vik, Kaupanger und Urnes); dazu kommt eine aus dem 12. Jh. in Borgund.

Dale Kyrkje
Gotische Kirche aus dem 12. Jh. aus Stein und Holz mit bunt bemaltem Portal.

Lachsfischen
Wie britische Aristokraten des 19. Jhs. in der Lærdalselvi Lachse angeln.

ESSEN AM SOGNEFJORD

Vangsgaarden GastroPub
Schnörkellose internationale Küche mit fabelhaftem Blick. Am besten sind die Fischgerichte. Nur im Sommer. €€

Ægir Bryggeri
Craftbier und norwegisches Wohlfühlessen in einem Gebäude mit Holz, Steinplatten und Schaffellen. €€€

Restaurant Arvan
Das Arvan oben im Fretheim Hotel in Flåm nutzt saisonale regionale Zutaten mit überraschender Note. €€€

EINE AUSGEDEHNTE WANDERUNG

Im Sommer wirklich den Massen entfliehen kann man auf der klassischen viertägigen Wanderung durchs Aurlandsdalen von Geiteryggen nach Aurland. Der alte Handelsweg zwischen Ost- und Westnorwegen führt immer abwärts an einem Bach entlang und ist nur im Sommer begehbar. Los geht's in Finse, einem Halt an der Bahnstrecke Oslo–Bergen. Die meisten Leute legen Übernachtungsstopps in Geiterygghytta, Steinbergdalen und Østerbø ein. Wer nicht den ganzen Weg gehen möchte, kann den Bus (eine Stunde) von Aurland nach Østerbø (820 m) nehmen und hinunter nach Vassbygdi (95 m) wandern, das mit dem Bus 15 Minuten von Aurland entfernt ist. Das ist dann eine sehr schöne sechs- bis siebenstündige Tageswanderung.

Undredal

Hofgebäude, einige aus dem 17. Jh., im Morgennebel fast wie eine Filmkulisse. Im Sommer gibt's Führungen durch Otternes inklusive Bioeis aus örtlicher Herstellung, frischem Apfelsaft oder Pfannkuchen.

Undredal ist eins der hübschesten, stillsten Dörfer in der gesamten Fjordregion. Zwar legen die meisten Schiffe auch hier an, doch nur wenige Fahrgäste steigen aus. Wer von der Straße von Flåm nach Gudvangen die schmale Bergstraße hinunter nach Undredal fährt, hat den reizenden kleinen Ort vielleicht ganz für sich allein. Und dann parkt man und geht zu Fuß weiter. Oder noch besser: Man übernachtet hier. Wenn es dunkel wird und Ruhe einkehrt, verströmt der Ort einen wahren Zauber. Man kann den Undredaler Ziegenkäse probieren, erhältlich am Anleger oder in einem der Käseläden im Dorf, und dann zur niedlichen **Stabkirche** hochsteigen, der kleinsten noch genutzten Kirche Festlandskandinaviens.

Ab Flåm gelangt man mit dem **Njord-Kajakzentrum** raus aufs Wasser – dann ersetzt das stille Plätschern der Paddel die manchmal überdrehte Jovialität der Kapitäne der Ausflugsschiffe. Auch auf dem 12 km langen **Wanderweg von Flåm nach Aurland** am Fjord entlang lösen sich alle Spuren des Massentourismus in Luft auf.

UNTERWEGS VOR ORT

Die meisten Orte am Hardangerfjord sind per Bus zu erreichen, aber man muss oft umsteigen. Am unkompliziertesten lässt sich die Region mit dem Auto erkunden.

Utne ist das einzige Dorf, das am einfachsten per Autofähre zu erreichen ist, mit regelmäßigen Verbindungen ab Kinsarvik und Kvanndal.

ÅLESUND

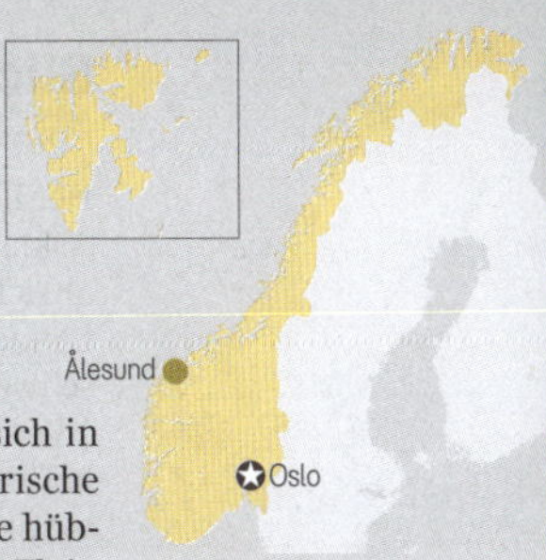

Das über eine Reihe von Halbinseln und Inseln, die sich in den Atlantik ziehen, ausgebreitete Ålesund ist, ins ätherische subarktische Licht von Norwegens Mitte getaucht, eine hübsche kleine Stadt mit einem zauberhaften Ende-der-Welt-Flair.

Das Städtchen, wie man es heute sieht, erstand neu nach dem Feuer von 1904, das es zerstört hatte. Aus der Nähe betrachtet wartet das kleine, reizende Zentrum rund um die kleinen, miteinander verbundenen Häfen mit erstklassigen Beispielen der Jugendstilarchitektur sowie einer Intimität auf, die anderen größeren Städten Norwegens fehlt. Von oben bietet sich ein herrliches Bild städtischer Perfektion vor einer Kulisse aus wilder See, schneebedeckten Bergen und einem scheinbar endlosen Meer.

Als Heimathafen von Norwegens größter Kabeljaufischereiflotte ist Ålesund auch toll für frischeste Meeresfrüchte.

TOP TIPP

Ålesund ist weit weg von allem. Das mag zwar einen Teil seines Reizes ausmachen, aber die Entfernungen sind daher groß. Wer nur die Stadt und nicht das Hinterland erkunden möchte, kann vielleicht mit der Hurtigruten-Fähre herkommen.

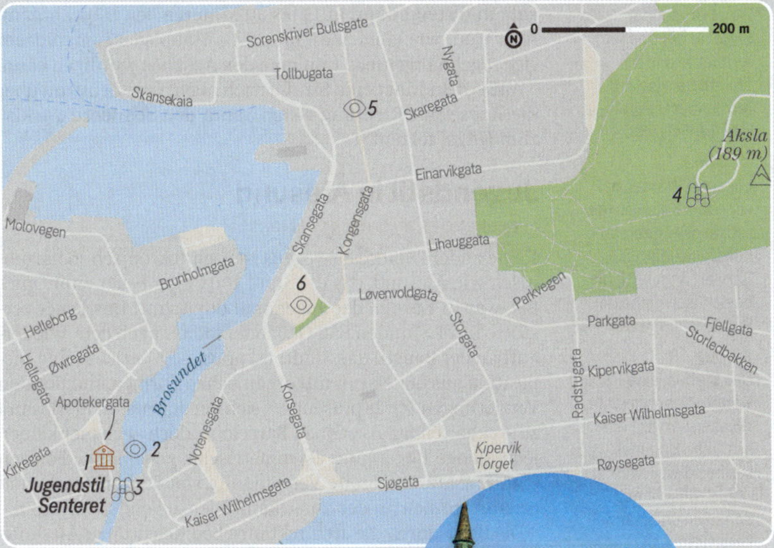

HIGHLIGHTS
1 Jugendstil Senteret

SEHENSWERTES
2 Ålesundet
3 Hellebroa
4 Aussichtspunkt Kniven
5 Kongens Gate
6 St. Olavsplass

Jugendstil Senteret (S. 416)

Blick von oben

NORWEGENS SCHÖNSTE DACHLANDSCHAFT

Der Blick auf Ålesund vom **Aussichtspunkt Kniven** auf dem Askla-Hügel unmittelbar östlich des Zentrums ist *die* Stadtansicht von Ålesund, die auch die Tourismusbehörden des Landes gern auf ihr Werbematerial drucken – warum, ist unschwer zu erkennen.

Von oben gesehen bietet Ålesund einen überaus zauberhaften Anblick. An einem klaren Sommertag verströmen die gestuften Giebel und gedämpften Farben der Stadt das Flair eines idealisierten Gemäldes einer skandinavischen Hafenstadt. Für eine ganz andere Stimmung sorgen sonnige Zwischenspiele zwischen Herbststürmen: Sie verleihen der Kulisse Dramatik und Gestalt, wenn dunkles Meerwasser und ferne Inseln und Gipfel sich durch ambossförmige Wolken schieben. An einem dunklen Wintertag, wenn die Stadt verschneit ist, oder zur Dämmerung kann Ålesund wie ein zauberhaftes städtisches Märchen erscheinen, beleuchtet von tausend funkelnden Laternen.

Hoch zum Aussichtspunkt führen zwei Wege. Am besten erklimmt man die **418 Stufen** zur Spitze, eine steile, aber lohnende Kraxelei. Von der autofreien Einkaufsstraße Kongensgata folgt man vorbei an der Rollon-Statue der Lihauggata und steigt dann in 15 bis 30 Minuten den Hügel hinauf. Aber egal, wie lange man braucht – Hauptsache, man dreht sich regelmäßig um, damit man den Ausblick würdigen kann.

Außerdem führt eine Straße nach oben: vom Zentrum über die Røysegata Richtung Osten, dann den Schildern „Askla" zum Hügel folgen!

DAS BESTE SEAFOOD IN ÅLESUND

Restaurant Apotekergata No. 5
Das Restaurant im Hotel Brosundet bietet in gehobenem Ambiente und mit feinem Service z. B. fermentierte Forelle und *lutefisk*. €€€

XL Diner
Lokal am Wasser, hat vor allem Kabeljau (gesalzen oder gebratene Kabeljauzunge ...). Serviert angeblich die beste Fischsuppe der Stadt – stimmt! €€€

Sjøbua
Das Sjøbua, eine weitere Schönheit am Wasser, serviert eine göttliche Hummersuppe sowie tollen „Laugenfisch" mit Schinken und Mandelkartoffeln. €€€

Jugendstil in Ålesund

EIN LEBENDES ARCHITEKTURMUSEUM

Keine andere Stadt Norwegens ist architektonisch so harmonisch wie Ålesund. Als die Stadt 1904 dem Feuer zum Opfer fiel, war in Europa der Jugendstil dominant. Das Feuer zerstörte in 24 Stunden 850 Gebäude, sodass nach dem Wiederaufbau der Baustil das Stadtbild prägte. Er bezieht seine Inspiration aus der Natur, mit organischen Formen und floralen Verzierungen. Zwar präsentiert sich der Jugendstil in Ålesund zurückhaltender als etwa in Barcelona, doch auch hier kamen jede Menge Bögen und asymmetrische, gewundene Formen zum Einsatz. Die breite Verwendung von Steinmetzarbeiten orientierte sich an der amerikanischen Jugendstilvariante.

Die Reise durch die architektonischen Reichtümer Ålesunds beginnt im **Jugendstil Senteret**. Die frühere Apotheke ist

ÜBERNACHTEN IN ÅLESUND

Hotel 1904
Ålesunds ältestes Hotel mit Altmodischem neben klaren modernen Linien. €€

Quality Hotel Ålesund
Schickes modernes Hotel am Hurtigruten-Hafen, u. a. schöne Zimmern mit Meerblick. €€€

Hotel Brosundet
Schönheit am Wasser mit Holzbalken, unverputztem Backstein und braunem Samt. €€€

JASON BUSA/SHUTTERSTOCK ©

Aussichtspunkt Kniven

ein wunderbares Beispiel des Jugendstils, besonders mit der exquisiten und fast vollständig originalen Innenausstattung mit gewundener Treppe und reich verziertem Speisezimmer. Sehenswert ist auf jeden Fall auch die 14-minütige Multimedia-Story *From Ashes to Art Nouveau*.

Um sich einen noch besseren Eindruck vom Jugendstil-Stadtbild Ålesunds zu verschaffen, steuert man zunächst die **Kongens Gate** an: Schöne Exemplare sind die Häuser Nr. 19 und 25; das Steinhaus in der Kongens Gate 10b ist Ålesunds schmalstes Haus. Am **St. Olavsplass** richtet man den Blick dann nach oben hin zu den für die damalige Zeit typischen Schnörkeln als Verzierung. Von der **Hellebroa** sind einige schöne Steingebäude sowie die hübschen Fassaden der **alten Speicherhäuser** am Meeresarm Ålesundet zu sehen.

SOMMER-FESTIVALS IN ÅLESUND

Ålesund-Bootsfest
Im Juli tummeln sich um Ålesund zahlreiche Boote, ein unglaublicher Anblick aus der Nähe und von oben. Näheres siehe batfestivalen.no.

Jugendfest
Das größte Musikfestival Westnorwegens mit Auftritten heimischer und ausländischer Bands. In der zweiten Augusthälfte.

Norwegisches Foodfestival
Streetfood, Spezialmenüs in Restaurants, Promiköche und sogar Kochkurse für Kinder – das alles gibt's Ende August. Infos siehe matfestivalen.no.

UNTERWEGS VOR ORT

Ålesund ist sehr gut mit dem Flugzeug zu erreichen, mit regelmäßigen Verbindungen ab Bergen, Oslo, Trondheim und Stavanger sowie ab Amsterdam, Kopenhagen und London. Wer nur Ålesund besucht, kann hier vielleicht ein Auto leihen.

Auf dem Weg Richtung Norden unternimmt die Hurtigruten-Fähre von Mitte April bis Mitte Oktober ab dem Hurtigruten-Fährterminal in Ålesund einen Abstecher nach Geiranger.

Die Busfahrten von bzw. nach Ålesund können scheinbar ewig dauern. Wer auf der Straße reist, sollte dies mit dem Auto tun. Von 16 bis 8 Uhr kann man an den Straßen der Stadt kostenlos parken, ansonsten kostet es 50 Kr für zwei Stunden, auch am Wochenende.

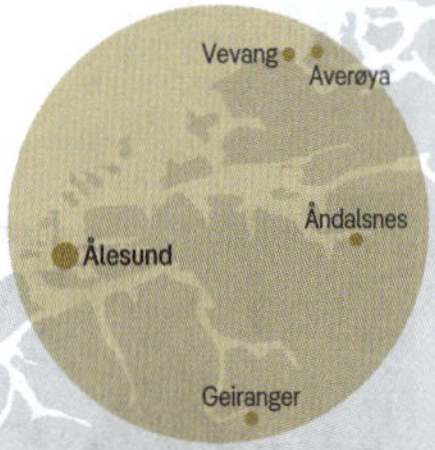

Rund um Ålesund

Ein typisch norwegischer Fjord, eine spektakuläre Bergstraße und eine Autofahrt über den Ozean – alles zwei Stunden um Ålesund herum.

Ålesund wirkt vielleicht wie das Ende der Welt und als Ziel lohnt es schon allein die lange Anfahrt. Aber es ist außerdem Ausgangspunkt für schöne Ausflüge zu einigen ziemlich einzigartigen Orten.

Die Stadt ist im Norden und Westen vom Atlantik umgeben und von zerklüfteter, schöner Landschaft in den anderen Richtungen. Mit seinen unglaublich hohen Felsen, Dörfern am Wasser und zahlreichen Erkundungsmöglichkeiten ist der herrliche Geirangerfjord das Urbild eines Fjords. Und die Bergstraße Trollstigen ist ein echtes Wunderwerk der Straßenbaukunst. Dasselbe gilt für die Atlantikstraße, die den Unterschied zwischen Land und See verwischt.

TOP TIPP

Hier ist man auf ein Auto angewiesen, ob für die Fahrt über tolle Straßen oder hoch zu einem Geiranger-Aussichtspunkt.

ANETLANDA/SHUTTERSTOCK ©

Geiranger Skywalk (S. 420)

BAITONG333/SHUTTERSTOCK ©

Fähre Hellesylt–Geiranger

Geirangerfjord

NORWEGENS LIEBLINGSFJORD

Hat man schon einmal ein Foto von einem norwegischen Fjord gesehen, dann wahrscheinlich von diesem. Norwegens König der Fjorde, der als Unesco-Welterbe gelistete Geirangerfjord, ist ein einzigartiges Naturphänomen mit steilen Klippen, tosenden Wasserfällen und tiefblauem Wasser. Ja, im Sommer ist hier unglaublich viel los. Doch das tut seiner atemberaubenden Schönheit keinen Abbruch. Das Wichtigste ist, die perfekte Perspektive zur Bewunderung seiner Schönheit zu finden – los geht's! Von Ålesund sind es 100 km (2½ Stunden) hierher; man kann den Bus nehmen, doch besonders außerhalb der Sommermonate sind die Verbindungen unregelmäßig.

Die **Fähre Hellesylt–Geiranger** vom ehemaligen Wikingerhafen Hellesylt zum Ort Geiranger ist ein norwegischer Klassiker. Sie kann voll werden, aber die Ausblicke trübt das nicht und es ist trotzdem eine sensationelle Schiffsreise. Zu den Greatest Hits gehören die Sieben Schwestern, der Freier und der Brautschleier. Der Fährkapitän weist auf die verschiedenen Attraktionen hin und erzählt etwas über ihre Geschichte; der Kommentar ist so informativ wie schön onkelhaft.

Dann wird's Zeit für einen Blick von oben. Zuerst wäre da die **Dalsnibba** (1500 m), der bei Weitem spektakulärste aller

DIE BESTEN GEIRANGER-TOUREN

Mit dem Kajak über den Fjord
Der Geiranger Fjordservice (geirangerfjord.no) bietet Kajakexkursionen ab Geiranger.

Wandern ab Geiranger
In Geiranger beginnen 18 ausgeschilderte Wege von 1,5 bis 5 km Länge; in der Touristeninformation gibt's eine Karte (10 Kr).

Wandern nach Skageflå
Nach einer Fahrt mit dem Ausflugsschiff des Geiranger Fjordservice geht's vom Anleger in Skagehola zu Fuß 45 Minuten den Berg hoch zu dieser unglaublichen Aussichtswarte.

Mountainbiken oder wandern oberhalb von Hellesylt
Tolle Ausblicke hoch überm Getöse ab Hellesylt, wo die Touristeninformation Karten bereithält.

ÜBERNACHTEN RUND UM ÅLESUND

Hotel Union Geiranger
Sagenhafte Ausblicke, ein Wellnessbad zum Verwöhnen und Luxuszimmer hoch überm Geirangerfjord. €€

Westerås Gard
Reizender Bauernhof mit Apartments, Hütten und Restaurant in einer Scheune von 1603. €€

Hotel Aak
Geschmackvoll renoviertes historisches Berghotel bei Åndalsnes mit herrlichen Bergblicken. €€€

LANDSCHAFTS-ROUTEN

Sowohl der Trollstigen als auch die Atlantikstraße gehören zu einem Netz aus 18 Traumstraßen, die von der norwegischen Straßenverwaltung ausgewählt wurden. Die insgesamt 1850 km langen Norwegischen Landschaftsrouten (nasjonaleturistveger.no/de) sind wunderbar geeignet, um die Reise zu planen. Wer sie alle abfährt, erlebt Norwegen von seiner abwechslungsreichsten und spektakulärsten Seite.

An diesen Straßen sind kühne moderne Bauten entstanden, mit denen Aussichtspunkte zu Erlebnisorten wurden. Weitere Routen sind z. B. die Sognefjellet-Straße in Zentralnorwegen, zwei Routen am Hardangerfjord entlang, Routen über die Insel Senja und die Lofoten und der Gamle Strynefjellsvegen zwischen Grotli in Oppland und Videseter in Sogn og Fjordane.

REDAKTION93/SHUTTERSTOCK ©

Storseisund-Brücke

Aussichtspunkte am Geiranger, besonders dank dem **Geiranger Skywalk** mit seinem transparenten Boden und der Glasbrüstung. Hierher gelangt man über eine 5 km lange Mautstraße (150 Kr pro Auto), die von der Rv63 abzweigt.

Doch der Ausblick, mit dem überall für den Geirangerfjord geworben wird, ist der vom überhängenden Fels **Flydalsjuvet**. Er liegt von Geiranger an der etwa 5 km langen, sehr steilen und kurvigen Straße nach Stryn. Den vollständigen berühmten Blick gibt's allerdings erst am Ende eines 150 m langen, abgezäunten, rutschigen Pfads. Den Ausblick sollte man am besten vom Zaun aus genießen, doch trotzdem machen sich stets jede Menge Leute auf den gefährlichen Abstieg.

Trollstigen

ÜBER DIE TROLLLEITER KURVEN

Die himmelhohe Serpentinenstraße ist die berühmteste Straße Norwegens. Sie erstreckt sich 123 km (zwei Stunden) westlich von Ålesund bzw. 19 km (30 Min.) südlich von Åndalsnes. Zum oder über den Trollstigen fahren keine öffentlichen Busse.

Die 1936 nach acht Jahren Arbeit fertiggestellte „Trollleiter" ist ein herrliches Meisterwerk des Straßenbaus mit elf Haarandelkurven und einer Steigung von bis zu 12 %. Nach schwe-

ESSEN RUND UM ÅLESUND

Sødahl-Huset
Fabelhaftes, vielseitiges Café in Åndalsnes mit innovativem Essen, Bierverkostungen und Konzerten. €€

Brasserie Posten
Schönes Café in Geiranger mit Essen aus regionalen Zutaten und Terrasse am Fjord. €€

Glass
Das italienische Bistro ist das beste in Molde, ein idealer Stopp auf der Strecke von Ålesund zur Atlantikstraße. €€€

WEITERE BERGSTRASSEN

Eine Rivalin des Trollstigen ist die 45 km lange, ähnlich spektakuläre **Aurlandsfjellet-Straße** (S. 412) zwischen Aurland und Lærdalsøyri (Lærdal) im Herzen des Sognefjords.

rem Regen ergießen sich Wasserfälle die Hänge hinunter auf die Autos. Und dazu ist ein großer Teil der Straße auch noch einspurig, sodass Staus und Gegenverkehr Teil des haarsträubenden Abenteuers sind.

Oben auf dem Pass wurden als markanter Gegensatz zu dem kargen Felsen und der Natur drum herum aus rostendem Stahl und Beton eine der Schwerkraft trotzende Aussichtsplattform und eine Reihe von weiteren Aussichtspunkten gebaut. Die über dem Abgrund schwebende Stätte mit schwindelerregenden Ausblicken direkt den Berg hinunter wurde vom Architekten Reiulf Ramstad entworfen und hat sich zu einer der berühmtesten Stellen am gesamten Landschaftsroutennetz entwickelt. Nicht versäumen!

Die Atlantikstraße

FAHRT ÜBER DEN OZEAN

Der **Atlanterhavsveien** (Atlantikstraße) an der sturmumtosten Atlantikküste trotzt den meisten Regeln des Straßenbaus – kaum vorstellbar, man muss ihn einfach gesehen haben! Teilweise scheint die Straße über dem Wasser zu schweben.

Von den acht Brücken, die die 17 Inselchen zwischen Vevang und der Insel Averøya miteinander verbinden, ist die eindrucksvollste die über den **Storseisund**, ein kurvenreiches Juwel von Eide zur Insel Averøy. Besonders diese Brücke, aber auch die Straße als Ganzes, ist schon in zahlloser Werbung für Luxusautos aufgetaucht und spielte auch eine Rolle im James-Bond-Thriller *Keine Zeit zu sterben* von 2021.

Außerdem locken mehrere Aussichtspunkte, darunter der Rastplatz und der Pfad auf **Eldhusøya**, einer Insel südwestlich von Averøya, sowie die gläserne Aussichtsplattform in **Askevågen** rund 10 km nördlich von Bud.

Das Herz der Straße von Vevang nach Averøya ist nur 8 km lang, doch es gibt noch weitere schöne Strecken. Von Ålesund ist es eine hübsche Tour inklusive Fährfahrt nach Molde, eine schöne Küstenfahrt nach Bud, dann geht's weiter über eine stille Straße, die mit der Küste Verstecken spielt. Umtost von Herbst- oder Winterstürmen zeigt sich die Straße wunderbar launisch, in der Sommersonne dann umso prachtvoller.

DIE RAUMABAHN

Nicht nur die Straßen sind hier spektakulär. Die 114 km lange Raumabahn zwischen Zentralnorwegen (Dombås) und dem Westen (Åndalsnes) ist ein klassisches norwegisches Bahnabenteuer, bei dem Geschwindigkeit durch Schönheit ersetzt wird: Die Strecke verbindet zwei durch zerklüftete Berge getrennte Regionen. Unterwegs geht's vorbei an Fjorden, Wäldern, Tälern, Seen und Bergen sowie durch sechs Tunnel und über 32 Brücken. Im Romsdalen bei Åndalsnes wurden Szenen für *Harry Potter und der Halbblutprinz* gedreht. Der Trollveggen am Ende der Reise bei Åndalsnes ist die höchste vertikale Bergwand Europas: Sie erhebt sich 1800 m über dem Talgrund.

UNTERWEGS VOR ORT

Autofahrten von Ålesund bedeuten kurvenreiche Straßen, Fährüberfahrten und zahllose Stopps bei schönen Ausblicken, sodass sich alle Exkursionen zu Halb- oder Ganztagesexpeditionen ausweiten. Die Atlantikstraße lässt sich mit dem Trollstigen verbinden, doch das wäre dann ein langer, anstrengender Tag. Um alles richtig zu genießen, was der Geirangerfjord zu bieten hat, ist ab Ålesund ein Zweitagestrip samt Übernachtung ideal.

Ankunft

Das Haupttor nach Norwegen ist Oslo, aber es gibt auch Direktflüge von europäischen Flughäfen nach Stavanger, Bergen, Trondheim und Tromsø. Der Osloer Flughafen Gardermoen ist mit öffentlichen Verkehrsmitteln und Flughafenexpressen gut ans Zentrum angebunden. In der Ankunftshalle gibt's Läden und Geldwechselschalter und man kann SIM-Karten kaufen.

Einreise

EU-und Schengen-Bürger:innen benötigen für die Einreise nur einen Personalausweis oder einen Reisepass.

SIM-Karten

SIM-Karten sind am Narvesen-Kiosk in der Ankunftshalle des Osloer Flughafens Gardermoen erhältlich. Die beiden größten Netzbetreiber sind Telenor (www.telenor.no) und Telia (www.telia.no).

Grenzübertritt

Wer nicht aus einem Land der EU oder des Schengen-Raums einreist, wird eventuell nach einem Ticket für die Weiterreise oder einem Nachweis über die Aufenthaltsdauer im Land gefragt.

WLAN

Am Flughafen Gardermoen in Oslo kann man vier Stunden kostenlos das schnelle WLAN nutzen, auch an Autoverleihschaltern und Taxiständen, doch an den Bahnsteigen ist das Signal schwach.

Vom Flughafen in die Stadt

	Oslo	Bergen	Tromsø
REGIONAL-BUS/BAHN	23 Min. **10,95 €**	45 Min. **3,80 €**	15–20 Min. **3,35 €**
EXPRESS-BUS/BAHN	19 Min. **20 €**	30 Min. **15 €**	10–15 Min. **11,90 €**
TAXI	45–60 Min. **65–75 €**	30–40 Min. **47,50 €**	10 Min. **25 €**

NICHT IN DER EU, ABER …

Norwegen liebt seine Unabhängigkeit und hat es bisher abgelehnt, der EU beizutreten: In Referenden 1972 und 1994 sprachen sich die Norweger:innen jeweils knapp gegen den Beitritt aus. Doch bei der Einreise ist das Land sehr pragmatisch: Hier gelten Regeln wie in den meisten EU-Ländern. Wer die Grenze von Schweden und Finnland (beides EU-Mitglieder) aus auf dem Landweg übertritt, merkt das vielleicht noch nicht einmal. Außerdem gibt's bei Flügen aus EU- und anderen Schengenstaaten keine Personengrenzkontrollen.

Unterwegs vor Ort

Norwegen verfügt über ausgezeichnete Straßen-, Bahn-, Fähr- und Flugnetze, doch die Entfernungen sind teils lang. Zwischen Bergen und Kirkenes verkehrt die Hurtigruten-Fähre.

REISEKOSTEN

Mietwagen
ab 60 €/Tag

Tanken
ca. 1,95 €/l

E-Auto laden
0,41–0,84 €/Std.

Bahnticket von Oslo nach Bergen
120–195 €

Mietwagen

Meist rechnen Mietwagenfirmen pro 24 Stunden ab. Die meisten Autos sind Automatikwagen und es gibt immer mehr Hybrid- und Elektroautos. E-Autos sind teurer, aber dafür spart man beim Kraftstoff. Ladestationen gibt's überall.

Verkehr

Die norwegischen Straßen sind ausgezeichnet und Tunnel und Autofähren sorgen für gute Verbindungen im schwierigen Terrain. Außerhalb der Städte gilt auf Landstraßen eine Höchstgeschwindigkeit von 80 km/h, sodass man für Fahrten häufig länger braucht als gedacht.

TIPP

Auf Mautstraßen und Autofähren gilt ein automatisiertes Bezahlsystem: Die Mietwagenfirmen rechnen nach der Rückgabe des Wagens per Kreditkarte ab.

HURTIGRUTEN

Die Hurtigruten-Küstenfähre gibt's schon seit 1894. Jedes Jahr schippert tagaus tagein ein Hurtigruten-Schiff die 5200 km lange norwegische Küste entlang, mit 35 Stopps zwischen Bergen und Kirkenes. Die Route war als lebenswichtige Verbindung zwischen den entlegenen Orten an der Küste konzipiert, doch heute ist die Hurtigruten ein voll ausgereifter Kreuzfahrtservice mit Kabinen, Cafeteria, Läden und Restaurant. An einigen Stopps werden zusätzliche Exkursionen angeboten, für die man extra zahlen muss.

UNBEDINGT BEACHTEN!

Rechts fahren.

50

Geschwindigkeit in bebauten Gebieten 30 bis 50 km/h, auf Landstraßen 80 km/h und auf Autobahnen 110 km/h.

0,2

Die Promillegrenze liegt bei 0,2.

Bus & Bahn

Es fahren Züge bis hinauf nach Bodø; weiter nördlich verbindet eine Bahnstrecke Narvik mit Schweden. Die Busse auf den wichtigsten Strecken sind schnell und effizient. In ländlicheren Gebieten sind die Verbindungen zwar zuverlässig, aber manchmal unregelmäßig; am Wochenende fahren teils gar keine Busse.

Günstige Tickets

Auf den meisten Strecken bietet die Norwegische Staatsbahn (www.vy.no) *minipris*-Tickets – je früher man bucht, desto größer sind die Ermäßigungen. Bei den Bussen bietet Lavprisekspressen (www.lavprisekspressen.no) die niedrigsten Preise; die Tickets sind online erhältlich.

Flugzeug

Mit dem Flugzeug ist man schnell unterwegs und selbst zu einigen der entlegeneren Orte gibt's regelmäßige Verbindungen. Ausgedehnte Inlandsnetze bieten SAS (www.flysas.com) und Norwegian (www.norwegian.com). Widerøe (www.wideroe.no) steuert kleinere Städte an.

Geld

WÄHRUNG: NORWEGISCHE KRONE (Kr; NOK)

Kreditkarten

Norwegen ist auf dem Weg zur bargeldlosen Gesellschaft – die meisten Transaktionen werden inzwischen per Karte abgewickelt, doch meist wird auch noch Bargeld genommen. In ganz Norwegen werden Visa, Eurocard, Mastercard, Diners Club und American Express fast überall akzeptiert.

Geldautomaten

Geldautomaten *(Minibank)* sind weit verbreitet und gängige Kreditkarten und Cirrus-, Visa-Electron- und/oder Plus-Karten werden angenommen. Auf die Gebühren der eigenen Bank achten!

Trinkgeld

Trinkgeld im größeren Stil wird nicht erwartet. In Restaurantrechnungen und Taxikosten sind Serviceaufschläge und Trinkgelder schon enthalten. Ist der Service in einem Mittelklasse- bis Toprestaurant wirklich gut, kann man 5 % Trinkgeld geben. Zahlt man im Restaurant per Kreditkarte, ist eine Zeile fürs Trinkgeld frei.

WIE VIEL KOSTET …

Leihrad für einen Tag
18 €

Museumseintritt
9,50–15 €

Parken in der Stadt (24 Std.)
17–32 €

Flughafen-Expressbus
15–35 €

WIE … Geld sparen

In größeren Städten können Sparfüchse online oder in der örtlichen Touristeninformation eine Ermäßigungskarte wie die Bergen Card kaufen. Diese Karten gelten für einen bis drei Tage und beinhalten die kostenlose Nutzung der öffentlichen Verkehrsmittel und den Zutritt zu Museen sowie verschiedene andere Rabatte. Wer viel besichtigen möchte, spart mit diesen Karten einiges an Geld.

STEUERERSTATTUNG

Für Waren, die in Läden mit dem Logo „Tax Free“ gekauft wurden und einen Wert von über 315 Kr (Lebensmittel 290 Kr) haben, hat man ein Anrecht auf eine Rückerstattung von 25 % MVA (MwSt) bzw. bei Lebensmitteln von 15 %. Die Erstattungsgrenze bezieht sich auf den Gesamteinkauf in dem Geschäft, nicht auf einzelne Waren. An der Kasse füllt man einen „Erstattungsscheck“ mit Name, Adresse und Ausweisnummer aus. Bei der Ausreise präsentiert man dann die versiegelten Waren, seinen Ausweis und den Erstattungsscheck, um die Erstattung zu kassieren.

LOCAL TIPP

Informationen zu Steuererstattungen bietet die Broschüre How to Shop Tax Free, erhältlich in Touristeninformationen und -läden, mit Grenzübergängen, wo die Erstattung ausgezahlt wird. Oder man schaut auf www.globalblue.com/tax-free-shopping.

Übernachten

Historische Hotels

Die meisten Unterkünfte in Norwegen gehören ein paar schicken, aber oft gewöhnlichen Hotelketten – daher ist Historic Hotels in Norway (dehistoriske.com) so toll. Dem Verband sind 64 Hotels im ganzen Land angeschlossen, z. B. das Utne Hotel am Hardangerfjord, eines der ältesten Hotels Norwegens, von 1722. Auf der Website sind auch historische Restaurants verzeichnet.

Treueprogramme

Die meisten Mittelklasse- und Tophotels gehören zu Hotelketten und das kann für Reisende von Vorteil sein. Die meisten haben Treueprogramme – damit erhält man auf eine bestimmte Anzahl von Übernachtungen vielleicht eine Gratis-Übernachtung. Treueprogramme haben Scandic Hotels (www.scandichotels.com), Thon Hotels (www.thonhotels.com) und Nordic Choice Hotels (www.nordicchoicehotels.com), die eine Reihe von Hotelmarken umfassen.

Günstig übernachten

Zumindest in einigen Städten muss man nicht teuer nächtigen. Hostels *(vandrerhjem)* mit vernünftigen Preisen bieten Dormbetten und Einzel- oder Doppelzimmer. Dazu kommen noch Neulinge wie die Ketten Citybox, Smarthotels und Basic Hotels. Diese Mischlinge aus Hostel und Hotel sind schick und sehr preisgünstig, doch es gibt sie nur in größeren Städten.

WAS KOSTET EINE NACHT …

im Hosteldorm
40 €

im Mittelklassehotel
100–140 €

im historischen Hotel
180–250 € pro Person

DNT-Berghütten

In der norwegischen Wildnis nächtigt man oft in Berghütten. Den Norske Turistforening (www.dnt.no) unterhält an den 22 000 km an gut markierten Wanderwegen 550 Berghütten, die eine Tageswanderung voneinander entfernt liegen. In über 400 dieser Hütten gibt's Betten, die übrigen dienen der Zubereitung von Essen sowie als Pausen- und Notschutzhütten.

Eishotels

Norwegen hat vier Eishotels: in Alta, Kirkenes, Tromsø und im Hunderfossen-Winterpark bei Lillehammer. Die nur im Winter geöffneten Eishotels bieten raffinierte Eisschnitzereien und Zimmer, in denen es selten über –5 °C warm wird. Gewöhnlich schläft man in einem Arktis-Expeditionsschlafsack und unter Rentierfellen auf einem Eisbett.

DIE NORWEGISCHEN REISEZEITEN

Die Hauptreisezeit ist in Norwegen von etwa Mitte Juni bis Mitte August. Und ungewöhnlicherweise sind in dieser Zeit die Übernachtungspreise am niedrigsten und viele Hotels haben sehr gute Angebote. In einigen Gegenden beginnt die Reisezeit Mitte Mai und/oder dauert bis Mitte September. Besonders in Nordnorwegen ist auch der Winter als Reisezeit beliebt: Dann kommen die Tourist:innen hierher zu Schneemobil- und Hundeschlittentouren; doch dann fallen die Preise nur selten so stark wie im Sommer.

Reisen mit Kindern

Norwegen ist ein fabelhaftes Reiseziel für Familien. Es ist weltberühmt als Land mit familienfreundlichen Lebensbedingungen und die meisten Hotels und Restaurants und viele Sehenswürdigkeiten sind entsprechend kinderfreundlich; einige Hotelketten haben sogar Kinderclubs und Indoor-Spielplätze. Doch die Entfernungen im Land sind riesig und man muss gut planen.

Nahrung & Windeln

Wie zu erwarten sind Kinderprodukte wie Babynahrung, Säuglingsfertignahrung, Soja- und Kuhmilch sowie Wegwerfwindeln in Norwegen überall in Supermärkten, Apotheken und teureren Minimärkten erhältlich. Doch wie alles hier sind sie auch erheblich teurer als zu Hause. Wer sparen möchte, nimmt ein paar Vorräte von zu Hause mit.

Essen gehen

In den meisten Restaurants sind Kinder willkommen. Viele bieten kleinere und billigere Kindergerichte. Die, die keine auf der Karte haben, servieren auf Wunsch meist gern kleinere Portionen. Da Würstchen, Hamburger und Pizza leicht verfügbar sind, spart man auch Geld. Die meisten Restaurants haben Wickelbereiche und auch ein paar Hochstühle.

TIPPS FÜR KIDS

Wildwasser-Rafting
Familienfreundliche Trips u. a. in Sjoa.

Hundeschlittenfahrten
Im Winter möglich z. B. in Røros in ZentralNorwegen und Tromsø; im Sommer gibt's Schlitten auf Rädern.

Walbeobachtung
Die Giganten des Meeres bewundern vor der Nordküste ab Andenes sowie ab Tromsø.

Hunderfossen Familiepark
Wasserrutschen, wandernde Trolle und Märchenpaläste bei Lillehammer.

Vikingskipshuset
Rekonstruierte Wikingerschiffe im Wikingerschiffsmuseum in Oslo.

Olympiapark
Alles von Simulatoren bis zu Bobfahrten rund um Lillehammer.

Öffentliche Verkehrsmittel

Im ÖPNV fahren Kinder bis 4 gratis mit (jedoch ohne Platzanspruch). Kinder von 4 bis 15 (16 bei Hurtigruten) fahren zur Hälfte des Erwachsenenpreises. Einige Fernzüge verfügen über einen Familienwagen mit Spielecke.

Familienfreundliche Unterkünfte

Die meisten Unterkünfte haben Familienzimmer oder es gibt Hütten für zwei Erwachsene und zwei Kinder. Eine Hotelkette, die sich von Mitte Juni bis Mitte August besonders gut auf Familien einstellt, ist Thon Hotels (www.thonhotels.no).

TIERE & NATURATTRAKTIONEN

Norwegens Natur hat für Kinder viel auf Lager, von der Mitternachtssonne im Sommer und Polarnächten im Winter bis zum bezaubernden Nordlicht.

Auch Norwegens Tierwelt bietet viel, von Eisbären, Rentieren, Polarfüchsen und Walrossen in Svalbard bis zu Moschusochsensafaris (z. B. um Oppdal) und Elchsafaris (ab Oppdal, Rjukan und Evje in Süd- und Zentralnorwegen). Im Norden gibt's außerdem zwei tolle Tierparks, falls man in der freien Natur keine Tiere sieht: den Polar Park in Setermoen und den Namsskogan Familiepark südlich von Mosjøen.

Sicher reisen

Versicherungen

Versicherungen sind für die Norwegenreise nicht Pflicht, aber angesichts der hohen Kosten für alles (wie z. B. medizinische Versorgung) empfehlen sie sich. Teilweise sind „gefährliche Aktivitäten" wie Motorradfahren, Skifahren, Bergsteigen, Schneemobilfahren und sogar Wandern nicht abgedeckt. Reisende aus der EU sind mit der Europäischen Krankenversicherungskarte fur medizinische Notfälle versichert.

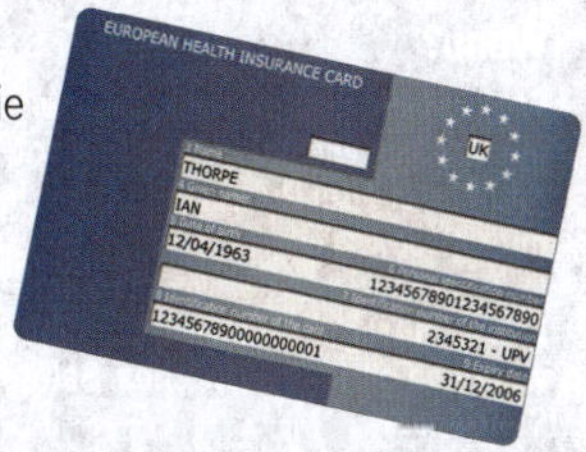

Medizinische Versorgung

Norwegen hat ein ausgezeichnetes, wenn auch teures Gesundheitssystem. Die meisten Medikamente sind auch hier erhältlich, nur vielleicht unter anderem Namen als gewohnt, sodass man den Namen der Wirkstoffe kennen sollte. Bei kleineren Unpässlichkeiten geben auch Apotheken Tipps und verkaufen rezeptfreie Heilmittel.

Insekten

In Nordnorwegen sind die größte Plage die Kriebel- und anderen Mücken, die im Sommer an Tundrasümpfen und Seen herumschwirren. Am schlimmsten ist es im Hochsommer und Wandernde müssen freie Haut bedecken und vielleicht sogar Kopfnetze tragen. Wer zeltet, braucht ein Zelt mit Moskitonetz.

TRINKWASSER

In Norwegen ist das Leitungswasser problemlos trinkbar. Am umweltfreundlichsten ist man mit einer wiederbefüllbaren Wasserflasche unterwegs.

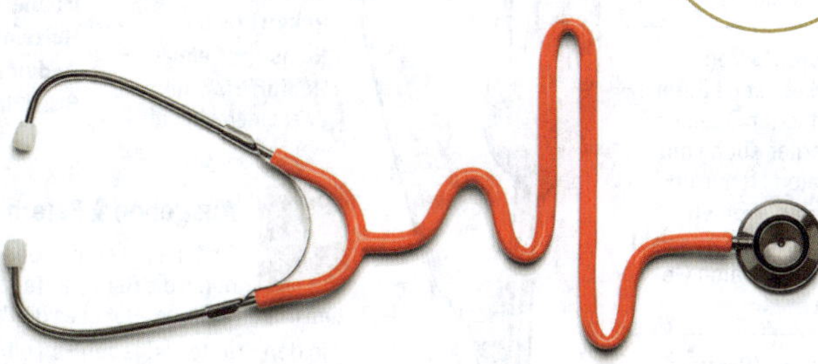

Wechselwetter

Im Bergland ist das Wetter berüchtigt launisch und kann von schön und sonnig in Minutenschnelle zu gefährlich wechseln. Vor Touren in der Wildnis, ob zu Fuß, auf Skiern oder mit dem Schneemobil, immer erst die Wetterbedingungen checken! Zu jeder Jahreszeit ist mit plötzlichem schlechtem Wetter zu rechnen; außerdem sollte man immer vor Lawinen auf der Hut sein.

GUTER RAT DER EINHEIMISCHEN

Wer sich in die Wildnis aufmacht, sollte immer auf die Ratschläge der Einheimischen hören – wenn sie davon abraten aufzubrechen, dann sollte man auch nicht losziehen! So starben im März 2007 auf der Hardangervidda zwei schottische Langläufer in Schnee und Eisnebel, obwohl sie von Einheimischen gewarnt worden sein sollen.

Essen, trinken & feiern

Wann?

Frokost (Frühstück, 7–9 Uhr): Meist leicht, mit Speisen wie Müsli, Roggenbrot, Käse und Wurst oder Rührei mit Lachs. Immer mit Kaffee.

Lunsj (Mittagessen; 12–15 Uhr): Gewöhnlich gibt's Sandwiches, Salate und Suppen.

Middag (Abendessen; 18–22 Uhr): Hauptmahlzeit des Tages, vom einfachen Burger bis zum Geschmacksabenteuer im gehobenen Restaurant.

Wo?

Cafés Wichtig für die kaffeedurstigen Norweger:innen. Die meisten bieten Gebäck, *boller* (süße Brötchen) und *kaker* (Kuchen), manche auch Sandwiches, Suppen und Salate.

Restaurants Von schnörkellosen Läden mit einfachen Speisen bis zu edler Küche mit saisonalen Menüs und regionalen Aromen. Außerdem gute Auswahl an internationalen Gerichten.

Bryggerier (Brauereien/Kneipen) Biere vom Fass und klassisches Kneipenessen. Einige größere Lokale bieten Essen, das sich mit dem schicker Restaurants durchaus messen kann.

KULINARISCHES

Barnemeny: Kinderkarte. Kleinere Portionen von Standardgerichten oder Gerichte wie Hamburger oder Nudeln.
Retter: Gerichte
Småretter: Kleine Gerichte
Forretter: Vorspeisen
Hovedretter: Hauptgerichte
Kjøtt: Fleisch
Sjømat: Meeresfrüchte
Biff: Rindfleisch
Kylling: Huhn
Fisk: Fisch
Torsk: Kabeljau
Tørrfisk: Stockfisch; ungesalzener, getrockneter Kabeljau
Reker: Krabben
Reinsdyr: Rentier
Hvalbiff: Walsteak. Zwar unterstützt Lonely Planet das Essen von Walfleisch nicht, doch sollte jede:r selbst entscheiden.
Spekemat: Aufschnitt
Ost: Käse
Iskrem: Eiscreme
Multebær: Moltebeere
Jordbær: Erdbeere
Blåbær: Blaubeere
Nøtter: Nüsse
Skalldyr: Schalentiere
Bløtdyr: Muscheln
Sennep: Senf
Hvete: Weizen
Vegetarisk: Vegetarisch
Vegansk: Vegan
Øl: Bier
Hvitvin: Weißwein
Rødvin: Rotwein
Brus: Brause

WIE ...

Ausgehen & Feiern

Ob für ein Bierchen oder einen Bummel durch die Bars und Tanzen bis (fast) zum frühen Morgen – für alles gibt's ein Angebot.

In den Städten ist jeden Tag ein Abend auf der Piste möglich, aber am meisten los ist meist freitags und samstags. Hier geht man jedoch oft ein bisschen früher aus als anderswo in Europa. Los geht's meist um 20 oder 21 Uhr; die Kneipen, Bars und Clubs schließen um 3 Uhr oder früher.

Der Kleidungsstil geht Richtung sportlich elegant; trage also, worin du dich wohlfühlst, ob leicht schick oder voll trendig. Nur sehr wenige Clubs (und fast keine Bars oder Kneipen) haben einen Dresscode; wenn, dann heißt das oft nur keine Turnschuhe.

Ausweis mitnehmen – manchmal darf man erst ab 20 rein; zwar ist das Personal meist höflich und professionell, aber es hält sich an die Regeln.

WIE VIEL KOSTET …

Bolle (Brötchen)
45 Kr

Filterkaffee
40 Kr

Frisch belegtes Brötchen in der Bäckerei
100–150 Kr

Limonade
50 Kr

Abendessen im Pub
350 Kr

Abendessen im Sternerestaurant (mit Wein)
3500–6000 Kr

Glas Bier
75 Kr (0,33 l)

Glas Wein
115–150 Kr

WIE …

Gut essen für weniger Geld

In Norwegen essen zu gehen kann spannend und köstlich sein, doch die Preise können einem die Tränen in die Augen treiben. Glücklicherweise gibt's da ein paar altbewährte Abhilfen.

Zwar Ist das typische norwegische Frühstück leicht, doch in vielen Hotels und besonders in Kettenhotels ist ein Frühstücksbuffet inbegriffen. Das sollte man voll auskosten. Wer sich morgens satt isst, spart vielleicht beim Mittagessen.

Am besten verweilt man besser etwas länger beim Mittag- als beim Abendessen. Viele Restaurants haben zu günstigeren Preisen als abends Mittagsangebote, vielleicht ein Tagesgericht *(dagens rett)* oder ein 2-Gänge-Menü. Die Qualität des Essen und des Service sind keinesfalls schlechter, doch das Portemonnaie freut sich.

Wer wandert oder tagsüber unterwegs ist, kann es wie die Norweger:innen halten und ein *matpakke* mitnehmen, ein Lunchpaket mit belegten Broten.

Wer Alkohol trinkt, kann zum Essen auf Wein verzichten und etwas Nichtalkoholisches trinken. Fast jedes Restaurant bietet alkoholfreie Getränke jenseits der üblichen Softdrinks. Auch regionale Säfte lassen sich mit dem Essen kombinieren und auch alkoholfreie Biere und Weine sind im ganzen Land weit verbreitet. Und fast immer sind sie billiger als die berauschenden Versionen.

Trinkgeld

Zwar wird Trinkgeld auch in Norwegen geschätzt, doch es wird nie erwartet und ist meist herausragendem Service in Restaurants und schickeren Bars vorbehalten. Wer Trinkgeld geben möchte: 5 bis 15 % sind Standard.

KAFFEE TRINKEN AUF NORWEGISCH

Vielleicht sind in den letzten Jahren Espressospezialitäten beliebter geworden als einfacher Filterkaffee, doch die Norweger:innen müssen sich beim Kaffeekonsum nur den Finn:innen geschlagen geben: 2021 vertilgten sie 9,3 kg Bohnen pro Person.

Traditionell trinken die Norweger:innen ihren Kaffee schwarz (bestellen: *en svart kaffe, tak*), und zwar zum Frühstück, in Arbeitspausen und nach dem Abendessen. In einigen Cafés steht der Filterkaffee in einer großen Pumpkanne auf dem Tresen – man zahlt und zapft dann selbst. Dies ist meist am günstigsten und beinhaltet zudem einen *påfyll* (Nachschlag).

Die Einheimischen machen sich zu Hause auch gern einen *kokekaffe* (Aufgusskaffee), bei dem das Kaffeegranulat einfach mit kochendem Wasser aufgegossen wird. Wenn Einheimische unterwegs sind und sie eine Thermoskanne zücken, dann ist das ein *turkaffe* (Tourkaffee).

Wenn man nicht gerade einen ungewöhnlichen Sirup oder eine obskure Nussmilch sucht, wird man bei seinem Lieblingskaffee meist fündig. Beliebte norwegische bzw. skandinavische Ketten sind **Espresso House**, **Kaffebrenneriet** und **Dromedar**.

Angesichts der nationalen Kaffee-Obsession ist es kein Wunder, dass es in Norwegen viele renommierte Röstereien gibt. Wer einen anspruchsvollen Kaffeegeschmack hat, kann Röster wie **Tim Wendelboe** (tim wendelboe.no) und **Jacobsen og Svart** (jacobsensvart.no) ansteuern, wo die detailverliebte Hingabe zum Kaffee für das genau richtigen Tröpfchen zum Beginn des Tages sorgt.

Nachhaltig reisen

Ein Elektroauto als Mietwagen

Norwegen hat pro Kopf die meisten Elektroautos weltweit und alle großen Autoverleiher haben E-Autos im Angebot. Mit der App ElbilAppen kann man die Reise planen und sich realistische Reichweiten anzeigen lassen.

Essens-„Reste" essen gehen

Seine Meinung über Essensreste kann man in der Nobelküche des Rest (restaurantrest.com) in Oslo revidieren. Küchenchef Jimmy Øien schafft aus „Abfall" exquisite Speisen z. B. aus nicht makellosem Gemüse oder tierischen Zutaten, die sonst weggeworfen würden.

Ein nachhaltigeres Ziel ansteuern

Vielleicht möchtest du Ziele anpeilen, die als „Sustainable Destination" akkreditiert sind. Bei diesem Programm werden Orte und Städte gepusht, die sich der Entwicklung eines nachhaltigen Tourismus verschrieben haben. Zu den Zielen auf der Liste zählen die Lofoten, der Geirangerfjord und Røros. Näheres auf visitnorway.de.

Mit öffentlichen Verkehrsmitteln reisen

Wer die ausgetretenen Pfade nicht groß verlässt, kann mit öffentlichen Verkehrsmitteln zuverlässig und effizient reisen. Mit der App Entur lässt sich die Reise planen und man kann Fahrkarten erwerben.

Das Kunsthandwerk der Sam:innen, *duodji*, umfasst Messer, Schmuck und Kleidung aus natürlichen Materialien. Um sicher zu sein, dass es authentisch ist, kauft man direkt bei Sam:innen oder bei Händler:innen, die Infos zum Hersteller bereitstellen, wie Museen oder Touristeninformationen.

Leere Dosen und Plastikflaschen kann man in Supermärkten zurückgeben und erhält das Pfand *(pant)* zurück. Man gibt die Behältnisse in einen Automaten und erhält dann einen Bon, den man an der Kasse einlösen kann.

Lokale Aromen aufspüren

Wer gerne lokale Erzeugnisse probiert: Farmer's Market (bondensmarked.no) legt Wert auf nachverfolgbare hochwertige Produkte und bietet kleinen Erzeuger:innen eine Bühne, wenn sie ihre Waren zu Märkten z. B. in Bergen und Bodø bringen.

Urlaub auf dem Bauernhof

HANEN (hanen.no) wirbt für den Tourismus auf dem Land und Essen von Bauernhöfen. Seine Mitglieder bieten mitten auf dem Land Unterkünfte sowie Aktivitäten wie Angeln und andere Erlebnisse.

Dank Norwegens allemannsretten (Jedermannsrecht) steht unbebautes Land jedem offen. Den Regeln auf environment agency.no folgen!

Dank des Jedermannsrechts darf man auch wilde Beeren, Pilze und Blumen pflücken.

Weniger CO_2

Norwegens Reisebranche will ihre Treibhausgase bis 2030 halbieren und die durch den Transport von Besucher:innen verursachten CO_2-Emissionen jedes Jahr um 10 % reduzieren.

Wale achtsam beobachten

Buckel- und Schwertwale stiller beobachten! Brim Explorer (brimexplorer.com) bietet ab Tromsø auf einem Hybrid-Katamaran „stille" Walbeobachtungstouren; so wird der Lärm reduziert, der die Kommunikation, die Wandermuster und das Wohl der Wale beeinträchtigt.

WEITERE INFOS

dnt.no
Wanderrouten und Hütten.

ladestasjoner.no
Ladestationen für Elektroautos in der Nähe.

Im Klimapark 2469 (klimapark2469.no) im Nationalpark Jotunheimen (S. 356) kann man in einen Eistunnel des Künstlers Peder Istad gehen, um über 6000 Jahre Geologie und menschliche Besiedlung zu verstehen und die Folgen des Klimawandels zu sehen.

LGBTQIA+

Norwegen führte schon früh Antidiskriminierungsgesetze ein und mit gleichen Rechten bei Heirat, Adoption und assistierter Reproduktion zählt das Land stets zu den LGBTQIA-freundlichsten Ländern überhaupt. Im April 2022 jährte sich zum 50. Mal die Entkriminalisierung der Homosexualität. Zwar gibt es in verschiedenen Kreisen noch immer Vorurteile und Intoleranz, doch hier kann jede:r zur gewählten Identität stehen.

LGBTQIA-Einrichtungen

Da die LGBTQIA-Community weitgehend akzeptiert ist, bedeutet das auch, dass es keine echten queeren Viertel gibt. In den meisten Bars und Clubs feiern Menschen jeglicher Identität zusammen, doch besonders in den großen Städten gibt's auch eine florierende LGBTQIA-Szene. Bekannte, allen offenstehende queere Treffs sind z. B. der London Pub (londonpub.no) und das Elsker (facebook.com/ElskerOslo) in Oslo, das Fincken (fincken.no) in Bergen und das Tyven (tyventrondheim.no) in Trondheim.

PRIDE-EVENTS

Das ganze Jahr über finden von Svalbard bis Stavanger Pride-Events statt. Das größte Festival ist im Juni: Bei der **Oslo Pride** (oslopride.no) feiert sich die LGBTQIA-Community schon seit 1974, inzwischen mit einem neuntägigen Festival mit Musik, Partys und Workshops. Die nächstgrößten Events steigen im Juni bzw. September in **Bergen** (face book.com/RegnbuedageneiBergen) und **Trondheim** (trondheimpride.no). Bei der **Arctic Pride** (arcticpride.no) in Tromsø im November muss man sich kleidungsmäßig dem Klima am 69. Grad nördlicher Breite beugen.

POP-UP-PARTYS

Wer sich als Frau, nichtbinär oder Ähnliches identifiziert, sollte die Augen offen halten nach Pop-up-Events des Karmaklubb* (karmaklubb.com). Das Kollektiv veranstaltet vor allem in Oslo und Bergen mobile Feste z. B. mit Clubnächten, Dragshows, Filmvorführungen und Unterhaltungen.

Intoleranz in Norwegen

Trotz seiner fortschrittlichen Kultur gibt's auch in Norwegen Homophobie, Transphobie und Intoleranz. 2022 wurden in Oslo nach einem Terrorangriff auf LGBTQIA-Einrichtungen die Pride-Events abgesagt. Es ist allerdings sehr unwahrscheinlich, dass LGBTQIA-Reisende in Norwegen schlechte Erfahrungen machen. Auf dem Land und in Gegenden, in denen konservative religiöse Werte vorherrschen, sind öffentliche Liebesbekundungen aber oft nicht so gern gesehen.

OSLO FUSION

Filmfan? Jedes Jahr im September werden beim Oslo Fusion International Film Festival (oslofusion.no) LGBTQIA-Filme, -Kurzfilme und -Dokus gefeiert, mit Vorführungen in der ganzen Stadt. Zu den Gewinnern der letzten Jahre zählte *Finlandia*, eine Erkundung der Muxes, einer Community von Angehörigen des dritten Geschlechts in Oaxaca.

Bei jährlichen Rankings wie dem Rainbow Europe Index der ILGA und dem Spartacus Gay Travel Index wird Norwegens tolerante Kultur und der strenge rechtliche Schutz der LGBTQIA-Community gewürdigt. Auf der Liste der Länder, die für die LGBTQIA-Community als am sichersten gelten, rangiert Norwegen stets ganz oben.

ALEXANDER SPATARI/GETTY IMAGES ©

Barrierefrei reisen

Norwegens Städte und Attraktionen sind im Allgemeinen gut auf Reisende mit Behinderung eingestellt und die öffentlichen Verkehrsmittel lassen sich meist recht problemlos nutzen. Doch Rollstuhlfahrer:innen stehen oft nur beschränkt Infos zur Barrierefreiheit zur Verfügung und man muss vorausschauend planen.

Unterwegs in Oslo

Stationen der T-bane (U-Bahn) haben Aufzüge und meist stufenlose Zugeinstiege. Die Stadtbusse haben niedrige Böden, doch die Straßenbahnen der Linien 11, 12 und 19 sind nicht rollstuhltauglich. **QR-Code für Infos zur Barrierefreiheit im Osloer Verkehrsnetz.**

Viele Attraktionen wie das **Nationalmuseum** in Oslo bieten Audioguides per App/QR-Code, die von Besucher:innen mit und ohne Sehbehinderung genutzt werden können. Die App **Voice of Norway** bietet Audio-Stadtrundgänge zum Herunterladen.

Die Websites der meisten Organisationen und Attraktionen bieten einen guten Überblick über die Einrichtungen für Rollstuhlfahrer:innen und Menschen mit eingeschränkter Mobilität. Bei besonderen Erfordernissen sollte man sich im Voraus an die Einrichtungen wenden.

AM FLUGHAFEN

Norwegens Flughäfen sind alle rollstuhlgerecht und das Personal bietet Unterstützung für Menschen mit unterschiedlichen Behinderungen. Fluglinie und Flughafen 48 Stunden im Voraus kontaktieren! **QR-Code zu möglicher Unterstützung.**

Straßen & Bürgersteige

An Zebrastreifen gibt's abgesenkte Bordsteine, beim Umschalten der Ampel schnellere Signaltöne. In den großen Städten sind die Bürgersteige gut in Schuss, doch anderswo sind beschädigte oder ungeteerte Bürgersteige recht häufig.

Arktisabenteuer

Tromsø Accessible Tours (tromsoaccessibletours.com) möchte die Arktis inklusiv machen. Von Nordlicht- bis Walbeobachtungstouren – Inhaber Martin arbeitet mit örtlichen Anbieter:innen zusammen, um die Touren auf individuelle Bedürfnisse abzustimmen.

ÜBERNACHTEN

In älteren Gebäuden gibt's oft Hindernisse wie Treppen oder keine Aufzüge. Eine sicherere Wahl sind neuere Hotels, besonders der Scandic-Kette (scandichotels.com) mit einem 159-Punkte-Barrierefreiheitsstandard.

WEITERE INFOS

Wheelmap *(wheelmap.org)* Open-Source-Tool mit Suchfunktion zur Barrierefreiheit von Attraktionen, Geschäften, Restaurants usw.

Wheelchair Travel *(wheelchairtravel.org)* Umfassender Blog zu rollstuhlfreundlichen internationalen Zielen mit Infos über barrierefreies Reisen.

Norwegian Association for the Disabled *(nhf.no)* Organisation zur Stärkung der Rechte von Menschen mit Behinderung in Norwegen und international. Veröffentlicht die **Disability News** *(handikapnytt.no)*, manchmal mit Infos zu Kulturevents.

Auf der „Explorer"-Seite von ut.no kann man unter dem Filter „Suitable for wheelchair" nach einfachen und anspruchsvollen barrierefreien Outdoorrouten suchen. Die Website ist nur auf Norwegisch, sodass man sie sich vielleicht im Browser übersetzen lassen muss.

Kurz & knapp

ÖFFNUNGSZEITEN

Außerhalb der Hauptsaison (Mitte Juni–Mitte Aug.) sind die Öffnungszeiten kürzer. Die Standardzeiten sind:

Banken Mo–Fr 8–16 Uhr

Bars 18–2 Uhr

Geschäfte Mo–Sa 10–17 Uhr

Restaurants 12–15 und 18–23 Uhr

Supermärkte Mo–Fr 9–23, Sa bis 22 Uhr

Toiletten

Die öffentlichen Toiletten sind gepflegt, kosten aber meist Geld (ca. 10 Kr) und sind nur mit einer kontaktlosen Zahlkarte zugänglich. Wer Auslands-Transaktionsgebühren sparen möchte, steuert Cafés, Restaurants und Bars an.

GUT ZU WISSEN

Zeitzone
Mitteleuropäische Zeit (MEZ)

Ländervorwahl
47

Notruf
Feuerwehr 110;
Polizei 112;
Krankenwagen 113

Bevölkerung
5,48 Mio.

Internet
In Hotels, Cafés, Zügen und einigen Bussen ist meist WLAN verfügbar. Auch 3G/4G ist weit verbreitet.

Leitungswasser
Köstlicheres Leitungswasser gibt's kaum: es ist immer ohne Weiteres trinkbar.

Strom 220 V, 50 Hz

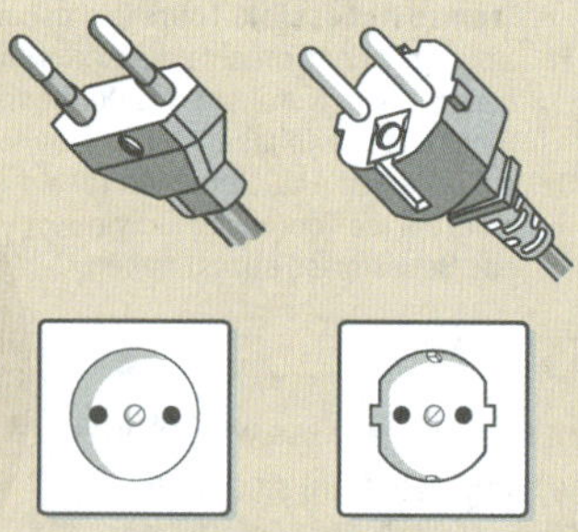

Typ C
220 V / 50 Hz

Typ F
230 V / 50 Hz

FEIERTAGE

Zwar sind viele Bars, Restaurants und einige Attraktionen an Feiertagen geöffnet, doch die meisten Geschäfte sind geschlossen.

Neujahr (Nyttårsdag) 1. Januar

Gründonnerstag (Skjærtorsdag) März/April

Karfreitag (Langfredag) März/April

Ostermontag (Annen Påskedag) März/April

Tag der Arbeit (Arbeidetsdag, Første Mai) 1. Mai

Verfassungstag (Syttende Mai) 17. Mai

Christi Himmelfahrt (Kristi Himmelfartsdag) Mai/Juni, 40 Tage nach Ostern

Pfingstmontag (Annen Pinsedag) Mai/Juni, achter Montag nach Ostern

1. Weihnachtstag (Første Juledag) 25. Dezember

2. Weihnachtstag (Annen Juledag) 26. Dezember

Sprache

Es gibt zwei offizielle Schriftformen des Norwegischen, Bokmål und Nynorsk. Sie sind sich sehr ähnlich und alle, die Norwegisch sprechen, verstehen sie. Schätzungsweise 85 % der Norweger:innen nutzen Bokmål und 15 % Nynorsk. Wir verwenden hier nur Bokmål.

Nützliches

Hallo. God dag. *gud-dag*
Tschüss. Ha det. *ha-dä*
Ja. Ja. *ja*
Nein. Nei. *naj*
Bitte. Vær så snill. *wär schos snill*
Danke. Takk. *takk*
Entschuldigen Sie. Unnskyld. *ünn-schüll*
Entschuldigung. Beklager. *bä-kla-gär*
Wie heißt du? Hva heter du? *wa hä-ter dü*
Mein Name ist ... Jeg heter. *jaj hä-ter ...*
Sprichst du Deutsch/Englisch? Snakker du tysk/engelsk? *sna-kker dü tüsk/änn-gelsk*
Ich verstehe nicht. Jeg forstår ikke. *jaj for-stor i-kke*

Unterwegs

Wo ist (der Bahnhof)? Hvor er (stasjon)? *wur är (sta-schon)?*
Wie ist die Adresse? Hva er adressen? *wa är a-dre-ssen*
Kannst du es bitte aufschreiben? Kan du skrive det? *kan dü skri-we der?*
Kannst du es mir (auf der Karte) zeigen? Kan du vise meg (på kartet)? *kan dü wi-sä maj (por kar-te)*

Schilder

Inngang Eingang
Utgang Ausgang
Åpen Geöffnet
Stengt Geschlossen
Forbudt Verboten
Toaletter Toiletten

Zeit & Datum

Wie spät ist es? Hva er klokka? *wa är klok-ka*
Es ist (2) Uhr. Klokka er (to). *klok-ka är (to)*
Halb (3). Halv (tre) *hall (tre)*
Vormittag formiddagen. *forr-mi-dan*
Nachmittag ettermiddagen. *et-ter-mi-dan*
Abend kvelden. *kvel-den*
gestern i går. *i gorr*
heute i dag. *i daag*
morgen i morgen. *i mor-gen*

Notfall

Hilfe! Hjelp! *hjelp*
Verschwinde! Forsvinn! *for-schwin*
Ich bin krank. Jeg er syk. *jaj är sük*
Ruf ...! Ring. *ring*
einen Arzt en lege. *en lä-ge*
die Polizei politiet. *po-li-ti-e*
Ich habe mich verlaufen. Jeg har gått meg vill. *jaj har gott maj will*
Ich bin allergisch gegen (Antibiotika). Jeg er allergisk mot (antibiotika). *jai är a-ler-gisk mut (an-ti-bi-o-ti-ka)*

Essen & trinken

Einen Tisch für (vier), bitte. Et bord til (fire), takk. *ät bor till (fi-re), takk*
Was würdest du empfehlen? Hva vil du anbefale? *wa will dü an·be·fa·le?*
Ich esse kein (Fleisch). Jeg spise ikke (kjøtt). *jaj (spi-se) i-kke (chött)*
Prost! Skål! *skoll!*

ZAHLEN

1	**en** *en*
2	**to** *to*
3	**tre** *tre*
4	**fire** *fi-re*
5	**fem** *fem*
6	**seks** *seks*
7	**sju** *schü*
8	**åtte** *ot-te*
9	**ni** *ni*
10	**ti** *ti*

SCHWEDEN

FUTURISTISCHE STÄDTE & FRIEDLICHE SCHÄREN

Schweden ist ein Traumziel im Norden – mit wilden, von Polarlichtern erhellten Landschaften, Schären zum Insel-Hopping und Städten, die in Sachen Mode, Essen und Design vorangehen.

Das Beste an Schweden ist die ungezähmte Natur. Das Gefühl von Weite, Einsamkeit und Freiheit, das sich einstellt, wenn man durch die Schären segelt oder auf den Fernwanderwegen im Norden unterwegs ist, vermitteln nur wenige Ecken Europas. Darum heißt es: Das Zelt am Ostseestrand aufbauen oder mit dem Hundeschlitten durch den überirdischen Schein des Polarlichts fahren.

Aber auch die Städte können sich sehen lassen. Ihre Einwohner:innen wirken immer stylish, und auf die tollen Möbel, Kleider und Lampen in Cafés, Restaurants und Wohnungen kann man durchaus neidisch werden. Mit dem schwedischen Stil wird aber nicht geprahlt: Form und Funktion ergänzen einander und sind verankert in der Gesellschaft, die Bescheidenheit, Einfachheit und Zweckmäßigkeit großschreibt.

Schweden hat aber noch viel mehr zu bieten als modernes Design. Überall im Land verteilen sich alte Runensteine und riesige Steingräber und Grabhügel erinnern an lang verstorbene Könige und Fürsten. Von Stadtmauern eingefasste mittelalterliche Städte, Festungen an der Küste, prächtige Paläste und informative Museen machen die lange und komplexe Geschichte des Landes lebendig. Zu dieser Geschichte gehören auch die Sámi, das einzige indigene Volk Europas, das sich vor Jahrtausenden in Schweden niedergelassen und seine Rentiere domestiziert hat. In der Wildnis Lapplands offenbart sich dieser häufig übersehene Teil schwedischer Geschichte am deutlichsten, sei es bei „Slow Food" im Sámi-Restaurant oder bei einer Nacht in einem Sámi-Rentier-Camp.

WICHTIGE ZIELE

STOCKHOLM
Glanzvolle Hauptstadt am Wasser. S. 442

UPPSALA
Universitätsstadt; alte Grabhügel S. 459

GÖTEBORG
Schwedens emsige, zweitgrößte Stadt. S. 467

MALMÖ
Moderne Stadt mit futuristischer Architektur. S. 477

DANITA DELIMONT/SHUTTERSTOCK ©

Smögen (S. 473)

VISBY
Gut erhaltene mittelalterliche Stadt. **S. 486**

ÖSTERSUND
Heimat des legendären Seeungeheuers. **S. 493**

KIRUNA
Sonderbare Bergbaustadt in der Nähe des Eishotels. **S. 500**

Erste Orientierung

Schweden ist ein riesiges Land mit einer nur wenig besiedelten nördlichen Hälfte. Das Angebot an öffentlichen Verkehrsmitteln ist ausgezeichnet, mit Zugverbindungen und verlässlichen Bussen zwischen den wichtigsten Orten. Einige Fähren und Schiffe haben saisonabhängige Fahrpläne.

Kiruna, S. 500
Die sonderbare arktische Bergbaustadt im Schein von Mitternachtssonne oder Polarlichtern ist das Tor zum nahegelegenen Eishotel und zur Wildnis rund um Abisko.

Östersund, S. 493
Eine lebendige Restaurantszene, ein Seeungeheuer und die Nähe zu Schwedens wichtigsten Skigebieten prägen diese reizvolle Stadt in der Provinz Jämtland – Ausgangspunkt für Touren nach Süd-Lappland.

BUS & AUTO

Busse verbinden die meisten Städte, nur wenige Linien fahren zu entlegenen Orten und zu den Wanderwegen in Lappland. Wegen der die Entfernungen und Abgeschiedenheit vieler Sehenswürdigkeiten bietet ein Auto die größte Flexibilität. Von Dezember bis April sind Winterreifen vorgeschrieben.

FÄHRE & SCHIFF

Die wichtigsten Inseln unter den Schären von Stockholm, Göteborg und an der Höga Kusten sowie auf Gotland sind ganzjährig mit Fähren erreichbar. Fähren zu kleineren Schären fahren nur in der Saison (meist von Mai bis September). Im Sommer verbinden Kanalschiffe die Seen Schwedens.

ZUG

Die malerische Inlandsbanan fährt von Juni bis Ende August täglich von Östersund nach Gällivare mit Halt in Storuman, Arvidsjaur und Jokkmokk. Ganzjährig fahren Züge von Gävle an der Bottnischen Küste entlang nach Östersund, Åre und Trondheim in Norwegen.

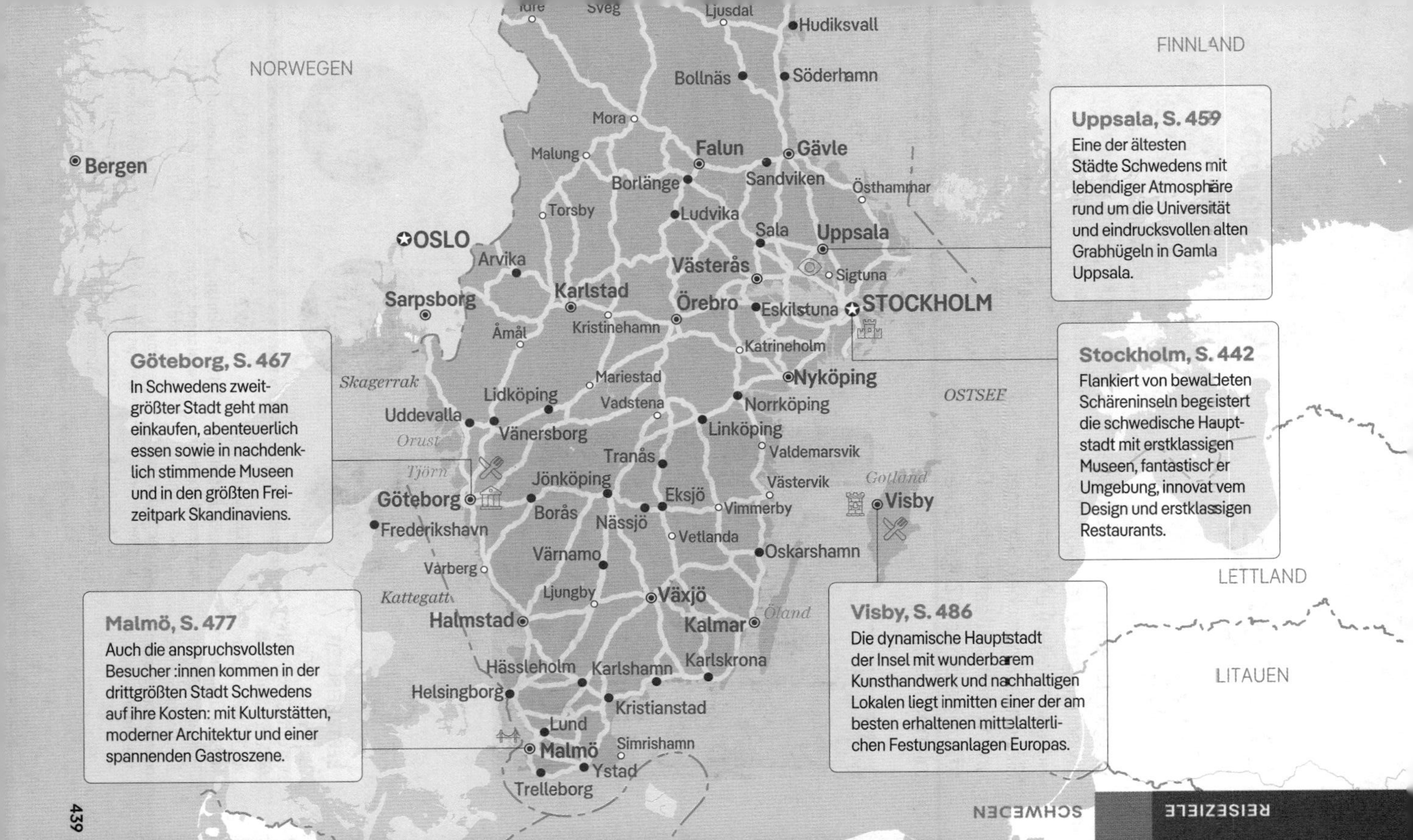

Göteborg, S. 467
In Schwedens zweitgrößter Stadt geht man einkaufen, abenteuerlich essen sowie in nachdenklich stimmende Museen und in den größten Freizeitpark Skandinaviens.

Malmö, S. 477
Auch die anspruchsvollsten Besucher:innen kommen in der drittgrößten Stadt Schwedens auf ihre Kosten: mit Kulturstätten, moderner Architektur und einer spannenden Gastroszene.

Uppsala, S. 459
Eine der ältesten Städte Schwedens mit lebendiger Atmosphäre rund um die Universität und eindrucksvollen alten Grabhügeln in Gamla Uppsala.

Stockholm, S. 442
Flankiert von bewaldeten Schäreninseln begeistert die schwedische Hauptstadt mit erstklassigen Museen, fantastischer Umgebung, innovativem Design und erstklassigen Restaurants.

Visby, S. 486
Die dynamische Hauptstadt der Insel mit wunderbarem Kunsthandwerk und nachhaltigen Lokalen liegt inmitten einer der am besten erhaltenen mittelalterlichen Festungsanlagen Europas.

Perfekte Tage

Wegen der großen Entfernungen zwischen den Orten (vor allem in Nordschweden) und dem großen Gegensatz zwischen Sommer und Winter solltest du deine Reise frühzeitig planen (Züge, Fähren, Inlandsflüge).

GONCHAROVAIA/SHUTTERSTOCK ©

Gamla Stan, Stockholm (S. 448)

Ein langes Wochenende

- Das erste Mal in Schweden? Dann beginne im vielfältigen **Stockholm** (S. 442). Widme dich an einem Tag dem Kungliga Slottet und den Gassen von Gamla Stan. Liebhaber:innen moderner Kunst zieht es auf die Insel **Skeppsholmen** (S. 450) und zum hervorragenden Moderna Museet. Plane Zeit für das berühmteste gesunkene Kriegsschiff Schwedens im fabelhaften Vasamuseet und dem Wrackmuseum Vrak – Museum of Wracks ein und vergnüge dich dann in den Bars von SoFo in **Södermalm** (S. 446).

- Für einen Tag sollte ein Ausflug in die **Stockholmer Schären** (S. 456) geplant werden, sei es mit einem Picknick auf einer Insel oder einer Inselrundfahrt mit Strömma Kanalbolaget.

BESTE REISEZEIT

Schwedens Städte sind ganzjährig beliebte Ziele; aufgrund des kontinentalen Klimas kommen die meisten Tourist:innen im heißen, kurzen Sommer oder zu Schneeabenteuern im Winter.

FEBRUAR

Der größte **Sámi-Wintermarkt** (S. 504) Skandinaviens mit schönen Marktständen und Rentierrennen; idealer Monat für **Polarlichter**.

MÄRZ

Moras 90 km langer **Vasaloppet** ist das größte und älteste Langlaufrennen der Welt mit über 70 000 Zuschauer:innen am 1. Sonntag im März.

APRIL

Die Tage werden länger, das **Icehotel** (S. 503) bleibt geöffnet, Lappland hat genug Schnee zum **Skilaufen**, für **Hundeschlitten** und **Schneemobile**.

VON LINKS: PAOLO AIRENTI/SHUTTERSTOCK ©, MICHAEL715/SHUTTERSTOCK ©, SEBW/SHUTTERSTOCK ©

Eine Woche

- Verbringe im Februar ein paar Tage im schneebedeckten **Stockholm** (S. 442) und fliege dann nach Norden in die Bergbaustadt **Kiruna** (S. 500).

- Mit dem Bus nach Süden zum Schneemobilfahren oder zum Autofahren auf vereisten Seen rund um **Arvidsjaur** (S. 504), danach gibt's Sámi-Kultur beim Wintermarkt und im Ajtté Museum in **Jokkmokk** (S. 505).

- Zurück in Kiruna geht's für ein oder zwei Nächte ins Icehotel nahe **Jukkasjärvi** (S. 503) und zum Hundeschlittenfahren unter Polarlichtern. Ein Zug bringt dich nach **Abisko** (S. 503) zum Skifahren im Abisko-Nationalpark und zu noch mehr Polarlichtern an der Aurora Sky Station.

Zwei Wochen oder länger

- Bei einer längeren Reise kannst du die Schwerpunkte nach deinen Interessen richten. **Stockholm** (S. 442) und Schwedens zweitgrößte Stadt **Göteborg** (S. 467) bieten sich für urbane Abenteuer an.

- Architekturfans bewundern die bemerkenswerten Bauten in **Malmö** (S. 477), während Outdoorfans mehrtägige Wanderungen durch die lappländische Wildnis des **Kungsleden** (S 503) und des **Padjelantaleden** (S. 506) machen.

- Kombinationen aus Inseltouren und Strandurlaub und/oder Kajaktouren auf dem Meer locken in die Schären von **Stockholm** (S. 456) und **Göteborg** (S. 472) sowie an die **Höga Kusten** (S. 497).

- Der Erkundung von Gotland und der fantastischen Festung von **Visby** (S. 486) solltet du ein paar Tage widmen.

JUNI

Beginn der **Wandersaison**, der Schnee in den Bergen ist beinahe geschmolzen und es gibt fast rund um die Uhr **Tageslicht**.

JULI

Höhepunkt der **Sommersaison**, volle Küstenhotels und Wanderhütten entlang der Wanderwege. Beste Zeit für **Inselrundfahrten**.

AUGUST

Ende August und Anfang September geht es auf den **Wanderwegen ruhiger zu** – ideal für Kungsleden (S. 503) und Padjelantaleden (S. 506).

DEZEMBER

Das **Icehotel** (S.503) öffnet, in Stockholm (S. 442), Göteborg (S. 467) und anderen Städten begeistern **Weihnachtsmärkte** die Menschen.

STOCKHOLM

Stockholm ist stilvoll und bietet viel Kultur. Die betörende Altstadt, Gamla Stan, beherbergt ein königliches Schloss, Häuser mit Giebeldächern und enge Kopfsteinpflastergassen. Südlich von Gamla Stan liegt das ehemalige Arbeiterviertel Södermalm, heute einer der angesagtesten Bezirke der Stadt. Die Inseln Djurgården und Skeppsholmen im Westen warten mit Wikingerschätzen, einem gesunkenen Kriegsschiff, ABBA-Andenken und moderner Kunst auf.

Norrmalm ist das Geschäftszentrum der Stadt, während Östermalm im Osten das Viertel der Promilokale und Luxusboutiquen ist. Weiter östlich in Ladugårdsgärdet gibt es weitere großartige Museen und einen wunderbaren Skulpturenpark.

Bei den vielen Gewässern, Feldern und Wäldern in der Umgebung ist es kein Wunder, dass Essen hier eine Leidenschaft ist. In Stockholm kennt man die kulinarischen Trends der Welt. Schwedische Klassiker und Traditionen werden von unzähligen kreativen Stockholmer Chefköch:innen gepflegt und geschickt variiert.

TOP TIPP

Obwohl sich Stockholm über 14 Hauptinseln erstreckt, ist die Stadt relativ kompakt, weswegen man alles gut zu Fuß erreichen kann. Einfach einen Bezirk aussuchen – sei es wegen der erstklassigen Museen, der Second-Hand-Läden oder der Kunstgalerien –, in die U-Bahn steigen und einen Tag durch die Straßen streifen.

DEEJPILOT/GETTY IMAGES ©

Wachablösung, Kungliga Slottet

Königlicher Palast und Rüstkammer

OFFIZIELLER WOHNSITZ DER KÖNIGSFAMILIE

Das 608 Zimmer umfassende **Kungliga Slottet** mitten in Gamla Stan wurde auf den Ruinen des mittelalterlichen Schlosses Tre Kronor erbaut, das 1697 niedergebrannt ist. Noch immer wohnt die königliche Familie hier. Ein Teil der royalen Gemächer kann besichtigt werden; sehenswert sind die dem Spiegelsaal nachempfundene Galerie von Karl XI. und der Silberthron von Königin Christina im Reichssaal. Der Eintritt gilt außerdem für das Museum Tre Kronor, die Schatzkammer und das Antiquitätenmuseum von Gustav III. (Mai bis September). Ein Muss ist die **Wachablösung** im äußeren Hof des Kungliga Slottet.

Von Slottsbacken geht es in die hohen Gewölbe des Palastes und in die interaktive, kinderfreundliche **Livrustkammaren** (Rüstkammer). Über 500 Jahre königliche Geschichte verbergen sich in Ausstellungsstücken wie dem ausgestopften Schlachtross von Gustav II. Adolf, Streiff, oder der Uniform, die Gustav III. trug, als er 1792 in der Oper erschossen wurde.

Triff die Nobelpreisträger

EINE WÜRDIGUNG DER PREISTRÄGER:INNEN

Klein, aber faszinierend ist das **Nobelmuseet** mit Informationen auf Touchscreens, persönlichen Gegenständen der Preisträger:innen und 36 Kurzfilmen und Interviews u. a. mit Ernest Hemingway und Martin Luther King. Die Stühle im Café wurden von Preisträger:innen signiert (einfach umdrehen).

DAS JÜDISCHE STOCKHOLM

Christina Gamstorp, Direktorin des **Judiska Museet**, empfiehlt Orte der jüdischen Geschichte und Kultur.

Stora Synagogan
Die von Fredrik Wilhelm Scholander entworfene Große Synagoge von 1870 in Östermalm spiegelt den Wunsch nach Akzeptanz der Jüdischen Gemeinde. Für Führungen vorab anmelden (jfst.se).

NK
Einer der beiden Gründer des berühmten Kaufhauses (S. 451) war der jüdische Geschäftsmann Josef Sachs.

Norra Judiska Begravningsplatsen, Solna
Die Kapelle des jüdischen Friedhofs wurde ebenfalls von Scholander entworfen. Hier liegen viele berühmte Menschen, wie die Nobelpreisträgerin für Literatur, Nelly Sachs, und der Schauspieler Erland Josephson.

ÜBERNACHTEN IN STOCKHOLM

Castanea Old Town Hostel
Tolles Hostel in einem alten Gebäude. Große, gemischte Schlafsäle sowie Einzelzimmer und Gemeinschaftsbereiche. **€**

Rival Hotel
Designhotel auf Södermalm, mit Fotoerinnerungen an seine Vorgeschichte als Filmpalast. **€€€**

First Hotel Reisen
Das älteste Hotel Stockholms in Gamla Stan liegt prächtig direkt am Wasser. Zimmer im klassischen Scandi-Stil. **€€€**

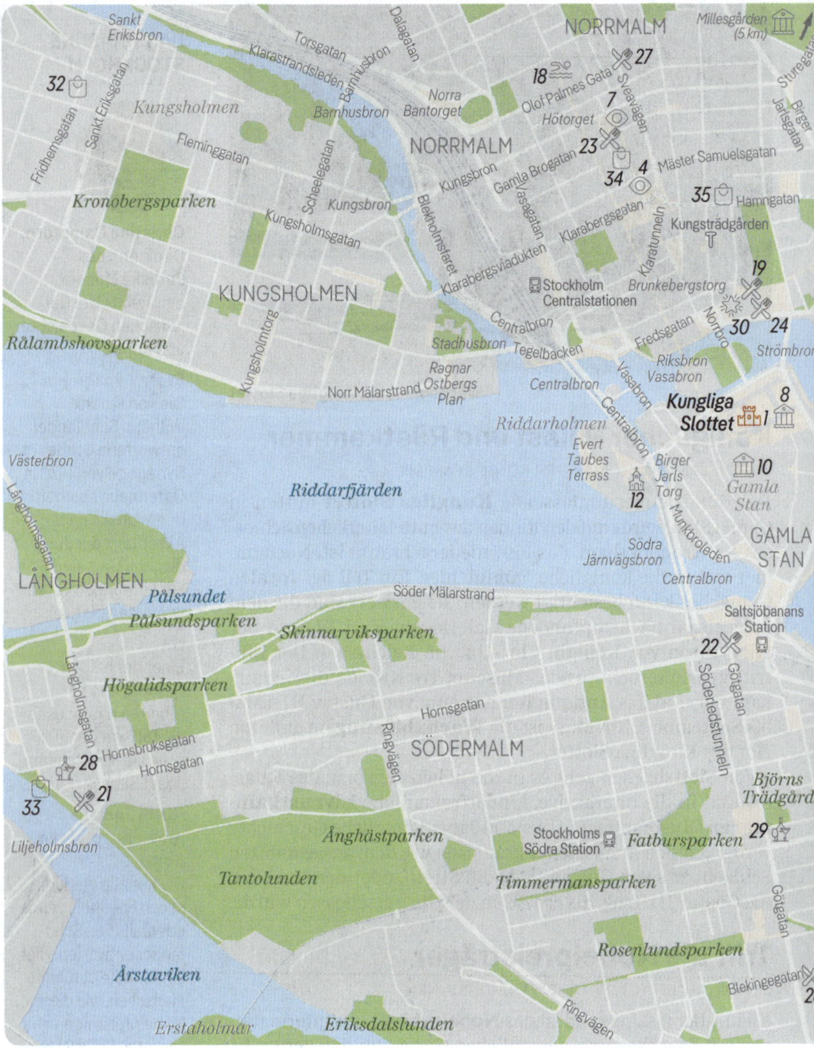

HIGHLIGHTS
1 Kungliga Slottet

SEHENSWERTES
2 ABBA: The Museum
3 ArkDes
4 Avicii Experience
5 Etnografiska Museet
6 Fotografiska
7 Hötorget
8 Livrustkammaren
9 Moderna Museet
10 Nobelmuseet
11 Nordiska Museet
12 Riddarholmskyrkan
13 Skansen
14 Spritmuseum
15 Tekniska Museet
16 Vasamuseet
17 Vrak

KURSE & TOUREN
18 Centralbadet

ESSEN
19 Bakfickan
20 Bar Agrikultur
21 Bitza
22 Blå Dörren
23 Kajsas Fiskrestaurang
(siehe 19) Operabaren
24 Operakällaren
25 Östermalms Saluhall
26 Pelikan
27 Urban Deli

AUSGEHEN
(siehe 21) Debaser Strand
28 Judit et Bertil
29 Kvarnen

UNTERHALTUNG
30 Operan

SHOPPEN
31 6/5/4
32 Grandpa
33 Hornstull Secondhand-Markt
34 Hötorgshallen
35 NK
36 Söders Retro & Design
37 Svenskt Tenn

Stortorget (S.448)

VICTORTAURUS/SHUTTERSTOCK ©

Vasamuseet

UNTER DER SKANSTULL-BRÜCKE

Huset Under Bron (husetunderbron.se) ist ein Kulturclub unter der Skanstull-Brücke in Södermalm. Das ganze Jahr hindurch bietet **Växthuset** leckere vegetarische Küche; hier lohnt das Sieben-Gänge-Menü, weil die Portionen zwar originell, aber auch klein sind. Freitags und samstags laden verschiedene Bars und Clubs zum Tanz durch die Nacht, wie das pink ausgeleuchtete Rote Zimmer.

Von Mai bis September steigt die Party im Außenbereich, im **Trädgården**. Dieser superbeliebte Club bietet Festivalatmosphäre mit Tischtennis, Videospielen, Street Food, Livemusik und einheizenden DJs.

Auf dem Friedhof des Königshauses

DIE GRÄBER DER KÖNIGE

17 schwedische Könige, von Magnus Ladulås 1290 bis Gustav V. 1950, wurden in der **Riddarholmskyrkan** begraben. Die Kirche auf der Insel Riddarholmen westlich von Gamla Stan entstand im 13. Jh. als Franziskanerkloster und wurde über die Jahrhunderte erweitert. Die Kirchturmspitze besteht aus schwarzem Gusseisen.

Die angesagten Viertel von Södermalm

SOFO ODER HORNSTULL?

Wo ist Södermalm besonders hip? Angefangen hat es in **SoFo** („south of Folkungagatan"). Am hübsch begrünten **Nytorget** liegen das **Urban Deli** (Feinkostladen und Restaurant) sowie die von Michelin ausgewählte **Bar Agrikultur**, die kleine Gerichte aus saisonalen Zutaten und Craft-Gin serviert. Geschäfte in der Nähe sind Grandpa mit cooler Mode, der Antiquitätenladen **Söders Retro & Design** sowie 6/5/4 für Surfboards und schicke Outdoorklamotten.

Am westlichen Ende der Insel liegt **Hornstull**. Von April bis September zieht es die Stockholmer an Wochenenden auf den **Secondhand-Markt** (hornstullsmarknad.se) direkt am

ÜBERNACHTEN IN STOCKHOLM

Backstage Hotel
Schicke Partybude neben dem Abba-Museum. Fans lieben die Abba Gold Suite. €€

Hotel Skeppsholmen
Elegantes Designhotel in einem Haus aus dem 17. Jh., gutes Frühstück und Wochenendbrunch. €€

Vandrarhem af Chapman & Skeppsholmen
Dreimaster vor Skeppsholmen, mit Gemeinschaftsräumen auf dem Festland. €

Wasser. Ganzjähriges Vergnügen bieten **Debaser Strand**, das mexikanisches Restaurant, Bar, Nachtclub und Konzerthalle in einem ist; **Bitza** (bitzahornstull.com) mit leckerer palästinensischer Pizza und scharfen Shakshuka-Eiern zum Brunch am Wochenende; sowie die klassische Bar **Judit et Bertil**.

Exquisites Essen & vortreffliche Fotos

FOTOAUSSTELLUNGEN BIS SPÄTABENDS

Fotografiska auf Södermalm widmet sich der Kunst des Fotografierens und zeigt täglich von 10 bis 23 Uhr hervorragende Ausstellungen. Es gibt mehrere bedeutende Ausstellungen im Jahr, häufig Retrospektiven berühmter Fotograf:innen. Vom preisgekrönten vegetarischen Restaurant **Bread & Wine** hat man einen fantastischen Blick über das Wasser.

Klassische Södermalm-Kneipen

HAUSMANNSKOST & BIER

Auf Södermalm gibt es einige der stimmungsvollsten Kneipen Stockholms. In der Nähe von Slussen im **Blå Dörren** (Die blaue Tür) sind Gewölbedecken und holzvertäfelte Wände die Kulisse für gekonnt zubereitete schwedische Klassiker wie Elchbuletten mit Preiselbeeren.

Das mit Wandgemälden geschmückte **Pelikan** ist perfekt für klassische *husmanskost* (Hausmannskost) wie Rentierbraten, Västerbotten-Käsekuchen und Seesaibling. Die Auswahl an Heringsgerichten ist außerordentlich und es gibt eine beachtliche Aquavit-Karte.

Seit 1908 gibt es **Kvarnen**: ein traditioneller Treffpunkt für die Fußballfans von Hammarby. In der gediegenen Bierhalle hängt Kunst an den Wänden. Nicht zu spät kommen.

Die Wiedergeburt eines Kriegsschiffs

AUSSERGEWÖHNLICHES MARINEMUSEUM

Das Flaggschiff von Gustav II. Adolf, die *Vasa*, startete am 10. August 1628 zu ihrer Jungfernfahrt. Dummerweise war sie etwas zu groß und etwas zu schmal, sodass sie keine halbe Stunde später von einer Windböe zum Kentern gebracht wurde und auf den Grund des Saltsjön sank. In dem nur für diesen Zweck erbauten **Vasamuseet** auf Djurgården sind heute 98 % genau dieses Schiffs zu sehen. Es wurde 1961 gehoben und dann aus 14 000 Einzelstücken mühsam wieder zusammengesetzt.

Ein 17-minütiger Film zeigt die Bergung und Restaurierung des Schiffs, die 25-minütige Führung gibt zusätzliche Hintergrundinformationen. Die Ausstellung zeigt geborgene Gegen-

DAS SCHÖNSTE KUNSTHANDWERK AUF SÖDERMALM

Kaolin
Kaolin ist die einzige reine Keramikgalerie in Schweden. Perfekt für einzigartige Kannen, Tassen und Kunst aus Ton.

Konsthantverkana
Hier gibt's eine riesige Auswahl an Stoffen, Holzschnitzereien, Schmuck und Keramik. Auch der Ausstellungsraum an sich ist sehenswert!

Afro Art
Tolles Kunsthandwerk und Haushaltswaren von schwedischen Designer:innen und Künstler:innen aus Entwicklungsländern

City Backpackers
In der Nähe des Hauptbahnhofs. Saubere Zimmer, Gratis-Fahrradverleih, gute Ausstattung. **€**

Downtown Camper by Scandic
Großartige Lage am Sergels Torg. Spaßfaktor mit Gratisangeboten wie Skateboards und Filmnächten. **€€**

Hobo Hotel
Die günstigsten Zimmer sind gut, mit Bad und bequemen Betten, aber klein und ohne Fenster. Am Brunkebergstorg. **€€**

SPAZIERGANG IN GAMLA STAN

In den ruhigeren Seitengassen von Gamla Stan scheint es, als hätte Stockholm sich seit dem Mittelalter nicht verändert. Los geht's am **1 U-Bahnhof Gamla Stan** Richtung Norden entlang der Munkbroleden zum **2 Riddarhuset** (riddarhuset.se). In diesem verzierten Palast aus dem 17. Jh. versammelte sich einst der schwedische Adel, um das Land zu regieren; die Öffnungszeiten sind kurz (Montag bis Freitag 11 bis 12 Uhr). Davor steht die Statue von Axel Oxenstierna (1583–1654), einem Ratgeber von Königin Christina. Über den Mynttorget gelangst du in die Einkaufsstraße **3 Västerlånggatan** und im Zickzack hinauf in die ruhigere Prästgatan. Lauf dann links zum Spektens Gränd und an der Kreuzung rechts zum **4 Stortorget**, dem zentralen Platz von Gamla Stan und Schauplatz des Stockholmer Blutbads von 1520. Der touristische Hauptanlaufpunkt wird umgeben von bunten alten Häusern, Souvenirgeschäften und Cafés. Das größte Gebäude ist die alte Stockholmer Börse, in der sich heute das **5 Nobelmuseet** (S. 443) befindet. Vorbei an den Geschäften der **6 Köpmangatan** spazierst du zu einem dreieckigen Platz mit der **7 Statue des Hl. Georg & des Drachens**; es ist die Bronzekopie des hölzernen Originals aus dem 15. Jh. von Berndt Notke, das in der Storkyrkan steht. Rechts weiter die Österlånggatan entlang erreichst du den **8 Järntorget**. An diesem hübschen Platz vom Anfang des 14. Jhs. liegt **9 Sundbergs Konditori**; der Kaffee wird hier seit 1785 aus einem Kupfersamowar serviert. Kehre in die Västerlånggatan zurück; rechts liegt **10 Mårten Trotzigs gränd**, eine steile Treppe hinauf zur Prästgatan. Folge ihr bis Tyska Brinken, dann links und den Hügel hinunter kommst du wieder zum U-Bahnhof Gamla Stan.

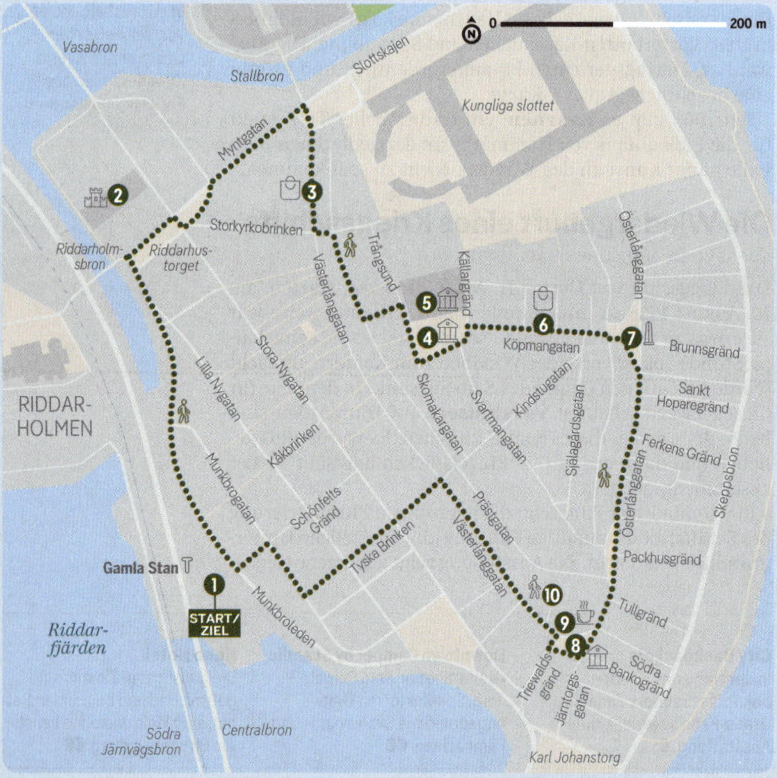

stände von der *Vasa* und handelt vom Leben an Bord, von der Kriegsführung auf See, von Schifffahrt und Navigation im 17. Jh. und von der häufig übersehenen Rolle von Frauen in der schwedischen Marine. Im Untergeschoss werden mithilfe von moderner Forensik Gesichter und Geschichten von verunglückten Seefahrern nachgebildet.

Ein Meer an Erinnerungen

UNTERWASSERARCHÄOLOGIE AUS DER TIEFE

Im außergewöhnlichen **Vrak** tauchst du in die Welt der Unterwasserarchäologie ein. Aufgrund des niedrigen Salzgehalts der Ostsee gibt es hier weltweit die meisten erhaltenen hölzernen Schiffswracks. In der Ausstellung über die 1660 gesunkene legendäre *Resande Man* stellt ein Teppich die Umrisse des Wracks auf dem Meeresgrund dar. Die Ausstellung erzählt detailliert sechs weitere Schiffsunglücke nach, wie das der Fähre *Estonia* von 1994 oder der *Äpplet*, dem fast identischen Schwesterschiff der *Vasa*, die 2022 in der Meerenge von Vaxholm gefunden wurde.

Zeitreise durch die schwedische Kultur

SCHWEDENS GRÖSSTES KULTURHISTORISCHES MUSEUM

2023 feiert das renommierte **Nordiska Museet** auf Djurgården sein 150-jähriges Bestehen. Seit 1520 sind unglaubliche 1,5 Millionen Gegenstände aufgenommen worden, von Sami-Heiligtümern über Kleidung und Tischgedecke bis hin zu Gemälden von August Strindberg. Aktuell werden Teile der Sammlung wieder ausgestellt. Anfang 2024 eröffnet eine neue Ausstellung zu 500 Jahren schwedischer Kulturgeschichte. In der Eingangshalle zeigt eine große Installation die Auswirkungen des Klimawandels auf die Menschen in der Arktis.

Zurück in die Vergangenheit

SCHWEDEN IN MINIATUR

Man kann einen ganzen Tag in **Skansen** verbringen und doch nur einen Teil davon sehen. Das weltweit erste **Freilichtmuseum** wurde 1891 von Artur Hazelius in einem großen Park auf Djurgården eröffnet. Häuser, Hütten und Gebäude aus unterschiedlichen Epochen, die von Mitarbeitenden in historischen Kostümen „bewohnt“ werden, vermitteln lebendige Geschichte; immer gut besucht ist die Werkstatt der Glasbläser:innen.

Im **Zoo** leben Tiere des Nordens wie Elche, Rentiere, Wölfe und Luchse; beliebt sind die Jungtiere im Frühling.

JAHRMARKT IN DJURGÅRDEN

Die Fahrgeschäfte im **Gröna Lund Tivoli** reichen von zahm (ein deutsches Zirkuskarussell) bis furchteinflößend (freier Fall von sechs Sekunden aus 80 m Höhe nach einem umwerfenden, aber kurzen Blick über Stockholm). Im Sommer finden hier Konzerte von namhaften Künstler:innen statt.

Junibacken bildet launige Szenen aus Astrid Lindgrens Büchern nach. Steig in den fliegenden Geschichtenzug, schrumpfe auf die Größe eines Zuckerwürfels und tobe durch die Villa Kunterbunt wie Pippi Langstrumpf. Im Buchladen gibt es Kinderbücher und Souvenirs, von frechen Karlsson-Puppen bis zu niedlichen Märchenbuch-Kunstdrucken.

ESSEN & AUSGEHEN IN STOCKHOLM

Kryp In
Kreative Interpretationen traditioneller schwedischer Gerichte in Gamla Stan; vorab reservieren. **€€**

Meatballs for the People
Schwedische Hausmannskost auf Södermalm mit zwölf Bulettenvariationen, darunter eine vegane. **€€**

Gaston
Intim mondäne und entspannte Weinbar für Eingeweihte mit Hang zum feinen Tropfen.

BESTES SCHWEDISCHES DESIGN

Åhléns
Zentrales Kaufhaus mit großer Auswahl an Haushaltswaren, Bettwäsche und anderen Mitbringseln.

DesignTorget
Günstiges nordisches Design für Wohnung und Freizeit von einer kleinen Kette, die neue Kreative fördert.

Iris Hantverk
Makellose Holzarbeiten, Wäsche, Textilien, Kerzen, selbst gemachte Seifen, Glas und Bastelbücher.

Mall of Scandinavia
Führt einige der bekanntesten schwedischen und internationalen Marken, wie Björn Borg, Naturkompaniet und J. Lindeberg.

Umwerfende Moderne Kunst

STOCKHOLMS MAGNET FÜR MODERNE KUNST

Auf Skeppsholmen beherbergt das **Moderna Museet** eine herausragende Sammlung mit 140 000 Kunstwerken, darunter Hauptwerke der berühmtesten Künstler:innen aus dem 20. und 21. Jh., wie Dalí, Matisse und Warhol, aber auch bemerkenswerte Skandinavier:innen, wie Hilma af Klint, Öyvind Fahlström und Vera Nilsson. Jedes Jahr gibt es außerdem einige ausgezeichnete Wechselausstellungen und Retrospektiven.

Neben dem Moderna Museet liegt **ArkDes** mit einer Dauerausstellung von Dokumenten, Fotos, Plänen, Zeichnungen und Modellen aus 1000 Jahren schwedischer Architektur. Besonders beliebt ist der jährliche Lebkuchenhaus-Wettbewerb.

Thank You for the Music

ABBA-ANDENKEN

ABBA: The Museum – mit diesem Museum verbeugt Djurgården sich vor den Halbgöttern des schwedischen Pop, und das macht viel Spaß. Erinnerungsstücke und interaktive Bildschirme, Musikvideos, eigenwillige Kostüme und paillettenbesetzte Gitarren erzählen die Geschichte von Benny, Björn, Frida und Agnetha. Heb ab, wenn das Telefon aus den 1970er-Jahren klingelt, und sprich mit einem der Bandmitglieder.

Die Schweden und der Schnaps

DIE KOMPLEXE BEZIEHUNG ZUM ALKOHOL

Das gut durchdachte **Spritmuseum** auf Djurgården zeigt Geschichte, Herstellung und Genuss von Alkohol (Feiertage, Trinklieder, passendes Essen usw.) sowie das damit verbundene Leid. In dem kleinen Kinosaal sitzt man so, dass einen die Filmperspektive betrunken macht. Im „Katerzimmer" wummert Musik und es blitzen Lichter. Multimediabildschirme zeigen alkoholische „Leckerbissen". An der Bar kann man Aquavit, Gin und aromatisierte Absolut Wodkas probieren.

Ein Abend an der Oper

SCHAUSPIEL & GASTRONOMIE

Die Ensembles der Königlich Schwedischen Oper und des Balletts sind in einem mächtigen Gebäude aus dem Jahr 1898 auf Norrmalm zu Hause: **Operan**. Die Fassade ist im Stil der Neo-Renaissance gehalten, das Innere vom Neo-Barock geprägt – ein Fest für die Augen, noch bevor die Vorstellung in dem schmucken Saal mit 1100 Sitzen beginnt. Das glitzernde Goldfoyer (Guldfoajén) vor den Logen ist atemberaubend.

ESSEN & AUSGEHEN IN STOCKHOLM

Skroten
Das charmante Café im Hafen auf Skeppsholmen serviert herzhafte Fischsuppe und Krabbenbrötchen. **€€**

Hasslebacken
Probiere die exklusiven, knusprige Hasslebacken-Kartoffeln. Der Wochenend-Brunch ist ein Genuss. **€€**

Blå Porten Café
Zum Kaffee oder Mittag in die Gartenoase neben Liljevalchs Kunsthalle; Blå+ serviert nur Vegetarisches. **€€**

NK Stockholm

Auf der Rückseite der Operan lädt der ebenso mondäne und mit einem Michelinstern ausgezeichnete **Operakällaren** zu französisch-nordischem Gourmet-Essen zwischen Lüstern, goldenen Spiegeln und geschnitzten Decken ein. An der Nordseite des Gebäudes liegen die günstigere und zwanglosere, aber nicht weniger großartige **Operabaren** (reservieren!) im Jugendstil sowie der Diner **Bakfickan** im 1960er-Jahre-Stil mit Plätzen am langen Tresen. Beide servieren gehobene schwedische Klassiker.

Ein stilvolles Kaufhaus

MIT DEM LETZTEN SCHREI GANZ VORNE

Seit 1915 eine Institution in Norrmalms Hamngaran ist **NK** (kurz für Nordiska Kompaniet) Stockholms edelstes Kaufhaus. In der Lebensmittelabteilung im Untergeschoss gibt es Souvenirs, exklusive Lebensmittel und Mittagssnacks. Wer im hübschen **Bobergs Matsal** im obersten Stockwerk speisen möchte, sollte reservieren – das Kulturdenkmal besitzt geschnitzte Wandvertäfelung aus 100-jähriger Birke und funkelnde Kronleuchter.

ABENTEUER IN STOCKHOLM

Der bewährte Anbieter (Stockholm adventures.com) mit sympathischen und sachkundigen Guides bietet von seinem Büro an der Kungsbro auf Kungsholmen eine Reihe von Aktivitäten. Dazu zählen ganzjährig Radtouren durch die Stadt und die Umgebung sowie Eislauftouren im Winter. Am besten sind die geführten Kajaktouren, die auch in den kälteren Monaten stattfinden (Trockenanzüge schützen vor der Kälte). Die typische Paddelroute beginnt in der Nähe des Büros auf Kungsholmen und führt rund um die Insel oder über den See Mälaren mit Blick auf die Insel Långholmen. Wer auf eigene Faust los möchte, kann entsprechende Ausrüstung, wie Kajaks, SUPs und Schneeschuhe ausleihen.

Rutabaga
Lokal von Chefkoch Mathias Dahlgren im Grand Hôtel Stockholm. Das vegetarische Menü ist ein Kunstwerk. **€€€**

Eataly
Riesiger Saal im ehemaligen Kino auf Norrmalm, serviert Pizza und Wein oder ganze Menüs. **€€**

Röda Huset
Kreative Cocktails aus schwedischen Zutaten und Aromen mit Blick über Sergels Torg.

DIE BESTEN ORTE FÜR LIVEMUSIK & ZUM TANZEN

Konserthuset
Klassizistische Konzerthalle mit Konzerten des Philharmonischen Orchesters und anderen traditionellen musikalischen Genüssen.

Fasching
Fast jeden Abend Livemusik; donnerstags offene Jamsessions; freitags übernehmen DJs mit Afrobeat, Latin, Neo-Soul oder R&B.

Glenn Miller Café
Winzige, aber grandiose Jazz- und Bluesbar für Musikliebhaber:innen. Livemusik mittwochs und samstags.

Dansens Hus
Pflicht für Freunde des zeitgenössischen Tanzes, mit innovativen Choreografien von Gastkünstler:innen.

HALIT SADIK/SHUTTERSTOCK ©

Konserthuset

Ein Jugendstilbad

SCHWIMMEN, SAUNA & SPA

Das 2022 frisch renovierte himmlische Jugendstilbad **Centralbadet** in Norrmalm aus dem Jahr 1904 bietet mehrere Saunas (alle gemischt), einen Fitnessraum und – als Höhepunkt – Schwimmen im fantastischen 23-Meter-Becken. Im Eintritt enthalten sind Handtücher und Bademäntel. Wellnessbehandlungen kosten extra und sollten einige Wochen vorab gebucht werden.

Die wunderbare Atmosphäre prägt auch das Café **Ecobaren**, in dem gesundes Essen aus Bio-Zutaten auf der Karte steht, prima bei warmem Wetter im grünen Hof oder im Winter in der hell und warm erleuchteten Orangerie.

Wenn Roboter die Welt regieren ...

TECHNIKMUSEUM

Sollten Roboter Rechte haben? Wie beeinflusst KI unser Leben? Einige dieser faszinierenden Fragen werden in den Ausstellungen des **Tekniska** auf Östermalm untersucht, der Wunderwelt interaktiver Wissenschaften und Technologien. Die Ausstellung Play Beyond Play erstreckt sich über ein ganzes Stockwerk und blickt auf Computerspiele von gestern, heute

ESSEN & AUSGEHEN IN STOCKHOLM

Restaurang Oxenstiernan
Erlesene, nachhaltige Küche an einem Park in Östermalm. Im Sommer wird draußen unter Bäumen serviert. **€€**

Sturehof
Gastliche Brasserie am Stureplan mit Gerichten rund um Fisch und Meeresfrüchte; super für ein spätes Essen. **€€**

Konstnärsbaren
Seit 1931 ein Klassiker mit Bohème-Charme, besonders in der mit Wandgemälden geschmückten Bar. **€€**

und morgen (eine von vier Personen auf der Welt hat ein Computerspiel aus Schweden gespielt). Eine neue Attraktion ist Wisdome Stockholm mit einem Kuppelsaal, in dem 360-Grad-IMAX-Filme in 3D gezeigt werden.

Norrmalms alter Marktplatz

LEBENSMITTEL- & FLOHMARKT

Seit dem 17. Jh. ist **Hötorget** ein Marktplatz. Er liegt westlich vom ehemaligen PUB-Kaufhaus (heute Hotel der Scandic-Kette), in dem Greta Garbo arbeitete, bevor sie ein Filmstar wurde. Südlich liegt die **Hötorgshallen**, eine internationale Markthalle mit Angeboten wie Sushi, schwedischen Süßigkeiten und duftenden Tees. Eng wird's bei einer großen Schüssel *fisksoppa* (Fischsuppe) in der Kombüse von **Kajsas Fiskrestaurang**.

Einblick in schwedisches Design

KLASSISCHER SCHWEDISCHER STIL

Ebenso Museum für Innendesign wie Geschäft zeigt **Svenskt Tenn (Schwedischer Zinn) in Östermalm, wie man sich sein Zuhause hübsch macht.** Estrid Ericson hat Svenskt Tenn 1924 gegründet, das zunächst mit hochwertigen Zinngegenständen handelte. Der Durchbruch kam mit der Einstellung des österreichischen Architekten und Designers Josef Frank 1934. Frank entwarf die typischen bedruckten Stoffe und Möbel, die das funktionale, elegante Innendesign von Svenskt Tenn geprägt haben. Der beste Ort, um schwedischen Stil zu bewundern und ein klassisches Stück fürs eigene Heim zu kaufen, z. B. eine Schale aus Birkenholz oder einen Kissenbezug.

Tribut an einen talentierten DJ

IKONE DER SCHWEDISCHEN POPKULTUR

Man muss nicht viel über Tim Bergling – aka DJ und EDM(Electronic Dance Musik)-Komponist Avicii – wissen, um die **Avicii Experience** in Norrmalm zu würdigen. Die faszinierende, interaktive Ausstellung im digitalen Kulturzentrum **SPACE** widmet sich Berglings steiler, aber leider kurzer Musikkarriere – mit einer vollen Dröhnung aus Musik und Laserlicht: von den Teenager-Tracks in seinem Schlafzimmer in Östermalm bis zu den DJ-Sets auf der ganzen Welt. Dabei wird der Druck im Musikbusiness, der schließlich zu seinem Suizid 2018 führte, nicht beschönigt.

DIE BESTEN SECONDHAND-LÄDEN

Judits & Herr Judits
Zwei Geschäfte für luxuriöse, sorgfältig ausgewählte Secondhand-Mode in der Hornsgatan.

Humana
(Timmermansgatan und Norrmalm) mit ausgesuchter, farblich sortierter Mode, auch upgecycelte Stücke.

Emmaus Stockholm
Die Gewinne dieses großen Geschäfts in Slussen gehen an Projekte in West-Sahara. (emmausStockholm.se)

Stockholms Stadmission
Karitative Einrichtung mit Zweigstellen in SoFo. Große Auswahl und gute Preise. (stadsmissionen.se)

GAMER-GLÜCK

SPACE beherbergt auch das größte Gaming-Zentrum der Welt mit mehr als 400 Setups für Spieler:innen. Die außerordentlich erfolgreiche Gaming-Branche Schwedens ist Thema einer brillanten interaktiven Ausstellung im Tekniska Museet (S. 452).

ÜBERNACHTEN IN GAMLA STAN & SÖDERMALM

Långholmen Hotell & Vandrarhem
Ehemaliges Gefängnis auf Långholmen, heute Hostel/Hotel nahe Hornstull. €€

Hotel Frantz
Charmantes und elegantes Boutiquehotel in einem Haus aus dem 17. Jh. Manche Zimmer sind winzig. €€

Nofo Hotel
Fantasievolles Design ziert das Boutiquehotel in einem versteckten Innenhof auf Södermalm. €€

DIE BESTEN BARS IN ÖSTERMALM

Lilla Baren im Riche
Ein Liebling der hippen Szene in Östermalm mit entspannten Barkeepern, guten DJs und modebewusstem Publikum.

Lucy's Flower Shop
Kein Florist, sondern eine spärlich beleuchtete Kellerbar mit Samtpolstern und kreativen Cocktails. Reservieren! (lucys Stockholm.se).

Nori Bar
In einer Passage direkt neben der japanischen Nudelbar Misshumasshu werden coole Drinks gemixt (misshumasshu.se/noribar).

Sturecompagniet
In der schillernden Bar heischen Stars aus schwedischen Soaps nach Sekt und Aufmerksamkeit.

Auf den Markt!

EINE HISTORISCHE MARKTHALLE

Die grandiose **Östermalms Saluhall** (1888) ist die mondäne Variante eines traditionellen Marktes, mit frischen Produkten, Fischständen, Backwaren, Fleischereien und Teehändler:innen. Auch in der Stockholmer Institution **Lisa Elmqvist** gibt es zahlreiche Gastronomiestände, vor allem für Fisch und Meeresfrüchte; Klassiker sind Krabbenbrötchen, Graved Lachs und Fischsuppe.

Meister der Skulpturen

HEIM & GARTEN EINES BERÜHMTEN KÜNSTLERS

Von 1906 bis 1931 lebte und arbeitete der Bildhauer Carl Milles (1875–1955) in **Millesgården** auf der Insel Lidingö. Sein bogenförmiger Springbrunnen und andere erstaunliche Skulpturen verteilen sich über die Stadt und seine überbordende Kreativität füllte das Haus, in dem er mit seiner Frau Olga, die ebenfalls Künstlerin war, lebte und arbeitete.

Höhepunkt ist der exquisite Skulpturengarten, der der italienischen Mittelmeerküste nachempfunden wurde. Der Blick von den Felsen über die Stadt ist spektakulär.

Aus allen Ecken der Welt

EIN ETHNOGRAFISCHES SCHATZKÄSTCHEN

Das **Etnografiska Museet** zeigt bewegende Ausstellungen über die Kulturen der Welt – allein der Besuch der Ausstellung im Magazin mit über 6000 Stücken kann Stunden dauern. Besonders sehenswert sind die meisterhaften Bronzen aus Benin. In einem Dialogprojekt sollen neue Perspektiven zu Afrika eröffnet werden und Schweden afrikanischer Herkunft zu Wort kommen. Das Restaurant **Matmekka** serviert authentische asiatische Gerichte; im japanischen Teehaus kann man im Sommer eine echte Teezeremonie verfolgen.

UNTERWEGS VOR ORT

Der Flughafen Arlanda (swedavia.com/arlanda) liegt 40 km nördlich von Stockholm. Von hier fahren regelmäßige Expresszüge, (arlandaexpress.com), Busse (flygbussarna.se) und Taxis ins Zentrum von Stockholm. Direktbusse verbinden Stockholm mit dem Skavsta Airport (skavsta.se), 100 km im Südwesten, der Basis von Wizz Air.

Stockholms großartige *tunnelbana* (U-Bahn) und die lokalen Züge (*pendeltåg*) verbinden große Teile der Stadt. Lade die SL-App (sl.se) herunter, um elektronische Fahrscheine zu kaufen.

SL betreibt auch Busse und Straßenbahnen, die Stadt und Umgebung erschließen. Tickets können vor Abfahrt per App gekauft werden. Die historische Straßenbahn Nr. 7 fährt zwischen dem Norrmalmstorg und Skansen an den meisten Sehenswürdigkeiten auf Djurgården vorbei.

Fähren verbinden den Gröna Lund Tivoli auf Djurgården mit Skeppsholmen und Slussen, im Sommer alle zehn Minuten. SL-Tickets gelten auch für diese Fähren, nicht aber für die Fähren in die Schären, die an Bord gekauft werden können.

Rund um Stockholm

Die Umgebung von Stockholm bietet unzählige Ziele für Tagesausflüge mit Highlights aus Kultur und Natur.

Hauptanziehungspunkte sind die Unesco-Welterbestätte der königlichen Sommerresidenz Drottiningholm Slott und ihr Park, Gripsholm Slott mit der staatlichen Porträtsammlung im entzückenden Mariefred und das malerische Sigtuna, die älteste Stadt Schwedens.

Von der Hauptstadt gelangt man schnell in tolle Wandergebiete und Wälder wie Hellasgården (mit Blockhütten-Sauna) oder den Tyresta-Nationalpark mit seinem unberührten Urwald.

Und dann sind da die Schären, die Stockholm im Osten von der offenen Ostsee abschirmen. Die scheinbar endlosen felsigen Inseln sind ein Wunderland aus dichten Wäldern, Wildblumenwiesen, roten Holzhütten und schaukelnden Jachten.

TOP TIPP

Einige Ziele in den Stockholmer Schären und darüber hinaus können ganzjährig mit einer Kombination aus Fähren und Bussen erreicht werden, andere dagegen nur mit der Fähre in den Sommermonaten.

Gripsholm Slott (S. 457)

IDYLL IN DEN SCHÄREN

Hugo Olofsson und **Olle Tejle**, Besitzer des **Lidö Värdshus** (lidovardshus.com), empfehlen weitere Inselidyllen.

Arholma ist mit historischen Häusern und Höfen eine der schönsten Inseln in den nördlichen Schären. Die Insel ist ein Naturschutzgebiet und bietet viel für Kinder.

Söderarm-Leuchtturm Dieser Leuchtturm (soderarm.com) steht auf Torskär – weit draußen in den nördlichen Schären. Übernachte in einer der fünf alten Hütten, in der du einen unglaublichen Ausblick aufs Meer hast und auf Tuchfühlung mit dem Wetter gehst.

Svartsö, **Ingmarsö** und **Finnhamn** sind drei benachbarte Inseln mitten in den Schären. Von Stockholm leicht zu erreichen, mit guten Restaurants und Nachtquartieren.

Insel-Hopping in den Schären

ZU DEN INSELN SCHIPPERN

Die erstaunliche Ansammlung von kiefernbewachsenen Inseln der Stockholmer Schären sind mit Fähren, Bussen und Tagesausflügen von Strömma Kanalbolaget erreichbar. Hochsaison ist Juli und August.

Ein reizvolles Ziel ist **Vaxholm** samt seinem Hauptort mit Kopfsteinpflasterstraßen und alten Holzhäusern. Im *fiskarebostad* (Fischerhaus) vom Ende des 19. Jhs. logiert ein Café, das für seine Desserts bekannt ist. Das **Festungsmuseum Vaxholm** schildert die Geschichte der Festung und die militärische Verteidigung der Schären.

Zur Kunsthalle **Artipelag** auf Värmdö nimmt man erst Bus 474, dann Bus 468. In spektakulärer Lage auf einer Felsnase mit Blick aufs Wasser locken zwei Galerien mit exzellenten Ausstellungen und einen Skulpturenpfad durch den Wald.

Die **Festung Siaröfortet** und ihr Museum sind die Hauptattraktion auf der winzigen Insel Kyrkogårdsön. Sie gehört zu den Inseln der Schären, die früher als *kyrkogård* (Friedhof) für Choleraopfer genutzt wurden.

Schwedens älteste Straße

RUNENZEICHEN & ALTE STEINKIRCHEN

Das hübsche **Sigtuna**, 40 km nordwestlich von Stockholm (Zug nach Märsta, dann mit dem Bus) wurde um 980 n. Chr. gegründet. Ihre vielfach angesteuerte **Storagatan** ist die älteste Straße Schwedens. Das prächtige **Sigtuna Museum** zeigt die faszinierende Geschichte der Stadt anhand von Silberschätzen der Wikinger oder aktuellen Flüchtlingsgeschichten. Unbedingt **Mariakyrkan** und die restaurierten mittelalterlichen Wandgemälde besuchen oder das süße **Sigtuna rådhus** (1774) – das kleinste Rathaus in Skandinavien (geöffnet im Juli und August).

Wikingeropulenz

WELTERBE WIKINGERSIEDLUNG

Die Rundfahrten von Strömma Kanalbolaget von Stockholm halten in dem von der Unesco gelisteten **Handelszentrum der Wikinger** auf **Björkö** im See Mälaren, 28,5 km westlich von Stockholm. Birka wurde um 760 v. Chr. gegründet und kontrollierte den Handel in der Region, bis es in seiner Bedeutung Ende des 10. Jhs. von Sigtuna abgelöst wurde (S. 456). Hier liegt der größte **Wikingerfriedhof** Skandinaviens mit rund 3000 Gräbern. Im großartigen Museum in Birka werden Ausgrabungsfunde ausgestellt.

ESSEN IN SIGTUNA

Sigtunastiftelsens Gästhem
Gutes Hotel und Restaurant aus dem Jahr 1917. Es gibt auch ein Kulturprogramm mit Konzerten. **€€**

Sigtuna Stads Hotell
Aus dem kleinen, aber feinen Hotel blickt man auf den See; das Restaurant serviert schwedische Klassiker. **€€**

Tant Brun Kaffestuga
Entzückendes Café aus dem 17. Jh. mit hübschem Hof. Hausgemachtes Gebäck und göttlicher Apfelkuchen. **€**

ANDRII_IVANIUK/SHUTTERSTOCK ©

Drottningholm Slott

Rückzug in die königliche Kate

SOMMERRESIDENZ VON KÖNIGEN & KÖNIGINNEN

Etwa 13 km westlich von Stockholm auf der Insel Lovön steht **Drottningholm Slott** aus dem Jahr 1662. Sehenswert sind das Paradeschlafzimmer von Hedwig Eleonora, das umwerfende Treppenhaus, der geometrische Garten und das Schlosstheater aus dem Jahr 1766, weltweit das älteste im Originalzustand und funktionstüchtig. Erreichbar mit dem Fahrrad oder mit Schiffen von Strömma Kanalbolaget (stromma.com).

SANDHAMN

Der ganzjährig bewohnte Ort Sandhamn auf Sandön liegt 58 km östlich von Stockholm, etwa eine Stunde mit dem Boot. Fans von Stieg Larssons *Millennium-Trilogie* werden die Insel als den Ort erkennen, wo Mikael Blomkvist seine Sommerhütte hat. Tatsächlich gilt Sandhamn mit dem luxuriösen **Seglarhotell** als exklusive Partyinsel. Das Haus aus dem 19. Jh. heißt auch Jachthotel, weil die gut betuchten Gäste dort mit ihren Schiffen anlegen. Es gibt ein Feinschmecker-Restaurant und der helle Strand Trouville ist nur 1 km entfernt.

Mittelalterfestung mit Oldtimerzügen

PICKNICK AM SEE MIT SCHLOSSKULISSE

Um zum friedlichen **Mariefred** am Ufer des Sees Mälaren, 65 km westlich von Stockholm, zu gelangen, fährt man mit dem Zug nach Läggesta und dann weiter per Bus oder im Sommer mit dem Dampfboot S/S *Mariefred* (mariefred.info). Die Attraktion hier ist **Gripsholm Slott**, ein märchenhaftes Schloss aus dem 14. Jh.

INFOS FÜR SCHLOSSLIEBHABER:INNEN

Das majestätische **Kalmar Slott** (S. 491), 40 km südlich von Borgholm, ist eine der wichtigsten und stattlichsten Festungen Schwedens: Türme, Zugbrücke, Kerker und Geheimgänge – wie im Märchen.

ÜBERNACHTEN IN DEN STOCKHOLMER SCHÄREN

Kastellet B&B
Freundliches B&B in der Festung Vaxholm; Duschen und Toiletten nahe am Zimmer, ganzjährig geöffnet. **€€**

Waxholms Hotell
Makellose, einfache Zimmer mit Parkett und Blick über den Hafen in dem Klassiker aus dem 20. Jh. **€€€**

Grinda Wärdshus
Zimmer mit Bad in vier großen Häusern auf einer winzigen Insel, östlich von Vaxholm an der Haupt-Fährstrecke. **€€**

FAHRT MIT DEM DAMPFSCHIFF

Im Sommer fährt man am schönsten mit der SS *Mariefred* (mariefred.info) nach Mariefred. Das sehr gut erhaltene Dampfboot ging 1903 auf Jungfernfahrt von Stockholm nach Mariefred. Die einfache Fahrt dauert 3½ Stunden; Abfahrt neben dem Stadshuset in Stockholm. Tickets gibt's an Bord, ebenso wie Café und Restaurant (vorab reservieren). Abfahrtszeiten auf der Website.

Friedhof Skogskyrkogården

mit runden, spitzen Türmen, Burggraben und Zugbrücke. Im Schloss hängt die prächtige staatliche Porträtsammlung mit Gemälden aus dem 16. Jh. von Gustav Wasa und seiner Dynastie bis hin zu Bildern namhafte Schweden aus dem 20. und 21. Jh. Weitere Highlights sind die Schlafkammer von Karl IX. aus dem 16. Jh. und der alte Bahnhof aus Holz, in den Oldtimerzüge einfahren (oslj.nu; Mai bis September).

RUNENSTEINE

Gedenksteine mit Runeninschriften wurden vom späten 10. bis ins frühe 12. Jh. n. Chr. errichtet. In Sigtuna (S. 456) und Umgebung gibt es Hunderte dieser frühchristlichen Grabmale.

Besuch der Promi-Nekropole

FRIEDHOF UND WELTERBE

Mitten im Wald, etwa 6 km südlich von Gamla Stan, liegt der **Friedhof Skogskyrkogården**, einfach erreichbar mit der U-Bahn. Das 1920 eingeweihte Unesco-Kulturerbe ist berühmt für seine dekorativen Elemente. Filmdiva Greta Garbo liegt hier begraben. Englische Führungen jeden Sonntag um 10.30 Uhr (Juli bis September).

UPPSALA

In Uppsala brummt seit 1471 das Student:innenleben. Skandinaviens älteste Universität sorgt für einen Anteil von 50 000 angehenden und gestandenen Gelehrten an Uppsalas insgesamt 230 000 Einwohner:innen und den Spitznamen „Stadt der ewigen Jugend". Wegen der immer neuen Studierenden hat Uppsala den Ruf einer Stadt, die ihre Kultur und ihr Nachtleben ständig erneuert, was sich allein schon an den unzähligen alternativen Cafés und Bars zeigt. Uppsala selbst gibt es aber noch viel länger als die Universität, nämlich seit dem 3. Jh., um genau zu sein, was die faszinierenden Relikte von Gamla Uppsala (Alt Uppsala) im Norden der Stadt belegen. Im 6. Jh. gab es hier ein blühendes religiöses Zentrum, wo Menschen geopfert wurden, und dazugehörige Grabstätten. Die schiere Größe der archäologischen Stätte offenbart das Ausmaß der religiösen, ökonomischen und politischen Macht, die sich einst in einer der ältesten Städte Schwedens konzentrierte.

TOP TIPP

Fahrräder dominieren in Uppsala – Mieträder gibts bei Ski Total –, die Altstadt lässt sich aber am besten zu Fuß erschließen (dabei Ausschau halten nach Jona – einer Bronzestatue, halb Mensch, halb Fisch, nahe der Islandsbron, ganzjährig beheizt). Upplands Lokaltrafik betreibt den öffentlichen Nahverkehr.

SPAZIERGANG DURCH UPPSALA

Diese 2,8 km lange Tour durch die Altstadt passiert die wichtigsten Sehenswürdigkeiten Uppalas (außer Gamla Uppsala). Los geht's am **1 Stora Torget** auf der Svartbäcksgatan nach Nordwesten, vorbei an der Statue von Anders Celsius. **2 Linnéträdgården** ist der älteste Botanische Garten Schwedens (1655), er wurde nach dem Entwurf des berühmten Naturforschers Carl v. Linné aus dem 18. Jh. rekonstruiert. Über die wunderbare Järnbron – die erste Hängebrücke dieser Art in Schweden, errichtet 1846 – über den Fyris gelangst du zu Uppsalas ältestem Café, **3 Ofvandahls Hovkonditori**. Auf den ersten Blick scheint der Universitätspark an der Sankt Olofsgatan nur ein kleiner Rasenfleck mitten in der Stadt zu sein, bei genauerem Hinsehen entdeckt man aber neun typische **4 Uppland-Runensteine**, aufgereiht wie Granitsoldaten aus der Wikingerzeit. Der berühmteste – Nr. 489, im Volksmund Frauenstein genannt – stammt aus dem 11. Jh. Uppsalas stattliche **5 Domkyrka**, die größte Kathedrale Schwedens, erhebt sich nur 100 m weiter. Bis 1719 wurden hier Könige gekrönt; zahlreiche Könige, Königinnen und namhafte Gelehrte sind hier bestattet. Liebhaber:innen von Karten und seltenen Büchern werden die Ausstellung (Montag bis Samstag, 12 bis 16 Uhr) links vom Eingang der Universitätsbibliothek **6 Carolina Rediviva** schätzen. Zu sehen sind die Carta Marina und der Codex Argentus (520 v. Chr.), das vollständigste erhaltene Dokument in gotischer Sprache. Von hier läufst du ein kleines Stück hinauf zum rosafarbenen **7 Uppsala Slott**, erbaut in den 1550er-Jahren von Gustav Wasa und 1757 nach einem verheerenden Feuer wiedererrichtet. Hinein kommt man nur mit Gruppenführungen, aber das Kunstmuseum zeigt moderne Kunst in den Räumen des Schlosses.

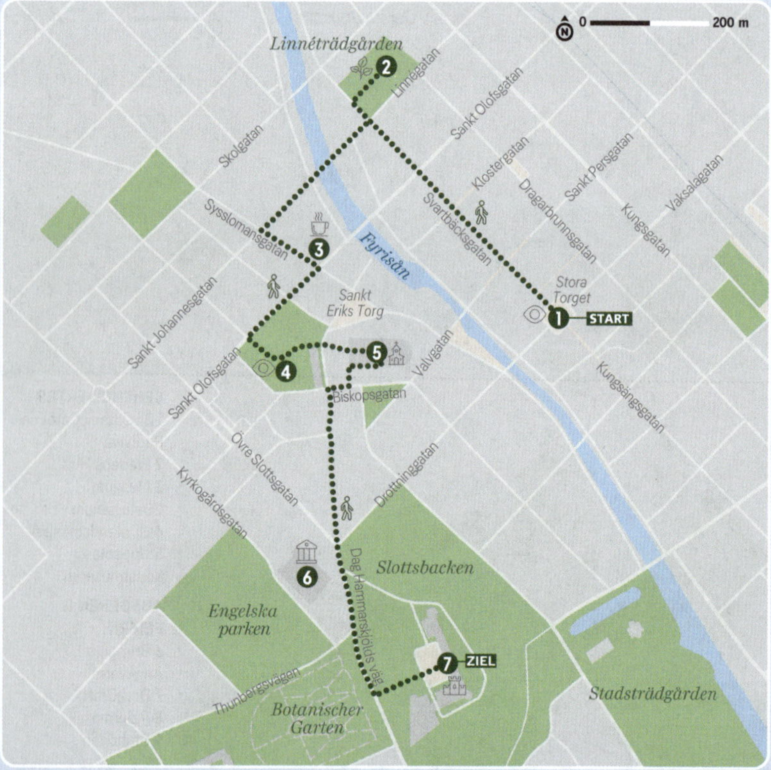

SHOOTING WILD PHOTOGRAPHY/SHUTTERSTOCK ©

Domkyrka

RUND UM GAMLA UPPSALA

Wer noch nicht genug hat von alten Grabstätten, findet noch mehr auf der Insel **Öland** (S. 490) im Südwesten Schwedens, z. B. den Grabhügel Mysinge Hog aus der Bronzezeit und das Grabfeld Gettlinge.

Sagenhafte Königsgräber

HISTORISCHE GRABHÜGEL

Rund 300 Grabhügel aus dem 6. bis 12. Jh. verteilen sich über das Gelände von **Gamla Uppsala** und sehen aus wie kleine Skihügel. Das alte Grabfeld 4 km nördlich von Uppsala umfasst Schwedens zweitgrößte Hügelgräber (nur Anundshög in Västerås ist größer) und ist eine der wichtigsten Grabstätten des Landes. Plane zwei Stunden ein, um das Grabfeld und die dazugehörenden Stätten zu erkunden.

Beginne im **Gamla Uppsala Museum**, wo eine kleine Ausstellung die Schätze der freigelegten Hügel zeigt. Auf dem Grabfeld selbst fallen die drei größten Hügel direkt ins Auge: Östhögen (Osthügel), Mitthögen (Mittelhügel) und Västhögen (Westhügel). Es heißt, dass hier die Könige Aun, Egil und Adils liegen, die im *Beowulf* und in Snorre Sturlasons *Ynglingsaga* auftauchen. Aktuelle Erkenntnisse deuten darauf hin, dass im Östhögen eine Frau begraben wurde, möglicherweise eine Regentin im Alter zwischen zwanzig und Ende dreißig.

Uppsalas Kuriositätenkabinett

SKURRIL UND SONDERBAR

Das herrlich bizarre und gut aufgebaute **Museum Gustavianum** ist Uppsalas betagtes Wunder. Im ältesten Gebäude der Stadt wird die wichtigste Sammlung erhaltener Kuriositäten und kultureller Eigenheiten bewahrt. Auch nach der Wiedereröffnung 2024 wird es seine Vielseitigkeit mit ägyptischen Mumien und getrockneten Meereskreaturen sowie mit Wikingerhelmen und dem Thermometer von Anders Celsius beweisen.

DIE BESTEN FOODIE-LOKALE IN UPPSALA

Klostergatan 5
Das Bistro mit Kerzenlicht wirkt trotz zentraler Lage wie eine Nachbarschaftskneipe. Familienbetrieb mit kreativer nordischer Küche. Reservieren. **€€**

Dryck och mat
Neue nordische Küche mit passendem Wein in der entspannten Atmosphäre eines ehemaligen Bahnhofs. Täglich wechselnde Karte mit passendem Wein. **€€€**

Hambergs Fisk
Uppsalas Feinschmecker-Fischrestaurant, Deli und Bistro steht nicht ohne Grund an der Spitze: aromatische Fischgerichte aus erstklassigen Zutaten, Reservierung notwendig. **€€€**

ÜBERNACHTEN IN UPPSALA

Foundry Hotel
Voll ausgestattete, günstige Appartements in einem umgebauten Industriegebäude (1898), mit Flussblick. **€**

Grand Hotell Hörnan
Historischer Familienbetrieb am Fyris seit 1907; 37 Zimmer zwischen Tradition und Moderne. **€€**

Best Western Hotel Svava
Businesshotel mit funktionalen Retromöbeln, die an das Design der 1950er- und 1960er-Jahre erinnert. **€€**

Im Obergeschoss warten zwei Höhepunkte: der faszinierende Augsburger Kunstschrank aus dem 17. Jh. – eine drehbare Kuriosität mit lauter originellen Kinkerlitzchen, die 1682 König Gustav Adolph geschenkt wurde, sowie Olof Rudbecks schwindelerregendes Anatomisches Theater, in dem bis 1766 vor 200 Zuschauenden hingerichtete Verbrecher:innen seziert wurden.

Die Nächte von Uppsala

LOKALE BRAUEREIEN VOLL IM TREND

Die 50 000 Studierenden der Stadt sind durstig. An nächtlicher Unterhaltung besteht jedenfalls kein Mangel – das Angebot reicht von lokalen Brauereien bis zu trendigen Bahnhofsbrasserien.

Studierende treffen sich in Bars und Cafés der Sankt Larsgatan (ein bis zwei Blöcke südwestlich des Flusses), Sankt Olofsgatan (bei der Universität) und Drottninggatan (in der Nähe der Domkyrka) – beliebt ist z. B.das **Palermo**. Anhänger von Craftbier steuern die beliebte **Bryggeriet Ångkvarn** an, einen bescheidenen Laden mit Plätzen am Flussufer in der Östra Ågatan, der von einem überzeugten Hobbybrauer eröffnet wurde. Auf der Rückseite der Domkyrka, der ehemaligen Konfessionsschule der Kathedrale, können Craftbier-Fans lokale und europäische Biere aus 20 Zapfhähnen im **DomCraft** trinken. Trendsetter sollten einen Tisch im **Stationen** reservieren, die in Uppsalas grandiosem Bahnhof von 1866 vergangene Zeiten heraufbeschwört. *Skål!*

Uppsala kostenlos!

DIE STADT FÜR DEN KLEINEN GELDBEUTEL

Studierende sind ständig klamm. Glücklicherweise verfügt Uppsala über zahlreiche kostenlose kulturelle Attraktionen. Museumsfans können in einer Wassermühle des **Upplandsmuseet** aus dem 18. Jh. Volkskunst bewundern, moderne Kunst hängt im Schloss im **Uppsala Konstmuseum**, ausnehmend schöne alte Karten und Manuskripte – darunter kolorierte äthiopische Texte und das erste in Schweden gedruckte Buch – liegen in der **Bibliothek Carolina Rediviva**, und **Bror Hjorths Hus** zeigt reizende Gemälde und aufwendige Holzschnitzereien. Befürworter von Frieden, Liebe und Verständnis schätzen **Fredens Hus**, das sich, unabhängig von religiösen Zwischentönen, der Verbreitung von Harmonie auf Erden widmet, indem es Arbeit und Leben derjenigen präsentiert, die in Krisenzeiten Frieden geschaffen haben.

MULTIKULTI-KÜCHE IN UPPSALA

Kafferummet Storken
Üppig und bunt möbliertes Refugium über Stora Torget; das Flair vergangner Tage passt zu langen Schwätzen, lernenden Studis und herzhaften Gerichten wie Moussaka. €

Taste of Bangla
Gehobene und authentische Bangladesch-Küche in einem winzigen Glashaus am Svandammen unterhalb des Schlosses. €

Jay Fu's
Die Bezeichnung „Amasian" (amerikanisch asiatisch) täuscht – die Fusionsküche (Thunfisch mit gegrillter Avocado, Wild mit Miso-Hollandaise) ist köstlich. €€

EINKAUFEN IN UPPSALA

Godsmagasinet
Ehemaliger Eisenbahnschuppen mit hippen skandinavischem Klamotten, Keramik und mehr.

Läslusen
Großartiger Buchladen für skandinavische Kinderbücher und in Schweden designtes Spielzeug.

Norrgavel
Schwedische Designkette mit eleganten Stoffen und minimalistischen Haushaltswaren.

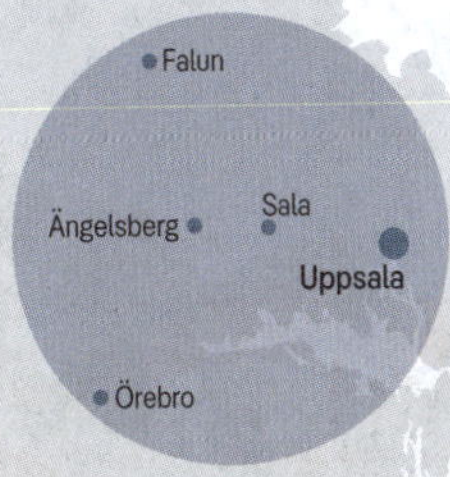

Rund um Uppsala

Nicht weit von Uppsala entfernt buhlen zwei alte Zentren der beginnenden Industrialisierung, Sala und Ängelsberg, sowie das aparte Örebro und der weite Siljansee um Aufmerksamkeit.

Zentralschweden ist der bevölkerungsstärkste Teil des Landes und erstreckt sich von Uppsala durch eine Landschaft aus grünen Wäldern und glitzernden Seen. Mit seiner von Volksbräuchen geprägten Geschichte, Industrie und beliebter Architektur ist Zentralschweden Quintessenz all dessen, was das Land so schwedisch machen.

Weniger als 90 Minuten von Uppsala entfernt liegen zwei Symbole der frühen industriellen Entwicklung Schwedens: eine Silbermine, im 16. und 17. Jh. verantwortlich für den Wohlstand in Sala, und das Weltkulturerbe Engelsbergs Bruk, eine Eisenhütte in Angelsberg. Weiter nördlich liegt Falun mit seiner riesigen Kupfermine und seinem prägenden Einfluss in Form der Farbe „Falunrot" oder „Schwedenrot". Westlich von Uppsala winkt Örebro mit viel Kultur und einem Schloss.

TOP TIPP

Zu der Mine von Sala geht es 300 Stufen hinab. Es kann kalt werden! Unbedingt Örebros beliebtesten Fisch, Gös (Zanderfilet), aus dem nahegelegenen See Hjälmaren probieren. Er steht auf vielen Karten der Restaurants im Umkreis.

Falun

MAGNUS BINNERSTAM/SHUTTERSTOCK ©

Engelsberg Bruk

AB IN DIE TIEFE

Wer im Urlaub gern untertaucht, sollte unbedingt die Unesco-Weltkulturerbestätte **Falu Gruva** in Falun (S. 465) besuchen, eine Kupfermine 117 km nördlich von Sala. Ein Labyrinth aus 50 Kilometern Tunnel ermöglicht die Zeitreise ins 17. Jh.

GUT ESSEN & SCHLAFEN IN ÖREBRO

Livin Station Hotel
Familienbetrieb mit 17 Zimmern am Hauptbahnhof. €€

Clarion Collection Hotel Borgen
Dieses palastähnliche Kleinod von 1891 am Fluss wirkt wie die Erweiterung des Örebro Slott. €€€

Ingeborgs
Ausgezeichnetes *dagens* (Mittagstisch) zwischen Buntglas aus schwedischen Kirchen. €€

A-mano
Gehobene italienische Küche am Stallbacken, z. B. Seezunge in brauner Butter mit Birkenspänen, Polenta und Kresse-Öl. €€€

Über Sala & Silber

JAHRHUNDERTE ALTE SILBERMINE

37 Minuten Zugfahrt westlich von Uppsala liegt die **Sala Silvergrua** (Silbermine Sala) – die fantastische Mine außerhalb der Bergbausiedlung Sala aus dem 17. Jh. Übernachten kann man in einem ehemaligen Wohnviertel der Minenarbeiter im **Marketenteriet Vandrarhem**, direkt am 257 m tiefen Drottning-Christinas-Schacht. Führungen zeigen die Mine, die das schwedische Königshaus seit dem 15. Jh. bis 1908 mit Silber versorgte, und gehen bis zu zwei Tiefen, 60 m und 155 m, hinunter. An der Oberfläche kann man zwischen den erhaltenen Gebäuden herumspazieren – der Brauerei, dem Wohnhaus eines Ingenieurs, dem Pulverlager und einem Spielkasino.

Geschmiedet in Angelsberg

KULTURERBE EISENHÜTTE

Engelsberg Bruk, das Unesco-Weltkulturerbe im winzigen Dorf Ängelsberg in Västmanland, gehörte zu den wichtigsten frühindustriellen Eisenhütten in Europa. Der holzverkleidete Hochofen war im 17. und 18. Jh. Spitzentechnologie und ist eines der wichtigsten Industriedenkmäler der Welt.

ESSEN IN SALA

Måns Ols utvärdshus
Historisches Restaurant am See Långforsen; täglich wechselndes, erstklassiges Mittagsbüfett. €€

Mat O Prat Pa Normanska
Burger und libanesische Mezze im Hof des Normanska Gården aus dem 18. Jh. €€

Café Jernvägen
Salate, Fladenbrot sowie guter Kaffee und Bier sind die Topangebote dieses Bahnhofsbistros. €€

Die Anlage - mit vollständiger und funktionstüchtiger Ausstattung - liegt mitten im Wald, 90 Minuten Autofahrt westlich von Uppsala. In seiner Glanzzeit im 18. Jh. trug die hohe Qualität des produzierten Eisens zu Schwedens Position als führendem Eisenhersteller weltweit bei. Das perfekt erhaltene Gelände kann auf eigene Faust ganzjährig erkundet werden; im Sommer werden außerdem Führungen durch die Hütte angeboten. In der Nähe von Nya Servering gibt es Mittagessen mit Blick auf den See, Åmänningen und die Insel Barrön, wo die älteste erhaltene Erdölraffinerie (1875–1927) steht.

Siljan im Sommer

DIE BERÜHMTESTE MIDSOMMAR-FEIER SCHWEDENS

Schwedens größtes und längstes Mittsommerfest **Midsommarfirande** findet rund um den Siljansee statt, einen der größten Seen Schwedens. Berauschender Höhepunkt sind die Feierlichkeiten in **Leksand**, wo sich mehr als 20 000 Menschen in die einwöchigen Feiern stürzen, mit Trachten-Paraden, alkoholisierter Fiedelmusik und starken Männern, die den Maibaum für die traditionellen Rundtänze aufstellen. Übernachtungen müssen mindestes sechs Monate im voraus gebucht werden, vor allem in Tällberg, wo die Hotels Mittsommer-Pakete mit traditionellem Essen und Mindestaufenthalt anbieten.

Der Charme von Falun

HISTORISCHE KUPFERMINE

Einige symbolträchtige Dinge verdanken Dalarnas Hauptstadt Falun ihren Ruhm, entweder als Nebenprodukt der Kupfermine (z. B. die geräucherte Wurst *falukorv* oder die falunrote Farbe der Sommerhütten) oder als Inspirationsquelle.

Auch die **Kupfermine Falu Gruva**, die im 17. Jh. zu den wichtigsten der Welt gehörte, hat es auf die Unesco-Liste geschafft. Beeindruckend ist die 500 m weite und 100 m tiefe Kuhle, die 1687 durch einen massiven Grubeneinsturz entstanden ist. Von dort führen 400 Stufen in die eigentliche Mine hinunter, wo sich 50 km Tunnel erstrecken. Zum Mittag geht's in den ausgezeichneten **Geschwornergården** auf dem Grubengelände oder in die **Banken Bar & Brasserie** in der Stadt.

Drei Museen sind einen Besuch wert: Das **Dalarnas Museum** stellt die Traditionen der Region vor; ums Skispringen geht's in **Lugnets Skidmuseum** neben der berühmten Sprungschanze (der Ausblick ist natürlich herausragend); und schließlich Schwedens berühmtestes Heim, **Carl Larsson-gården**, das im Originalzustand erhaltene Anwesen eines der berühmtesten Künstler des Landes.

KARLSTAD & UMGEBUNG

Etwa 280 km westlich von Uppsala liegt Karlstad mit ein paar tollen Museen. Die preisgekrönte Multimediaausstellung im **Värmlands Museum** zeigt lokale Geschichte und Kultur von der Steinzeit bis heute. Nebenan, im **Museum Sandgrund Lars Lerin**, fesseln die düsteren Aquarell-Landschaften von dem aus Värmland stammenden Künstler Lars Lerin die Besucher:innen.

In Torsby, 103 km nördlich von Karlstad, bietet **Vildmark i Värmland** das besondere Abenteuer, mit dem Floß auf dem Klarälven zu reisen. Die Angebote reichen von ein- bis achttägigen Touren; einige mit der Aufgabe, vorab das eigene Floß zu bauen, wie einst Huckleberry Finn.

ÜBERNACHTEN IN FALUN

Clarion Collection Hotel Bergmastaren
Modernes Hotel in einem ehemaligen Bürogebäude aus den 1930er-Jahren. **€€**

Falun Strandby
Moderne Hütten für zwei bis sechs Personen am hübschen See Runn, inklusive Küche und WLAN. **€€**

Scandic Hotel Lugnet Falun
Hotel mit einer Fensterfront in Form einer Sprungschanze; super für Wandernde und Mountain-Biker:innen. **€€**

WILD WANDERN

Der von Gletschern herausgeschälte **Tiveden-Nationalpark** - Heimat von Trollen und einst auch von Wegelagerern - bietet wunderschöne Wanderwege. 84 km südwestlich von Örebro wachsen fast unberührte, von Fels- und Seenlandschaften durchzogene Wälder mit mehreren Wanderwegen, wie dem 6 km langen Trollkyrka-Weg: Los geht's am **Besucherzentrum** im Südosten des Parks, 5 km nach Norden von der Landstraße 49 (Abfahrt Bocksjö). Der Park ist etwas abgelegen, lohnt aber, wenn du mit dem Auto unterwegs bist und gern wanderst.

Perfektes Wochenende: Örebro

SCHLÖSSER, KULTUR & CRAFTBIER

Mittelpunkt von Örebro ist das riesige und romantische **Örebro Slott**, ideal für ein Foto vom Gebäude aus dem 14. Jh., das sich im Burggraben spiegelt.

Der **Stadsparken** mit Flusspromenaden und weitläufigen Parkanlagen wurde einst zum schönsten Park Schwedens gewählt. Ein kleiner Spaziergang führt zum **Museumsdorf Wadköping**, einem stimmungsvollen (wenn auch künstlichen) Dorf mit Holzhäusern aus dem 17., 18. und 19. Jh. Die Kungsstugan (Königshütte, ein mittelalterliches Haus mit Deckengemälden aus dem 16. Jh.) und das Haus von Cajsa Wargs (einer berühmten Köchin aus dem 18. Jh.) lohnen den Besuch.

Nicht weit entfernt liegt **Stallbacken**, ein hübscher Platz mit restaurierten, traditionellen Häusern, in denen heute Designläden, Boutiquen und Restaurants auf Kundschaft warten - perfekt für einen Mittagssnack unter freiem Himmel. Am Nachmittag geht's dann 2 km in den Norden der Stadt zum **Svampen**, einem 58 m hohen Wasserturm in Form eines Pilzes (der erste seiner Art weltweit), 1958 entworfen von Architekt Sune Lindström. Er eröffnet einen Rundblick über die Stadt.

Am Abend bietet sich ein Abstecher zur **Örebro Ölhall** am Järntorget an, um die ausgezeichneten Erzeugnisse der lokalen Craftbier-Szene zu testen, wie die extrem hochprozentigen Pale Ales der Apex-Brauerei oder die klassisch gebrauten Biere von Närke Kulturbryggeri. Du kannst aus über 40 Zapfhähnen wählen, darunter auch ein paar internationale Biere. Zum Abendessen geht's ins klimaneutrale Restaurant **Gro**.

Mit dem besten Kaffee der Stadt im **Naturens Hus** verfliegt der Kater am nächsten Morgen im Nu. Das Café liegt idyllisch mitten im Naturreservat Oset-Rynningeviken. Von den Wanderwegen durch das Sumpfgebiet kannst du die Vielfalt der dort lebenden Vögel bewundern. Und zum Mittagessen geht's zurück zum Naturens Hus - so gut ist es dort!

Der neueste Stolz der Stadt ist das **Kulturkvarteret** mit seiner Fassade aus Stahl und Glas (die sich im Svartån spiegelt) und der fabelhaften Innenausstattung aus Birkenholz nach einem Entwurf des bekannten Architekturbüros Wingårdhs Arkitekter. Zum Abschluss gibt es noch einmal ein tolles Essen im **Hamnmagasinet** direkt am Fluss.

SCHLÖSSERSTREIFZUG

In Mittel- und Südostschweden gibt es unzählige Schlösser aus dem Mittelalter und der Renaissance., z. B. das wunderschöne **Vadstena Slott** (S. 491) 110 km südlich von Örebro, einer der hübschesten Frührenaissancebauten aus dem 16. Jh.

UNTERWEGS VOR ORT

Upplands Lokaltrafik sorgt für den öffentlichen Nahverkehr in der Provinz Uppsala sowie zu den Städten Örebro und Karlstad; wer mit dem Zug aus Uppsala kommt, muss in Stockholm umsteigen.

Nach Sala fährt ein Direktzug von Uppsala, vor Ort bewegt man sich am besten zu Fuß oder mit dem Fahrrad, genauso in Örebro. Nach Ängelsberg braucht man ein Auto, aber dort kann man alles zu Fuß erkunden.

GÖTEBORG

Mit fast 600 000 Einwohner:innen ist die zweitgrößte Stadt Schwedens definitiv die bezauberndste – eine anregende Mischung aus interessanten Museen, verschrobenen Läden, Vergnügungsparks für Adrenalinkicks und nautischem Erbe. Die verkannte Stadt hat wirklich für alle etwas zu bieten, von Motoren im Volvo-Museum bis zu Wikingerschiffen im Stadtmuseet, von skandinavischer Mode im Einkaufszentrum Nordstan bis zum Picknick im Slottsskogsparken. Auch Familien kommen hier auf ihre Kosten, z. B. im Universeum (kindgerechtes Erlebnismuseum), bei den Karussells und Buden im Liseberg Park und den nicht endenden Eisständen entlang der Küste. Die Stadt ist besonders aktiv: Hier findet der weltgrößte Halbmarathon statt und es gibt unzählige Ziele für Kajaktouren in den Schären, die unbewohnten Inseln sind nach all den XXL-Attraktionen in der Stadt genau richtig!

TOP TIPP

Der öffentliche Nahverkehr von Västtrafik durchzieht die Stadt und Umgebung mit Bussen, Straßenbahnen und Fähren. Einige Strecken werden am Wochenende allerdings nicht bedient. Zu vielen Inseln in den Schären fahren regelmäßige Fähren; zu einigen Inseln führen Brücken und Dämme für Autos und Fahrräder.

Haga (S. 469)

SEHENSWERTES
1 Stadtviertel Haga
2 Konstmuseum
3 Stadtviertel Linné
4 Liseberg
5 Maritiman
6 Naturhistoriska Museet
7 Sjöfartsmuseet
8 Stadsmuseum
9 Universeum
10 Världskulturmuseet

KURSE & TOUREN
11 Hagabadet

Naturhistoriska Museet (Naturhistorisches Museum; S. 471)

TRYGVE FINKELSEN/SHUTTERSTOCK ©

Angesagte & alternative Viertel

ZWEI BESONDERE KIEZE

Diese beiden ehemaligen Arbeiterviertel von Göteborg liegen südlich des ursprünglichen Zentrums aus dem 17. Jh. **Haga** umfasst die Blöcke aus niedrigen Holzhäusern rund um die Einkaufsstraße **Haga Nygatan**. Früher war Haga der Schlupfwinkel von Seeleuten, Hafenarbeitern, Prostituierten und Straßenkindern, heute leben hier Kreative und Berufstätige ab dreißig. Überraschend ist **Hagabadet**, das ehemalige Badehaus der Armen und heute ein Spa mit römischen Bädern.

Große Häuser mit Stuck aus dem 19. Jh., breite Straßen und faszinierende Geschäfte prägen das größere Viertel **Linné**. Die Restaurants, Bars und Cafés in umgebauten Lagern und Fabrikgebäuden sind Treffpunkt der Nachtschwärmer:innen. Hier steigt auch das Straßenfest **Andra Långdagen**, eine wilde, eintägige Party irgendwann zwischen April und Juni.

Göteborg für Kinder

SPASS & LERNEN AUF SCHWEDISCHE ART

Neben dem Liseberg lieben Kinder auch das **Universeum**, wo man feuchte Regenwälder mit Wassertropfen, tropischen Vögeln und Affen erleben kann. Wissenschaftsausstellungen, z. B. zu Nanotechnologie, Raumfahrt oder zum Musikmischen, laden zum Mitmachen ein.

Auch Teile des **Världskulturmuseet** (Museum der Weltkulturen, S. 471) richten sich direkt an Kinder.

Im **Stadsmuseum** können Kinder mit der typischen blau-weißen Straßenbahn fahren, auf Türme klettern und durch die Wikingerausstellung mit den Resten der *Äskekärrskeppet*, Schwedens einzigem Original-Wikingerboot, streifen.

Ein Tag im Kunstmuseum

VON NORDISCHEN ZU NIEDERLÄNDISCHEN MEISTERN

Die Stadt ist voll von ausgezeichneten Museen, in Sachen Kunst aber regiert das **Konstmuseum**. Schon vor dem Eingang kann man das berühmteste öffentliche Kunstwerk der Stadt bewundern, den einst anstößigen Poseidonbrunnen.

Die echten Glanzpunkte beginnen im zweiten Stockwerk – zur Renaissancesammlung gehören Werke von Cranach und Veronese, Rembrandt hat einen eigenen Raum. Skandinavische Meister wie Bruno Liljefors, Edvard Munch, Anders Zorn und Carl Larsson hängen stolz in der Fürstenbergska Galleriet. Toll sind auch der prächtige Skulpturensaal und das Hasselblad Center mit wechselnden Fotoausstellungen nordischer Künstler:innen.

SCHÖN SHOPPEN IN GÖTEBORG

Kungsportsavenyen
Die Hauptverkehrsstraße ist gesäumt von Luxusboutiquen und Supermärkten.

Haga Nygatan
Touristische Einkaufsstraße in Haga mit Traumfängern für 1000 Kr neben Mumin-Unterwäsche.

Nordstan
Die gigantische Größe des Einkaufszentrums ist von außen nicht erkennbar. Es liegt versteckt hinter den Fassaden der früheren Gebäude.

Kungsgatan
Gesäumt ebenso von eigenwilligen Läden wie von internationalen Markenketten.

Flaggskeppet
Ob schwedische Flagge, Bootsanker, Jachtkopie oder Leuchtturmmodell, all dass gibt's in der Stora Badhusgatan.

MICHELIN-STERNE IN GÖTEBORG

28+
Kellerrestaurant mit französisch-schwedischer Fusionsküche, seit über 30 Jahren. **€€€**

Project
Innenraumgestaltung mit Leder und Kristall; Familienbetrieb mit saisonaler Karte. **€€€**

Koka
Das elegante Restaurant serviert moderne schwedische Küche. **€€€**

Achterbahn Valkyria, Liseberg

Spaß im freien Fall

SCHWEDENS BESTER FREIZEITPARK

Ein Besuch in Göteborg ist erst mit einem Abstecher zum **Liseberg** komplett. Skandinaviens größter Vergnügungspark und Göteborgs beliebteste Attraktion bietet Fahrten mit Balder, einer alt ehrwürdigen Achterbahn aus Holz, AtmosFear, Europas höchstem Free Fall Tower (116 m), Loke, einem sich rasant drehenden „Rad", das sich 42 m in die Luft erhebt, und Valkyria, Europas längster Achterbahn mit einer spektakulären senkrechten Abfahrt über 50 m.

Besuch bei einer schwedischen Ikone

SICHERHEIT BEIM FAHREN

Neben IKEA ist Volvo die schwedische Marke mit dem größten Bekanntheitsgrad weltweit. Die Herren Gabrielsson und Larson gründeten Volvo 1924. Ihr erstes Auto, der ÖV4, war merkwürdigerweise ein Cabrio – nicht die beste Entscheidung fürs schwedische Klima. Im **Volvo Museum** werden die Modellreihen chronologisch präsentiert, von den kurvenreichen Limousinen der 1930er- bis zu den kantigen Modellen der 1980er-Jahre.

TOP-TOUREN GÖTEBORG

Am besten lernt man die Stadt bei einer geführten Tour kennen. Im Winter finden die meisten nicht statt.

Paddan-Bootstour
Mit dem offenen Boot durch die städtischen Gräben und Kanäle aus dem 17. Jh.

Strömma-Schärenfahrten
Verschiedene Touren durch die Schären.

Ocean Bus
Mit dem Amphibienbus über Land und durch den Fluss Göta Älv.

Bohuslän-Dampfboot
Tour durch die Schären im historischen Dampfboot.

FISCH UND MEERESFRÜCHTE IN GÖTEBORG

Feskekörka
Nach der Wiedereröffnung fordert die „Fischkirche" den Spitzenplatz der Fischlokale zurück. **€**

Sjömagasinet
Erstklassiges Fischrestaurant direkt am Wasser. **€€€**

Feskar Brittas Kro
Auf dem Frachtkahn werden die Gerichte mit Zutaten direkt von der Fischauktion zubereitet. **€€**

Zu den Highlights gehören der originale P1800 Coupe, den Roger Moore in der britischen TV-Serie *The Saint* fuhr, ein amerikanischer Volvo mit über 5,4 Millionen Kilometern, der seinen Besitzer überlebt hat, und ein Viggen-Kampfflugzeug mit Volvo-Motor. Straßenbahn 5 oder 10 bis Eketrägatan, dann Bus 32 bis Arendals Skans fahren hierher.

Weitere Museen in Göteborg

WELTKULTUR UND LOKALGESCHICHTE

Das **Världskulturmuseet** lässt sich kaum auf den Punkt bringen. Grob umrissen geht um das Zusammenleben der Menschen im Angesicht der aktuellen Krisen: Klimawandel, Globalisierung und Bedrohung der Demokratie. Wechselausstellungen handeln von geopolitischen und ethnografischen Themen.

Das **Naturhistoriska Museet** (Naturhistorisches Museum) hat eine riesige Sammlung von Tierpräparaten, von Huftieren der Savanne bis zur ausgestorbenen Riesenseekuh, allerlei Vögel und eingelegte Kreaturen aus der Tiefe. Zu sehen ist auch der einzige ausgestopfte Blauwal der Welt.

Göteborgs Seefahrtsgeschichte

SCHWIMMENDES SCHIFFSMUSEUM

Nicht weit von den Shoppingmeilen liegt **Maritiman**, das größte schwimmende Schiffsmuseum der Welt mit 20 historischen Booten. Du kannst in das 69 m lange U-Boot *Nordkaparen* schlüpfen und die beängstigende Enge erleben. Im Labyrinth des 121 m langen Zerstörers *Småland*, in dem von 1952 bis 1979 gebückte Seeleuten knisternde Funksprüche verfolgten und die Kojen aussehen, als seien sie gerade erst verlassen worden, meint man, jeden Moment uniformierte Seeleute in den Gängen zu treffen. Das Museum ist nicht jeden Tag geöffnet; Website vor dem Besuch prüfen.

Südlich vom Stadtzentrum beschäftigt sich das **Sjöfartsmuseet** mit der lokalen Seefahrtsgeschichte. Die Sammlung umfasst Modellschiffe, Karten, Nachbauten von Seefahrerheimen und verschiedene zeithistorische Objekte. Eindrucksvoll ist der große, abgedunkelte Saal, in dem sich Galionsfiguren über einem erheben – einige majestätisch oder wehmütig, andere grimmig. Die ausgestellte Seefahrerbeute umfasst Walrosszähne und eine Flasche mit winzigem Lichtschimmer.

Im angeschlossenen **Aquarium** planschen Nordseeschollen, Hummer und Quallen, im tropischen Fischtank könnte Nemo schwimmen. Direkt davor erinnert der **Sjömanstornet** (Seefahrerturm) mit der Statue einer trauernden Frau an die im Zweiten Weltkrieg gestorbenen schwedischen Seeleute.

DIE BESTEN AUSBLICKE VON GÖTEBORG

Masthuggetskyrkan
Südlich vom Stadtzentrum steht diese Kirche auf einem Felsvorsprung. Blick auf den Fluss und die Älvsborg-Brücke.

Skansen Kronan
Toller Ausblick über das Stadtzentrum von der Festung aus dem 17. Jh.

Liseberg-Riesenrad
Imposanter Blick über die Stadt, besonders bei Nacht.

Skansen Lejonet
Die „andere" Festung Göteborgs auf der falschen Seite des Bahnhofs: Züge beobachten vor der Kulisse Göteborgs.

ÜBERNACHTEN IN GÖTEBORG

Dorsia Hotel
Das überladene Dorsia sieht aus wie das Heim eines reichen Exzentrikers aus dem 19. Jh. **€€€**

Vanilla Hotel
Boutiquehotel – gemütlich und einladend wie ein schwedisches Zuhause. **€€**

Upper House
Oben auf einem der Gothia Towers, Essen mit Aussicht. **€€€**

Rund um Göteborg

Schäreninseln bei Göteborg, Küstenstädte in der Provinz Bohuslän, uralte Felsritzungen und einer der eindrucksvollsten Kanäle Schwedens erwarten dich.

Direkt hinter Göteborg löst sich das Festland in einen Schärengarten aus unzähligen Inseln und Klippen auf, die einen Tagesausflug wert sind. Die felsige Küste von Bohuslän erstreckt sich Richtung Norden entlang von Felsinseln, Buchten und idyllischen rot-weißen Fischerdörfern, hier und da mischen sich prähistorische Felsritzungen und Wikingerkultstätten dazwischen. Sommerstimmung kommt auf, wenn die Schweden die Urlaubsorte an der Küste – Strömstad, Smögen und Fjällbacka– einnehmen. Südlich liegt der Strand von Varberg, bekannt für seinen FKK-Bereich und die Festung. Das Binnenland von Dalsland und Västergötland hat einige interessante Seiten: Trollhättans Kinoszene, postindustrielle Museen sowie Kanäle und Seen für entspannte Kajakausflüge.

TOP TIPP

Einige Inseln werden das ganze Jahr über mit Fähren angefahren, andere nur in der Saison; Fahrpläne rechtzeitig checken.

DAVIDE SAVIO/SHUTTERSTOCK ©

Bratten, Styrsö

THOMAS DEKIERE/SHUTTERSTOCK ©

Damm zwischen Brännö und Galterö

Wanderwege & Inseldisco

SCHÄREN VOR DEN TOREN GÖTEBORGS

Die Fähren zu den autofreien Inseln im Süden fahren vom Anleger Saltholmen ab, erreichbar mit der Straßenbahn.

Mit seinen Sandstränden und Wanderwegen ist **Brännö** beliebt und einfach zu erreichen. Ein Steindamm führt hinüber zur unbewohnten Insel **Galterö** mit einer Landschaft aus Felsen, Tümpeln und verlassenen Stränden. Der Clou der Insel ist die Tanzfläche unter freiem Himmel, auf der von Juli bis Mitte August am Wochenende Partys steigen.

Auf **Styrsö** gibt es zwei Dörfer. Bevor **Bratten** in den 1860er-Jahren zu einem beliebten Badeort wurde, wurden hier Heringe verarbeitet. **Tången** bietet Cafés und Wanderwege, einer führt hinauf zu Stora Rös, dem höchsten Punkt der Schären (60 m).

Spazieren auf Smögen

BRUMMENDER URLAUBSORT IN BOHUSLÄN

An der Küste nahe Kungshamn liegt das muntere **Smögen**, ein beliebter, junger Ort mit Bars entlang der Strandpromenaden. Von der Küste weg führen steile Treppen hinauf zu aufgereihten, klapprigen Fischerhütten in ein Labyrinth aus wunderbar restaurierten Häusern.

Abgesehen vom Wandern dreht sich hier alles um Fisch. Die morgendliche Fischauktion ist ein munteres Spektakel.

Die kleine, windumtoste Insel **Hållö** bietet großartige Fotomotive; die Hauptattraktion ist aber der Leuchtturm, in dem man übernachten kann. Im Sommer fahren regelmäßige Fähren von Smögen herüber.

KAJAKFAHREN AUF DEM MEER

Die beste Art, die Küste um Göteborg zu erkunden, ist mit dem Kajak. In den dichten Schären liegen die Inseln nie weit voneinander entfernt, sodass auch Anfänger:innen gut klarkommen. Also nicht lange warten: Picknick packen, Kajak ausleihen und los geht's auf eine unbewohnte Insel zum Sonnenbaden.

Der Tourenanbieter Donsö Sea Kayak (donsohavskajak.se) verleiht Kajaks und Stand-Up-Paddleboards, organisiert aber auch längere Touren mit Übernachtung.

Alles weitere Zubehör gibt's im fabelhaften Kanotcentrum Göteborg in der Karl Johansgatan.

ESSEN IN DEN SCHÄREN

Fiskboa
Auf Vrångö, es eines der besten Fischrestaurants im Süden. **€€**

Franses
Rockiger Pub auf Hönö mit leckerem Essen, Livemusik und hippem Lagerhausdesign. **€**

Brännö Värdshus
Auf Brännö bietet dieses kleine Restaurant und Café exzellente Fischgerichte und im Sommer Livemusik. **€€**

DAS BESTE SEAFOOD IN BOHUSLÄN

Magasinet Härön
Auf Tjörn, es ist eines der besten Fischrestaurants in West-Schweden. €€€

Brygghuset
Frischester Fisch, Meeresfrüchtesuppe und Heringsbüfett im Spitzenrestaurant von Lysekil. €€€

Vatten
Legendäre Fischgerichte im Feinschmecker-Restaurant und Café. €€

Pråmen
Alles, was schwimmt, krabbelt oder an Meeresfelsen klebt, steht hier auf der Karte. €€

Hallo Bar
In Smögen, große Portionen und Garnelen-Sandwiches. €

Paddeln auf dem Dalsland-Kanal

INGENIEURSKUNST & PADDELPARADIES

Der **Dalsland-Kanal** durchquert die östliche Hälfte von Dalsland und verbindet zahlreiche schmale Seen zwischen dem Vänern und Stora Le. Im Sommer ist dies ein 250 km langer Wasserspielplatz für Paddler.

Auf dem Dalsland paddelt man in herrlicher Einsamkeit. An mindestens zehn Stellen am Kanal kann man Kajaks und Kanus ausleihen. Zentrale Anlaufstelle ist das Bootshaus in Bengtsfors mit massenhaft Übernachtungsmöglichkeiten.

Wer davon träumt, Bootskapitän sein, leiht sich ein Nimbus 2600 von Dalslands Kanal AB (nur wochenweise) und tuckert durch ländliche Stille. Doch lieber Passagier? M/S *Storholmen* und M/S *Dalslandia* bieten kurze Touren von Håverud.

Das **Kanalmuséet** von Håverud führt in die Geschichte des 1868 fertiggestellten Dalsland-Kanals ein.

Rund um das reizende Lysekil

BEZAUBERNDER FERIENORT IM FJORD

Die Küstenstadt **Lysekil** hat ein paar Architekturjuwelen aus ihre Ära als Badeort erhalten, wie einige Badehütten und bunte Holzhäuser. Beliebter Anziehungspunkt heute ist Havets hus, ein erstklassiges Aquarium mit Wassertieren aus dem Gullmarn, Schwedens einzigem Fjord. Wer die Tierwelt lieber in ihrer natürlichen Umgebung erlebt, kauft ein Ticket für eine Robbensafari.

Auf der anderen Seite des Fjords liegt **Fiskebäckskil**, ein märchenhaftes Dorf mit Kopfsteinpflasterstraßen und Holzhütten. Stündliche Fähre aus Lysekil.

Wandern rund um Varberg

SCHWIMMEN UND FESTUNGSBESUCH

Vom Bahnhof in Varberg sind es nur fünf Minuten zum Freibad **Kallbadhuset**, einem Pfahlbau im maurischen Stil aus dem Jahr 1093. Nach einem erfrischenden Bad folgt die Sauna. Die FKK-Bereiche sind nach Geschlechtern getrennt.

Varbergs Attraktion, die **Festung**, steht auf einer Klippe in der Nähe. Den Ausstellungen der Festung über das Leben im Mittelalter und die impressionistischen Varberg-Künstler:innen aus dem 19. Jh. stielt **Bockstén Man** die Show, ein 35-jähriger Mann, der im 14. Jh. ermordet wurde und 600 Jahre später, 1936, im Moor gefunden wurde. Unterhalb der Festung beginnt der FKK-Strand, der sich bis zur Strandpromenade erstreckt.

Apelviken, 2 km südlich von Varberg, ist Schwedens Hotspot für Wind- und Kitesurfer:innen. Das Surfcenter (apelviken.se) verleiht Boards und bietet von Ende Mai bis August Unterricht.

ÜBERNACHTEN AN DER KÜSTE BOHUSLÄNS

Stora Hotellet Bryggan
Wunderbares Boutiquehotel in Fjällbacka, das eine „Weltreise in 23 Zimmern" verspricht. €€€

Emma's Bed & Breakfast
Stattliches Haus aus dem Jahr 1734 mit hellen und hohen Zimmern. €€

Makrillvikens Vandrarhem
Typisches Hostel in einem alten Badehaus auf Smögen. €

JAZZAINDIGI/SHUTTERSTOCK ©

Felsritzungen, Aspeberget

Felsritzungen von Tanum

NACHRICHTEN AUS DER BRONZEZEIT

Die Menschen aus der Bronzezeit in Bohuslän waren eifrige Felsritzer. Die 3000 Jahre alten *hällristningar* (Felsritzungen) rund um **Tanumshede** gehören zum Unesco-Weltkulturerbe.

Im **Vitlycke Museum** wird die Herkunft der Felsbilder interaktiv erklärt, dazu gibt es mögliche Interpretationen.

Die meisten Ritzungen befinden sich in **Aspeberget**. Sie deuten darauf hin, dass das Leben in der Bronzezeit von zwei Dingen dominiert wurde: Booten und Gewalt. Letztere zeigt sich in Form von Männern mit großen Äxten. Richtung Küste, in **Litsleby**, herrschen die nautischen Themen vor: mit Booten hinter einem speerschwingenden Gott, wahrscheinlich Odin.

Bootsbau, Hering & Aquarellkunst

VERLOCKENDES INSEL-DUO

An der Küste von Bohuslän liegt die drittgrößte Insel Schwedens, **Orust**, mit dichten Wäldern, erfolgreichen Bootsbauern und hübschen Fischerdörfern. Im feinen Mollösund erstrecken sich eng stehende, pastellfarbene Häuser bis zum Hafen hinunter. Idyllische Wanderwege führen an der Küste entlang.

IM LEUCHTTURM ÜBERNACHTEN

Im Leuchtturm (*fyr* auf Schwedisch) zu übernachten gehört zu den typischen Abenteuern in Südschweden: eine tolle Gelegenheit, in die unberührte und einzigartige Natur am Rande der Zivilisation einzutauchen, ohne auf Komfort zu verzichten.

An der Küste von Bohuslän wurde 2020 **Pater Noster Hamneskär** eröffnet, sicherlich eines der entlegensten Designhotels der Welt. Es liegt auf der windumtosten, kahlen Insel, weit vor der Küste von Marstrand.

Eine andere Möglichkeit ist **Utpost Hållö**. Die hübschen rot-weißen Hütten verteilen sich rund um einen Leuchtturm auf groben Granitfelsen, nur 100 m vom Meer entfernt. Es gibt Zimmer für zwei bis vier Personen und im Sommer ein Café.

ESSEN IN VARBERG

Veganen
Nettes kleines, veganes Lokal mit Kunst an den Wänden und nahrhaften Gerichten. **€**

Stadshotell Restaurang
Stilvolles Restaurant mit Fensterfront, Mittagsmenü und abends à la carte. **€€**

John's Place
Eines der besten Steakhäuser in Westschweden, mit entsprechenden Preisen. **€€€**

Südlich von Orust liegt die Insel **Tjörn**, Anziehungspunkt für Künstler:innen und Segelfans. Erstere erfreuen sich an den tollen Landschaften und dem Nordiska Akvarellmuseet, einem erstklassigen Aquarellmuseum im Dorf Skärhamn. Letztere genießen die beliebte Tjörn-Runt-Regatta im August.

Auf der „Heringsinsel" **Klädesholmen** im Süden von Tjörn steht ein winziges Museum zum Lieblingsfisch der Schweden.

Willkommen in Trollywood!

HEIMAT DES SCHWEDISCHEN FILMS

Einige lokale und internationale Filme sind im Zentrum der schwedischen Filmindustrie entstanden, z. B. der Oscar-nominierte Film *Jalla! Jalla!* (2000) unter der Regie von Josef Fares sowie Lars von Triers Filme *Dancer in the Dark* (1999), *Dogville* (2002) und *Manderlay* (2005). Aufragende Lagerhäuser, neblige Kanäle, tosende Wasserkraftwerke und eine futuristische Seilbahn machen **Trollhättan** zur idealen Filmkulisse. Es gibt aber auch zwei großartige Museen: das kinderfreundliche **Innovatum Science Center** mit verrückten interaktiven Spielereien und das **Saab Bilmuseum** für Autoliebhaber:innen.

Strömstad & seine uralten Geheimnisse

KÜSTENSPASS UND HISTORISCHE RELIKTE

Strömstad mit seinen hübsch verzierten Holzhäusern hat viele Gesichter: Fischereihafen, Ferienort und Spa. Die meisten Tourist:innen kommen wegen der herrlichen Sandstrände bei Capri und Seläter und der Tagesausflüge zur Insel Koster. 6 km östlich der Stadt steht die romanische Steinkirche **Skee Kyrka** mit ihrem Hauptschiff aus dem 10. Jh. Daneben liegen Gräber aus der Eisenzeit und ein neolithisches Ganggrab (ca. 3000 v. Chr.). Eines der größten Steingräber aus der Zeit zwischen 400 bis 600 v. Chr. liegt nur 6 km nordöstlich von Strömstad.

Strände, Kunst & Hering

ABENTEUER AM MEER

Kostenlose Autofähren zu den nördlichen Inseln fahren vom Terminal Lilla Varholmen ab. **Björkö** ist leicht erreichbar. Es gibt ein paar nette Strände sowie viele unbewohnte Inseln, perfekt für Kajaktouren.

Die wichtigste Insel in den nördlichen Schären, **Öckerö** bietet Kajak- und Fahrradverleih, Restaurants und Unterkünfte. All das macht sie zu einer großartigen Basis für Erkundungstouren.

BERGMANS FJÄLLBACKA

Die schwedische Filmikone Ingrid Bergman hat ihre Sommerferien im kleinen Fjällbacka verbracht (der Dorfplatz wurde nach ihr benannt). Allerdings war es in den 1940er-Jahren im Sommer sicherlich nicht so voll hier. Abgesehen davon ist die kleine Stadt wirklich niedlich, mit bunt leuchtenden Häusern zwischen steilen Klippen und milder See.

Kurz hinter der Küste führen Holztreppen zur Spitze des Vetteberget, von wo man einen unvergesslichen Rundumblick über das Dorf, das Meer und die Schären hat und Wege zu Spaziergängen einladen.

Für einen Besuch in Fjällbacka hat man am besten ein Auto zur Verfügung.

UNTERWEGS VOR ORT

Västtrafik ist für den öffentlichen Nahverkehr in Bohuslän verantwortlich, auch für viele Fähren. Die meisten Busse fahren regelmäßig, am Wochenende und im Winter aber etwas seltener. Busse verbinden die meisten Städte im Südwesten miteinander. Nach Lidköping, Vänersborg und Trollhättan fahren Züge von Göteborg.

MALMÖ

Malmö ist die am schnellsten wachsende Stadt Schwedens und hat sich in den letzten zwanzig Jahren stark verändert. Die Gründung der Universität und der Bau der Öresundsbron mit der direkten Verbindung nach Kopenhagen haben neuen Schwung in die Stadt gebracht, nachdem die Schiffsindustrie in den 1980er-Jahren abgewickelt worden war. Heute ist Malmö Standort der Biotech-, IT- und Designbranche. Angezogen vom milden Wetter, der jungen und vielfältigen Bevölkerung, dem innovativen Geist und der Nähe zu Dänemark verlegen immer mehr Unternehmen ihre Hauptsitze hierher (auch IKEA).

Malmö hat sowohl im Zentrum als auch in den umliegenden Vierteln viel Interessantes zu bieten. Denn die Pflege des architektonischen Erbes ist hier ebenso wichtig wie eine soziale und nachhaltige Stadtplanung. In Malmö leben Menschen mit 179 Nationalitäten, die dazu beitragen, dass die Kultur- und Restaurantszene der Stadt zu den spannendsten in ganz Schweden zählen.

TOP TIPP

Ein kompaktes, flaches Zentrum mit guten Straßen, Fahrradwegen und Bürgersteigen erleichtern Stadterkundungen zu Fuß und mit dem Fahrrad. Die Leihräder von Malmö by Bike verteilen sich über die ganze Stadt.

SEHENSWERTES
1 Kungsparken
2 Malmö Konsthall
3 Malmö Museer
4 Malmö Saluhall
5 Moderna Museet Malmö
6 Slussplan
7 Viertel St. Gertrud
8 Thottska Huset
9 World Maritime University

ESSEN
10 Kollektivkrogen

IRYNA DYBA/SHUTTERSTOCK ©

Steg mit Ribersborgs Kallbadhus

Das historische Zentrum von Malmö

KOPFSTEINPFLASTERSTRASSEN & BAUDENKMÄLER

Die Malmöer nennen ihr autofreies Zentrum rund um drei historische Marktplätze – Stortorget (Großer Platz), Lilla Torget (Kleiner Platz) und Gustav Adofs Torg – **Gamla Staden** (Altstadt). Die hübschen Häuser und Kopfsteinpflasterstraßen dort sind beliebte Treffpunkte und Einkaufsmeile. Das Zentrum lässt sich perfekt zu Fuß erkunden.

Die Straßen sind von vielen Fachwerkhäusern gesäumt, dem vorherrschenden Baustil des Mittelalters. Das älteste Fachwerkhaus ist **Thottska Huset** (1558) an der Ecke Östergatan und Humlegatan. Weitere schöne Beispiele stehen im Viertel **St. Gertrud**, einem Hofkomplex in der Östergatan 7B. Die drei Herrenhäuser wurden in den 1960er-Jahren von der Stadt Malmö gekauft und renoviert und so vor der Zerstörung bewahrt.

Der hübsche **Lilla Torget** aus dem Jahr 1590 ist das Epizentrum der Malmöer Restaurant- und Barszene mit unzähligen Plätzen unter freiem Himmel in Bistros und Bars rund um den Platz und entlang der schmalen Straßen Richtung Kungsparken (Königspark).

MALMÖ FÜR KINDER

Wie die meisten schwedischen Städte ist auch Malmö sehr familienfreundlich. Über die ganze Stadt verteilen sich Apartmenthotels, viele Restaurants bieten Kindergerichte, und es gibt Aktivitäten für jedes Alter. Besonders beliebt sind das *slott* (Schloss) und das Aquarium im **Malmö Museer** sowie das **Seefahrt- und Technikmuseum** in der Nähe. Für beide gilt das gleiche Ticket. Wer im Freien bleiben möchte, geht im **Kungsparken** auf den Spielplatz (mit Eisenbahn) oder zu **Ribersborgs Kallbadhus**, einem beliebten Strand an einem Park. Am Anleger gibt es auch ein Freibad mit nach Geschlechtern getrennten FKK-Salzwasserpools. Kinder unter sieben zahlen keinen Eintritt.

ÜBERNACHTEN IN MALMÖ

Ohboy Hotel
Das minimalistische Hotel am Strand bietet Apartments für Selbstversorger:innen und kostenlose Fahrräder. **€€**

Clarion Hotel Malmö Live
Großartiger Ausblick von der Skybar und aus den Zimmern in den oberen Stockwerken. **€€**

Duxiana
In Gamla Staden hat das stilvolle Boutiquehotel ein schickes Bistro und superkomfortable Betten. **€€€**

„Hier sind wir zu Hause“

LECKERES ESSEN, UNGEWÖHNLICHES GESCHÄFTSMODELL

Die Besitzer:innen des **Kollektivkrogen** sind besonders stolz auf ihr ungewöhnliches Geschäftsmodell. Das Restaurant wurde als Kollektivbetrieb gegründet, finanziert von einer Gruppe aus 50 Einheimischen, die sich verpflichten, jeweils zwei Schichten im Monat im Restaurant zu arbeiten. Seit seiner Gründung 2022 ist das Restaurant ein großer Erfolg, auch dank Chefkoch Fredrik Madsen und Geschäftsführer Baltatzar Riesbeck, die ursprünglich aus der Industrie kommen. Die Eigentümer haben unterschiedliche berufliche Hintergründe, teilen aber die Liebe fürs Essen und den Traum, im Gastgewerbe zu arbeiten. Das Essen zählt zum Besten in der Stadt und die Weinkarte ist erstklassig.

Ehrfurcht gebietender Kunstraum

ZWEI KUNSTMUSEEN DER MODERNE

Malmö ist bekannt für seine Galerien und ihre moderne Spitzenkunst. Am eindrucksvollsten ist zweifellos das **Moderna Museet Malmö** (Kunstmuseum Malmö) in einem ehemaligen Kraftwerk in einem Jugendstilbau von 1901. Ein moderner Anbau umschließt eine originale Turbinenhalle. Seit seiner Eröffnung 2009 hat das Museum überragende Wechselausstellungen von schwedischen und internationalen Künstler:innen gezeigt.

Einheimische Talente bekommen ihre Chance in der **Malmö Konsthall**, einem speicherähnlichen Raum in der Nähe des Bahnhofs Triangeln.

Sand, See & Sauna

ENTSPANNUNG AM BELIEBTESTEN STRAND VON MALMÖ

Wenn die Sonne herauskommt, tun dies auch die Malmöer. Im Sommer zieht es sie meist an einen Ort: **Ribersborgs Stranden**. Der lange Strandabschnitt wird auch zum Surfen, Windsurfen und Kitesurfen genutzt.

Das denkmalgeschützte **Ribersborgs Kallbadhus**, ein Kaltbadehaus und seit 1898 eine Institution in Malmö, liegt am Ende eines Stegs. Das Badehaus ist ganzjährig geöffnet und hat zwei große Außen-Seebecken (eines für Männer, eines für Frauen), Saunas (eine gemischte, vier geschlechtergetrennte), holzbefeuerte Whirlpools, Masseur:innen und ein Café. In die Schwimmbecken und Saunas geht man nackt. Im Winter wagen sich Mutige vor der Sauna ins eisige Wasser und am ersten Montag im Monat ist Queer Kallis und beide Becken sind für alle Gender und Identitäten geöffnet.

LIEBLINGSPLÄTZE

Ola Rasmusson, Gründer des Restaurants Kollektivkrogen, empfiehlt seine Lieblingsplätze zum Essen, Trinken und Feiern.

Malmö hat eine große und vielfältige Restaurantszene mit zahlreichen leidenschaftlichen Köchen. Nach dem noma haben sich in der Umgebung unzählige interessante Restaurants angesiedelt, viele auch in Malmö. Im Vergleich zu Kopenhagen sind wir günstiger, viele kommen deshalb von Dänemark herüber.

Kafé Kungsgatan
Erstklassiges Eckcafé mit gutem Essen und Kaffee.

Care/of Cocktail Bar
Mein Stammlokal, hier gibt's die besten Cocktails von Malmö.

Grand Malmö
Toller Musikclub mit internationaler Küche, guten Drinks, Livemusik und DJs.

ESSEN IN MALMÖ

Malmö Saluhall
Markthalle neben dem Hauptbahnhof mit internationalen Imbissgerichten: Fischsuppe, Falafel, Pizza usw. **€**

Sture
Elegante, französische Brasserie von 1912, beliebtes Mittagslokal. **€€**

Västergatan
Feinschmeckerlokal mit wenigen Tischen. Das Festpreismenü mit vier Gängen ändert sich je nach Saison. **€€€**

Mittelalterliche Wurzeln, futuristische Architektur

MALMÖS MODERNE ARCHITEKTUR

Malmö ist eine Bühne unter freiem Himmel für einige der denkwürdigsten Bauwerke Schwedens. Das augenfälligste Gebäude der Stadt wurde vom spanischen Architekten Santiago Calatrava entworfen. Der **Turning Torso** (2005) ist ein verdrehter Wohnturm im Viertel Västra Hamnen (Westhafen) und wurde als frei stehende Skulptur geplant.

Ein anderes bemerkenswertes Gebäude sind der Aluminium-Glasbau der **World Maritime University** von 2015 am Kanal neben dem Hauptbahnhof. Die räumliche Erweiterung eines Hafengebäudes aus dem Jahr 1910 folgt einem Entwurf des dänischen Büros Terroir und Kim Utzon Arkitekter. Auch die 2014 eröffnete **Malmö Saluhall** (Markthalle) in der Nähe ist ein tolles Beispiel für eine Neunutzung nach einem Entwurf des örtlichen Büros Wingårdhs.

In Västra Hamnen hat das Malmöer Büro White Arkitekter 2013 mit **Slussplan** ein durchdachtes Beispiel regenerativer Architektur umgesetzt. Von 2018 stammt das flache **Marint Kunskapscenter i Malmö** (Meeresbildungszentrum) gegenüber von Riberborgs Strand, für das Nord Architects viel Anerkennung bekam.

Die 2020 fertiggestellte Öresundsbron überquert die Meerenge zwischen Dänemark und Schweden und ist Europas längste Auto- und Zugbrücke, natürlich auch die auffälligste.

DIE BESTEN CAFÉS

Lilla Kafferosteriet
In einem hübschen Haus aus dem 17. Jh. röstet dieses Café die Bohnen frisch; köstliche Zimtschnecken.

Solde Kafferosteri
Niedliche Kaffeebar in Davidshall, kundig geröstete Kaffeebohnen direkt vom Erzeuger.

Pâtisserie David
Französische Patisserie im historischen Viertel St. Gertrud mit leckeren Süßwaren.

Djäkne Coffee Bar
Kaffee aus einer Marzocco-Kaffeemaschine in einem Coworkingspace von IT-Start-ups, nur an Werktagen.

Kurztrip durch Malmös Vergangenheit

NATUR, TECHNIK & GESCHICHTE

Aufgeteilt auf zwei Orte deckt **Malmö Museer** – die führende Kulturinstitution der Stadt – alle Aspekte der Stadtgeschichte ab. **Slottsholmen** (Schlossinsel) zeigt Ausstellungen zur Stadtgeschichte. In dem Schloss aus dem 16. Jh. gibt es außerdem eine Waffenkammer und ein Naturkundemuseum mit Aquarium, altmodische naturhistorische Dioramen und Exponate zu Dinosauriern und der örtlichen Tierwelt.

Nicht weit nordwestlich von Slottsholmen steht das imposante **Seefahrt- & Technikmuseum**, das sich mit Land- und Seeverkehr, Technologie, Raumfahrt und Wissenschaft beschäftigt. Es gibt eine Vielzahl interaktiver, spielerischer Schaustücke für Kinder, wie ein begehbares U-Boot und Exponate zu Raumfahrt und Wissenschaft.

GESCHICKT ANGEPASSTE ARCHITEKTUR

Der kühnste Kunstraum der Stadt, **Moderna Museet Malmö** (S. 479) logiert in einem historischen Kraftwerk, das von den Architekten Tham & Videgård geschickt an seinen neuen Zweck angepasst wurde.

AUSGEHEN IN MALMÖ

Julie Vinbar
Entspannte Bar nahe Lilla Torg mit ausgesuchten Weinen und Käsesorten.

Noir Vin & Kaffekultur
Verlockende Veranda und Naturweine am Lilla Torg.

Pivo
Essen und Bier aus Tschechien in einer beliebten Kneipe in der Nähe des Stortorget.

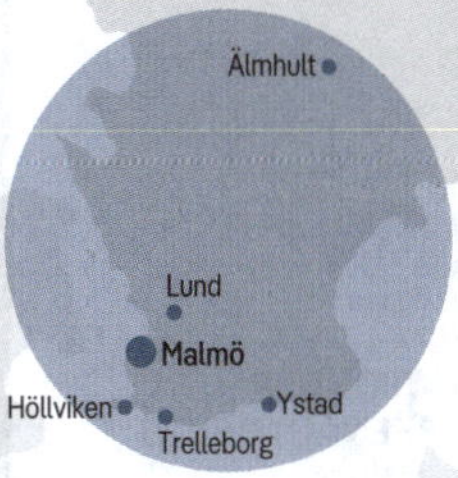

Rund um Malmö

Skåne ist der hübsche Landstrich im Südosten Schwedens mit makellosen Stränden, Biohöfen und Wikingerrelikten in Freilichtmuseen.

Die Ostseeküste entlang der Halbinsel Falsterbo, südlich von Malmö, ist im Sommer ein beliebtes Urlaubsziel für Schwed:innen und Dän:innen. Den Rest des Jahres geht es hier ruhig (man könnte auch sagen: verschlafen) zu. Die fruchtbaren Ebenen im Landesinneren zwischen Buchenwäldchen werden landwirtschaftlich genutzt. Viele der Höfe setzen auf Bioprodukte, die sie in Hofläden und Cafés verkaufen.

Wikingersiedlungen sind hier zwischen dem 9. und der Mitte des 11. Jhs. entstanden. Die Überreste einer solchen Siedlung werden in Trelleborg bewahrt. Im Fotevikens Museum, einem beliebten Ziel für Tourist:innen in Höllviken, wird das Leben zur Wikingerzeit kurzweilig nachgestellt.

TOP TIPP

Sommer ist die beste Zeit für Erkundungen: Museen sind geöffnet, leckeres Essen direkt vom Hof und lockende Strände.

Fotevikens Museum, Höllviken

DANITA DELIMONT/SHUTTERSTOCK ©

Trelleborgen

WIKINGER-REENACTMENTS

Die Bewohner:innen von Skåne sind stolz auf ihre Wikingerwurzeln. Viele engagieren sich, um das Erbe aufrechtzuerhalten. Sie legen authentische Kostüme an und stellen Wikingerkämpfe nach. Auch wenn abgestumpfte Waffen verwendet werden, handelt es sich um einen Vollkontaktsport, nichts für Weicheier also. Mitglieder von Gruppen wie dem Malmö's Skåne Lag trainieren jede Woche und nehmen mit großem Eifer und Wettkampfgeist an Festivals wie der Wikingerwoche im Fotevikens Museum teil. Sie lassen sich auch als Darsteller:innen für Fernsehsendungen und Filme engagieren, und machen aus ihrer Leidenschaft eine Einkommensquelle.

Wikinger für einen Tag

EIN REKONSTRUIERTES WIKINGERDORF

Historische Dokumente deuten darauf hin, dass es auf der Halbinsel Falsterbro ein wohlhabendes Fischerdorf gab, in dem einer der größten Sommermärkte Skandinaviens stattfand. Um das Erbe zu bewahren, hat die Scandinavian Viking Explorer Group in Höllviken, 25 km südlich von Malmö, ein Wikingerdorf nachgebaut. Das äußerst beliebte **Fotevikens Museum** wurde 1995 eröffnet und birgt Rekonstruktionen originaler Wikingerhütten des Dorfoberhaupts und des *jarl* (Häuptling) ebenso wie von Fischern und Handwerkern. Weitere Attraktionen sind ein mächtiges, todbringendes Katapult, ein mit Schildern behängter Saal (Thinghöll) und der Nachbau der 11 m langen *Eric Emune*, eines von vier Wikingerbooten, die in den 1980er-Jahren in der Bucht von Foteviken entdeckt wurden.

Die beste (und vollste, vorab buchen!) Zeit für einen Besuch ist die Woche nach Mittsommer zur Wikingerwoche, einem Spektakel mit Workshops, nachgestellten Kämpfen und Wikingerspielen, Tauziehen, Bogenschießen, Fisch- und Axtwerfen.

Die große Wanderung erleben

VOGELBEOBACHTUNG AUF DER HALBINSEL FALSTERBO

Durch den Südwesten Schwedens führt eine der wichtigsten Zugvogelrouten Nordeuropas. Tausende Vögel, auch Raubvögel, überfliegen während ihres Vogelzugs im Herbst jeden Tag die Halbinsel Falsterbo. In dieser Zeit bietet die **Falsterbofågelstation** (Vogelstation Falsterbo) 32 km südlich von Malmö am Wochenende kostenlose Führungen, die am Leuchtturm an der Spitze der Halbinsel starten.

ÜBERNACHTEN IN LUND

Winstrup Hostel
Günstigste Unterkunft der Stadt, ohne Rezeption, Schlafsäle und kleine Zimmer mit Gemeinschaftsbad. **€**

Hotell Nordic Lund
Best Western Hotel, Zimmer mit Küchenzeile. Suites und Familienzimmer für vier Personen. **€€**

Hotell Oscar
Gut ausgestattete Zimmer in einem historischen Haus. Frühstück gibt's in einer nahegelegenen Crêperie. **€€€**

Das **Naturschutzgebiet Måkläppen**, auf einem Ausläufer an der Spitze der Halbinsel gelegen, ist ein wichtiger Brut- und Rastplatz für Vögel und Zufluchtsort von Seerobben. Schwedens ältestes Naturschutzgebiet ist ein beliebtes Wanderziel (zugänglich von November bis Januar).

Aufregender archäologischer Fund

EINE TEILWEISE WIEDERAUFGEBAUTE WIKINGERFESTUNG

1988 haben Archäologen in der Küstenstadt Trelleborg eine aufregende Entdeckung gemacht, nur 30 Autominuten Richtung Süden von Malmö entfernt. Westlich des Stadtzentrums wurden die Überreste von **Trelleborgen** ausgegraben, einer gewaltigen Ringfestung aus dem 9. Jh. Im 11. Jh. wurde sie vermutlich verlassen und im 13. Jh. erneut besiedelt, ein Jahrhundert später dann zerstört und wiederaufgebaut. Ein Teil der Festungspalisaden und ein Holztor wurden vor Ort rekonstruiert, ebenso wie ein mittelalterliches Haus, dessen Überreste während der Ausgrabungen zutage kamen. Vor der Festung wurden ein Wikingerhof und ein kleines Museum errichtet (April bis Oktober), in dem Funde der Ausgrabungen ausgestellt sind.

So lebte man früher in Skåne

FREILICHTMUSEUM ZUR GESCHICHTE VON SKÅNE

Das große, kinderfreundliche Freilichtmuseum **Kulturen** in Lund von 1892 erstreckt sich über zwei Häuserblöcke. Die rund 30 Gebäude umfassen alles mögliche, vom winzigen Birkenrindenhobel über eine Schmiede bis zum Herrenhaus aus dem 17. Jh., in denen Wechselausstellungen stattfinden. Die Dauerausstellung zeigt Lund im Mittelalter, altes Spielzeug, Keramik, Silber und Glas (und viel mehr). Ein Lehrpfad vermittelt, wie Menschen der Region in früheren Zeiten lebten. Das Freilichtcafé wird von Runensteinen gesäumt.

Poesie in Stein

SCHWEDENS PRÄCHTIGSTE ROMANISCHE KATHEDRALE

Die zwei Türme der spektakulären romanischen **Domkyrka** (Kathedrale) aus dem 12. Jh. prägt die zweitälteste Stadt Schwedens, Lund. Das Hauptschiff im Inneren führt zur Apsis, die von einem Mosaik des dänischen Künstlers Joakim Skovgaard aus den 1920er-Jahren geschmückt wird. Das Altargemälde aus dem 14. Jh. zeigt die Krönung Marias in Gegenwart von Jesus und 40 Heiligen, sieben davon Frauen, während Bilder von realen und mythischen Tieren den geschnitzten Eichenchor zieren.

DIE BESTEN LOKALE ZUM ESSEN & TRINKEN IN LUND

Mat & Destillat
Neben der Kathedrale, Restaurant und Cocktailbar, in der die Einheimischen Feste feiern. **€€€**

Klostergatans
Beliebte französische Brasserie mit günstigem Mittagstisch. **€€**

Lenoteket
Die noble Weinbar schenkt Qualitätsweine aus zu Käse, Wurst und Pasta. **€€**

Broder Jakobs Stenugnsbageri
Enorm beliebte Bäckerei mit leckerem Brot und Gebäck im Angebot. **€**

Love Coffee
Bester Kaffe der Stadt von fachkundigen Baristas aus selbst gerösteten Bohnen. **€**

ÜBERNACHTEN IN YSTAD

Villa Strandvägen
Boutiquehotel in einer Gartenvilla am Strand, mit gehobenem Restaurant. **€€€**

Hotell Continental du Sud
Geschichtsträchtige Umgebung, angenehme Zimmer und Restaurant mit exzellentem Frühstücksbüffet. **€€**

Hotell Bäckagården
Zentrale Lage, gemütliche Atmosphäre und eine Terrasse auf der Rückseite. **€€**

Um 15 Uhr (sonntags 13 und 15 Uhr) stimmt die astronomische Uhr aus dem 15. Jh. das traditionelle Weihnachtslied „In dulci jubilo" an und die mechanischen Trompeter setzen sich in Bewegung. In der Krypta steht Finn, der legendäre Riese, der geholfen hat, die Kathedrale zu bauen, sowie ein Brunnen aus dem 16. Jh.

Die IKEA-Geschichte

IKEA & SEINEN GRÜNDER FEIERN

Auch wenn sein Unternehmen so global und omnipräsent ist wie Amazon, hat sich Ingvar Kamprad (1926–2018), der Gründer IKEAS, zurückgehalten. 2016 machte Kamprad eine Ausnahme und eröffnete das **IKEA Museum** in Älmhult, 139 km nördlich von Malmö und direkt mit dem Zug erreichbar. Das Museum preist das Leben und Werk von Kamprad, der auf einem Bauernhof außerhalb Älmhults aufgewachsen ist. 1943 gründete er sein Megaunternehmen, 1953 folgte der erste Verkaufsraum in der Stadt. Fünf Jahre später entstand ein neuer, größerer mit neuem Design. 1963 eröffnete eine Filiale in Norwegen, der erste Schritt in Richtung einer weltweiten Expansion.

Ein interaktiver Monitor erklärt die Unternehmensphilosophie des „Demokratischen Designs" (Form, Funktion, Qualität, Nachhaltigkeit und Bezahlbarkeit) und der faszinierende Raum „Ikea im Wandel der Zeit" führt die Besucher:innen durch die Unternehmensgeschichte, von den 1940er-Jahren bis heute.

Geister vergangener Ritter

SPUK IN EINER MITTELALTERLICHEN FESTUNG

Es nennt sich Schloss, aber das mittelalterliche Bollwerk **Glimmingehus** (geöffnet von April bis Oktober), 87 km östlich von Malmö, ist eigentlich ein befestigtes Herrenhaus. Das Gebäude aus dem frühen 16. Jh. ist einen Besuch wert, mit Wall, Graben, Zugbrücke und dem Ruf, mehrere Geister zu beherbergen.

Das kirchliche Erbe Ystads

EINDRUCKSVOLLE JAHRHUNDERTEALTE KIRCHE

Die älteste Backsteinkirche Skånes in dem hübschen Marktstädtchen Ystad, 58 km südöstlich von Malmö, die **Sankta Maria Kyrka** aus dem 13. Jh., hat sich über die Jahrhunderte von einem romanischen in einen gotischen Bau verwandelt, als Ende des 17. Jhs. ein Barockturm ergänzt wurde. Zu den Glanzstücken im Inneren gehören eine raffinierte Orgel, ein verzierter Barockaltar des Bildhauers Johan Jerling und ein Gemälde des Künstlers Carl Mört, das Jesus, die zwölf Apostel und Mört selbst zeigt. Vom Turm der Kirche lässt der Nachtwächter sein

DIE SCHÖNSTEN AKTIVITÄTEN IM NORDWESTEN VON SKÅNE

Der Kattegattleden
Malerischer Küstenradweg über 390 km von Helsingborg bis Göteborg.

Söderåsen-Nationalpark
Wanderung zum Aussichtspunkt Kopparhatten durch Buchenwälder und Talsohlen sowie um den See Odensjön.

Lomma Strand
Das seichte Wasser am Strand westlich von Lund ist perfekt für kleine Kinder.

Halbinsel Kulla
Verschlafene Dörfer und Schwedens berühmteste Töpferei, Fabriksbutik Höganås Saltglaserat, an der Nordwestküste von Skåne.

Helsingborg
Strandleben und Essen im betriebsamen Restaurant an der Küste in historischer Umgebung.

ESSEN IN YSTAD

Villa Strandvägen
Ystads nobelstes Lokal serviert ein leckeres Vier-Gänge-Menü. **€€€**

Store Thor
Die Kulisse eines Kellergewölbes aus dem 16. Jh. entschädigt für die etwas farblose Karte. **€€**

Gusto
Belebtes, familienfreundliches Restaurant mit Ystads bester Pizza. **€**

DANITA DELIMONT/SHUTTERSTOCK ©

Ales Stenar (Die Steine von Ale)

Horn ertönen – eine Tradition seit 1250, auch wenn nicht mehr vor Feuern oder Schmuggelschiffen gewarnt wird.

Rätsel der Eisenzeit

ÜBER EIN MEGALITHISCHES MONUMENT STAUNEN

Die außergewöhnliche megalithische Anordnung der rätselhaften **Ales Stenar** (Steine von Ale; durchgehend geöffnet) zählt zu den wichtigsten Attraktionen in Skåne. Archäolog:innen sind noch immer uneins darüber, was die stehenden Steine in Form eines Boots bedeuten. Einige mutmaßen, dass sie ein Ehrenmal oder eine Begräbnisstätte markieren. Es gibt allerdings kein Grab. Aufgrund der zentralen Linie, die auf die Stelle am Horizont zeigt, wo der Sonnenuntergang zu Mittsommer und der Sonnenaufgang zur Wintersonnenwende stattfindet, glauben andere, dass die Steine eine riesige Sonnenuhr darstellen.

Die meisten Expert:innen stimmen in der Auffassung überein, dass die 59 riesigen Steine bei Kåseberga, 77 km südöstlich von Malmö, irgendwann zwischen 500 und 1050 v. Chr. errichtet wurden. Es handelt sich um die größte und am besten erhaltene Schiffssetzung in Schweden; diese Schiffsformen wurden von den Wikingern häufig als Kultstätte genutzt.

AUF DEN SPUREN EINES SCHWEDISCHEN KOMMISSARS

Ystads Ruhm beruht auf dem Wirken von Kommissar Wallander, der Hauptfigur einer erfolgreichen Krimiserie des Autors Henning Mankell (1948–2015). Der schweigsame Polizist mit verheerendem Privatleben untersucht schwere Verbrechen rund um die Stadt. Viele Szenen der Filme und Fernsehserie wurden direkt in Ystad gedreht. Häufige Kulissen waren das Restaurant im Hotel Continental und Fridolf's Konditori (Konditorei) in Lingsgatan. Szenen in Innenräumen wurden in den Ystad Studios (www.ystad.se/cineteket) aufgenommen. Bei Führungen sind Kostüme, Skripte, Storyboards und Sets sowie Wallanders Wohnzimmer zu sehen. Unbedingt vorab buchen.

UNTERWEGS VOR ORT

Es gibt ausgezeichnete Zug- und Busverbindungen zwischen Malmö und den wichtigsten Zielen im Süden und darüber hinaus sowie nach Stockholm und Kopenhagen.

Vom Hauptbahnhof in Malmö fährt man mit dem Zug zwölf Minuten nach Lund, dessen Zentrum extrem kompakt und flach ist, ebenso wie zur Altstadt von Ystad. Gute Zugverbindungen von Ystad nach Malmö und Lund.

Falsterbo, Höllviken und Trelleborg sind leicht mit dem Auto oder Bus über die E6 erreichbar.

VISBY

Die umwerfende, von Mauern eingefasste Stadt Visby war vom 12. bis zum 14. Jh. Mittelpunkt der Hanse, eines Handels- und Verteidigungsbündnisses im Ostseeraum. Heute ist sie die am besten erhaltene mittelalterliche Stadt in Skandinavien und Schwedens fotogenste Stadt. Die verworrenen Kopfsteinpflastergassen, pastellfarbenen Hütten und bunten Wildblumen ziehen alle in den Bann und scheinen wie aus einem alten, zerlesenen Geschichtenbuch. Die wunderbaren gotischen und romanischen Kirchenruinen und der außerordentlich gut erhaltene Schutzwall aus dem 12. Jh. sind ein lebendiges Mittelaltermuseum mit der Ostsee im Hintergrund.

Im Sommer wird Visby von Feriengästen überschwemmt, vor allem in der Mittelalterwoche, wenn sie als Ritter, Königinnen, Bauern und Dirnen verkleidet durch die Stadt ziehen. Oder in der Stockholm-Woche, wenn die ganze Hauptstadt einfällt. Am schönsten ist Visby in ruhigeren Zeiten, wenn die bezaubernde Schönheit und der historische Charme ohne Ablenkung genossen werden können.

TOP TIPP

Die beste Sicht auf die **Sankta Maria Domkyrka** aus dem 12. Jh. hat man von hinten – nach all den Stufen den Hügel hinauf bieten sich schöne Blicke auf die Kathedrale und über die Altstadt. Die Stadt ist kompakt und gut zu Fuß zu erkunden.

SEHENSWERTES

1 Murfallet
2 Norderport
3 Österport
4 Söderport

ESSEN

5 Bakfickan

Stadtmauer

ASIATRAVEL/SHUTTERSTOCK ©

Die mächtige Mauer von Visby

EIN MONUMENTALER MITTELALTERSCHATZ

Die erstaunlich intakte Stadtmauer von Visby ist eine der eindrucksvollsten mittelalterlichen Festungsanlagen in Europa. Sie wurde zwischen 1150 und 1200 erbaut und ist etwa 3,4 km lang und 11 m hoch. Sie umschließt fast die ganze Stadt. Ein gemächlicher 90-minütiger Bummel entgegen dem Uhrzeiger um die Ringmauer gewährt die beste Sicht auf ihre 27 Wehrtürme, neun Henkertürme und drei Stadttore. Zu den Höhepunkten zählen die besonders **spektakulären Wälle im Nordwesten** mit Blick auf die Ostsee, die **Murfallet** (eingestürzte Mauer), die erkennen lässt, wie die Mauer gebaut wurde, der gut erhaltene östliche Abschnitt zwischen **Norderport** (Nordtor) und **Österport** (Osttor) sowie eine Besonderheit neben dem **Söderport** (Südtor): das Haus aus dem 13. Jh., das schon vor dem Bau der Mauer existierte, wurde einfach miteingebaut.

Gotland & die Gastronomie

ZUTATEN DIREKT VOM BAUERNHOF, INSELDELIKATESSEN

Die Chefköche von Gotland räumen jedes Jahr die Preise beim Wettbewerb „Koch des Jahres“ ab. Auch das beste Biorestaurant der EU 2022 steht auf der Insel.

Verpassen sollte man auf keinen Fall das Festmahl im **Lilla Bjers** auf einem Bauernhof 7 km südwestlich on Visby. Ein Team aus vier Köchen, darunter das 19-jährige, preisgekrönte Wunderkind Adam Österdahl, zaubern gemeinsam verblüffende Biospeisen. Südlich von Visby nahe Tofta Strand leiten der Göteborger Linus Ström und die Gotländerin My Wrethagen die kontinental beeinflusste schwedische Küche im **Hotel Stelor**, die ihre Zutaten zu 100 % von örtlichen Bauern bezieht – für Gerichte wie langsam gegarter Kohl mit Artischocken-Chips. Selbst die Pasta wird auf der Insel aus Emmer, einem alten Getreide, und *vårspelt* (Dinkelspelz) hergestellt. Das geschäftige Fischrestaurant **Bakfickan** ist das kulinarische Herzstück am **Stora Torgot**, wo Koch Gustaf Kristiansson Wunderbares aus eingelegtem Hering und frisch gefangenem Fisch zaubert.

DIE BESTEN RESTAURANTS IN VISBY

Jessens Saluhall & Baris
Fabelhaftes Feinschmeckerlokal dreier Brüder. Die beliebte Fischsuppe steht standardmäßig auf der täglich wechselnden Mittagskarte. Fleisch und Fisch von der Insel €

Backyard
Ein tschechisch-schwedisches Ehepaar bietet internationale Tapas bei Kerzenlicht. Gute Craftbier-Auswahl. €€

Surfers
Szechuan-Fingerfood zum Teilen, von Rippchen mit Fünf-Gewürze-Pulver bis Shanghai-Nudeln. €€

Lindgården
Traditionalisten schätzen das Essen, das dem saisonalen Angebot der Insel folgt. Erstklassige Weinkarte. €€€

ÜBERNACHTEN IN VISBY

Fängelse Vandrarhem
Die Zimmer in dem ganzjährig geöffneten Hostel waren früher Gefängniszellen. Unweit von Fähre und Hafenrestaurants. €

Hotel Stenugnen
In das alte Kohlelager ist ein schickes, ganz in Weiß gehaltenes Boutiquehotel eingezogen. €€

Clarion Hotel Wisby
212 Zimmer, mittelalterliche Gewölbedecken, glänzende Tischleuchter und moderne Einrichtung. €€€

SPAZIERGANG DURCH DIE ALTSTADT VON VISBY

Die 12 mittelalterlichen Kirchenruinen in den hübschen Gassen machen die Altstadt von Visby zu einem Freilicht-Museum. Dieser einstündige Spaziergang (2,2 km) führt einmal quer durch die Altstadt.

Starte am **1 Parkhusplan**, wo ein hübscher Springbrunnen für die Göttin des Reichtums von 1899 den Ort markiert, an dem früher ein Speicher und das Rathaus standen. Durch Lilla Strandporten, an der Außenseite der Mauer entlang nach Norden und durch Lilla Fiskarporten zurück in die Altstadt geht's in den Botaniska Trädgården (Botanischer Garten), wo die unheimlich von Efeu verschluckte Ruine von **2 St. Olofs** (1102 gegründet) steht. Nach 400 m Richtung Norden folgt die ehemals prachtvolle Kirche **3 St. Nicolai**, die 1230 von Dominikanermönchen gegründet wurde.

Richtung Süden entlang der Norra Kyrkogatan gelangst du zur (gut erhaltenen) **4 St. Maria Domkyrka** – der einzigen mittelalterlichen Kirche, in der noch Gottesdienste stattfinden. Die ehrwürdige Kirche bildet einen starken Kontrast zu den Ruinen der Nachbarschaft. Sie wurde Ende des 12./Anfang des 13. Jhs. errichtet und über die Jahre stark ausgebaut, mit seltsamen Türmen und Barockkuppeln, Buntglasfenstern, gemeißelten Bodenplatten und einem verzierten Altaraufsatz.

Nur 200 m westlich stehen die Ruinen der Kirchen **5 St. Drotten** und **6 St. Lars**. Erstere wurde im Westfälischen Stil erbaut, Letztere mutet russisch-orthodox an. In der Nähe am farbenfrohen Stora Torgot steht in aller Pracht, aber ohne Dach die wohl umwerfendste mittelalterliche Kirche von Visby, die gotische **7 St. Karin**. Bis 2019 haben sich Kinder im Winter zum Schlittschuhlaufen auf der künstlichen Eisbahn hinter den Mauern getroffen.

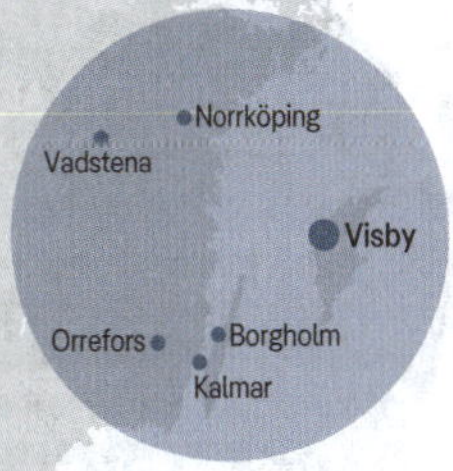

Rund um Visby

Einige der unberührtesten Strände Schwedens sowie kultivierte Städte auf dem Festland und (neben Gotland) eine weitere windumtoste Insel liegen nicht weit von Visby entfernt.

Zwischen Visby und dem Norden Gotlands erstreckt sich malerisches Ackerland bis hinauf nach Fårö, einer kleinen Insel direkt neben Gotland, zu der eine kostenlose Fähre übersetzt. Auch Fårö ist mit den schönen Stränden und hübschen Fischerdörfern ruhig und gelassen. Von Gotland fahren Fähren über die Ostsee zur kulturell vielseitigen Insel Öland und zum Festland im Südwesten Schwedens, wo die Mittelalter- und Renaissanceschlösser in Vadstena und Kalmar, die duftenden Wälder, die Industriestadt Norrköping, das Glasbläserdorf Glasriket und das moderne Ingenieurwunder des Göta-Kanals, der die Ostsee mit der Nordsee verbindet, die tiefe Verwurzelung in skandinavischer Geschichte zeigen.

TOP TIPP

Im Sommer gibt es gute Fährverbindungen und die Natur auf Gotland und Öland erscheint in voller Pracht.

Radfahren am Göta-Kanal

MEHR MITTELALTER

Von Vadstena aus quer durch Småland liegt **Visby** (S. 486), die anmutige Hauptstadt der Insel Gotland und die am besten erhaltene mittelalterliche Stadt Skandinaviens mit Festungsmauer, Kopfsteinpflastergassen und stimmungsvoller Altstadt.

Sonnenuntergang, Langhammarshammaren

VERHEXTE FELSEN

Die 80-minütige Bootsfahrt mit der M/S *Solkust* von Oskarsham über die Ostsee, rund 75 km nördlich von Kalmar, steuert den **Blå-Jungfrun-Nationalpark (Blaue Jungfrau)** an, eine 1 km lange Granitinsel. Nach altem Volksglauben treffen sich hier am Gründonnerstag Hexen zum Hexensabbat. Kaum vorstellbar, wenn man die fantastische Landschaft, die knorrigen Bäume, die Vogelwelt und das blaue Meer betrachtet. Glaubwürdiger wird es beim Besuch des etwas unheimlichen Steinlabyrinths **Trojeborg**. *Rauf auf die Besen, Ladies!*

Der Sonne nach im Norden Gotlands

SCHÖNE STRÄNDE, SONDERBARE FELSEN

Einige der lauschigsten Buchten mit weißen Sandstränden liegen auf der Insel **Fårö**. Eine kostenlose Autofähre setzt alle 30 Minuten von Fårösund über. Im Nordosten der Insel liegt der 3 km lange **Sudersand**, einer der fünf besten Strände Schwedens, mit exzellenten Campingplätzen, Restaurants und SUP-Verleih. Der abgelegene Strand **Norsta Aurer** befindet sich 7 km östlich; vom Parkplatz am Leuchtturm von Fårö (1847) geht's 600 m entlang der Küste nach Norden. Am **Ekeviken Badplats**, 5 km westlich von Norsta Aurer, erstreckt sich ein weißer Sandstrand in der Nähe des Fischerdorfs Ekeviken.

Auf Fårö stehen mächtige *raukar* (Kalksteinsäulen), besonders eindrucksvoll sind sie am **Langhammarshammaren**, 30 Minuten Autofahrt von Ekeviken entfernt.

Borgholm besuchen

SCHLOSSRUINEN & KÖNIGLICHE PALÄSTE

Auf der Insel **Öland** strahlt das schillernde **Borgholm** nordische Anziehungskraft aus. Die spektakuläre Schlossruine **Borgholm Slott** stammt aus dem Jahr 1281 und ist äußerst gut erhalten. **Schloss Solliden**, 850 m südwestlich

ESSEN AUF ÖLAND

Kaffestugan
Besonders beliebte Bäckerei in der Hauptstraße von Böda; selbst gerösteter Fair-trade-Kaffee, Süßes und Brot. **€**

Kalk
Ausgefallene, irrsinnig dicke Burger locken scharenweise Leute in das ehemalige Kraftwerk in Löttorp. **€€€**

Trädgårdsgatan 26
Jonas Åhmans raffinierte neue nordische Küche lockt Feinschmecker in das niedliche gelbe Haus in Borgholm. **€€€**

von Borgholms, ist noch immer Sommerresidenz der königlichen Familie.

Nimm dir Zeit für ein gutes Essen: in **Norrings Creperie** mit großartigen Galettes Bretonnes (Buchweizencrêpes), gefüllt mit lokalen Zutaten, oder im **Borgholm Hotel**, für das der neue Küchenchef Christofer Johansson einen Michelin-Stern zurückerobert hat.

Schlösser & ein Schiffswrack in Kalmar

MÄRCHENSCHLÖSSER & SCHÄTZE AUS DEM SCHIFFSWRACK

40 Minuten dauert die Autofahrt auf der 6 km langen Öland-Brücke über den Kalmarsund nach **Kalmar**. Die opulenten Innenräume des prächtigen **Kalmar Slott** aus dem 12. Jh. können besichtigt werden.

Das tägliche Mittagsgericht für 139 Kr im **Slipkajen** auf der Insel **Varvsholmen** ist viel zu gut für seinen Preis.

Die sehr gut erhaltenen Funde aus der gesunkenen *Kronan* (17. Jh.) werden im **Kalmar Läns Museum** am Hafen ausgestellt. Aus dem Wrack wurden mehr als 30 000 Gegenstände gehoben, auch ein spektakulärer Goldschatz.

Ein Königreich für Glas

HOHE HANDWERKSKUNST, HISTORISCHE GLASHÜTTEN

Um Nybro, 35 Autominuten westlich von Öland, erstreckt sich zwischen den Straßen 25, 28 and 31 das schwedische **Glasriket** (Glasreich) mit Glasbläsereien und -workshops.

In der **Orranäs Glasbruk** im Dorf Orrefors kann man Glasbläsern über die Schulter schauen. Die **Glashütte Kosta** ist sehr touristisch, aber die Galerie, die Vorführungen und das fantastische Kosta Boda Art Hotel lohnen den Aufenthalt.

Die **Glass Factory** beherbergt Skandinaviens größte Glaskunst-Sammlung (über 40 000 Stücke) sowie ein erstaunliches Lager historischer Gläser von berühmten Künstler:innen.

Vadstena im Wandel der Zeiten

RENAISSANCESCHLOSS & MITTELALTERLICHES KLOSTER

Wunderschön am See Vättern liegt das hübsche **Vadstena**, ein Vermächtnis kirchlicher und staatlicher Macht. 1545 befahl Gustav Wasa den Bau von **Vadstena Slott**. Der Frührenaissancebau hat interessante von Palladio inspirierte Räume und einen beeindruckenden Burggraben.

Nach der Weihe der **Vadstena Klosterkyrka** 1430 wurde Vadstena zu einem der wichtigsten Pilgerorte Schwedens. Das aufregende Leben der bedeutendsten Heiligen Schwedens wird im **Sancta Birgitta Klostermuseet** nacherzählt.

SCHÖN SHOPPEN IM GLASREICH

Glashütte Kosta
Im Laden Kosta Boda gibt's bunte und kunstvolle Stücke für die eigene Bar.

Carlos R Pebaqué
Der in Uruguay geborene Künstler nutzt eine selbst entwickelte Technik für Bilder im Glas. Seine Galerie liegt 6 km nordwestlich von Orrefors in Gullaskruv.

Måleras
8 km nordwestlich von Orrefors in Måleras; Atelier des bekannten Glasbläsers Mats Jonasson und drei weiterer Künstler:innen

Orranäs Glasbruk
Orranäs Glasbruk im Orrefors Park verkauft Arbeiten aus der Werkstatt nebenan.

SCHLAFEN & ESSEN IN VADSTENA

Käket
Perfekt geschmorte, saisonale Gourmet-Burger (und Pommes!) mit Rindfleisch aus Valdemarsvik. €

Bakraket
Vadstenas beliebtestes Restaurant; gehobenes Bistro mit skandinavischen Speisen der Saison. €€

Starby Hotel
60 Zimmer im plüschigen Retro-Stil in einem Gehöft mit Schieferdach von 1914 ; Top-Restaurant. €€€

DIE BESTEN BARS & RESTAURANTS IN NORRKÖPING

Ölstugan Tullen
Sicher, eine Göteborger Kette, aber zu 100 % schwedischen Qualitätsbieren verschrieben.

Urbane Goat
Nordische und euroasiatische Snacks; mittags vor allem Bowls. Sehr beliebt – reservieren! €€

Enoteket
Stilvoller Raum für Fans authentischer Pizza, hochgelobte Kalbsbäckchen mit Trüffel-*salsiccia* (italienische Wurst) und eine ausgesuchte Weinkarte €€

Lagerqvist
Beliebtes Restaurant und Pub mit einem tollen Sommergarten im Hof und einem lauschigen Gewölbekeller. Gut zubereitetes Rind und Meeresfrüchte. €€€

Götas Glanzlichter

INGENIEURSKUNST & SPASS AM KANAL

Der 1832 eingeweihte **Göta-Kanal** gehört zu den schönsten Wunderwerken des Landes. Er lässt sich mit dem Schiff (diverse Anbieter bieten mehrtägige Touren zwischen Stockholm und Göteborg sowie kürzere Ausflüge an), mit dem Fahrrad entlang dem 90 km langen autofreien Treidelpfad, mit dem Auto oder zu Fuß erkunden.

Motala, 16 km nördlich von Vadstena, spielte beim Bau des Kanals eine wichtige Rolle. Die Insel Verkstadsön ist beim Kanalbau entstanden. In den ehemaligen Werkstatthallen ist heute ein Industriemuseum. Die Ausstellung zum Göta-Kanal nebenan zeichnet die Geschichte der Wasserstraße durch Schweden nach.

Im hübschen Ort **Borensberg**, 18 km östlich von Motala, steht eine der beiden handbetriebenen Schleusen des Kanals.

Bergs Slussar (die Schleusen in Berg), 11 km nördlich von Linköping, gehören zu den schönsten des Kanals. Die spektakuläre Schleusentreppe mit sieben aufeinanderfolgenden Schleusen zwischen dem See Roxen und Bergs Gasthafen hilft Booten, den Höhenunterschied von 18,8 m zu überwinden.

Am Hafen von **Söderköping**, 49 km östlich von Linköping, wird der Durst im Lock Hop and Barrel gestillt, einer kleinen Brauerei mit Restaurant samt Kanalblick in einem Lagerhaus. Der Aussichtspunkt auf Ramunderberget bietet einen spektakulären Ausblick über die Schleuse.

Norrköpings postindustrielle Szene

INDUSTRIEDESIGN, ANGESAGTE BARS & RESTAURANTS

Norrköping ist das Nirwana für Liebhaber:innen von Industriedesign und -kunst. Die vor langer Zeit stillgelegten Fabriken und Kanäle wurden durch kulturelle Orte, Bars und Restaurants sowie Tech- und Universitätszentren wiederbelebt.

Stadtgeschichte gibt's im **Arbetets Museum** und im **Norrköpings Stadsmuseum**, Letzteres wird „Plätteisen" genannt und ist selbst ein Kunstwerk. Wandere im **Kvarteret Knäppingsborg** durch Straßen mit modernisierten Lagerhäusern und Fabrikgebäuden, modernes schwedisches Mittagessen gibt's im **Kvarterskrogen Asken** und Espresso in der **OAS Roastery**, einer Filiale einer exzellenten Kette aus Kalma. Fußgängerwege und Brücken führen labyrinthisch durch ein raffiniertes Netz aus Schleusen, Dämmen und Wasserfällen mitten in der Stadt. Abends trifft man sich auf regionales Bier und Essen im **Knäppingen – Spiseri & Bryggeri**.

UNTERWEGS VOR ORT

Autofähren verbinden Gotland mit Nynäshamn und Oskarshamn auf dem Festland. Das öffentliche Verkehrsnetz auf der Insel lässt zu wünschen übrig. Im Sommer ist man am besten mit dem Fahrrad unterwegs; die meisten Tourist:innen bevorzugen trotzdem das Auto. Kalmar, Vadstena, Borgholm und Norrköping können leicht zu Fuße erkundet werden, während im Glasreich und auf der Insel Öland ein eigenes Auto nötig ist.

ÖSTERSUND

Östersund ist vor allem für sein selten erblicktes Pendant zum Ungeheuer von Loch Ness bekannt. Die junge Stadt ist Start- bzw. Endpunkt der Inlandsbanan. Neben dem arktischen Gällivare zählt sie zu den größten Verkehrsknotenpunkten am Inlandsvägen (Inlandsstraße).

Auch wenn die St.-Olof-Pilgerroute nach Trondheim (Norwegen) schon seit mindestens 1000 Jahren durch die Umgebung führt, wurde Östersund erst 1786 gegründet. Die Stadt sollte als Handelszentrum mit Trondheim konkurrieren.

Die Lage am mächtigen See Storsjön sorgt für eine entspannte Ferienatmosphäre, vor allem in den Sommermonaten, wenn Einheimische wie Tourist:innen Bars und Cafés der von der Unesco als „City of gastronomy" ausgezeichneten Stadt füllen und durch die Fußgängerzone des überschaubaren Zentrums schlendern. Im Winter ist Östersund das Tor zum Skizentrum von Åre.

TOP TIPP

Östersund ist kompakt und kann leicht zu Fuß erkundet werden. Ein tolles Bild der Stadtsilhouette hat man von der Fußgängerbrücke nach Frösön, vor allem zum Sonnenuntergang. Später Frühling, Sommer und Winter sind die beste Zeit; im Herbst ist nichts los.

ESSEN GEHEN IN ÖSTERSUND

Peter Peltola, Barista bei Big Lake Coffee Roasters, liefert Fakten.

Jazzköket
Angesagter Laden für einfallsreiches Essen und Live-Jazz; arbeitet eng mit lokalen Produzenten und Mikrobrauereien zusammen.

Artus
Beste Holzofen-Pizza der Stadt, dazu ausgezeichnete Auswahl an lokalen und regionalen Craftbieren.

Bua
Die Cityfiliale von Nästgards, einem Hofrestaurant außerhalb der Stadt, hat eine kleine saisonale Karte mit Gerichten wie Lammtartar.

Slaktarn
Ich bin ein großer Fan dieses Schlachters mit ethischem Anspruch, der Wurst von lokalen Bauern verkauft und als Weinbar fungiert.

Eine Zeitreise

ÖSTERSUNDS BESTES MUSEUM

Die Hauptattraktion von Östersund ist das zweiteilige Jamtli-Museum. Höhepunkte im Haus sind die **Överhogdal-Wandteppiche**, die ältesten ihrer Art in Europa – 1100 v. Chr. von den Wikingern aus Flax gewoben mit Abbildungen von Tieren, Menschen, Schiffen und Behausungen. Ein anderer faszinierender Teil der Ausstellung widmet sich dem **Storsjöodjuret** (Seeungeheuer) und zeigt Ausrüstung zum Einfangen und ein konserviertes Monster-Embryo. Die Freilichtabteilung besteht aus einem Dorf aus dem 19. Jh., in dem begeistertes, kostümiertes Personal zum Melken, Backen und Baumfällen anleitet.

Schwedens Seeungeheuer erspähen

AUF MONSTERJAGD

Östersunds berühmtester Bewohner ist **Storsjöodjuret** – das Ungeheuer, das irgendwo im dunklen Gewässer des 91 m tiefen **Sees Storsjön** haust. Erste Sichtungen gab es Anfang 1635, als die Beschreibung eines schwarzen, schlangenartigen Tiers mit Katzenkopf in einer Volkssage auftauchte. Der Frösö-Runenstein zeigt eine schlangenförmige Kreatur und 1894 organisierte Oscar II. eine Jagd nach dem Seeungeheuer. Die eigens dafür angeheuerten Walfänger aus Norwegen kamen allerdings mit leeren Händen wieder. Im Sommer gibt es beliebte zweistündige **Monster-Touren** an Bord der S/S *Thomée* aus dem Jahr 1875, um das Ungeheuer zu sichten.

Echos der Vergangenheit

RUNENSTEINE & FELSKUNST

Eine Fußgängerbrücke führt von Östersund auf die Insel Frösön, benannt nach Frö, der heidnischen Göttin der Fruchtbarkeit, die von den ursprünglich hier lebenden Wikingern verehrt wurde. Mitten in einem Wohngebiet erinnert ein **Runenstein aus dem 11. Jh.** an die Ankunft von Austmaður bzw. „Östman" 1050, den ersten christlichen Missionar auf Frösön.

Weitere Beweise für prähistorische Siedlungen sind einige gut erhaltene Felszeichnungen aus der Steinzeit in der Nähe von **Glösa**, 40 km nordwestlich von Östersund. Felsplatten neben dem Fluss zeigen zahlreiche Schnitzereien mit Bildern von Elchen aus dem Jahr 5000 v. Chr.

ÜBERNACHTEN IN ÖSTERSUND

Hotel Emma
Behagliche Zimmer mit Sessel und Keramikofen. Tolles Frühstück und Fahrradverleih. **€€**

Clarion Hotel Grand
Östersunds Luxusherberge. Im Restaurant gibt's raffinierte schwedische Küche. **€€€**

Hotel Zäta Longstay
Superzentrale Lage, gut ausgestattete Zimmer mit Küchenzeile; Einzel-, Doppel- und Familienzimmer. **€**

Rund um Östersund

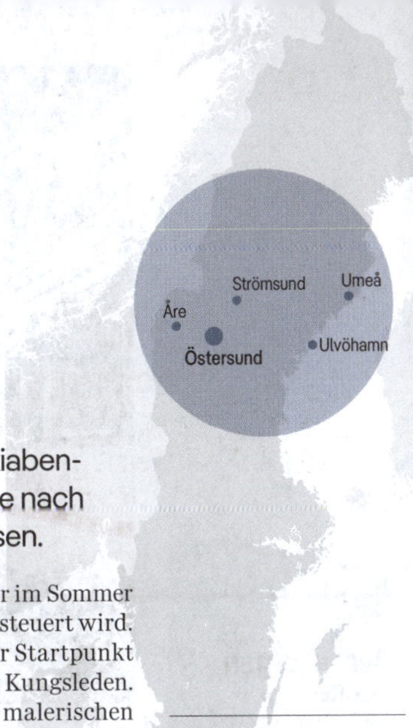

Östersund ist Startpunkt für Rad- und Skiabenteuer in nahen Bergorten und für Ausflüge nach Lappland und zum Bottnischen Meerbusen.

In der Nähe liegt Åre, Schwedens größter Skior, der im Sommer von Wandernden und Mountainbiker:innen angesteuert wird. Weiter westlich ist das winzige Storlien südlicher Startpunkt von Schwedens abenteuerlichem Fernwanderweg Kungsleden. Nördlich von Östersund verbinden die Züge der malerischen Inlandsbanan die entlegenen Städte Lapplands. Die Wildnis bietet einen hohen Erlebnisfaktor, während der erstaunlich idyllische Vildmarksvägen furchtlose Fahrer:innen lockt. An der Küste laden die Kulturhauptstadt Umeå mit ihren brillanten Restaurants und Museen sowie die grandiose Höga Kusten und ihre Schären an den Bottnischen Meerbusen ein.

TOP TIPP

Die Inlandsbanan fährt zwischen Ende Juni und Ende August. Skisaison ist von Mitte Dezember bis Ende April.

ADAM HOGLUND/SHUTTERSTOCK ©

Hängebrücke Höga Kustenbron **(S. 497)**

MICHAEL715/SHUTTERSTOCK ©

Inlandsbanan, Arvidsjaur

Mit der Inlandsbanan fahren

LAPPLANDS PANORAMAZUG

Jeden Sommer zwischen Ende Juni und Ende August rollt der eine Waggon der Inlandsbanan über 700 malerische Kilometer Richtung Norden in die Wildnis von Lappland, parallel zur E45 (Inlandsvägen).

In **Strömsund** (Bahnhof Ulriksfors) beginnt der spektakuläre **Vildmarksvägen** (Wildnisstraße, S. 498).

Weiter nördlich ist **Vilhelmina** – ein weiterer Startpunkt des Vildmarksvägen – seit Jahrhunderten ein wichtiger Ort der Sam:innen. In **Risfjells Sameslöjd** (sameslojd.se) gibt es Lederwaren, Holzarbeiten und Messer vom Kunsthandwerkspaar Sven-Åke and Doris Risfjell. Im kleinen Museum werden alte *duodji* (Kunsthandwerk) ausgestellt.

Das einladende **Storuman** liegt an der Kreuzung der E45 und dem idyllischen Blåvägen (Blauer Weg; E12), der von Umeå bis zur norwegischen Atlantikküste führt, u. a. durch das winzige Hemavan – den südlichsten Zugang zum Kungsleden (S. 503).

Arvidsjaur (S. 504) ist im Winter vor allem bei Testfahrer:innen beliebt, während **Jokkmokk** (S. 504) die Hauptstadt der Sam:innen in Lappland ist.

ÜBERNACHTEN IN ÅRE

Für die Ski-Saison vorab buchen. Im Sommer ist nicht alles geöffnet.

Copperhill Mountain Lodge
Die Hütte aus Holz und Stein mit exzellentem Restaurant liegt oberhalb von Åre mit Blick auf die Stadt. €€€

Åre Bed & Breakfast
Lauschige Zimmer mit Gemeinschaftsbad in einer Wohngegend, nur zehn Fußminuten vom Ski-Ort entfernt. €

Hotel Åregården
Zentral gelegenes Hotel mit Einzel- und Doppelzimmern, Suites mit Küche, Spa und Restaurants. €€

ESSEN IN ÅRE

Vinbaren Åre
Fantasievolle kleine Gerichte und umfangreiches Angebot an Weinen aus aller Welt. €€€

Liten Krog
Pizza und geräucherter Elch im Bistro mit saisonalen Angeboten. €€

Broken
Amerikanisches Diner für hungrige Rad- und Skifahrer:innen. €€

Gällivare (Váhtjer auf Samisch), Inlandsbanans nördlichster Bahnhof, und sein Pendant **Malmberget** sind Bergbaustädte. Lass dich von den gigantischen Lastern in der LKAB-Eisenerzmine oder vom Tagebau der Kupfer- und Goldmine von Boliden Aitik beeindrucken.

Nordische Kulturhauptstadt

UMEÅS MUSEEN & GALERIEN

Eine junge Stadt am Fluss mit Kulturlocations und exzellenter Restaurantszene: **Umeå** ist der zentrale Ort am Bottnischen Meerbusen. Umeås ausgezeichnetes **Västerbottens Museum** (vbm.se) zeigt die Geschichte der Provinz von prähistorischen Zeiten bis zur industriellen Revolution. Zu den Exponaten gehören der älteste Ski der Welt (5400 Jahre alt) sowie eine Auswahl an samischer Felskunst. Im Sommer führt kostümiertes Personal im Museumsdorf **Friluftsmuséet** nebenan den traditionellen Alltag auf dem Bauernhof vor.

Fans von Gitarren- und Rockmusik besuchen **Guitars: the Museum** (guitarsthemuseum.com), ein Herzensprojekt von zwei Brüdern. Ausgestellt werden über 500 seltene Gitarren, wie eine 1958 Gibson Flying V, berühmt durch ZZ Top, sowie eine Star Guitar, die für ABBA zum 40. Jahrestag ihres Eurovisionssiegs gefertigt wurde.

Bildmuséet (bildmuseet.umu.se) zeigt moderne internationale Kunst, Fotografie, Architektur und Design. Bus 1 fährt zum **Umedalens Skulpturpark** (umedalenskulptur.org) für moderne Bildhauerei schwedischer und internationaler Künstler:innen.

Die Schären der Höga Kusten

IDYLLISCHES INSEL-HOPPING

Über die **Hängebrücke Höga Kustenbron** gelangt man an Schwedens spektakulärste, fjordähnliche Küste, die sich von Härnösand bis nach Örnsköldsvik erstreckt, begleitet vom Fernwanderweg **Höga Kusten Leden** (https://www.hogakusten.com/de). Steile Klippen stürzen direkt ins Meer hinunter, während sich dutzende bewaldete Inseln vor der Küste verteilen.

Ulvön, die größte Insel der Höga Kusten, ist für die Herstellung von übel riechendem *surströmming* (fermentierter Hering) bekannt. Wer mag, kann den kulinarischen Gaumenkitzel in UlvöByn Café & Bistro in **Ulvöhamn** probieren, dem Fischerdorf der Insel, deren einzige Straße rot-weiße Holzhäuser säumen.

Trysunda hat man in wenigen Stunden umrundet. Es gibt ein Fischerdorf an einer U-förmigen Bucht und herrlich abgelegene Badestellen.

DIE BESTEN ORTE ZUM ESSEN & SCHLAFEN IN UMEÅ

Köksbaren
Helles, modernes Bistro verarbeitet mit Raffinesse saisonale, lokale Erzeugnisse. Tolle offene Weine. €€

Lottas Krog
Beliebter Pub mit Ziegelwand und dunklem Holz, braut das eigene Bier und baut Burger der Superlative. €€

U&Me Hotel
Luftiges, modernes Hotel im Zentrum. Citypanorama aus dem Bett, platzsparende Tische und Frühstück wie im Café. €

Stora Hotellet
Plüsch und nautische Themen beherrschen das Hotel von 1895, Zimmer in Schiefer und Purpur, Kronleuchter im Restaurant. €€

Två Fiskare
Fischhändler mit besten Fischgerichten von Montag bis Samstag, von geräucherten Garnelen bis zum Klassiker Fish and Chips. €

ÜBERNACHTEN AUF DEN SCHÄREN AN DER HÖGA KUSTEN

Ulvö Hotell
Das einzige Hotel der Insel, mit modernen Zimmern und exzellentem Restaurant. €€

Trysunda Vandrarhem
Hafenlage, spartanische Schlafsäle und Doppelzimmer, dazu Küche und Sauna. €

Högbonden Fyr & Vandrarhem
Blick über die entlegenen Schären aus dem Leuchtturm mit knarrendem Fußboden. €

AUTOTOUR DURCH DIE WILDNIS

Schwedens Vildmarksvägen (Wildnisstraße, Nr. 342) ist eine 370 km lange Autostrecke Richtung Norwegen, die vor der Grenze eine Schleife macht und durch spektakuläre Wildnis zurück zur E45 führt.

Von **1 Strömsund** fährst du durch dichten Nadelwald nach Norden. Mit Glück siehst du einen Bären, Wolf, Elch oder Luchs. Im Süden von **2 Bågede**, 92 km nordwestlich, führt ein felsiger Weg zum eindrucksvollen, 43 m hohen **3 Hällsingsåfallet**: Der Wasserfall stürzt in eine 800 m lange Schlucht. An der norwegischen Grenze, 40 km weiter westlich, liegt das einsame Dorf **4 Gäddede**. Von hier weisen „Nordli"-Schilder zum **5 See Murusjöen** an der Grenze.

Kehre zurück zur Straße und folge ihr zum **6 Stora Blåsjön**, einem See 50 km nördlich von Gäddede. Direkt hinter dem See zweigt eine kleine Straße nach **7 Ankarede** ab, einem uralten Versammlungsort der Sam:innen, die sich zu Mittsommer in der Kapelle von 1896 und den umgebenden *kåtor* (hölzerne Sámi-Hütten) treffen.

Jenseits des Dorfes Stora Blåsjön steigt Straße 345 auf das Plateau **8 Stekkenjokk** hinauf, sie ist nur von Juni bis Mitte Oktober befahrbar. Hinab geht's ins winzige **9 Klimpfjäll** und weiter nach Osten. Biege nach 13 km ins Sámi-Kirchdorf **10 Fatmomakke** aus dem späten 18. Jh. ab; es lohnt ein Blick in die *visingskåta* (Hütte zum Anschauen) neben der Kirche.

20 km weiter östlich liegt zwischen den Seen das Anglerparadies **11 Saxnäs** – ein kleines Dorf mit einem Spa-Resort.

Nach 89 km gelangst du zur Kreuzung Vildmarksvägen/E45. Wer früh genug da ist, holt sich in der exzellenten Fischräucherei **12 Martin Bergmans** vor den letzten 3 km Richtung Süden nach **13 Vilhelmina** eine Mahlzeit.

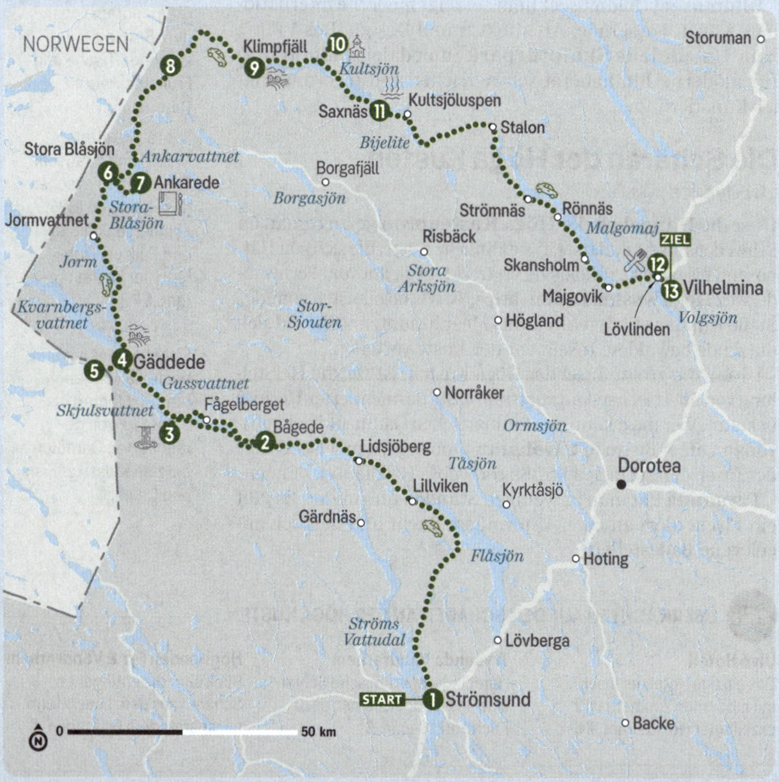

LEIF_ASTROM/SHUTTERSTOCK ©

Blick vom Berg Åreskutan

Die winzige Insel **Högbonden** mit ihrer Steilküste bietet tolle Wanderungen durch eine spektakuläre Schlucht. Übernachten kann man im Leuchtturm und nach dem Schwitzen in der Holzofen-Sauna ist Nacktbaden neben dem Steg angesagt.

Schwedens Outdoor-Abenteuerland

SKIFAHREN & MOUNTAINBIKEN

Mit seiner schönen Lage am See Åresjön ist **Åre** der beliebteste Skiort des Landes (Saison von Dezember bis Mai). Der Berg **Åreskutan** hat 38 Skilifte und 100 Pisten für alle Niveaus.

Im Sommer werden die Hänge des Åreskutan zu einem riesigen Spielplatz für Mountainbiker mit mehr als 30 Wegen für Anfänger:innen wie für Extremsportler:innen. Es lohnt sich, die Schwebeseilbahn Kabinbanan (aresweden.com/en/are-kabinbana) oder die wunderbare Standseilbahn Bergbanan aus dem Jahr 1910 zur Aussichtsplattform (1274 m) auf den Åreskutan zu nehmen – dort bietet sich ein Rundumblick über Tal und Berge.

TREEHOTEL

Ein zurückgelassenes Raumschiff zwischen Bäumen. Ein verspiegelter Würfe in der Sonne. Eine Kreuzung aus Bienenkorb und Todesstern. Ein gigantisches Vogelnest ...

Das preisgekrönte **Treehotel** (treehotel.se) liegt auf halbem Weg zwischen Luleå und Jokkmokk. Übernachtet wird im Wald – sei es im Winter bei Hundeschlittenfahrten, Schneeschuhwanderungen und dem Besuch von Rentierherden oder zum Wandern, Reiten und Jagen im Sommer. Spa und Sauna helfen gegen müde Muskeln und das Restaurant ist ausgezeichnet.

Die Idee zum Treehotel (2010) stammt aus dem Film *The Tree Lover*. Die Entwürfe von führenden Architekt:innen Schwedens folgen der Maxime: minimale Umweltbelastung und umweltfreundliche Bauweise.

UNTERWEGS VOR ORT

Mehrere Züge täglich fahren von Trondheim (Norwegen) über Åre und Östersund nach Stockholm. Ab Östersund fährt auch die Inlandsbanan (inlandsbanan.se; Ende Juni bis Ende August) nach Gällivare über Dorotea, Storuman, Sorsele, Arvidsjaur und Jokkmokk.

Die Inlandsbanan verläuft parallel zur E45, die Lappland in zwei Hälften teilt.

Die E14 verbindet Östersund mit der Küstenstraße E4. Umeå sowie Härnosand und Örnsköldsvik – Zugangsorte für die Höga Kusten – liegen an der Hochgeschwindigkeitsstrecke von Stockholm zum Bottnischen Meerbusen.

KIRUNA

Kiruna sitzt direkt über der größten Eisenerzmine der Welt. Die Stadt ist eine Ansammlung von reizenden Holz- und Steinhäusern des Fin de Siècle, tristen Apartmenthäusern und der größten Anzahl an Herbergen und Restaurants im nordwestlichen Schweden. Sie sinkt außerdem ein, was der Mine geschuldet ist. Nach ersten Probebohrungen und dem Bau der Malmbanan (Eisenerzbahn), die das abgebaute Erz nach Narvik in Norwegen bringen sollte, ist sie seit den 1880er-Jahren die Existenzgrundlage der Stadt.

Die Sámi waren lange hier, bevor sich Anfang des 15. Jhs. die ersten schwedischen Pioniere niederließen. Die Stadt ist die perfekte Basis für Ausflüge in die umgebende Wildnis – den Kungsleden, den Berg Kebnekaise, das Tornedalen und den Skiort Riksgränsen, alle gut erreichbar, ebenso wie das nahegelegene Icehotel. Kiruna ist eine ganz besondere Gemeinde mit freimütigen Einwohner:innen und fungiert außerdem als Drehpunkt für Hundeschlittentouren und andere Abenteuer.

TOP TIPP

Mehrere Flüge täglich von Stockholm; Kiruna verteilt sich über eine weite Fläche, da einige Stadtteile versetzt werden; als Alternative zu weiten Fußwegen fährt man Auto oder Taxi. Der „vorläufige" Bahnhof von Kiruna liegt weit von der Stadt entfernt und ist schlecht ausgestattet.

Unter Tage

KIRUNAS TIEFEN

Jede Nacht um 1.30 Uhr bebt in Kiruna der Boden. Hunderte Meter unterhalb des alten Stadtzentrums detoniert in der **LKAB-Mine** Dynamit. 80 % des Eisenerzes weltweit werden hier abgebaut. Dreistündige Touren führen rund 310 m in die unterirdischen Tiefen der Mine (der Abbau findet weitere 1545 m tiefer statt) durch die Tunnel der geschlossenen InfoMine mit gigantischen Maschinen. LKAB hat vor, die kohlebasierte Produktion bis 2045 auf wasserstoffbasiertes und CO_2-neutrales Extrahieren von Eisenschwamm umzustellen.

MEHR MINEN

Weitere unterirdische Abenteuer bietet Kirunas Nachbar, **Gällivare** (S. 497), wo es noch eine riesige Eisenerzmine sowie einen Kupfer- und Goldtagebau gibt.

Eine Stadt zieht um

FASZINIERENDE STADTTOUREN

Weil Kiruna kurz davor steht, in die Mine einzubrechen, wird die Stadt schrittweise 3 km nach Osten versetzt. Holzgebäude wie die Kirche, die einer Sámi-Hütte *(kåta)* ähnelt, werden im Ganzen an den neuen Standort umgezogen, während die hübschen alten Steinhäuser zerstört werden. *Kiruna in Swedish Lapland* (kirunalappland.se) bietet eine kulturelle Perspektive auf den Umzug, während Stejk Kiruna City Tour (stejk.se/kiruna-city-tour) unterhaltend über die Gemeinde erzählt, mit gebratenem Elch und Rentier am Stejk-Imbiss zum Abschluss.

Sámi-Handwerk & Outdoor-Anbieter

HANDWERK & ABENTEUER

Tauche in die Sámi-Kultur ein und stürze dich in ein Abenteuer mit Hundeschlitten oder auf dem Pferd und kaufe ein einzigartiges Sámi-Kunstobjekt.

Ateljénord in Kiruna verkauft Keramik, Schmuck, erlesene Beile und Messer sowie Kunsthandwerk der Sámi. **Carl Wenneberg** ist auf Messer mit raffiniertem Rentiergeweihfutteral, Becher mit Intarsien aus Rentiergeweih, Lederaccoires und Sámi-Silberschmuck spezialisiert.

In Puoltsa, zwischen Kiruna und Nikkaluokta, bietet der zertifizierte Ökotour-Anbieter **Ofelaš** (ofelas.se) arktische Wildnis-Ausflüge auf Islandpferden an.

Kiruna Husky (kirunahusky.com), ansässig bei Kalixfors, veranstaltet halb- und ganztägige Hundeschlittenausflüge.

DIE BESTEN HOTELS IN KIRUNA

Hotel Arctic Eden
Von den Sámi inspiriertes Design, dazu Spa, Hallenbad, exzellentes Restaurant und zertifiziertes Sámi-Kunsthandwerk in Kirunas elegantestem Hotel. €€

Camp Ripan
Mit Sámi-Kunst verzierte, gut ausgestattete Chalets mit Campingplatz, Spa und Restaurant am Rande der Stadt. €€

SPiS
Hotel und Hostel mit Gemeinschaftsküche, gemütlichen funktionalen Zimmern, Bäckerei und Restaurant. €

Scandic Kiruna
Businesshotel mit kurviger Fassade im neuen Kiruna, vornehme Zimmer, Skybar und Sauna mit Ausblick. €€

ESSEN IN KIRUNA

SPiS Mat och Dryk
Ausgezeichnete Bäckerei, günstiges Frühstück und Mittagsbüfett sowie Dinner mit passenden Weinen. €€

Arctic Thai & Grill
Authentische Thai-Currys und Pfannengerichte, direkt neben dem Hotel Arctic Eden. €

Camp Ripan
Husmanskost (schwedische Hausmannskost), mittags und abends. Reservieren. €€€

Rund um Kiruna

Zu Kirunas Umgebung gehören der spektakuläre Kungsleden, die Sámi-Hauptstadt Jokkmokk, das originäre Icehotel und in die klaren Nächte und Polarlichter von Abisko.

Nordwestlich von Kiruna, Richtung norwegische Grenze, liegt der kleine Ort Abisko, beliebter Ausgangspunkt für die Nationalparks in Lappland, die von Schwedens abenteuerlichem Fernwanderweg Kungsleden durchschnitten werden. Das Mikroklima hier macht Abisko zu einem der besten Orte weltweit, um Polarlichter zu sehen. Im nahegelegenen Dorf Jukkasjärvi begegnet man Sámi-Kultur, kann im einzigartigen Icehotel übernachten und auf dem Kungsleden oder auf dem anderen Fernwanderweg Padjelantaleden wandern. Südlich in Jokkmokk findet alljährlich der Sámi-Wintermarkt statt, Arjeplog bietet Sámi-Silber und extremer Wintersport ist in Arvidsjaur am besten.

TOP TIPP

Wandersaison ist von Juni bis Ende September. Das Icehotel öffnet im Winter von Mitte Dezember bis April (entspricht der Wintersport-Saison).

ALENA VISHINA/SHUTTERSTOCK ©

Kungsleden (Königspfad)

Königreich aus Eis

KULT UMS ICEHOTEL

Begonnen hat es 1989 mit einem kleinen Iglu im Dorf von Jukkasjärvi, heute ist das erste **Icehotel** der Welt ein legendäres, mit Eisskulpturen geschmücktes Gebäude aus Schnee und Eis, das jeden Winter neu errichtet wird. Ab Mitte Dezember schlafen die Gäste in eisigen Betten. Zwar schmilzt das Hotel aus Eis im April, doch eisige Übernachtungen sind im benachbarten **Icehotel 365** ganzjährig garantiert. Kalte Füße? Es gibt auch beheizte Bungalows und Tageskarten für das Icehotel 365.

Im Empfangsbereich der „coolen Unterkunft“ gibt es beheizte Badezimmer und eine Sauna. Die Habseligkeiten werden über Nacht in einem Schließfach verstaut. Man schläft auf dicken Matratzen und Rentierfellen in einem Schlafsack, der trotz -5 °C warmhält. Am Morgen werden die Lebensgeister mit Preiselbeersaft geweckt.

Winteraktivitäten umfassen Schneemobil-Safaris, Skifahren, das Bauen von Eisskulpturen, Eisfischen, Hundeschlittenfahrten, Einführung in die Sámi-Kultur sowie Polarlicht-Safaris, und im Sommer gibt's Wandern, Rafting, Paddeln und Touren mit Geländefahrzeugen.

Wandern auf dem Kungsleden

SCHWEDENS BELIEBTER FERNWANDERWEG

Der 450 km lange **Kungsleden** (Königspfad) ist der bedeutendste Wanderweg des Landes. Von Abisko (im Norden) bis Hemavan (im Süden) führt er durch spektakuläre bergige Wildnis rund um den höchsten Berg Schwedens, den **Kebnekaise**.

Der Teil von Abisko zum Kebnekaise (105 km, 6 Tage) erstreckt sich durch das zentrale Tal des **Abisko-Nationalparks**. Höchster Punkt ist der Tjäkta-Pass (1105 m), und es gibt einen möglichen Alternativweg hinauf zum Kebnekaise (2096 m).

Die Strecke vom Kebnekaise nach Saltoluokta (51 km, 3 Tage) verläuft durch tiefe Täler und Buchenwälder, vorbei an den Gletschern im Sarek-Nationalpark. Mit dem Boot geht's über den See Teusajaure und durch die Ebene in den **Stora-Sjöfallet-Nationalpark**, von dort hinab nach Vakkotavare. Dann mit dem Bus zum Ufer und die Fähre hinüber zur Saltoluokta Fjällstation.

Der Abschnitt von Saltoluokta nach Kvikkjokk (73 km, 4 Tage) erfordert einen steilen, 18 km langen Anstieg zum Sitojaure, wo es mit dem Ruderboot über den See geht, danach über Holzwege durch Sumpfland. Von Aktse geht es über einen weiteren See, dann durch Kiefernwälder nach **Kvikkjokk**.

Der wilde Teil von Kvikkjokk nachAmmarnäs (166 km, 8 Tage) eignet sich nur für erfahrene Wandernde mit eigenem Zelt. Mit dem Boot über den Saggat See, dann bis Tsie-

SÁMI-KULTUR IN JUKKASJÄRVIS

Zehn Fußminuten vom Icehotel steht **Nutti Sámi Siida** (nutti.se), ein Freilicht-Sámi-Museum. Zu sehen sind Zelte (*lávvu*) und Hütten (*goahti*), Vorratshütten (*njalla*) auf großen Pfosten und Ausrüstung fürs Nomad:innenleben. Füttere Rentiere, kaufe Sámi *duodji* (Kunsthandwerk), probiere in einem riesigen Tipi Gerichte der Sámi und übernachte in Waldhütten mit Sauna in der Reindeer Lodge. Im Winter organisiert dieser Ökotourismusanbieter Ausflüge mit Rentierschlitten, Polarlichtexkursionen und mehr.

Nebenan steht die **Jukkasjärvi Kyrka**, eine der ältesten Kirchen Lapplands (1608). An der hell gestrichenen Altarwand hängen Bilder, die Szenen mit dem Erweckungsprediger Lars Levi Laestadius zeigen. Die Orgel aus Birke und Rentiergeweih hat drei Töne: Vogelgesang, Trommel und Rentierhufe.

ÜBERNACHTEN IN ABISKO

Abisko.net Hostel & Huskies
Hostel mit Schlafsälen und Doppelzimmern in zwei Häusern; Küche und Sauna. Bietet Husky-Touren. €

STF Abisko Turiststation
Beliebtes Hotel-Hostel mit 350 Betten, Sauna, Küche und Restaurant. Die Hütten blicken auf den Torneträsk-See. €€

Abisko Mountain Lodge
Gemütliche Berghütte mit stilvollen Hütten, Zimmern und Sauna; die Brasserie Fjällköket serviert saisonale Gerichte. €€€

lejåkk. Von dort sind es 55 km bis zur Hütte Vuonatjviken. Nach zwei weiteren Bootsfahrten gelangt man ins Dorf Jäkkvikk, von wo der Weg nach Adolfström führt. Weiter geht's über den See Iraft und zu Fuß zu den Hütten von Sjnjultje; dann noch einmal 34 km bis **Ammarnäs**.

Ein Großteil der Strecke von Ammarnäs nach Hemavan (78 km, 4 Tage) führt über flache Berge durch Buchenwälder und Sumpfland. Von Ammarnäs steigt man hinauf zur Aigerthütte und bis zum imposanten Wasserfall. Dann geht's durch die Sümpfe mit Pause an der Sauna von Tärnasjö und von dort nach Syter. Auf dem Weg nach **Hemavan** hat man einen tollen Blick auf die Gletscher von Okstindarnas in Norwegen.

MITTERNACHTS-SONNE & POLARLICHTER

Auf der anderen Seite der Schnellstraße von der STF Turiststation in Abisko, 1½ Std. westlich von Kiruna, bringt dich ein Sessellift (auroraskystation.se; Öffnungszeiten auf der Website) zur Spitze des Nuolja (1164 m). Im Sommer hat man von der Terrasse des Panorama Cafés schöne Ausblicke über die von der Mitternachtssonne beschienene Umgebung. Im Winter hoffen alle auf Polarlichter. In einer Ecke des Cafés der Aurora Sky Station kann man den Polarlichtern zuhören, Experten erklären die Zisch- und Klicklaute. Außerdem gibt's ein Vier-Gänge-Menü zur Beobachtung der Polarlichter. Bei Lights Over Lapland (lightsoverlapland.com) von STF Abisko lernst du, Polarlichter zu fotografieren.

Der Wintermarkt von Jokkmokk

BUDENZAUBER & SPEKTAKEL

Mitten im dicht bewaldeten Tal von Lilla Luleälven, nördlich vom Polarkreis, liegt **Jokkmokk**, Lapplands unbestrittene Hauptstadt der Sámi-Kultur. Am ersten Februar-Wochenende füllen sich die Straßen von Jokkmokk mit Tausenden Sámi (und Nicht-Sámi) aus ganz Skandinavien zum **Wintermarkt** – der älteste und größte seiner Art. Es ist die aufregendste (und kälteste) Zeit in Jokkmokk, mit Temperaturen unter –40 °C! Auf dem Eis des Sees Talvattisjön finden Rennen zwischen Rentier und Mensch statt, bei dem Zuschauer:innen ausweichen müssen, weil die störrischen Rentiere sich weigern, der Strecke zu folgen. In der Stadt bieten Hunderte Stände eine große Vielfalt an Sámi-Kunsthandwerk *(duodji)*.

Winterliche Nervenkitzel in Arvidsjaur

ADRENALINLASTIGE ABENTEUER

Arvidsjaur zeigt seine ganze Bedeutung im Winter. Von Dezember bis April fallen Testfahrer:innen verschiedener Autohersteller (sowie Autofreaks) in die Stadt ein, die BMWs, Audis und Porsches auf zugefrorenen Seen testen. Schneemobile flitzen durch die Stadt, während Hundeschlitten die Menschen durch den Schnee bringen.

Von der Lapland Lodge aus bietet **Snowmobile Adventures** (laplandlodge.se) vier Niveaus von Ausflügen – Anfänger:innen, Fortgeschrittene, Berg- und Extremsafari. Eine zweistündige Tour kostet 1090 Kr, die sechsstündige Profi-Safari 5090 Kr.

Sports Cars on Ice (laplandlodge.se) organisiert Eisfahrten (3–6 Std.) in einem Audi TT Quattro, bei der man wie ein Profi über einen zugefrorenen See rutscht und schleudert.

Hundeschlittenfahrten bietet **Nymånen Dogsledding** (nymanen.com), einer der größten Züchter von sibirischen Huskys in Lappland; Ausflüge ab zwei Stunden.

ÜBERNACHTEN IN JOKKMOKK

Hotel Jokkmokk
Moderne Zimmer, Sauna am See und Sámi-Restaurant mit Wildspezialitäten. **€€**

Hotel Akerlund
Einladender Gasthof von 1920 mit modernen Zimmern, Sauna und Kellerrestaurant: Elcheintopf und Rentier-Wraps. **€€**

STF Jokkmokk Vandrarhem
Familienbetrieb in freundlichem Holzhaus: Einzelzimmer, Gemeinschaftsküche und Sauna. Frühstück extra. **€**

PAOLO AIRENTI/SHUTTERSTOCK ©

Wintermarkt, Jokkmokk

Einführung in die samische Kultur

FANTASTISCHES SÁMI-MUSEUM

Das großartige **Ájtte Museum** in Jokkmokk bietet Schwedens beste Einführung in die Sámi-Kultur. Jeder Raum, der vom zentralen Bereich abgeht, behandelt ein anderes Thema – Trachten, Volksmärchen, Fabelwesen, samisches Kunsthandwerk *(duodji),* 400 Jahre alte, bemalte Schamanentrommeln oder nachgestellte Opferplätze. Die traditionelle Silberschmuck-Sammlung enthält die bei Sámi-Frauen beliebten schweren Halsketten. Besonders interessant ist die Darstellung des Einflusses der Wasserkraftwerke Lapplands auf die Rentierzucht.

Sámi-Silber

SILBERMUSEUM IN ARJEPLOG

Etwa 85 km nordwestlich von Arvidsjaur liegt das winzige **Arjeplog** (Árjepluovve auf Sámi) zwischen Bergen, Wäldern und rund 9000 Seen. Hauptattraktion der Stadt ist das **Silvermuseet** mit seiner ausgedehnten Sammlung von Silberstücken wie Gürtelschnallen, Trinkbechern und Kelchen sowie verzierten Ketten, die traditionell von Mutter zu Tochter weitergegeben werden. Entdecke ein *dåssko* (Tasche der Süd-

ÜBERNACHTEN AM KUNGSLEDEN

Entlang dem Kungsleden kann man zelten oder in STF-Hütten, Herbergen (swedishtouristassociation.com) und Hostels übernachten.

Abisko bis Kebnekaise Fünf Hütten: Abiskojaure (am See), Alesjaure (mit Sauna und Bergblick), Tjäkta (vorm Tjäkta-Pass), Sälka und Singi; Hütten in Abisko und am Kebnekaise.

Kebnekaise bis Saltoluokta Hütte in Saltoluokta und vier weitere: Singi, Kaitumjaure, Teusajaure und Vakkotavare.

Saltoluokta bis Kvikkjokk Hütte in Kvikkjokk und drei weitere: Sitojaure, Aktse und Pårte.

Kvikkjokk bis Ammarnäs Zelten oder Hütten in Tsielejåkk, Vuonatjvigen, Jäkkvik (kyrkansfjallgardjakkvik.com), Pieljekaise, Adolfström (adolfstrom.com), Sjnjultje, Rävfallet und Ammarnäs.

Ammarnäs bis Hemavan Hostel in Hemavan; fünf Hütten: Aigert, Serve, Tärnasjö, Syter und Viterskalet.

ESSEN IN JOKKMOKK

Restaurang Ájjte
Museumslokal mit fabelhaftem Büffet, *suovas* (geräuchertes, gepökeltes Rentier) und Wildgerichten; nur Mittagstisch. **€**

Krog Local
Wundervoll angerichteter Elch, Seesaibling und Moltebeerendesserts; Aufschnittplatte „Tapas à la Jokkmokk“. **€€**

Thai Ga La Mair
Exquisite scharfe Currys und Nudelpfannen im beliebten Thailokal. Günstiges Mittagsbuffet. **€**

WANDERN AUF DEM PADJELANTALEDEN

Der 137 km lange Wanderweg durchquert die spektakuläre Wildnis von Schwedens größtem Nationalpark Padjelanta.

Nimm ein Boot (battrafikikvikkjokk.se) von **1 Kvikkjokk** zum Ausgangspunkt. Nach **2 Njunjes** (12,6 km, 3 Std.) geht's durch dichten Wald und Wiesen leicht bergauf. Nach einer steilen Klettertour folgt der Abstieg zum See Luoppal, Bergblick inklusive, bis nach **3 Tarrekaise** (6,9 km, 2 Std.). Ein holpriger Wald- und Bergweg mit Flussquerung führt nach **4 Såmmarlappa** (12 km, 3½ Std.). Über einen langen, sachten Anstieg nach **5 Darreluoppal** (15,3 km, 4½ Std.) gelangst du von sumpfigen Wiesen ins felsige, baumfreie Hochland mit weitem Blick. Nach der Durchquerung des Tals beginnt der höchste Abschnitt des Wegs, vorbei an zahlreichen kleinen Seen nach **6 Duottar** (10 km, 2½ Std.). Flussquerungen, Ausblicke auf die Gipfel von Sarek, Abschnitte durch offenes Gelände und entlang dem Fluss Gieddejåkhå prägen die Strecke nach **7 Staloluokta** (18 km, 4½ Std.). Nach **8 Arasluokta** (10,5 km, 3 Std.) geht's über schmale Berggrate mit großartigem Ausblick auf den See Virihaure und Norwegens verschneite Gipfel. Es folgen hüglige Wälder, eine Brücke über den tobenden Miellätno, ein Anstieg auf ein Felsplateau und ein langer Abstieg nach **9 Låddejåkkå** (13,3 km, 3½ Std.). **10 Gisuris** (23 km, 5 Std.) wird nach einem Anstieg, mehreren Abstiegen, einem Weg durchs Tal mit Blick auf den Akka und einem letzten Anstieg erreicht. Mehrere Flussquerungen, Sumpf- und Waldabschnitte sowie eine Brücke über den Vuojatädno führen nach **11 Akka** (13,6 km, 3½ Std.). Über eine waldige Ebene ist bald der **12 Änonjalmme Fähranleger** erreicht. Mit dem Boot geht's nach **13 Ritsem** (1,5 km, 30 Min.).

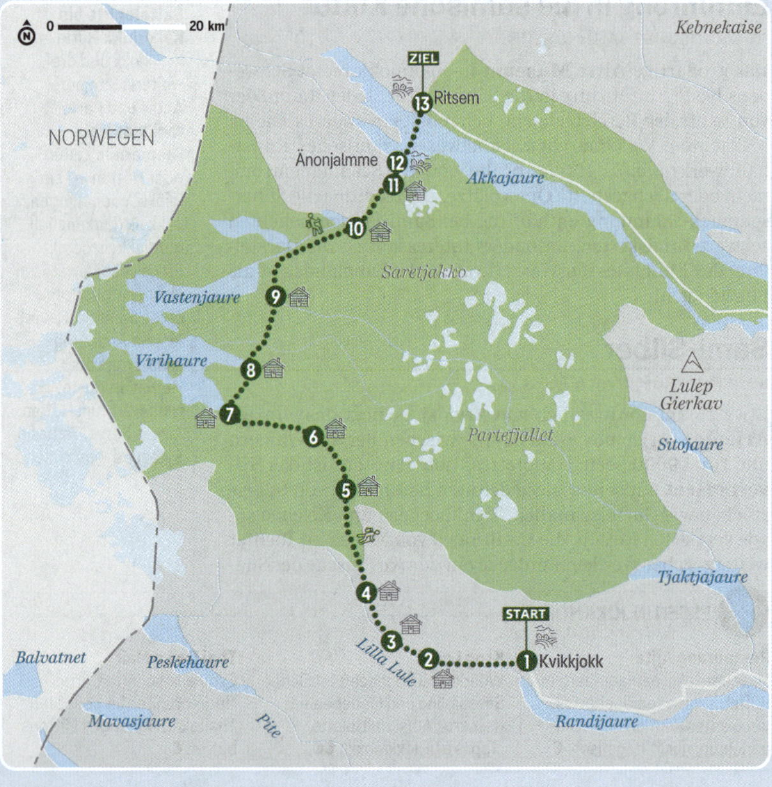

Sámi für Silberlöffel), Schamanentrommeln und 2000 Jahre alte Skier von samischen Jägern. Interessant sind auch die Darstellungen zu 6000 Jahre alten Felsmalereien, die am See Gaskavvre gefunden wurden und die Informationen zu Heilpflanzen der Sámi sowie zur Geschichte der Stadt und ihren Silberminen. Außerdem gibt's eine mitreißende Diashow über das Leben in Arjeplog und sein raues Klima.

Sámi-Duodji einkaufen

SAMISCHES KUNSTHANDWERK

Jokkmokk ist der beste Ort in Schweden, um erstklassiges Kunsthandwerk der Sámi zu kaufen.

Sameslöjdstiftelsen Sami Duodji (sameslojdstiftelsen.com) ist auf Kaffeebeutel aus Leder und Silberschmuck sowie Holz- und Knochenschnitzereien und Sámi-Messer in Futteralen aus Rentiergeweih spezialisiert.

In der Metallwerkstatt **Jokkmokks Tenn** (jokkmokkstenn.se) arbeiten Sámi-Kunsthandwerker:innen, die Silber- und Goldschmuck mit traditionellen Symbolen kreieren sowie Kelche, Becher und Vasen aus Zinn, Silber und Gold.

Stoorstålka (stoorstalka.com) verkauft Kleidung im Sámi-Design wie farbige Fäustlinge. Die Muster gehen auf einzelne Siedlungen in Lappland zurück.

Rentier-Hirten begleiten

SÁMI-CAMP

Dem Leben der Sámi im Wald kommt man mit einem Besuch des **Båtsuoj Sami Camp** (en.batsuoj.se) ganz Nahe. 46 km südlich von Arjeplog haben Tom und Lotta Svensson in der Nähe des Dorfs **Gasa** einen Ort geschaffen, an dem sie ihre traditionelle Lebensweise praktizieren. Sieh zu, wie Rentiere mit dem Lasso eingefangen und gemolken werden, schlafe in einer *kåta* (Sámi-Holzhütte) unter Rentierfellen und schlürfe über einem Holzfeuer gekochten Kaffee.

DIE BESTEN ORTE ZUM ESSEN & SCHLAFEN IN ARVIDSJAUR

Lapland Lodge
Moderner Komfort mit antiken Akzenten; Hot Tubs draußen, Sauna und Winter-Touren. €€

Hotell Laponia
Hotel in dunklem Holz mit Pool, Sauna und Fitnessraum, beliebt bei Testfahrer:innen. Exzellenter, stilvoller Bistro-Pub. €€

Hans På Hörnet
Montag bis Samstag beliebter Mittagstisch; z. B. *palt* (fleischgefüllter Kloß) und *blodpalt* (Blutkloß). €

Teckans Vedugnspizza
Einfallsreiche Pizza mit ungewöhnlichem Belag (Curry, Ananas und Speck, wie wär's?). €

SÁMI-DUODJI IN KIRUNA & VILHELMINA

Risfjells Sameslöjd (S. 496) in Vihelmina ist Museum und Laden mit Sámi-Kunsthandwerk, wie Messern, Holz- und Lederarbeiten. Geschäfte in **Kiruna** (S. 500) führen noch mehr Klingen, Leder und Essbares.

UNTERWEGS VOR ORT

Tägliche Züge von Kiruna nach Abisko (im Winter sind Verspätungen normal.) Die Inlandsbanan verbindet im Sommer Jokkmokk und Arvidsjaur mit Östersund.

Busse und Boote zum Kungsleden fahren nur im Sommer zur Wandersaison (Juni bis Mitte September).

Zum Padjelantaleden fahren ganzjährig Busse von Jokkmokk nach Kvikkjokk. Von Juni bis September, fahren Busse von Gällivare nach Ritsem. Hubschrauber (fiskflyg.se; Buchung notwendig) fliegen von Kvikkjokk und Ritsem. Boote (svenskaturistforeningen.se/boende/stf-ritsem/transporter) fahren zwischen Änonjalme/Ahkka und Ritsem.

Tägliche Busse fahren von Kiruna mit Halten entlang der E45 bis Abisko.

Ankunft

Stockholm ist für die meisten Reisenden der erste Ankunftsort in Schweden. Der Hauptflughafen Arlanda liegt etwa 40 km vom Stadtzentrum entfernt. Die meisten internationalen Flüge gehen ab Terminal 5. In der „Sky City", nahe der Ankunftshalle von Terminal 5, ebenso wie nach der Sicherheitskontrolle gibt es Cafés und Läden.

Einreise

EU-und Schengen-Bürger:innen benötigen für die Einreise nur einen Personalausweis oder einen Reisepass.

SIM Karten

Geschäfte wie Pressbyrån und 7-Eleven verkaufen Prepaid-SIM-Karten. Nach einer Gesetzesänderung 2022 müssen alle Karten mit Ausweis registriert werden.

Grenzkontrollen

Reisende mit Zug oder Fähre können an der Grenze kontrolliert werden. Nicht-EU-Bürger:innen, die ein Visum benötigen, müssen dieses an der Grenze vorlegen.

WLAN

Kostenloses WLAN gibt es an allen wichtigen Flughäfen sowie in Zügen des Arlanda Express, in den Flughafenbussen Vy flygbussarna und in Zügen von SJ InterCity.

Vom Flughafen in die Stadt

	Stockholm	Göteborg	Malmö
EXPRESS	18 Min. **299 Kr**	–	–
ZUG	39 Min. **130 Kr**	–	–
BUS	48 Min. **119 Kr**	35 Min. **119 Kr**	40 Min. **129 Kr**
TAXI	30 Min. **695 Kr**	23 Min. **532 Kr**	30 Min. **385 Kr**

TIPPS FÜRS TAXI

Flughafentaxis sind teuer, besonders in der Hauptstadt. In Stockholm bieten die großen Taxiunternehmen einen festen Preis von 695 Kr für ein bis vier Fahrgäste vom Flughafen ins Stadtzentrum (1115 Kr für fünf bis acht Fahrgäste). Der Preis erhöht sich deutlich, wenn die Unterkunft ein paar Kilometer außerhalb der Innenstadt liegt. Am besten die Fahrer:innen im Voraus fragen, ob sie einen Festpreis haben und ob das Ziel innerhalb der 695-Kr-Zone liegt. Anbieter wie Uber und Bolt bieten die Abholung vom Flughafen von einer gesonderten Fahrbahn neben dem Taxistand an. Je nach Verkehrslage und Verfügbarkeit können sie billiger sein.

Unterwegs vor Ort

Der öffentliche Nahverkehr in Schweden ist zuverlässig, effizient und bequem und die Straßen gehören zu den sichersten in Europa.

REISEKOSTEN

Automiete
500 Kr/Tag

Benzin
ca. 18,9 Kr/Liter

E-Auto
6,69 Kr/kWh

einfache U-Bahnfahrt
39 Kr

Mietwagen

Über 18-Jährige mit Fahrerlaubnis seit mindestens einem Jahr dürfen Autos mieten. Einige Firmen haben eigene Altersgrenzen oder verlangen einen Aufpreis. Ketten haben Büros in den großen Städten und an den wichtigen Flughäfen.

Verkehr

Fahren in Schweden ist dank der guten Straßen relativ problemlos. Autofahrende halten sich meistens an die Regeln. Im Winter können die Straßen häufig verschneit und glatt sein. Von Dezember bis März sind Spikereifen vorgeschrieben.

TIPP

Wer viel mit Bus, U-Bahn oder Straßenbahn unterwegs ist, sollte Tages- oder Mehrtageskarten kaufen.

BUS-ETIKETTE

Die Sitze vorne im Bus sind für Ältere vorgesehen. In der Mitte gibt es Platz für Kinderwagen und Rollstühle mit Klappsitzen für die Angehörigen. Einheimische sitzen nicht gern direkt neben Fremden, bis der Bus so voll ist, dass es keine anderen Plätze mehr gibt. Man unterhält sich nicht mit Fremden im öffentlichen Nahverkehr; wer Mitreisende anspricht, kann schief angeschaut werden. Dafür sind die meisten Fahrten dann auch friedlich und ruhig.

UNBEDINGT BEACHTEN!

Rechts fahren.

30

Höchstgeschwindigkeit 30 km/h im Stadtgebiet und bis 120 km/h auf einigen Autobahnen.

0,2

Die Promillegrenze liegt bei 0,2.

Bus & Zug

Die meisten Orte sind gut mit Zug und Bus erreichbar, viele bieten kostenloses WLAN und Steckdosen. Nachtzüge mit Schlafabteilen fahren von Stockholm zu beliebten Tourismuszielen im Norden wie Kiruna und Åre.

Tickets

Tickets können in der Regel nicht im Fahrzeug gekauft werden. Es gibt Schalter oder Automaten an Bahnhöfen und Bushaltestellen oder man nutzt die lokale App. Die frühe Buchung von langen Zugfahrten kann Geld sparen. Statens Järnväg (Staatliche Eisenbahn; SJ) hat eine gute Website auf Englisch.

Flugzeug

Es gibt regelmäßige Inlandsflüge zwischen den großen Städten sowie in die Ski- und Wandergebiete wie Kiruna und Östersund (in der Nähe von Åre). Bedenke die Auswirkungen aufs Klima, aber auch die Zeitersparnis im Vergleich zum öffentlichen Nahverkehr und dem eigenen Auto.

Geld

WÄHRUNG: **KRONE (KR), AUCH SKR**

Kreditkarten

Hotels, Cafés und Restaurants akzeptieren internationale Debit- und Kreditkarten (nicht alle nehmen Amex). In vielen Geschäften kann man kontaktlos oder mit Apple Pay zahlen.

Land ohne Bargeld

Mit Bargeld kommt man in einer der bargeldlosesten Gesellschaften Europas nach Jahren der Entwicklung digitaler Bezahlsysteme nicht weit. Viele Geschäfte, Restaurants, Hotels und Sehenswürdigkeiten nehmen kein Bargeld mehr an.

Kontaktlos reisen

Tickets für den ÖPNV müssen in Bahnhöfen oder per App vorab gekauft werden. Kontaktlose Debitkarten werden in Stockholm als Tickets akzeptiert.

WIE VIEL KOSTET …

einfache U-Bahnfahrt
39 Kr

Zugticket (2. Klasse) von Stockholm nach Göteborg
ab 200 Kr

Taschenbuch auf Englisch
150 Kr

Museumseintritt
gratis bis 250 Kr

WIE … Trinkgeld geben

Trinkgeld ist in Schweden weniger üblich als in anderen Ländern, auch wegen der relativ hohen Tariflöhne für Dienstleistungen und der hohen Steuern auf Waren und Leistungen. Einheimische runden meist auf die nächsthöhere Zahl auf. Bei besonders gutem Service in einem Restaurant oder einer Bar kann man 10 % auf die Rechnung aufschlagen.

DIE „SWISH“-APP

Die Bezahlapp Swish ist seit über zehn Jahren besonders beliebt in Schweden. Einheimische nutzen sie als Alternative zu Kartenzahlungen und für Überweisungen an Freunde. Auf kleineren Kunst- und Secondhandmärkten (*loppis*) wird man häufiger nach der Swish-App gefragt, weil es an den Ständen keine Kartenlesegeräte gibt. Für die Nutzung von Swish benötigt man allerdings ein schwedisches Bankkonto. Märkte gehören also zu den wenigen Orten, wo Bargeld praktisch sein kann, möglichst in kleiner Stückelung, falls nicht herausgegeben werden kann.

LOCAL TIPP

Zwar akzeptieren viele Geschäfte kein Bargeld, aber in großen Supermärkten und landesweiten Ketten, wie Pressbyrån und 7-Eleven, kann man noch bar bezahlen.

Übernachten

In einer Stuga schlafen

Eine schwedische *stuga* (plural *stugor*) ist eine Ferienhütte, meist aus Holz. *Stugor* gibt es überall im Land in Wäldern, in den Schären und entlang der Küste. Sie reichen von kleinen, aber lauschigen Einraumhütten ohne laufendes Wasser bis zu größeren, aufgemotzten Häusern mit Fußbodenheizung und WLAN. Buchungen sind über Online-Plattformen wie Airbnb oder Booking.com möglich. Auch einige Campingplätze und Ferienparks haben *stugor*.

Nordisches Design

In Schweden gibt es einige tolle Boutiquen, die aktuelle nordische Designtrends aufnehmen. In den letzten Jahren wurde der monochrome Minimalismus durch warme Innenräume in Erdtönen mit natürlichen Materialien wie Holz und Stein und vielen Pflanzen ersetzt.

Budgetunterkünfte

Hostels in Schweden sind teurer als in vielen Teilen Europas, haben in der Regel aber auch einen hohen Standard. Nur wenige Hotels sind wirklich günstig, aber auch diese sind sauber und gut in Schuss. Die billigsten Zimmer in einigen Hotelketten wie Clarion, Scandic und Best Western haben keine Fenster.

WIE VIEL KOSTET EINE NACHT ...

2-Personen-*stuga*
300–1000 Kr

Hostel-Schlafsaal
180–800 Kr

Mittelklasse-Hotel
800–1800 Kr

Camping

Campingmöglichkeiten sind in Schweden praktisch unendlich, weil alle das Recht haben, ihr Zelt für ein paar Nächte auf öffentlichem Grund aufzustellen, solange sie die Einheimischen und Tiere nicht stören (Faustregel: Wenn du das nächste Haus nicht siehst, ist es okay). Offizielle Campingplätze sind gewöhnlich gut gepflegt und haben eine ordentliche Ausstattung.

Willkommen an Bord

Wenn du aufs Wasser blicken und im Stadtzentrum bleiben möchtest, gibt es eine Handvoll Schiffshotels in Stockholm und Göteborg. Vielleicht helfen ja die leicht schaukelnde Bewegung und das Plätschern des Wassers beim Einschlafen.

FERIENWOHNUNGEN IN DER STADT

Das Vermieten von Villen und Hütten durch Airbnb und ähnliche Plattformen ist in Schweden legal, solange die Vermieter ihr Einkommen versteuern. Allerdings gibt es für die Untervermietung von Wohnungen strenge Regeln. Viele Eigentumswohnungen werden außerdem von Hausverwaltungen betreut, die Ferienvermietungen unterschiedlich behandeln. Lass dir vom Vermieter die schriftliche Bestätigung zeigen, dass alles legal ist. Apartments im Stadtzentrum können recht klein sein. Erkundige dich, wie groß der gemeinschaftlich genutzte Raum ist, wenn du nur ein Zimmer mietest.

OBEN LINKS: TOMMY ALVEN/SHUTTERSTOCK ©, OBEN RECHTS: RYAN MCVAY/GETTY IMAGES ©

Reisen mit Kindern

Selbst wenn Unterkünfte und Mahlzeiten teuer sein können, ist Schweden ein toller Ort für Familien. Viele Angebote richten sich auch an Kinder und bieten für sie kostenlosen oder ermäßigten Eintritt. Die öffentlichen Verkehrsmittel sind sauber, geräumig und verlässlich. Und dann ist da noch unglaublich viel (kostenlose) Natur, durch die man streifen kann.

Vergünstigungen

Für Touren, Eintritt, Unterkünfte und Verkehrsmittel gelten meist Kinderermäßigungen (und Familientarife). Viele Museen sind für Kinder kostenlos (wie staatliche Museen, die seit 2023 von Erwachsenen Eintritt verlangen). Häufig gibt es für Kinder besondere Spielbereiche und praktische Aktivitäten.

Ausstattung

- Möglichkeiten zum Windelwechseln sind weit verbreitet in Schweden.
- Die meisten Unterkünfte bieten Kinderbetten, vorab klären und falls nötig reservieren.
- Apotheken sind sonntags in der Regel geschlossen.

Unterwegs vor Ort

In Stadtzentren kann man sich gut zu Fuß bewegen, auch mit Kinderwagen. Im ÖPNV zahlen Kinder unter sieben meist nichts, ältere fahren ermäßigt. In Stockholmer Bussen fährt eine erwachsene Person mit Kinderwagen gratis. Kindersitze im Mietauto kosten rund 120 Kr extra pro Tag.

Kostenloser Spaß

In Schweden gibt es Naturschutzgebiete im Überfluss. Die meisten haben Parkplätze oder Bushaltestellen. Außerdem gibt's normalerweise Picknickplätze und Toiletten. Stadtzentren bieten jede Menge Spielplätze sowie Spielecken in Bibliotheken und Einkaufszentren.

TIPPS FÜR KIDS

Gröna Lund (S. 449)

Von ruhigen Karussells bis zur adrenalingetriebenen Achterbahn – Schwedens ältester Vergnügungspark ist ein Hit bei Familien.

Astrid Lindgren's Värld

Die Welt der berühmten Pippi Langstrumpf.

Romme Alpin

Kinder werden den alpinen Ferienort lieben: Skihänge für Anfänger:innen, Eisbahn und Spielzimmer.

Renströmsparken

Wenn es auf dem „Regenspielplatz" in Göteborg nass wird, helfen rutschfeste Stangen beim Klettern, Pfützen sorgen für den Spaß und es gibt überdachte Bänke.

AUF ZUM STRAND

Bei Schweden denkt man nicht sofort an Strände, aber die Südküste von Skåne bietet eine Fülle von sauberen, weißen Stränden und seichtes Wasser.

Die Strände in Schweden sind weniger überfüllt als in Südeuropa und es gibt jede Menge tolle Zelt-, Picknick- und Grillplätze. Auch in Stockholm findet man einige Stadtstrände, wo man ins Wasser eintauchen kann, ohne sich wegen der Strömungen Sorgen machen zu müssen.

Man kann natürlich auch ein Boot zu den Schäreninseln nehmen und dort über die großen Felsen klettern.

Sicher reisen

Notfallversorgung

Wer krank wird, erhält unter der 1177 ärztlichen Rat. Im Notfall kann man unter der Nummer 112 einen Krankenwagen rufen. Die Krankenversorgung wird subventioniert und ist nicht kostenlos. Mit einer Europäischen Krankenversicherungskarte hat man Anspruch auf Notfallversorgung wie die Einheimischen.

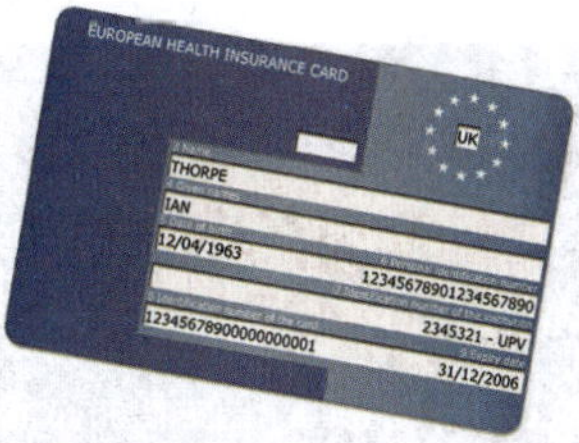

Kriminalität

Schweden ist grundsätzlich ein sicheres Land. An belebten Bahnhöfen treiben sich aber Taschendiebe herum und man sollte auf Taxibetrüger achten (frag immer nach einem Festpreis für Fahrten vom/zum Flughafen). In den letzten Jahren haben Waffen- und Bandenkriminalität zugenommen, allerdings vor allem in den Außenbezirken der Städte.

Allein reisen

Allein reisende Frauen fühlen sich in Schweden in der Regel sicher. Öffentliche Verkehrsmittel fahren in Großstädten bis spät in die Nacht und die Bürgersteige sind meist gut beleuchtet. Wer allein wandern und zelten geht, sollte andere über seine Pläne informieren.

DROGEN

Trotz seines progressiven Rufs hat Schweden sehr strenge Drogengesetze und -strafen, auch für den Kauf und Gebrauch von Cannabis.

TIER-WARNSCHILDER

Elche | Rehe | Rinder | Pferde | Rentiere

Eis & Schnee

Auf Hauptstraßen, Gehsteigen und Radwegen wird im Winter gestreut, aber immer auf Eis, Blitzeis und geschmolzenen Schnee achten. Apotheken und Sportgeschäften verkaufen Spikes für die Schuhe. Vielleicht lohnt auch der Kauf von wiederverwendbaren Heizkissen und einer Thermoskanne, wenn man längere Spaziergänge vorhat.

ZECKEN

Im Sommer gibt es Zecken. Einige sind Träger der Frühsommer-Meningoenzephalitis (FSME), die sich anfangs häufig durch Grippesymptome äußert, aber ernsthafte Krankheiten auslösen kann. Suche den Körper nach Wanderungen auf Zecken ab oder erwäge eine Impfung, wenn du viel in der Wildnis unterwegs bist.

Essen, trinken & feiern

Wann?

Frukost: Das klassische schwedische Frühstück (7 bis 10 Uhr) besteht aus Brötchen mit Käse oder Schinken und Kaffee. Oft gibt's auch Müsli, Joghurt und Gebäck.

Lunch: Schweden essen früh zu mittag (11 bis 14 Uhr); beliebt sind einfache Gerichte. Viele Lokale bieten ein tägliches Mittagsgericht: *dagens lunch.*

Middag: Abendessen (18 bis 21 Uhr) häufig teurer, aber große Auswahl. Teller zum Teilen werden immer üblicher.

Wo?

Krog (Kneipe) Traditionelle Bierkneipe mit herzhaftem Mittagstisch und einfachem Abendessen.

Kafe (Café) Kaffeehaus mit Sandwiches, Kuchen und Gebäck.

Restaurang (Restaurant) Durchweg gute Qualität für alle Geschmäcker und Geldbeutel.

Salladsbar (Salatbar) Günstig, Selbstbedienung, Salat zum Mitnehmen. Häufig in großen Supermärkten.

Rökeri (Räucherei) Spezialisiert auf geräucherten und gepökelten Fisch. Häufig an der Küste.

Glassbar (Eisdiele) Saisonale Eisläden, in ländlichen Kiosken und stilvollen Cafés am Wasser.

KULINARISCHES

Meny: Speisekarte
Bröd: Brot
Smör: Butter
Smörgås: Stulle
Peppar: Pfeffer
Socker: Zucker
Kött: Fleisch
Fisk: Fisch
Skaldjur: Meeresfrüchte
Ost: Käse
Ägg: Eier
Grönsaker: Gemüse
Frukt: Obst
Potatis: Kartoffel
Soppa: Suppe
Ris: Reis
Noodlar: Nudeln
Vegetarisk: vegetarisch
Glutenfri: glutenfrei
Laktosfri: laktosefrei
Förrätt: Vorspeise
Huvudrätt/varmrätt: Hauptgericht
Efterrätt: Dessert
Kaka/tårta: Kuchen
Bulle: Teilchen
Bakad: gebacken
Rökt: geräuchert
Friterad: frittiert
Stekt: gebraten
Grillad: gegrillt
Vatten: Wasser
Öl: Bier
Vin: Wein
Kaffe: Kaffee
Te: Tee
Mjölk: Milch
Dagens lunch/dagens rätt: Mittagstisch

WIE ... Schwedischen Schnaps trinken

Snaps ist das schwedische Wort für Hochprozentiges, das bei Ereignissen wie Mittsommer, Krebsessen, Weihnachtsessen oder Uni-Feiern aufgetischt wird. Am häufigsten ist **brännvin**. Er wird ähnlich wie Wodka durch die Destillation von Kartoffeln oder Getreide hergestellt und mit Gewürzen und Kräutern angereichert.

Schweden stoßen zu Beginn des Essens häufig mit einem kleinen Glas *snaps* an. Sobald irgendwer einen Toast ausspricht, folgt der nächste, ebenso bei Trinkliedern. Wer den Schnaps nicht auf einmal trinken mag, kann auch daran nippen.

Snaps gibt es das ganze Jahr im Systembolaget und in vielen traditionellen Bars und Restaurants. Es ist nicht üblich, einen auszugeben.

WIE VIEL KOSTET ...

Zimtschnecke
30–45 Kr (günstiger in Supermärkten)

Mittagstisch
90–160 Kr

Abendessen im Sternerestaurant
750–4000 Kr

Zwei Kugeln Eis
35–60 Kr

Filterkaffee
20–35 Kr

Latte
38–48 Kr

Glas Hauswein
70–140 Kr

Bier (50cl)
39–89 Kr

WIE...

Eine Fika-Pause einlegen

Fika ist eine schwedische Kaffeepause, meist mit süßem Gebäck. Sie ist seit Jahrhunderten zu einem beliebten Ritual der schwedischen Kultur geworden. Es geht darum, sich Zeit für eine Pause von der täglichen Routine zu nehmen. *Fika* ist an einigen Arbeitsplätzen Pflicht. Ein *fika* kann alles Mögliche sein, von einem heißen Kaffee mit Keks beim Wandern bis zu aromatisiertem Latte mit raffinierter Torte in einem klassischen Café.

bryggkaffe Schwarzer Filterkaffee ist die hauptsächliche Koffeinzufuhr der Schweden. In einigen Cafés und Restaurants ist er kostenlos oder günstiger beim Nachfüllen. Nach *en påtår* fragen.
smaksatt Schweden nutzen die üblichen italienischen Namen für Kaffeevarianten wie Latte und Cappuccino. Aromatisierte Varianten heißen *smaksatt*. Probiere *kanel* (Zimt) und *vanilj* (Vanille).
te Früchte- und Schwarztees sind eine beliebte Alternative zu Kaffee.
kanelbulle Schwedens klassische Zimtschnecke.
kardemummabulle Mit Kardamom gewürztes Gebäck.
princesstårta Mit Sahne gefüllter Biskuitkuchen, bedeckt mit lindgrünem Marzipan. Beliebter Geburtstagskuchen.
chockladbulle Ungebackener, in Kokosflocken gewälzte Schokoladenkugel aus Haferflocken.
kladdkaka Schwedischer Schokoladenkuchen mit flüssigem Kern.

In Kürze

Hafermilch ist eine beliebte Alternative zu Kuhmilch. Wenn du ein Heißgetränkt bestellst, wirst du meist gefragt, ob du Hafermilch (*havremjölk*) oder normale Milch (*vanlig mjölk*) möchtest.

AUSGEHEN

Wegen der hohen Alkoholsteuern in Kneipen und Restaurants beginnen die Schweden ihre Zechtouren häufig mit Vorglühen. An Sommerabenden treffen sich Freunde zu Bier und Snacks in Parks, an Stränden oder auf Klippen. Biere mit geringem Alkoholgehalt gibt es auch in Supermärkten, stärkeres nur im staatlichen Systembolaget.

Wer früh auf Tour geht, besucht meist Bars mit Außenbestuhlung (geöffnet von April bis September, viele mit Heizpilzen). Einige Schweden machen im Sommer zwischen 15 und 16 Uhr Feierabend, die Sonnenplätze füllen sich dann schnell. Es wird auch früh gegessen (viele Küchen schließen in der Woche um 21 Uhr). In beliebten Lokalen ist es üblich zu reservieren.

Seit den 1950er-Jahren gibt es eine merkwürdige Regel, die Bars verpflichtet, eine Tanzerlaubnis einzuholen, wenn bei ihnen getanzt werden darf. Deshalb haben Kneipen und Restaurants häufig keinen Raum zum Tanzen wie anderswo, auch wenn die Regierung angedeutet hat, das Gesetz abzuschaffen. Wer unbedingt tanzen möchte, geht besser in größere Bars mit DJ oder in einen Club.

Schwedische Tanzflächen füllen sich gegen Mitternacht und schließen selten nach 3 Uhr. Die meisten Clubs haben einen legeren Dresscode, aber es gibt meist lange Schlangen. Und den Perso nicht vergessen, egal wie alt man ist.

Nachhaltig reisen

Nationalparks

Grüne Wälder, Korallenriffe, hügelige Sanddünen und arktische Schneelandschaften sind Teil der wunderbaren Landschaften und Meereswelten der 30 schwedischen Nationalparks (sverigesnationalparker.se). Zusammen mit über 5000 kleineren Naturschutzgebieten bedecken sie 15 % der Landesfläche.

Nordischer Schwan

Rund 240 Unterkünfte erfüllen die strengen Anforderungen dieses nordischen Umweltzeichens (svanen.se). Unternehmen müssen bestimmte Nachhaltigkeitskriterien in den Bereichen Energieverbrauch, Abfallentsorgung, Lebensmittelherkunft, Wasserverbrauch, Transport und Zulieferung erfüllen, um das Zeichen tragen zu dürfen.

Freiwilligenarbeit

Wer sich ehrenamtlich engagieren möchte, findet Angebote von schwedischen Non-Profit-Organisationen beim **Volontärbyrån** (volontarbyran.org) oder bei **WWOOF Sweden** (wwoof.se) für Landwirtschaft und Gartenarbeit.

Das *allemansrätt* ist ein Bürgerrecht, das allen erlaubt, sich frei in der Natur zu bewegen und dort zu zelten. Ausnahmen gelten für Privatgrundstücke, Flächen direkt neben einem Haus oder Ackerland.

KRAV-Lebensmittel (krav.se) werden ohne Pestizide und Düngemittel hergestellt. Das Qualitätszeichen steht auch für Tierwohl und geringe Auswirkungen auf das Klima.

Die Sámi haben immer nahe an der Natur und mit großem Respekt ihr gegenüber gelebt. Mehr über ihre Kultur und ihr Leben erfährst du im Freilichtmuseum **Nutti Sámi Siida** (S. 503) und im **Båtsuoj Sami Camp** (S. 507).

Malmös Restaurant **Kollektivkrogen** (S. 161) wurde von 50 lokalen Investoren gegründet, die zum Großteil befreundet sind und sich bei der Arbeit im Restaurant abwechseln (es gibt nur drei bezahlte Angestellte). Das Lokal zeichnet sich durch einen starken Gemeinschaftssinn und tolles Essen aus.

Zero Island

Das Glamping-Angebot auf der Insel Lidö in den schwedischen Schären umfasst Holzhütten mit Solarenergie. Lidö erhielt nach einem Experiment 2019 den Namen „Zero Island“. Dabei ging es darum, ein Jahr lang möglichst klimaneutral zu leben.

Treehotel

Prominente Architekt:innen haben die einzigartigen, hoch gelegenen Hütten des Treehotels (S. 499) entworfen. Die Unterkunft im Wald hat 2020 den Ökotourismus-Preis der Grand Travel Awards gewonnen. Die Verringerung der Umweltbelastung und eine ökologische Bauweise stehen hier im Zentrum.

Seit 2016 steht Göteborg an der Spitze des Global Destination Sustainability Index (gds.earth/awards) als nachhaltigstes Reiseziel der Welt.

Ein Vogeljahr in Schweden von Tomas Bannerhed macht tagebuchartig erzählt und mit tollen Fotos ergänzt Lust auf eigene Beobachtungen.

Wildes Schweden

WildSweden (wildsweden.com) bietet geführte Abenteuer in den Wäldern bei Skinnskatteberg, etwa 2½ Stunden nordwestlich von Stockholm, und arbeitet eng mit den Gemeinden abgelegener Ziele zusammen.

Zusammen gärtnern

Uppsala hat 19 Gemeinde- und Schrebergartenkolonien. In Stockholm gibt es eine große Fläche mit Schrebergärten in **Tantolunden**. Die Erzeugnisse des Gemeinschaftsgartens in **Rosendals Trädgård** können vor Ort verzehrt werden.

WEITERE INFOS

swedishepa.se Schwedische Umweltschutzbehörde

ekoturism.org fördert umweltfreundlichen Tourismus

naturskyddsforeningen.se Schwedische Gesellschaft für Naturschutz

Naturtourismus-Unternehmen (naturturismforetagen.se), Schwedens Branchenverband für Natur- und Ökotourismusanbieter, hat das Qualitätszeichen Nature's Best (naturesbestsweden.com) entwickelt, um die besten nachhaltigen Reiseerfahrungen auszuzeichnen.

LGBTIQ+

LGBTQIA-Reisende sind in Schweden herzlich willkommen. Gleichheit ist tief in der schwedischen Gesellschaft verwurzelt und äußert sich in Gelassenheit gegenüber gleichgeschlechtlichen und anderen queeren Beziehungsformen. Händchenhalten oder Küssen in der Öffentlichkeit erregen keine Aufmerksamkeit, ebenso wenig wie ein Doppelbett im Hotel.

Pride Partys

Gotland Pride (gotlandpride.se) eröffnet die Feiern im Mai, gefolgt von Göteborgs **West Pride** (westpride.se) im Juni und **Malmö Pride** (malmopride.com) im Juli. Der Höhepunkt findet Ende Juli mit einer großen Parade in **Stockholm** (stockholmpride.org) statt. September ist Pride-Monat in **Umeå** (queerforvaltningen.se), **Uppsala** (uppsala.rfsl.se) und **Vadesta** (vadstena.se). Alle drei Jahre ist Schweden an der Reihe, die **Sápmi Pride** (facebook.com/sapmipride) zu veranstalten, die Feier der Sámi-LGBTQIA+.

GAYCAMP

Die gemeinnützige Organisation GayCamp (www.gaycamp.se) bietet seit 1983 alle zwei Jahre ein einwöchiges Camp für schwule, bi- und transsexuelle Männer an. Ziel ist ein soziales Netz zwischen Männern mit unterschiedlichem Hintergrund und Alter sowie aus verschiedenen Kulturen zu bilden. Wer nicht die ganze Woche bleiben möchte, kann auch für einen Tag kommen.

QX

QX (qx.se) ist die beste Quelle für Empfehlungen zu LGBTQIA-Bars und -Clubs sowie zu anderen Geschäften – die mit der QX Queermap auch leicht zu finden sind. Das kostenlose Monatsmagazin liegt in ausgewählten Clubs, Geschäften und Restaurants in Stockholm, Göteborg und Malmö aus.

Eine liberale Geschichte

Homosexuelle Beziehungen sind in Schweden seit 1944 legal. **Riksförbundet för Sexuellt Likaberättigande** (RFSL; rfsl.se), die nationale Vereinigung für LGBTQIA-Rechte wurde 1950 gegründet und hat sich für weitere Gesetzesänderungen starkgemacht wie die genderneutrale Ehe 2009 und die Aufnahme eines Diskriminierungsverbots aufgrund der sexuellen Orientierung in die schwedische Verfassung 2011.

DRAG IN STOCKHOLM

Stockholms größte Dragparty **Stockwig** (facebook.com/stockwig) findet jeden Sommer im Trädgården (S. 446) unter der Skanstull-Brücke statt. Zum Tagesprogramm gehören Brunch, Gespräche und Bingo, bevor um 22 Uhr das Hauptevent – der Wettbewerb für Drag Queens, Drag Kings und Avantgarde Queens – losgeht. Regelmäßige Dragpartys organisiert **Tuck O' Hej** (instagram.com/tuckohej) im Debaser Strand (S. 447).

Queer Kallis

In Malmös Freibad Ribersborgs Kallbadhus samt Sauna (S. 478; ribersborgskallbadhus.se) findet am ersten Montag im Monat „Queer Kallis" statt, dann ist die strenge Geschlechtertrennung aufgehoben.

Barrierefrei reisen

Menschen mit Behinderung werden auf ihrer Reise kaum auf Probleme stoßen. Im ganzen Land wird stark auf Barrierefreiheit geachtet, sowohl im ÖPNV als auch in Museen und Hotels.

In Zügen

Die schwedische Eisenbahn (SJ) hat besondere Lifte und Plätze für Reisende mit Rollstuhl sowie eigene Bereiche für Menschen mit Tierhaarallergien. Weitere Infos unter sj.se/en/travel-info/disabled-community.html.

Am Flughafen

Schwedens wichtigste Flughäfen (Stockholm Arlanda, Göteborg Landvetter und Malmö) bieten Mobilitätsservices. Hilfeleistungen müssen mindestens 48 Stunden im Voraus angemeldet werden. Weitere Infos unter swedavia.com.

Übernachten

Viele Hotels haben speziell ausgestattete Zimmer für Menschen mit Mobilitätseinschränkungen und Allergien. In Hotels der Scandic-Kette (scandichotels.com) wurde vieles barrierefrei gestaltet.

KOPFSTEINPFLASTER

Einige Viertel in alten Orten – wie Stockholms Gamla Stan, Göteborgs Viertel Haga und Visby auf Gotland – haben Straßen mit Kopfsteinpflaster, die für Menschen mit eingeschränkter Mobilität schwierig sein können.

Cultural Walking Tours

Cultural walking tours – for disabled persons ist ein Buch auf Schwedisch und Englisch von der Architektin Elena Siré (elenasire.se). Es kann direkt bei Elena über ihre Website bestellt werden.

Skifahren

Totalskidskolan in Åre (totalskidskolan.se) Die gemeinnützige Organisation bietet Skiunterricht für alle mit einer ständigen Beeinträchtigung. Sie ist eine von Europas führenden Schulen für adaptives Skifahren.

WEITERE INFOS

Datenbank zur Barrierefreiheit (TD; t-d.se) Hilfreiche Informationsquelle über die Zugänglichkeit von rund 9000 Orten in Schweden.

DHR (dhr.se) Nationale Vereinigung für Menschen mit eingeschränkter Mobilität, die Buchstaben stehen für Teilhabe (Delaktighet), Handlungsfähigkeit (Handlingskraft) und Bewegungsfreiheit (Rörelsefrihet).

Synskadades Riksförbund (srf.nu) Schwedische Vereinigung für Sehbehinderte.

ShareMusic & Performing Arts (sharemusic.se) Informationszentrum für künstlerische Entwicklung und Inklusion.

UNTERWEGS IN STOCKHOLM

Everyone has their own way of travelling ist eine englischsprachige Broschüre zur Barrierefreiheit im öffentlichen Nahverkehr von Stockholm. Sie ist gratis auf der SL-Website (sl.se) als PDF oder als Hörbuch erhältlich.

Barrierefreies Lappland

Einige Anbieter:innen haben Erfahrung damit, Lappland und den schwedischen Polarkreis für beeinträchtigte Reisende zugänglich zu machen, z. B. Arctic Direct (arcticdirect.co.uk) oder Friendly Moose (thefriendlymooselapland.com).

Polarlichter

Die Aurora borealis ist eines der Naturweltwunder. Das Polarlicht *(norrsken)* erscheint in Form von mysteriösen Säulen, Streifen, Irrlichtern und Lichthöfen in blassem Grün, hellem Gelb und Rosa. Es wird durch Ströme aus elektrisch geladenen Teilchen des Sonnenwinds verursacht. Weil sich das Magnetfeld der Erde nach unten um den magnetischen Pol krümmt, werden die elektrisch geladenen Teilchen in der Polarregion von der Erde angezogen. Ihre Reaktion mit Atomen in der Hochatmosphäre (rund 160 km über der Erdoberfläche) setzt die Energie frei, die das überirdische Spektakel auslöst. So kannst du die Wahrscheinlichkeit, das Polarlicht zu sehen, erhöhen:

AUF DER JAGD NACH DEM POLARLICHT

- **Wähle den Ort** Das Polarlicht erscheint um den Polarkreis herum und nördlich davon, z. B. in Abisko, Kiruna, Jokkmokk, Arvidsjaur und Arjeplog. Abiskos einzigartiges Mikroklima und wenige bewölkte Tage bieten die besten Bedingungen für Polarlichter. Abgelegene Unterkünfte wie STF Abisko Turiststation (S. 503) oder das Icehotel (S. 503) haben keine Lichtverschmutzung.

- **Entscheide, wann du reist** Die beste Zeit, um in Schweden Polarlichter zu entdecken, ist von Oktober bis März. Je dunkler es ist, desto besser; und je kälter es ist, desto klarer ist das Spektakel, weil dann weniger Wasserdampf in der Luft ist und weniger Wassermoleküle die Sicht behindern. Der Sonnenzyklus dauert elf Jahre; 2025 ist der Höhepunkt des aktuellen Sonnenzyklus, das heißt, die Polarlichter werden besonders spektakulär sein.

- **Achte aufs Wetter & sei geduldig** Folge der Vorhersage von NOAA (swpc.noaa.gov/products/aurora-30-minute-forecast). Die App „My Aurora Forecast & Alerts" sendet genaue, ortsspezifische Benachrichtigungen. Sichtungen sind am besten zwischen 22 und 2 Uhr, wenn die geomagnetische Aktivität am größten ist. Warm anziehen und warten.

- **Dämpfe deine Erwartungen** Auf Fotos sind die Farben der Polarlichter hell und leuchtend. Wenn du sie dann aber das erste Mal mit eigenen Augen siehst, erscheinen sie als verschwommene, graue Wirbel. Menschen sehen bei Nacht schlecht, wenn Rot- und Grüntöne grau erscheinen – außer das Polarlicht ist extrem hell, dann siehst du (blasse) Farben.

Polarlicht-Touren

Wer nicht alle Zeit der Welt hat, sollte sich einem der erfahrenen Touranbieter aus Lappland anschließen, der lokale Himmelskameras nutzt. So gelangt man schnell zu den besten Orten für Polarlichtsichtungen, häufig mit ungewöhnlichen Transportmitteln (Schneemobil, Hundeschlitten). Zu den besten Touren zählen nächtliche Abenteuer mit dem Sessellift hinauf zur Aurora Sky Station (S. 503) mit einem Guide der STF Abisko Turiststation, der dich mit Schneeschuhen auf die Spitze des Bergs Nuolja führt, sowie Lights Over Lapland (S. 504) für Fotosafaris mit geliehenen digitalen Spiegelreflexkameras, mit der du hochprofessionelle Fotos der Polarlichter schießen kannst.

Kurz & knapp

ÖFFNUNGSZEITEN

Banken Mo–Fr 9.30–15 Uhr; einige Filialen bleiben bis 17 oder 18 Uhr geöffnet

Bars und Pubs 11 oder 12 bis 1 oder 2 Uhr

Ämter Mo–Fr 9–17 Uhr

Restaurants 11–14 und 17–22 Uhr, einige schließen am Sonntag oder Montag

Geschäfte Mo–Sa 9–18 Uhr, So bis 16 Uhr

Rauchen

In Restaurants, Bars und den meisten öffentlichen Räumen verboten, auch auf Spielplätzen und in Bahnhöfen.

Maße & Gewichte

In Schweden gilt das metrische System. Einige Preise sind mit „/hg" ausgezeichnet, was per 100 g bedeutet.

Toiletten

Einige Kirchen, Museen und Touristeninfos bieten kostenlose Toiletten, sonst kostet es 10 Kr.

GUT ZU WISSEN

Zeitzone
Mitteleuropäische Zeit (MEZ)

Ländervorwahl
46

Notruf
112

Bevölkerung
10,5 Millionen

Strom 230 V / 50 Hz

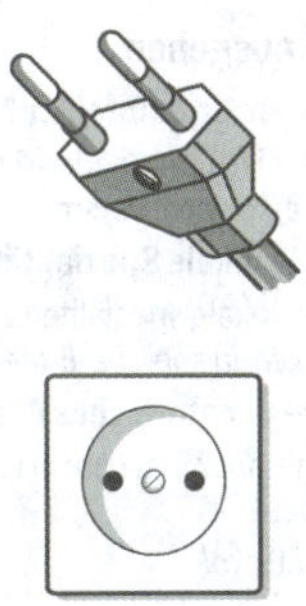

Typ C
220 V / 50 Hz

Typ F
230 V / 50 Hz

FEIERTAGE

Nyårsdag (Neujahr) 1. Januar

Trettondedag Jul (Heilige drei Könige) 6. Januar

Långfredag, Påsk, Annandag Påsk (Karfreitag, Ostersonntag und -montag) März/April

Första Maj (Tag der Arbeit) 1. Mai

Kristi Himmelsfärdsdag (Himmelfahrt) Mai/Juni

Pingst, Annandag Pingst (Pfingstsonntag und -montag) Ende Mai oder Anfang Juni

Sveriges Nationaldag (Nationalfeiertag) 6. Juni

Midsommardag (Mittsommer) Samstag zwischen 19. und 25. Juni

Alla Helgons dag (Allerheiligen) Samstag, Ende Oktober/Anfang November

Juldag (1. Weihnachtsfeiertag) 25. Dezember

Annandag Jul (2. Weihnachtsfeiertag) 26. Dezember

Julafton (Heiligabend, 24. Dezember) und **Nyårsafton** (Silvester, 31. Dezember) sind keine offiziellen Feiertage, für die meisten aber frei.

Sprache

Schwedisch gehört zur germanischen Sprachfamilie und hat deshalb die gleichen Wurzeln wie Englisch und Deutsch. Am nächsten verwandt sind die anderen skandinavischen Sprachen, Dänisch und Norwegisch.

Nützliches

Hallo. Hej. *hey*
Tschüß. Hej då./Adjö. *hey do/aa-jeu*
Ja. Ja. *jaa*
Nein. Nej. *ney*
Bitte. Tack. *tack*
Danke (Vielen Dank). Tack (så mycket). *tack (so mei-ke)*
Bitte schön. Varsågod. *war-scho-gud*
Entschuldigung. Ursäkta mig. *oor-schäk-ta mey*
Tut mir leid. Förlåt. *för-lot*
Wie geht es dir? Hur mår du? *hür mor dü*
Gut, danke. Und dir? Bra, tack. Och dig? *braa tack o dey*
Wie heißt du? Vad heter du? *waad hee-ter dü*
Ich heiße ... Jag heter ... *jaa hee-ter ...*
Sprichst du Englisch/Deutsch? Talar du engelska/tyska? *taa-lar dü eng-el-ska/ty-ska*
Ich verstehe nicht. Jag förstår inte. *jaa för-schtor in-te*

Unterwegs

Wo liegt ...? Var ligger ...? *war li-ger ...*
Wie ist die Adresse? Vilken adress är det? *wil-ken a-dres är de*
Kannst du mir zeigen (auf der Karte)? Kan du visa mig (på kartan)? *kan dü wi-sa mey? (po kar-tan)*
Wie weit ist es? Hur långt är det? *hür longt är de*
Wie komme ich dahin? Hur kommer man dit? *hür ko-mar man diit*

Uhrzeit

Wie spät ist es? Hur mycket är klockan? *hur my-ke är klo-kan*
Es ist (zwei) Uhr. Klockan är (två). *klo-kan är (two)*
Halb (zwei). Halv (två). *halv (two)*
Wann ...? Hur dags ...? *hur daks ...*
Um (10) Uhr. Klockan (tio). *klo-kan (ti-oh)*
vormittags på förmiddagen *po för-mi-daa-gen*
nachmittags på eftermiddagen *po ef-ter-mi-daa-gen*
gestern igår *i-gor*
morgen imorgon *i-mor-ron*

Notfall

Hilfe! Hjälp! *jelp*
Verschwinde! Försvinn! *för-schwin*
Rufe ...! Ring ...! **ring ...**
einen Arzt efter en doktor *ef-ter en dok-tor*
die Polizei polisen *pu-li-sen*
Dies ist ein Notfall! Det är ett nöd-situation! *de är et nöd-si-tu-a-chiuhn*

Essen & ausgehen

Was können Sie empfehlen? Vad skulle ni rekommendera? *waad sku-le ni re-ko-men-dey-ra*
Was ist die lokale Spezialität? Vad är den lokala specialiteten? *waad är den lo-kaa-la spe-si-a-li-tee-ten*
Haben Sie vegetarisches Essen? Har ni vegetarisk mat? *har ni ve-ge-taa-risk maat*
Prost! Skål! *skol*

ZAHLEN

1 ett *et*
2 två *two*
3 tre *trey*
4 fyra *fy-ra*
5 fem *fem*
6 sex *seks*
7 sju *chjü*
8 åtta *o-ta*
9 nio *ni-oh*
10 tio *ti-oh*

INS DEUTSCHE ÜBERNOMMEN
Die schwedische Sprache hat uns den **Ombudsmann** und den **Köttbullar** beschert.

AUSSPRACHE

Der Buchstabe **å** wird „o" in **O**fen ausgesprochen; die Buchstabenkombination **rs** wird zu einem „**sch**"-Laut, z. B. in *varsågod (bitte) var·scho·gud.*

Das gesprochene Wort

Die Standardsprache oder **Rikssvenska** *(riks-sven-ska; wörtlich: Reichsschwedisch)* basiert auf den Stockholmer Dialekten. Einige ländlichen Dialekte klingen sehr anders.

Das geschriebene Wort

Die christlichen Missionare führten im 12. Jh das römische Alphabet ein. Um den Klang einzelner Vokale abzubilden, waren zusätzliche Buchstaben nötig: *å, ä, ö.*

Samische Sprachen

Die Sprachen der Sámi gehören der finnisch-ugrischen Sprachfamilie an. In Schweden werden fünf der neun Hauptsprachen von jeweils etwa 500 bis 5000 Menschen gesprochen.

Die meisten Sam:innen können auf Schwedisch kommunizieren, nur wenige sprechen Englisch. Einige Worte und Wendungen auf Samisch können die Tür zur Sámi-Kultur öffnen.

Die häufigste samische Sprache ist das Nordsamische. Es wird weit im Norden bei Karesuando und Jukkasjärvi gesprochen.

Geschriebenes Nordsamisch enthält einige Buchstaben mit Akzent, entspricht aber nur wenig der gesprochenen Sprache. Selbst Sam:innen finden es schwierig, die Schriftsprache zu lernen.

Zum Beispiel: giitu (Danke) wird „gich-tu" ausgesprochen, das angehauchte „h" wird aber nicht geschrieben.

Hallo. *Buorre beaivi.*
Hallo. (Antwort) *Ipmel atti.*
Tschüss. (zur Person, die geht) *Mana dearvan.*
Tschüss. (zur Person, die bleibt) *Báze dearvan.*

WER SPRICHT SCHWEDISCH?

Im benachbarten Finnland ist Schwedisch offizielle Landessprache und Pflichtfach in der Schule. Die schwedischsprachige Minderheit macht mit 300 000 Menschen aber nur 6 % der finnischen Bevölkerung aus. PS: Reisende nach Schweden sollten wissen, dass der schwedische Koch der Muppets nicht ein Wort Schwedisch spricht.

DAS SKANDINAVIEN-

STORYBOOK

Mit fünf Reportagen tief in den skandinavischen Alltag eintauchen.

Samischer Rentierhirte

DIE GESCHICHTE SKANDINAVIENS IN 15 ORTEN

Wenn man die Geschichte Skandinaviens erzählt, lassen sich Fakten und Fiktion nicht immer ganz leicht trennen, denn die Erzählungen wimmeln von Wikingern, blutigen Schlachten und kleinen Ländern, die größeren Einfluss auf die Welt haben, als man es erwarten würde. Ach ja, und auch Trolle kommen immer wieder vor.

DIE KURZVERSION lautet etwa so: Niemand weiß, wann die Sámi im Norden ankamen, aber sie sind mit Sicherheit länger hier als alle anderen. Die Wikinger dominierten das vorchristliche Mittelalter ebenso als Eroberer wie als Erneuerer, bevor die Region in jahrhundertelange Kämpfe um Kontrolle und Unabhängigkeit zwischen Schweden, Dänemark, Island, Norwegen und Finnland verfiel. Zwar sind heute alle beste Freunde, aber jeder Zwist geht auf diese Zeit zurück.

Im 20. Jh. kamen die Hauptbedrohungen von außen: von Russland im Osten und von Deutschland im Süden während des Zweiten Weltkriegs. So schwierig diese Zeiten waren, sie bekräftigten den starken Wunsch nach Unabhängigkeit in der Region. Norwegens Ölboom in den 1960er-Jahren und die wieder florierenden Volkswirtschaften weltweit katapultierten Skandinavien in eine völlig neue Ära. Seine Länder sind Vorbild einer progressiven Sozialpolitik und werden für ihre diplomatischen Vorstöße auf der internationalen politischen Bühne respektiert.

1. Alta

SKANDINAVIENS MENSCHHEITSDÄMMERUNG

Die frühesten Tage der skandinavischen Menschheitsgeschichte werden in Alta in Nordnorwegen mit Inhalt gefüllt. Am kleinen Hafen wandert man hier zwischen Felskunst (Foto rechts) von Menschen, die in der späten Steinzeit an der Küste lebten. Das Weltkulturerbe besteht aus 6000 Petroglyphen (Felsritzungen), die ältesten sind 6000 Jahre alt.

Der Besuch hier ist eine Geschichtslektion unter freiem Himmel. Die älteren Petroglyphen liegen höher: Als der Meeresspiegel nach der letzten Eiszeit sank, rückten die späteren Künstler an die tieferen Hänge vor. Auf Holzstegen läuft man vorbei an Jagdszenen, Fruchtbarkeitssymbolen, Bären, Elchen, Rentieren und überfüllten Booten.

Mehr zu Alta siehe S. 376

2. Roskilde

WEGWEISER IN DIE WIKINGERZEIT

Viele Orte in Skandinavien haben eine Wikingervergangenheit; Roskilde in Dänemark ist ein guter Anfang.

Im Vikingeskibsmuseet (Wikingerschiffmuseum) von Roskilde kann man die eindrucksvolle Rekonstruktion von Wikingerschiffen sehen, die aus dem Roskilde-Fjord geborgen wurden. Die fünf Schiffe, darunter ein Kriegs- und ein Handelsschiff sowie ein Fischerboot, zeigen Schlüsselaspekte des Wikingerlebens. Faszinierende Ausstellungsstücke und Filme verdeutlichen den historischen Hintergrund. Man kann auch einen 50-minütigen Ausflug mit der Kopie eines Wikingerlangboots machen.

Mehr zu Roskilde siehe S. 74

3. Reykjavík

ISLAND WIRD MÖGLICH

Island war einst ein Land ohne Menschen. Das änderte sich 871 v. Chr., als der Wikinger Ingólfur Arnarson von Norwegen über das Meer segelte und an der Südwestküste Islands landete. Er entschied sich, zu bleiben, und wurde der erste dauerhafte Bewohner, als er in einer vielversprechenden Bucht ein Haus baute. Den Ort nannte er Reykjavík.

Reykjavík war jahrhundertelang wenig mehr als eine Ansammlung von einfachen Höfen. Die Stadt wurde 1786 offiziell gegründet. Dies war nur möglich, weil es Arnarson hier 900 Jahre zuvor gefallen hatte.

Mehr zu Reykjavík siehe S. 258

4. Þingvellir

DAS ÄLTESTE PARLAMENT DER WELT

Skandinavien wird von der Welt um die demokratische Grundeinstellung beneidet, mit der man sich dort um die Bewohner:innen kümmert. Dieser Gedanke gilt seit 930 v. Chr. In diesem Jahr gründeten die Isländer in Þingvellir das älteste noch existierende Parlament, das Alþingi. Es gab ein Grundgesetz, einen gewählten Sprecher und jährliche Zusammenkünfte des Parlaments.

Das Alþingi versammelte sich in der Nähe der dramatischen Almannagjá-Schlucht. Ein Holzsteg führt heute vorbei am Lögberg (Gesetzesberg). Als Island zum Christentum konvertierte, wurde die parlamentarische „Kammer" an den Fuß der Almannagjá-Klippen verlegt. 1843 zog sie erneut um, diesmal nach Reykjavík.

Mehr zu Þingvellir siehe S. 274

OLEG KOZLOV/SHUTTERSTOCK ©

5. Stiklestad

DAS ENDE DER WIKINGER

In der ersten Hälfte des 11. Jhs. schwand die Macht der Wikinger. 1030 führte Olav II. seine zahlenmäßig unterlegene Armee in die Schlacht von Stiklestad in der Region Trøndelag und starb. Olavs Körper wurde nach Trondheim gebracht – sein Grab im Nidarosdomen (Nidarosdom) ist eine Pilgerstätte – und war auch nach einem Jahr noch nicht verwest. Olav wurde 1031 heiliggesprochen. Auch wenn die Schlacht von Stiklestad verloren wurde, läutete sie den Übergang von der Wikingerzeit ins Mittelalter ein. Das Christentum wurde schnell zu einer unaufhaltsamen Kraft in der gesamten Region.

Mehr zu Stiklestad siehe S. 359

6. Hekla

NATURGESCHICHTE

Islands Ruf als Land von Feuer und Eis beruht auch auf dem Vulkan Hekla (1491 m) im Südosten von Þjórsárdalur. 1104 brach die Hekla aus und bedeckte das von Wikingern besiedelte Tal mit einer dicken Schicht aus Asche, Stein und Schlacke. Auf einer Karte von 1590 notierte Bischof Guðbrandur Þorláksson, dass die Hekla „Steine mit schrecklichem Lärm auskotzt". Die Hekla ist seit 874 zwanzigmal ausgebrochen, zuletzt 2000. Klettere zum Rand (wenn du dich traust) für tolle Ausblicke oder bleibe in Sicherheit und besuche das Hekla-Zentrum am Fuß des Vulkans.

Mehr zur Hekla siehe S. 282

7. Kalmar

KRIEGE ZWISCHEN NACHBARN

Das mittelalterliche Skandinavien war eine kriegerische Region, in der abwechselnd Norwegen, Schweden und Dänemark an der Macht waren. 1397 vereinten sich Norwegen, Schweden und Dänemark nach jahrhundertelangen Kämpfen und wechselnden Allianzen in Kalmar. Der Vertrag legte auch fest, dass Island unter dänische Kontrolle kam. Die Kalmarer Union löste sich 1523 nach fast 130 Jahren auf.

Bis heute erinnern im schwedischen Kalmar das mächtige Schloss – komplett mit Zugbrücke – und die Kopfsteinpflasterstraßen an diese mittelalterliche Episode.

Mehr zu Kalmar siehe S. 491

8. Svalbard/Spitzbergen

ZEITALTER DER ENTDECKUNGEN

1596 segelte der holländische Entdecker Willem Barents durch die Meerenge, die später nach ihm benannt wurde. Er war auf der Suche nach einer Nordost-Passage nach Asien, als er in Svalbard landete. Er war der erste Europäer, der die Inselgruppe betrat und nannte sie Spitsbergen. Ihm folgten holländische und andere Walexpeditionen. Die Waljagd in der Gegend führte fast zur Ausrottung der Tiere. Barents leitete eine Ära der Entdeckungen ein. Spitzbergen wurde zum Ausgangspunkt für fast jede bedeutende Arktisexpedition.

Mehr zu Svalbard siehe S. 382

9. Oslo

NOBELPREIS & DIPLOMATISCHE WIEDERGEBURT

1895 erklärte Alfred Nobel in seinem Testament, dass die Zinsen aus seinem Vermögen „jenen gegeben werden sollen, die im vergangenen Jahr der Menschheit den größten Nutzen erbracht haben". Jedes Jahr am 10. Dezember wird der Friedensnobelpreis in einer Zeremonie im Rathaus von Oslo überreicht, das im funktionalistischen Architekturstil erbaut wurde. Das Nobels Fredssenter ganz in der Nähe ist ein tolles Museum, dass sich den früheren Preisträger:innen und der Geschichte des Friedensnobelpreises widmet.

Mehr zu Oslo siehe S. 385

10. Helsinki

RUSSLAND VOR DER TÜR

Finnland mag heute fester Teil Westeuropas sein. Doch einen Großteil des 20. Jhs. kämpfte es darum, nicht in den Einflussbereich Russlands zu kommen. 1906 sprach Finnlands Eduskunta (Parlament) als erstes in Europa den Frauen alle politischen Rechte zu, aber Russland zog weiterhin die Strippen. Nach der Russischen Revolution und Finnlands Unabhängigkeitserklärung 1917 zahlten die Finnen einen blutigen Preis. Und kein anderes Land bewegte sich so stark zwischen den Fronten des Kalten Kriegs wie Finnland. Helsinkis Erfahrungen mit beiden Seiten ermöglichten es Finnland schließlich, Gastgeber eines der wichtigsten Ost-West-Gipfeltreffens der Moderne zu werden.

Mehr zu Helsinki siehe S. 166

11. Rjukan

DUNKLE JAHRE DES ZWEITEN WELTKRIEGS

Alle skandinavischen Länder, mit Ausnahme der Färöer, versuchten sich aus dem Zweiten Weltkrieg herauszuhalten – konnten den Verheerenden Auswirkungen aber nicht ganz entkommen. Deutschland besetzte Dänemark, Finnland und Norwegen, wo sich Teile der Bevölkerung im Widerstand engagierten. In Rjukan, einem tiefen Tal in Südnorwegen, griffen britische und norwegische Saboteure ein Kraftwerk an, in dem die Nazis versuchten, eine Atombombe zu bauen. Das Ereignis wurde später mit Kirk Douglas in der Hauptrolle verfilmt. Heute gibt es dort einen Wanderweg, der Saboteurpfad genannt wird.

Mehr zu Rjukan siehe S. 388

12. Christiania

SKANDINAVIENS REBELLEN

Skandinavier:innen werden häufig als vorbildliche Bürger:innen gepriesen. Tief unter der Oberfläche gibt es aber auch etwas sehr Rebellisches. In den 1960er-Jahren gingen junge Menschen, die Materialismus und Mainstream den Rücken kehren wollten, in Kopenhagen und anderswo auf die Straßen. 1971 besetzten sie eine verlassene Militärbasis im Osten von Christianshavn (Foto links) und gründeten die noch heute lebendige Kommune Christiania. Die Enklave ist weiterhin eine Attraktion für Kopenhagen-Reisende. Bei einer Führung kannst du selbst entscheiden, ob die Luft mit Freiheit oder doch nur mit Marihuana gefüllt ist.

Mehr zu Christiania siehe S. 59

13. Karasjok

„UNABHÄNGIGKEIT" DER SÁMI

Skandinavien gilt in Sachen Menschenrechte als Vorbild. Doch ist der Umgang mit den Sámi, den ursprünglichen Bewohner:innen Skandinaviens, durchaus keine Erfolgsgeschichte. 1989 trat eine deutliche Veränderung ein, als in der nordnorwegischen Stadt Karasjok ein Sámi-Parlament und eine Sámi-Bibliothek gegründet wurden (Foto oben). Zwei Drittel der 60 000 in Skandinavien lebenden Sámi leben in Norwegen. Schweden folgte Norwegens Beispiel 1993 (in Kiruna), und Finnland etablierte 1996 ein eigenes Sámi-Parlament in Inari. Die Rechte der Sámi werden von den meisten Parteien unterstützt. Nur Norwegens rechte Fremskrittspartiet fordert, das Sámi-Parlament abzuschaffen.

Mehr zu Karasjok siehe S. 379

14. Eyjafjallajökull

KLANG & RAGE DER NATUR

2010 rief uns die skandinavische Natur ihre ewige Macht in Erinnerung. Im März des Jahres brach der Vulkan unter dem isländischen Gletscher Eyjafjallajökull aus. Im April legte die 9 km hohe Aschewolke praktisch den gesamten europäischen Flugverkehr für sechs Tage lahm. Der Ausbruch endete erst im Oktober 2010. Auf der Ringstraße von Reykjavík nach Osten erinnern die Vulkane längs der Strecke an diese Geschichte. Denn es sind solche Ausbrüche, die ihnen die erstaunlichsten Formen verleihen und uns Ehrfurcht abverlangen, indem sie raue Schönheit und ungeheuerliche Kraft vereinen.

Mehr zum Eyjafjallajökull siehe S. 282

15. Tórshavn

DIE FÄRÖER BLEIBEN STARK

Als Dänemark 1973 der Europäischen Gemeinschaft (heute Europäische Union) beitrat, weigerten sich die Färöer zu folgen: Knackpunkt waren die Fangquoten für Fisch. Doch lauter werdende Rufe nach Unabhängigkeit für die Färöer verhallten immer wieder angesichts der starken Abhängigkeit von dänischen Subventionen. Für einige Zeit sorgten Überfischung und internationale Boykotte (wegen des Walfangs) für eine starke Rezession. Seither hat sich die Fischflotte erholt. 2021 wurde Öl entdeckt und das könnte eine Wende einleiten. Der starke Wille zur Unabhängigkeit der Färöer wird am deutlichsten in ihrer Hauptstadt Tórshavn.

Mehr zu Tórshavn siehe S. 138

DAS SKANDINAVISCHE WUNDER

Die Länder Skandinaviens verstehen wirklich, was Lebensqualität bedeutet und welche Politik es dafür braucht. Wenn das Wetter ein anderes wäre, würden wir alle wahrscheinlich morgen dorthin ziehen.

IN SACHEN LEBENSQUALITÄT liegt Skandinavien auf den Spitzenplätzen, und zwar in jeder Hinsicht.

Beginnen wir mit Gendergerechtigkeit. Im Index der Geschlechtergleichheit (191 Länder) des UN-Entwicklungsprogramms von 2021 waren vier von fünf skandinavischen Ländern in den Top 10: Dänemark (Platz 1), Norwegen (Platz 2), Schweden (Platz 4) und Island (Platz 8). Finnland war mit Platz 11 ein Ausreißer.

Beim UN-Index der menschlichen Entwicklung (191 Länder) lag Norwegen auf dem 2. Platz, gefolgt von Island (Platz 3), Dänemark (Platz 6), Schweden (Platz 7) und Finnland (Platz 11).

Hinter diesen Statistiken verbergen sich einige sehr greifbare Vorteile für die Menschen. Angestellte in allen skandinavischen Ländern haben fünf Wochen bezahlten Urlaub (im Vergleich zu vier Wochen in den meisten europäischen Ländern). Großzügige Elternzeitreglungen, verpflichtende Vätermonate und Programme zum beruflichen Wiedereinstieg nach der Elternzeit haben dazu beigetragen, dass Familie und Erwerbsleben in Skandinavien leichter vereinbar sind. In Norwegen können Eltern nach der Geburt ihres Kindes beispielsweise 49 Wochen Auszeit bei voller Bezahlung bekommen.

Die Vorteile der staatlichen Großzügigkeit wirken sich auch auf den Wohnungsmarkt aus. Eine progressive Sozialpolitik im Norden stärkt das Recht aller auf eine adäquate Wohnung, unabhängig vom Einkommen. In Finnland hat die Verfügbarkeit von bezahlbaren Sozialwohnungen seit 1990 zu einem Rückgang der Obdachlosigkeit um 300 % geführt – auf eine obdachlose Person pro 100 000 Finn:innen. Genossenschaftliche und subventionierte Wohnungen (für Familien mit niedrigem Einkommen, Ältere und andere vulnerable Gruppen) machen einen erheblichen Anteil des Wohnungsmarkts im Norden aus; in Oslo fallen z. B. 40 % der Wohnungen in diese Kategorie.

IN FINNLAND HAT DIE VERFÜGBARKEIT VON BEZAHLBAREN SOZIALWOHNUNGEN SEIT 1990 ZU EINEM RÜCKGANG DER OBDACHLOSIGKEIT UM 300 % GEFÜHRT

Wie schafft Skandinavien es, so viele politische Hebel richtig zu stellen? Die meisten skandinavischen Länder haben eine starke egalitäre Grundhaltung. Die großzügigen Sozialleistungen der skandinavischen Länder werden hauptsächlich durch hohe Einkommenssteuern finanziert. In Schweden zahlen Großverdiener satte 57,2 % Einkommenssteuer, in Finnland (56,95 %) und Dänemark (55,9 %) fast genauso viel; nur

Im Uhrzeigersinn von oben links: Winterwanderung; ehemalige finnische Ministerpräsidentin Sanna Marin; Rentierschlitten; norwegische Familie

Norwegen (das sich auf große Öleinnahmen verlässt) hat einen relativ geringen Steuersatz von 38,2 %. Die Toleranz für hohe Steuersätze ist auffallend hoch. Sie gelten als akzeptable Gegenleistung für ein lebenslanges soziales Sicherheitsnetz.

Dabei hilft natürlich, dass die Länder zu den reichsten der Erde zählen und sich Sozialprogramme leisten können, von denen andere nur träumen. Norwegen zum Beispiel: Sein gewaltiger Ölreichtum und langfristige Investmentstrategien sorgen für einen zukünftigen Haushalt in Höhe von mindestens 1,08 Billionen Euro.

In Sachen Gendergerechtigkeit haben die Parlamente in Skandinavien einen fast gleich hohen Anteil von Frauen und Männern. In Island waren im Dezember 2022 47,6 % der Abgeordneten Frauen, dicht gefolgt von Schweden (46,4 %), Finnland (45,5 %), Norwegen (45 %) und Dänemark (43,6 %). Zum Zeitpunkt der Buchrecherchen hatten Dänemark, Schweden, Finnland und Island weibliche Ministerpräsidentinnen, Norwegen war die einzige Ausnahme.

Trotzdem gibt es in einigen Sektoren der skandinavischen Gesellschaften einen tief verwurzelten Sexismus. So bekam die ehemalige dänische Ministerpräsidentin Helle Thorning-Schmidt aufgrund ihrer Liebe zu Designerlabels von der Presse und ihren politischen Gegner:innen den Spitznamen „Gucci Helle". Es ist kaum vorstellbar, dass ein männlicher Politiker solche Kommentare zu hören bekäme.

Im August 2022 wurde die damalige finnische Ministerpräsidentin Sanna Marin trinkend und tanzend auf einer Party fotografiert. Die Aufregung legte sich erst, nachdem sie darauf hingewiesen hatte, dass sie nach diesen „Enthüllungen" niemals kritisiert worden wäre, wenn sie ein Mann wäre.

ARKTISCHE PHÄNOMENE

Seltsame Lichter tanzen am Nachthimmel. Die Sonne scheint um Mitternacht. Dunkelheit zur Mittagszeit. Der hohe Norden wird für immer deinen Blick auf die Natur verändern.

DER ERSTE ANBLICK der Aurora borealis ist unvergesslich. Egal, wie oft man sie erlebt, sie ist immer anders und verändert sich von einem Moment zum nächsten.

Bestenfalls ist das Nord- oder Polarlicht ein überirdisches Farb- und Lichtspektakel mit Schleiern oder Streifen in Lila, Grün, Gelb, Rot oder Weiß, die über den Himmel tanzen. Es ist eine ätherische, unvergessliche Welt in Bewegung, die ständig Form und Farbe verändert, einmal ganz klar, dann wieder diffus und flüchtig. Manchmal verschwinden die Lichter, um gleich darauf am Horizont wieder aufzutauchen.

Die Urvölker des Nordens erzählten verschiedenste Geschichten, um das Polarlicht zu erklären. Die Wikinger glaubten, die Lichter seien die glänzenden Waffen von Kriegern, die in die Schlacht ziehen, oder der Atem mutiger Krieger, die im Kampf gefallen waren. Die Inuit sagen, die Lichter seien Vorfahren, die mit dem Schädel eines Walrosses spielen; sie nennen die Lichter *arsarnerit* („mit dem Ball spielen"). Andere Inuit-Legenden schreiben die Lichter ungeborenen Kindern oder lange verstorbenen Ahnen zu, die ihren Nachkommen den Weg weisen.

Solfestuka, Longyearbyen (S. 384)

Das Nordlicht erscheint, wenn elektrisch geladene Teilchen (Sonnenwinde) durch das Magnetfeld der Erde in die Polarregion fließen. Ihre Wechselwirkung mit Atomen etwa 160 km oberhalb der Erdoberfläche produziert die Energie, die die Lichter erzeugt. Ein einziger Polarlichtsturm kann zigtausend Watt mit einer Spannung von 1 Million Ampere erzeugen.

Oktober bis März ist die beste Zeit, um in Island, Norwegen, Schweden und Finnland (manchmal auch auf den Färöern) Polarlichter zu sichten. Am deutlichsten sind sie in ländlichen Gegenden, weit weg von den Lichtern der Städte. Man weiß allerdings nie genau, wann oder wo sie auftauchen. Was natürlich Teil ihres Zaubers ist.

DIE WIKINGER GLAUBTEN, DIE LICHTER SEIEN DIE GLÄNZENDEN WAFFEN VON KRIEGERN, DIE IN DIE SCHLACHT ZIEHEN

NICHTS BRINGT den Kopf so durcheinander wie eine Fata Morgana. Dieses verblüffende arktische Phänomen tritt auf, wenn Reflexionen von Wasser, Eis und Schnee in der klaren, puren arktischen Luft mit Inversionstemperaturen zusammenfallen und wahrhaft halluzinatorische Erfahrungen erzeugen. Meist verliert man bei einer Fata Morgana jede tieferen Wahrnehmung: Entfernungen können nicht mehr eingeschätzt werden, entfernte Dinge wirken scharf und die Welt kann merkwürdig zweidimensional erscheinen. Im extremsten Fall kann man Hunderte Kilometer weiter als normal sehen. Ein früher schwedischer Entdecker wurde durch eine Fata Morgana so konfus, dass er angeblich ein Walross für eine zerklüftete Landzunge mit zwei ungewöhnlich symmetrischen Gletschern hielt.

Aurora borealis, Lofoten (S. 368)

LINKS: GINGER_POLINA_BUBLIK/SHUTTERSTOCK © RECHTS: COLE IPPOLITI/SHUTTERSTOCK ©

DER POLARKREIS (66° 33' Nord) ist mehr als eine Linie auf der Karte. Dank der Neigung der Erdachse erstrahlt der längste Tag des Jahres (22. Juni) nördlich davon durchgehend in Tageslicht und umgekehrt bleibt der kürzeste Tag (22. Dezember) durchgehend dunkel. Selbst südlich der Linie leuchtet die Sonne im Sommer auch nachts immer direkt hinter dem Horizont und lässt den Großteil Skandinaviens in ständiger Dämmerung zurück.

Je weiter man sich nördlich des Polarkreises (der durch Nordnorwegen, -schweden und -finnland sowie nördlich von Island verläuft) bewegt, desto länger dauert das Tageslicht im Sommer bzw. desto länger ist es im Winter dunkel.

In Svalbard (Spitzbergen) in Norwegen ist es besonders extrem (es liegt näher am Nordpol als an Oslo): Die Mitternachtssonne scheint vom 20. April bis zum 21. August und die Polarnacht dauert vom 26. Oktober bis zum 16. Februar.

Im norwegischen Longyearbyen findet außerdem das Solfeststuka-Festival statt, wenn die Sonne Anfang März das erste Mal über den Bergen im Osten aufgeht. Nach so langer Wartezeit sind die Einheimischen verständlicherweise ungeduldig und in dem Moment, wenn die Sonne auf die Stirn des Menschen trifft, der auf den Stufen des alten Krankenhauses steht, bricht Jubel aus. Das passiert übrigens ein paar Tage bevor die Sonne den Rest der Stadt erreicht

SKANDINAVISCHES DESIGN

Nirgends ist Design so cool wie in Skandinavien. Auch in dieser Hinsicht sind Dänemark, Finnland und Schweden weltweite Spitzenreiter.

DER PFEIFE RAUCHENDE DÄNISCHE WEGBEREITER des internationalen Modernismus, Arne Jacobsen (1902–71), etablierte den Bauhaus-Stil in Dänemark. Höhepunkte seiner Arbeit sind das Kopenhagener Radisson Blu Royal Hotel und das Rathaus in Aarhus. Sein Landsmann Jørn Utzon (1918–2008) entwarf die Oper in Sydney, ein Unesco-Weltkulturerbe. Zu Hause schmücken Utzons Arbeiten Esbjerg, Skagen und das Utzon Center in Aalborg.

Der weltberühmte Finne Alvar Aalto (1898–1976) war für seine eleganten Lösungen bekannt, die seinen funktionalistischen Gebäuden eine menschliche Note gaben. Beispiele sind das Aalto-Zentrum in Seinäjoki, die Ristinkirkko in Lahti und Aaltos eigenes Holzboot (zu besichtigen an seinem Sommerhaus bei Jyväskylä).

Schwedens wichtigster Architekt, Erik Gunnar Asplund (1885–1940), war ein Vorläufer von Aalto. Zwei tolle Beispiele seines Schaffens sind die Stockholmer Stadsbiblioteket (Stadtbibliothek) und der Skogskyrkogården (Waldfriedhof).

DESIGNINSPIRATIONEN SCHEINEN auf ganz natürliche Weise ein Teil von Dänemark und seiner Bevölkerung zu sein. Wenige Länder der Welt haben so einen großen Einfluss auf öffentliche und private Räume und auf das Design von Möbeln und Haushaltswaren.

Marimekko-Druck

Trotz einer stilvollen und manchmal gewagten öffentlichen Ästhetik ist der beste Ort, um dänisches Design zu erleben, seine natürliche Umgebung: ein dänisches Zuhause. Wenn Design den Alltag nicht einfacher und stilvoller macht und wenn es nicht denen dient, die es nutzen, was dann ist der Sinn von Design?

Im Wohnzimmer könnte eine Stereo- und/oder TV-Anlage von Bang & Olufsen stehen, Poul-Henningsen-Lampen könnten von der Decke hängen, Stühle von Arne Jacobsen oder Hans Wegner im Esszimmer stehen und der Tisch mit Geschirr von Royal Copenhagen, Besteck von Georg Jensen und Gläsern von Bodum gedeckt sein. Erstaunlich viel dieser klaren, schlichten Ästhetik kann auf den Architekten Kaare Klint (1888–1954) zurückgeführt werden, den Gründer der Möbeldesignabteilung der Königlich Dänischen Kunstakademie.

WENN DESIGN NICHT DENEN DIENT, DIE ES NUTZEN, WAS DANN IST DER SINN VON DESIGN?

WENN KOPENHAGEN Skandinaviens Designhauptstadt ist, kommt Helsinki direkt dahinter. Natur hat einen großen Einfluss auf das skandinavische Design und nirgends wird das deutlicher als in Finnland. Finnische Designer können sowohl den farbenfrohen Optimismus des Sommers als auch den kargen Minimalismus des Winters heraufbeschwören. Wer tiefer in die Designgeschichte des Landes eintaucht, stellt fest, dass finnisches Design vor allem praktisch ist. Das liegt auch an der von Armut geprägten Geschichte des Landes. Der Erfindungsgeist der ländlichen Bevölkerung hat ihr Leben in kleinen Schritten vereinfacht – wenn eine Axt nicht genug Holz für den Winter schlagen konnte, musste sie weg. Auch Geografie spielte eine Rolle: Stärker als in den anderen skandinavischen Ländern treffen in Finnland Ost und West aufeinander.

Wie drückt sich das aus? In den saisonalen Blumen- und Waldfarben von Marimekko (1951 gegründet) oder in der klaren und funktionalen Linie der Gläser von Iittala (wie Alvar Aaltos berühmte Iittala-Vase mit den organischen Kurven und Wellen, die von Finnlands Seen inspiriert wurde). Andere Designeinflüsse, die über Finnlands Grenzen hinaus gewirkt haben, sind: Aarikka (Holzschmuck), Kalevala Koru (Silber- und Goldschmuck), Pentik (Innendesign und Haushaltswaren mit Sámi-Motiven) und Aaltos Stühle für seine Möbelfirma Artek (seinetwegen ist gebogenes Holz bei Möbeln heute selbstverständlich für uns.)

ALS FRANK UND REGINE JUHLS, ein deutsch-dänisches Ehepaar, 1959 im hohen Norden von Norwegen ankamen, gab es dort kaum Straßen, geschweige denn Tourist:innen. Durch die Verbindung zu den Sámi der Region gründeten sie eine Silberschmiede und Galerie in Kautokeino, einer kleinen Stadt, in der hauptsächlich Sámi leben. Ihr Avantgarde-Gebäude passt perfekt in die Umgebung, vor allem wenn Schnee liegt. Das Gleiche gilt für Regine Juhls Tundra-Kollektionen, die von der natürliche Kunstfertigkeit des Eises inspiriert ist. Jedes Stück ist so einzigartig wie eine Schneeflocke. Kein anderes skandinavisches Design entspricht so sehr der Arktis wie diese besonderen Stücke.

Poul-Henningsen-Lampe

TIERWELT & WILDNIS

Die Wildnis Skandinaviens ist für Erkundungen gemacht – wer sich auf die Suche begibt, entdeckt ein Land von einzigartiger Schönheit.

IM NORWEGISCHEN SVALBARD (Spitzbergen) ist die einzige europäische Eisbärenpopulation zu Hause. Nach Dr. Jon Aars vom norwegischen Polarinstitut in Tromsø leben nur rund 300 Tiere das ganze Jahr über in Svalbard, doch etwa 2000 kommen gelegentlich auf einen Besuch vorbei, wenn des Meereis es erlaubt. Zwar gab es seit 2015 keine Untersuchungen zur Population, doch Dr. Aars glaubt, dass sich die Eisbären – trotz des schrumpfenden Eises rund um die Inselgruppe – als widerstandsfähiger erwiesen haben als erwartet und die Population noch nicht gesunken ist.

Das kann aber nicht so weitergehen, sagt er: „Wenn das Eis immer weniger wird, gibt es wahrscheinlich einen Punkt, an dem die Bären leiden."

Andere wichtige Raubtiere in Skandinavien sind Braunbären, Luchse und Wölfe. Sie zu sehen ist Glückssache. Doch besonders in Finnland werden Touren zur Bärenbeobachtung angeboten, z. B. bei Kuhmo (S. 204) und um Ruka (S. 200), die sehr aufregend sein können.

Die meisten Rentiere auf dem skandinavischen Festland wurden von den Sámi domestiziert. Im norwegischen Hardangervidda (S. 388) lebt die größte Herde wilder Rentiere und auch die stämmige Rentiere in Svalbard bewegen sich frei. Elche leben überall in den skandinavischen Wäldern.

Moschusochse

Am eindrucksvollsten ist der prähistorische Moschusochse, eine mächtige, haarige und reizbare Art, die in kleinen Herden im zentralnorwegischen Nationalpark Dovrefjell-Sunndalsfjella und im Nationalpark Femundsmarka überlebt.

Nicht zu vergessen die Walrosse, deren Anzahl sich nach Dr. Aars erholt hat, nachdem die Art 1952 unter Schutz gestellt worden war. Ein Walross kam im August 2022 nach Oslo. Es wurde „Freya" getauft, aber die Bindung zwischen dem Tier und den Menschen wurde schließlich als Bedrohung für Freya ebenso wie für die öffentliche Sicherheit betrachtet, sodass Freya eingeschläfert wurde.

Buckel- und Pottwale sind die am häufigsten gesehenen Wale, manchmal tauchen aber auch Blauwale und Orcas auf. Von Ende Mai bis August finden Walbeobachtungstouren vor Andenes und Stø in Norwegen statt. Ende Oktober bis Mitte Januar oder Februar ist die Zeit, wenn man auf Walsafaris vor Tromsø Orcas sehen kann.

ISLAND IST EINE DER JÜNGSTEN LANDMASSEN DER ERDE, GEPRÄGT VON EINEM MIX AUS GEOTHERMISCHEN AKTIVITÄTEN UND EISIGEM WETTER

Fagradalsfjall (S. 271)

LINKS: TRATTIERITRATTI/SHUTTERSTOCK © RECHTS: JUAN DE MARINA/SHUTTERSTOCK ©

Die bedrohte Saimaa-Ringelrobbe lebt im finnischen Seengebiet Saimaa. Dort werden Ökobootstouren (S. 208) angeboten.

DIE SKANDINAVISCHEN LANDSCHAFTEN sind wie Geografieunterricht, nur aufregender. Island und die Färöer erheben sich aus dem Atlantik wie zerklüftete mittelozeanische Erscheinungen. Norwegens Subpolargebiet Svalbard ist mehr Gletscher (60 % der Landmasse) als Festland. Finnland hat rund 200 000 Seen, die bereit scheinen, das Land zu überfluten.

Dänemark fehlen zwar die spektakulären Berge von Norwegen oder Island, doch dafür gibt es Inseln im Überfluss, die sich über die Ostsee nach Schweden und Finnland fortsetzen.

Keine Landschaftserscheinung jedoch prägt Skandinavien so wie die norwegischen Fjorde und die isländischen Vulkane. Erstere stammen aus einer Zeit vor Millionen von Jahren, als die Berge in Norwegen höher als der Himalaja waren. In den folgenden Jahrtausenden hat das Gewicht der 2 km dicken Gletscher Furchen in die Berge gezogen, die Gipfel zugespitzt und glatte Felswände zurückgelassen, die heute beliebter Hintergrund für gewagte Selfies sind. Die Fjorde haben ihre aktuelle Form erst vor etwa 10 000 Jahren angenommen, als die letzte Eiszeit endete und der Meeresspiegel anstieg, der die tiefen Täler füllte.

Island ist eine der jüngsten geologischen Landmassen der Erde, geprägt von einem aufgewühlten Mix aus geothermischen Aktivitäten und eisigen Wetterphänomenen. Die heikle Lage des Landes über dem Mittelatlantischen Rücken, einem massiven 18 000 km langen Graben zwischen der eurasischen und der nordamerikanischen tektonischen Platte, sorgt für große Instabilität. Die ernüchternde Wahrheit ist, dass Island auf einer Erdkruste liegt, die kaum ein Drittel der üblichen Dicke hat, sodass Magma (geschmolzene Gesteinsmasse) aus der feurigen Tiefe des Planeten heraufsteigt und die beiden Platten (und Kontinente) weiter auseinanderreißt.

REGISTER

P

R

S

HINTER DEN KULISSEN

Layoutentwicklung Marc Backwell
Contententwicklung Mark Jones, Sandie Kestell, Anne Mason, Joana Taborda
Kartografieentwicklung Katerina Pavkova
Produktionsentwicklung Sandie Kestell, Fergal Condon
Leitung Reihenentwicklung Darren O'Connell, Piers Pickard, Chris Zeiher
Titelredaktion Amy Lynch, Angela Tinson
Produktionsredaktion Kate Chapman
Layout Fergal Condon
Kartografie Rachel Imeson
Redaktionsleitung Sarah Bailey
Redaktionsassistenz Anne Mulvaney, Monique Choy, Karyn Noble, Maja Vatrić
Titelbildrecherche Ania Lenihan
Dank an Ronan Abayawickrema, Katie Connolly, Melanie Dankel, Sarah Farrell, Esteban Fernandez, Sofie Foldager Andersen, Clare Healy, Karen Henderson, Katherine Marsh, Graham O'Neill

KOPENHAGEN

„Der Tivoli (S. 58) ist genau, wie man sich einen dänischen Vergnügungspark vorstellt: voller Spaß und Fantasie, aber ohne kitschigen Schnickschnack. Okay, ein bisschen Kitsch gibt's auch, aber schön ist der Tivoli trotzdem."

NORWEGEN

„Altas (S. 376) Lage an der exponierten Felsenküste des Altafjords wirkt beinahe außerirdisch – an kalten Wintertagen strahlt der Himmel rosa über den schneebedeckten Gipfeln des Fjords."

LINKS: MIKHAIL MARKOVSKIY/SHUTTERSTOCK ©, RECHTS: YIGIT YUKSEL/ALAMY STOCK PHOTO ©

ÜBER DIESES BUCH

Lonely Planet Global Limited
Digital Depot, Roe Lane (off Thomas Street)
Digital Hub
Dublin 8
D08 TCV4
Ireland

Verlag der deutschen Ausgabe:
MAIRDUMONT
Marco-Polo-Str. 1
73760 Ostfildern

www.lonelyplanet.de, www.mairdumont.com, lonelyplanet-online@mairdumont.com

Skandinavien
2. deutsche Auflage November 2023 übersetzt von *Scandinavia*, Juli 2023, Lonely Planet Global Limited

Deutsche Ausgabe © Lonely Planet Global Limited, November 2023

Fotos © wie angegeben 2023

Printed in China

Redaktion und technischer Support: Bintang Buchservice GmbH (Kirsten Gleinig, Katharina Grimm)

Übersetzung: Valeska Henze, Gunter Mühl

MIX
Paper from responsible sources
FSC™ C124385
FSC
www.fsc.org

Dieses Buch wurde auf FSC® zertifiziertem Papier gedruckt. FSC® ist ein internationales Zertifizierungssystem für nachhaltigere Waldwirtschaft. Das Holz für diese Papier kommt aus Wäldern, die verantwortungsvoller bewirtschaftet werden.